刑法総論の理論と実務

小林憲太郎
立教大学教授・刑法

判例時報社

◆　はしがき

　本書は，2016年1月から2018年6月まで，判例時報誌に連載した「刑法判例と実務（1）〜（30）」の内容に，新章の追加等も含む加筆修正を施したものである。

*

　連載の主眼は，当初は（裁）判例の内在的読解であったが，連載を進めるうちに，だんだんと「自分」が出てきてしまったように思う。なにしろ，諸判例を整合的に理解する方法は必ずしも単一ではなく，そうすると，複数の成り立ちうる方法のなかから最も妥当なものを選ぶ作業が必要となってくる。そして，その際には，やはり，自身の体系化された道徳的直観——刑法学者である私にとっては刑法体系ということになるが——を呼び出さざるをえないのである。

　もちろん，そうはいっても，私の刑法体系は真空のなかで形成されたものではない。そうではなく，むしろ，判例実務という法の実践を出発点としながら，そのごく一部を棄却することによって生成してきたものである（これまでも諸所で述べてきたことであるが，私の学問的関心は，主として「なぜ判例通説が判例通説であるのか」を理論的に明らかにするところにある）。したがって，読者諸氏におかれては，「本書では，刑法総論の理論と判例実務に関する基本的に穏当な解釈が述べられている」と理解していただいて差し支えない。

＊＊

　連載および本書を執筆するにあたっては，判例時報社の山下由里子，中平峻の両氏に大変お世話になった。心よりお礼を申し上げる。

　連載各回，本書各章の冒頭にはリードとして仮想対話が挿入されているが，これは，山下氏の「いきなり本題に入るのではなく，なにか読みやすいものを頭に置こう」というかけ声から始まったものである。告白すると，私は当初，この作業を面倒に感じ，論文の要旨をただ会話調に変換しただけのものを提出しては，氏から全面的に書き直しを命じられる，ということを繰り返していた。しかし，あるころから，「せっかく書くのだから，もっと積極的にとらえていこう」と思い直し，仮想対話で新たな問題提起や論証を行えるよう工夫し始めた。それが成功しているかははなはだ心もとないが，とにもかくにも，いくつかの学術論文で仮想対話を引用，検討

はしがき

していただけたのは，私にとってはとてもうれしいことであった。いままでは，氏のご提案を本当にありがたく感じている。なお，付言すると，氏による「ダメ出し」はリードのみならず本文にも及んでおり，最近，各方面から「君の文章は読みやすくなったね」との声をいただくのはそのせいではないかとひそかに思っている。

また，中平氏には，連載から書籍化の段階に至るまで，きわめて迅速かつ的確に，体裁を整えたり表記を統一したりするなどの編集作業を行っていただいている。私は氏の手になる初校校正刷に接するたび，その不自然とさえいえる高い完成度と自身の執筆内容のレベルとが，あまりにも乖離していることを気に病んでいた。この先も各論の連載が続くわけであるが，内容面はいかんともしがたいとしても，せめて形式面においては，もう少しまともなものを氏に提出できるよう努力していきたいと思う。

＊＊＊

私はかつて，最も尊敬する刑法学者のひとりから，「刑法学者の賞味期限は研究歴にして10年または20年であり，そのいずれになるかは君のがんばり次第だよ」といわれたことがある。「私はがんばった」という都合のよい仮定をおいたとき，本書の原稿を研究歴20年目に完成しえたのは大変幸いなことであった。もっとも，本書は現実には，とっくに「賞味期限切れ」を起こしているかもしれず，その点については読者諸氏のご海容を乞うほかない。

2018年7月
七夕の翌朝に
著者

◆ 目　次

◆第1章　刑罰の目的 —————————————————— 1

Ⅰ　小林充［原著］植村立郎［監修］園原敏彦［改訂］『刑法〔第4版〕』（立花書房，2015）7・8頁 …………………… 3

Ⅱ　応報刑論 ……………………………………………………… 5

　1　観念的応報刑論　5

　2　目的論的応報刑論　6

Ⅲ　特別予防論 …………………………………………………… 10

Ⅳ　一般予防論 …………………………………………………… 13

　1　消極的一般予防論——通常の一般予防論ないし抑止刑論　13

　2　積極的一般予防論　17

Ⅴ　刑罰目的のコンビネーション ……………………………… 18

　1　コンビネーションと裁判官の裁量　18

　2　コンビネーションと学説　20

Ⅵ　刑罰目的と死刑 ……………………………………………… 22

◆第2章　法益保護主義 —————————————————— 25

Ⅰ　法と道徳の区別 ……………………………………………… 27

　1　総　説　27

　2　最決昭55・11・13刑集34・6・396　29

　3　最決昭53・5・31刑集32・3・457＝外務省機密漏えい事件　37

Ⅱ　法益の種類とその保護態様 ………………………………… 41

　1　法益の類型　41

　2　集合的（公共財的）法益　43

Ⅲ　おわりに——法益論の実践的重要性 ……………………… 46

目 次

◆第3章　罪刑法定主義 —— 47

- Ⅰ　総　説 …… 50
  - 1　自由主義的基礎　50
  - 2　民主主義的基礎　54
- Ⅱ　主として自由主義的基礎にかかわる判例 …… 57
  - 1　最判平 8・11・18 刑集 50・10・745 ＝岩手県教組事件　57
  - 2　最大判昭 50・9・10 刑集 29・8・489 ＝徳島市公安条例事件　59
  - 3　大判昭 15・8・22 刑集 19・540 ＝ガソリンカー事件　62
- Ⅲ　主として民主主義的基礎にかかわる判例 …… 65
  - 1　最大判昭 37・5・30 刑集 16・5・577　65
  - 2　最判平 8・2・8 刑集 50・2・221　67
- Ⅳ　その他の原理にかかわる判例 …… 68
  - 1　最大判昭 49・11・6 刑集 28・9・393 ＝猿払事件　68
  - 2　最大判昭 35・1・27 刑集 14・1・33　70
- Ⅴ　おわりに …… 73

◆第4章　責任主義 —— 76

- Ⅰ　総　説 …… 78
- Ⅱ　伝統的に責任主義にかかわるとされてきた（裁）判例 …… 81
  - 1　最判昭 26・9・20 刑集 5・10・1937　81
  - 2　札幌高判昭 51・3・18 高刑集 29・1・78 ＝北大電気メス事件　85
  - 3　最決昭 62・7・16 刑集 41・5・237 ＝百円札模造事件　88
- Ⅲ　理論的に責任主義にかかわりうる（裁）判例 …… 90
  - 1　最決平元・3・14 刑集 43・3・262 ＝荷台事件　90
  - 2　最決昭 62・3・26 刑集 41・2・182 ＝勘違い騎士道事件　95
  - 3　その他の事例類型 …… 98
- Ⅳ　おわりに …… 100

◆第5章　不作為犯 ──────────────── 101
Ⅰ　不作為の意義 …………………………………………… 104
　1　行為論と構成要件論　104
　2　不真正不作為の可罰性　107
Ⅱ　平成以降の最高裁判例 ………………………………… 110
　1　最決平元・12・15刑集43・13・879　110
　2　最決平17・7・4刑集59・6・403＝シャクティパット事件　112
　3　最決平15・3・12刑集57・3・322＝誤振込み事件　116
　4　最決平21・12・7刑集63・11・1899＝川崎協同病院事件　121
　5　最決平24・2・8刑集66・4・200＝三菱リコール隠し事件　124
Ⅲ　その他の（裁）判例 …………………………………… 130
　1　ひき逃げ　130
　2　既発の火力を利用する意思　132
　3　出産後の放置　132
Ⅳ　おわりに ……………………………………………… 133

◆第6章　因果関係（上）────────────── 134
Ⅰ　はじめに ……………………………………………… 136
Ⅱ　条件関係 ……………………………………………… 137
　1　仮定的消去公式と合法則的条件公式　137
　2　結果回避可能性　139
Ⅲ　（法的）因果関係 ……………………………………… 141
　1　相当因果関係　141
　2　危険の現実化　143
　3　危険の現実化が要請される根拠　144
　4　事例の類型化　145
　5　危険の現実化の射程　148

目次

　　Ⅳ　おわりに……………………………………………………………… 151

◆第7章　因果関係（下）────────────────── 154
　Ⅰ　不作為の因果関係…………………………………………………… 156
　Ⅱ　介在事情の寄与度が小さい場合…………………………………… 160
　　1　最決平2・11・20刑集44・8・837＝大阪南港事件　160
　　2　最決平16・2・17刑集58・2・169＝患者不養生事件　163
　Ⅲ　介在事情を誘発している場合……………………………………… 166
　　1　最決昭63・5・11刑集42・5・807＝柔道整復師事件　166
　　2　最決平4・12・17刑集46・9・683＝夜間潜水事件　167
　　3　最決平15・7・16刑集57・7・950＝高速道路進入事件　170
　　4　最決平16・10・19刑集58・7・645＝高速道路上停止事件　172
　　5　最決平22・10・26刑集64・7・1019＝日航機ニアミス事件　173
　Ⅳ　一般的生活危険が逸脱されている場合…………………………… 177
　Ⅴ　行為時の特殊事情…………………………………………………… 179
　Ⅵ　因果関係とは別次元の考慮？……………………………………… 181
　　1　最決平9・10・30刑集51・9・816＝ＣＤ事件　181
　　2　最決昭53・3・22刑集32・2・381＝熊撃ち事件　184

◆第8章　被害者の同意─────────────────── 187
　Ⅰ　総　説……………………………………………………………… 190
　　1　不法阻却の根拠　190
　　2　体系的位置づけ　192
　　3　不法阻却の限界　193
　Ⅱ　錯誤に基づく同意………………………………………………… 195
　　1　最判昭33・11・21刑集12・15・3519＝偽装心中事件　195
　　2　条件関係的錯誤説，重大な錯誤説の問題点　196
　　3　法益関係的錯誤説の展開　198

Ⅲ	その他の不自由な同意………………………………………………	200
	1　緊急状況の欺罔　200	
	2　強　制　203	
Ⅳ	被害者の同意の効果…………………………………………………	206
Ⅴ	危険の引受け…………………………………………………………	206
	1　千葉地判平 7・12・13 判時 1565・144 ＝ダートトライアル事件　206	
	2　検　討　208	
Ⅵ	推定的同意……………………………………………………………	210
Ⅶ	おわりに………………………………………………………………	211

◆第9章　正当防衛（上） ──────── 213

Ⅰ	相互闘争状況における正当化の制限…………………………………	216
	1　正当防衛の特徴とその根拠　216	
	2　自招による正当化の制限という議論の本質　220	
Ⅱ	侵害の予期と積極的加害意思，防衛の意思…………………………	222
	1　最決昭 52・7・21 刑集 31・4・747 ＝内ゲバ事件　222	
	2　検　討　223	
Ⅲ	不正の先行行為による侵害の招致……………………………………	228
	1　最決平 20・5・20 刑集 62・6・1786 ＝ラリアット事件　228	
	2　検　討　229	
Ⅳ	その後の判例…………………………………………………………	233
	1　最決平 29・4・26 刑集 71・4・275　233	
	2　検　討　234	
Ⅴ	おわりに………………………………………………………………	236

◆第10章　正当防衛（下） ──────── 239

Ⅰ	侵害の継続性…………………………………………………………	245
	1　最判平 9・6・16 刑集 51・5・435　245	

2　検　討　247
　Ⅱ　量的過剰防衛………………………………………………………………249
　　　1　最決平21・2・24刑集63・2・1　249
　　　2　検　討　250
　Ⅲ　おわりに……………………………………………………………………258

◆第11章　緊急避難────────────────────　261
　Ⅰ　緊急避難の正当化原理……………………………………………………265
　Ⅱ　危難の「現在」性…………………………………………………………268
　　　1　最判昭35・2・4刑集14・1・61＝関根橋事件（差戻上告審）　268
　　　2　検　討　269
　Ⅲ　生命に対する（攻撃的）緊急避難………………………………………271
　　　1　東京地判平8・6・26判時1578・39＝オウム真理教集団リンチ
　　　　 殺人事件　271
　　　2　検　討　272
　Ⅳ　自招危難……………………………………………………………………275
　　　1　東京高判平24・12・18判時2212・123　275
　　　2　東京高判昭45・11・26判タ263・355　277
　Ⅴ　過剰避難……………………………………………………………………279
　　　1　法益権衡の逸脱　279
　　　2　補充性の逸脱　280

◆第12章　故意（上）───────────────────　283
　Ⅰ　はじめに……………………………………………………………………287
　Ⅱ　事実の錯誤と法律の錯誤の区別…………………………………………289
　　　1　最決平18・2・27刑集60・2・253　289
　　　2　区別の原理　290
　　　3　行政犯（法定犯）の故意と禁止違反の認識　293

Ⅲ　主観的超過要素（超過的内心傾向）……………………………………… 294
　　Ⅳ　早すぎた構成要件の実現……………………………………………………… 296
　　　1　最決平16・3・22刑集58・3・187＝クロロホルム事件　296
　　　2　標題判例の検討　299
　　　3　その他の事例および（裁）判例　303

◆第13章　故意（下) ────────────────── 306
　　Ⅰ　はじめに………………………………………………………………………… 309
　　Ⅱ　具体的事実の錯誤──とくに，方法の錯誤………………………………… 309
　　　1　最判昭53・7・28刑集32・5・1068＝びょう打ち銃事件　309
　　　2　大阪高判平14・9・4判タ1114・293　314
　　Ⅲ　抽象的事実の錯誤……………………………………………………………… 318
　　　1　故意が阻却されない場合　318
　　　2　故意が阻却される場合　324
　　　3　符合が争われうる場合　325

◆第14章　過失（上) ────────────────── 328
　　Ⅰ　はじめに………………………………………………………………………… 334
　　Ⅱ　三種類の注意義務……………………………………………………………… 335
　　　1　作為義務　335
　　　2　許された危険　337
　　　3　情報収集義務　340
　　Ⅲ　予見可能性の判断方法………………………………………………………… 341
　　　1　標　準　341
　　　2　程　度　342
　　　3　客　体　343
　　　4　因果経過　345
　　Ⅳ　おわりに………………………………………………………………………… 349

目 次

  1 過失論争の実務的意義？ 349
  2 その後の学説の展開 350

◆第15章 過失（下） 354

 Ⅰ はじめに 358
 Ⅱ 結果回避可能性 358
  1 最判平15・1・24判時1806・157 358
  2 結果回避可能性の理論的意義 361
  3 結果回避可能性の具体的な判断方法 362
 Ⅲ 信頼の原則 364
  1 総　説 364
  2 最決平16・7・13刑集58・5・360 366
 Ⅳ 特殊過失──管理・監督過失を中心に 369
  1 はじめに 369
  2 注意義務違反 370
  3 注意義務違反と結果との関係 372
  4 過失犯における正犯性 373

◆第16章 違法性の意識とその可能性 376

 Ⅰ 理論的意義 379
  1 総　説 379
  2 異説の検討 382
 Ⅱ　（裁）判例の変遷 384
  1 最判昭25・11・28刑集4・12・2463 384
  2 東京高判昭44・9・17高刑集22・4・595＝黒い雪事件 385
  3 最判昭53・6・29刑集32・4・967＝羽田空港ビルデモ事件および
    最決昭62・7・16刑集41・5・237＝百円札模造事件 387
 Ⅲ 発展問題 391

        1　最判昭 32・10・18 刑集 11・10・2663　391
        2　大阪高判平 21・1・20 判タ 1300・302　393

◆第17章　責任能力と原因において自由な行為　　　　　　400
    Ⅰ　責任能力　　　　　　　　　　　　　　　　　　　　　　406
        1　総　説　406
        2　異説の検討　408
    Ⅱ　原因において自由な行為　　　　　　　　　　　　　　　　409
        1　総　説　409
        2　主として心神耗弱を想定した補助原理　412
        3　(裁)判例の検討　414
    Ⅲ　理論モデルの実務的考察――原因において自由な行為を中心に
    　　　　　　　　　　　　　　　　　　　　　　　　　　　422

◆第18章　未遂犯（上）　　　　　　　　　　　　　　　424
    Ⅰ　総　説　　　　　　　　　　　　　　　　　　　　　　　428
    Ⅱ　実行の着手時期　　　　　　　　　　　　　　　　　　　431
        1　終了（実行）未遂　431
        2　未終了（着手）未遂　437

◆第19章　未遂犯（中）　　　　　　　　　　　　　　　460
    Ⅰ　不能犯の理論　　　　　　　　　　　　　　　　　　　　465
        1　不能犯の不可罰性　465
        2　不能犯の限界　466
    Ⅱ　不能犯の（裁）判例　　　　　　　　　　　　　　　　　471
        1　方法の不能　471
        2　客体の不能　474

目 次

◆第20章　未遂犯（下）─────────────── 483
　Ⅰ　中止未遂の減免根拠・・ 485
　　1　総　説　485
　　2　派生的な問題　487
　Ⅱ　要求される中止行為の内容・・・・・・・・・・・・・・・・・・・・・・・・・・・・・・・・・・ 489
　　1　総　説　489
　　2　東京高判昭 62・7・16 判時 1247・140 ＝牛刀事件　491
　Ⅲ　中止行為と既遂不到達との間の因果関係・・・・・・・・・・・・・・・・・・・ 493
　Ⅳ　真摯な努力・・ 494
　　1　総　説　494
　　2　大判昭 12・6・25 刑集 16・998　497
　Ⅴ　任意性・・ 498
　　1　総　説　498
　　2　最決昭 32・9・10 刑集 11・9・2202　504

◆第21章　間接正犯────────────────── 507
　Ⅰ　間接正犯の構造・・ 512
　　1　他者の行為の帰属と自身の行為の帰属　512
　　2　行為そのものの性質と行為後の介在事情の性質　514
　Ⅱ　刑事未成年を利用する間接正犯・・・・・・・・・・・・・・・・・・・・・・・・・・・・ 516
　　1　最決平 13・10・25 刑集 55・6・519　516
　　2　検　討　517
　Ⅲ　強制ないし欺罔による間接正犯・・・・・・・・・・・・・・・・・・・・・・・・・・・・ 520
　Ⅳ　故意ある幇助道具（実行行為を担当する従犯）・・・・・・・・・・・・・ 523
　　1　横浜地川崎支判昭 51・11・25 判時 842・127　523
　　2　検　討　523
　Ⅴ　非身分者による身分犯の間接正犯・・・・・・・・・・・・・・・・・・・・・・・・・ 525
　　1　最判昭 32・10・4 刑集 11・10・2464　525

2　検　　討　526
　　　3　展　　望　528
　Ⅵ　適法行為を利用する間接正犯……………………………………………　531
　Ⅶ　その後の学説の展開および関連する問題…………………………………　532
　　　1　刑法199条と202条の区別　532
　　　2　刑法202条内部の区別　536

◆第22章　共犯の処罰根拠と従属性──────────────　541
　Ⅰ　共犯の処罰根拠………………………………………………………………　546
　　　1　責任共犯説と不法共犯説　546
　　　2　惹起説（因果的共犯論）　547
　Ⅱ　共犯の従属性…………………………………………………………………　552
　　　1　総　　説　552
　　　2　実行従属性　553
　　　3　要素従属性　555
　　　4　罪名従属性　559

◆第23章　共犯の因果性（上）─────────────────　564
　Ⅰ　共犯の因果性の本質…………………………………………………………　567
　　　1　東京高判平2・2・21判タ733・232＝宝石商殺害事件　567
　　　2　検　　討　568
　Ⅱ　共犯関係の解消………………………………………………………………　571
　　　1　総説──因果性遮断説　571
　　　2　離脱者が設定した救助的因果の断絶　576
　　　3　「別個の犯罪事実」論　577
　　　4　残余者による一方的排除　578
　　　5　離脱者の真摯な努力　581
　　　6　正当防衛の共謀　582

目 次

◆第24章　共犯の因果性（下） ──────────── 586
Ⅰ　承継的共犯 ……………………………………………………… 591
　1　最決平 24・11・6 刑集 66・11・1281　591
　2　検　討　594
Ⅱ　日常（中立）的行為による幇助 ……………………………… 602
　1　最決平 23・12・19 刑集 65・9・1380 ＝ ウィニー事件　602
　2　検　討　609

◆第25章　共同正犯の成立要件 ─────────── 616
Ⅰ　総　説 …………………………………………………………… 623
　1　共同正犯の 2 つの成立要件　623
　2　おのおのの具体的内容　624
　3　3 種類の幇助犯　625
　4　他説および他概念の検討　628
Ⅱ　共謀共同正犯 …………………………………………………… 633
　1　最決平 15・5・1 刑集 57・5・507 ＝ スワット事件　633
　2　検　討　636
Ⅲ　異なる罪名にまたがる共犯の成否 …………………………… 638
　1　共同性がない場合　638
　2　共同性がある場合　639

◆第26章　共同正犯の諸問題（上） ─────────── 641
Ⅰ　共同正犯と幇助犯の区別 ……………………………………… 645
　1　総　説　645
　2　（裁）判例の検討　647
Ⅱ　共謀の射程 ……………………………………………………… 652
Ⅲ　片面的共同正犯 ………………………………………………… 655

1　大判大 11・2・25 刑集 1・79　655
   2　検　討　656

◆**第27章　共同正犯の諸問題（下）**────────── 660
   I　過失の共同正犯……………………………………………………… 666
   　1　総　説　666
   　2　（裁）判例の検討　669
   II　共同正犯者間の違法の相対性…………………………………… 675
   　1　総　説　675
   　2　最決平 4・6・5 刑集 46・4・245 ＝フィリピンパブ事件　679

◆**第28章　不作為による関与**──────────────── 683
   I　総　説……………………………………………………………… 689
   　1　意　義　689
   　2　処罰根拠　691
   　3　不法類型とその要件　692
   　4　不作為に対する関与　694
   II　近時の（裁）判例の検討………………………………………… 694
   　1　大阪高判平 2・1・23 高刑集 43・1・1　694
   　2　東京高判平 11・1・29 判時 1683・153　695
   　3　札幌高判平 12・3・16 判時 1711・170　696
   　4　大阪高判平 13・6・21 判タ 1085・292　697
   　5　広島高判平 17・4・19 高刑裁速〔平 17〕312　698
   　6　名古屋高判平 17・11・7 高刑裁速〔平 17〕292　699
   　7　さいたま地判平 18・5・10 裁判所 HP　699
   　8　東京高判平 20・6・11 判タ 1291・306　700
   　9　東京高判平 20・10・6 判タ 1309・292　701
   　10　最決平 25・4・15 刑集 67・4・437　702

目次

◆第29章　身分犯の共犯────────────── 704
　Ⅰ　総　説……………………………………………………… 712
　　1　身分犯の共犯に関する解釈の指針　712
　　2　刑法65条に関する解釈の指針　714
　Ⅱ　各　説……………………………………………………… 717
　　1　二重の身分犯　717
　　2　主観的要素と身分　719
　　3　事後強盗罪における「窃盗」と身分　721

◆第30章　罪　数────────────────── 724
　Ⅰ　はじめに…………………………………………………… 727
　Ⅱ　包括一罪…………………………………………………… 727
　　1　最決昭61・11・18刑集40・7・523　727
　　2　最決平22・3・17刑集64・2・111　731
　Ⅲ　科刑上一罪………………………………………………… 737
　　1　最大判昭51・9・22刑集30・8・1640　737
　　2　最決昭53・2・16刑集32・1・47　741
　Ⅳ　併合罪……………………………………………………… 742
　　1　最判平15・7・10刑集57・7・903＝新潟監禁事件　742
　　2　検　討　745

◆第31章　犯罪論の体系──────────────── 749
　Ⅰ　犯罪論の体系を扱う意義………………………………… 749
　Ⅱ　「故意と過失」,「不法と責任」というパラメーター…… 749
　　1　4つの犯罪論体系　749
　　2　目的的行為論　750
　　3　客観的帰属論　751

		4　私　見　751
	Ⅲ　さらなるパラメーター……………………………………………………752
		1　「作為と不作為」というパラメーター　752
		2　「既遂と未遂」というパラメーター　753

◆**判例索引**──────────────────────── 755
◆**事項索引**──────────────────────── 762

◆凡　例

判例研究
最判解刑　最高裁判所判例解説刑事篇
重判解　重要判例解説（ジュリスト臨時増刊）

雑誌
警研　警察研究
刑ジャ　刑事法ジャーナル
刑法　刑法雑誌
現刑　現代刑事法
ジュリ　ジュリスト
時法　時の法令
判評　判例評論
法教　法学教室
曹時　法曹時報
法時　法律時報

判例・判決集
大判　大審院判決
大連判　大審院連合部判決
最判（決）　最高裁判所判決（決定）
最大判（決）　最高裁判所大法廷判決（決定）
高判（決）　高等裁判所判決（決定）
地判（決）　地方裁判所判決（決定）

刑録　大審院刑事判決録
刑集　大審院刑事判例集，最高裁判所刑事判例集
集刑　最高裁判所裁判集刑事
高刑集　高等裁判所刑事判例集
高刑裁速　高等裁判所刑事裁判速報集
高検速報　高等裁判所刑事裁判速報
高刑裁特　高等裁判所刑事裁判特報
高刑判特　高等裁判所刑事判決特報
東高刑時報　東京高等裁判所判決時報
下刑集　下級裁判所刑事裁判例集
刑月　刑事裁判月報
判時　判例時報
判タ　判例タイムズ
新聞　法律新聞

紀要・論文集
金沢　金沢法学
慶法　慶應法学
上法　上智法學論集
千葉　千葉大学法学論集
同法　同志社法學
法協　法学協会雑誌
立教　立教法学
立命　立命館法學
早法　早稲田法学

第1章

刑罰の目的

　山下はベテランの裁判官，小林は新米の裁判官（実在する人物，とくに，編集者や著者とは関係ありません。以下の章においても同じ）。

山下：実務家向け雑誌の出版社が刑法学者の本〔『刑法総論の理論と実務』〕を出すとは，ずいぶん珍しい企画だね。

小林：しかも，第1章は刑罰の目的ですよ。司法試験の，少なくとも，論文式試験には絶対に出ないところです〔短答式や口述には出されることがあった〕。こんなのは学者の自己満足ですよ。

山下：判例もない？

小林：あるわけがないでしょう。刑罰の目的について学者どうしがどのように争おうと，そして，たとえば，裁判官がどの学者の見解を適切であると考えていようと，いずれにせよ，窃盗犯には刑法235条で定められた刑罰を科さなくてはならないんですから。

山下：そういうことか……ところで，法学部生が最初に目にする刑事判例は何だろうね。

小林：そうですね，死刑に関するものなどが考えられます。私は大学1年生の法学入門の講義で，最初に永山事件判決〔最判昭58・7・8刑集37・6・609〕を読まされましたよ。

山下：しかし，そこには罪刑の均衡とか一般予防などといった語が出てくるだろう。後者はもちろんのこと，前者についても，罪刑法定主義などとのからみでも議論されてはいるけれども，応報刑論を前提とした刑量の縛りという理解が一般的であり，それは刑罰目的論そのものではないかな。

小林：死刑判決は特殊ですよ。立場上，あまり大っぴらにはいえませんが，その刑罰としての正当性には大いに疑問がありますし，現に，違憲だと思っている法曹は非常に多いはずです。ぜひ，判時の2264号（2015）以下に載っている死刑制度の特集記事を読んで下さい。そういうわけですから，死

第1章　刑罰の目的

刑を合憲として裁判所がこれを言い渡す場合であっても，その理由づけには十分に意を用いなければなりませんし，また，基準も厳格かつ適用にも慎重を期さなければなりません。

山下：逆にいうと，死刑を争う場合には，弁護人等も刑罰目的論を十分にふまえたうえで主張を展開しなければならないわけだ。このように，刑事立法の合憲性が，罪刑法定主義を云々する以前に，科される刑罰そのものにおいて「微妙」である場合が，実務家が刑罰目的論を扱わなければならない第1の局面ということだね。ほかには？

小林：あとは，そうですね，裁判員裁判が始まってから学者と研究会をする機会が増えたのですが，いわゆる量刑論がテーマになることが多いですよね。そういったとき，（一部の？）裁判官が発言のなかで，学者以上に刑罰目的論の用語を使っているのが気になります。刑罰は責任に相応したものでなければならないかとか，責任は一点に定まるのか，それとも幅があるのかとか，全部，ドイツの量刑論に由来するそうです。

山下：私も量刑論の細かい学説は知らないが，ひとつだけいえるのは，わが国の刑罰法規は法定刑の幅が非常に広く，ある意味で，議会が裁判所に対して「あなたのところで適切な刑を決めて下さい」と委任している側面が否定できない，ということだ。ベテランの実務法曹は事実関係を見ただけで，瞬時に「刑はこのくらいかな」と的確に判断できる（むろん，実際にはきちんと量刑データベースも参照するが）。それは，そういった大役を議会から担わされているため，日々，厳しいトレーニングを積んでいるからなんだよね。しかし，そこで「大役」というのは，仕事が多い，コツをつかむのが難しいなどといった意味だけではない。たしかに，仕事は多すぎる気もするが（苦笑），それだけではなく，議会に代わって国民に対し，一定の体系的かつ説得力のある理論に基づいて，法曹がその量刑判断を正当化しなければならない，という意味でも「大役」なんだよ。こうして，量刑の判断が，実務家にとって刑罰目的論を身につけなければならない第2の局面となるわけだ。

小林：なるほど。要するに，刑罰目的論というのは，死刑にせよ量刑にせよ，刑罰の正当性を基礎づけるという，本来，立法の役割であるはずのものを法曹が（部分的にであれ）担わなければならないとき，その武器になるということですね。とすると，第3の局面は，法曹が立法そのものに携わる場合ということになりますか。

山下：そのとおり。たしかに，立法作業そのものに関わる法曹は割合としては

少ない。いわゆる立法解説も，まさに少数精鋭という感じだよね。しかし，たとえそうであるとしても，（その理論的側面においても）重要な法律が，立案段階から法曹抜きで出来上がるなどということは考えられない。そして，立法作業においては，まさに，その法曹こそが刑罰の正当性とその限界にかかる議論をわきまえておかなければならないんだよ。

小林：しかも，「このとき，こういう刑罰を科してよいか」という判断だけではなく，「そもそも刑罰とは何ぞや」という判断を迫られることもありますよね。医療観察法のときの議論などは，まさにそうでした。刑罰に処分の要素を含めると新派だと非難され，反対に，刑罰と処分の二元主義を語ると人権侵害だと批判される，という時代が続いてきたので，強制入院・治療の法的性質も，なんともいいようのない感じです。あっさり，「わが国でも二元主義が導入された」と書いている学者もいるようですが（苦笑）。

山下：『刑法総論の理論と実務』の著者は，新派だとの非難が合理的根拠を欠くという以前に，そもそも，現実の犯罪要素や刑罰が処分の観点を容れなければ整合的に説明しえない，と主張しているようだね。その関係で量刑論も論文のテーマにしたかったそうだが，指導教員〔西田典之教授〕から「実務家が言語化されていない理屈を握っている分野だから，君には無理だ」と却下されたらしい。とはいえ，その後，裁判員裁判が始まったこともあって，若手研究者の間でこの「理屈」を言語化しようとする試みもなされているようだから，著者も多少は進歩したかもしれないね。

◆

I　小林充［原著］植村立郎［監修］園原敏彦［改訂］『刑法〔第4版〕』（立花書房，2015）7・8頁

標記の記述は次のようになっている。

「刑罰理論についても，相対的にせよ人間の自由意思を肯定する以上，応報刑主義を基本とすべきである。違法な行為をしたことに対する報いとして苦痛である刑罰を科するということは，人間の本性に基づく自然な要求であり，それなくして人間社会は存立し得ないといっても過言ではない。
しかし，応報刑主義と特別予防主義など他の要請は，必ずしも両立し得

ないものではない。応報刑の基礎のもとに特別予防的な配慮をし，犯人の教化，改善を図るということは十分可能である。ただ，基調はあくまでも応報であるから，刑罰の内容の決定に際しては，犯罪の方法，結果等から導かれる非難の程度に重点を置くべきで，特別予防など刑事政策的要素は付随的にのみ考慮されるべきであろう。

改正刑法草案48条が，その1項において，『刑は，犯人の責任に応じて量定しなければならない』と，2項において，『刑の適用にあたっては，犯人の年齢，性格，経歴及び環境，犯罪の動機，方法，結果及び社会的影響，犯罪後における犯人の態度その他の事情を考慮し，犯罪の抑制及び犯人の改善更生に役立つことを目的としなければならない』とそれぞれ規定しているのは，この趣旨を示すものと理解できる」。

量刑の基本にあるのが刑罰の目的であり，かつ，量刑傾向というものが裁判官（および，場合によっては裁判員）の間で共通了解として存在しうる以上[1]，刑罰の目的に関する以上のような記述もまた，それなりに共有されているものと強く推測される。そして，措辞に若干の古さを感じさせる

---

[1] 最判平26・7・24刑集68・6・925を参照。周知のように，被告人両名を各懲役15年に処した裁判員裁判による第1審判決を維持した原判決を破棄，自判し，それぞれ懲役10年および懲役8年に処したものであるが，一般論として冒頭で次のように述べている。「我が国の刑法は，一つの構成要件の中に種々の犯罪類型が含まれることを前提に幅広い法定刑を定めている。その上で，裁判においては，行為責任の原則を基礎としつつ，当該犯罪行為にふさわしいと考えられる刑が言い渡されることとなるが，裁判例が集積されることによって，犯罪類型ごとに一定の量刑傾向が示されることとなる。そうした先例の集積それ自体は直ちに法規範性を帯びるものではないが，量刑を決定するに当たって，その目安とされるという意義をもっている。量刑が裁判の判断として是認されるためには，量刑要素が客観的に適切に評価され，結果が公平性を損なわないものであることが求められるが，これまでの量刑傾向を視野に入れて判断がされることは，当該量刑判断のプロセスが適切なものであったことを担保する重要な要素になると考えられるからである。

この点は，裁判員裁判においても等しく妥当するところである。裁判員制度は，刑事裁判に国民の視点を入れるために導入された。したがって，量刑に関しても，裁判員裁判導入前の先例の集積結果に相応の変容を与えることがあり得ることは当然に想定されていたということができる。その意味では，裁判員裁判において，それが導入される前の量刑傾向を厳密に調査・分析することは求められていないし，ましてや，これに従うことまで求められているわけではない。しかし，裁判員裁判といえども，他の裁判の結果との公平性が保持された適正なものでなければならないことはいうまでもなく，評議に当たっては，これまでのおおまかな量刑の傾向を裁判体の共通認識とした上で，これを出発点として当該事案にふさわしい評議を深めていくことが求められているというべきである」。

ところがないではないものの，このような記述は研究者においてもほぼ全面的に支持しうるものと考えられる。以下では，その所以を少し抽象的な議論にまでさかのぼって説明することとしたい。

II 応報刑論

1 観念的応報刑論

　刑罰の目的として，まず，標記の記述は応報刑を基本とすべきだという。もっとも，応報ということばは日常生活においても，また，宗教においてもしばしば使用される一般的なものではあるが，刑罰目的論の文脈で用いられる際には特別な負荷を担わされており，しかも，その意味も一様ではないことに注意を要する。

　その第1は，純粋に観念的な意味における応報である（ドイツ観念論にいう「観念的」である）。たとえば，「人を殺しておきながら，自分は殺されたくないという身勝手はとおらない」という発想（カント）や，「人を殺すというのは，その人を対等な人格として扱っていない（いわば家畜と同様に扱っている）ということであり，それに対応する罰を受けることによってその人の人格が回復するとともに，罰を受けた者もまた，まさに罰を受ける資格があるということの確認をとおして対等な人格の承認を得る」という発想（ヘーゲル）がそれである。その背景には「理性をもつ（つまり，責任無能力でない）人」という人間像があり，そういった人は何物にも規定されることなく自由に人殺しを選んだのだ，ということになる。この第1の応報の観念が人の自由意思を前提にしているといわれるとき，したがって，それはあらゆる因果的影響を免れたまさに抽象的かつ観念的なそれを企図しているのであり，しばしば形而上学的な意思自由と評される理由もそこにある。そして，やや古めの教科書類においては，とくにことわりなく応報刑論といえばこの観念的応報刑論を指していたことから[2]，一定の年齢以上の法学部出身者は応報刑論といわれればすぐにカントやヘーゲルを思い浮かべる，という状況が存在する。

　2　代表的には，団藤重光『刑法綱要総論〔第3版〕』（創文社，1990）21頁以下をあげることができる。同書はさらに，カントやヘーゲルの刑罰理論を「形而上学的傾向」と評する。

第1章　刑罰の目的

しかし，このような応報の観念は標記の記述が想定しているものではもちろんないし，また，今日の学界において一般に承認されているものでもない。しかも，その理由は，あまりにも抽象的かつ哲学的であって実践的でないという以前に，そもそも，そこで前提とされている人間像が今日の社会で一般に承認されているそれに照らして著しく不合理である，というところにある。たとえば，昨今の道路交通犯罪に対する刑事法的対応の強化に関しては，それが本当に必要なものであったか，現実の法改正が目的を達成するのに適合的な手段であったか，重罰化が弊害をもたらすのではないか等の批判が継続的になされてはいるけれども[3]，少なくとも，交通事故による死者の減少につながっていることは否定しがたいであろう。人が何物にも規定されず完全に自由に意思決定するというのは不自然なフィクションであって，実際には，あることをした場合に加えられる痛みが増せばそれをやめようとするより強い動機づけをもつものである。

そして，このように，責任無能力等でない，自由な意思をもつはずの人もまた一定の因果的影響を受けながら意思決定していくのだとすれば，違法なことをしたことに対する無目的な一種の反作用——押しつぶしたらその分だけ押し返そうとしてくるゴムまりのように——として刑罰をとらえる必然性はまったくない。というより，そのようにとらえることはもはや刑罰理論の枠をはみ出し，むしろ論者の私的な信仰に近づくことになると思われる。実際にも，裁判官は言い渡すべき刑罰が目前の被告人，ひいては，社会全般にどのような影響を与えるかを常に想定しながら判決を下すのであり，私自身，量刑の理由においてさえ，そのような「信仰」に基づいて論を展開する判決文を目にしたことは一度もない。

2　目的論的応報刑論

応報の第2は，違法な行為に対する報い（非難[4]）として刑罰を科すことが同時に実践的な効果を有する，という発想である。応報を人間社会の存立に必要な本性的要求ととらえる標記の記述も，明らかにこのような発想を基礎においている。それは応報をそれ自体として意味があるととらえるのではなく，あくまで，応報のもつ社会的有用性に着目してこれを正当化

---

[3] このような批判は，平成13年に危険運転致死傷罪が刑法に導入されたころからなされていた。書籍として体系的にまとめられたものとして，交通法科学研究会［編］『危険運転致死傷罪の総合的研究——重罰化立法の検証』（日本評論社，2005）を参照。

しようとするものであるから，目的論的応報刑論とよぶことができよう。この用語法が学界において一般的であるとはいえないが，現実には，応報をこのような意味にとらえたうえで一定の意義を見出そうとするものが多いと思われる。

　それでは，人間の本性的要求，いわば応報感情が人間社会の存立に欠かせないというのは具体的にはどのような意味であろうか。それは，おそらく次のようなことだと思われる。

　あなたが相手から理由もなく殴られたら，腹が立って相手を殴り返したいと思うであろう。これは人間の本性的要求のひとつであり，一般に応報感情といわれている。もしこのような本性的要求がなかったら，相手に見くびられて搾取され続ける可能性が高い。しかし，それでは当然，さまざまな人々が安全に共生する人間社会など存立すべくもなかろう。そして，そのような人間社会は（人間界に圧倒的強者など存在しない以上，原則として）すべての者にとって有益であるからこそ，われわれは他者が理由もなく殴られたとしてもやはり腹が立つのである[5]。もっとも，他方で，私的な実力行使を無制限に許容することがかえって安全を害しかねないことにかんがみ，国家が実力を独占し，そのような「殴り返し」もまた刑罰として国家が科すこととした。これが目的論的応報刑論の実体である，と。

　むろん，国家刑罰としていったん制度化された以上，たとえ，その源泉

---

[4] この非難の内実がここで述べるようなものであるとすれば，それは刑事すなわち刑法的制裁の構成要素にほかならないのであるから，一部学説のいうような道徳的非難ではありえず，文字どおりの（刑）法的非難である。また，キリスト教的伝統を有する国々の学説には，ここにいう非難を非難の受容，すなわち，苦痛や負担，金銭等を差し出すことによる贖罪ととらえるものもみられる。しかし，刑罰は人々が他人や社会ないし国家に害を及ぼすことを防止する——したがって，法益を保護する——ためだけに投入されるのであって，それを超えて，このような良心のはたらきにまで容喙するというのは国家の権限を逸脱している。判決文が量刑の理由においてしばしば被告人の「贖罪」的行動を重視するのも，したがって，前記「害」を減らしたとか再犯のおそれの低さをあらわしたことをとらえたものであって，決して文字どおりの贖罪を法的考察に加えているわけではないと思われる。

[5] むろん，怒りの程度は自身が殴られた場合とは異なるであろうし，また，当該他者との関係の濃淡によっても差が生じうる。これは人間の本性的要求という面から見れば，自身や自身を守ってくれそうな者を守ろうとする本能であろう。さらに，弱者に対する，あるいは，保護者的立場にある者による侵害に対してわれわれがより強度の怒りを感じるのは，自身が脆弱な立場におかれた場合の一種の「保険」としての意味を有する。このような分析は近時，刑法学界でも援用されることが多くなってきた進化心理学の知見であり（学生向け法律雑誌の巻頭言として，佐伯仁志「社会通念と脳の働き」法教340号（2009）を参照），経済学等，他のさまざまな学問分野にも影響を及ぼしている。

が応報といういわば生の要請に求められるとしても，むしろ，その機能的な効果のほうに着目して刑罰の本質とすべきだ，という主張もありうるであろう。つまり，「人を殴ったら刑務所に入れる」という制度を作ることによって，人を殴ることを抑止するという社会的有用性こそが刑罰の目的なのであり，応報感情などという合理的基礎を欠く本能を前面に押し出すべきではない，というわけである。学界において一時期，応報ということばがかなり否定的なニュアンスを与えられていたことがあったが[6]，それもまた，この「本能的であって合理的な説明がない」という意識が背景にあったのではないかと思われる。

たしかに，応報感情の実体をその機微にわたるまで前記抑止理論によって汲み尽くせるのであれば，もはや不合理な印象を与えることばに頼る必要はなかろう。しかし，この応報感情ということばには，見落とされがちなある重要な点をリマインドするという不可欠な機能がある。それは——一見，逆説的ではあるが——応報としての刑罰が合理的な基礎を欠くがゆえにこそ合理的な帰結を生み出す，という点である。

刑罰というのは，事後的に，つまり，それを科す段になってみれば不合理なものである。殺人犯を刑務所に入れても被害者は生き返らないばかりか，そのままでは再犯のおそれがある殺人犯を刑務所に収容する間に社会から隔離し，あるいは改善更生させるというプラスをしん酌してもなお，殺人犯を刑務所に収容し続けるマイナス——それは社会的なコストだけでなく，殺人犯の自由が奪われるという「被害」も含む——は多大なものであろう。しかし，それだからといって，殺人犯を刑務所に入れないわけにはいかない。そうすることではじめて事前的な観点から，つまり，長期的に見れば殺人を抑止するという合理的な効果が生み出されるからである。

むろん，この程度のことであれば，わざわざリマインドされなくてもただちに了解しうるかもしれない。しかし，事後的な不合理性が先に見たプラスさえ失われることでよりはっきりすると，前記抑止理論からすれば刑罰が科されるべきことは納得しにくいかもしれない。たとえば，これは法

---

6 おそらく，平野龍一博士の影響が強かったのではなかろうか。とくに，同『刑法総論Ⅰ』（有斐閣，1972）20頁以下のような記述にコミットすることが学界の主要なメンバーの間において，ある種の「インテリの証」として機能していた時期がある。これに対し，実務においては，たとえば，被害感情の考慮にとくに後ろめたさが感じられた時期があったようには思われない。そして，すぐあとに述べるように，私は理論的に見ても実務のほうに分があると考えている。

第 1 章 刑罰の目的

哲学の領域において思考実験としてしばしばあげられる例であるが[7]，殺人犯がなんらかの理由により不可逆的に記憶を喪失し，それとともに生来的な攻撃性をも失ったという場合，自身が殺人を犯したこともまったく覚えておらず，かつ，現に善良な市民として暮らしている者を刑務所に入れるべきであろうか。あるいは，こちらはドイツで一般予防と特別予防の関係という文脈においてしばしば議論される例であるが，かつてナチス犯罪（謀殺）を行った者がきわめて高齢になり再犯のおそれもまったくないというとき，はたしてその者を刑務所に入れるべきであろうか[8]。

ここでは，刑罰が犯人の再社会化等，特別予防の目的にまったく適合しないという点で[9]，事後的に見ればこれを科すことにおよそプラスを見出すことができない。しかし，それでもなお前記抑止理論からすれば刑罰を科すことが正しい。そうしないと，事前的な観点，つまり，将来，人を殺そうと考える者にとって，犯行後に記憶や攻撃性を失う，あるいは，高齢になり再犯のおそれがなくなるまで捕まらない可能性の分，抑止力が失われることとなるからである[10]。ドイツの量刑理論において有力な見解が，特別予防の必要性の欠如を考慮してなお刑を免除しえない理由を最低限度の一般予防の必要性に求めている[11]のも，このような趣旨に理解すべきであろう。

そして，このような一見すると納得しにくい帰結を，正当であるだけでなく自然なものとしても受容するための発想は，まさに，先に見た応報感情こそがリマインドしてくれる。われわれが責任無能力でもない者からい

---

7 より極端な数多くの例は，デレク・パーフィット［著］森村進［訳］『理由と人格――非人格性の倫理へ』（勁草書房，1998）などに見出すことができる。法哲学の分野においてあげられる事例が現実の事案として裁判の対象になることは考えにくいが，それでも，現実の事案を解決するための分析道具，理論枠組みの抽出にとっては非常に有用なものといえる。

8 周知のように，ドイツではナチス犯罪を処罰するため謀殺罪の公訴時効を廃止するとともに，これを遡及適用している。

9 わが国においては軽微な窃盗等を繰り返す高齢犯罪者の処遇が大きな問題となっているが，ここで刑罰の基礎づけに援用されるべき特別予防とはあくまで殺人のそれである。高齢犯罪者の実態については，たとえば，髙山佳奈子「高齢犯罪者の実態と特質」刑法53巻3号（2014）48頁以下を参照。

10 さらに，法哲学者は抑止力を失わせる要因として，人は殺人ののちに記憶や攻撃性を失わせる薬を飲むことで刑罰を免れられることになってしまう，と指摘する。もしそのような薬があれば，そのとおりであろう。

11 クラウス・ロクシン［著］井田良ほか［訳］『刑法における責任と予防』（成文堂，1984）所収の諸論稿を参照。

われのない暴力を受けたら腹が立って殴り返したいと思う，そういった応報感情は，いわば「後先考えず」に生じるものだからである。たとえば，殴り返しても殴られた痛みは消えないばかりか自分の拳まで痛むから，殴られても腹が立たないという人間は，われわれの社会のまともな構成員とは認識されないであろう。

Ⅲ　特別予防論

　標記の記述が応報刑論に続けて掲げるのは特別予防論である。そして，前者を基調としつつ両者は両立可能であるという。この点もまた，学界においてもほぼ異論なく承認されているところだと思われる。

　特別予防とは応報からは独立し，行為者の危険性ないし不法への傾向性を取り除こうとする発想である。その具体的な方途はさまざまであり，単純な社会からの隔離に始まり，治療や教育，再社会化に向けた種々の取組みが考えられる。一見すると「どぎつい」印象を与えかねないが，更生保護法に基づく保護観察の特別遵守事項のひとつとして導入された社会貢献活動などは，社会的包摂（social inclusion）を主に行為者の側から促進するという点で，特別予防にかなう側面を有しているのである[12]。

　また，かつて特別予防論は主観主義刑法学と結びつき，刑罰介入の著しい前倒しをもたらした歴史もある[13]。しかし，行為者の危険性が外部から認識可能と一口にいっても，現在の科学技術の水準では，たとえば，「行為者に特殊なレーザーを当てて反射した色によりその危険性を測る」などということはできない。なしうるのは，せいぜい，「不法に向けて[14]なすべきことのうち，どのあたりまでを実際になしたか」から行為者の危険性を推し量ることにすぎない。たとえば，Ｂという行為をすれば被害者が死ぬが，ＢをするにはＡという行為を先にしておかなければならないという場合，被害者の死を求める行為者がＡをしたにとどまる段階とＢまでした段階とでは，あとの段階のほうが行為者のより大きな危険性があらわれて

---

[12] この制度の概要と意義については，「法令解説」時法 1948 号（2014）20 頁以下，今井猛嘉「刑の一部の執行猶予と社会貢献活動――その意義と展望」罪と罰 51 巻 2 号（2014）20 頁以下などを参照。

[13] たとえば，実行の着手時期の前倒しに関し，小林憲太郎「実行の着手について」判時 2267 号（2015）3 頁以下を参照。

いる，といいうるにすぎないのである。かつての主観主義刑法学は，行為者の危険性を徴表するなんらかのきっかけを見つければ，そこから一気に——原理的には既遂犯と同量の——刑罰を介入させようとしていた。しかし，今日においてそのような「雑な」発想が妥当しうる余地はなく，結局のところ，特別予防論もまた客観主義刑法学を前提とせざるをえないのである。

　さらに，同一の刑罰という観念において，応報と特別予防は相互排他的であると解された時期もある。このことを前提に展開されたのが俗にいう旧派と新派の対立であり，前者は刑罰が応報から構成されると解したのに対し，後者は特別予防から構成されると解したのであった。その後，旧派が優勢となり刑罰は応報の観点から基礎づけられることになったが，自由意思を欠く責任無能力者はどれほど危険であったとしても刑罰を科しえないからといって，これを単に放置しておくわけにもいかない。そこで，もっぱら特別予防の観点から，行為者の危険を除去する措置を刑罰とは別に用意することとした。これを処分といい，治療処分や保安改善処分というときの処分も同じ意味である[15]。そして，応報の観点から基礎づけられる刑罰と特別予防の観点から基礎づけられる処分を峻別し，自由意思があり非難可能である場合には前者を，そうでない場合には——より正確には，

14　刑法は特別予防，したがって行為者の危険性を考慮する際，主として「これをすれば不法が実現されるであろう」と知りつつ行為に出たことに着目している。それは原則として不法の認識＝故意を意味しているが，厳密にいうと，刑法上の故意を有していなくても，たとえば，重篤な精神症状のため人間が「地球征服を目論むモンスター」に見え，地球を救うために「モンスター」を殺した場合には，人の生命に対する行為者の敵対性があらわれていると思われる。実質的にはこのことを，医療観察法上の対象行為の要件としての故意に関して述べたものとして，最決平20・6・18刑集62・6・1812を参照。同判例は「医療観察法は，心神喪失等の状態で重大な他害行為を行った者に対し，継続的かつ適切な医療等を行うことによって，その病状の改善及びこれに伴う同様の行為の再発の防止を図り，もってその社会復帰を促進することを目的とするものである。このような医療観察法の趣旨にかんがみると，対象者の行為が対象行為に該当するかどうかの判断は，対象者が妄想型統合失調症による幻覚妄想状態の中で幻聴，妄想等に基づいて行為を行った本件のような場合，対象者が幻聴，妄想等により認識した内容に基づいて行うべきでなく，対象者の行為を当時の状況の下で外形的，客観的に考察し，心神喪失の状態にない者が同じ行為を行ったとすれば，主観的要素を含め，対象行為を犯したと評価することができる行為であると認められるかどうかの観点から行うべきであり，これが肯定されるときは，対象者は対象行為を行ったと認定することができると解するのが相当である。なぜなら，上記のような幻聴，妄想等により対象者が認識した内容に基づいて対象行為の該当性を判断するとすれば，医療観察法による医療が最も必要とされる症状の重い者の行為が，主観的要素の点で対象行為該当性を欠くこととなりかねず，医療観察法の目的に反することとなるからである」と判示している。

非難可能性とは無関係に——後者を科すという使い分けを、刑罰と処分の二元主義（Dualismus）という。

　しかし、このように考えることは社会的な実態に適合しないばかりか、理論的な必然性にも欠けるように思われる。たとえば、「自由刑がもっぱら自由の剥奪という痛みを内容とする応報に尽きる」ととらえるのは、あまりにも刑務所の実態とかけ離れている。そこでは当然、内省を求めることによる規範に忠実な態度の涵養、出所後に社会に適合していくための訓練、精神医療なども行われており、それはむしろ特別予防の要請によく適合するものであろう[16]。また、理論的に見ても、犯罪成立要件には、特別予防の観点を抜きにしてはうまく説明しえないものも数多く存在している。すでに述べたように、故意はその代表例であるが[17]、そのほかにも、常習性による刑の加重などは行為者の悪癖に着目したものととらえるのが自然である[18]。あるいは、実務においては未必の故意と確定的故意が区別して認定され、後者により重い刑が結びつけられるのが一般的だと思われるが、それもまた、後者のほうが不法に対する行為者のより強い傾向性をあらわしているからであろう[19]。このことを比喩的に表現すれば、性質を異にするという意味での二元主義は刑罰と処分との間ではなく、むしろ、応報と処分との間に認められるべきであって、ただ、刑罰は両性質をあわせもっていることになる。

15　医療観察法上の強制入院・治療も、それを強制的な危険除去ととらえるものからパレンス・パトリエのあらわれととらえるものまで、さまざまな議論は存在するが、この処分としての性質を有していることは否定しがたいであろう。立法にかかるこういった議論の経緯については、たとえば、町野朔［編］『精神医療と心神喪失者等医療観察法』（有斐閣、2004）を参照。

16　刑罰の目的から（犯罪者の改善更生による）特別予防を排除する近年の自由刑純化論を批判し、単一化された自由刑においても、受刑者に作業その他の矯正処遇を受けることを義務づけるべきであるとする川出敏裕「自由刑」法教451号（2018）86頁以下は、非常に説得力がある。

17　かつて、違法性の意識やその可能性を故意の要素ととらえる（厳格ないし制限）故意説が有力であった時代においては、故意は規範による動機づけ制御の可能性という応報ないし一般予防の観点から基礎づけられていた。しかし、そういった観点から基礎づけられるべき違法性の意識の可能性を故意から峻別する責任説が有力化するにしたがって、故意を不法要素へと格上げする考え方と、本文で述べたような考え方とに二分されていくことになる。前者を採用する今日における代表的な論者として、井田良『刑法総論の理論構造』（成文堂、2005）71頁以下があげられ、私自身はこれに反対であるが、このような対立は実務的な意義が大きいとはいえないため、詳細な検討は割愛する。このような対立の理論的意義および私見の詳細については、たとえば、小林憲太郎「過失犯の最近の動向について」刑ジャ39号（2014）41頁以下を参照。

Ⅳ　一般予防論

1　消極的一般予防論——通常の一般予防論ないし抑止刑論

　標記の記述には一般予防の語が登場しない。しかし，実務ひいては判例上，一般予防ということばが忌避されているかというと，まったくそうではないと思われる。それでは，なぜ標記の記述にこのことばが欠けているかであるが，これまた逆説的ではあるけれども，実質的には同じ内容が，すでに別のことばで表現されているからであろう。このことを明らかにするために，まずは一般予防の意味するところを具体的に見てみたい。

　しばしば，一般予防は特別予防に対置され，「特別」予防がまさにこの特定の行為者に着目するのに対し，「一般」予防は一般人全体を不法から遠ざけさせるのだ，と説明される[20]。しかし，このような対照はあまり適切なものとはいえない。一般予防といえども，あくまで具体的な行為者を想定し，それが処罰するにふさわしい属性を備えているかを個々に検討し

---

[18] 繰り返しなされた行為を一括して評価するという点では不法の加重ととらえることも可能であるが，常習性の発現でありさえすれば1回だけなされた行為であっても加重処罰に値するとされるのであれば，これは責任の加重という観点から説明されざるをえない。そして，他行為可能性に基づく非難という見地よりすれば，むしろ責任が軽いともされかねない以上，ここでは特別予防の必要性を援用せざるをえないと思われる。他方，かつては，かりに常習者の現時点での他行為可能性が低いとしても，そのような人格を形成するに至った過去の自由かつ重積的な意思決定をもとに重い非難を基礎づけようとする，人格形成責任とよばれる発想が主張されたこともある。団藤重光「人格責任の理論」法哲学四季報2号（1949）100頁以下などを参照。しかし，そのような意思決定を現実の裁判において証明しようとするのはあまりにも非現実的であり，今日では支持を失っている。そして，人格形成責任が本領を発揮するとされた「劣悪な環境のせいで常習性を身につけるに至った」者の責任の軽さの説明は，かりにこれを特別予防の観点から行おうとすれば，「環境さえ変えれば社会によく適合する余地があるからだ」ということになろう。

[19] このように，行為が行為者の不法へと向かう性格のあらわれであればあるほど責任が重くなるという発想を，性格相当性の理論とよんでいる。責任の本質をめぐるかつてのドイツにおける議論については，小林憲太郎『刑法的帰責——フィナリスムス・客観的帰属論・結果無価値論』（弘文堂，2007）43頁以下を参照。

[20] 代表的な教科書の記述として，たとえば，山口厚『刑法総論〔第3版〕』（有斐閣，2016）2頁は次のように述べる。「刑罰を予告し，罪を犯した者に実際にそれを科することによって，一般の国民による犯罪の遂行を抑止・予防することを『一般予防』といい，実際に罪を犯した行為者に刑罰を科することによって将来における更なる犯罪の遂行を抑止・予防することを『特別予防』という」と。

ようとするものだからである。(未遂犯や超過的内心傾向を要する一部の犯罪, 反対に, 特別予防の観点が不法の一部についてしか問題とされない結果的加重犯等を除いて) 単純化していえば, 不法が犯された場合に, それが行為者の不法への傾向性のあらわれであるかを論ずるのが特別予防の問題, それを回避すべく行為者が自身の動機づけを制御しえたかを論ずるのが一般予防の問題, ということになる。したがって, むしろ, 特別予防と一般予防とは, 不法をやめさせるべく刑罰が機能する, そのプロセスにこそ違いがあることを前面に押し出すべきであろう[21]。

　それでは, その違いとは, もう少し詳しくいうと, いったいどのようなものなのであろうか。特別予防のほうは, すでに見たように, 行為者の危険性＝不法に対する傾向性に着目し, これを取り除こうとするものである。これに対して, 一般予防のほうは次のような不法抑止プロセスを想定している。第1に, 抑止対象となる人々に対し, 事前に「一定の不法を犯せば, 一定の害悪を付加するぞ」と告知し, 威嚇する。第2に, にもかかわらず不法が犯されてしまった場合, まさにそのケースにおいては「脅し」が失敗している。しかし, いまさらどうしようもないからといって, 事前の告知を実行, つまり, 害悪を付加＝刑罰を科さなければ (いわゆる「空脅し」), 事前の威嚇が実効性をもちえず, 不法が頻発することになってしまうから——事後的には不合理でも——あえて刑罰を科する。第3に, そうはいっても, 現に不法を犯した行為者が威嚇に応じて自身の行動をコントロールする余地を有していなければ (たとえば, 責任無能力であるなど), これに刑

---

[21] これに対し, 刑罰目的論を哲学の文脈において扱った刑法学者による近時の重要な文献である松原芳博「刑法と哲学——刑罰の正当化根拠をめぐって」法と哲学1号 (2015) 68頁注31は, 一般予防と特別予防をなお作用対象者により区別すべきであるとともに, 「予防方法に関しては『抑止刑』という呼称が存在しており, 一般人に対する抑止作用 (一般抑止) と犯罪行為者自身に対する抑止作用 (特別抑止) とを一括するときは抑止刑という語を用いれば足りる」という。たしかに, すぐあとに述べるように, 一般予防における「脅し」の対象は国民一般であるが, それはその想定する不法抑止プロセスにとって偶有的であるにすぎないから, 論者のいうような特別予防との区別は本質を突いたものとはいえない。たとえば, 旧冷戦時代の核抑止力とは, 二大国が相互に「お前が核兵器を使ったらこちらも核兵器で報復するぞ」と脅し合うことであるが, それぞれの抑止作用対象は一国だけである。そして, 一般予防の想定する予防方法を抑止刑とよぶことには, のちにも述べるように, 私も賛成であるが, それは, まさに, 特別予防との本質的な違いが作用対象者の数に存するかのような誤解を避けられるからである。さらに, 一般抑止と特別抑止の違いは, 「脅し」の対象が過去に制裁を受けたことがある, それゆえ, 制裁への感応性が変化している可能性のある者かどうかであって, ここでの議論とは関係がないと思われる。

罰を科すことは許されない。それは「脅し」に逆らったらどうなるかを示すことで不法を抑止するため、刑罰を科すべき「悪い見本」とはなりえないからである。

　この3つの抑止段階からすぐに分かるのは、それぞれ次のようなことである。第1に、まさにこの一般予防の要請から、罪刑法定主義のうち、とくに自由主義的基礎とよばれる部分が導かれる。反対にいうと、特別予防の観点からすれば、たしかに、行為者に強制入院などの不利益を与えるのに法律の根拠が必要である、その意味で、民主主義的基礎は保障されなければならないけれども、自由主義的基礎からくる制約は必ずしも要請されないのである。現にドイツでも、処分に関しては遡及適用が認められている（ドイツ刑法典2条6項）。第2に、現に不法を犯した行為者が「脅し」の失敗例だからといって、この者に刑罰を科することが一般予防の観点から正当化されないわけではない[22]。第3に、まさにこの一般予防の要請から責任主義が導かれる。すなわち、不法を犯したことに対して一般予防の観点から刑罰を科すためには、行為者が刑罰を避けるべく不法を犯すのをやめようと動機づけられることが必要なのである。

　さて、このように見てくると、実は、一般予防論とは、応報感情を制度化した目的論的応報刑論と同根であることが分かる。先に、目的論的応報刑論について、「人を殴ったら刑務所に入れる」という制度を作ることにより、人を殴ることを抑止するという社会的有用性を追求するものと表現したが、それは一般予防論の想定する不法抑止プロセスとまったく同じである。したがって、目的論的応報刑論の背景にある応報感情や非難といったものもまた、究極的には一般予防の要請と連動しているのである。たとえば、事前に禁止されていないことをした人を非難しようとも、あるいはまた、明らかな責任無能力者から殴られたときに懲らしめてやりたいとも[23]、われわれは思わないであろう。

---

[22] しかし、実質的にはこのような批判をなすものとして、松宮孝明「法定刑引き上げと刑罰論」立命306号（2006）33頁などを参照。
[23] 若者の間で人気の「デス・ノート」という漫画があり、アニメ化、映画化された。そこでは——医療観察法を度外視したうえで——主人公がそこに名前を書けばその人が死ぬという特殊なノートを使い、精神疾患により責任無能力ゆえに無罪とされた殺人犯を私的に裁く、というシーンが登場する。しかし、主人公が怒りに打ち震えてその殺人犯の「処刑」を決意するのは、その殺人犯が友人に笑いながら詐病を打ち明けているところを目の当たりにしたときである。つまり、漫画家も、そして一般の読者も、殺人犯に責任能力があってはじめて腹が立ち、これを懲らしめたいと感じていることが分かる。

第1章　刑罰の目的

　そして，応報や非難といったものが意思自由，すなわち，不法を犯さないという意思決定もできたのにあえてこれをしなかったこと（他行為可能性）を前提にしていることと，一般予防がその意思を外部からの因果的な影響のもとにおかれる主体を前提にしていることも，矛盾なく整合的に説明しうる。後者にいう因果的な影響というのは，刑罰という痛みの予告が合理的に考えれば人にそれを避けたいと思わせるということであって，このような予告への対応を実際にどうするかはその人の自由に任されているからである[24]（裏からいえば，その人が痛みを避けるため不法を犯すのをやめるべく動機形成しようとしても，生理的な原因等によりこれをなしえないというのであれば，意思の自由，したがって責任は否定されなければならない）。このように，人の意思自由が，合理的に考えれば刑罰を避けるため不法をやめるべく動機形成するであろうという，限定された点においてのみ決定されているという発想をやわらかな決定論とよんでいる[25]。

　このようにして，標記の記述が応報のみを含んで一般予防に言及しない

---

[24] 近年においては，脳科学の発展により，意思自由などおよそ観念しえず，すべての意思活動は脳組織の構造により生物学的に決定されている，という極端な主張もなされている。このような議論を簡潔に紹介したものとして，ヴォルフガング・フリッシュ［著］岡上雅美［訳］「責任刑法の将来について──刑法と神経科学」刑法52巻2号（2013）260頁以下などを参照。もしそのような主張が科学的に証明されれば，一般予防の想定する不法抑止プロセスは破綻せざるをえないが，いまだそのような段階には立ち至っていないようである。

[25] わが国では，平野龍一博士が主張し始めて有力になった。同『刑法の基礎』（東京大学出版会，1996）19頁以下などを参照。そして，このような意思自由（自由意思）の用語法，端的にいって，強制されたり（精神疾患等の）生物学的原因によって規定されたりしていないことを意味することばの使い方は，すでに実務においても一般的であると思われる。たとえば，最決平16・1・20刑集58・1・1は，（被害者を強制する殺人罪〔刑法199条〕の間接正犯をとおして）被害者の意思自由が問題となった事案であり，最高裁こそ自由な意思という表現を避けてはいるものの，弁護人は上告趣意において自由な意思ということばを使っているし，第1審（名古屋地判平13・5・30刑集58・1・8参照）は意思決定の自由，控訴審（名古屋高判平14・4・16刑集58・1・20参照）は自由な意思という言い回しを用いている。同判例の詳細については，小林憲太郎「判批」ジュリ1319号（2006）175頁以下を参照。

　むろん，このような発想に対しては，刑罰の本質に関し，一般予防の前提とする意思自由では応報的制裁を基礎づけることができず，あくまで，当該個人の他行為可能性があってはじめて非難が可能になる，とする批判もなされている。近時の代表的な論者によるものとして，安田拓人『刑事責任能力の本質とその判断』（弘文堂，2006）1頁以下，同「書評」法と精神医療23号（2008）118頁以下などを参照。しかし，これまで述べてきたところからも明らかなように，論者の主張は説得的であり私も賛成しうるけれども，それははじめから批判になっていない。なぜなら，論者の主張と批判対象の主張は実質的には同じものだからである。

ことも合理的に説明しえたと思われる。両者は実質的には同一であって，理論的にはいずれか一方をとりあげれば足りる。唯一，気になるのは用語法である。すでに見たように，応報ということばは多義的であると同時に，一般予防と同旨を述べる場合であってもややプリミティブな印象を与えかねないから，あまり望ましいものとはいえない。他方，一般予防ということばも，再びすでに述べたように，「特別」に対置された「一般」という表現が誤解を招きかねないし，また，すぐ次に紹介する積極的一般予防とも混同されかねない（そこで，本来的な意味における一般予防を消極的一般予防とよぶことも多い）。こうして，暫定的な提案ではあるが，むしろ，抑止刑論などと称するほうが分かりやすいのではないかと思われる（英米法では，実質的には一般予防のことを抑止と表現するのがふつうである）。さらに，特別予防の観点から科される不利益措置を「処分」とよぶのに対応し，応報，一般予防ないし抑止の観点からのそれは，他のさまざまな法分野でも使われている用語法に合わせ，「制裁」と表現するのが最も分かりやすいと考える[26]。つまり，罪刑法定主義（の自由主義的基礎）や責任主義は，刑罰の制裁としての側面から導かれることになる。

2 積極的一般予防論

これは最近になって学界で議論され始めたものであり，それゆえ，伝統的な学説分類にのっとった標記の記述に登場することもないが，一般予防論のもうひとつの形態として積極的一般予防論とよばれる考え方がある[27]。これは，刑罰予告により人を威嚇するという発想があたかも犬に向かって杖を振り上げるようなものである，というフォイエルバッハの心理強制説（いまでいう消極的一般予防論）に対するヘーゲルの批判を契機とし，刑罰を科すことが人々の法的忠誠を涵養するところにその目的を見出そうとする。要するに，人々に刑罰を科すぞと脅して殺人をやめさせることを目的とするのではなく，むしろ，殺人犯に実際に刑罰を科すことで，人々が「やはり殺人はいけないことだ」という確信を強化することが目的だ，というわ

---

[26] 近年では刑法の分野においても，この制裁という法形式を独自に主題化し，理論的分析を加える論稿が増加している。その嚆矢として，佐伯仁志『制裁論』（有斐閣，2009）を参照。

[27] これはドイツで有力な見解であるが，わが国における主唱者として，たとえば，林幹人『刑法の基礎理論』（東京大学出版会，1995）1頁以下，とくに22頁以下を参照。

けである。

　しかし，厳密に考えると，「殺人はいけない」ことを教えるさまざまな方法——たとえば，道徳や宗教教育等——のなかで，刑罰があえて痛みの付加という途を選んでおり，しかも，痛みを受けるのはよくないという人々の考え方をとおして，殺人を犯すべきでないという規範意識を醸成しようとしていることは否定しえないであろう。その意味で，このような説明は消極的一般予防論とまさに紙一重であって，単に，同旨を「上品に」述べたものにすぎないともいいうるのである。また，かりにこの点を措くとしても，このような積極的一般予防論が人を処罰することを手段として社会の統合という目的を追求しようとするものである以上，結局は人格を一定の目的のために手段化しているのであり，人を犬のように遇するものであるとの批判はブーメランのごとく自身に返ってくるであろう[28]。

　そこで，積極的一般予防論をさらに再構成しようとする近時の見解は，犯罪が法の否定であり，それを刑罰を科すことをとおしてさらに否定することにより法の妥当性が回復するのだ，と説明する。しかし，このような刑罰の構想は先に見たヘーゲルの観念的応報刑論と径庭がなく[29]，実際にも，現実の裁判の場において，まさにこの被告人に刑罰を科すべきか，科すべきであるとして具体的にどのような刑罰かを審議，決定する際，念頭におかれるべき刑罰の意義としてはおよそ役に立たないであろう。

V　刑罰目的のコンビネーション

1　コンビネーションと裁判官の裁量

　標記の記述は応報すなわち抑止刑論と，特別予防論とのコンビネーションを認めている。裁判官が実際に刑罰を言い渡すに際しても，この被告人がどのくらい「悪い見本」となっているか（消極的一般予防）を基調としな

　28　このことを的確に指摘するとともに，すぐあとに見る方向で刑罰目的論を再構成しようとする意欲的な試みとして，中村悠人「刑罰の正当化根拠に関する一考察——日本とドイツにおける刑罰理論の展開(1)〜（4・完)」立命341号（2012）244頁以下，342号（同年）1014頁以下，343号（同年）1582頁以下，344号（同年）2464頁以下を参照。
　29　実際，論者はヘーゲルをしばしば援用している。ギュンター・ヤコブス［著］飯島暢＝川口浩一［訳］『国家刑罰——その意義と目的』（関西大学出版部，2013）33頁以下などを参照。

がら，同時に，どうすればこの被告人の再社会化にかなうかを考慮する，というのは実に想像しやすいところである。しかも，このようなコンビネーションは単に実践的であるというだけでなく，理論的にも正当なものと評価することができよう。刑罰とは，法益を保護するために——これを法益保護主義という——国家が市民の利益を侵害することを正当とするものであるが，その保護の仕方，プロセスが一通りしかないというのは不当な決めつけである。むしろ，これまで述べてきたように，合理的に基礎づけられうる複数のプロセスが観念しうる以上，それらをうまく組み合わせることで最適な法益保護の実現を図るべきであろう。

　もっとも，このような組み合わせ，コンビネーションを誰がどのように決めるかについては，さまざまなバリエーションが考えられる。極端な例では，立法機関が犯罪に対応する絶対的な法定刑を定め，刑の執行方法や処遇の態様まですべて拘束的に規定する，という態様もありえないわけではない。これに対して，わが国においては法定刑の幅が広いことに加え，多くの場合，刑種選択や執行猶予の判断についても裁判官により大きな裁量が与えられている。その意味で，わが国においては判例の積み重ねをとおして適正妥当なコンビネーションが探求されなければならず，また，それを整合的に説明しうる理論が提供されなければならないことになろう。むろん，それが実現して機が熟せば，標記の記述があげている改正刑法草案のように[30]，一定の範囲で立法することも考慮されてよい。それはむしろ，裁判官の裁量を縛る方向での現状変更ではあるけれども，機が熟すというのが同時に裁判官の共通了解を意味しているのであれば，実態にそれほど大きな変化はないと思われる。

　もっとも，このような理論化の作業を研究者が外部的観察から行うことは容易ではない。というのも，たとえば，具体的な判決の量刑の理由において「応報の要請だけをもとにすれば懲役○○年であるが，特別予防を考慮して懲役××年である」などと表記されることはなく，もっぱら，諸事情の総合判断とその帰結が示されるにすぎないからである。しかも，さらに注意すべきなのは，量刑を決めるのが刑罰目的だけではない，ということである。すなわち，当該被告人を懲役△△年に処することが不法の抑止と再社会化等に寄与する度合いに加え，そこから生じるもろもろのプラスとマイナスまでもがしん酌されるのである（わが国では刑罰目的のコンビネーションさえ法定されていないから，当然，これらもろもろのプラス・マイナス

に関しても，そのしん酌方法は具体的に法定されておらず，裁判官の裁量にゆだねられている）。たとえば，被告人に実刑を科さないという判断を下す際，「小さな子どもがいて親族にも保護を期待しえない」という事情をしん酌することはありうるであろうが，それは応報とも特別予防とも別の，子の福祉であるとしかいいようがないであろう[31]。

こうして，研究者による責任放棄の宣言ではないが[32]，この分野においては実務家の果たすべき役割が非常に大きいと思われる。

2 コンビネーションと学説

現実の法実践における刑罰目的のコンビネーションがこのようなものであるとして，あくまで少数派ではあるけれども，学説のなかにはそれと異なるコンビネーションを提言しようとするもの[33]もある。

その第1は，刑罰目的を立法段階，司法段階，行政（行刑）段階に三分し，各段階において，それぞれ一般予防，応報，特別予防が主眼におかれる，というものである。もっとも，これらの段階を統合した刑罰制度全体の目的を探究するのが刑罰目的論という営為であって，現実にそのような

---

30 このうち48条2項は，刑の適用にあたって考慮すべき事情として典型的なものを例示列挙するとともに，刑罰の目的として犯罪の抑制（抑止刑）および犯人の改善更生（特別予防）をあげているから，本章でも述べた（述べる）ごくふつうのことを定めたものにとどまる。これに対し，1項のほうは若干の説明を要する。

まず，そこにいう責任とは，責任がなければ制裁としての刑罰は科しえないという意味における，通常の責任主義にいう責任と同義ではない。それはむしろ，特別予防の観点を容れて修正する前の，抑止という観点から行為者にふさわしい刑の重さを指している。ただし，国家が法益保護のためとはいえ市民の利益を侵害することを正当とするためには，その侵害の程度が目的に照らして不相当に大きなものであってはならないという比例原則（とくに，抑止刑の局面では罪刑均衡とも表現される）による制限がかかるから，刑が重ければ重いほど抑止力が強まるという理由により，不相当に重い刑がふさわしいとされることはない。そして，量刑の判断がこの責任に合致していなければならないという考え方を積極的責任主義，この責任を上回ってはならないという考え方を消極的責任主義とよぶ。なお，罪刑均衡原則の根拠および内容につき詳細に検討した近時の重要な文献として，岡上雅美「いわゆる『罪刑均衡原則』について——その法哲学的根拠と近時の国際的展開を背景とする一考察」『理論刑法学の探究②』（成文堂，2009）1頁以下がある。

この先の章で詳論するが，私としては，特別予防の観点を容れて修正した刑がそれ自体として比例原則に反しなければ，前記責任を上回ることがただちに許されないとは考えていない。しかし，多くの見解は，特別予防は刑を引き下げる方向でのみ考慮すべきであるとして消極的責任主義を採用するか，あるいは，そもそも前記責任は一点に定まるのではなく一定の幅があり，その範囲内で特別予防の観点が考慮されるとして積極的責任主義を採用している。そして，2項が特別予防の考慮を要請している以上，1項は最後の見解を採用するものと解するのが自然であろう。

第1章　刑罰の目的

　制度を動かしていく際，個々の局面においてウェイトの置きどころが異なるのはむしろ当然であろう。そして，このことを承認したとしてもなお，刑罰目的を截然と三分しうるところまではただちに導かれない。各段階は，その先の段階を見越して遂行されるはずだからである。たとえば，裁判官は判決を言い渡す際，刑務所における処遇のあり方を考慮して，つまり，特別予防をもしん酌しながら刑期を決定していると思われる。
　つづいて第2は，刑種選択においては特別予防が，狭義の量刑において

31　刑罰権の実現過程において国家機関の違法行為がなされたことが，量刑上，どのように考慮されるべきかもさかんに議論されているテーマのひとつである。下級審裁判例については，小倉哲浩「違法捜査等と量刑」大阪刑事実務研究会［編著］『量刑実務大系（第3巻）――一般情状等に関する諸問題』（判例タイムズ社，2011）276頁以下を参照。そして，近時の学説には，そのような違法行為の存在が非難可能性に基づく責任そのものを減少させる，というものもある。野村健太郎「国家機関の違法行為と量刑責任」愛学56巻3・4号（2015）133頁以下を参照。しかし，そのような発想も，煎じ詰めれば「抑止力の不足を国民全体でかぶろう」というものであるから，それをどのようなかたちで理論的に基礎づけるかはともかく，少なくとも，応報ないし一般予防という刑罰目的だけが考慮されているわけではないと思われる。
　そのほか，損害がてん補されたことが量刑上，大きく考慮されうることはひろく承認されているが，その実質的な根拠もまた伝統的に争われ続けているテーマのひとつである。そして，学説には，損害をてん補する行為にあらわれた被告人の反省の念が特別予防の必要性の減少を導くのだ，と説明するものもある。しかし，被告人が損害をてん補しようと粉骨砕身したができなかった場合には認められず，他方，第三者が損害をてん補した場合には認められるような，まさに，損害がてん補されたことそのものが量刑上，重視されうることは，そのような説明によっては基礎づけられえないであろう。そのようなことは，やはり，問題となる犯罪を定立することで立法者が防止しようとした事態が，法益侵害というレベルでは完全に発生しているものの，当該法益侵害を回復するのに要するコストというレベルでは必ずしも現出していない，という観点から説明されざるをえないと思われる。
　このような説明は，究極的には，被害者が和解を受け容れたことが量刑上，重要な意味をもつことにも妥当するであろう。先の表現を借りれば，法益侵害というレベルでは生じていても，当該法益侵害を負ったことにより引き起こされる憤りや被害感情の継続というレベルでは大きく緩和されている，という観点から説明されるのである。
32　誤解を避けるために付言すると，この分野において活躍している著名な研究者も多数に上る。最近の重要な業績だけでも，たとえば，小池信太郎「量刑における犯行均衡原理と予防的考慮――日独における最近の諸見解の検討を中心として(1)〜(3・完)」慶應法学6号（2006）1頁以下，9号（2008）1頁以下，10号（同年）21頁以下，城下裕二『量刑理論の現代的課題〔増補版〕』（成文堂，2009），井田良「裁判員裁判と量刑――研究者の立場からの提言」司法研修所論集122号（2012）197頁以下を参照。ただし，それらは，わが国と異なり量刑のプロセスを法定している諸外国との比較法的研究か，実務に密着した実証的要素の強い研究がほとんどである。
33　その第1および第2は主としてドイツで主張されている見解であり，その詳細については前掲した小池および城下両教授の各論稿に加え，ヴォルフガング・フリッシュほか［編著］『量刑法の基本問題――量刑理論と量刑実務との対話』（成文堂，2011）所収の各論稿を参照されたい。

は応報が考慮される,というものである。しかし,このような分断はあまりにも実務の感覚から離れすぎている。裁判官が懲役刑か罰金刑かを選択する際,応報,つまり,被告人のしたことがどのくらい悪いことであったかを考慮してはならないというのでは,裁判官に対し,相当に不自然な思考作業を強制することとなろう。このようなことを強制するためには,そこに重大な刑事政策的意義が認められなければならないはずであるが,そのような意義が十分に論証されているとは思われない。

最後に第3は,刑罰制度（マクロレベル）の正当化と特定の個人の処罰（ミクロレベル）の正当化を区別し,前者は一般予防論により,後者は応報刑論により行われる,というものである[34]。しかし,そもそも,刑罰制度とは特定の個人の処罰がどうあるべきかを定めたルールの体系にほかならないのであるから,このように正当化根拠が分裂するというのはおかしい。たしかに,刑罰というものは,抽象的な制度の次元においては,一般予防すなわち不法の抑止という目的を追求するという理性的な側面が前景に出やすいのに対し,個別具体の事案で特定の被告人にこれを言い渡す際には,このくらいの報いがふさわしいという感情的な側面が前景に出やすいとはいえよう。しかし,それは,すでに述べたように,そもそも一般予防と応報が同根であって,前者は後者を（制裁というかたちで）制度化したものだからである。つまり,この第3の見解は直観的には正しいが,その言に反し,実は正当化根拠は分裂していない,ということになる。

Ⅵ 刑罰目的と死刑

最後に,刑罰目的とのかかわりでしばしばとりあげられる死刑について簡単に付言しておきたい。とはいえ,この問題については過去に膨大な研究の蓄積があり,ここでなしうるのは,これまで述べてきたこととの関連で明らかにしうる内容をいくつか簡潔に指摘することにとどまる。

第1に,特別予防の観点から死刑を正当化することはできない。永久に隔離するというより侵害性の低い手段によっても,社会はその者から害を受けることがないからである。先に引用した永山事件最高裁判決も特別予

---

34 佐伯仁志『刑法総論の考え方・楽しみ方』（有斐閣,2013）5・6頁。H.L.A.Hart, Punishment and Responsibility（1968）, p.9-11 を引用する。

防には言及していない。

　第2に，それゆえ，死刑は一般予防ないし不法抑止の観点から正当化するほかない。そして，死刑には特別な抑止力がないという研究も多数，公刊されていることは周知のとおりである[35]。もっとも，真の問題は，死刑に特別な抑止力のあることが実証的に証明されたとしても，なお残存するものである。

　この「真の問題」としてしばしば指摘されるのは，裁判を行うのが神ならぬ人間であることから不可避的に生ずる誤判のおそれである[36]。すなわち，刑罰というのは，万が一，真犯人でない者に科されることとなったとしてもなお正当化される余地のあるものとして構想されなければならないが，死刑という人格の基礎を破壊する刑罰はそこから逸脱する，というのである。「適法かつ非常に慎重に裁判をしたから，万が一，真犯人でなくても死んでくれ」とはいえないだろう，というわけである。そして，このように考えると，行動の自由の永続的かつ大幅な制限もまた人格の発展を根底的に阻害する以上，死刑の代替とされる仮釈放なしの終身刑も同じく許されないことになろう[37]。

　しかし，本章で述べてきた，そして，実務においても一般的な承認を受けているはずの刑罰目的論を冷静に適用してみると，「真の問題」はかりに誤判の可能性がゼロであったとしても生じうる。なぜなら，たとえ真犯人であったとしても，これに死刑等，人格の中核的な利益を侵す刑罰を科することは――その者の人格的生存が他者のそれに対する危険源となっているわけでもないのに――不法の抑止という全体的な目的のために，国家が個人の尊厳そのものを手段化，犠牲に供することを意味してしまうからである。

　私はここで，死刑の当否という大問題について安易に態度を表明するつもりはない。ただ，死刑を正当化するためには，大方の共通了解を得てい

35　統計の読み方には異論もあるが，アムネスティ・インターナショナル（Amnesty International）による諸調査のほか，近時の理論刑法学者による文献としても，たとえば，松宮孝明「生命刑（死刑）――国境を越えて見てみれば」法時87巻7号（2015）8頁以下を参照。

36　かねてより団藤重光博士は，周知のように，この問題を掲げて死刑廃止を主張した。同『死刑廃止論〔第6版〕』（有斐閣，2000，初版は1991）を参照。

37　仮釈放なしの終身刑が個人の尊厳に反することを強調する近時の文献として，岡上雅美「終身刑についての規範的考察――ドイツの議論状況を参照して」『川端博先生古稀記念論文集（上巻）』（成文堂，2014）879頁以下を参照。

ると思われる刑罰目的論と，同じく，大方の共通了解を得ていると思われる国家による人格の手段化禁止の，少なくともいずれか一方を放棄しなければならないことだけは明らかにしておきたい。

第2章

法益保護主義

　　山下はベテランの裁判官，小林は新米の裁判官
小林：先輩，私がファンだった野球選手が野球賭博をしたとかいうので，賭博罪（刑法185条本文）の容疑で警察から事情聴取を受けていてショックですよ。
山下：たしかに，賭博罪というのは，ほかに適切な犯罪がすぐに思い浮かばなかったという消去法とはいえ，あまり筋が良くないね。自分のお金を相手にあげるのが完全に適法なのに，「あるチームが勝ったら」という条件を付けると途端に違法になる，というのは理解しにくいところだ。
小林：先輩は，賭博罪の規定は違憲無効という考えですか。
山下：まあ，そう結論を急いではダメだ。まず，賭博罪の規定は何を守っているんだろう。
小林：古い教科書には勤労の美風などと書いてありますが，それは法と区別された道徳にすぎないので，本章のテーマである法益保護主義に反します。
山下：そうすると，今回の事件を離れて，いわゆるスポーツ賭博全般に対してもいっさい刑事規制をかけられない，ということになるかな。
小林：いえ，そこまではいえないでしょう。たとえば，八百長がからむようなケースだと，詐欺的な違法性に着目してこれを処罰する立法はありうるかもしれません。実際のところ，報道等でも批判の対象になっているのは八百長ではないかという点であって，ギャンブルそれ自体は「スポーツ選手としてふさわしくない」というくらいの論調ですよ。
山下：そうだね。実は，ドーピングに関しても，「自己責任でハイリスクな薬剤を摂取し，一時的に高いパフォーマンスを得ることは，スポーツ倫理によっては規制しえても，法規制を及ぼすべきではない」という主張がなされているところだ。これに対して，現に法規制を敷いているヨーロッパ諸国では，「ドーピングを隠して詐欺的に勝利とそれに結びつけられた利益を得ている」

などという説明もなされている。

小林：詐欺類似性のほか，ノミ行為に代表されるように，反社会的勢力の資金源になるという違法性も考えられますね。公営競技にはそれがなく，むしろ，国や地方公共団体への財政的貢献になるから適法だと説明されています〔ただし，多くは赤字である〕。まあ，これは，しかし，賭博が違法だから暴力団が参入してくるのであって，本末転倒なのかもしれませんが。

山下：そう。君のいうように，賭博にはさまざまな違法性を観念することができる。しかし，現行の賭博罪の規定はそういった違法性の精査を経ることなく，およそギャンブルはけしからんから処罰しているとしか解釈できない。だから問題なんだよ。このあたりは，次章の内容に入ってしまうけどね。

小林：なるほど……あ，そういえば，今日は担当事件の相談をしたくて伺ったのを思い出しました。

山下：君，雑談のせいであまり時間がなくなってしまったから，手短にね（苦笑）。

小林：はい。実は，ある業法の無許可営業で起訴されてきた事案なんですが，弁護人の主張にどう応答すればよいか分からないんですよ。

山下：弁護人は何と主張しているのかね。

小林：それが，許可を得るのを怠ったのは認めるが，被告人はきちんとした業者で，かりに申請すれば必ず許可が下りたであろうし，実際，許可業者に課せられた義務を完璧に守って営業しているのだから，実質的に見て無許可営業の違法性がない，というんですよ。一方，検察官は，無許可である以上，およそ営業してはならなかった，の一点張りです。結論としては，検察官が正しいように思うのですが，判決にはもう少し実質論を書きたいので……。

山下：要するに，こういうことか。無許可営業の保護法益が業務遂行の適正さを担保し，国民の社会生活の安全を守ることであるならば，被告人の行為は保護法益への侵襲性を欠いているように見える。しかし，だからといって，違法とはなしえないなどと言い始めると，何のための許可制か分からなくなる，と。

小林：ええ，ええ，心情的にはまさにそのような趣旨のことを書きたいのですが，理論的にはどのように説明されるのでしょうか。

山下：それは学界でも，最近になって議論されるようになったことだよ。つまり，許可制という事前のコントロールをおくことが法益保護にとって合理的なものとされる以上，「どのみち許可は下りた」という理由で許可をかいくぐ

ることを（単体では保護法益は脅かされないとして）許容すると，それが蓄積することにより，許可制そのものが無効化するという不合理な事態が発生してしまう。これこそが，単体として見れば保護法益への侵襲性を欠く無許可営業の不法の実体だ。『刑法総論の理論と実務』の著者は，このような犯罪類型を蓄積犯とよんでいる（むろん，著者が考案した概念ではないが……）。

小林：なるほど，そうすると，弁護人が無許可営業について違法性阻却を主張しても，その余地はないと一蹴していいんですね。よく分かりました。ありがとうございました。

山下：ちょっと待って，そこまではいっていないよ。君はせっかちだな（苦笑）。だいいち，許可制をかいくぐることに特別な優越利益が認められることが，およそありえないわけではないだろう。現に，近時の判例（最決平24・2・6刑集66・4・85）もそのような余地を示唆している。もっとも，具体的なケースを想定することは非常に難しいだろう。許可制が実効的に機能しており，なおかつ，「営業」という緊急時の特殊な利益状況を観念しにくい実行行為が問題となる場合には，あくまで「事実上」という限定つきではあるが，違法性阻却の余地はないといっていいかもしれない。

小林：その判例はサービサー法違反の事件でしたっけ。たしか，1審〔大阪地判平21・8・28刑集66・4・157参照〕から無許可営業の刑法35条による違法性阻却が争われていましたよね。もう一度，読み直してみます。

◆

I 法と道徳の区別

1 総説

　第1章では刑罰の目的，すなわち，国家がどのような目的で刑罰を科すことが許されるのかを論じた。もっとも，そこにいう目的とは，本章の表題にもある「法益保護」という究極的な目的を実現するために，刑罰がどのように機能することを期待されているか，という（誤解を恐れずにいえば）下位の目的にすぎない。具体的にいうと，たとえば，一般予防も特別予防も法益を保護する仕方，「行為者にいかなる場合にどのような不利益を科することで，どういったプロセスを経て法益を保護するか」に関する

違いにすぎないのである。したがって，刑罰の目的の目的，すなわち，「そもそも何のために国家刑罰権などというものが正当化されうるのか」という問いに対しては，法益保護だと答えられることになる（法益保護主義）。いな，より正確には，そもそも，国家の正当化根拠そのものが法益保護にあるとさえいってよい。

　もっとも，この法益保護主義の内実をさらに具体化していくにあたっては，そこにいう法益がどのようなものであるかを精密に分析しておく必要がある。むろん，そういった作業は本章の後半において行うつもりであるが，実は，この法益保護主義は「○○のような法益を××のように保護すべきである」という積極的な主張のほかに，もうひとつ重要な含意を有している。それは「法益でないものを（刑罰で）保護してはならない」という消極的な主張であり，こちらもまた大きな実践的意義をもっている。

　たとえば，個人の本質的，根源的な平等を出発点とする憲法のもとでは，個人の価値観が他者のそれより劣っている，くだらないという理由により国家が刑罰権を行使してはならない[1]。しかし，人は自分が望ましいと考える価値観を他人にも押しつけたがるものであり，ことに，刑事立法が基本的には多数決により行われることから，そのままでは，多数派の価値観にすぎないものを少数派のそれの犠牲のもとに刑罰によって強制する，という事態が生じてしまいかねない。そこで，法益保護主義は「法益でないもの＝多数派の価値観にすぎないものを保護してはならない」と高唱することにより，そのような事態を防止しようと努めるのである。この多数派の価値観にすぎないものを法律家はしばしば道徳と表現し，それゆえ，刑罰が保護すべき法益は単なる道徳とは一線を画するものでなければならないことになる。ここからも分かるように，法益保護主義の消極的な主張とは「法と道徳の区別」のコロラリーである[2]。

　このような法益保護主義の消極的主張が実践的意義を有する局面を個々に見ていくと，それは非常に広範囲にわたっていることが分かる。それは前述したような，自分がよいと思ったことは他人にとってもよいはずであるという本性的な欲求が，いかに強いものであるかを同時に物語っている。

---

[1] 長谷部恭男教授のいう「切り札としての人権」のあらわれである。文献は多岐にわたるが，とくに他説からの批判に応答したものとして，同『憲法の理性』（東京大学出版会，2006）102頁以下を参照。なお，些末な点であるが，刑法学者の目から見るならば，同105頁の記述にある「暴行罪」は「強要（未遂）罪」の誤りではないかと思われる。

第1の局面は立法論である。いいかえると，そもそも当該構成要件が法益を守っているのか，という問題である。具体的には，かねてより非犯罪化がさかんに議論されてきた①単純賭博，②わいせつ罪，③薬物の自己使用などがあげられよう[3]。すなわち，①自分の金銭を他人にあげてしまうのが適法なのだから，これをリスクにさらしてさらなる金銭を得ようとすることも許されるはずであり，勤労の美風などというのは多数派による労働者像の勝手な押しつけである。②見たくない者の自由を侵害したり，青少年の健全な育成を阻害したりするというのであればともかく，大の大人が集まって無修正ＡＶの鑑賞会をすることを禁ずるのは，そういう人たちがいることを毛嫌いする多数派の外的な選好にすぎない。③自分の身体は自分のものであって[4]，これを傷つけることを（許されるパターナリズムの範囲を超えて）妨害するのは，成人に対してあたかも乳母のように接する過干渉な社会である。このようにいうのである。そして，こういった批判に抗して犯罪性を維持するためには，少なくとも，それが（道徳から区別された）法益を保護していることを示さなければならないことになる。

第2の局面は構成要件該当性の判断である。ここからは具体的な解釈論に立ち入ることになるので，項を改めて，判例を題材として見ていくこととしたい。

2　最決昭55・11・13刑集34・6・396

(1)　本判例の検討

被告人は過失による自動車衝突事故であるかのように装い保険金を騙取

2　かつて，刑法上の違法性の本質をめぐる行為無価値論と結果無価値論の争いのなかで，後者が法益保護を主張したのに対して，前者は社会倫理規範の維持を主張したことであった。前者の例として，団藤重光『刑法綱要総論〔第3版〕』（創文社，1990）188頁，後者の例として，平野龍一『刑法総論Ⅱ』（有斐閣，1975）212頁以下を参照。しかし，今日における行為無価値論と結果無価値論の対立点は，もはやそのようなところにはない。すなわち，両者とも法益保護主義を前提としたうえで，不法をどのように組み立てることが法益保護にとって望ましいかを争っているのである。このような対立点の移行を決定づけた行為無価値論者による重要な文献として，井田良『刑法総論の理論構造』（成文堂，2005）1頁以下を参照。

3　その他の犯罪類型も含め，議論の詳細については，たとえば，川出敏裕＝金光旭『刑事政策〔第2版〕』（成文堂，2018）123頁以下を参照。非犯罪化の根拠としては，本章のテーマである法益保護主義のほか，刑罰の補充性，罪刑均衡（比例原則），犯罪化の弊害（ブラックマーケットの形成など）があげられる。

4　むろん，ここでいわれているのはリバタリアニズム的な自己所有権の発想ではなく，単に，個人に認められている身体処分の自由にすぎない。

する目的をもって，被害者の承諾を得てその者に故意に自己の運転する自動車を衝突させ，傷害を負わせた。このような事案[5]において，最高裁は次のように判示した。

「被害者が身体傷害を承諾したばあいに傷害罪が成立するか否かは，単に承諾が存在するという事実だけでなく，右承諾を得た動機，目的，身体傷害の手段，方法，損傷の部位，程度など諸般の事情を照らし合せて決すべきものであるが，本件のように，過失による自動車衝突事故であるかのように装い保険金を騙取する目的をもつて，被害者の承諾を得てその者に故意に自己の運転する自動車を衝突させて傷害を負わせたばあいには，右承諾は，保険金を騙取するという違法な目的に利用するために得られた違法なものであつて，これによつて当該傷害行為の違法性を阻却するものではないと解するのが相当である」。

この著名な判例を読解するにあたっては，前提として確認しておくべきことがらが2つある。

その1つ目は，本判例において，被害者の承諾が傷害罪（刑法204条）の違法性阻却事由に位置づけられていることである。もっとも，ある要素が犯罪のいかなる構成段階に属するかを，判例が事案の解決に必要もないのに正面から確定してしまうというのは，ほとんどありえない事態である。したがって，構成要件該当性阻却事由に位置づけるという理論的可能性が，判例においてただちに排除されているとは思われない。そして，理論的に厳密に考察すると，むしろ，構成要件該当性阻却事由に位置づけるほうが適切であろう。そもそも被害者の承諾とは，まさに，自身に処分の自由が与えられた法益の使い方を自分で決めたということであり，ただ，たまたまその「使い方」が法益を毀滅する方向のものであったというにすぎない。したがって，そこでは，構成要件該当性を肯定するのに必要な（要保護性のある）法益の侵害，つまり，最低限，「望ましくない」と評価するのに必要な事態が欠けているのである。

これに対して反対説は，被害者が承諾しても傷害を負っているという事

---

[5] さらに付け加えるなら，過去に業務上過失傷害罪により有罪判決を受け確定していた請求人が，のちに，当該事件は請求人らが企てた保険金詐欺目的の交通事故であったことが明らかとなり詐欺罪で有罪判決を受けたことから，請求人が，被害者の同意がある以上，業務上過失傷害罪は成立しない等の理由で再審請求をした，という特殊な経緯をたどった事案である。本文では，請求人を被告人と表記している。

実は消せない，被害者の承諾が構成要件該当性を阻却するのは，それが常に可罰性阻却効果を有する場合だけである，などと批判している。しかし，いずれの批判も決定的なものとはいえないであろう。被害者の承諾が構成要件該当性を阻却することで見解が一致している器物損壊罪（刑法261条）においても，被害者が承諾しているからといって器物が壊れているという事実は消せないし，同じく，被害者の承諾が完全な可罰性阻却効果を有しない殺人罪（刑法199条）においても，被害者の承諾は殺人罪の構成要件該当性を阻却し，承諾殺人罪（刑法202条後段）のそれにまで「落とす」ものと解されているからである[6]。

　確認しておくべきことがらの2つ目は，1つ目でも少しふれたが，傷害罪においては被害者の承諾が常に完全な可罰性阻却効果を有するわけではない，ということである。すなわち，刑法が202条を設け，生命侵害という，自律の基盤を回復不可能なかたちで損ねる行為への承諾を自律のあらわれとは評価せず，せいぜい違法減少効果を与えているにすぎないことにかんがみ，傷害においても，生命に重大な危険を生じさせたり[7]，人格の自律的な発展の身体的基礎を不可逆的に破壊したり[8]する行為への承諾は，傷害罪の違法性を減少させるにとどまると解されているのである。本件においても，被告人の行為態様は被害者に自己の運転する自動車を衝突させるというものであって，この2つ目のハードルに引っかかる可能性がないではない。現に，最高裁自身，被害者の承諾に基づく傷害罪の違法性阻却に関する一般論を展開する部分において，考慮すべき事情のひとつとして「身体傷害の手段，方法，損傷の部位，程度」をあげているところである。

　もっとも，最高裁が事案の解決に際して現実に重視しているのは目的の違法性云々のほうであり，自動車という危険な手段を用いたことには取り立てて言及されていない。その理由は必ずしも明らかではないが，おそらく，本件においては，前者にかかる考慮のみで十分，傷害罪の成立を肯定

6　以上について，詳しくは，小林憲太郎「被害者の同意の体系的位置づけ」立教84号（2012）345頁以下を参照。
7　厳密にいうと，こちらの考慮は傷害に限定されず，たとえば，暴行などにも等しく妥当することになろう。のちの裁判例の検討においても，このことを前提としている。
8　具体的に何がこれにあたるかについては議論の余地があるが，腕や脚の切断，眼球の切除などが考えられよう。それは障害者に自律的な自己実現ができないという趣旨ではまったくなく，それらの傷害を負った場合にはライフスタイルの選択の余地が大幅に制限されてしまいかねない，ということである。

第2章 法益保護主義

しうると考えられたからであろう[9]。しかも、後者にかかる考慮は（すでに述べたように）刑法202条のアナロジーによるものであり、かりにそれが妥当する場合であっても、成立しうる傷害罪は本来のそれではなく[10]、せいぜい、刑法204条にあわせて規定されたものと解釈されるべき（殺人罪における刑法202条に対応する）承諾傷害罪という減軽類型[11]にすぎない。したがって、本章における検討に際しても、後者にかかる考慮はさしあたり捨象しておくこととしたい。

さて、これら2つのことがらを前提としつつ本判例を見てみると、研究者の言説風にまとめれば、要するにこういうことをいっていることになる。まず、そもそも被害者は自身の身体を自由に処分してよい。そして、自分の手で処分するのも他人に頼んで処分してもらうのも自由である。つまり、その他人は被害者による身体処分の自由の行使を援けているのであり、だからこそ被害者の身体を不法に侵したものとは評価されない。これを被害者の同意[12]という。このことを裏返してみると、その他人を傷害罪で処

---

9 神作良二「判解」最判解刑（昭55）243・244頁を参照。
10 これに対し、前者にかかる考慮によっても、被害者の承諾が（違法性以前に）構成要件該当性を阻却する殺人罪（刑法199条）や器物損壊罪（刑法261条）等が問題となる場合においては、それらの犯罪が本来のかたちで成立するわけではない、というものもある。佐伯仁志『刑法総論の考え方・楽しみ方』（有斐閣、2013）203頁を参照。具体的にいうと、たとえば、保険金詐取の目的で承諾を得て被害者を殺害したりその車両を壊したりしても、それぞれ承諾殺人罪と無罪にしかならないというのである。しかし、すでに述べたように、理論的には、傷害罪においても被害者の承諾は構成要件該当性を阻却すると解すべきであり、判例もそのように解する理論的余地を封じているわけではない。そして、現実にこのような事案が問題となった場合に最高裁がどのような判断を示すかは興味深いところであるが、少なくとも判例の言い回しをシンプルに流用する限り、それぞれ殺人罪と器物損壊罪が成立しうるはずであろう。
11 したがって、当然、これを承諾殺人罪の法定刑を超えて処断することは許されない。これと同様の考慮から、死亡した被害者がその結果につき承諾しているものの、被告人は傷害およびそれに対する被害者の承諾の認識までしかなかった事案において、刑法202条後段のほうを適用した裁判例として、札幌地判平24・12・14判タ1390・368がある。もっとも、控訴審である札幌高判平25・7・11高刑裁速〔平25〕253はこれを破棄し、傷害致死罪（刑法205条）の成立を肯定している（最決平27・1・21公刊物未登載により上告棄却）。この裁判例については、林幹人「嘱託による傷害致死──札幌地裁平24・12・14判決、札幌高裁平25・7・11判決」判時2228号（2014）3頁以下、安達光治「判批」平成26年度重判解163・164頁などを参照。
12 これに対し、被害者の「承諾」とは、単に被害者の意思にかなっていることだけを意味するのであり、処分の自由が行使されたことによる不法の欠落を含意しない。たとえば、人格的発展の基礎を構成する生命については処分の自由を観念することができず、それゆえ、被害者による自己の殺害の嘱託は「同意」ではなく「承諾」にすぎない。本章において、同意殺人罪ではなく承諾殺人罪と表記しているのもこのためである。

罰するというのは身体に対する不法を見出すということであり，それは畢竟，被害者がもつ身体処分の自由を制限しているということである。問題はその理由であるが，それは，そのような自由の行使が保険金詐取という違法な目的に利用するためになされたからである，と。

しかし，このような発想には重大な疑問がある。いったん被害者に身体を処分する自由を与えておきながら[13]，それが内心においてどのような動機に基づき行使されたかをチェックし，動機の内容によっては自由を認めないというのは，結局，個人の物事の考え方ひとつで国家が個人の自由を制限するということである。それはまさに法と道徳の混交であり，法益保護主義の消極的主張に合わせて表現すれば，刑罰が特定の物事の考え方という，法益でないもの＝道徳を保護するために投入されていることになる。

ここでただちに生じる疑問は，保険金詐取はそれ自体が違法な法益侵害であって，単なる道徳に着目して刑罰を投入しているわけではない，というものである。たしかに，法益保護主義の消極的主張は特定の価値観を守るために刑罰を投入するなといっているだけであり，財産（金銭に対する占有）を守るためにそうすることは当然，許される（財産は立派な法益のひとつである）。しかし，ここで注意すべきなのは，すでに述べたように，傷害罪の成立を認めることが被害者の価値観に容喙することなしには不可能だ[14]，ということである。したがって，財産を守るために刑罰を投入しようとするのであれば，個人の価値観に介入しないかたちでこれを行う必要がある。その方法として最も簡明なのは，財産を侵害ないし危殆化したことに着目し，これを処罰することであろう。もっとも，本件でこれを行おうとすれば，実質的には詐欺の予備罪を立法しなければならないことになる。その刑事政策的な当否については別途，慎重な議論が必要であろう。

(2) 関連（裁）判例

被害者の承諾に基づく傷害（致死）の可罰性に関しては，(1)の最高裁判

---

13 私には，そのような国家がそもそも国家設立の目的に照らして正当化可能であるとは思われないが，富国強兵，国民皆兵等の政策のもとで，そもそも個人にその身体を処分する自由を与えない国家，つまり，国民のからだは国家のものであるという発想も観念しえなくはない。

14 本判例を批判する学説の多くは，それが実質的には詐欺の予備罪を傷害罪の構成要件を用いて処罰している，として罪刑法定主義違反の問題を指摘する。佐伯・前掲『刑法総論の考え方・楽しみ方』102・203・225頁などを参照。しかし，本文で述べたところからも分かるように，真の問題は「法と道徳の区別」という，より上位の原理に存在するのである。

例のほかにも、いくつかの重要な下級審裁判例がある。

まず、東京地判昭52・6・8判時874・103は、被告人が被害者と性交中、その求めに応じ、ナイロン製バンドをその首に巻きつけて両端を引っ張り、その頸部を約15分間にわたって締め続けた結果、被害者は窒息死したという事案において、傷害致死罪の成立を認めるにあたり、次のように判示した。

「性交中において双方が合意したうえで行われるいわゆる加虐行為としての暴行や傷害あるいはこれによる致死の結果については、その違法性が阻却されるためには、ただ単にそれが被虐者の承諾嘱託にもとずくというだけでなく、その行為が社会的に相当であると評価されるものでなければならないと考えられる。そこでどのような場合に加虐行為が社会的に相当とされ、あるいは相当とされないのかであるが、性交中の合意ある加虐行為にも種々の態様があり一概にはいえないけれども、本件に即していえば、同じ絞頸行為でも少なくとも相手方の生命に危害を及ぼす危険性の高い絞頸行為によって、性的な満足を高めようとすることは、右社会的相当行為の範囲内に含まれないものと解するのが相当である」。

社会的相当性とは、もともとドイツにおいて、不法を限定するための概念として主張され始めたものである[15]。その後、わが国においても一時、有力に主張されるに至ったが、それは違法性阻却を規律する最上位の原理として機能させられていた[16]。もっとも、社会的相当性というだけではあまりにも抽象的であり、単なるブラックボックスとしての印象が強くなってしまうため、ドイツではこれに代えて、行為に含まれるリスクと社会的有用性の衡量を内容とする「許された危険」という用語が一般化している[17]。さらに、わが国においては、社会的相当性の語が（法と道徳を混交しかねない）社会倫理規範という発想と強く結びついてきたため[18]、今日、とくに学界では、社会的相当性という表現が多くの場合にネガティブなイ

---

15 その詳細については、安達光治「社会的相当性の意義に関する小考――ヴェルツェルを中心に」立命327＝328号（2009）1444頁以下などを参照。

16 福田平『目的的行為論と犯罪理論』（有斐閣、1964）133頁以下などを参照。社会的相当性を違法性阻却（および個々の構成要件要素の解釈）の規整的原理とする。

17 信山社から浩瀚な翻訳書『刑法総論』が出版されている。クラウス・ロクシンの影響が大きい。

18 団藤・前掲『刑法綱要総論〔第3版〕』188頁、大塚仁『刑法概説（総論）〔第4版〕』（有斐閣、2008）377頁などを参照。

メージをもたされるようになっている[19]。

　これに対して下級審裁判例においては，平成に入ってからも，ときおり社会的相当性の語を用いたものが見られる[20]。もっとも，それはブラックボックスであるとか，法と道徳を混交しているなどというよりも，むしろ，特定の法的な考慮が加えられたのち，結論を示すためだけに用いられる標語的な意味合いが強いと思われる。本裁判例もそのひとつに数えることができよう。すなわち，たしかに，本裁判例は本件行為が社会的に相当でないことを理由に違法性阻却を否定しているが，その実質的な根拠は，はっきりと「相手方の生命に危害を及ぼす危険性の高い」ことに求められているのである。すでに述べたように，このような考慮自体は支持しうるものであって，反対にいうと，たとえば，相手の求めに応じてその首を手で[21]軽く，あるいは断続的に締めたところ，何かのはずみで相手が息をしなくなってしまったという場合には，せいぜい（重）過失致死罪（刑法210条，211条後段）しか成立しえないと思われる。

　次に，仙台地石巻支判昭62・2・18判時1249・145は，被害者が他の暴力団の組員から不義理を理由にケジメをつけるよういわれたため，謝罪のしるしに指をつめるより仕方がないと決意して，これを被告人に依頼したという事案において，傷害罪の成立を認めるにあたり，次のように判示している。

　「被害者の承諾があったとしても，被告人の行為は，公序良俗に反するとしかいいようのない指つめにかかわるものであり，その方法も医学的な知識に裏付けされた消毒等適切な措置を講じたうえで行われたものではな

19　これに抗し，社会的相当性の概念をより洗練されたかたちで今日においても有力に主張するものとして，大谷實『刑法講義総論〔新版第4版〕』（成文堂，2012）242頁，さらに，十河太朗「危険の引受けと過失犯の成否（千葉地裁平成7年12月13日判決）」同法50巻3号（1999）1139頁以下を参照。

20　代表的なものとしては，千葉地判平7・12・13判時1565・144＝ダートトライアル事件があげられる。これは，被害者による危険の引受けと社会的相当性を根拠として違法性阻却を肯定し，業務上過失致死につき無罪を言い渡したものである。

21　類似の事案で傷害致死罪の成立を認めた裁判例においては，首を絞めるのになんらかの道具が使われている。たとえば，大阪高判昭40・6・7下刑集7・6・1166（寝間着の紐。「窒息死という生命に対する危険性を強度に含んでいる」として違法性阻却を否定），東京高判昭52・11・29東高刑時報28・11・143（本裁判例の控訴審判決。「生命侵害の危険性」から社会的相当性を否定），大阪地判昭52・12・26判時893・104（ナイロン製ロープ。「生命の危険や身体の重大な損傷の危険」を理由に「『暴行』の定型性」阻却を否定）を参照。

く，全く野蛮で無残な方法であり，このような態様の行為が社会的に相当な行為として違法性が失なわれると解することはできない」。

　こちらの裁判例は，同じく，社会的相当性を「決め台詞」として用いているとはいっても，その前段階でなされている考慮には大きな疑問がある。公序良俗違反などというのは，生命に対する重大な危険性というのとは異なり，明らかに（法とは区別された）道徳を考慮したものだからである。ここで注意を要するのは，公序良俗がおよそ法的概念として観念しえない，と述べているわけではないことである。そうではなく，なんらの法的な理由づけもなく「やくざの指つめだから公序良俗違反だ」というだけでは，単に常識的な価値観を吐露したものとしかとらえようがない，ということなのである。したがって，このような意味における公序良俗違反を理由に傷害罪を成立させることはできない。

　もちろん，社会的相当性という表現のもとで明示に，あるいは黙示に考慮されていることがらが，およそ法的な観点から正当化しえない，というわけでもない。明示の例としては，本裁判例が強調する指つめの方法があげられる。すなわち，本件においては「有合せの風呂のあがり台，出刃包丁，金づち……を用い，被害者の左小指の根元を有合せの釣糸でしばって血止めをしたうえ，風呂のあがり台の上にのせた小指の上に出刃包丁を当て金づちで2，3回たたいて左小指の末節を切断した」というのであるから，医学的観点から見ればまったく不適切で危険性の高いものであったと思料される。また，黙示の例としては，被害者がその自由な意思に基づいて指つめを承諾したのではなく，外部から強制されていた可能性が高いことも無視しえない。もし，「指をつめなければもっとひどい目に遭わされる」と考えて承諾したのであれば，そのような承諾は，より大きな利益を維持するためやむをえず小さな利益を犠牲にする苦肉の策であって，もはや有効なものとは評価しえないであろう。

　もっとも，厳密に考察すると，いずれの考慮も，それだけでは傷害罪の成立を導くに十分な力を有しているとはいえない。まず，指つめというだけでは自律の身体的基盤の中核を害したとまではいえないことに加え，指つめの方法がさらなる健康被害を引き起こす可能性が高そうであるとはいっても，本裁判例の認定する事実だけでは，それが身体処分の自由を制限するほどのものであることまでは導けないであろう。次に，いくら意思の自由が制限されていた可能性が高いといっても，本裁判例自身も述べて

いるように，あくまで，「捜査が十分なされていなかった事情もあって，本件の動機が被害者の自発的な依頼すなわち同人の承諾によるという疑問は合理的な疑いの段階に達している」わけであるから，刑事裁判においては，被害者がその自由な意思に基づいて承諾したことを出発点とせざるをえない。そして，とりわけ後者の制約が「疑わしきは被告人の利益に」の原則に発するものである以上，いわば「あわせて一本」の発想により傷害罪の違法性（構成要件該当性）阻却を否定することも困難であろう。

3　最決昭53・5・31刑集32・3・457＝外務省機密漏えい事件

さて，法益保護主義の消極的主張が実践的意義を有する第3の局面は，違法性阻却の判断である。そして，これについては重要な判例がある。すなわち，外務省担当記者であった被告人が，当初から秘密文書を入手するための手段として利用する意図で女性外務事務官と肉体関係をもち，同女が前記関係のため被告人の依頼を拒みがたい心理状態に陥ったことに乗じ，秘密文書を持ち出させた（国家公務員法〔当時〕111条，109条12号，100条1項に定める秘密漏示の「そそのかし」罪）という事案において，違法性阻却を否定するにあたり次のように述べる。

「報道機関が取材の目的で公務員に対し秘密を漏示するようにそそのかしたからといつて，そのことだけで，直ちに当該行為の違法性が推定されるものと解するのは相当ではなく，報道機関が公務員に対し根気強く執拗に説得ないし要請を続けることは，それが真に報道の目的からでたものであり，その手段・方法が法秩序全体の精神に照らし相当なものとして社会観念上是認されるものである限りは，実質的に違法性を欠き正当な業務行為というべきである。しかしながら，報道機関といえども，取材に関し他人の権利・自由を不当に侵害することのできる特権を有するものでないことはいうまでもなく，取材の手段・方法が贈賄，脅迫，強要等の一般の刑罰法令に触れる行為を伴う場合は勿論，その手段・方法が一般の刑罰法令に触れないものであつても，取材対象者の個人としての人格の尊厳を著しく蹂躙する等法秩序全体の精神に照らし社会観念上是認することのできない態様のものである場合にも，正当な取材活動の範囲を逸脱し違法性を帯びるものといわなければならない」。

本判例は，そそのかし罪につき正当業務行為（刑法35条）として違法性が阻却されないかを扱ったものである。このような違法性阻却事由を規律

する原理に関し，学界においてそれほど議論がさかんであるとはいえないが，一般には，いわゆる優越利益原理ないしこれに準ずるものに求められている[22]。すなわち，違法性阻却の実質的な根拠を，たとえば，業務者の業務権のような職能団体の特権に見出すのは適切でなく，むしろ，そのような業務行為を許しておくことではじめて維持されうる利益が，そのような業務行為を放任することによって失われる利益に比して，同等もしくはより重要な保護価値を有していることが決定的だというのである。それは究極的には緊急避難（刑法37条1項本文）と同根であり，ただ，緊急避難においてはまさにその行為によって直接的に保全ないし侵害される利益に焦点が当てられやすいのに対し，正当業務行為においては，たとえば，その種の行為を一般に許しておくことにより達成される利益というかたちでより広い視野が求められる，という違いがあるにすぎない[23]。

これに対して本判例は，伝統的な判例の言い回しに親和性を有するかたちで，目的の正当性と，手段・方法が法秩序全体の精神に照らし相当なものとして社会観念上是認されること，の2点を検討している。周知のように，これは古くドイツにおいて主張された目的説に近い発想であるが，学説史においては，前出の優越利益原理に実質的に吸収されてしまった。それは，第1に，目的の正当性は行為の正当性にとって独立の変数ではなく，むしろ，正当な行為の追求であるからこそ目的も正当とされるのであり，また，第2に，手段が相当なものであるかどうかを形式的な法令との合致により判断しえないとすれば，その標準は諸般の事情を考慮に入れた総合的な利益衡量，すなわち，一般的な法学的原理としての相当性に求めざるをえないからである[24]。

---

[22] ただし，厳密にいうと，正当業務行為とされてきたもののなかには，他の正当化原理に（も）基づくものも含まれている。また，反対に，正当業務行為以外の違法性阻却事由のなかにも，この優越利益原理に（も）基づくものが存在しうる。以上につき，西田典之『刑法総論〔第2版〕』（弘文堂，2010）196頁以下を参照。

[23] 議論の先取りになるが，後述する，蓄積犯的な発想に基づく利益衡量といってもよい。すなわち，当該行為を禁ずることは単体として見れば合理的であるかもしれないが，そのような禁止が蓄積すると社会的厚生が大きく減少することとなるから，あらかじめその種の行為を一括して許容しておくのである。このような広い視野に立った，いわば制度的な利益衡量は，正当業務行為にとどまらず，より典型的には法令行為を特徴づけている。ただし，繰り返しになるが，正当化の原理が個々の違法性阻却事由と一対一対応しているわけでは必ずしもないから，考察の順序としては，まず，正当化の原理に照らして許容されるべきかを検討し，しかるのちに，最もふさわしい違法性阻却事由を選択する（なければ超法規的違法性阻却事由とする），というのが適切であろう。

他方，本判例の調査官解説は，法益衡量が司法判断にはなじまないのではないかと述べ，手段・方法の相当性だけで判断すべきであるとする[25]。たしかに，いわば範型的な事例類型を想定して諸般の利益を総合的に衡量し，その帰結を示しておくという作業は立法府のよりよくなしうるところであるし，また，現にしばしばなされてもいる。近年，問題とされた例を用いていえば，一般家屋を建築する際，どの程度の耐震性をもたせるべきであるのかや，3.11以降，野菜の流通・販売にあたってどの程度の放射線量を許容基準とすべきであるのかなどといったことについては，その判断を裁判所に丸投げされたのでは立法府の怠慢ともいいたくなるであろう[26]。しかし，そうはいっても，ありとあらゆる範型をあらかじめ想定しきって

---

24 以上の詳細については，小林憲太郎「違法性とその阻却――いわゆる優越利益原理を中心に」千葉23巻1号（2008）328頁以下を参照。

25 堀籠幸男「判解」最判解刑（昭53）175頁。

26 たとえば，東京高判平19・2・28刑集63・11・2135＝川崎協同病院事件控訴審判決は「尊厳死の問題を抜本的に解決するには，尊厳死法の制定ないしこれに代わり得るガイドラインの策定が必要であろう。すなわち，尊厳死の問題は，より広い視野の下で，国民的な合意の形成を図るべき事柄であり，その成果を法律ないしこれに代わり得るガイドラインに結実させるべきなのである。そのためには，幅広い国民の意識や意見の聴取はもとより，終末期医療に関わる医師，看護師等の医療関係者の意見等の聴取もすこぶる重要である。世論形成に責任のあるマスコミの役割も大きい。これに対して，裁判所は，当該刑事事件の限られた記録の中でのみ検討を行わざるを得ない。むろん，尊厳死に関する一般的な文献や鑑定的な学術意見等を参照することはできるが，いくら頑張ってもそれ以上のことはできないのである。しかも，尊厳死を適法とする場合でも，単なる実体的な要件のみが必要なのではなく，必然的にその手続的な要件も欠かせない。例えば，家族の同意が一要件になるとしても，同意書の要否やその様式等も当然に視野に入れなければならない。医師側の判断手続やその主体をどうするかも重要であろう。このように手続全般を構築しなければ，適切な尊厳死の実現は困難である。そういう意味でも法律ないしこれに代わり得るガイドラインの策定が肝要なのであり，この問題は，国を挙げて議論・検討すべきものであって，司法が抜本的な解決を図るような問題ではないのである」と述べている。

　むろん，これに対しては，「基本的な考え方を示すことをせずに，現行法の解釈論では無理であるとして，立法・行政に問題の解決を委ねた控訴審判決の中には，司法謙抑主義というより，ルールができればそれを守るだけだという，法実証主義的思考が見える」として批判的なものもある。町野朔「患者の自己決定権と医師の治療義務――川崎協同病院事件控訴審判決を契機として」刑ジャ8号（2007）50頁。しかし，そのようなことを言い始めたら，臓器移植法を指針として，脳死体からの臓器移植が（承諾）殺人ないし死体損壊として可罰的であるかを裁判所が判断することさえ望ましくないことになってしまうであろう。尊厳死の規律を立法府が司法府に丸投げするなどというのはほとんど許しがたい職務放棄であり，私は裁判官ではないが，東京高裁の気持ちがよく分かる。他方，尊厳死法が制定されれば尊厳死にお墨付きが与えられ，いっそうの推進効果をもつのではないか，という危惧ももちろん理解しえなくはない。しかし，そういった信仰に基づく運動を，立法という公共的討議の場に持ち込むべきではないと思われる。

第2章 法益保護主義

利益衡量の帰結を示しておくなどというのもまた，立法府が万能ではない以上，期待しえないことであり，現実の裁判においては必ず，想定された範型には収まらない例外的な事態，いわゆるハードケースが問題となってくる。いな，そもそも「判例」とよばれ，その内容や当否が検討されるのは，まさに，そのようなハードケースについてなされた判決や決定にほかならない。そして，そういった範型から外れる事案に対し，範型において立法府が行った総合的な利益衡量の内容をしん酌しつつ，それと整合的かつ具体的に見ても妥当な結論を導き出すという利益衡量の修正作業は，むしろ，裁判所がそのプロとして最も得意とする分野なのではなかろうか。そして，前記調査官解説の言に反し，伝統的な法学的用語法においては，そのような利益衡量をこそ「相当性（Angemessenheit）」とよんできたのである[27]。

もっとも，このような観点から本判例を読み直すと，すでに多くの学説も指摘しているところであるが[28]，大きな疑問が生ずる。それは，そういった総合的な衡量に算入されるマイナスとして，「取材対象者の個人としての人格の尊厳を著しく蹂躙する」ことがあげられていることである。たしかに，個人としての人格の尊厳は，それを実効的に守るためにこそ国家が設立される——と同時に，公共的な目的を実現するためであっても，国家がこれを侵すことは禁止される——という意味において最も中核的な利益である。しかし，本件において，被告人は本当にそのような利益を侵害しているのであろうか。そうではなかろう。被告人がしたことは，愛情からではなく「けしからん」動機に基づいて女性と付き合った（肉体関係をもった），という典型的で重大な，しかし，不道徳にすぎないのである。したがって，本件では，結論として違法性が阻却されるかを問題とする以前に[29]，そもそもこのような不道徳をマイナスとして衡量に算入する時点

---

[27] 以上について，詳しくは，小林憲太郎「緊急避難論の近時の動向」立教法務研究 9 号（2016）143 頁以下を参照。なお，いうまでもないが，本文の検討においては，司法府が立法府の判断をオーバールールする，いわゆる憲法判断については措いている。

[28] 山口厚『刑法総論〔第3版〕』（有斐閣，2016）108 頁，佐伯・前掲『刑法総論の考え方・楽しみ方』10・104 頁などを参照。

[29] 堀籠・前掲「判解」174 頁は，「本決定は，性倫理に反したこと自体を対象としてそれを処罰しているのではなく，違法性の有無の判断に際し，その一要素として性倫理の問題がとり入れられているにすぎない」とする。しかし，本文でも述べるように，「一要素」だからよいというものでは決してない。それはちょうど，副次的法益としてであれば性倫理に対する罪を作ってよい，というわけでは決してないのと同様である。

において，すでに刑法が道徳＝法益でないものを保護する効果をもつこととなり，法益保護主義の消極的主張に反するのである。

II 法益の種類とその保護態様

1 法益の類型

　以上が法益保護主義の消極的主張の実質的な内容であるが，むろん，法益保護主義には積極的な主張もある。それは法益として保護すべきものを類型化し，なぜそれが保護に値するものであるかを明らかにするとともに，その性質に見合った保護の態様を要請するものである。このような点にかかる議論が現実の裁判実務においてただちに有用性をもつことは少ないが，それ以前の段階の，立法実務においてはきわめて重要な意義を有するものといえる。なぜなら，とりわけ争いのある刑罰法規を立法する際には，その想定する保護法益が（名目的なものを超えて）具体的にどのような内容および性質を有しており，それゆえ，そのような刑罰法規の違反がいかなる不法を構成するものとして策定されるべきであるのかが，審議会や国会での議論をとおして必ず明らかにされるからである。

　さて，教科書や注釈書等において，法益はしばしば個人的法益，社会的法益，国家的法益に三分されている。しかし，それは刑法各則の条文に沿って講義や解説を行う際，便宜であるからそうされているにすぎず，当該法益がなぜどのような意味において保護に値するかを実質的に明らかにするためには，実はそれほど役に立たない。実際，刑罰法規を立法する現場において，その違反が個人的法益に対する罪であるのか，それとも社会的法益に対する罪であるのかが問題とされ，それによって規制される行為態様や用意される法定刑が主導される，などという事態は考えにくいであろう。そこで，以下では，法益として保護すべき実体に焦点を当てて再類型化を行うこととしたい[30]。

　第1は，個人的法益のなかでも，個人の人格の中核的部分を構成する法益である。その代表例は生命や身体の枢要部分，一定程度の行動の自由，性的自由（自己決定）等であり，これらを実効的に保護する法をもたない国家はそもそも国家として正当化されえない。そして，このような法益の処分が同時に，将来におけるさらなる人格の発展の基盤を損ねる場合には，

法益主体にさえ，その処分の自由が完全にゆだねられることはない（パターナリズムに基づく国家の介入が正当化されうる）。このことは，承諾傷害について論じたところですでに述べたとおりである。

第2は，個人的法益のうち，（第1と異なり）個人の人格的生存にとって不可欠とまではいえないが，そうしたほうが長期的，全体的に見て社会的有用性が高いという観点から，個人に属するものとされる法益である。たとえば，器物損壊罪（刑法261条）の保護法益である器物に対する所有権，名誉毀損罪（刑法230条1項）の保護法益である名誉などがあげられる。もちろん，およそ何物に対しても所有，つまり，包括的で直接的な支配が認められなかったり，あるいは，まったく不当な社会的評価を永続的に受けることが妨げられなかったりすれば，そもそも個人の自律的な生自体が観念しえないであろう。しかし，そこまで行かなければ，所有や名誉は保護したほうが社会にとって望ましいから保護するのだ，という一種の帰結主義的関係が存在する。たとえば，いわゆるコモンズの悲劇[31]が示すように，物に対する所有を認めなければそれを適切に管理しようとするインセンティブが失われ，それによって物の価値が失われてしまいかねないし，あるいはまた，人は名誉が保護されるからこそよりよい社会的評価を受けようと努め，それによって社会的な生産性が向上するであろう。こうして，第1と異なりこの第2の法益については，その保護の態様が社会的有用性を考慮した立法政策にゆだねられる部分が大きくなる。

---

30 以下の記述について，より詳しくは，小林憲太郎「『法益』について」立教85号（2012）468頁以下を参照。さらに，同様の思考方向のもと，これよりはるかに詳細かつ精緻に法益の類型化やその保護価値の解明作業を行う注目すべき作品として，三代川邦夫『被害者の危険の引受けと個人の自律』（立教大学出版会，2017）がある。同書は表向きはいわゆる危険の引受けの可罰性阻却（制限）根拠とその範囲を扱ったものであるが，その前提としてなされる法益や被害者の自律の検討作業もまた学術的価値が非常に高いと思われる。

31 コモンズとは誰のものでもない牧草地であり，そこに複数の農民が牛を放牧するものとする。このとき，すべての農民は，自分だけが牛の数を抑えると損をしてしまうことから，これを増やし続けるインセンティブをもつ。しかし，その結果として牧草地は荒れ果て，結局はすべての農民がしなくてよい損をすることになってしまう。これをコモンズの悲劇とよび，この「悲劇」を避ける方法にはいくつかのものが考えられる。そのひとつは，放牧してよい牛の数を制限するルールを設定し，これを強制することであるが，いまひとつの方法として，牧草地を分割し，各農民に所有権を設定することも考えられる（どのような場合に，いずれの方法が望ましいかについてはさまざまな研究がある）。そうすれば，各農民は，牛が自分の所有地の牧草を食べ尽くさないよう，自身で適切な数に調整するであろう。こうして，牧草地は，全体としても（長期的に見て牛の数を最大化できるという意味で）望ましい状態に維持されることになる。

第 3 は，非個人的ないし超個人的なものとされる法益のうち，煎じ詰めれば個人的法益の束ととらえることのできる法益である。いわゆる公共危険犯の保護法益がその典型であろう。たとえば，放火罪の保護法益は（厳密には争いがあるが）不特定または多数人の生命，身体，財産と解されているが，それは放火によって危殆化されるもろもろの個人的法益を一括して保護しようとするものにすぎない。だからこそ，個人的法益に対する罪においてしか観念しえないとされるはずの被害者の同意が，放火罪においても，火災の危険が及ぶ可能性のある人全員の同意というかたちで同様の効果をもつのである[32]。

さて，いわゆる刑法総論の分野において伝統的に共有されてきた，典型的には，行為，結果，因果関係によって不法が充足されるとする刑法理論は，主として以上の3つの法益を念頭においたものであった。しかし，近時においては環境犯罪等が学界における重要なイシューのひとつに加えられることにより，以上の3つの法益には汲み尽くされない第4の法益に注目が集まっている。そして，その内実を仔細に観察していくと，実は，伝統的な犯罪類型においても同様の法益が多数見られることが明らかになり，その結果，一般的な刑法理論のあり方そのものについても揺らぎが生じ始めている。このような問題の重要性にかんがみ，この第4の法益については項を改めて検討を加えることにしたい。

2　集合的（公共財的）法益

その第4の法益とは，集合的（公共財的）法益とよばれるものである。そして，このような法益に対する罪を蓄積犯という。その本質的な特徴は，伝統的な刑法理論が想定してきた行為による因果的な法益侵害ないし危殆化ではなく，むしろ，「ただ乗り（フリーライド）」によって不法を実現するところに存在する。私はかつて，このことを教科書において簡潔に説明したことがあるので，まずはそれを冒頭に引用しておこう。

「蓄積犯〔とは〕……社会的・国家的法益に対する罪のうち，公共危険罪等に対置された『制度』や『信頼』を保護法益とする罪など〔である〕。たとえば，文書に対する公共の信用（信頼）にただ乗りしこれを偽造する

---

[32]　齋野彦弥「社会的法益と同意」現刑59号（2004）47頁，佐伯・前掲『刑法総論の考え方・楽しみ方』201頁などを参照。

ことは，みなの同様の行動が蓄積することによってかかる信用を失わせ，ひいては文書という制度自体を機能不全に陥れ，結局は，その者を含むみなにとって偽造してよい場合より偽造してはならない場合のほうがましであることに帰するから，偽造，畢竟，ただ乗りをあらかじめ一括して禁止しておくのである[33]」。

　この記述は学生向けのものであるから，ひとつの例に関する具体的な説明にとどまっているが，抽象化していえば，禁止された行為が単体で見れば合理的であるにもかかわらず，各人が合理的な判断によってそのような行為をしてしまうと，禁止に従ってみながそのような行為をしないほうが合理的な帰結を生む，ということである。そして，「ただ乗り」というのは，自分だけが抜け駆けして禁止をかいくぐろうとする行動のことである。もう一度，例をあげるならば，サンフランシスコのケーブルカーへのただ乗りを想定されたい。ただ乗りがバレて捕まった「犯人」が，「もうひとりくらいデッキにつかまって乗っても誰も困らず，私はただで目的地に着けるからいいことずくめではないか」と反論したら，こう諭すべきであろう。「ほかのお客さんも同じことをしたら，そもそもケーブルカーは運行できなくなる。そのときになって，あなたは『やっぱり，ちゃんと運賃を払うからケーブルカーで目的地まで運んでくれ』と嘆願するでしょう」と。これこそが蓄積犯の本質であり，ある工場が「うちだけなら汚水を海に流しても問題ない」と考えて工業廃水を流出させる環境犯罪や，ある業者が「うちだけなら電柱に宣伝ビラを貼っても町の美観そのものには影響ない」と考えてビラ貼りをする景観条例違反も，理論的には同様の性質を有している。

　そして，以上の分析からは，非常にしばしば誤解されているものの，次の2つの事実が明らかになる。その1つ目は，このような蓄積犯の保護法益すなわち集合的法益が，「個人から切り離して保護したほうが，むしろ個人のためになる」からこそ非個人的ないし超個人的法益とされているのであって，個人のためではない何物かを企図しているのではない，ということである。環境を例にとると，たとえば，刑法がきれいな空や海を楽しむ個人の権利に対する攻撃をとらえて介入していくとなると，環境は明らかに過少にしか保護されなくなり，個人がそのような自然を楽しめる度合

33　小林憲太郎『刑法総論』（新世社，2014）21・22頁。

いは，みなが望ましいと判断したレベルをはるかに下回ってしまうであろう。したがって，自然環境が個人的法益に還元されないことをもって，（副次的にであれ）そのような自然環境が人間の利益とは別にそれ自体として保護法益とされているのだ，ととらえる[34]のはほとんど理解しがたい論理の飛躍である。と同時に，飛躍して到着した場所は「国民のためになるから国家があり法がある」という基本的なパラダイムを逸脱した夢想の地としかいいようがない。

つづいて，明らかになる2つ目の事実は，たしかに，蓄積犯の不法は伝統的な刑法理論の基礎を構成する「行為→因果関係→結果（法益侵害ないし危殆化）」という枠組みによってはとらえられないが，それは集合的法益の特別な性質に照らしてやむをえないものであり，なおかつ，集合的法益を実効的に保護することには十分な必要性も合理性もある，ということである。したがって，わが国においては古くからいわゆる行為無価値論と結果無価値論の対立が存在するが，たとえば，行為無価値論が蓄積犯に因果的な法益侵害（危殆化）を観念しえないことをとらえて，（ただ乗り等の）ルール違反だけが不法を構成するのだと一般化する[35]のは的外れである。他方，結果無価値論が蓄積犯を因果的法益侵害の枠組みではとらえきれないことをもって，蓄積犯の処罰は理論的に許されないなどという[36]のも本末転倒である。蓄積犯まで視野に入れるならば，行為無価値論と結果無価値論の対立は，蓄積犯においてはその特性上，ただ乗りが不法を構成することを直截に承認したうえで，むしろ，不法と責任の関係に見出されるべきであると思われる。もっとも，その詳細は実務的観点からは必ずしも重要とはいえないため，本章では割愛することとしたい。

---

34 いわゆる人間中心主義的法益構成に対する生態学的法益構成である。両者の内容および意義については，たとえば，伊東研祐『環境刑法研究序説』（成文堂，2003）23頁以下，51頁以下を参照。
35 現実にはより重層的な主張がなされているが，このような発想を示唆するものとして，川端博ほか「《鼎談》環境刑法の課題と展望」現刑34号（2002）4頁以下における伊東研祐発言を参照。
36 管見の限り，このような主張は現実にはなされていないようであるが，超個人的法益を個人的法益に還元していこうとする動きの背景には，類似の発想が潜んでいるようにも思われる。そのような動きの先駆的なものとして，原田保『刑法における超個人的法益の保護』（成文堂，1991）を参照。

Ⅲ　おわりに——法益論の実践的重要性

　近時の法益論に関する研究のなかには，次のように述べるものが存在する。
　「2001 年に創設された支払用カード電磁的記録に関する罪の保護法益は……支払システムに対する社会的信頼であるとされているが……これは，文字や福沢諭吉の絵が印刷された紙に 1 万円の価値があると信じる場合の『信頼』とは質的に異なる。……2011 年の刑法改正で導入された不正指令電磁的〔記録〕作成等罪（168 条の 2 以下）は，業務妨害や器物損壊ないし電磁的記録毀棄の前段階的行為であるにすぎないが，保護法益は……電子計算機のプログラムに対する社会一般の者の信頼であると説明されている。このような説明が成り立つならば，殺人罪の保護法益は『人の生命が侵害されないという社会の信頼』……であることになろう。本罪がなぜ偽造罪の章に置かれているのかを外国の専門家に聞かれれば，立法の失敗であると説明するほかはない[37]」。
　同刑法改正が真に「立法の失敗」であったかについては，より慎重な検討が必要であろう。しかし，少なくとも，現実の立法やその評価にあたっては，（集合的法益および）蓄積犯の本質を見極めたうえで，真実はそれにふさわしくないものに蓄積犯の外観をまとわせることで，本来，必要であるはずの法益侵害ないし危殆化を不法の要件から外し，処罰範囲を過度に拡張したり処罰時期を過度に前倒ししたりすることになっていないかを厳格にチェックしていかなければならない，そのことだけは確かであると思われる。こうした意味において，先に引用した記述は，法益論の観点から立法の当否を精査しようとする重要な実践例のひとつということができよう。

---

[37] 髙山佳奈子「『感情』法益の問題性——動物実験規制を手がかりに」『山口厚先生献呈論文集』（成文堂，2014）28・29 頁。

第3章

罪刑法定主義

　　山下はベテランの検察官，小林は新米の検察官

小林：先輩，いま，市の法務課から条例案のチェックを頼まれているんですが，ちょっと相談に乗ってもらえませんか。

山下：どういう条例なの？

小林：それが，暴走族追放を目的にしているんですが，そもそも，暴走族の定義が2条7号で「暴走行為をすることを目的として結成された集団又は公共の場所において，公衆に不安若しくは恐怖を覚えさせるような特異な服装若しくは集団名を表示した服装で，い集，集会若しくは示威行為を行う集団」となっているんですよね。後半はそれだけ読むと，むしろ宗教団体なんかを連想しませんか。

山下：たしかにそうだね。しかし，取り締まるときに，暴走行為の目的を証明しろと行政や警察にいわれても，それはそれで厄介だ。

小林：それが，さらに続きがあるんですよ。この条例では，16条1項に「何人も，次に掲げる行為をしてはならない」と書いてあり，その1号として，「公共の場所において，当該場所の所有者又は管理者の承諾又は許可を得ないで，公衆に不安又は恐怖を覚えさせるような集又は集会を行うこと」が掲げられています。

山下：「何人も」？　暴走族の構成員に限ってしまうと，規制の目が粗くなりすぎるということか。にしても……直罰ではないにせよ，罰則もついているんだろう。

小林：おっしゃるとおりで，17条は「前条第1項第1号の行為が，本市の管理する公共の場所において，特異な服装をし，顔面の全部若しくは一部を覆い隠し，円陣を組み，又は旗を立てる等威勢を示すことにより行われたときは，市長は，当該行為者に対し，当該行為の中止又は当該場所からの退去を命ずることができる」となっていて，19条は，この市長の命令に違反した者

は6月以下の懲役または10万円以下の罰金に処するものと規定しています。

山下：規制当局としては，いわゆる暴走族とか，せいぜいチーマーを取り締まるつもりしかないんだろうが，罪刑法定主義との関係で問題がないとは到底いえないだろうね。そもそも罪刑法定主義とは，規制当局の善意など信用してはならず，悪気を起こさないよう法の文面自体から縛っておこう，という発想だから。

小林：いまはもうチーマーなんていいませんよ（汗）。私も，この条例は文言それ自体が明らかに規制を許すべきでない集会等をも包摂している点で，かなりまずいのではないかと思っています。

山下：君，いつになく慎重じゃないか。

小林：さすがに，そのまま議会に出されて紛糾したとき，事前に地検に相談したっていわれたらまずいですからね。

山下：いや，かりに議会をすんなり通ったとしても，この条文を使って実際に起訴するのはちょっと怖いね。最近の最高裁の態度に照らしても，ここまでくると，裁判所が救ってくれるか心配だ。

小林：それは，規制範囲が過度に広汎だということでしょうか。

山下：たとえば，純然たる宗教的集会に市長が中止命令を出して，その違反者を処罰することも可能な建付けになっている点で，そういわざるをえないだろう。

小林：念のため確認しますが，宗教団体が道路を行進することを規制するのはいいんですよね。

山下：それとこれとはまったく違う。円滑で安全な道路交通というのは，『刑法総論の理論と実務』の第2章にも書いてあったように，万人にとって共通の便益である立派な法益のひとつだから，それを守るための規制は許される。しかし，特殊な教義をもつ宗教団体の集会を，多くの市民にとって気味が悪いから処罰するというのは，これはもう，そういう内容の宗教があってほしくないという多数者の価値観を保護するものだから，法益保護主義と正面衝突するよ。

小林：では，そういうものが除かれるよう，合憲限定解釈するというのは無理ですか。

山下：なに，君はこの条例案を助けたいの？

小林：いえ，先輩と話して，それはもうあきらめました。いまの会話は市職員の方とやり取りするためのシミュレーションです。

山下：私をそういうふうに使うんじゃないよ，もう（苦笑）。まあ，たしかに，「かりに」そのように限定解釈できれば合憲だろう。しかし，わざわざ暴走族を宗教団体も含みうるような表現で定義し，禁止行為も「何人も」で始まるような条例を，一般人がそのように限定解釈できるだろうか。

小林：あ，そうか，法律家が憲法論を使って限定解釈できるだけではダメでした。とすると，今度は明確性の原則違反の問題が生じてくるわけですね。

山下：そのとおりだ。

小林：では，この条例案はどうやっても救えませんか。

山下：実はひとつだけ，救う方法がなくもない。私だったらそんな危ない橋は渡らず，条例自体を修正するけどね。それは法の「解釈」の意味をもう少し広げることだ。

小林：解釈って，条文から規制範囲を明らかにすることですよね。

山下：まさに，その，ある条文から規制範囲を明らかにする際，他の知識をどの程度，前提にしてよいか，ということが問題なんだよ。たとえば，薬物の取締法に化学物質の専門的な名称が出てきたとき，一般人にそんな化学的知識はないから不明確だということになるかな。

小林：はは，ありえないですよ。それは法解釈の作法を身につけていない一般人にもアクセス可能な範囲の知識ですから。

山下：とすると，たとえば，承諾傷害の一部が刑法204条にあたるかを判断する際，202条という別の条文の知識も当然，前提にしてよいわけか。

小林：ええ，六法に書いてありますし。

山下：そうすると，今回の条例案に関しても，問題となる条文だけでなく，条例案全体から醸し出される趣旨や条例の施行規則案などから，規制対象が本来的な暴走族や，社会通念上，これと同視しうる集団に限られることは明らかだ，と主張することは不可能ではない。

小林：しかし，定義規定からして読み替えるというのは，さすがに……。

山下：だから，私なら最初から条例案を修正するよ。

※ 元ネタである最判平 19・9・18 刑集 61・6・601 の調査官解説である前田巌「判解」最判解刑（平19）400 頁は，「慎重な配慮に欠けた甚だ拙劣な規定」と酷評している。

◆

第3章　罪刑法定主義

I　総説

1　自由主義的基礎

　罪刑法定主義とは，犯罪と刑罰があらかじめ法律で定められていなければならない，とする考え方をいう。その憲法的地位に関しては，とくにアメリカ法との比較をとおしてさまざまな研究の蓄積があるが[1]，本章では，むしろ，その理論的な根拠を明らかにしたうえで，判例[2]を批判的に検討する作業のほうに主眼をおくこととしたい。

　さて，この罪刑法定主義を支える発想には，かねてより，2つの異なる側面の存在することが指摘されてきた[3]。それは自由主義的基礎と民主主義的基礎である。このうち前者の自由主義的基礎は，罪刑法定主義の定義中，「あらかじめ」という部分にかかっている。すなわち，何が犯罪でありどのような刑罰が科せられることとなるのかを，あらかじめ定めておくことなく刑罰権が介入してきたのでは，国民の予測可能性，したがって行動の自由が著しく害される[4]から，これを避ける必要があるとされるのである。

1　より広い視野に基づく重厚な研究として，大野真義『罪刑法定主義〔新訂第2版〕』（世界思想社，2014）がある。そこでは近代法的な意味における罪刑法定主義の始祖とされる，フォイエルバッハおよびベッカリーアの登場前夜からの歴史的な検討が詳細に加えられているが，本章で述べる発想（とくに自由主義的基礎）も両者のそれと本質的に共通している。そのほか，実体的デュー・プロセス理論との関係では，芝原邦爾『刑法の社会的機能——実体的デュー・プロセスの理論の提唱』（有斐閣，1973），萩原滋『実体的デュー・プロセス理論の研究』（成文堂，1991）および同『罪刑法定主義と刑法解釈』（成文堂，1998）が非常に重要である。さらに，罪刑法定主義をさまざまな観点から網羅的に研究した法律雑誌の特集として，「罪刑法定主義の現代的意義」現刑31号（2001）4頁以下がある。

2　罪刑法定主義に関する（裁）判例を網羅的に紹介・検討した重要な文献として，大塚仁ほか〔編〕『大コンメンタール刑法（第1巻）〔第3版〕』（青林書院，2015）31頁以下〔篠田公穂＝大塚仁〕を参照。

3　近時，このことを最も明快に指摘した文献として，佐伯仁志「類推解釈の可否と限界」現刑31号（2001）34頁以下を参照。なお，同35頁は罪刑法定主義を自由主義的基礎に純化し，「法律主義を罪刑法定主義とは別個の原則として論ずることが理論的にはもっとも明快である」とするが，本章では伝統的な用語法に従い，罪刑法定主義を本文に述べた2つの基礎から構成されるものとしておく。そのほか，罪刑法定主義の重心が現代においては自由主義的基礎のほうに移っていることを指摘するものとして，田宮裕『刑事法の理論と現実』（岩波書店，2000）82頁を参照。

もっとも，厳密に考えると，事前の告知なしでなされる刑罰権の行使が国民の行動の自由を制限する方向ではたらく，と一概に言い切ることはできない。そのようにいえるのは「事前に告知されてはいないけれども，このようなことをしたら刑罰が科されそうだ」と国民が予測しうる場合に限られる。今日風にいえば，刑事立法の欠缺であることが明らかな場合や，脱法ドラッグのように，刑事規制がいたちごっこに陥っている場合がその典型であろう。裏を返すと，およそ「事前の告知なしで刑罰権を行使するとどうなるか」と一般的に問うた場合には，どうしてよいか分からなくなった国民が，はたして，すべての社会的活動を断念して家に引きこもることになるのか，それとも，この際，好き勝手にふるまおうと考えて社会的な無秩序をもたらすことになるのかは，確実性をもっては答えられないと思われる。

　このように見てくると，罪刑法定主義の自由主義的基礎は，端的に，一定の不法を犯したことに対する刑罰が，当該不法を回避すべく，国民の行動を制御（コントロール）しうるための前提条件ととらえるのが適切であろう。事前に「○○すると××するぞ」と告知しておいて，はじめて××が告知対象者に対し，○○をやめようと思わせる契機となりうるのである。そして，そうであるとすれば，「自由主義」的基礎という表現もまた，あまり正鵠を得たものではないことが分かる。刑罰が国民の行動を制御する前提が備わっていることと，国民の自由が保護・拡張されることとは必ずしも直結しないからである。もっとも，自由主義的基礎ということばは人口に膾炙しているから，本章でも（あくまで注記付ではあるが）これを用いることとしたい。

　そして，さらにさかのぼって考えてみると，この自由主義的基礎が想定する国民の行動制御プロセスは，第1章で述べた，一般予防が想定する抑止のプロセスとまったく同じである。つまり，罪刑法定主義の自由主義的

4　ときおり，このことを称して「萎縮効果（chilling effect）」といわれることがある。しかし，厳密にいうと，これは表現の自由の行使が不明確な刑事法規によって過度に抑制されてしまう現象を指すものである。そして，それが取り立てて問題とされる理由は，（とくに政治的）表現の自由が民主主義社会の維持・発展にとりきわめて重要であるにもかかわらず，しばしば，自己利益の追求ではなくパブリックマインド，したがって，類型的に脆弱な動機から行使されるものであり，とくに保護する必要性が高いからである。この点につき，毛利透『表現の自由——その公共性ともろさについて』（岩波書店，2008）を参照。

基礎は刑罰の制裁としての性格から導かれるのであり，それゆえ，制裁としての性格を有する限り，この自由主義的基礎は刑罰以外にも幅広く妥当することになる。たとえば，ドイツで行政制裁を規律する総則的な法律である秩序違反法は，その3条で罪刑法定主義を定めているし[5]，わが国においても，労働法で扱われる懲戒処分についてさえ，その制裁としての性格から罪刑法定主義が論じられ，就業規則による事前告知が要請されている[6]。

最後に，罪刑法定主義の自由主義的基礎がこのようなものであるとすれば，次の2つの重要な帰結が導かれる。

第1に，刑罰の事前告知がどのようなかたちで行われなければならないか，である。そして，それは，刑罰の制裁としての側面が想定する抑止プロセスの前提条件がみたされたというために，告知対象である国民がどの程度の法解釈・適用能力を有するものと想定しなければならないか，によって決せられる。かつての二大国間の核抑止のように，告知対象がひとり（一国）だけというのとは異なり，国民の必ずしも均一でない前記能力のどこに線を引けばよいかが問題となるのである[7]（むろん，国民一人ひとり，あるいは，特定の能力グループごとに立法することも原理的には考えられるが，それならば，はじめから最も低いところに線を引いておけばよい）。あまりにも高いところに引けば，刑罰法規は行動制御の効果をもちえない[8]場合が多くなりすぎるであろう。反対に，あまりにも低いところに引けば，立法作業が非常に煩雑になるとともに，無視しえない処罰の間隙が増加するであ

---

5 たとえば，(適法なものであれ) 内定取消しを行った企業名を公表するという行政的措置は，一般に，当該企業に対する制裁としての性格をもたざるをえない。そして，そうだとすれば，内定を取り消せば企業名を公表する旨をあらかじめ告知しておかなければならないはずである（こちらについては，職業安定法施行規則に基づく厚生労働省告示がある）。しかも，この制裁は明らかに「法的」制裁の一であるから，内定取消しを適法と認めながら，これを科すことは許されないと思われる。

6 最判平15・10・10判時1840・144＝フジ興産事件を参照。大学の学則に基づく懲戒処分についても同様のことが考えられる。たとえば，某大学において，ある学生が奇声を発するなどして講義を妨害したり，職員に暴力をふるったりするなどしたが，それは重度の精神疾患に基づく責任無能力下でなされたものであるとの疑いが強い，という事件が起きたことがある。そのとき，大学側は，懲戒処分は制裁の一種であるから責任無能力者にはこれを科しえないとしたうえで，新たに，精神疾患に基づいて重大な懲戒処分に相当する行為を行い，そのままではそれが繰り返されるおそれが認められる場合には，いったん大学構内への立入りを禁止し，治療を受けさせる旨の学則を整備したうえで，これを遡及適用した。このようなことが認められるのは，この新学則が懲戒処分などとは異なり，制裁としての性格を有していないからである。

ろう。したがって，結局，のちにも見るように，たとえば，刑罰法規の明確性は通常の判断能力を有する一般人の理解を標準として決定する，という表現を用いるほかないと思われる。

　第2に，その実現に刑罰が結びつけられる旨，事前告知がなされる不法が構成要件というかたちで与えられるとすれば，構成要件は不法類型にほかならないことになる。これに対しては，①責任も類型化されれば構成要件に属することがあるとか，②実務において構成要件は不法類型などという特定の理論的負荷を担わされた概念として用いられていない，などといった批判もなされている。しかし，①実際に構成要件に属する責任要素とされているものは，厳密に理論的に観察すれば，実は構成要件に属していないか，あるいは，そもそも不法要素である。たとえば，意思能力や故意，領得罪における利用処分意思などは，条文の解釈に含まれるというだけであって，それらを規律する原理からすれば構成要件に属するものではない。これに対し，証拠の他人性（刑法104条）などは構成要件に属しており，それゆえ，他人の刑事事件に関する証拠だと思って自己の刑事事件に関する証拠を隠滅しても証拠隠滅罪は成立しないが，それは，そもそも証拠の他人性が不法要素だからである。また，②実務家も（主として）「事前に告知された刑法的禁止の内容」という意味で構成要件ということばを用いているのであるから，その不法類型としての性質を直截に承認すべきであろう。私の知る限り，実務家のほうが学者よりも概念の使用法に厳格であり，それゆえ，「構成要件＝不法類型」という図式をいったん承認すれば，責任要素をも含んだ類型を「犯罪類型」等，わざわざ別の名称でよ

7　なお，引かれた線より高い能力をもつ者でなければ解釈・適用しえない刑事立法がなされたとしても，まさにそのような高い能力をもつ者が被告人となった場合には，当該立法が罪刑法定主義（の自由主義的基礎）違反であるとの主張を認めることは刑事訴訟を一種の公益訴訟とすることにつながる，との指摘がなされている。杉本一敏「刑法と憲法における『不明確性』の主張」高橋則夫ほか『理論刑法学入門――刑法理論の味わい方』（日本評論社，2014）251頁以下を参照。しかし，制裁の要件をみたさない制裁立法に基づいて害悪を付加されることは，被告人にとっても権利の侵害にほかならないと思われる。ところで，論者は裁判所にとってさえ解釈・適用しえない刑事立法を独立の類型として扱っているが，これは法の概念をめぐるさまざまな議論に立ち入らなければ検討しえないため，本章では割愛することとしたい。

8　それは，行為者が（その実現に刑罰が結びつけられる旨，事前に告知された）不法を回避すべく，自身の動機づけを制御しえないことによる。このような場合に責任を阻却して可罰性を否定する発想こそが責任主義であり，同じく制裁の想定する抑止プロセスから導かれるものではあるが，罪刑法定主義（の自由主義的基礎）とはそのはたらく局面を異にしているのである。

ばなければならなくなってしまうことへの嫌悪感があるのかもしれない。しかし，構成要件の本質が何であるかという（実務においてはほとんど問題となりえないような特殊な）文脈でもない限り，構成要件という概念を多義的に用いることは差し支えないし，現に学者の多くもそうしていると思われる。

2 民主主義的基礎

つづいて民主主義的基礎は，罪刑法定主義の定義中，「法律で」という部分にかかっている。すなわち，国民に対し，国家が刑罰権という侵害的作用を行使するためには，それが法律上の根拠に基づかなければならない，とされるのである。もっとも，そうであるとすれば，この民主主義的基礎は刑罰以外の制裁にも，あるいはまた，国民に不利益を強制する処分にも妥当することとなるはずである。したがって，とくに刑罰に関して民主主義的基礎が高唱されるのは，それが国民に対し，類型的に見て重大な侵害作用をもたらすものであり，それゆえ，法律上の根拠がとくに厳格に要請されることをリマインドするためであると解される。

さて，このような民主主義的基礎の射程に関しては，伝統的に，次の3つの問題が議論されてきた[9]。

第1に，犯罪と刑罰の画定を司法権＝裁判所がどこまで自由に行ってよいか，である。そして，それは，端的にいえば，裁判所による立法にわたらない，法の「解釈」にとどまる範囲だ[10]，ということになる。そうすると，しばしば援用される「被告人に有利な類推解釈は許される」という法諺もまた，ただちには支持しえないものであることが分かる。可罰的行為

---

9 さらに，近時では，道路整備特別措置法が高速道路株式会社等に罰則の画定を委任しているのではないかが問題とされている。松宮孝明「白地刑罰法規の規範補充を私人に委ねることと罪刑法定の原則」立命321＝322号（2008）438頁以下，同「罪刑法定の原則と刑法の解釈」立命332号（2010）176・177頁などを参照。もっとも，最（一）決平22・9・27集刑301・281および最（二）決平22・9・27集刑301・291は，それぞれ，「本法24条3項は，国土交通省令で定めるところにより通行方法を定めることができるものとされ，かつ，定めるに当たっては国土交通大臣の認可を受けることとされているから，実質的には高速道路株式会社（本法2条4項にいう「会社」）に定めを委任しておらず，上記省令に委任したものであって，その委任はいわゆる白紙委任とはいえ」ない，「本法24条3項は，料金の徴収を確実に行うため国土交通省令で定めるところにより通行方法を定めることができるものとされ，かつ，定めるに当たっては国土交通大臣の認可を受けることとされているから，実質的には会社に定めを委任しているとはいえず，会社の定めた通行方法を構成要件とはしていない」と判示している。

を指示する法の規定の一部が憲法に違反して無効であるなどというのでもない限り、裁判所が勝手に「法が可罰的とする行為Aは不可罰の行為Bと当罰性において実質的な差がないから、Bからの類推によりAもまた不可罰と解釈される」などと判断することは許されない。それは実質的には、Aに関する非犯罪化立法だからである。これに対し、たとえば、承諾傷害罪が刑法204条により可罰的であるとしても刑法202条の法定刑を超えては処断しえないとか、被害者の占有を侵害しない器物損壊は刑法254条の法定刑を超えては処断しえない、あるいはまた、刑法261条との法定刑の均衡から刑法235条には利用処分意思が要求される、などといった可罰性の限定にそのような主張がなされるとき、それは法規定全体の整合性を創出しようとする、まさに典型的な「解釈」作業にほかならない[11]。

むろん、たとえそうだとしても、立法府の自律性や自由主義的基礎のほうを害しない限りにおいて、立法府が自発的に刑事立法作業の一部を裁判所に委譲しようとすることが、原理的に完全に排除されるわけではない。その場合、まずは立法府が事項を限定し、考慮すべきファクターおよび考慮の指針を明定し、さらに、十分な例示列挙を行ったうえで、「その他、本条所定の刑を科することを裁判所が適当と判断したもの」等と規定することになろう。必要があれば、裁判所のほうで規則をもってこれを具体化することも考えられる。しかし、のちに見る命令への委任立法のように、そうしたほうが機関の情報格差等の理由からより適切な立法能力を期待しうるなどといった事情が、裁判所に対する委任立法に見出しうるかはきわめて疑わしい。さらに、それにもかかわらず、わが国においては伝統的に——いわゆる写真コピーの偽造等をはじめとして——裁判所による実質的

---

10 ただし、法の可能な解釈が憲法に適合しないとき、憲法に基づく立法のオーバールールが認められる場合（いわゆる違憲立法審査権の行使）は別論である。これに対し、いわゆる合憲限定解釈は、法の可能な解釈のうち憲法に適合するものがあるときは、必要もなく立法府の判断を覆すことを避けるという観点からこれを採用する手法を指しており、あくまで法の「解釈」の範疇にとどまっていることに注意を要する。

11 現実の裁判例としても、たとえば、東京高判平11・3・12判タ999・297は「関係法条の整合性を保ち、罪刑の不均衡が生じないように合理的に解釈するときは、道路運送法98条2号の罰則は、自家用軽自動車を有償で貨物運送の用に供した行為に対しては、軽自動車運送の無届経営に対する罰則を超えない限度でこれを適用する必要があるものというべきである。具体的には、同号の罰則の刑は、一個の無届経営に達しない限度内の行為に対しては、一個又は数個の行為が犯された場合の併合罪加重を考慮してもなお貨物自動車運送事業法76条7号が定める罰金20万円を上回らない限度にとどめるべきである」と判示している。

な刑事立法がしばしば行われ，それが立法府のある種の「怠慢」を誘発してきたのだとすれば，この点においても，前記，裁判所に対する委任立法は望ましくないと思われる[12]。

　第2に，犯罪と刑罰の画定を行政権＝命令がどこまで自由に行ってよいか，である。すなわち，憲法は73条6号但書において「政令には，特にその法律の委任がある場合を除いては，罰則を設けることができない」と定め，行政権が法律の委任を受けて刑事立法を行うことが許容されている。例外的とはいえ，このようなことが認められるのは，とくに技術的色彩の強い事項については，立法府よりも行政府のほうがすぐれた立法能力を発揮しうるからである。しかし，民主主義的基礎に照らせば，刑罰権の行使には立法府の自律的なコントロールが及んでいなければならないのであるから，前記委任は事項の特定された具体的なものでなければならない。

　第3に，犯罪と刑罰の画定を地方公共団体＝条例がどこまで自由に行ってよいか，である。この点につき地方自治法14条3項は，「普通地方公共団体は，法令に特別の定めがあるものを除くほか，その条例中に，条例に違反した者に対し，2年以下の懲役若しくは禁錮，100万円以下の罰金，拘留，科料若しくは没収の刑又は5万円以下の過料を科する旨の規定を設けることができる」と規定し，法定刑の上限のみを定めた包括的な委任を行っている。

　そもそも民主主義的基礎という観点からすれば，条例も十分にこれをみたすことができるはずである。したがって，条例による罰則の制定に関し，法律の委任が必要であるのは民主主義的基礎の欠缺を補うためではない。むしろ，条例制定権そのものが法律によって具体化されるという意味で，法律に対する条例という法形式の特性によるものと解すべきであろう[13]。そして，法定刑に上限が課せられているのは，より重い刑罰にふさわしい重大な犯罪は，一般に，法律により一律に規制するほうが望ましいこと，

---

[12] なお，近時においては，事後規制社会への転換をスローガンとして刑事立法が活発化してきており，そもそも，裁判所による刑事立法を論じる現実的基盤が失われつつある。本文の記述も含め，佐伯・前掲「類推解釈の可否と限界」38・39頁を参照。これに対し，近年においても，裁判所が積極的に（実質的には）刑事立法を行っているとしてこれを批判するものとして，浅田和茂「判例に見られる罪刑法定主義の危機」立命345・346号（2012）1頁以下を参照。

[13] したがって，厳密にいうと，法律の委任という表現も的確なものではない。近時，有力な憲法直接授権説である。学説の状況については，たとえば，前田徹生「条例における罰則と罪刑法定主義」上法52巻1＝2号（2008）209頁以下を参照。

および，より重い刑罰を科する際は国の議会において慎重に審議・決定すべきこと，を主たる理由とするものと考えられる。

II　主として自由主義的基礎にかかわる判例

1　最判平8・11・18刑集50・10・745＝岩手県教組事件

　これは，日教組本部の指令のもと，賃金の大幅引上げやスト権奪還等を目的として行われた全一日ストの，スト指令に関わる岩手県教組委員長である被告人の行為が，地方公務員法37条1項，61条4号所定の，同盟罷業の遂行の「あおり企て」および「あおり」の罪に該当するかが争われた事案である。被告人が犯行に及んだ昭和49年3月時点において，地方公務員法に関してはいまだ最大判昭44・4・2刑集23・5・305＝都教組事件が妥当しており，それゆえ，その示す法解釈に従えば被告人の行為は無罪とされるべきであった。もっとも，国家公務員法に関しては最大判昭48・4・25刑集27・4・547＝全農林警職法事件が出され，都教組事件についても，いずれ判例変更が予想されていたところであった。このような事実関係のもとで，最高裁は次のように判示した。

　「行為当時の最高裁判所の判例の示す法解釈に従えば無罪となるべき行為を処罰することが憲法39条に違反する旨をいう点は，そのような行為であっても，これを処罰することが憲法の右規定に違反しないことは，当裁判所の判例（最高裁昭和23年(れ)第2124号同25年4月26日大法廷判決・刑集4巻4号700頁，最高裁昭和29年(あ)第1056号同33年5月28日大法廷判決・刑集12巻8号1718頁，最高裁昭和47年(あ)第1896号同49年5月29日大法廷判決・刑集28巻4号114頁）の趣旨に徴して明らかであ」る。

　憲法39条の禁止する事後法に基づく処罰（遡及処罰）は，自由主義的基礎を害する最たるものである。というのも，繰り返し述べてきたように，自由主義的基礎は刑罰の制裁としての側面から導かれるところ，制裁という法形式は，たとえこれを科することが事後的には不合理であったとしても，事前の「〇〇という不法を犯したら××という害悪を加える」という一種の「約束」（これを講学上，コミットメントとよぶ）に基づきそうすることで，抑止という合理的な効果を生み出す技術である。にもかかわらず，事後法は，まさにこの「約束」なしで制裁を科そうとするものだからであ

る。これでは，制裁の想定する抑止プロセスの最も中核的な部分が欠落しているといわざるをえない。

問題は，このような議論の射程がいわば事後「判例」，すなわち，判例変更に基づく処罰にも及ぶかである[14]。この点については肯定的に解する立場も有力であるが[15]，本判例と同じく否定するのが理論的には一貫していると思われる。たしかに，立法府の判断であれ裁判所の判断であれ，国家の最高機関が公的に示した立場である以上，それが朝令暮改であってはならないし，また，それゆえにこそ，国民からの信頼を受け，その行動の指針として機能していることは否定しがたい。しかし，どのような行為を処罰の対象とすべきかを審議・決定し，それを法律にことばで表現する立法という作業と，そのような立法を全体として整合的かつ妥当な結論を導きうるようなかたちで読み解く解釈という作業とは，やはり，本質的に異なるものといわざるをえないであろう。そして，後者のほうの変更，すなわち，「以前は法を解釈し損ねており，このように解したほうが全体として整合的かつ妥当な結論を導きうる，いわば，より良い解釈である」と判断された場合には，立法府の禁止しようとした不法の輪郭がより的確に描き出されたわけである。したがって，むしろ，今回の被告人の行為は不法に該当すると積極的に判断することが望ましい。

もっとも，ここで注意を要するのは，判例変更により被告人の行為が不法に該当すると新たに判断することが許されるとしても，そのことからただちに被告人を現実に処罰しうることまでは導けない，という点である。すなわち，もし被告人が変更前の判例の妥当性を信じて行為し，しかも，そのように信じるにつきやむをえない事情（違法性の意識を欠くことにつき「相当の理由」）が認められる場合には，責任（ないし，〔裁〕判例の言い回しによれば故意）の阻却される余地が存するのである。ただし，本件被告人は判例変更をいわば計算ずくで行為に出たものと認められるのであるから，

---

14 そのほか，近年では，公訴時効完成前に公訴時効期間を延長したり廃止したりすることが，事後法の禁止との関係でどのような意味をもつかがさかんに議論されている（これに対し，公訴時効完成後については，そのような延長や廃止を求める主張はほとんど聞かれない）。最判平27・12・3刑集69・8・815を参照。もっとも，こちらは公訴時効の性質をめぐる手続法の議論に大きく立ち入ることとなるため，本章では検討を割愛せざるをえない。

15 奥村正雄「判例の不遡及的変更」現刑31号（2001）44頁以下，大谷實『刑法講義総論〔新版第4版〕』（成文堂，2012）60頁，佐伯仁志『刑法総論の考え方・楽しみ方』（有斐閣，2013）20頁以下など。

このような考慮に基づき可罰性が阻却される可能性もないであろう。なお，本判例には河合伸一裁判官の補足意見が付されているが，以上とほぼ同旨を述べたものであって支持しうる。

2　最大判昭50・9・10刑集29・8・489＝徳島市公安条例事件

　周知のように，被告人が集団示威行進に際し，集団行進者が交通秩序の維持に反するように煽動したとして，徳島市公安条例違反に問われた事案である。とくに問題となったのは，同条例3条3号にいう「交通秩序を維持すること」という規定が犯罪構成要件の内容をなすものとして明確であるかどうかであるが，最高裁はこの点につき次のように判示した。

　「およそ，刑罰法規の定める犯罪構成要件があいまい不明確のゆえに憲法31条に違反し無効であるとされるのは，その規定が通常の判断能力を有する一般人に対して，禁止される行為とそうでない行為とを識別するための基準を示すところがなく，そのため，その適用を受ける国民に対して刑罰の対象となる行為をあらかじめ告知する機能を果たさず，また，その運用がこれを適用する国又は地方公共団体の機関の主観的判断にゆだねられて恣意に流れる等，重大な弊害を生ずるからであると考えられる。しかし，一般に法規は，規定の文言の表現力に限界があるばかりでなく，その性質上多かれ少なかれ抽象性を有し，刑罰法規もその例外をなすものではないから，禁止される行為とそうでない行為との識別を可能ならしめる基準といっても，必ずしも常に絶対的なそれを要求することはできず，合理的な判断を必要とする場合があることを免れない。それゆえ，ある刑罰法規があいまい不明確のゆえに憲法31条に違反するものと認めるべきかどうかは，通常の判断能力を有する一般人の理解において，具体的場合に当該行為がその適用を受けるものかどうかの判断を可能ならしめるような基準が読みとれるかどうかによってこれを決定すべきである」。

　本判例が明確性の原則に対して要請するところの一般論[16]は，すでにⅠ1でも述べたように，「そのようにしか表現しようがない」という消極的な意味においてこれを支持することができる。ただし，ここで注意を要するのは，自由主義的基礎に反して不法を明確に記述しえていない罰則というのは，判例のいう一般人にとって，いわば限界事例を解決するための指針が見出せないものを意味している，ということである。それゆえ，不法の中核を構成する行為類型が読み取れるとか，今回，被告人のなした行

第3章 罪刑法定主義

為が不法を構成するかが判別できるなどといった事情は罰則の明確性を基礎づけえない。すでに多くの批判がなされているところではあるが，本判例は（引用しなかった判示部分を含めて）この点をやや軽視しすぎているきらいがある。

なお，実際の裁判においては明確性の原則違反とともに過度の広汎性が争われることが多いが，厳密にいうと，両者は理論的には問題となる局面を異にしている。すなわち，可罰性を比例原則にかなった妥当な範囲に限定しようとすると，それは判例のいう一般人には読み取れない基準ということになり，当該罰則は明確性の原則に違反する。反対に，そのような一般人の理解に基づいて当該罰則を解釈しようとすれば，今度は，可罰性が前記範囲を逸脱して過度に広汎なものとなってしまう。このような関係が存在するのである。

このことを，著名な最大判昭60・10・23刑集39・6・413＝福岡県青少年保護育成条例事件を例にとって見てみよう[17]。これは周知のように，被告人が満18歳に満たないAと性交し，もって青少年に対し「淫行」をしたとして，福岡県青少年保護育成条例違反に問われた事案である。被告人は上告趣意において，本条例10条1項，16条1項の規定は13歳以上，とくに，婚姻適齢以上の青少年とその自由意思に基づいて行う性行為についても，それが結婚を前提とする真摯な合意に基づくものであるような場

16　多くの学説はこれを，さらに，解釈結果の明確性と解釈の容易性に分節する。もっとも，解釈とは法文から具体的な事案に適用可能な基準を作り出す作業を意味しているのであるから，解釈結果の明確性を明確性の理論の内容としてことさらに議論する実益はない。むしろ，本丸は本文でも述べるように解釈の容易性のほうである。

このことをよく示すのが，資産査定通達等によって補充される改正後の決算経理基準が「公正ナル会計慣行」（旧商法32条2項）にあたらない，とした最判平20・7・18刑集62・7・2101である。その理由は，同基準が適用可能なほど明確でなかったことと，慣行といえるほど定着していなかったことであって，かりにそれらの点に問題がなかったとすれば，同基準が同慣行にあたるとする解釈は通常の法解釈能力を有する（むろん，同条同項の適用対象が有すべき専門知識を備えた）一般人にとり十分に容易であった。だからこそ，この判例は明確性の原則に関するものとは分類されていないのである。入江猛「判解」最判解刑（平20）594頁以下を参照。

なお，この判例はいわゆる慣習刑法の禁止との関係でも議論されているが，ここでは詳論しないけれども，同条同項はそのような禁止の趣旨には抵触しないと思われる。

17　近時においても，同様の問題構造をもつ判例として最判平19・9・18刑集61・6・601＝広島市暴走族追放条例事件がある。本判例はもっぱら過度の広汎性のほうに紙面の多くを割いているが，これを避けるためになされた合憲限定解釈は，むろん，同時に明確性の要請をもみたすものでなければならない。巻美矢紀「判批」平成19年度重要判例解説17頁などを参照。

合を含め，すべて一律に規制しようとするものであるから処罰の範囲が不当に広汎にすぎるものというべきであり，また，本条例10条1項にいう「淫行」の範囲が不明確であるから，広く青少年に対する性行為一般を検挙，処罰するに至らせる危険を有するものというべきであって，憲法11条，13条，19条，21条の規定に違反する，と主張した。これに対して最高裁は，次のように述べて上告を棄却した。

「本件各規定の趣旨及びその文理等に徴すると，本条例10条1項の規定にいう『淫行』とは，広く青少年に対する性行為一般をいうものと解すべきではなく，青少年を誘惑し，威迫し，欺罔し又は困惑させる等その心身の未成熟に乗じた不当な手段により行う性交又は性交類似行為のほか，青少年を単に自己の性的欲望を満足させるための対象として扱っているとしか認められないような性交又は性交類似行為をいうものと解するのが相当である。けだし，右の『淫行』を広く青少年に対する性行為一般を指すものと解するときは，『淫らな』性行為を指す『淫行』の用語自体の意義に添わないばかりでなく，例えば婚約中の青少年又はこれに準ずる真摯な交際関係にある青少年との間で行われる性行為等，社会通念上およそ処罰の対象として考え難いものを含むこととなって，その解釈は広きに失することが明らかであり，また，前記『淫行』を目にして単に反倫理的あるいは不純な性行為と解するのでは，犯罪の構成要件として不明確であるとの批判を免れないのであって，前記の規定の文理から合理的に導き出され得る解釈の範囲内で，前叙のように限定して解するのを相当とする。このような解釈は通常の判断能力を有する一般人の理解にも適うものであり，『淫行』の意義を右のように解釈するときは，同規定につき処罰の範囲が不当に広過ぎるとも不明確であるともいえないから，本件各規定が憲法31条の規定に違反するものとはいえず，憲法11条，13条，19条，21条違反をいう所論も前提を欠くに帰し，すべて採用することができない」。

本判例に対する批判は，伊藤正己裁判官の反対意見も含め，その示す「淫行」の限定的な定義が判例のいう一般人に可能な解釈の範囲を超えている，という点に集中している[18]。それは畢竟，明確性の原則に違反するということであるが，本判例はなぜこのような危ない橋を渡ろうとしたのか。それは，そのような一般人の理解から自然に導き出される「淫行」の定義では，たとえば，婚約中の青少年の真摯な交際に基づく性行為までが捕捉されかねないことになり，その結果，可罰範囲が過度に広汎なものと

第3章 罪刑法定主義

なってしまうおそれが強いからである。このように，明確性の原則違反と過度の広汎性は一種の相克関係にある。そして，罰則が憲法に適合して有効なものとなるためには，この2つの問題をともにクリアしておかなければならないことになる。

3　大判昭15・8・22刑集19・540＝ガソリンカー事件

これも非常に有名な事件であるが，念のため判決文を引用する。

「刑法第129條ニハ其ノ犯罪ノ客體ヲ汽車，電車又ハ艦船ト明記シアリ而モ汽車ナル用語ハ蒸氣機關車ヲ以テ列車ヲ牽引シタルモノヲ指稱スルヲ通常トスルモ同條ニ定ムル汽車トハ汽車ハ勿論本件ノ如キ汽車代用ノ『ガソリンカー』ヲモ包含スル趣旨ナリト解スルヲ相當トス蓋シ刑法第124條乃至第129條ノ規定ヲ設ケタル所以ノモノハ交通機關ニ依ル交通往來ノ安全ヲ維持スルカ爲メ之ヲ防害ト爲ルヘキ行爲ヲ禁シ以テ危害ノ發生ヲ防止セントスルニ在ルコト勿論ナレハ汽車ノミヲ該犯罪ノ客體ト爲シ汽車代用ノ『ガソリンカー』ヲ除外スル理由ナキノミナラス右兩者ハ單ニ其ノ動力ノ種類ヲ異ニスル點ニ於テ重ナル差異アルニ過キシテ共ニ鐵道線路上ヲ運轉シ多數ノ貨客ヲ迅速安全且ツ容易ニ運輸スル陸上交通機關ナル點ニ於テ全然其ノ撰ヲ一ニシ現ニ國有鐵道運轉規定軌道建設規程等ニ於テモ汽動車ハ蒸氣機關車及客車ニ準シテ之ヲ取扱ヒ居レル事實ニ徴スルモ之カ取締ニ付テモ亦兩者間何等ノ差等ヲ設クヘキ理據アルコトナク又均シク交通機關タルモ航空機及自動車ノ如ク前記法條所定ノ目的物ニ包含スルモノト解スルヲ得サルモノニ付テハ夫々特別法ヲ設ケ航空法第52條自動車交通事業法第57條ニ於テ刑法第129條ト同趣旨ノ罰則ヲ定ヘ居ル事實ニ徴スルモ前記解釋ノ相當ナルコトヲ了知スルヲ得ヘケレハナリ然ラハ原判決カ右ト同趣旨ノ解釋ノ下ニ判示所爲ニ對シ同法條ヲ以テ問擬シタルハ正當ニシテ所論ノ如ク擬律錯誤ノ違法アルモノト謂フヘカラス論旨理由ナシ」

俗に類推解釈とよばれる法技術は，すでに述べたように，民主主義的基礎との関係でも問題をはらむ。それは，立法府が不法として禁止したのが

18　そのほか，最高裁の示す「淫行」の2つ目の類型が具体的な事案に適用しうるほど明確な内容を有していない，その意味で，そもそも（法の）「適用」を前提とした「解釈」の体をなしていない，という批判，さらに，かりにこの批判を措くとしても，前記類型の処罰が青少年の健全育成ではなく性道徳の保護を目的としてしまっている，という批判もなされている。そもそも，ここをクリアしなければ本文の記述が成り立たないため捨象することとしたが，私自身，いずれの批判もきわめて深刻なものと考えている。

Aだけであると認めながら，立法府からの委任もないにもかかわらず，裁判所が独自の判断に基づきBをも不法とするものであって，司法による立法となってしまうからである。

　もっとも，本判例をよく読むと，ガソリンカーはふつうは汽車とはいわないけれども，刑法129条に定める「汽車」には該当すると述べているのであって，厳密にいえばこの問題は回避されている。むしろ，問題なのは，本判例があげるさまざまな考慮に基づいて「汽車」にはガソリンカーが含まれると解釈する作業が，判例のいう通常の判断能力を有する一般人の理解において可能かどうかである。そして，かりにそれが不可能であるとすれば，そのような解釈は自由主義的基礎のほうに抵触するかどで禁止される類推解釈だということになる。

　しかし，さらにさかのぼって考えてみると，このような自由主義的基礎との抵触を理由に禁止される類推解釈というのは，つまるところ，当該解釈が判例のいう一般人の能力を超えているという点で明確性の原則違反と原理的に通底している。異なるのは，それらを回避しようとした場合に生ずべき別の――前出の表現を用いれば，相克関係にある――問題が，明確性の原則違反の場合には過度の広汎性であるのに対し，類推解釈の場合には過少処罰（望ましくない処罰の間隙）であるという現象面だけである。そして，しばしば「類推解釈は禁止されるが拡張解釈は許される」といわれるときの「拡張解釈」とは，まさに，類推解釈と過少処罰をともに免れ，前記相克状況をうまく抜け出した解釈に与えられる称号ともいうべきものであろう。

　それでは，本件で問題となった「汽車」がガソリンカーを含むという解釈は，この拡張解釈たりえているのであろうか。難しいところであるが，「汽車」，「電車」というように動力で条文を書き分けておきながら，動力の違いは取るに足らない旨，一般人に読み取れというのは誤導に基づく不意打ちに近いのではなかろうか。

　なお，本判例と同様の問題を含む判例としては，ほかにも，大判明36・5・21刑録9・874＝電気窃盗事件が有名である。同じく，念のため判決文を引用しよう。

　「刑法第366条ニ所謂窃取トハ他人ノ所持スル物ヲ不法ニ自己ノ所持内ニ移スノ所為ヲ意味シ人ノ理想ノミニ存スル無形物ハ之ヲ所持スルコト能ハサルモノナレハ窃盗ノ目的タルコトヲ得サルハ論ヲ待タス然レトモ所持

ノ可能ナルカ為メニハ五官ノ作用ニ依リテ認識シ得ヘキ形而下ノ物タルヲ以テ足レリトシ有体物タルコトヲ必要トセス何トナレハ此種ノ物ニシテ独立ノ存在ヲ有シ人力ヲ以テ任意ニ支配セラレ得ヘキ特性ヲ有スルニ於テハ之ヲ所持シ其所持ヲ継続シ移転スルコトヲ得ヘケレハナリ約言スレハ可動性及ヒ管理可能性ノ有無ヲ以テ窃盗罪ノ目的タルコトヲ得ヘキ物ト否ラサル物トヲ区別スルノ唯一ノ標準トナスヘキモノトス而シテ電流ハ有体物ニアラサルモ五官ノ作用ニ依リテ其存在ヲ認識スルコトヲ得ヘキモノニシテ之ヲ容器ニ収容シテ独立ノ存在ヲ有セシムルコトヲ得ルハ勿論容器ニ蓄積シテ之ヲ所持シ一ノ場所ヨリ他ノ場所ニ移転スル等人力ヲ以テ任意ニ支配スルコトヲ得ヘク可動性ト管理可能性トヲ并有スルヲ以テ優ニ窃盗罪ノ成立ニ必要ナル窃取ノ要件ヲ充タスコトヲ得ヘシ故ニ他人ノ所持スル他人ノ電流ヲ不法ニ奪取シテ之ヲ自己ノ所持内ニ置キタル者ハ刑法第366条ニ所謂他人ノ所有物ヲ窃取シタルモノニシテ窃盗罪ノ犯人トシテ刑罰ノ制裁ヲ受ケサルヘカラサルヤ明ナリ然ルニ原院ニ於テ窃盗罪ノ目的物ハ有体物ニ限ルモノトシ而シテ電流ハ有体物ニアラサルカ故ニ窃盗罪ノ目的物タルコトヲ得ストノ理由ヲ以テ被告ニ無罪ヲ言渡シタルハ失当ノ判決タルヲ免レスシテ原院検事長ノ上告ハ其理由アルモノトス」

　こちらも，結局のところ電流が「物」にあたるとしているのであるから，民主主義的基礎との抵触は巧妙に回避されているようにも見える。しかし，結論からいえば，本判例はこの段階で論証に躓いていると思われる。

　前述のように，民主主義的基礎に抵触する類推解釈とは，立法府が不法と定めたAとそうでないBが異なることを前提としながら，裁判所が独自の判断に基づいてBをも不法とする実質的な司法による立法を意味していた。反対にいうと，AにBが含まれる（BがAにあたる）と論証しさえすれば，あとは，そのような解釈が自由主義的基礎に抵触しないかを審査すれば足りることになるはずである。もっとも，解釈という営為はそれ自体が他の解釈作法と体系的な整合性をもっていなければならないのであり，たとえば，「この局面，この条文を解釈するときだけ，ことばの通常の使い方をどれほど逸脱してもよい」などということは許されない。解釈にもおのずから限界があるのである。たとえば，（保健師助産師看護師法を捨象して）刑法134条1項の「医師」を看護師も含むものと解釈することは，われわれが体系的に「解釈」ととらえている慣行から逸脱しすぎていよう[19]。

　このような観点から見たときには，やはり，どれほど当罰性にかかる理

由をあげようと、「物」にエネルギーを含めるのは解釈慣行を超えており、すでに民主主義的基礎をクリアしえないのではなかろうか。その後の刑法改正において電気を財物とみなす旨の条文（現245条）が挿入されたのは、まさにこの点を意識したものであるとも考えられる。

Ⅲ 主として民主主義的基礎にかかわる判例

1 最大判昭37・5・30刑集16・5・577

被告人は売春の目的で、路上で通行中のAを誘ったとして、大阪市の街路等における売春勧誘行為等の取締条例2条1項違反で起訴された。最高裁の判示内容は次のとおりである。

「論旨は、右地方自治法14条1項、5項が法令に特別の定があるものを除く外、その条例中に条例違反者に対し前示の如き刑を科する旨の規定を設けることができるとしたのは、その授権の範囲が不特定かつ抽象的で具体的に特定されていない結果一般に条例でいかなる事項についても罰則を付することが可能となり罪刑法定主義を定めた憲法31条に違反する、と主張する。

しかし、憲法31条はかならずしも刑罰がすべて法律そのもので定められなければならないとするものでなく、法律の授権によつてそれ以下の法令によつて定めることもできると解すべきで、このことは憲法73条6号但書によつても明らかである。ただ、法律の授権が不特定な一般的の白紙委任的なものであつてはならないことは、いうまでもない。ところで、地方自治法2条に規定された事項のうちで、本件に関係のあるのは3項7号及び1号に挙げられた事項であるが、これらの事項は相当に具体的な内容のものであるし、同法14条5項による罰則の範囲も限定されている。しかも、条例は、法律以下の法令といつても、上述のように、公選の議員をもつて組織する地方公共団体の議会の議決を経て制定される自治立法であ

19　佐伯・前掲『刑法総論の考え方・楽しみ方』30頁は「刑法134条を看護師の秘密漏示に類推適用しようとは、まともな法律家は誰も考えてこなかった」と指摘する。なお、先に、解釈の容易性とは別に解釈結果の明確性を論じる実益はないと述べたが、解釈結果の明確性を求めようとすると、そもそも解釈慣行を許されない程度に逸脱してしまう、という（通常の立法では考えにくいが）極限的な事態も観念しうる点を指摘する限度では意味がある。

つて，行政府の制定する命令等とは性質を異にし，むしろ国民の公選した議員をもつて組織する国会の議決を経て制定される法律に類するものであるから，条例によつて刑罰を定める場合には，法律の授権が相当な程度に具体的であり，限定されておればたりると解するのが正当である。そうしてみれば，地方自治法2条3項7号及び1号のように相当に具体的な内容の事項につき，同法14条5項のように限定された刑罰の範囲内において，条例をもつて罰則を定めることができるとしたのは，憲法31条の意味において法律の定める手続によつて刑罰を科するものということができるのであつて，所論のように同条に違反するとはいえない。従つて地方自治法14条5項に基づく本件条例の右条項も憲法同条に違反するものということができない」。

　本判例は，立法府が罰則の制定権を条例に委任したものととらえている[20]。そして，そのことを前提としつつ，条例にも地方議会という民主主義的基礎が備わっていることにかんがみ，命令に対する委任とは異なり，「法律の授権が相当な程度に具体的であり，限定されておればたりる」というのである。

　しかし，すでにしばしば指摘されているように[21]，地方自治法が「相当に具体的な内容の事項につき……限定された刑罰」を定めているというのは強弁にすぎよう。にもかかわらず，このような抽象的な規定が法律の委任として有効性をもつのは，すでにⅠ2でも述べたように，それが実は法律の委任ではないからではなかろうか。すなわち，条例による罰則制定権

20　これに対し，命令への委任が問題とされた著名な判例として，最大判昭27・12・24刑集6・11・1346および最大判昭49・11・6刑集28・9・393＝猿払事件がある。前者は，「命令で罰則を規定し得るがためには，新憲法下においては，基本たる法律において具体的に委任する旨の存在することを必要とする……が，前記取締法〔明治43年法律53号銃砲（ママ）火薬類取締法〕14条2号の規定による命令，すなわち前記施行規則22条に違反した者に対し命令を以て罰則を設けることができる旨を特に委任した規定は，基本法である法律の中のどこにもこれを発見することができない」と述べ，原判決を破棄して被告人に免訴を言い渡したものである。これに対して後者は，再びよく知られているように，「政治的行為の定めを人事院規則に委任する国公法102条1項が，公務員の政治的中立性を損うおそれのある行動類型に属する政治的行為を具体的に定めることを委任するものであることは，同条項の合理的な解釈により理解しうるところである……から，右条項が，それが同法82条による懲戒処分及び同法110条1項19号による刑罰の対象となる政治的行為の定めを一様に委任するものであるからといって，そのことの故に，憲法の許容する委任の限度を超えることになるものではない」と判示している。

21　山口厚『刑法総論〔第3版〕』（有斐閣，2016）13頁注5などを参照。

は，条例を実効性あらしめるため，憲法が直接，地方公共団体に授権したものである。そして，地方自治法という法律に条例による罰則制定にかかる定めが存するのは，憲法自身も想定しているように，地方自治のあり方が地方自治の本旨に反しないかたちで法律によって具体化されるからである。したがって，たとえば，条例の実効性を損なうほど強度に限定された刑罰しか条例によっては科しえないとする法律——地方自治法を改正して，条例により科しうる刑罰の上限を大幅に引き下げるなど——は，憲法に違反することになると思われる。

2　最判平8・2・8刑集50・2・221

これは，食用とする目的で狩猟鳥獣であるマガモまたはカルガモをねらい，洋弓銃（クロスボウ）で矢を射かけたものの外れた，という場合に，鳥獣保護及狩猟ニ関スル法律1条の4第3項の委任を受けた昭和53年環境庁告示第43号3号リが禁止する，「弓矢を使用する方法による捕獲」にあたるかが問題とされたものである。最高裁の判示は次のとおりである。

「食用とする目的で狩猟鳥獣であるマガモ又はカルガモをねらい洋弓銃（クロスボウ）で矢を射かけた行為について，矢が外れたため鳥獣を自己の実力支配内に入れられず，かつ，殺傷するに至らなくても，鳥獣保護及狩猟ニ関スル法律1条の4第3項を受けた同告示3号リが禁止する弓矢を使用する方法による捕獲に当たるとした原判断は，正当である（最高裁昭和52年(あ)第740号同53年2月3日第三小法廷決定・刑集32巻1号23頁，最高裁昭和54年(あ)第365号同年7月31日第三小法廷決定・刑集33巻5号494頁参照）」。

ドイツ刑法には企行犯（Unternehmensdelikt）という概念がある。これは未遂が既遂と同じく扱われ，それゆえ，未遂にかかる一般的な規律が及ばない犯罪類型である。なかでも，真正企行犯が"Wer es unternimmt, ……（……を企行した者は）"という書出しにより特徴づけられるのに対し，不真正企行犯は動詞が典型的な未遂行為をも捕捉するという解釈によってそうされることになる。そして，本判例は当該鳥獣保護法違反を，この不真正企行犯の一種ととらえたものと理解することができよう。

しかし，本判例に対しては，学界はほぼ一致して批判的である[22]。それは，まさに前出の電気窃盗事件と同様の問題をはらんでいるからである。本判例，そして，それに付された小野幹雄裁判官の補足意見がいかに目的論的解釈を強調しようと，やはり，「捕獲」という文言に捕獲し損ねた場

合をも含ましめるのは——それが必ずしも日常用語例とは一致せず,また,通常の判断能力を有する一般人の理解において常に可能であるとは限らないことを措いても——法律家共同体の整合的に体系化された解釈慣行を逸脱しすぎていよう。それは不真正企行犯としての分類が想定する「解釈」の範疇を超えている,罪刑法定主義の言い回しを用いれば,民主主義的基礎のハードルをクリアしえていないのである。再び前出の例を用いれば,ちょうど,目的論的考慮から「医師」に看護師を含ましめるようなものであろう。

なお,本判例ののち鳥獣保護法は改正され,83条2項には捕獲の未遂犯処罰規定が設けられた。それはちょうど,電気窃盗事件ののちに電気を財物とみなす条文が挿入されたのと同じく,「捕獲」に捕獲し損ねた場合を含めるという解釈が成り立たないことを示している。と同時に,かりにこの点を措くとしても,捕獲する罪を不真正企行犯として未遂を既遂と同じく処断することが立法論的に適切でない,いいかえれば,本判例の示した「解釈」がその背景にある目的論的考慮においても完全でなかったことを,きわめて皮肉にも示唆しているように思われる。

Ⅳ　その他の原理にかかわる判例

1　最大判昭49・11・6刑集28・9・393＝猿払事件

すでに引用した判例であるが,ここでは別の判示部分を掲げる。

「およそ刑罰は,国権の作用による最も峻厳な制裁であるから,特に基本的人権に関連する事項につき罰則を設けるには,慎重な考慮を必要とすることはいうまでもなく,刑罰規定が罪刑の均衡その他種々の観点からして著しく不合理なものであつて,とうてい許容し難いものであるときは,違憲の判断を受けなければならないのである。そして,刑罰規定は,保護法益の性質,行為の態様・結果,刑罰を必要とする理由,刑罰を法定することによりもたらされる積極的・消極的な効果・影響などの諸々の要因を考慮しつつ,国民の法意識の反映として,国民の代表機関である国会によ

22　近時の代表的なものとして,佐伯・前掲『刑法総論の考え方・楽しみ方』16頁,29頁注23を参照。

り，歴史的，現実的な社会的基盤に立つて具体的に決定されるものであり，その法定刑は，違反行為が帯びる違法性の大小を考慮して定められるべきものである」。

　本判例が要請する罪刑の均衡は，罪刑法定主義中，刑罰法規の適正という表題のもとで議論されている。もっとも，本章で繰り返し述べてきたように，罪刑法定主義が制裁の構造からくる自由主義的基礎と，国家の侵害的行為には法律の根拠が必要であるという民主主義的基礎から構成されているとすれば，この罪刑均衡は厳密にいうと罪刑法定主義の要請ではない。それはむしろ，同じく国家の侵害的行為の合憲性を規律する，いわゆる比例原則のあらわれととらえるほうが適切であろう。学説の一部は罪刑均衡の要請を自由主義的基礎から導こうとするが，（制裁に対置された）処分であってもそのような均衡は必要なのであるから，このような学説は正しくない。また，同様の意味で，特別予防論は行為者の危険性が認められる限り，その隔離を継続することを無条件に正当化してしまう，というしばしばなされる批判もあたっていない。たとえば，軽微な財物に対する盗癖がある者を監禁し続けるというのは，それによって守られる利益に比し，行為者のこうむる負担が大きすぎて許されないと思われる[23]。

　そして，このような一般論からは，次の2つの帰結を導くことができよう（ここまでの記述の一部は，すでにこれらを前提としている）。

　第1に，罪刑均衡の実質的な根拠が比例原則に求められるとすれば，その趣旨は刑罰以外のさまざまな制裁，ひいては，医療観察法上の強制入院・治療等にも妥当することになる。つまり，その妥当範囲は罪刑法定主義の自由主義的基礎よりも広い。むしろ，同じく，国家の侵害的行為をひろく規律する民主主義的基礎と——実質的な根拠においては異なるものの，その妥当範囲においては——同等である。

　第2に，罪刑均衡は責任主義といいかえられることもあるが，厳密にいうと，両者は別のものである。まず確認しておくべきなのは，このような文脈で登場する責任主義ということばが，非難可能な不法についてのみ制

23　裏を返すと，たとえば，攻撃性が増進し，殺人を繰り返してしまうウィルスに罹患し，現在の医学ではこれを治療しえないとき，その者を隔離し続けるという立法は許容される余地がある。なお，第1章では，仮釈放なしの終身刑が人格の手段化禁止に抵触しうると述べたが，その者自身が危険源となっている場合には別異に解することができよう。詳しくは，緊急避難を扱う第11章を参照されたい。

裁を科されうるという一般的な意味には用いられていない、ということである。そうではなく、むしろ、非難可能な不法に相当する、すなわち、制裁の観点から比例原則をみたす刑罰を科さなければならない（積極的責任主義）、あるいは、そのような刑罰を超えて重く処罰してはならない（消極的責任主義）、という特別な意味に用いられているのである。そして、そうであるとすれば、刑罰が比例原則、したがって罪刑均衡をみたさなければならないとしても、ただちに責任主義までみたさなければならないとは限らない。たとえば、常習性の発現としての賭博行為は、そうでない賭博行為に比して非難可能性が高いとはいえない。しかし、それでもなお、より重い刑罰を科する──つまり、責任主義の要請する刑罰を超える──ことが罪刑均衡に反するとただちにはいえない。というのも、常習者の加重処罰はその不法への強度の傾向性に着目し、これをより徹底的に矯正しようとする、その意味で、制裁ではなく処分の観点から基礎づけられるからである[24]。

2　最大判昭35・1・27刑集14・1・33

被告人は法定の除外事由がないにもかかわらず、H・S式無熱高周波療法とする療法を料金を徴して施し、もって医業類似行為を業としたとして、あん摩師、はり師、きゅう師及び柔道整復師法12，14条違反で起訴された。最高裁の判示内容は次のとおりである[25]。

「医業類似行為を業とすることが公共の福祉に反するのは、かかる業務行為が人の健康に害を及ぼす虞があるからである。それ故前記法律〔あん

---

[24] ここで述べたのは消極的責任主義が絶対的な妥当性を有しないことであるが、積極的責任主義についても話は同じである。実務では一般に「犯情をベースに一般情状で調整する」といわれる。そして、積極的責任主義を支持する学説は、これに理論的に完全に対応するわけではない──たとえば、損害がてん補されたことそのものは一般情状ではあるが、特別予防の必要性を必ずしも減じない──ものの、責任の幅のなかで特別予防の必要性を考慮するものと分析している。しかし、第1章でも述べたように、裁判所は比例原則の枠内で、その合理的な裁量に基づき、一般予防の必要性と特別予防のそれとの適切なコンビネーションを定め、最適な法益保護を図ることが求められている。したがって、裁判所が一般予防を減じてもなお特別予防を前面に出すことが合理的であると判断し、再犯のおそれの著しい低さを考慮して責任の幅を下回る刑を言い渡すことをア・プリオリに排除すべきではない。介護疲れ殺人等、殺人罪においてさえ執行猶予の付されうる類型が存在することは、犯情（責任ないし一般予防）をベースに一般情状（特別予防）で調整するという図式では説明しえないと指摘されることがあるが、それは、そういった図式が実務においても厳密には維持されていないことの証左ともいうのではなかろうか。

摩師，はり師，きゆう師及び柔道整復師法〕が医業類似行為を業とすることを禁止処罰するのも人の健康に害を及ぼす虞のある業務行為に限局する趣旨と解しなければならないのであつて，このような禁止処罰は公共の福祉上必要であるから前記法律 12 条，14 条は憲法 22 条に反するものではない。しかるに，原審弁護人の本件ＨＳ式無熱高周波療法はいささかも人体に危害を与えず，また保健衛生上なんら悪影響がないのであるから，これが施行を業とするのは少しも公共の福祉に反せず従つて憲法 22 条によつて保障された職業選択の自由に属するとの控訴趣意に対し，原判決〔仙台高判昭 29・6・29 刑集 14・1・43 参照〕は被告人の業とした本件ＨＳ式無熱高周波療法が人の健康に害を及ぼす虞があるか否かの点についてはなんら判示するところがなく，ただ被告人が本件ＨＳ式無熱高周波療法を業として行つた事実だけで前記法律 12 条に違反したものと即断したことは，右法律の解釈を誤つた違法があるか理由不備の違法があり，右の違法は判決に影響を及ぼすものと認められるので，原判決を破棄しなければ著しく正義に反するものというべきである」。

　すでに述べたように，（処罰範囲の）過度の広汎性は比例原則に反して違憲である。それは，かりに問題となる行為が社会的な害悪を構成し，また，たとえこれを防ぐのに刑罰が必要であるとしても，これを科することで生ずる行為者の負担が不相当（過大）であるとき，刑罰法規の文言がそのような行為をも含むかたちで用いられている場合を指称する。そして，これまたすでに述べたように，比例原則をみたすかたちで前記文言を合憲限定解釈する——つまり，そのような行為を含まないかたちで前記文言を解釈する——ことが法律家共同体において一般に承認された解釈手法により可能であったとしても，なおそれが通常の判断能力を有する一般人の理解において不可能である場合には，明確性の原則違反という別の問題が生じてくることになる。

　以上に対し，そもそも刑罰法規の文言が社会的な害悪をもたらさない行為をも含むかたちで用いられている場合もありうる。そして，このような行為をも不法を構成するものとして処罰し，これを抑止しようとすることは比例原則に反するという以前に，法益保護という役割を逸脱して国家が

25　なお，本判決は原判決を破棄，差し戻したものであるが，差戻控訴審（仙台高判昭 38・7・22 判時 345・12）は人の健康に害を及ぼすおそれを認定し，再び有罪としており，差戻上告審（最決昭 39・5・7 刑集 18・4・144）も上告を棄却している。

刑罰権を行使することを意味しているのであるから，当然，憲法に違反して許されない[26]。さらに，過度の広汎性の場合と同じように，そのような無害な行為を含まないかたちで前記文言を解釈することが判例のいう一般人には不可能だというのであれば，やはりここでも明確性の原則違反の問題が浮上してくることになる。

ひるがえって本件について見てみると，規制の趣旨・目的に照らし，医業類似行為を人の健康に危害を生ずるおそれのある，その意味で，「無害」でないものに限定して解釈することは，判例のいう一般人の理解にも自然に適合するものであろう。むしろ，本件において真に問題なのは，そこにいう「危害」が最高裁の想定しているような積極的な健康被害に限られるか[27]，それとも，原判決のいう「人をして正当な医療を受ける機会を失わせ，ひいて疾病の治療恢復の時期を遅らせるが如き虞あり」という消極的なリスクでも足りるか，である。そして，結論からいえば，私は，消極的なリスクであっても「危害」として十分であると考える。

そもそも，わが国のように医療機関が遍在し，かつ，適正な医療を受けるコストも相対的に低く抑えられているところでは，国民はなんらかの健康異常を感じれば病院を訪ね，あるいはまた，そうでなくても定期的な健康診断や人間ドックを受けるのが通常の流れであると思われる。そして，そうであるとすれば，そのような「流れ」を阻害し，病院等から足を遠ざけさせることは，通常であれば発見，治癒されうる疾患等を積極的に引き起こすのと同等の有害性を備えるものということができよう。このような意味において，問題となる療法を施すことが身体に対し，直接的にどのような効果を引き起こすかだけに焦点を当てて「危害」の有無を判定するのは，視野狭窄とのそしりを免れえないように思われる。石坂修一裁判官の

26　詳細については前章を参照されたい。なお，同様の観点，すなわち，法益でないもの（道徳）を保護するために刑罰を科してはならないという発想から，たとえば，普通殺人に対する尊属殺人の重罰化もまた——比例原則を云々する以前に——端的に違憲である。尊属というだけで敬意を払い，報恩感情を抱くべきであるなどというのはひとつの，しかも，今日においては支配的でさえない価値観にすぎないと思われる。これに対して，尊属殺人罪の規定を違憲と判断した最高裁判例（最大判昭48・4・4刑集27・3・265）は，立法目的自体は合理的であるとしつつ，普通殺人罪に対する刑の加重の程度が不相当であるとして比例原則違反を問題にしている。しかし，すでに多くの学説が批判しているように，ことの本質を見誤ったものといわざるをえない。

27　もっとも，差戻控訴審の認定によれば，本件では積極的な健康被害のおそれも認められるようである。

反対意見も同旨に理解することができよう[28]。

なお，近時においては，前出の猥褻事件との関係がさかんに議論され，いまだその理論的位置は完全に確定してはいないものの，国家公務員法102条1項の「政治的行為」について，「公務員の職務の遂行の政治的中立性を損なうおそれが，観念的なものにとどまらず，現実的に起こり得るものとして実質的に認められるものを指し，同項はそのような行為の類型の具体的な定めを人事院規則に委任したものと解するのが相当である。そして，その委任に基づいて定められた本規則も，このような同項の委任の範囲内において，公務員の職務の遂行の政治的中立性を損なうおそれが実質的に認められる行為の類型を規定したものと解すべきである」と判示した最高裁判例が出されている[29]。こちらも，規制根拠との関係で実質的に「無害」な行為を最初から，目的論的解釈に基づき，「政治的行為」ということばの指示対象から外したものと理解することができよう。したがって，とくに原審の有罪判決を維持した世田谷事件のほうに対して批判が強いのは，こういった総論にかかる部分に関してというよりも，むしろ，「有害」性の認定が雑であり実質的にはこれを具体的に要求していないのと同じではないか，という点に関してである[30]。

V おわりに

罪刑法定主義は，大きく分けると，自由主義的基礎と民主主義的基礎から構成されている。前者が刑罰の制裁としての性質から導かれる要請である一方，後者は侵害留保，すなわち，国家の侵害的作用には法律の根拠が必要であるとする原則から導かれる要請であり，制裁に限られず，たとえば，医療観察法上の強制入院・治療等，処分に関しても妥当するものであ

---

28 以上について，医師法の無免許医業罪に関する判例評釈ではあるが，小林憲太郎「判批」ジュリ1167号（1999）127頁以下を参照。なお，その後，旧薬事法違反に関してではあるが，おそらく，本文に述べた消極的なリスクを根拠に同法2条1項2号の「医薬品」該当性を肯定した最高裁判例として，最判昭57・9・28刑集36・8・787がある。もっとも，同判例には，消極的なリスクさえないとする木戸口久治裁判官の反対意見が付されている。
29 最判平24・12・7刑集66・12・1337＝堀越事件および最判平24・12・7刑集66・12・1722＝世田谷事件。
30 嘉門優「国家公務員の政治的行為処罰に関する考察——国公法事件最高裁判決を題材として」立命345＝346号（2012）282頁以下などを参照。

る。さらに，従来，罪刑法定主義という表題のもとで要請されてきた他の諸原理は，より分析的に考察すると，比例原則や法益保護主義に還元されうるものである。

本章においては冒頭でも述べたように，罪刑法定主義の憲法的地位に関してはこれを棚上げしてきた。もっとも，罪刑法定主義の実質的な内容が前述のようなかたちで理論的に整理されうるとすれば，それは憲法解釈論との関連では次のような意味をもつことになろう。

まず，自由主義的基礎に関しては，制裁という観念一般に理論的に内在する要請が，刑事制裁においても——ただ，その峻厳さからより厳格なかたちで——求められているというにすぎない。したがって，たとえば，事後法（遡及処罰）の禁止を定める憲法 39 条前段などは，そのことを（重要ではあるが）確認的に規定したものととらえられることになろう。他方，明確性の原則については憲法に明文の規定がないものの，同じく，制裁の構造に内在するものとして保障されることになる。

次に，民主主義的基礎に関しては，侵害的な国家行為に法律の根拠が必要であるという原則が憲法のどこに規定されているものと解するか，という公法学上の議論にゆだねられる。刑法学においては憲法 31 条をあげることが多いが，これは，とくに重大な侵害作用をもつ刑罰ないし刑事手続における具体化を直接的には想定したものといえる。

さらに，比例原則は，主としてドイツ法を比較法研究の対象とする公法学者の論ずるものである。したがって，その議論に従って，憲法における居場所も明らかにされるべきである。

最後に，法益保護主義は，道徳をはじめとする特定の価値観の国家による押しつけを禁止するものである。それは個人の根源的平等に根差しているのであるから，憲法学における議論を待たなければならないものの，おそらく，憲法 13 条ないし 14 条にそのあらわれを見出すべきであろう。

このような罪刑法定主義の憲法的地位にかかわる議論は，憲法違反を上告理由とする場合に，どのようにして主張を組み立てるかを検討する場面で登場することが多いと思われる。前述のように，このような議論には争いがあることもあり，当事者としては，「とりあえず問題となりそうな憲法の条文をできるだけあげておく」という戦略がただちに不当であるとはいえないであろう。しかし，研究者の立場からすると，より理論化，体系化されたかたちで主張するほうが説得力が増すのではないか，という（勝

第3章 罪刑法定主義

手な）印象を抱いている。

　さて，むろん，罪刑法定主義に関するこのような高度に抽象的な理論的整理が判決文の起案や判例の読解において，すぐに直接的な効用をもたらすとは必ずしもいえないであろう。しかし，思考する際の指針としてはこのような理論的枠組みが念頭におかれるべきであり，また，現実の判例を体系的に読み解こうとすれば，すでにこのような理論的枠組みが——暗黙のうちにであれ——前提とされていることが分かると思われる。

　従来の学界には，ある判例について処罰範囲が広すぎると直感すれば，安易に罪刑法定主義違反であるとの批判を差し向ける慣行が見られないではなかった。恥ずかしながら，私自身，かつて，介在事情の経験的通常性を超えて因果関係を認定した最決平2・11・20刑集44・8・837＝大阪南港事件に対し，それが罪刑法定主義に違反すると批判したことがある[31]。しかし，今後はより分析的に，罪刑法定主義を構成するどのような原理にいかなる意味において抵触するのかを明らかにし，場合によっては「罪刑法定主義違反とはいえないが，○○という点で不当である」等，別種の批判に切り替えていかなければならないと思われる。ちなみに，第7章でも論じるが，現在の私は，以前の大阪南港事件に対する批判は罪刑法定主義とは関係のないものであり，かつ，そもそも批判自体が失当であったと考えている。

---

[31] 小林憲太郎『因果関係と客観的帰属』（弘文堂，2003）197頁以下を参照。そこでは，大阪南港事件における判例の解釈が構成要件の消極的保障機能を害すると論じたが，「消極的保障機能」というだけでは，具体的にどのような原理を意図しているのかがよく分からない。その主たる原因は，私が罪刑法定主義の具体的な意義や内容をよく理解していなかったところにあるが，学界においては前掲拙著のほかにも，その真意が不明な「罪刑法定主義違反」との批判があふれている。

第4章

責任主義

山下はベテランの弁護士，小林は新米の弁護士

小林：あ，先輩，ちょっと難しい事件があたっていて，相談に乗っていただきたいんですが……。

山下：私に聞く前にちゃんと調べた？

小林：もちろん調べましたが，ぴったりくる判例も，具体的に論じている学説もないんですよ。

山下：どういう事件なの？

小林：危険運転致死の事案でして，被告人が被害者ら十数名とともに夜間，浜辺に行って，そこで宴会をして泥酔状態になったんです。

山下：なるほど，そのあとに酩酊運転をして事故を起こしたわけか，被害者が同乗していて。どこが難しいの？

小林：それがですね，被害者は気分が悪くなってしまって，被告人が浜辺に停めておいた幌付きの軽トラの荷台に寝ていたんですよ。で，それを知らない被告人が，ひとりで家に帰るつもりで軽トラに乗り込んで，運転中に電柱に激突して荷台の被害者が死亡したんです。それまでも被告人は軽トラをガードレール等にぶつけまくっていますし，逮捕時の様子や呼気検査の結果からしても，正常運転困難状態を争うのは非常に難しいです。

山下：たしか，行為者の認識不可能な荷台同乗者について，業務上過失致死を認めた判例があったと思うが，それとの関係はどうなの？

小林：最決平元・3・14刑集43・3・262ですね。しかし，その発想を今回も安易に採用されたのでは，たまったものではないですよ。

山下：まあ，もちろん，その判例には学界からも批判が強かったし，なかには，説示の射程を荷台同乗者が認識可能である場合に限定する，なんていうかなり無茶な読み方をする先生もいたね。とはいえ，この判例はかなり強い口調で，しかも，一般論に近いことを述べているから，ただちに覆すのは難しい

だろう。

小林：私自身，あの判例は明らかにおかしいと思いますし，大学生時代，判例を扱うゼミでそのような発表をした記憶もあります。しかし，今回の事案で危険運転致死罪が成立するとなると，間違った方向に，さらに大きな一歩を踏み出す気がするんですよ。というようなことを主張しようと思っているんですが，具体的にどうすればよいかが相談の内容です。

山下：そこが法律家としての腕の見せ所だろう。まあ，最初に気づくのは，その判例では助手席同乗者もいて，当たり前だが，被告人もその存在は認識していた，ということだね。たしか，けがをして，その点については業務上過失傷害罪とされていたと思うが。これに対して，君のいう事案では，被告人は軽トラに乗っているのが自分だけだと思い込んでいる。

小林：そうです，そうです。その点は突いていけますかね。

山下：どうだろう。その違いが本質的だと主張してみるのは自由だが，たぶん，とおらないだろうと私は思うよ。さっきの判例を読む限り，「自車内に存在する認識可能な客体に対する過失を，他の（同じく自車内に存在する認識不可能な）客体に転用する」などという限定的なロジックを展開したようには見えない。だいいち，そんなロジックを正当化する理論的根拠がありうるのかね。

小林：では，犯罪の違いはどうですか。業過，もとい，過失運転致死ならともかく，危険運転致死には判例の射程が及ばない，というように。

山下：それが私の次にいおうとした2つ目の違いだが，君，言いっ放しではダメだよ。そのような犯罪の違いが具体的に，どのような理屈を経て犯罪不成立の帰結を導くのかまで考えないと。

小林：すみません，まだなんとなくしか考えていないのですが，危険運転致死は結果的加重犯であって，危険運転をすることそれ自体については現に認識していなければならないですよね。

山下：そうだね。最近，危険運転致死傷の類型が増えて，ものによっては結果的加重犯の一般論がそのままでは妥当しないんだが，少なくとも，法定の危険運転行為について故意が必要だというのはそのとおりだ。

小林：そうすると，今回の事案では，被告人は飲酒酩酊による正常運転困難状態で軽トラを走らせていることは分かっているかもしれませんが，まさに，そのような走行が荷台に乗っている被害者に対して危険を及ぼすことは認識していないわけですから，先輩のおっしゃる故意が欠けるのではないですか。

山下：概括的故意というのがあるけど。

小林：それは，そこに人がいることを排除しない心理状態で，誰が死んでもかまわないと思っている場合です。今回の事案では，被告人は被害者が荷台に同乗しているなど思いもよらなかったんですから，概括的故意の議論は使えませんよ。

山下：そのとおり。よく勉強しているじゃないか（笑）。

小林：試さないで下さいよ（汗）。ほかに，故意が認められてしまう理屈はありますか。もしないなら，この線で押してみようと思うんですが。

山下：うーん，それも厳しいね。そもそも，危険運転というのは道路交通に対して公共的な危険をもたらす行為だから，客体ごとに危険運転かそうでないかが変わるという議論は一蹴されるおそれが強い。一部の学者の影響かもしれないが，君は結果的加重犯の構造を限定的に理解しすぎているようだね。また，もし君のいうように客体ごとに変わるとしても，判例は抽象的法定符合説を採用しているから，荷台に同乗している被害者に対しても危険運転の故意が認められてしまうのではないかな。

小林：そうすると，あとは，同乗していると知っていた場合よりは犯情が軽い，という主張しかないでしょうか。

山下：危険運転という基本犯が公共危険罪であることを強調すると，それもあまり期待できないね。

小林：先輩，今日は「ダメ」ばかりじゃないですか！　そんな簡単にあきらめられませんよ（泣）。

山下：私はね，そういう小手先ではダメだといっているんだよ。最も本質的な問題は，そもそも認識不可能な不法，ここでは当該被害者の死亡だが，これについて罪責を問うてよいのか，ということだ。そして，私は，それは絶対にいけないと思っている。ただ，それは学界との共同作業のなかで，地道に，しかし，正面から裁判官に理解を求めていく，という王道によらなければならないんだよ。

◆

I　総説

これまで扱ってきた法益保護主義，罪刑法定主義と並び，刑法学における最重要原則のひとつとされるのが責任主義である。この責任主義という

ことばが，とくに量刑論において特別な意味に用いられていることは，本書においてもたびたび指摘してきた。もっとも，通常，責任主義といわれるとき，その実質的な内容を厳密に定義すれば，「行為者個人の生理的能力や知識を前提として，犯すことを回避しえなかった不法については非難不可能である」ということになる[1]。今後，ことわりなく責任主義というときは，この通常の用語法を意図している[2]。

　さて，なぜこのような責任主義が要請されるかであるが，それは端的にいうと，制裁という観念に理論的に内在しているからである。これまでも繰り返し述べてきたところであるが，制裁の想定する抑止プロセスは，まず，不法とそれに結びつけられる害悪を告知する（罪刑法定主義の自由主義的基礎）。そのうえで，不法を避けようと思えば避けられた（責任主義）にもかかわらず，あえてこれを犯す者があらわれたときは，事前の告知どおりに害悪を付加する。このような事後的には不合理な行動に出ることで，事前の「脅し」に実効性をもたせるという合理的な効果を生み出すのである。そして，そうであるとすれば，たとえば，重大な精神疾患があるとか幼子であるなどといった理由により，そもそも「脅し」の効きえない者が不法を犯したときには，これに害悪を付加しても「脅し」の実効性はなんら高まらず，ただただ（行為者の自由制限等の負担や，刑事施設にとどめおくことで発生する費用等を含んだ）社会的コストが増大するだけであろう。これこそが責任主義の要請される根拠であり，罪刑法定主義（の自由主義的基礎）とともに制裁の構造から導かれるものの，その妥当する局面ないし次元は異なっている[3]。

　以上のことを前提にすると，制裁としての性質を有するものである限り，

---

[1] 学説には，行為者の認識の範囲内で生じた不法のみが帰属可能であるという，特別な意味で責任主義ないし責任原理ということばを用いるものもある。たとえば，甲斐克則『責任原理と過失犯論』（成文堂，2005），および，それに影響を与えたアルトゥール・カウフマン［著］甲斐克則［訳］『責任原理——刑法的・法哲学的研究』（九州大学出版会，2000）を参照。しかし，このように解すると，（少なくとも）認識なき過失を処罰することが責任主義違反になり，わが国の定説および実務から著しくかい離してしまう。また，この点を措くとしても，そもそも認識された不法のみを帰属可能とする実質的な根拠が，刑罰目的論から十分に基礎づけられていないように思われる。

[2] そのほか，「量刑における責任主義」に対して「帰責における責任主義」といわれることもある。大塚仁ほか［編］『大コンメンタール刑法（第3巻）〔第3版〕』（青林書院，2015）8・9頁〔大塚仁〕などを参照。

[3] 罪刑法定主義（の自由主義的基礎）の要請される根拠と，その妥当する理論的位置については前章を参照。

第4章 責任主義

刑罰（刑事制裁）に限らず，（罪刑法定主義〔の自由主義的基礎〕とともに）責任主義がひろく要請されることになる。たとえば，ドイツにおいて行政制裁を一般的に規律する秩序違反法は，その12条において秩序違反に非難可能性を要求している。また，少年に対する保護処分が制裁としての性質を有しているところから実質的な責任能力を要求する一部学説の議論も，同様の理論的背景をもつものといえよう[4]。さらに，大学人としての例をあげさせていただくならば，多くの大学においては，その旨の明文の規定はないものの，責任無能力が疑われる学生に対しては学則上の懲戒処分を科さないこととしている。それは懲戒処分が制裁としての性質を有しているからであって——一部の大学の学則を見る限り，やや誤解もあるようであるが——当該学生に対して大学の提供する教育的措置が奏功しないからではない。かりに大学に治療やカウンセリングにかかる専門家集団が存在し，その意味で，当該学生に対する有効な教育的措置をとる余地があったとしても，そこで制裁としての性質を有する教育的措置（懲戒処分）をとることはできないのである。

つづいて，責任主義の具体的な中身であるが，行為者が自身の生理的能力や知識を前提として，不法を犯すことを回避すべくその行為を制御しうるためには，論理的にいっても次の4つが必要となるであろう。

まず，①不法の予見可能性である。極端な例であるが，帰宅して自宅のドアを開けたところ，そこに起爆装置が仕掛けられており，公共的施設に設置されていた爆弾が爆発して多数者が死傷したというとき，その者が死傷結果を引き起こしたことを根拠に制裁を科すことはできない。たとえ法の期待する慎重さを備えたとしても，自宅のドアを開ければ爆発が起きて人が死傷するなどということは認識しえず，それゆえ，これを避けようとする動機づけをももちえないからである。

次に，②弁識能力（違法性の意識の可能性）である。たとえば，いわゆるノーアクションレターを信じて行動したが，これが起訴され裁判所も不法にあたると判断した場合，その者は十分に慎重に行為したものの，それが禁止されていることを知りえなかったといえるケースが多いと思われる。このようなときにもまた，その者は法の禁止に従って不法を避けようとす

---

[4] このような論者が制裁の一般理論を展開した非常に重要な業績として，佐伯仁志『制裁論』（有斐閣，2009）がある。ただし，同書自体は保護処分について論じたものではない。

る動機づけをもちえないのであるから，やはり，当該不法を犯したかどで制裁を科すことは許されない。

つづいて，③制御能力である。かりに自身の行為が法により禁止されていることを認識しえたとしても，精神疾患や心理的強制等により，当該禁止に従って問題となる行為をやめるべく動機づけを制御する可能性が排除されていたような場合には，同じく制裁を科すことは許されないであろう。

最後に，④意思能力[5]である。そもそも，意思に従って「行為に出る／出ない」を決せられることが，制裁による行動制御の大前提になるのはいわば当然のことである。たとえ自身の動機づけを制御できても，たとえば，「けん銃の引金を引かないようにしよう」と思えばそうできるという身体的状態になければ，その者が人を撃ち殺したときこれに刑を科しても，「人を撃ち殺したら刑を科すぞ」という「脅し」の実効性はなんら増さない。その意味で，社会的コストだけを無駄に増大させることになってしまうからである。

以下では，このような責任主義の基本的発想が具体的な（裁）判例ないし事例類型においてどのようにあらわれ，また，あらわれるべきなのかを詳細に検討することとしたい。

II　伝統的に責任主義にかかわるとされてきた（裁）判例

1　最判昭26・9・20刑集5・10・1937

Aが口論のすえDの頭部を手拳で殴打し，BおよびCがDの頭部顔面等を蹴り，よって，Dをして頭部腔内出血により死亡するに至らしめた。もっとも，A～Cのいずれの暴行により傷害致死の結果を生ぜしめたものかを知ることができない。原判決（大阪高判昭26・3・2刑集5・10・1939参

---

[5] 有力な学説は，これをそもそも行為の要件と解し，それゆえ，そこに行為能力ということばをあてている。井田良『刑法総論の理論構造』（成文堂，2005）17頁以下などを参照。しかし，それは行為に過大な負荷を担わせるものであろう。行為は有機的統一体としての人間の内部に統合可能であるかどうかだけを捕捉し，それゆえ，たとえば，自由落下や絶対強制のみをそこから排除するものととらえるべきである（したがって，たとえば，反射運動や夢遊病者の行動もまた行為に該当しうる）。そして，そのような行為をやめさせる（不作為の場合にはやらせる）べく，制裁（あらかじめ告知された不法に対応する害悪）をもって行為者にはたらきかける余地の存したことを要請するのが責任主義にほかならない。

照)が刑法207条を適用して傷害致死罪の成立を認めたところ,これに対して被告人側が上告した。弁護人の上告趣意の第一点は,「原審は被告人外2名の共同に依る暴行に因つて,被害者Dに傷害を負わしめて死に至らしめたことを認定しているが,右の如き結果的責任の場合重き死の結果について過失を必要とするものであるから被告人に死の結果について予見が可能であつたにも拘らず,不注意に因つて予見出来なかつたものであることを必要とする。然るに原審判決は此の点について事実の認定を為していない理由不備がある」というものであった。これに対して最高裁は,次のように述べて上告を棄却した。

「傷害致死罪の成立には傷害と死亡との間に因果関係の存在を必要とするにとどまり,致死の結果についての予見は必要としないのであるから,原判決が所論傷害の結果たる致死の予見について判示しなかつたからといつて,原判決には所論理由不備の違法は存しない」。

かつて,いわゆる条件説が主流であったころは,「基本犯+因果関係+加重結果」という図式によって把握される結果的加重犯の成立範囲が拡大しすぎるため,まずはそこにいう「因果関係」の内容を限定しようとする考え方が生まれた。これが相当因果関係(相当性)説である[6]。そして,ひとたび「因果関係」ないしこれに加えて要求される客観的な帰属にかかる諸要件を限定しさえすれば,あとは,基本犯が往々にして加重結果をともないがちである場合についてのみ結果的加重犯が規定されていることにかんがみ,加重結果の予見可能性などという責任にかかわる要件を課さずともその成立を肯定してよいのだ,という主張が有力になされたこともある[7]。しかも,前記「限定」を行う見解とは,典型的には主観的ないし折衷的相当性説であり,たとえば,加重結果が被害者の特殊な素因に起因する場合には因果関係等を否定しえた。しかし,加重結果の予見可能性を不要とする発想は,そのような場合にも因果関係を肯定する判例——その詳細は因果関係を扱う第6・7章に譲る——においてさえ採用されている。本判例はその代表例といえよう。

たしかに,厳密にいうと,本判例は「本件が現実に加重結果の予見不可能な事案であることを認定したうえで,なお結果的加重犯の成立を肯定し

---

6 学説史については,小林憲太郎『因果関係と客観的帰属』(弘文堂,2003) 104頁以下を参照されたい。

7 藤木英雄『刑法講義総論』(弘文堂,1975) 93頁,200・201頁などを参照。

た」ものではない。しかし，多くの（裁）判例が実際に加重結果の予見不可能な事案において結果的加重犯の成立を認めており[8]，また，立法作業においても判例が加重結果の予見可能性不要説に立つことが前提とされている[9]。そして，本判例がそのことを宣言した代表例であると法律家共同体のなかでひろく認識されている以上[10]，このように整理することも許されるものと思われる。

　しかし，結果的加重犯の処罰が加重結果の惹起という不法に対する制裁としての性質を有している以上，あくまでも，加重結果の予見可能性を要求することが責任主義の帰結となるはずである。ひとたび基本犯という不法を有責に犯した以上，そこから生じたさらなる不法についても全面的に処罰するというのでは，責任主義の妥当によって克服されたはずのヴェルサリ法理へと後退してしまうであろう。ドイツ刑法典もその 18 条において，加重結果につき少なくとも過失を要すると規定している。また，わが国においても，たとえば，改正刑法草案 22 条は「結果の発生によって刑を加重する罪について，その結果を予見することが不能であったときは，加重犯として処罰することはできない」と規定している。むろん，この規定だけを字句どおり読めば，加重結果の客観的な予見可能性，すなわち，相当因果関係を要求したにとどまるものとも理解しえなくはない。しかし，加重結果の予見可能性があくまで責任主義との関連で議論されてきたという文脈に照らすならば，やはり，行為者自身による予見可能性まで企図したものととらえるのが自然であろう。

---

[8] 加重結果が被害者の特殊な素因に起因する場合に関する多くの（裁）判例があるが，これについては因果関係を扱う第 6・7 章においてとりあげることとしたい。

[9] たとえば，危険運転致死傷罪の立法時においては，死傷結果の予見可能性が必ずしも要求されないことを前提としつつ，危険運転行為と死傷結果との間の関連性がさかんに議論されたことであった。具体的には，酩酊運転致死傷が単なる酩酊運転中の死傷事故をひろく捕捉してしまうことのないよう，酩酊運転に至らない状態でも同じく引き起こしえた死傷結果は前記関連性をみたさない，などといった解釈が提示されたのである。立法時の議論をフランクに紹介したものとして，川端博ほか「刑事立法の動向《緊急特別座談会》危険運転致死傷罪を新設する刑法の一部改正をめぐって」現刑 36 号（2002）76 頁以下が興味深い。

[10] たとえば，最判昭 32・2・26 刑集 11・2・906 は「傷害罪の成立には暴行と死亡との間に因果関係の存在を必要とするが，致死の結果についての予見を必要としないこと当裁判所の判例とするところであるから（昭 26 年(れ)797 号同年 9 月 20 日第一小法廷判決，集 5 巻 10 号 1937 頁），原判示のような因果関係の存する以上被告人において致死の結果を予め認識することの可能性ある場合でなくても被告人の判示所為が傷害致死罪を構成するこというまでもない」と判示している。

もっとも，このような立場に対しては，いわゆる行為規範論から次のような批判が投げかけられている。すなわち，予見可能性が行動制御にかかわる要件であるとすれば，それは行為者に対し，問題となる行為規範を遵守すべく動機づけうるものであれば足りるはずであるから，加重結果を引き起こすことについてまでの予見可能性など不要である，と。このような発想は，直接的には，たとえば，ある行為規範に違反すれば人を傷害しかねないことは予見しうるが，これを死亡させることまでは予見しえないというとき，客観的に帰属可能な態様で人の死亡結果が生じた場合にも，なお当該死亡結果についてまで過失犯を成立させることを企図したものである。要するに，行為規範を守っていれば傷害のみならず死亡結果まで回避することができ，かつ，当該死亡結果が当該行為規範違反から客観的に帰属可能な態様で引き起こされており，さらに，行為者に対し，当該行為規範を守らせるべくはたらきかける契機（傷害リスクの認識可能性）が存在した，というわけである[11]。そして，このように考えれば，基本犯が有責に実現されたことが前提となる結果的加重犯においては，単純に加重結果の予見可能性不要説が帰結されることになる。

　しかし，ひるがえって考えてみると，人の死を引き起こすことを抑止すべく，人の死を引き起こしたことに対して制裁を科するためには，注意すれば人の死を引き起こすことが分かり，それが法によって禁止されていることを知り，これを避けようとする動機を形成し，それに従って行為をコントロールする，という順序を踏まなければならないはずである。裏からいうと，このような順序を踏むことができたにもかかわらず踏まなかったことが，人の死を引き起こしたことに対する完全な非難可能性を基礎づけるのである。これに対し，「およそ自身の認識しえない世界で死亡結果も回避できたらしい」とあとからいわれるだけでは，死亡結果を生じさせたかどで非難を差し向けることはできないと思われる。

11　判例の系譜をさかのぼりながら，このような発想を展開した重厚な作品として，樋口亮介「注意義務の内容確定基準――比例原則に基づく義務内容の確定」『山口厚先生献呈論文集』（成文堂，2014）195頁以下がある。しかし，これに対しては本文で述べるような責任主義違反の疑問があるほか，少なくとも今日の実務においては，（結果的加重犯ではない，純然たる）過失により人を死に至らしめる罪の成立を肯定するにあたっては，死に客観的に実現する危険の認識可能性を超えて，死そのものの認識可能性を認定（ないし，明示的に認定せずとも，当然の前提と）する点で一致があるのではなかろうか。これについては，実務家の方々からご教示を乞いたいところである。

第4章　責任主義

2　札幌高判昭51・3・18高刑集29・1・78＝北大電気メス事件

　著名な事件であり，北大医学部附属病院で電気メスを使用した動脈管開存症の手術を実施するに際し，看護師である被告人Aが電気メスのケーブルを誤接続したところ，患者の身体に心電計が装着されていたこととあいまって異常な電気回路が形成され，そのため，患者である被害者の手術部位でなかった右足関節直上部に熱傷が生じ，右下腿切断のやむなきに至ったというものである。Aおよび執刀医である被告人Sが業務上過失傷害罪で起訴されたところ，原判決（札幌地判昭49・6・29判時750・29）はAにつき有罪，Sにつき無罪の判断を示した。そこで，A側および検察官が控訴したものの，札幌高裁は次のように述べて各控訴を棄却した。

　「およそ，過失犯が成立するためには，その要件である注意義務違反の前提として結果の発生が予見可能であることを要し，結果の発生が予見できないときは注意義務違反を認める余地がない。ところで，内容の特定しない一般的・抽象的な危惧感ないし不安感を抱く程度で直ちに結果を予見し回避するための注意義務を課するのであれば，過失犯成立の範囲が無限定に流れるおそれがあり，責任主義の見地から相当であるとはいえない。右にいう結果発生の予見とは，内容の特定しない一般的・抽象的な危惧感ないし不安感を抱く程度では足りず，特定の構成要件的結果及びその結果の発生に至る因果関係の基本的部分の予見を意味するものと解すべきである。そして，この予見可能性の有無は，当該行為者の置かれた具体的状況に，これと同様の地位・状況に置かれた通常人をあてはめてみて判断すべきものである……執刀医である被告人Sにとって……ケーブルの誤接続のありうることについて具体的認識を欠いたことなどのため，右誤接続に起因する傷害事故発生の予見可能性が必ずしも高度のものではなく，手術開始直前に，ベテランの看護婦である被告人Aを信頼し接続の正否を点検しなかったことが当時の具体的状況のもとで無理からぬものであったことにかんがみれば，被告人Sがケーブルの誤接続による傷害事故発生を予見してこれを回避すべくケーブル接続の点検をする措置をとらなかったことをとらえ，執刀医として通常用いるべき注意義務の違反があつたものということはできない」。

　本裁判例は一般に，いわゆる危惧感説を排斥したものととらえられている[12]。この危惧感説とは，たとえば，過失により人を死に至らしめる罪で

第4章 責任主義

あれば被害者の死亡結果のような，処罰根拠となる不法そのものについては予見不可能であったとしても，当該不法を回避することとなる一定の注意措置を義務づける契機となりうるものであれば，何事かは特定しない漠然とした危惧感（不安感）であっても予見可能性として十分だ，とする立場を指す。それはまさに1の最後で批判した行為規範論と同根の発想であって[13]，本裁判例の的確な用語法に従えば責任主義違反に帰着することになろう。本裁判例の示す予見可能性の判断方法には疑問もあるが[14]，少なくとも，この危惧感説を明確に否定した点で支持しうる。

なお，本裁判例はいわゆるチーム医療において，信頼の原則を適用したことでもよく知られている。すなわち，ケーブルの誤接続およびそれに起因する傷害事故発生のリスクがとくに高度であったなどの事情が認められない限り，執刀医としては，ベテラン看護師の作業の適否をいちいち気にかけることなく，己の手先のみに集中したほうがむしろ患者の利益にかなうという利益衡量の観点が，本件におけるSの不可罰を実質的に基礎づけているのだと思われる。そして，このような解釈が正しいとすれば，理論的に厳密にいうと，かりにSがAの誤接続やこれに起因する傷害事故の発生を――危惧感説ではなく，責任主義の要請する意味において――現実に予見可能であったとしても，なおSは不可罰にとどまる余地がある。むろん，このようなことは本件においては非現実的な仮定にすぎないが，事案を少し変形し，「執刀医が緊急手術のため，やむをえずミスしがちな新人

---

12 反対に，危惧感説を採用したと解される裁判例として，徳島地判昭48・11・28判時721・7＝森永ドライミルク中毒事件差戻第1審判決を参照。「予見可能性は，行為者に結果回避義務として結果防止に向けられたなんらかの負担を課するのが合理的だということを裏付ける程度のものであればよく，したがつて，この場合の予見可能性は具体的な因果過程を見とおすことの可能性である必要はなく，何事かは特定できないが，ある種の危険が絶無であるとして無視するわけにはゆかないという程度の危惧感であれば足りる」と判示する。

13 もっとも，詳しくは過失犯を扱う第14章を参照されたいが，危惧感説はいわば重層的な構造を有しており，このほかにも，①注意深く行動したといえるためには，科学的基準からさらに安全マージンをとったほうがよいこともある，②負担の軽い注意義務であれば，低度のリスクに対処するためであってもこれを課する余地がある，といった次元の異なる主張を内包している。そして，このような主張であれば，私も支持するにやぶさかではない。まず，①不法を阻却する利益衡量の基準はあくまで科学的知見をベースに決せられるべきであるとしても，未解明の不測の事態やヒューマンエラーを織り込んで安全マージンをとるほうがむしろ合理的とされるケースは数多く存在するであろう。次に，②これはまさに前記利益衡量を具体化したものであって，そもそも反対者を探すほうが難しいのではなかろうか。

14 これについても，過失犯を扱う第14章において詳論する。

の看護師を補助につけたが，同時に困難な手術でもあったから，看護師のほうに気をとられていては患者の動脈を傷つけ大惨事に至りかねない」というケースで同じ事故が発生したとすれば，たとえ執刀医がそれを予見可能であったとしても——あまつさえ，内心において「事故が起きるかもしれない」と現に予見し，その意味で，看護師を「信頼」していなかった場合でさえ——執刀医は不法に行為したとはいえないのではなかろうか。つまり，「信頼」の原則は「信頼できない」，ひいては，「信頼していない」場合にもなお妥当しうるのである。もっとも，こちらは本章の主題である責任主義とは関係がないため，詳細は過失犯を扱う第14・15章に譲ることとしたい。

　さて，本裁判例のほか，危惧感説を一般論として排斥する記述を含むわけではないものの，同説からは一貫して説明することの困難な裁判例も数多く存在している。有名なところでは，たとえば，大阪高判昭51・5・25刑月8・4＝5・253がいわゆるハイドロプレーニング現象の予見可能性を否定して，無罪の原判決（京都地判昭46・3・26刑月3・3・469）に対する検察官の控訴を棄却している。今日におけるのとは異なり，同現象に関する知見が一般化していなかった当時において，「湿潤路面を高速走行する場合にあつても，急ハンドル，急ブレーキ，急加速のいずれをもせずに，単純に直線道路をほぼ均一の速度で直進するだけの状況下で」一般の高速バス運転者が抱きうるのは，せいぜい「雨の日にスピードを出すのは怖い」という漠然とした危惧感でしかないと思われる。

　さらに，危惧感説を採用した裁判例があらわれる前のものであるが，大阪高判昭45・6・16刑月2・6・643は，なごやふぐ（マフグ）の料理を提供するにあたり，水洗いを十分にし，かつ，肝もごく少量にとどめた場合に中毒死の予見可能性を否定して被告人を無罪とした。本裁判例の認定によると，ふぐ毒に関する当時，当地方における知見に照らし，一般通常の調理師が抱きうるのもまた，「多少のしびれはないとも限らない（が，死に至るほどの危険性はない）」という単なる危惧感にすぎない，ということであろう。むろん，かりに多少のしびれにとどまった場合に業務上過失傷害罪が成立しうるとすれば——実は，危険の引受けや過失犯を扱うのちの章で述べるように，そのこと自体に議論の余地が存するのであるが——危惧感説の一形態とも評しうる1で述べた行為規範論によると，本件でも業務上過失致死罪が成立しうるはずであろう。にもかかわらず本裁判例は同罪

第4章　責任主義

の成立を否定したのであるから，そこでは同時に危惧感説が排斥されているものととらえるのが自然であると思われる。

3　最決昭62・7・16刑集41・5・237＝百円札模造事件

　違法性の意識に関する重要な判例であり，事案は次のようなものである。
　甲，乙が，それぞれ百円紙幣に紛らわしい外観を有する飲食店のサービス券を作成した。すなわち，まず甲において，事前に警察署を訪れて警察官に相談した際，通貨模造についての罰則の存在を知らされるとともに，紙幣と紛らわしい外観を有するサービス券とならないよう具体的な助言を受けたのに，これを重大視せず，処罰されることはないと楽観してサービス券Aを作成した。つづいて，作成したサービス券Aを警察署に持参したのに対し，警察官から格別の注意も警告も受けず，かえって警察官が同僚らにサービス券を配付してくれたので，ますます安心してさらにほぼ同様のサービス券Bを作成し，また，乙において，甲から，サービス券Aは百円札に似ているが警察では問題がないといっていると聞かされるなどしたため，格別の不安を感ずることもなく類似のサービス券Cの作成に及んだ。
　このような事案において最高裁は，適法な上告理由にあたらないとして被告人側の上告を棄却したうえ，次のように述べて通貨模造罪（通貨及証券模造取締法違反）の成立を肯定した。
　「被告人甲が第1審〔札幌地判昭59・9・3刑月16・9＝10・701〕判示第1の各行為〔AおよびBの作成〕の，また，被告人乙が同第2の行為〔Cの作成〕の各違法性の意識を欠いていたとしても，それにつきいずれも相当の理由がある場合には当たらないとした原判決〔札幌高判昭60・3・12刑集41・5・247参照〕の判断は，これを是認することができるから，この際，行為の違法性の意識を欠くにつき相当の理由があれば犯罪は成立しないとの見解の採否についての立ち入つた検討をまつまでもなく，本件各行為を有罪とした原判決の結論に誤りはない」。
　詳しくは違法性の意識を扱う第16章で述べるが，古く最高裁は，違法性の意識（の可能性）がなくても犯意の成立には影響しないと解していた（最大判昭23・7・14刑集2・8・889〔ただし，いわゆる意味の認識にもかかわる事案〕，最判昭25・11・28刑集4・12・2463，最判昭25・12・26刑集4・12・2647，最判昭26・11・15刑集5・12・2354などを参照）。もっとも，その後，時代が下り，異なるニュアンスを含むいくつかの（裁）判例を経て本判例は，わ

ざわざ違法性の意識の可能性を必要とする見解の採否を措く旨，明言することにより，実質的な判例変更をもたらしたとも評されているところである[15]。

　他方，学説においては，しばしば，違法性の意識の可能性不要説に対して「国民は法を知るべきだというのは権威主義的にすぎる」との批判がなされ，現実の違法性の意識まで要求すべきであるとの極端な見解（厳格故意説）さえ主張されている[16]。

　しかし，まず，前者の批判についてであるが，不要説も，国家はその権威を維持すべく自身の発する法を知ることを国民に強制するため，法の不知を処罰するべきであるなどという発想を抱いているとは思えないから，必ずしも的確な批判とはいえない。むしろ，行為者が努力しても自身の行為を違法なものと認識しえない場合には，これをやめようとする動機づけをもちえないため，たとえ実際に行為に出て不法を実現したとしても，制裁を科する前提となる非難可能性を認めることができない，という責任主義の要請が決定的であるように思われる。

　次に，後者の主張についても，犯意ないし故意を認めるのに現実の違法性の意識を必要とする解釈のほうが，むしろ権威主義的なのではなかろうか。故意とは本来，刑罰がそれを保護するためにこそ正当化されうる法益に対し，これを侵襲するものとして類型化された不法を，それと知りつつ実現することで責任を加重するものである。したがって，それに対して刑法がどのような評価を加えているかを知っていることは本質的ではないはずである。具体例を用いていうと[17]，スマートフォンをいじっているうちに偶然，カメラのシャッターに触れてしまったのではなく，（着衣の上からであれ）女性の臀部をわざと接写したのだ，ということが責任を加重するのである。そして，それとは別に，そのような行為が条例で処罰されていると現に知っていることを要求するというのは，条例に反抗的な態度を示

15　仙波厚「判解」最判解刑（昭 62）160 頁などを参照。もっとも，学説には，本判例が「あくまで責任説については中立的」だとするものもある。齋野彦弥「判批」刑法判例百選 I 総論〔第 7 版〕99 頁。

16　代表的なものとして，大塚仁『刑法概説（総論）〔第 4 版〕』（有斐閣，2008）460 頁以下を参照。

17　以下の例に関し，最決平 20・11・10 刑集 62・10・2853 は，被告人が被害者女性の背後を約 5 分間つけねらい，デジタルカメラ機能付きの携帯電話で，細身のズボンを着用した同女の臀部を約 11 回撮影したという事案において，北海道迷惑防止条例違反の罪の成立を認めている。

したことを重視する権威主義のあらわれにほかならないと思われる。

こうして，責任主義の観点からは，違法性の意識の可能性が必要であり，かつ，それで足りる（現実の違法性の意識までは不要である），ということになる。

III 理論的に責任主義にかかわりうる（裁）判例

1 最決平元・3・14刑集43・3・262＝荷台事件

しばしば「予見可能性の客体」という表題のもとで議論される判例であるが，事案は次のとおりである。

被告人は普通貨物自動車（軽四輪）を運転中，最高速度が時速30キロメートルに指定されている道路を時速約65キロメートルの高速度で進行し，対向してきた車両を認めて狼狽し，ハンドルを左に急転把した。これにより，被告人は道路左側のガードレールに衝突しそうになり，あわてて右に急転把し，自車の走行の自由を失わせて暴走させ，道路左側に設置してある信号柱に自車左側後部荷台を激突させ，その衝撃により後部荷台に同乗していたHおよびOの両名を死亡するに至らせ，さらに，助手席に同乗していたSに対して全治約2週間の傷害を負わせた。もっとも，被告人が，自車の後部荷台に前記両名が乗車している事実を認識していたとは認定できない。

このような事案において最高裁は，次のように述べてHおよびOに対しても業務上過失致死罪（現在の過失運転致死罪）が成立するとした。

「被告人において，右のような無謀ともいうべき自動車運転をすれば人の死傷を伴ういかなる事故を惹起するかもしれないことは，当然認識しえたものというべきであるから，たとえ被告人が自車の後部荷台に前記両名が乗車している事実を認識していなかつたとしても，右両名に関する業務上過失致死罪の成立を妨げないと解すべきであり，これと同旨の原判断は正当である」。

議論の出発点として，HとOの同乗につき被告人に認識可能性がなかった余地を留保する第1審判決（東京地判昭60・1・22刑集43・3・273参照）の認定[18]を最高裁が前提としていることからしても，また，最高裁の説示内容の論理的な構造に照らしても，本判例の射程は被告人がHとOの同乗

を認識しえなかった場合にも及ぶものと解される[19]。問題はその実質的な根拠である。

　まず考えられるのは，すでに述べた危惧感説[20]ないし行為規範論的な発想である。すなわち，本件無謀運転をすれば事故を起こしてSを死傷させかねないことは十分に予見しうるのであり，かつ，これをやめればHとOも死亡せずに済んだのであって，さらに，本件無謀運転に内在する危険は客観的に帰属可能なかたちでHとOの死亡結果に実現しているのであるから，被告人に対し，HとOを過失により死に至らしめる罪の成立を肯定しうる，と。

　たしかに，このようなロジックによって本判例の趣旨を説明することも不可能ではなかろう。しかし，本判例がわざわざ「人の死傷を伴ういかなる事故」というように，HとOの死亡を包摂可能なかたちで予見可能性の対象を画定していることにかんがみると，このようなロジックは，予見可能性を緩める手法としては，本判例の想定するところよりもやや強すぎるきらいがある。そこで，有力な学説は，本判例が故意犯における方法の錯誤に関する抽象的法定符合説を過失犯にも転用したものである，と説明する[21]。

　しかし，このような説明もまた説得的であるとは思われない。錯誤論を扱う第13章において詳述するように，私は，判例が故意の存否に関する一般論として採用するところの抽象的法定符合説に反対であり，かつ，判例自身，実質的な当罰性の判断においては私見とさほど異なるものではないと考えている。しかし，かりにこの点を措き，一般的な定義どおりの抽象的法定符合説が支持に値するものであったとしても，なお次の点に十分に注意する必要がある。すなわち，抽象的法定符合説とは，あくまで責任

18　これに対して原判決（東京高判昭60・12・27刑集43・3・277参照）は，「被告人には右両名〔HとO〕が後部荷台に乗車していることの認識可能性があつたと認められる以上，過失によつて本件のような危険な運転行為をして衝突事故の発生した場合，右同乗者の死傷を惹起せしめる危険のあることは当然予見できることであるというべきである」と判示している。

19　安廣文夫「判解」最判解刑（平元）90頁を参照。

20　本判例の調査官解説は，「本決定〔本判例〕はこれ〔危惧感説（不安感説）〕を採用したものでもなく，また否定したものでもない」とする。安廣・前掲「判解」91頁。

21　山口厚『刑法総論〔第3版〕』（有斐閣，2016）253頁などを参照。また，本判例の調査官解説（安廣・前掲「判解」81頁以下）も，このような分析を前提としているようである。

主義の要請をみたしたうえで，重い処罰のために重ねて要求される故意の成立範囲を拡張する理屈であって，予見可能性という責任主義の要請そのものを緩和するためには用いることができない，という点である。前記説明はこの点を見落としているように思われる。

以上のように見てくると，最終的に明らかにされるべきなのは，被告人がHとOを死に至らしめたことに対して刑事制裁を科す際，責任主義がどこまでを要求するのか，具体的には，（Sを含む）およそ誰かを死亡させることの予見可能性で足りるのか，それとも，HとOを死亡させることの予見可能性まで必要か，である。そして，これまで繰り返し述べてきたように，責任主義が不法の実現されてしまったことを前提としつつ，当該不法を予見してその禁止の認識に至り，これを回避しようとする動機形成，および，行為に対する意思的コントロールを行う契機が行為者に与えられていたか——それゆえ，当該不法を実現させたことについて非難可能か——を問題とするものである以上，そこで要請される予見可能性の対象もまた当該不法，したがって，HとOを死亡させることでなければならないと思われる。

こうして，そのような意味における予見可能性を必ずしも要求しない論理構造をもつ本判例の判示は，Ⅱで参照した，①結果的加重犯における加重結果の予見可能性を不要とする判例や，②危惧感説を採用した裁判例，③違法性の意識の可能性を不要とする古い判例等と同様，責任主義に反する疑いが強く支持しえない。他方，本判例以前に出された下級審の裁判例ではあるが[22]，たとえば，自動三輪車の運転者である被告人には便乗者が乗車中であることの認識がないため予見可能性が認められないとして，（一部）無罪の原判決に対する検察官の控訴を棄却した福岡高宮崎支判昭33・9・9高刑裁特5・9・393は支持しうる。これは，危険な運転により事故を起こした被告人について，積荷の上に乗車していた助手に関しては業務上過失傷害罪の成立を認めたものの，車の横側後方から無断で積荷の上に飛び乗った被害者に関しては業務上過失致死罪の成立を否定したものである。とりわけ後者について，わざわざ構成要件該当性および違法性は認められるとしたうえで，「非難可能性が認められるか」という問題提起

22　以下の本文にあげるもののほか，名古屋高判昭36・7・1高刑集14・6・371も，自動四輪車の後部荷台に同乗中の者を死傷させた点につき重過失致死傷罪の成立を認めているが，そこでは，そもそも同乗の事実に関する認識が認定されていることに注意を要する。

のもとに責任要素としての予見可能性を検討し、これを否定した[23]ものであって——措辞がやや学説的すぎるきらいはあるものの——非常に説得的な説示であると思われる。

ところで、方法の錯誤の事案において故意を拡張するロジックである抽象的法定符合説が、責任主義の要請である不法の予見可能性とは次元を異にすることは前述したとおりであるが、まさにそうであるからこそ、同説が適用され具体的に認識せずとも故意の認められた不法について、改めて責任主義の観点から予見可能性が要求されることには十分な注意を要する。このことを、方法の錯誤に関する最重要判例である最判昭53・7・28刑集32・5・1068＝びょう打ち銃事件を例にとってみてみよう。

事案は、被告人が警官からけん銃を奪取しようと企て、建設用びょう打ち銃を改造したもので巡査Tを狙い、びょうを発射したところ、Tの側胸部を貫通し、さらに、たまたま道路反対側を通行していたKに命中させて、両者に傷害を負わせた、というものである。最高裁は被告人側の上告を棄却し、次のように述べて、Kに対しても強盗殺人未遂罪（刑法240条後段）の成立を認めた。

「犯罪の故意があるとするには、罪となるべき事実の認識を必要とするものであるが、犯人が認識した罪となるべき事実と現実に発生した事実とが必ずしも具体的に一致することを要するものではなく、両者が法定の範囲内において一致することをもつて足りるものと解すべきである（大審院昭6年(れ)第607号同年7月8日判決・刑集10巻7号312頁、最高裁昭24年(れ)第3030号同25年7月11日第三小法廷判決・刑集4巻7号1261頁参照）から、人

---

[23] ちなみに、検察官は、死亡被害者である特定人の予見がなくても、傷害被害者の乗車を知っている以上、「人」の乗車は予見しているとして、死亡被害者についても刑責を認めるべきだと主張していた。荷台事件に看取しうる発想の萌芽がそこにあり、福岡高裁宮崎支部はこれをはっきりと否定したことになる。さらに、同支部はいわゆる概括的過失についても言及し、「検察官はその主張の論拠として、不特定人が乗車する列車を運転する機関手の場合、雑とうする場所を運転する自動車運転者の場合を例示しているけれども、これらの場合は、機関手・運転者は、夫々不特定の乗車・不特定の通行人として予見しているわけであるから、その点において予見ないし予見可能の範囲内であると認め得る。したがつて右の設例は本件の予見可能性の有無認定を非難する論拠とはなり得ない。検察官の解釈に従えば、助手の乗車している貨物自動車の荷物の下に夜来ひそかに忍び込んでいたのを出発にさいして点検したが気付かず、そのまま運転し、過失によつて自動車が顚落し死傷せしめた場合にすら当然刑責を生ずることになり結果の主観的予見可能性を非難可能性（責任）の要素とすることが無意味となり左袒できない」と述べるが、こちらについてもほぼ全面的に支持しうる。

を殺す意思のもとに殺害行為に出た以上，犯人の認識しなかつた人に対してその結果が発生した場合にも，右の結果について殺人の故意があるものというべきである……被告人が人を殺害する意思のもとに手製装薬銃を発射して殺害行為に出た結果，被告人の意図した巡査Tに右側胸部貫通銃創を負わせたが殺害するに至らなかつたのであるから，同巡査に対する殺人未遂罪が成立し，同時に，被告人の予期しなかつた通行人Kに対し腹部貫通銃創の結果が発生し，かつ，右殺害行為とKの傷害の結果との間に因果関係が認められるから，同人に対する殺人未遂罪もまた成立し（大審院昭8年(れ)第831号同年8月30日判決・刑集12巻16号1445頁参照），しかも，被告人の右殺人未遂の所為は同巡査に対する強盗の手段として行われたものであるから，強盗との結合犯として，被告人のTに対する所為についてはもちろんのこと，Kに対する所為についても強盗殺人未遂罪が成立するというべきである」。

まさに，お手本のような抽象的法定符合説の論証であるが，実は，これに続けて最高裁は，原判決（東京高判昭52・3・8高刑集30・1・150）がKに対する傷害につき被告人の過失を認定した点を論難している[24]。そして，最終的に，原判決は「十分な理由を示していないうらみがあるが，その判文に照らせば，結局，Kに対する傷害の結果について前述の趣旨〔抽象的法定符合説〕における殺意の成立を認めているのであつて，強盗殺人未遂罪の成立について過失で足りるとの判断を示したものとはみられない」と述べて，これを救うのである。

もっとも，原判決をよく読むと，Kにつき被告人に過失（本章の用語法でいえば予見可能性）が認められる以上，錯誤の問題を論ずることに支障がない，つまり，抽象的法定符合説により具体的に認識していない（未必の故意さえない）客体についても故意を拡張し，これに対する故意犯の成立を肯定してよい——より正確には，この点に関する第1審判決（東京地判昭50・6・5高刑集30・1・165参照）の判断が正当である——という論旨を展開しているのである。したがって，そもそも抽象的法定符合説が妥当であるかという点さえ脇におけば，理論的にはまったく正当であってなんらおかしいところはない。しかも，原判決が正当とした第1審判決は，より明

---

24 もっとも，新矢悦二「判解」最判解刑（昭53）331頁は「本件は……通行人〔K〕に対する結果発生の予見可能性があったことは明白である」としている。

確かに,「当裁判所も,これ〔抽象的法定符合説〕に従うのを相当と解するが,ただ,その〔予期しない客体についての〕結果発生が予見不可能な場合には,責任主義の見地から方法の錯誤を理由とする故意犯は成立しないものと解するのが相当である」とまで述べているのである。

このように見てくると,本判例の後半部分は適切な判断を示した下級審を論難するものであって,むしろ,最高裁のほうこそ論難されるべきであると思われる。抽象的法定符合説は故意の成立範囲を拡張するロジックにとどまるのであって,たとえそれが妥当であると仮定しても,行為者に予見しえない不法についてまで故意「犯」の成立を肯定する理論的な力は持ち合わせていない。それは責任主義によって断念させられるからである。しかも,字面だけを見れば本件下級審の判断は最高裁によって批判されているわけであるが,実際には,抽象的法定符合説を予見可能であった客体についてだけ使用するという実務の運用が存在する,との指摘もある。この点について,有力な学説が「実際にも,実務は,そのような基準〔「行為者が結果の発生を予見可能であった範囲で故意の符合を認めるという立場」〕で動いているのではないかと思われる……方法の錯誤で故意が認められた事案で,行為者に結果発生の予見可能性が認められない事案は,おそらくないのではないかと思われる……そうだとすれば,少なくとも,過失〔荷台事件〕については,抽象的法定符合説をとるべきではないことになる[25]」と述べているのが非常に注目に値する。

2　最決昭62・3・26刑集41・2・182＝勘違い騎士道事件

さらに,具体的に指摘されることは少ないが,いわゆる誤想過剰防衛の処理においても責任主義は一定の役割を果たしている。著名な判例を素材にこのことを見てみよう。事案は次のとおりである。

空手三段の在日外国人が,酩酊した甲女とこれをなだめていた乙男とが揉み合ううち,甲女が尻もちをついたのを目撃して,甲女が乙男から暴行を受けているものと誤解し,甲女を助けるべく両者の間に割って入ったと

---

[25] 佐伯仁志『刑法総論の考え方・楽しみ方』(有斐閣,2013) 268頁。さらに,原判決「の趣旨は,予見可能な範囲で『故意』を認めれば責任主義に反することはない,ということであろう」と分析する。なお,詳しくは錯誤論を扱う第13章においてとりあげるが,論者は,抽象的法定符合説によって拡張された故意が量刑上の考慮に照らし,裁判官にとってはむしろ過失に近いというのが実感であろうと推測してもいる。同269・270頁。これもまた,同説の適否を考えるうえで非常に重要な指摘であると思われる。

ころ，乙男が防御のため両こぶしを胸の前辺りに上げたのを自分に殴りかかってくるものと誤信し，自己および甲女の身体を防衛しようと考え，とっさに空手技の回し蹴りを乙男の顔面付近に当て，同人を路上に転倒させ，その結果，後日死亡するに至らせた。

このような事案において最高裁は，被告人側の上告を棄却したうえ，職権で次のように判示した。

「本件回し蹴り行為は，被告人が誤信した乙による急迫不正の侵害に対する防衛手段として相当性を逸脱していることが明らかであるとし，被告人の所為について傷害致死罪が成立し，いわゆる誤想過剰防衛に当たるとして刑法36条2項により刑を減軽した原判断は，正当である（最高裁昭40年(あ)第1998号同41年7月7日第二小法廷決定・刑集20巻6号554頁参照）」。

誤想過剰防衛の処理に関しては非常に多くの見解が対立している。そして，本判例に関しては，①過剰防衛（刑法36条2項）においては違法減少があってはじめて刑の減軽以上の寛大な効果がもたらされるのだ，とする見解は本判例によって排除された[26]という分析が存する一方で，②誤想過剰防衛においても行為者の主観面は過剰防衛におけるのと同様であり，それゆえ，責任主義に照らせば，そのような見解を前提にしたとしてもなお本判例の結論は正当化しうる[27]，という趣旨の主張もなされているところである。しかし，本章におけるこれまでの記述にかんがみれば，いずれについても説得的であるとはいいがたい。

まず，①についてであるが，本判例が前提とする原判決（東京高判昭59・11・22高刑集37・3・414）の認定においては（焦点が誤信の有無そのものにあったため）必ずしも明らかにされていないものの，かりに被告人が違法減少，つまり，急迫不正の侵害の不存在を注意しても認識しえなかったとすれば，まさに責任主義の観点から，違法減少が現実に存在したのと同じく扱われなければならないはずであろう。したがって，本判例が刑の減

---

26 異なる文脈であるが，実質的には，町野朔「誤想防衛・過剰防衛」警研50巻9号（1979）37頁以下を参照。

27 たとえば，山口厚『基本判例に学ぶ刑法総論』（成文堂，2010）115頁は明確に，「急迫不正の侵害を誤想した被告人の主観面は過剰防衛の場合と同等であるため，犯罪は責任の限度で成立するという理解から，過剰防衛と同等の扱いがなされるべきことになる……したがって，本決定〔本判例〕のこの〔誤想過剰防衛にも刑法36条2項を適用する〕立場は，過剰防衛における刑の減免根拠をどこに求めるかとは全く関係がない」と述べる。

第4章　責任主義

軽を認めたからといって，①にいう見解が排斥されたものと即断することはできない。現に，一般に違法および責任減少説から説明される，いわゆる免責的緊急避難（わが国における過剰避難と近似する範囲で可罰性を阻却する法形象）を定めるドイツ刑法典35条は，その2項において，行為者が緊急状況を誤信したときは，これを回避しえた場合にのみ可罰的であると定めている[28]。

次に，②についても，責任主義はなにも，行為者の認識した不法が現に存在したものと仮定した範囲内でしか処罰されえない，などといった過大な要請を掲げるものでは決してない。そして，あくまで，立法者が刑法36条2項において着目した意味における違法減少が決定的であるとするならば，①に関して述べた，まさに，本章でいうところの責任主義が現実の違法減少と同等の扱いを要請する場合を除き，①にいう見解を本判例と整合的に理解することは困難であるように思われる。学説には，このことを「中止犯の減免根拠について違法減少説……を採る論者が，行為者が中止行為を行ったと誤想した場合について，責任に応じた刑を科さなければならないから，中止犯の規定を適用ないし準用できるとは言わない[29]」と敷衍するものもあるが，巧妙なたとえであろう。

なお，わざわざ注記するほどのことはないかもしれないが，念のため書いておくと，責任主義とは，違法減少の不存在を予見しえなかった場合にはたらく消極的な原理であって，そうしえたことを前提として，その先，どのような法効果をもたらすべきかについて具体的に語るものではない。ただし，違法減少の不存在を予見しえた，つまり，うっかり襲いかかられているものと勘違いした場合に，そのことを理由として過失犯が成立しうるのであれば，たとえ誤想過剰防衛に過剰防衛における刑の免除まで準用したとしても，なお前記過失犯に対応する刑罰は科されうる[30]。そして，このことこそ過剰防衛の減免根拠論と関係がないのである[31]。

28　さらに，同項はそのような場合に刑の減軽のみを命じており，可罰性の阻却までは許容していない。責任主義が最も厳格に維持されている国のひとつであるドイツにおいてさえ，そのような規律がなされていることは，すぐ次の段落で述べるように，②の想定する責任主義の要請が強すぎることを示唆しているように思われる。
29　佐伯・前掲『刑法総論の考え方・楽しみ方』166頁。
30　学説には，このような場合に①前記過失犯の法定刑を下回っては処断しえないとか，②少なくとも前記過失犯としては処罰しうることにかんがみ，刑の免除まではなしえないなどというものもある。実質的には同旨を述べたものであろう。

3　その他の事例類型

　以上のほか，厳密にはこれにかかわる代表的な（裁）判例をあげることは難しいが，責任主義が重要な役割を果たすいくつかの事例類型が（講壇設例としてではあるけれども）学界において議論されている。もっとも，構造的に類似する事案は実務においても，とくに，起訴・不起訴の選別段階において問題となりうる可能性が高い。

　第1に，行為者が法の要請する程度を超えた慎重さから不法の現実の予見を得たが，これを故意犯として処罰することが適切でない，という事例類型である。たとえば，Ⅱ2であげた，客にふぐの肝や皮を提供して，これを中毒死させた調理師の事案で考えてみよう。ここで，当該調理には複数の調理師が関わっていたとして，そのうちのひとりがとくに心配性であったため，事故発生後，「やはり結局はふぐの肝ですから，お客様にお出しするときはいつも中毒死のことが頭をよぎります」と正直に供述したとしたらどうであろうか。ほかの調理師は予見可能性がないため業務上過失致死罪は成立しないという一方で，同じ情報環境におかれながら，たまたま特別に慎重であったこの調理師だけは故意まであったとして，殺人罪（刑法199条）で処罰されなければならないのであろうか。

　しかし，そのような結論は明らかに不当であろう。また，実際にも，このような事案において検察官が，そのような供述を根拠に，ひとりだけを殺人罪で起訴し，あるいは，無罪判決（業務上過失傷害罪のほうは措いている）に対し，殺人罪が成立するとして上訴するとは考えがたい。もっとも，それは故意が欠けるからではない。検察官がこのひとりについてだけ，無罪判決に対し，業務上過失致死罪の成立を求めて上訴するとも思えないからである。むしろ，このひとりについても無罪が維持されなければならないのは，故意犯にも過失犯にも共通して課される要件，すなわち，死亡結果の予見可能性が欠けるからではなかろうか。具体的にいうと，たしかに，このひとりは法の要請を超えた異常な慎重さをもって中毒死の予見を獲得

31　以上に対し，過剰性についてのみ過失の存する場合には刑法36条2項，ことに刑の免除が準用されうる。この点を的確に指摘するものとして，橋爪隆「誤想過剰防衛をめぐる問題」法教420号（2015）111頁を参照。これもまた過剰防衛の減免根拠論によるというよりも，過剰性について認識まで存する通常の過剰防衛の場合においてさえ刑の免除がなされうることとの均衡論による。

するに至った。しかし，刑事制裁は一般人（一般の調理師）に常に過度の慎重さを求めて不可能を強いることのないよう，誰もが備えることを期待しうるある程度の慎重さだけを強制している。そして，これによっては中毒死の予見に至れないというのであれば，もはや，不法の予見に基づくさらなる行動制御はなしえないと考えられるのである。こうして，そのひとりの調理師が客を死亡させたことについて処罰されない実質的な根拠もまた——他の調理師の場合と同様——責任主義に求められることになる[32]。

　つづいて，第2の事例類型は講学上，推定的承諾とよばれるものの一部である。たとえば，意識不明であり緊急手術を要する患者に対し，医師が考えられる複数の術式のうち，より安全性の高い，輸血をともなうものを選択してこれを実施した。果たして，手術自体は成功したものの，あとになって，患者は特別な信仰を有していたため，もし意識があり尋ねられれば確実に輸血を拒否したであろうことが判明した。このような事例を考えてみよう。そして，おそらくは起訴されないため，このような場合に関する刑事判例はないが[33]，かりにその患者が長期入院しており，かつ，その医師も長年の担当医であり当該信仰を知悉していたとすれば，あえて輸血をともなう術式を採用した場合には傷害罪（刑法204条）が成立しうるものと仮定する[34]。このとき，はじめの事例における医師の不可罰を導くものとされるのが推定的承諾とよばれる法形象である。すなわち，当該手術は，患者の（その時点では意識がなかったという意味で）仮定的な意思ないし信仰に基づく潜在的な価値観——つまり，「多少，危険が増しても輸血されない＞輸血されるがより安全」という不等式——に正面から反するものであった。もっとも，手術を実施する段階で，そのような意思や価値観を知る具体的な契機を有しなかった医師にとっては，そのような事態は予見の不可能なものであろう。それゆえ，責任主義の観点から，当該患者を傷

32　日独の学説史を含め，このことを詳細に論証したものとして，小林憲太郎『刑法的帰責——フィナリスムス・客観的帰属論・結果無価値論』（弘文堂，2007）43頁以下を参照。

33　なお，宗教上の信念からいかなる場合にも輸血を受けることは拒否するとの固い意思を有している患者に対し，医師が「ほかに救命手段がない事態に至った場合には輸血する」との方針をとっていることを説明しないで手術を施行して輸血をした場合において，同医師の不法行為責任を認めた民事判例として，最判平12・2・29民集54・2・582を参照。

34　おそらく現在の通説はこのように考えるので，少なくとも，学界における標準的な思考を前提とする限りそれほど突飛な仮定ではない。

害したことについて刑事制裁を科されないのである。

　被害者の承諾を扱う第8章において詳論するように，推定的承諾という表題のもとで議論されている可罰性阻却原理にはさまざまなものがありうる。そのうちのひとつが責任主義を実質的な根拠とする，この予見不可能性による責任阻却である。そして，第1の事例類型に関して述べたように，前記医師が不可罰であることは，たとえ過去の経験等から過剰な慎重さをもって「この患者は特殊な信仰を有しているかもしれない」という抽象的な疑いを抱いたとしても，なんら変わらない。反対に，そのような疑いさえ有していないことを理由に故意を否定するだけでは，過失犯としての可罰性が残ってしまい，十分な解決策とはいえないことになる。

Ⅳ　おわりに

　本章においては，制裁の構造に内在する最後の要請である責任主義について検討してきた。刑罰はさまざまな側面を有するものの，そのベースには制裁としての性質が存在している。それゆえ，行為者が自身の生理的能力や知識を前提としつつ，実現した不法を回避しようとする契機をもちえなければならないのである。

　もちろん，このような基本的な要請は，前章までで扱ってきた法益保護主義や罪刑法定主義と同様，原則的には実務にも浸透しているといえよう。しかし，本章で見てきたように，（裁）判例のなかには，その言い回しにおいて責任主義と完全に整合的ではないものや，具体的な帰結において責任主義と抵触しかねないものが散見される。今後，このような点は改められるべきであるとともに，条文の自然な解釈が構造的に責任主義と衝突しかねない内容を有する場合には，刑事立法そのものが責任主義をより強く意識してなされるべきであると思われる。このような意味において，結果的加重犯，ことに，近年の危険運転致死傷に関する立法の動きには，やや憂慮すべきものがあるのではなかろうか。

第5章

不作為犯

　　山下はベテランの裁判官，小林は新米の裁判官

山下：何を調べているの？

小林：あ，先輩，いま，不作為犯に関して学者が書いたものを参照していたんですよ。とりあえず，手近にあった『刑法総論の理論と実務』を読んでいるところです。

山下：えぇ？

小林：なんですか，その冷たい反応は!?

山下：別に冷たくはないが……学者はすぐに議論を一元化したがるだろう。むろん，突き詰めた理念型を示す，という作業も大事なんだが，作為義務の発生根拠なんかを一元的に説明しようとしたら，現実とのかい離が激しくなりすぎるよ。

小林：しかし，実際に微妙な事案が出てきたときは，なにか，決め手に使えそうな理屈を探して論文を読んでしまうんです。それに，学者の書いたものを読んでいると，学生のころを思い出して懐かしいですよ。

山下：君の場合，懐かしむほど昔のことでもないだろう。で，どんな事件なの？

小林：特別法違反との罪数関係もからむので，抽象化していいますと，要は公的給付の詐取ですね。当該給付は毎月，振込みによって行われているんですが，被告人は受給資格を喪失したのちも，これを申告せず，振込みが続けられたという事案です[1]。いちおう，役所のほうは，給付申請の段階で，「受給資格を喪失したら，ただちに申告する」旨，念書をとっています。ええと，違反に罰則はついていないですが，たしか，法律自体にも申告義務の規定が

---

[1] この事案は，2016年度日本刑法学会の共同研究準備会において，伊藤渉教授が出されたものである。これを受けて，塩見淳教授，十河太朗教授，松尾誠紀教授らによる活発な議論が行われた。対話はこれを参考にさせていただいている。

第5章 不作為犯

ありましたかね。
山下：不作為による詐欺か。とくに問題なさそうに見えるが……。
小林：それが，弁護人が学者の意見書を出してきまして。で，それによると，被告人は「申告する」という約束違反はしたかもしれないが，役所の財産を積極的に保護する立場にあったわけではないから，刑法上の告知義務までは認められない，というんですよ。
山下：そもそも，念書とか申告義務の規定とかの話を持ち出さなくても，誤振込みの判例（最決平15・3・12刑集57・3・322）を参照して，信義則上，受給資格を喪失したら告知義務が発生する，という議論はできないの？　私は最近の学界における不作為犯の議論をよく知らないんだが。
小林：実は，そのころは，そこまで議論がさかんではなかったようです。むろん，重要論点ではありましたが。むしろ，その2年ちょっとあとに出たシャクティパット事件の最高裁（最決平17・7・4刑集59・6・403）をきっかけに，議論が飛躍的に進んだみたいですよ。より正確に申しますと，この判例を支持するかたちで理論が精緻化しています。いま読んでいる『刑法総論の理論と実務』も同じ方向ですね。
山下：ああ，シャクティパット事件って，被害者の生命に対する危険創出と，重篤な被害者を自分のところに抱え込んだことを作為義務の根拠にあげているやつか。しかし，詐欺と殺人は全然違うんじゃないか。
小林：そうはおっしゃいますが，いったいどのような要件のもとで不作為が作為と同一の不法（構成要件）をみたすものと評価しうるか，という原理は共通しているはずです。
山下：なかなか学者っぽいことをいうじゃないか（苦笑）。まあ，むろん，そのこと自体は実務家も表立っては否定しないだろうが，現実の適用においては差が生じうるということだ。たとえば，君のいう事案で，被告人は，役所が受給資格を誤信して金銭を振り込む危険を創出している？　あるいは，受給資格がないのに金銭が振り込まれることのないよう，積極的に配慮する役割を被告人が引き受けているかね？　しかし，それでもやはり不作為による詐欺にしたいんだろう，君は。
小林：たしかに，前者は無理でしょうね。すぐに受給資格を喪失することを見込んで申請した，という場合であっても申請自体は許されていますから。
山下：では，後者はどうだね？
小林：うーん，非常に難しいところですが，こちらは絶対に無理とはいえない

かもしれません。役所は受給資格の確認を受給者からの申告に任せることで，本来，自分のところで調査しなければならないことがらを受給者にゆだねてしまった，とはいえませんか。

山下：なんだか，学者が自説から妥当な結論を導くために無茶なあてはめをしている典型的なパターンのように見えるが……。

小林：そんなに無茶ですかね（汗）。ちなみに，論文のほうでは，誤振込み事件に関してですけれども，「もともと銀行側には誤振込みかどうかを調査する現実的な手段がないから，これを預金者にゆだねたという関係も成り立たない」として，告知義務を否定すべきだと書いてありました。こっちは潔いですね。

山下：なるほど，有罪の結論ありきの，まるっきり強引なあてはめでもないわけか。しかし，それにしても，われわれ法律家が直観的に「告知義務がある」とか「ない」とか判断する際，そんなまどろっこしい思考経路を，たとえ深層心理においてもたどっているとは到底思えないね。

小林：実は私も，最初のうちは，この論文を見て「いや，それはない」と感じました。しかし，読み進めていくうちに，たとえ不自然であっても，そのような思考経路を原理的に強制するのが不真正不作為犯という法形象の本質なのかもしれない，と思い始めました。

山下：なんだか，学者の書いたものに影響されすぎていて気味が悪いな（苦笑）。しかし，ふつうに読めば常識的なことしか書かれていないシャクティパット事件の説示が，いったいどのような意味において，そのような抽象的な原理を体現したものになるのか，多少，興味がわいてきたよ。たしかに，人を刺すのと，刺された人を助けないのとが同じだというのは，よく考えると，もともと不自然な話だしね。時間ができたら，私もその本を読んでみようかな。

小林：では，読み終わったら，誤振込みの事件について改めて感想を聞かせて下さい。

山下：忙しいのに，また君の相手をさせられるわけか……。

◆

第5章　不作為犯

I　不作為の意義

1　行為論と構成要件論

　本書を執筆するにあたって担当編集者とご相談した際,「刑法体系に沿って執筆を進めるのであれば, はじめの章は行為論や構成要件論とするのがふつうであろうか」という示唆を頂戴した。たしかに, 大家の研究者の手になる教科書類においては, これらのテーマが冒頭に掲げられているのが通常であろう。しかし, 実務においてはもちろんのこと, 今日の学界においても, 行為論や構成要件論は華々しい論争の対象から外れてきている[2]。そして, それは次の2つの理由によるものと推測される。

　第1に, 行為論が構成要件論から独立した意義を実質的に失い, さらに, 構成要件の一要素としての行為が要請するところもまた, 以前に比して非常に小さなものとなっているからである。典型的には, たとえば, いわゆる目的的行為論が行為の本質を, 一定の目的を達するため外界に因果的手段を投入して事象を統御する意思活動に求めた結果, そのような意思活動を欠く不作為犯や過失犯が行為たりうるのかがさかんに議論された時期があった。しかし, 今日の通説的見解は, 行為がそのような強い要請をもつものとは考えていない。

　第2に, 行為がその一要素となる構成要件の本質が何であるかについて, かつては, 違法性の本質をめぐる学派の対立が投影されるかたちでさかんに議論がなされたことであった。もっとも, 今日, そのような対立が緩和されてきたこともあり,「構成要件の本質論は熱く語るほどの理論的な価値がない」,「その用いられる文脈に応じて, 構成要件ということばのもとで一定の共通了解が形成されさえすれば, それで十分である」などといった「空気」が醸成されているからである。ドイツにおいて有力な, 構成要件はその果たす機能に応じてさまざまな種類が観念しうるとする見解[3]は, まさにその終着点とでもいうべきものであろう。

　以上のような次第であるから, 本書においても行為論や構成要件論を独

　2　たとえば, 先ごろ完結した橋爪隆教授による連載「刑法総論の悩みどころ」は, 法学教室（有斐閣）という月刊誌において2年間, 継続したものであるが, 各回の表題には行為論も構成要件論も登場しない。

立にとりあげる章は設けないが、それぞれについて、ここでごく簡単にコメントしておくこととしたい。

まず、構成要件の本質についてであるが、これは、やはり、不法類型ととらえるのが理論的に最も一貫している。本書においても繰り返し述べてきたように、構成要件とは、制裁を発動する前提条件として、まずは回避されるべき事態（不法）を類型化し、たとえば、「人を死に至らしめること」といったかたちで記述したものだからである。これに対して責任とは、そのような不法を実現する行為を行為者が自身の生理的能力や知識をもとにやめられたか、および、行為者のそのような不法に対する傾向性が当該行為に出ることで外部化、徴表されたか、を問題にする法形象であり、それは前記、構成要件の本質には還元不可能なものである。したがって、構成要件を不法・責任類型ととらえる有力説は、厳密に理論的にいうと誤っている。

もっとも、同説の主眼は理論的整合性を図るというよりも、むしろ、たとえば、「（故意による）殺人罪の構成要件」、「常習性という構成要件要素」などといった、実質的には責任要素をそのうちに含む、実務における構成要件の語用になんらかの基礎づけを与えるところに存するのかもしれない。私自身、そのような実務における用語法は理論的に誤っており、前記文脈においては構成要件に代えて、たとえば、犯罪類型ということばを用いるべきだ、などとする「運動」を展開するつもりはない。そもそも、そのようなことをしても影響はないであろう。しかし、少なくとも、前記文脈において用いられている構成要件の語が講学上、厳密にいうところの構成要件とは異なるのだ、という（潜在的！）意識だけは実務家の方々にももっておいていただきたいと考えている。

つづいて、行為の内実についてであるが、今日の学界においては、少なくとも、自由落下や絶対強制が行為から除かれる点については一致がある。問題は、これに加えて、反射運動や夢遊病者の行動等、意思的コントロールの及ばないものまでが行為から除かれるかである。これを肯定する見解（有意的行為論）も有力であるが、意思的コントロールの可能性は、突き詰めると、予見可能性や弁識・制御能力とともに、行為者が自身の生理的能

3　クラウス・ロクシン［著］平野龍一［監修］町野朔＝吉田宣之［監訳］『刑法総論（第1巻）』（信山社、2003）291頁以下などを参照。

力，知識をもとに不法を実現することとなる行為をやめられたか，という責任主義の要請のほうに包摂されている。したがって，この点については否定的に解するのが妥当であろう。下級審裁判例には，首を締めて殺されようとする夢を見て，極度の恐怖感に襲われるまま半覚半醒の意識状態のもとで，相手の首をなかば無意識的に締めるつもりで傍に寝ていた妻の首を締め殺害した所為につき，そもそも刑罰法規の対象たりうる行為には該当しないとして無罪を言い渡したものがあるが[4]，わざわざ行為を否定するなどという大鉈を振るう必然性があったかは大いに疑問である。端的に，責任を阻却すれば足りたものと思われる[5]。

こうして，行為は意思的コントロールの可能性からも解放された，有機的な統一体としての人間の内部的メカニズムに統合可能なものでありさえすればよいことになる。そして，それは同時に不法——たとえば，人を死に至らしめること——を実現しうるものでなければならず[6]，そのなかには，「Aする」という積極的な条件のかたちで記述しうる行為と，「Bしない」という消極的な条件のかたちで記述しうる行為の2種類が論理的に観念できる。このうちの前者が作為であり，後者が不作為とよばれるものである。古い学説は，行為が作為のみならず不作為をも含むことを表現するため，身体の動「静」という定義を使用してきたが[7]，これは非常にミスリーディングであろう。不作為とは，あくまで（法の期待する）Bをしないことであり，行為者がその間，じっとしているかどうかはどうでもよいことだからである。

4　大阪地判昭37・7・24下刑集4・7＝8・696。

5　本裁判例は古いものであるが，かりに今日，同じ事案が発生し，しかも，被告人の所為が治療可能な精神障害に基づくものと判断されたとしよう。このとき，医療観察法上の対象行為が同時に刑法上の行為でもなければならないとの前提をとる限り，行為性自体を否定してしまうと，強制入院・治療さえ行いえなくなることに注意を要する。ただし，私自身は，そもそも，医療観察法上の対象行為が同時に刑法上の行為でもなければならない，という前提自体が適切でないと考えている。

6　こちらの要請は，「行為と不法との間の因果関係」というかたちで定式化してもよい。少なくとも，本書で展開する一般的な刑法体系は，それによってなんらの影響も受けない。

7　団藤重光『刑法綱要総論〔第3版〕』（創文社，1990）105頁などを参照。

2　不真正不作為の可罰性

　学説ではしばしば，作為犯処罰が原則であり，ことに，作為犯と同一の構成要件によって捕捉すべき不真正不作為犯は，作為義務ないし保障人的地位という付加的な要件のもとに，例外的にのみ処罰しうるものとされる。その実質的な根拠を説明する方法として学界ではさまざまな見解が主張されているが，有力説の発想を最大公約数的にまとめ，私なりに表現し直すとおおよそ次のようになろう。

　そもそも国家が設立されるのは，そうしたほうが国家を構成する個々人にとって望ましいからである。ふつうの人間どうし，それほどの実力差があるわけではない。そこで，（たとえば，その財を奪うために）他人を殺すという実力をすべての人間が（正当防衛等を除いて）放棄し，その代わりに，実力を独占した国家がこれを用いて実効的に「他人を殺す」事態の発生を失わせ，個々人の生命を保護するのだ，という取決め（社会契約）を結ぶのである。人を死に至らしめることに対して国家が刑罰を科するのは，まさに，この生命を実効的に保護しようとする措置のひとつにほかならない。

　もっとも，そうだとすると，作為により人を死に至らしめることの処罰は実力の放棄を強制することとなるから正当化しうるとしても，不作為の処罰を，作為の場合と同一の趣旨をもつものとして正当化することはできないはずである。それはもともとの社会契約の趣旨を超え，むしろ，他人の生命を積極的に保護すべく，実力の行使を強制することとなりかねないからである。

　ここで注意を要するのは，国家がたとえば救命救急制度を設け，それに携わる公務員が国民の生命を積極的に保護しないことを処罰したり，あるいは，個々人にも一定の範囲で公共的義務を課し，ドイツ刑法典323条cの不救助罪のような規定を設けたりする[8]こと自体は，もちろん，社会契約の射程に包摂しうる，ということである。個々人の自律的な生をよりよく実現するため国家が供給すべき共通の便益のなかには，一定の範囲で他者の自由を積極的に拡張することの義務づけも含まれうるからである。ただし，そのような義務づけは当然，法を定立することによって行われなけ

8　このような立法論に関する近時の文献として，たとえば，小名木明宏「不真正不作為犯の制約根拠としての真正不作為犯」『理論刑法学の探究⑤』（成文堂，2012）203頁以下を参照。

第5章 不作為犯

ればならないのであり，これこそが真正不作為犯の実体にほかならない。学説では，不作為の処罰やその要件が法に明定されている場合を真正不作為犯とよぶことが多いが，その実質的な処罰根拠が前述のようなところに存しないのであれば，本来は真正不作為犯とよぶべきではなく，むしろ，不真正な真正不作為犯とでもいうべきであろう[9]。

こうして，不真正不作為犯にかかる本質的な問題は，やや抽象的に表現すれば，他者の自由を拡張しないことをこれを縮減することと同じものとみなし，共通する不法とこれに対する制裁をもって処断することがいかにして可能か，である。非常に難しい問題であるが，「作為犯処罰規定の類推適用による真正不作為犯の処罰」となってしまわない範囲において，判例・学説上，妥当と思われる処罰範囲を確保しようとすれば，おそらく，次のようにいうしかないのではなかろうか。

まず，不法の本質は，たとえば，人を死に至らしめる罪においては，被害者の死亡という結果不法のなかに，行為によって作り出された許されな

9　実質的には作為犯と同じく，他者の自由を縮減することが不法を基礎づけている場合には，ここでいう真正不作為犯にはあたらない。たとえば，詳しくは各論のほうを参照されたいが，刑法218条の保護責任者不保護罪は，被害者に対して重大な危険を生じさせた者がこれを除去しないという，保護責任者遺棄罪のベースとなる犯罪類型であるから，それは厳密にいえば真正不作為犯ではない。

そのほか，対応する作為犯がなく，かつ，作為義務の要件まで明定されていても，なお，以上と同様の議論が実質的に妥当する場合もある。たとえば，不退去罪（刑法130条後段）や多衆不解散罪（刑法107条）などは，主として危険創出説によっても作為義務を基礎づけうるケースを想定しつつ，一定の政策的考慮から，不作為の可罰範囲を制限する（とともに，作為をそこから外す）ものと解釈しうる。すなわち，まず，前者については，「滞留」を不真正不作為も含めて処罰したのでは処罰範囲が不明確，不安定になりかねないから，退去要求を待って，これに従わないことを処罰することとした。次に，後者については，「集合」単体，あるいは，不真正不作為を含めた「集団への残留」だけではその当罰性が必ずしも明らかでないことから，3回以上も解散命令を出したのにこれを無視するという，さらなる悪質性をとらえることとした。このように解されるのである。

以上を要するに，これらの犯罪の中核は，国家の機関ないし公民としての地位に基づき，他者の自由を積極的に拡張するよう法が義務づけているわけではない，という意味において不真正な真正不作為犯にとどまる。

これに対して，たとえば，不退去罪が真正な真正不作為犯として立ち現れる場合とは，殴られて気絶させられた行為者が第三者により被害者宅に投げ込まれ，目が覚めたところで被害者から退去要求を受けたようなケースである。そこでは，行為者が被害者の住居権に対し，なんら許されない危険を創出する作為を行っていない。したがって，それでも行為者が出ていかなければならないのは，住居という個々人の重要な支配領域に積極的に配慮すべく，そこに存在することとなったすべての者に対し，法が一種の公共的義務を課しているからにほかならない。

い＝許された危険を超える危険が実現したところに求められる。これこそが，先に述べた，他者の自由を縮減することの実体である。もっとも，より分析的に観察すると，そのなかには，作為により許されない危険を創出し，これが実現した場合だけでなく，自身が作為により[10]創出した，許されない危険[11]が実現することを阻止しなかった場合も含まれている。被害者を爆死させるという不法は，爆破スイッチをオンにするという作為によっても，自分でオンにしておきながらオフにしないという不作為によっても，まったく同じように充足されうるのである。そして，後者が不真正不作為であり，それは究極的には作為と並び，他者の自由を縮減することの一下位カテゴリーにすぎない，と（危険創出説[12]）。

ただし，作為をやめることに比し，不作為をやめる，つまり，作為に出ることは類型的に見て負担が大きく，この点は，不真正不作為であっても真正不作為となんら異なるところはない。したがって，自身の人格の中核を構成する利益，たとえば，生命を犠牲にしたり，これを具体的な危険にさらしたりしてまで作為に出ることや，作為によって維持される利益に比し，著しく権衡を失するほど重要な利益を犠牲にしてまで作為に出ることなどは，処罰によってこれを義務づけられないと解すべきであろう。これこそが作為容易性の要件であり，前出の不救助罪が，状況に照らした救助の期待可能性，とりわけ，自身に対する重大な危険や他のより重要な義務の違反なしに救助が可能であること，を要求しているのが参考になる[13]。これに対して作為可能性は，作為犯における不作為可能性とパラレルな要件であり，それが意思的コントロールまで含意している場合には責任に，

---

10 むろん，これも（不真正）不作為で足りる，というメタレベルの議論も可能である。その場合には，作為との同置のため，さらにさかのぼって作為による危険創出を認定する必要がある。

11 許された危険には，構成要件該当性を阻却するものと違法性を阻却するものとが存在する。小林憲太郎「緊急避難論の近時の動向」立教法務研究9号（2016）143頁以下を参照。そして，ここで問題となっているのは構成要件該当性であるから，違法性を阻却する許された危険の創出に基づいて作為が義務づけられることはありうる。この点を，先行行為が正当防衛を構成する場合を素材に展開した論稿として，佐伯仁志「防衛行為後の法益侵害防止義務」研修577号（1996）3頁以下を参照。

12 他説の批判を含め，その内実の詳細については，小林憲太郎「不作為による関与」判時2249号（2015）3頁以下を参照。

13 このような問題意識を詳細に展開する重要な作品として，鎮目征樹「不真正不作為犯における作為義務の『発生根拠』と『具体的内容』」刑ジャ46号（2015）4頁以下を参照。

そうでない場合には行為に分類されることになる。古い教科書類には，作為容易性と作為可能性を同趣旨の要件であるかのように説明するものも多いが，両者はまったく異なることに注意を要する。

以下では，これまで述べてきた不真正不作為犯論の構想が，実務においてどのように活かされ，あるいは，活かされるべきであるのかを，実際の（裁）判例の検討をとおして明らかにしていくこととしたい。

II 平成以降の最高裁判例

1 最決平元・12・15刑集43・13・879

不作為の因果関係に関する著名な判例である。覚せい剤の常用者である被告人らにより多量に覚せい剤を注射されたことが直接の原因となって，当時13歳の少女が倒れたまま動けなくなるなどの状態に陥ったにもかかわらず，被告人が同女を放置したまま立ち去ったのち，同女が死亡したという事案である。ここで最高裁は，次のように述べて救急医療を要請しなかった不作為と被害者の死の結果との間の因果関係を肯定し，保護責任者不保護致死罪（刑法219条）の成立を肯定した。

「原判決の認定によれば，被害者の女性が被告人らによって注射された覚せい剤により錯乱状態に陥った午前0時半ころの時点において，直ちに被告人が救急医療を要請していれば，同女が年若く（当時13年），生命力が旺盛で，特段の疾病がなかったことなどから，十中八九同女の救命が可能であったというのである。そうすると，同女の救命は合理的な疑いを超える程度に確実であったと認められるから，被告人がこのような措置をとることなく漫然同女をホテル客室に放置した行為と午前2時15分ころから午前4時ころまでの間に同女が同室で覚せい剤による急性心不全のため死亡した結果との間には，刑法上の因果関係があると認めるのが相当である」。

かつて，「無から有は生じない」（エネルギー説）とか，「不作為とは，むしろ，一定の目的実現のため外部的事象に介入することをしないことである」（目的的行為論）などといったスローガンのもとに，不作為の因果関係を否定する立場も有力に主張されたことがあった。しかし，すでに述べたように，不作為とは，不法を実現する行為が「Aする」という積極的条件

ではなく,「Bしない」という消極的条件において記述される場合にすぎない。また,そうであるからこそ,ひとつの行為が同時に,作為の形態においても不作為の形態においても把握されうる。たとえば,医師が患者に適切な薬剤 α の代わりに有害な薬剤 β を与えてしまったという場合,当該医師の行為は「β を与えた」という作為の形態においても,あるいはまた,「α を与えなかった」という不作為の形態においてもとらえられうるのである。今日の学界において,しばしば「作為と不作為の区別は仮象問題にすぎない」といわれる理由も,まさにそこにある。

そして,そうであるとすれば,因果関係ないし客観的帰属にとりいわゆる仮定的消去関係ないし結果回避可能性が要求されるとしたとき[14],不作為が問題とされる場合には,「あれなければこれなし」にいう「あれ」に消極的条件が代入されるというだけのことである。したがって,積極的条件が代入される,すなわち,作為が問題とされる場合とこの本質はまったく同じであって,論理的な裏返しである点を除けば特別なことは何もない。本判例もこのような発想を前提として,単にあてはめを行ったものと読むのが最も自然であると思われる。もっとも,その際には,次の2点に(念のため)注意を要する。

第1に,本判例が「十中八九」という表現を用いていることに規範的な意味はない。これは鑑定の言い回しを援用したものにすぎず,現に,そのあとに続けて「同女の救命は合理的な疑いを超える程度に確実であった」といいかえられているからである。学説には,この「十中八九」が不作為の因果関係を作為の場合よりも緩和したものであるととらえ,その根拠を,「○○していれば被害者は助かったであろうか」といういわゆる救助的因果の判断が自然科学的に厳密にはなしえないところに求めるものもある。しかし,かりに救助的因果にそのような特徴が認められるとしても,なお,それによって不作為の因果関係を特別に扱うことは正当化しえないであろう。というのも,作為犯であるいわゆる救助的因果の断絶——本件に即していうと,119番通報しようとする第三者を被告人が羽交い絞めにしてこれを妨害したような場合——においては,特別な扱いが要請されていないからである。

---

[14] 私自身は要求されると解しているが,詳しくは,因果関係を扱う第6・7章を参照されたい。

第 5 章　不作為犯

　第 2 に，既述のように，本判例は因果関係ないし客観的帰属の要件のうち，仮定的消去関係ないし結果回避可能性のあてはめのみを行ったものである。しかし，それは，実質的に争われた点がそこであるというだけのことであって，不作為の場合には帰属にかかる他の要件が問題とならない，というわけでは決してない[15]。近時，実質的にはリコールをしないという不作為に関し，結果回避可能性を前提としたうえで，危険の現実化を論ずる重要な最高裁判例[16]が出されていることも，まさにその証左といいうるであろう。その詳細については第 7 章を参照されたい。

2　最決平 17・7・4 刑集 59・6・403 ＝シャクティパット事件

　不作為犯に関するおそらく最も有名な判例であり，不作為による殺人罪の成立を肯定したはじめての最高裁判例でもある。原判決（東京高判平 15・6・26 刑集 59・6・450 参照）の認定に基づき，最高裁が出発点とした事実関係は次のとおりである。

　「(1)　被告人は，手の平で患者の患部をたたいてエネルギーを患者に通すことにより自己治癒力を高めるという『シャクティパット』と称する独自の治療（以下「シャクティ治療」という。）を施す特別の能力を持つなどとして信奉者を集めていた。

　(2)　Aは，被告人の信奉者であったが，脳内出血で倒れて兵庫県内の病院に入院し，意識障害のため痰の除去や水分の点滴等を要する状態にあり，生命に危険はないものの，数週間の治療を要し，回復後も後遺症が見込まれた。Aの息子Bは，やはり被告人の信奉者であったが，後遺症を残さずに回復できることを期待して，Aに対するシャクティ治療を被告人に依頼した。

　(3)　被告人は，脳内出血等の重篤な患者につきシャクティ治療を施したことはなかったが，Bの依頼を受け，滞在中の千葉県内のホテルで同治療を行うとして，Aを退院させることはしばらく無理であるとする主治医の警告や，その許可を得てからAを被告人の下に運ぼうとするBら家族の意

15　すでに本判例の調査官解説において，この点が明言されている。原田國男「判解」最判解刑（平元）387 頁を参照。
16　最決平 24・2・8 刑集 66・4・200 ＝三菱リコール隠し事件。なお，この判例の詳細については，たとえば，小林憲太郎「条件関係の判断方法」町野朔先生古稀記念『刑事法・医事法の新たな展開（上巻）』（信山社，2014）39 頁以下を参照。

図を知りながら，『点滴治療は危険である。今日，明日が山場である。明日中にＡを連れてくるように。』などとＢらに指示して，なお点滴等の医療措置が必要な状態にあるＡを入院中の病院から運び出させ，その生命に具体的な危険を生じさせた。

(4)被告人は，前記ホテルまで運び込まれたＡに対するシャクティ治療をＢらからゆだねられ，Ａの容態を見て，そのままでは死亡する危険があることを認識したが，上記(3)の指示の誤りが露呈することを避ける必要などから，シャクティ治療をＡに施すにとどまり，未必的な殺意をもって，痰の除去や水分の点滴等Ａの生命維持のために必要な医療措置を受けさせないままＡを約1日の間放置し，痰による気道閉塞に基づく窒息によりＡを死亡させた」。

このような事案において最高裁は，被告人側の上告を棄却したうえ，職権で次のように判示した。

「被告人は，自己の責めに帰すべき事由により患者の生命に具体的な危険を生じさせた上，患者が運び込まれたホテルにおいて，被告人を信奉する患者の親族から，重篤な患者に対する手当てを全面的にゆだねられた立場にあったものと認められる。その際，被告人は，患者の重篤な状態を認識し，これを自らが救命できるとする根拠はなかったのであるから，直ちに患者の生命を維持するために必要な医療措置を受けさせる義務を負っていたものというべきである。それにもかかわらず，未必的な殺意をもって，上記医療措置を受けさせないまま放置して患者を死亡させた被告人には，不作為による殺人罪が成立し，殺意のない患者の親族との間では保護責任者遺棄致死罪の限度で共同正犯となると解するのが相当である」。

本判例は，異なる罪名間の共同正犯の成否という重要な論点に関しても一定の説示を行っているが，本章のテーマとの関係で重要なのは，被告人に不作為による殺人罪の単独正犯の成立を肯定した部分である。そして，本判例が重視しているのは，被告人が「自己の責めに帰すべき事由により患者の生命に具体的な危険を生じさせた」ことと，「患者が運び込まれたホテルにおいて，被告人を信奉する患者の親族から，重篤な患者に対する手当てを全面的にゆだねられた立場にあった」ことである。

これらの事情のうち，少なくとも前者については，危険創出説に非常に親和的なものと評することができよう。Ａの生命に危険を生じさせたからこそ，これが現実化するのを防止する，すなわち，そ「の生命を維持する

ために必要な医療措置を受けさせる義務」が発生するのである。もちろん，一般論としては，たとえば，西洋医療に以前から懐疑的な者が友人に対し，「君のお父さんは病院なんかに入院させておくと治るものも治らないよ」などと述べ，特殊な（医学的根拠のない）「療法」を受けさせるよう慫慂するだけでは，通常の社会的接触である「世間話」の域を出ておらず，許されない危険を創出したものとはいえないであろう。しかし，本件においては，BらはもともとAの主治医をも信頼していたにもかかわらず，被告人は自身に対する信奉関係を利用してBらの危機意識をあおり，ただちにAを連れてくるよう指示したというのである。このような異常かつ強力なはたらきかけをもって，許された危険の範囲内にあるものと評価することはできないように思われる。そして，判文中，危険創出の冒頭に付されている「自己の責めに帰すべき事由により」との表現は，（構成要件該当性レベルの）「許された危険の超過」を意味するものととらえれば筋がとおる。

これに対して後者の事情は，一部の学説が作為義務の発生根拠として主張する，「（法益の）保護の引受け[17]」ないし「法益の脆弱性に対する支配[18]」に対応するものととらえるのが自然である。もっとも，支配といっても，作為義務の基礎づけにより保護を要すべき法益の側から見れば，自身を救助しうる専属的地位にある者が存することそれ自体は，「助けてもらえるかもしれない」という法的に保障されない期待を抱きうることを除けば，まさに毒にも薬にもならないであろう。さらに，保護の引受けに至っては，途中でやめられてしまったとはいえ，義務もないのに保護が開始され，その時点まで継続してもらえたというのは，法益にとってはむしろプラスなのである。にもかかわらず，法益を保護しなかったかどで処罰する際，そういったプラスを行った者のほうを不利に扱うのは倒錯している[19]。

このように見てくると，後者の事情もまた危険創出の観点からとらえ直すほうが，刑法理論全体の整合性を確保するとともに，それに基づき体系的に公平かつ妥当な結論を導くという解釈論の究極的な目的に，よりよく適合しうるように思われる。具体的に見ると，被告人を信奉する患者

---

17 先駆的なものとして，堀内捷三『不作為犯論——作為義務論の再構成』（青林書院，1978）249頁以下を参照。
18 山口厚『刑法総論〔第3版〕』（有斐閣，2016）91頁などを参照。
19 この点を指摘するものとして，たとえば，佐伯仁志『刑法総論の考え方・楽しみ方』（有斐閣，2013）88頁を参照。

（A）の親族（Bら）から重篤な患者の手当てを全面的にゆだねられるというのは，まさに，自分で自分を助けることのできないAを囲い込み，そうしなければ提供された可能性のある救助のチャンスを遮断することを意味している。したがって，このことをもって，Aの生命に対する許されない危険の創出ととらえるべきであると思われる[20]。

ところで，詳しくは不作為による共犯を扱う第28章で述べるが，危険創出というだけでは，その危険の実現を防止すべき作為義務は基礎づけえても，その違反が当該危険の実現に対し，不作為による（単独）正犯を構成しうることまでは基礎づけえないことに注意を要する。すなわち，行為者にその実現を防止すべき作為義務を課しうる危険は，行為者がみずから作り出したものに限定される。したがって，それを作為により実現させることが作為正犯を構成しうるような危険の創出のみが，その違反が不作為正犯を構成しうるような作為義務を基礎づけうるのである。もっとも，本件においては，そのままではAの死亡する危険があることを認識していた者は，被告人以外に存在しなかった。そうすると，故意なき者の利用が背後者の（間接）正犯性を基礎づけうるとの定説（・判例）を前提とする限り，前出のいずれの事情に着目して危険創出，したがって作為義務を認定しても，その違反が（不作為による殺人罪の）正犯性を基礎づけうることには特段の問題がないと思われる。

学説では，法益を救助可能な者がほかに存在しないことを排他的支配と称し，これを作為義務の基礎づけそのものに用いるとともに，それは，他者が「遠隔地にいるため救助に間に合わない」などといった物理的な観点からだけではなく，たとえば，「救助しなければ法益が失われることを知らない」という情報欠缺の観点からも基礎づけられうる，と指摘されることもある[21]。しかし，排他的支配の設定が他所からの救助チャンスの遮断

---

[20] もっとも，厳密にいうと，この後者の事情なしでも作為義務を基礎づけることは不可能ではない。現に，原判決は，被告人がBらに指示してAを病院から連れ出させ，ホテルに運び込ませたという先行行為のみによって作為義務を基礎づけている。また，本判例の調査官解説も，「a〔前者〕，b〔後者〕の双方の事情が認められる事案でなければ不作為による殺人罪が成立しない，との趣旨まで含むものと捉えることは適切でないであろう」と述べる。藤井敏明「判解」最判解刑（平17）203頁。ただし，作為の義務づけを超えて正犯性まで認めるためには，のちに述べるように，その作為による実現が正犯性を備えるような危険の創出および正犯的な危険の実現が，あわせて必要になってくる。

[21] たとえば，林幹人『判例刑法』（東京大学出版会，2011）22頁を参照。

につながるという意味で危険創出をともなうならばともかく、そうでない限り、単に、たとえば、「以前から誰も近づかない廃墟に写真撮影のため立ち入ったところ、死にかけの被害者がいた」ことが救助を義務づける根拠となる論理過程はまったく不明である。排他的支配とは、むしろ、作為義務論がクリアされたのちに、当該作為義務違反＝不作為が侵害経過において第一次的な責任を負わされるべきものであること、すなわち、正犯性を基礎づけるものと解すべきであろう[22]。そして、比喩的にいえば、前出の物理的な観点からみた排他的支配が直接正犯性を、情報欠缺の観点が（故意なき者の利用として）間接正犯性を、それぞれ捕捉するものととらえることも可能である。

　他方、排他的支配が正犯性を基礎づけるものと整理する限り、先にあげた後者の事情、すなわち、患者の手当てを全面的にゆだねられたことが排他的支配に（も）対応する、とする一部学説の指摘[23]は完全に的を射たものとはいえない。というのも、もしその指摘が正しいとするならば、明らかに作為義務を基礎づける危険創出として判文が掲げる前者の事情に関しては、当該作為義務違反＝不作為の正犯性の認定が抜け落ちることになってしまうからである。最高裁が単純な論理構造のレベルで不完全な判例を出すというのは不自然な想定であるから、やはり、後者の事情もまた前述のように危険創出の観点から理解するのが妥当であろう。そして、排他的支配すなわち正犯性は、前出の情報欠缺の観点から、いずれの事情についても一貫して（暗黙の）前提とされている、ととらえるのが最もおさまりがよいように思われる[24]。

3　最決平15・3・12刑集57・3・322＝誤振込み事件

　不作為による詐欺罪（刑法246条1項）を認めた近時の重要な判例である。最高裁が上告棄却のうえ、職権判断の出発点とした事実関係は次のとおりである。

22　先駆的な主張として、島田聡一郎「不作為犯」法教263号（2002）113頁以下を参照。
23　私自身、かつてそのような指摘をしたことがある。小林憲太郎『重要判例集 刑法総論』（新世社、2015）9頁を参照。
24　本判例の調査官解説（藤井・前掲「判解」200・201頁）が、侵害経過のあらゆる段階においてBらの被告人に対する信奉関係に言及し、「Aの生命に対する被告人の支配性を支える」、「被告人は、Aにつき、生殺与奪の権を握った状態にあった」と述べていることをこのように理解するのは、それほど我田引水の解釈であろうか。

「(1)　税理士であるAは，被告人を含む顧問先からの税理士顧問料等の取立てを，集金事務代行業者であるB株式会社に委託していた。

(2)　同社は，上記顧問先の預金口座から自動引き落としの方法で顧問料等を集金した上，これを一括してAが指定した預金口座に振込送金していたが，Aの妻が上記振込送金先を株式会社泉州銀行金剛支店の被告人名義の普通預金口座に変更する旨の届出を誤ってしたため，上記B株式会社では，これに基づき，平成7年4月21日，集金した顧問料等合計75万31円を同口座に振り込んだ。

(3)　被告人は，通帳の記載から，入金される予定のない上記B株式会社からの誤った振込みがあったことを知ったが，これを自己の借金の返済に充てようと考え，同月25日，上記支店において，窓口係員に対し，誤った振込みがあった旨を告げることなく，その時点で残高が92万円余りとなっていた預金のうち88万円の払戻しを請求し，同係員から即時に現金88万円の交付を受けた」。

最高裁の判示は次のとおりである。

「本件において，振込依頼人と受取人である被告人との間に振込みの原因となる法律関係は存在しないが，このような振込みであっても，受取人である被告人と振込先の銀行との間に振込金額相当の普通預金契約が成立し，被告人は，銀行に対し，上記金額相当の普通預金債権を取得する（最高裁平成4年(オ)第413号同8年4月26日第二小法廷判決・民集50巻5号1267頁参照）。

しかし他方，記録によれば，銀行実務では，振込先の口座を誤って振込依頼をした振込依頼人からの申出があれば，受取人の預金口座への入金処理が完了している場合であっても，受取人の承諾を得て振込依頼前の状態に戻す，組戻しという手続が執られている。また，受取人から誤った振込みがある旨の指摘があった場合にも，自行の入金処理に誤りがなかったかどうかを確認する一方，振込依頼先の銀行及び同銀行を通じて振込依頼人に対し，当該振込みの過誤の有無に関する照会を行うなどの措置が講じられている。

これらの措置は，普通預金規定，振込規定等の趣旨に沿った取扱いであり，安全な振込送金制度を維持するために有益なものである上，銀行が振込依頼人と受取人との紛争に巻き込まれないためにも必要なものということができる。また，振込依頼人，受取人等関係者間での無用な紛争の発生

を防止するという観点から，社会的にも有意義なものである。したがって，銀行にとって，払戻請求を受けた預金が誤った振込みによるものか否かは，直ちにその支払に応ずるか否かを決する上で重要な事柄であるといわなければならない。これを受取人の立場から見れば，受取人においても，銀行との間で普通預金取引契約に基づき継続的な預金取引を行っている者として，自己の口座に誤った振込みがあることを知った場合には，銀行に上記の措置を講じさせるため，誤った振込みがあった旨を銀行に告知すべき信義則上の義務があると解される。社会生活上の条理からしても，誤った振込みについては，受取人において，これを振込依頼人等に返還しなければならず，誤った振込金額相当分を最終的に自己のものとすべき実質的な権利はないのであるから，上記の告知義務があることは当然というべきである。そうすると，誤った振込みがあることを知った受取人が，その情を秘して預金の払戻しを請求することは，詐欺罪の欺罔行為に当たり，また，誤った振込みの有無に関する錯誤は同罪の錯誤に当たるというべきであるから，錯誤に陥った銀行窓口係員から受取人が預金の払戻しを受けた場合には，詐欺罪が成立する。

前記の事実関係によれば，被告人は，自己の預金口座に誤った振込みがあったことを知りながら，これを銀行窓口係員に告げることなく預金の払戻しを請求し，同係員から，直ちに現金の交付を受けたことが認められるのであるから，被告人に詐欺罪が成立することは明らかであり，これと同旨の見解の下に詐欺罪の成立を認めた原判決の判断は，正当である」。

本判例に含まれる論点は多岐にのぼり，とくに，財産犯の解釈論における民法の意義については，法分野を横断してさかんに議論がなされているところである。もっとも，ここでは，判文において，詐欺罪の手段である欺罔が不作為によりなされたものととらえられている点に絞って検討を加えることとしたい[25]。

まず，この点はとくに問題とされていないが，議論の大前提として，詐欺罪の不法は被欺罔者を錯誤に陥れるという，財産処分に関して脆弱な，あるいは，それを超え，みずから進んで瑕疵ある意思に基づき財産を処分しようとする，いわば「協力者」としての立場に追いやることをその中核

---

25 ただし，残念なことに，調査官解説においてはこの点に紙面が割かれていない。宮崎英一「判解」最判解刑（平15）112頁以下を参照。

的な要素としている。したがって，不作為による欺罔を認定するためには，被欺罔者が錯誤に陥るか，少なくとも錯誤が強化され，あるいは，錯誤からの回復が妨害されるのを止めなかったことが必要であり，既存の錯誤の単なる不除去では足りない。そして，このことは，いわゆる「暴行・脅迫後の領得意思」の論点において，一般に，既存の畏怖状態の単なる不除去が不作為による脅迫にあたらないと解されているところにも，まったく同じようにあらわれているといえよう。従来，なんらかのかたちで真実の告知義務を基礎づけえさえすれば，ただちに不作為による欺罔を認定しうるとする論調が見られないではなかったが[26]，それは前記のような意味において完全に正確ではないと思われる。

次に問題となるのは，本件において作為による欺罔を認定する余地はなかったか，である。というのも，従来，挙動による欺罔ないし推断的欺罔という法形象がひろく承認され，ある意思表示がその文脈に照らして作為による欺罔を当然にともなうと解釈しうる場合には，不作為による欺罔を認定する必要はない，といわれてきたからである。たとえば，無一文であるにもかかわらず，ラーメン屋に入って「ラーメンひとつ」と注文すれば，そこには「代金は払う」というセリフが同時に含まれているのであって，わざわざ「手持ちがないことの不告知」をとらえて不作為による欺罔を認定する必要はない。これと同じように，預金の払戻請求をする際，誤振込みなどないのが常態であるから，そこには「誤振込みではありません」というセリフが同時に含まれており，そもそも作為による欺罔と評価しうるのではないか，というわけである。

しかし，結論からいえば，本件を作為による欺罔ととらえることは難しいと思われる。挙動による欺罔ないし推断的欺罔というのは，なにも，事実的確率のレベルで「客は手持ちがあるケースが圧倒的に多い」，「誤振込みなどないのがふつうである」などといった点に着目した観念ではない。そうではなく，あくまで意思表示の合理的解釈に照らして，作為による欺罔を認定しようとするものなのである。そして，この意思表示は，詐欺罪においては一定の取引行為ないし契約に入ろうとする申込みにほかならな

---

26 最近でも，たとえば，山口厚『新判例から見た刑法〔第3版〕』（有斐閣，2015）123頁以下には，このような思考方向が見られないではない。ただし，同124頁は，これとパラレルに不作為による脅迫をも認めるようであるから，その限りでは一貫しているともいいうる。

いから，その合理的解釈もまた，取引行為ないし契約におけるそれとして行われなければならない。そうすると，ラーメン屋の例では，「ラーメンひとつ」というセリフが——その細密な分類は民法解釈にゆだねざるをえないが——ラーメンの提供と代金の支払いとが対価関係に立つ双務契約の申込みととらえられるから，当然，「代金は払う」というセリフもまたそこに込められているものと解釈しうる。これに対して，預金の払戻請求においては，有効な預金債権の行使とトラブル回避のための誤振込みの告知とは独立の法律関係から基礎づけられているため，そこに「誤振込みではありません」というセリフをも読み込むことはできないのである。

　最後に，以上の問題を措くとして，そもそも，被告人に誤振込みであることの告知義務を認めうるかが問題となりうる。しかし，結論からいえば，これを肯定することは困難であると思われる。本章で述べてきた，そして，学説の多くも基本的には共有するものと考えられる発想に照らせば，そのような告知義務を認めるためには，たとえば，①普通預金口座を開設し預金取引を行うことが，銀行側の認識しない誤振込みのリスクを許されない程度に高めるとか，②誤振込みの告知を引き受けその履行を銀行側に信頼させることにより，そうでなければとられたであろう誤振込み探知の手段を省略させる，などといった事情が必要となるはずである。しかし，そういった事情は認定されていないし，また，認定することはかなり非現実的であろう[27]。

　これに対して本判例は，告知義務の根拠として，③継続的取引関係に基づく信義則上の義務と，④社会生活上の条理，そして，⑤誤った振込金額相当分を最終的に自己のものとすべき実質的な権利がないこと，をあげている。しかし，③と④は今日の学説が一致して作為義務の根拠とすることを強烈に批判しているものである一方，⑤は作為による欺罔に基づく詐欺罪においてもまったく同様にしん酌されることがらであって，告知義務の根拠とすることは原理的に不可能である。シャクティパット事件の前に出

27　そうすると，被告人を詐欺罪で問責するには作為犯として構成するしかないが，既述のように，挙動による欺罔ないし推断的欺罔を認定することは不可能である。したがって，たとえば，預金の払戻請求にかかる用紙に「誤振込み等によって得た預金ではない」という確認項目を設け，そこにチェックを入れさせるという措置を銀行側で講ずるほかなかろう。暴力団員等の反社会的勢力でないことの個別的な確認がなされた事案において，ゆうちょ銀行の総合口座通帳およびキャッシュカードに対する作為による詐欺罪の成立を認めた近時の判例として，最決平26・4・7刑集68・4・715を参照。

された判例とはいえ，普段は非常に周到な最高裁が，不作為犯というきわめて論争的なテーマに関し，ここまで「雑な」判示を行うというのは不可解である。今後は理論的にもう少し精確な説示を期待したい。

4　最決平21・12・7刑集63・11・1899＝川崎協同病院事件

　治療中止に引き続いて直接（積極）的安楽死が行われた事案である。すなわち，医師である被告人が，気管支喘息の重積発作で低酸素脳損傷となり昏睡状態が続いていた被害者に対し，気道確保のために挿入されていた気管内チューブを抜管し，筋弛緩剤を静脈注射させて窒息死させたというものである。最高裁の判示は次のとおりである。

　「所論は，被告人は，終末期にあった被害者について，被害者の意思を推定するに足りる家族からの強い要請に基づき，気管内チューブを抜管したものであり，本件抜管は，法律上許容される治療中止であると主張する。

　しかしながら，上記の事実経過によれば，被害者が気管支ぜん息の重積発作を起こして入院した後，本件抜管時までに，同人の余命等を判断するために必要とされる脳波等の検査は実施されておらず，発症からいまだ2週間の時点でもあり，その回復可能性や余命について的確な判断を下せる状況にはなかったものと認められる。そして，被害者は，本件時，こん睡状態にあったものであるところ，本件気管内チューブの抜管は，被害者の回復をあきらめた家族からの要請に基づき行われたものであるが，その要請は上記の状況から認められるとおり被害者の病状等について適切な情報が伝えられた上でされたものではなく，上記抜管行為が被害者の推定的意思に基づくということもできない。以上によれば，上記抜管行為は，法律上許容される治療中止には当たらないというべきである。

　そうすると，本件における気管内チューブの抜管行為をミオブロックの投与行為と併せ殺人行為を構成するとした原判断は，正当である」。

　本判例の内在的な検討はひとまず措き，ここでは，抜管行為（いわゆる治療中止）がどのようなかたちで可罰性を阻却されうるかを，本章のテーマとの関連で簡単に説明しておきたい。

　学説および裁判例[28]においては，しばしば，治療中止の可罰性を阻却

28　本判例の第1審判決（横浜地判平17・3・25刑集63・11・2057参照）および原判決（東京高判平19・2・28刑集63・11・2135参照）においても同様である。

する根拠として、患者の自己決定権論と医師の治療義務の限界論が掲げられる。そして、もちろん、医師の治療義務のあり方もまた、患者のライフスタイルに関する基底的な考え方に大きく影響されることは否定しえない。しかし、端的に両根拠が並記される場合には、前者は（もっぱら患者の自己決定およびそれに基づく利益衡量により可罰性が阻却されるという意味で）違法性阻却に、後者は不作為犯における作為義務違反の欠如に、それぞれ対応するものととらえるのが理論的に最も明快であると思われる。

もっとも、そのように解するとただちに生じる疑問は、治療中止がいかなる意味において不作為と評価されうるのか、ということである。というのも、たとえば、抜管行為それ自体は、（以前から被害者を憎んでいた）第三者がこれを行えば明らかに作為だからである。そこで、学説は「作為による不作為」という法形象を考案する。すなわち、たしかに、抜管行為は個別的、自然的に観察すれば作為であるが、挿管という同じく作為による被害者の生命維持を当該抜管行為の時点以前までしか義務づけられていない[29]担当医がこれを行う場合には、事象経過を全体的、規範的に観察すれば、保障人が義務づけられた作為をなし終えたものと評価しうる。それゆえ、作為義務違反なき不作為として不可罰だ、というのである[30]。

このように説明することももちろん可能であろうが、一見して明らかな作為を、評価の手法により強引に不作為とみなしている印象が強い。そのため、概念の過度の規範的把握であるとともに、技巧的にすぎ、不自然であるとの批判を免れえないように思われる[31]。そこで、抜管行為を端的に作為ととらえたうえで、それは保障人が作為義務を果たしたのちに残された危険を実現するものにすぎず、それゆえ許されない危険の創出および実現を欠くとして、構成要件該当性を阻却するという解釈のほうが適切であろう。ただし、繰り返しになるが、実体としては前記学説と同じことを

---

29 なぜこのようなことがいえるのか、それ自体が解釈論上の大問題であるが、本章のテーマを超えるため詳細に扱うことはできない。
30 たとえば、井田良『刑法総論の理論構造』（成文堂、2005）29頁以下を参照。
31 本判例の調査官解説である入江猛「判解」最判解刑（平21）579頁も、「挿管されていた気管内チューブを抜管した行為は、『抜管する』という積極的な行為があるから、作為であるとみるのが自然な理解であろうと解される。患者に対し最初からチューブの挿管を差し控える場合と、いったん挿管したチューブを抜管する場合とは法的に同列に置かれると説明し、不作為であるとする考え方もあるが、挿管という治療行為がある以上、挿管されていない場合とは状況が異なり、不作為と法的に同価値と説明することは困難であろうと思われる」と述べる。

いっているにすぎない。

　ところで,「作為による不作為」という主題のもとでより頻繁に議論される講壇設例は,「Xが川の下流でおぼれているAを助けるために, 持っていた浮き輪を上流の水面に浮かべたが, 急ぎの用事を思い出して, すぐに浮き輪を取り上げ立ち去った結果, Aはでき死した」というものである。そして, これについても同様, 作為であるが構成要件該当性が阻却される, という解釈が可能であろう。すなわち, Xが浮き輪を水面から取り上げる行為は, Aを憎む第三者がこれを行った場合を考えれば明らかなように, 作為といわざるをえない（いわゆる救助的因果の断絶）。もっとも, Xが浮き輪を水面に浮かべてから時間が経っておらず, かつ, いまだ浮き輪がXの支配領域内にとどまっている限り, 実質的には非保障人の不作為を有意に超えた危険を実現していない, と評価しうるのである。

　以上のように, 作為を「Aする」こと, 不作為を「Bしない」ことと端的に把握し, おのおのについて慎重に構成要件該当性を判断すれば足りる。そして, このように考えれば, 近時, 議論の対象となっている下級審裁判例の事案も, 理論的にはそれほど解決が困難なものではない。

　たとえば, 被告人の運転する普通貨物自動車と被害者の操縦する自転車が接触する交通事故が発生したあとで, 被告人が被害者を自車に乗せて運搬する途中, 被害者を救護する意思を放棄し, 頭部に重症を負って意識を失った被害者を山中に遺棄すれば死亡するかもしれないがそれもやむなしと決意し, 被害者を車に乗せたまま山中に進入し, 被害者を遺棄したが, 被害者が捜索活動により発見・救出され一命をとりとめた, という事案がある。ここで佐賀地判平19・2・28裁判所HPは, 不作為にとどまるとの弁護人の主張を排斥し, 被告人に作為による殺人未遂罪の成立を認めた。佐賀地裁は「検察官が問題にした,『被害者を本件事故現場から杉林内に連れ去り, 同所に置き去りにした』という一連の作為（故意の要件をひとまずおく。以下, これを,「被告人の行為」という。）」につき客観的な殺人の実行行為性を判断しているが, そうであるとすれば, そのような作為が杉林内の夜間の気温の低さ, 発見・救出の困難さや不衛生な状態に照らし, 被害者を死に至らしめる許されない危険を作り出したかが重要であろう。裏からいうと, たとえば, 被害者の容体にかんがみると気温や衛生状態など死のリスクと関係がないとか, 事故現場自体が人気のないところであり杉林内と発見される可能性は変わらないなどといった事情が存在するのであれ

ば，作為による殺人未遂をただちに認定することは困難だと思われる。

　次に，被告人がみずから出産した新生児を浴槽に沈めて殺害し，その死体を四度にわたって隠匿ないし移動，放置したという事案がある。ここで大阪地判平25・3・22判タ1413・386は，葬祭義務を果たさないまま放置した不作為による遺棄行為を起訴したものであるから，公訴時効の起算点は警察官が死体を発見した時点であるという検察官の主張を排斥し，作為による死体遺棄罪が成立するとしたうえ，公訴時効が完成しているとして死体遺棄につき免訴を言い渡した。もっとも，このような判示をもって，実体法上，作為犯が成立しうる場合には不作為犯の成立要件がみたされえない，したがって，検察官が不作為のみを起訴した場合であっても，裁判所は有罪の認定をなしえない旨，述べたものととらえるのは適切でなかろう。むしろ，作為犯も不作為犯も成立しうる，したがって，検察官はいずれの処罰を求めてこれを起訴することもできるが，両犯罪の不法内容が実質的に重なり合っていることにかんがみ，二重評価を避けるという趣旨から，ともに起訴された場合には包括一罪となる，と理解するのが妥当ではなかろうか[32]。もっとも，そうであるとするならば，本件において検察官が作為と不作為の複合的な形態を起訴したものと解釈した裁判所としては，作為だけをとりあげて審理するのではなく，公訴時効の点にかんがみて，不作為のほうを審判対象とするよう釈明を求めることも視野に入れるべきであったと思われる[33]。

5　最決平24・2・8刑集66・4・200＝三菱リコール隠し事件

　自動車メーカーの市場品質部長であった被告人らが事故の事案の処理をするにあたり，強度不足の疑いのあるハブについてリコール等の改善措置に取り組むことなく，運輸省に対して虚偽の報告をするなどして前記ハブを装備した車両を漫然社会に放置したため，走行中のトラックのハブがまた輪切り破損し，脱落したタイヤが歩行者に激突し，これを死に至らしめ

---

[32] 周知のように，このような発想は，横領後の横領に関して従前の判例を変更した最大判平15・4・23刑集57・4・467に見られるものである。たとえば，山口・前掲『新判例から見た刑法〔第3版〕』127頁以下を参照。ただし，厳密にいうと，包括一罪のくだりは同大法廷判決の解釈としても，本文の裁判例の解釈としても，内在的には出てこないものであることに注意を要する。

[33] 判決文を読む限り，求釈明自体は行われているようであるが，裁判所が作為のほうに不自然に拘泥するあまり，結論ありきになってしまっているように思われる。

るなどした，という事案である（業務上過失致死傷罪）。最高裁の判示事項は多岐にわたるが，以下が結果回避義務の一般論に関して説示した部分である。

「中国ＪＲバス事故事案の処理の時点における三菱自工製ハブの強度不足のおそれの強さや，予測される事故の重大性，多発性に加え，その当時，三菱自工が，同社製のハブの輪切り破損事故の情報を秘匿情報として取扱い，事故関係の情報を一手に把握していたことをも踏まえると，三菱自工でリコール等の改善措置に関する業務を担当する者においては，リコール制度に関する道路運送車両法の関係規定に照らし，Ｄハブを装備した車両につきリコール等の改善措置の実施のために必要な措置を採ることが要請されていたにとどまらず，刑事法上も，そのような措置を採り，強度不足に起因するＤハブの輪切り破損事故の更なる発生を防止すべき注意義務があったと解される」。

実務においては一般に，「過失不作為犯における作為義務」という主題化は行われず，学説上，そのような主題に相当する議論は実質的に見て，注意義務ないし結果回避義務の認定に統合されたかたちでなされている[34]。したがって，たとえば，不良製品を世に送り出した自己の失策が発覚するのを恐れ，消費者に多少の傷害が発生することとなってもやむなしという判断のもとに，リコールを行わなかったという故意犯の場合には，「不作為による傷害罪の成否」という主題化がなされ，作為義務としてのリコール義務が問題となる。これに対し，消費者に傷害結果が生じうることを予見可能であるにもかかわらず，漫然，事態を放置したという過失犯においては，端的に，注意義務の一環としてリコール義務が問題とされるにとどまるのである。

かつて，旧過失論とよばれる立場は，このような実務における思考方向とは逆に，過失犯における注意義務を不作為犯における作為義務に解消しようとしたことであった。しかし，それははじめから不可能な試みであろう。というのも，注意義務は明らかに作為義務を超えた重層的な内容を有

34　学説としても，たとえば，橋爪隆「過失犯の構造について」法教409号（2014）117頁を参照。ただし，過失不作為犯においては作為義務が問題にならないとする，稲垣悠一「刑事過失責任と不作為犯論」専修大学法学研究所紀要40号（2015）6頁を批判的に引用しているところからすれば（橋爪「不作為犯の成立要件について」法教421号（2015）92頁注40），実質的には，作為義務を独自に要求しているのと径庭がなかろう。

しているからである。そのことは，旧過失論が過失作為犯に分類する事案においてまで，判例が当然のように注意義務を論じているところにもよくあらわれている。ここで，作為義務に還元されえない注意義務の内容を伝統的な刑法学上の分析概念に従って整理すると，次の2つに大別できる。

その第1は，過失犯の不法としての許された危険（の逸脱）である。要するに，対処すべきリスクに比して，どのあたりまでの（リスク回避にかかる）負担を投入することが利益衡量の観点から見て合理的かという判断を，どこまでの注意義務を課すべきかというかたちで行っているのである。刑事製造物責任の文脈に引き直していうと，たとえば，市場への供給に際し，どのくらいコストをかけてフールプルーフないしフェールセーフにかかる措置を製品に施しておくべきか，という問題がそれにあたる。

つづいて，第2は，過失犯の責任としての予見可能性である。もっとも，「刑法の期待する慎重さを備えれば不法の予見に到達しえたか」という予見可能性の判断にかかる一般的な定式のうち，後半部分は，判例においても予見可能性というそのままの用語を使って認定されるのがふつうである。これに対し，前半部分は注意義務論を使って認定されることがある。このことをもう少し具体的に説明しよう。

通常，「刑法の期待する慎重さ」とは，精神の緊張という心理的側面に関するものを想起させがちである。しかし，不法の予見に到達しようとする努力という，より広い視野に立ってこれを観察するならば，それは必ずしも純粋な心理的側面に限られるわけではない。たとえば，自動車の運転中に死傷事故の予見に到達すべく努力するというのは，なにも，想像力をはたらかせてミラーの死角にいる歩行者をひいてしまうシーンを思い浮かべることだけを意味しているのではない。そうではなく，たとえば，少し首をねじって直接，目視確認するという外部的努力を要請することもありうるはずである。つまり，期待可能な一定の情報収集措置を講じ，それに基づけば不法の予見に到達する，という場合であってもかまわないのである。あるいは，別の例でいうと，はじめて見る魚の料理を提供するに際し，毒魚もいるという一般的な危険認識だけでは中毒死の予見に到達しえないかもしれないが，そのような認識に基づき，わずかでも調査すれば当該魚が毒魚であると分かる場合には予見可能性を肯定する余地がある，とも考えられよう。そして，このような解釈は，違法性の意識の可能性が裁判例において，しばしば一定の法調査義務，たとえば，公的機関への照会を前

提として，「違法との回答を得たか（得られたであろうか）」を問うかたちで判断されている[35]ところからも，実務においては十分に自然な発想ということができると思われる。

　こうして，予見可能性の定式の前半部分は，情報収集義務というかたちで注意義務論に編入されることとなるのである[36]。

　もっとも，たとえこのように分節してみても，なお，作為義務という観念なしには理論的に定位することのできない注意義務が存在することは認めざるをえないであろう[37]。たとえば，波が高く水流も強い海域であるため，細かく分けられた区画ごとに，専属の特別な装備を有するライフセーバーが常駐している海水浴場があったとしよう。このとき，あるライフセーバーが考え事をして定期的に周囲を見渡すことを怠ったため，自己の担当する区画内の海でおぼれている海水浴客に気づかず，これを死なせて

---

[35] 詳しくは，違法性の意識の可能性を扱う第16章を参照されたい。なお，このようなアナロジーをはじめて援用したのも，次注で見るエンギッシュであった。もっとも，そうであるとすれば，のちの目的的行為論による責任説の発見を利用しうるわれわれとしては，同所でも述べるように，内部的注意（の違反）を違法性の意識の可能性とパラレルな，責任主義すなわち行動制御可能性を基礎づける責任要素ととらえるべきであると思われる。

[36] このように，いわゆる内部的注意が外部的行為を要請しうることを体系的に明らかにしたのは，ドイツの刑法学者（法哲学者），エンギッシュの功績であった。カール・エンギッシュ［著］荘子邦雄＝小橋安吉［訳］『刑法における故意・過失の研究』（一粒社，1989）373頁以下を参照。

　なお，エンギッシュは外部的注意として，①危険な行為の不作為と，②危険な状況における作為をあげている。このうち，①（の不遵守）は広義の相当性および許された危険の逸脱（と消極的構成要件要素としての違法性阻却事由の不存在）であり，②（の不遵守）は不作為犯における作為義務違反である。そうすると，それらは体系的には，本文でいう①過失犯の不法としての許された危険（の逸脱），および，②作為義務（の違反）にほぼ対応しよう。私見の独自性は，したがって，情報収集義務違反を含んだ（不法の）予見可能性が，①や②と異なり責任の要素であること，そして，それにもかかわらず，①や②と同様，故意犯にも共通する要素であること，の2点に見出されることになる。

[37] これは，古くから神山敏雄教授が主張してきたことであり（最近のものとして，大塚仁ほか［編］『大コンメンタール刑法（第3巻）〔第3版〕』（青林書院，2015）323頁以下〔神山〕を参照），近時でも，たとえば，岡部雅人「過失不作為犯における『注意義務』について」『曽根威彦先生・田口守一先生古稀祝賀論文集（上巻）』（成文堂，2014）195頁以下が同旨を積極的に論証している。ただし，前記，（構成要件レベルの）許された危険の逸脱と，（作為の義務づけに必要な）作為容易性とを安易に統合している点には賛成できない。類型的に見て，プラスに対しどの程度のマイナスがあれば禁止の対象としうるかという問題と，作為に出るというただでさえ面倒なことをさせるためには，それにともなう負担をどこまで抑えておく必要があるかという問題とは，原理的には別のものだからである。

しまったものとする。このような事例においては，たしかに，海水浴客に気づくべきであったというところまでは，前出の分節構造に照らして，注意義務論から理論構成していくことが可能であろう。たとえば，精神を緊張させ，あるいは，(うつむいて考え事をしていた場合には，)少し顔を上げれば（自分が救助しないとでき死しかねない）海水浴客の予見に到達しうる，という具合にである。しかし，その先の，海水浴客を救助すべきであったというところまでは，作為義務論に頼ることなしには説明しえない。というのも，それは，ライフセーバーが（たまたまその海水浴客が恋敵であったため）気づかないふりをし続けたという，故意不作為犯におけるのと実質的にはまったく同じ事情を，まったく同じように考慮することによって基礎づけられるからである。

そして，本判例で問題とされたリコールすべき注意義務は，まさに，この，実質的には作為義務によって構成される種類の注意義務ということができよう。というのも，それは，「再び欠陥製品に基づいて死傷事故が発生することもやむなし」という未必的認識のもとに，リコールしなかったという故意不作為犯におけるリコールの作為義務と，まったく同じ論証連鎖を経て基礎づけられるからである。現に，本判例が前記注意義務を基礎づけるために考慮した事情は，自社[38]が市場に供給した製品に重大事故の多発につながる欠陥があったことそのものに加え，欠陥製品に基づく事故情報を自社内に囲い込んでしまったことであった。前者はもちろんのこと[39]，後者についても，そうしなければ投入されたであろう国や消費者からのさらなる事故防止措置を遮断するものとして，まさに，作為義務を基

---

38 当然，罪責を問われるのは自然人であるから，会社が欠陥製品を供給し終えたのちに入社するなどしたため，前者の事情に関わっていない者については，後者の事情に基づいて，その注意義務ないし作為義務を構成する必要がある。反対にいうと，原判決（東京高判平21・2・2刑集66・4・371参照）のように，リコール等の義務づけに際して前者の事情を掲げるだけでは，そのような者を当該義務違反に基づき処罰することはできない。これに対し，まずは会社自体に課される注意義務を明らかにしたうえで，会社を構成する自然人に職掌に応じてこれを分配するという注目すべき発想を展開するものとして，樋口亮介「注意義務の内容確定基準――比例原則に基づく義務内容の確定」『山口厚先生献呈論文集』（成文堂，2014）246頁以下を参照。

39 学説には，前者の事情を作為義務発生の根拠とする場合には，欠陥製品を市場に供給する時点において欠陥の認識可能性がなければならない，というものもある。しかし，たとえその時点では気づけなくても，客観的には重大な欠陥があり，製品の供給が許された危険を超えるものと判断されうるのであれば，そのような欠陥に基づく死傷事故を防止すべき作為義務を負わせるべきではなかろうか。

礎づける許されない危険創出と評価することができよう[40]。

　さらに、リコールは企業に対して重大な損失をもたらすものであるから軽々にその注意義務を認定してはならない、といわれることもあるが、それは、まさに既述の作為容易性の判断構造を敷衍したものととらえることも可能である。むろん、泳ぎの苦手な保障人が池に飛び込んでおぼれる被害者を助ける、などといった講壇設例とは異なり、大企業による自動車部品のリコールが問題となるような事案において、前記、作為容易性を裁判官がゼロベースで判断するのは困難である。そのようなことを求めれば、この種の事案に関し、適正妥当な衡量を行うのに必要な情報収集・評価能力において、司法部門が立法ないし行政部門に劣後する以上、大きな無理を強いることとなってしまいかねない。そこで、たとえば、リコールに関する法律の規定が重要な指針として参照されるべきであり、現に、本判例も明示的にこれを参照しているところである[41]。とはいえ、欠陥製品に基づく重大事故の多発が予測されるという当時の状況においては、この作為容易性の要件がクリアされていることもまた明らかであろう。

　ところで、私自身は、この、実態を作為義務とする注意義務にとどまらず、前述の過失不法および責任にかかる注意義務もまた、故意犯においてもまったく同様に問題とされるべきだと考えている。そして、それはドイツの通説的見解でもあるが、詳しくは、過失犯を扱う第14章を参照されたい。

40　本判例の調査官解説である矢野直邦「判解」最判解刑（平24）76頁も、とくに後者の事情に関し、「事故関連情報を掌握していたという事情については、この種の刑事法上の製品等回収義務を根拠付ける前提として常に必要な事情とは思われないが、この種の事情が認められる場合は、回収措置を採らない不作為による結果発生の危険がより高まり、社会的に相当でないという評価につながることも明らかであって、注意義務を根拠付ける事情として少なからぬ意味があることから、本決定は特に前提事情の一つとして掲げたのではなかろうか」と述べる。

41　同様に、「薬品による危害発生を防止するため、薬事法69条の2の緊急命令など、厚生大臣が薬事法上付与された各種の強制的な監督権限を行使することが許容される前提となるべき重大な危険の存在が認められ、薬務行政上、その防止のために必要かつ十分な措置を採るべき具体的義務が生じたといえるのみならず、刑事法上も、本件非加熱製剤の製造、使用や安全確保に係る薬務行政を担当する者には、社会生活上、薬品による危害発生の防止の業務に従事する者としての注意義務が生じたものというべきである」と述べる近時の判例として、最決平20・3・3刑集62・4・567＝薬害エイズ事件厚生省ルートがある。

III　その他の（裁）判例

1　ひき逃げ

　以上では，平成に入って以降の最高裁判例を検討してきた。そこで，最後に，その他の（裁）判例を，一定の社会的事実による類型化のもとに，簡単に見ておくこととしたい。

　まずはひき逃げである。そこでは，自動車でひくという明らかな危険創出が先行しているものの，実際に不作為による殺人罪の成立を認めた裁判例の事案においては，被害者の自車内への引入れが認定されている[42]。そこで，学説では一般に，ただひいて逃げるというだけの，いわゆる単純ひき逃げにおいては作為義務が発生せず，それゆえ，不作為による殺人罪は成立しえないと分析されている。すなわち，あくまで，被害者を救命しうるのが行為者しかいないという排他的支配の存したことが，裁判例において決定的に重視されているというのである。

　たしかに，被害者を自車内に引き入れるという排他的支配の設定が，作為義務の基礎づけにおいて決定的な役割を果たすことは多いであろう。その証拠に，被害者をひいたのでない者が同じことをしても，作為義務の発生することがほとんどである[43]。しかし，それは排他的支配の設定が，そうしなければ介入したであろう他所からの救助チャンスを断つことにより，危険を創出しているからである。裏返していうと，そのような意味における危険創出が認定できなくても，被害者をひくという明瞭な先行行為＝危険創出さえ行われていれば，創出した危険を除去する，ここでは，被害者を救命する作為義務を基礎づけうるのではなかろうか。むろん，作為義務違反があるというだけでその正犯性まで肯定することはできず，既述のように，正犯性という意味における排他的支配があわせて必要となることは否定しえない。しかし，ひき逃げの現場に何人が臨場していようと，それが非保障人である限り侵害経過にとってはいわば「蚊帳の外」なのである

---

[42]　東京地判昭40・9・30下刑集7・9・1828，東京高判昭46・3・4高刑集24・1・168（ただし，殺人未遂）などを参照。

[43]　このことを的確に指摘するものとして，塩見淳『刑法の道しるべ』（有斐閣，2015）37頁を参照。

から，この排他的支配もまた同時に肯定しうるように思われる。

　もっとも，そうだとすると，次に問題となるのは，単純ひき逃げを不作為による殺人罪として処罰しない実務の運用が理論的観点からすれば適切でないことになるのか，という点である。そして，それは大要，次のように考えることができるのではなかろうか。まず，現場を離れてその後の展開を目の当たりにできないひき逃げ犯人に対し，軽々に被害者の死亡についてまでの表象・認容を認定することはできない[44]。たとえ，犯人が適時に救助しなかったせいで被害者が死亡したのだ，という客観的な関係までは認定しえたとしても，なお，犯人が「被害者にそのままでは死亡する重傷を負わせた」，「周りに119番通報してくれるような通行人はおらず，自分が救助に出てはじめて，しかも，そうすれば確実に被害者は助かる」などと，現に分かっていたことを認定するというのは遠いゴールであろう。そこで，次にその成否が検討されるべき刑法犯は保護責任者不保護致死罪である。もっとも，検察官としては，このような論争的な構成要件の充足を求めるよりも[45]，むしろ，さして処断刑の変わらない過失運転致死罪および道路交通法上の救護義務違反罪の併合罪として起訴するほうが容易かつ確実である，と。

　もし，前記実務的運用の背景にこのような思考がはたらいているとすれば，それは理論的に見ても十分，支持に値するものであろう。と同時に，単純ひき逃げが不作為による殺人罪を構成する理論的余地は，実務においても，必ずしもア・プリオリには排除されていないことになる。

44　もっとも，裁判所が保護責任者不保護致死罪を認めた事案のなかには——事実認定の素人から見ても——容易に殺意を認定しうるため，不作為による殺人罪のほうで起訴すべきでなかったか，疑問の残るものがないではない。たとえば，妊婦の依頼を受け妊娠第26週に入った胎児の堕胎を行った産婦人科医師が，堕胎により出生した未熟児に適切な医療を受けさせれば生育する可能性のあることを認識し，かつ，そのための措置をとることが迅速容易にできたにもかかわらず，同児を自己の医院内に放置して約54時間後に死亡するに至らせたという事案に関する最決昭63・1・19刑集42・1・1を参照。

45　むろん，ひいて重傷を負わせた被害者を自車に引き入れたうえ，危険な場所に置き去りにしたなど，ほとんどの見解により問題なく保護責任者遺棄罪が成立しうる場合には，同罪で起訴されることもあろう。被告人が過失によりその運転する自動車を，道路を横断中の被害者に衝突させてこれを転倒させ，重傷を負わせたうえ，歩行不能となっていた被害者を被告人の運転する自動車で別の場所に運び，被害者を放置して立ち去ったという事案において，救護義務違反のほか同罪の成立を認めた判例として，最判昭34・7・24刑集13・8・1163を参照。

2　既発の火力を利用する意思

不作為による放火を認める際，大審院は「既発の火力を利用する意思」という特殊な主観面を要求するかの口吻を洩らしていた[46]。もっとも，このような主観面が責任ないし量刑を重くすることはありえても，それがなければ作為の不法と同置しえない不作為に特有の不法要素ととらえることは，その当不当を論ずる以前に，今日，一般的に承認されている刑法体系に照らせば理論的に排除されている。現に，戦後の判例においては，もはやこのような主観面が論じられることはない[47]。そして，不作為の不法を作為のそれと同置すべき消火ないし延焼防止にかかる作為義務は，ほとんどの場合，先行する自己の失火に求めることができよう。

3　出産後の放置

裁判例のなかには，出産したばかりの嬰児を放置し，これを死亡させた点について，不作為による殺人罪の成立を肯定したものが散見される[48]。問題は，そこで必要とされる作為義務がいかなる理由から認められるかである。

この点について，一般には嬰児の母親としての地位が援用され，現に，母親としての義務に言及する裁判例も存在するところである。もっとも，本章で繰り返し述べてきたように，そのことだけで作為と同置すべき不作為の不法を基礎づけることはできない。そこで，一部の学説は「妊娠の継続を自らの意思による継続的保護関係の作出・維持と見[49]」ようとする。しかし，「継続的保護関係の作出・維持」が作為義務を基礎づける実質的な根拠もまた，煎じ詰めれば，そうしなければ介入したであろう他所からの救助チャンスを遮断するという危険の創出に求められる。そして，そうであるとすれば，妊娠の継続はまさに嬰児の生命を作り出す危険創出とは逆向きの行為であるから，これをもって前記作為義務を基礎づけることは

46　大判大7・12・18刑録24・1558，大判昭13・3・11刑集17・237などを参照。
47　最判昭33・9・9刑集12・13・2882（「利用」ではなく「認容」とすることで故意の認定にとどめる），大阪地判昭43・2・21下刑集10・2・140，広島高岡山支判昭48・9・6判時743・112（同じく，「利用」ではなく「容認」とする）などを参照。
48　東京高判昭35・2・17下刑集2・2・133（ただし，作為による殺人の実行行為も認定しうる），福岡地久留米支判昭46・3・8判タ264・403などを参照。
49　島田・前掲「不作為犯」118頁。

できない。

　こうして，作為義務を基礎づけるべき危険の創出は，むしろ，出生した嬰児が許されない危険にさらされるべき場所を出産に選んだ，という行為のほうに見出されるべきであると思われる。この意味において，「病院等で出産することが通常である現在の状況では，他の者の援助を得られない自宅でこっそり出産するということを，生まれてきた赤ん坊に対する危険創出と考えて，保障人的地位を肯定することが可能である[50]」とする学説が支持されよう。

Ⅳ　おわりに

　本章においては，不作為の意義，および，これを作為と同一の構成要件により捕捉するための理論構成を紹介したうえ，それに基づいて，いくつかの（裁）判例を簡単に検討した。むろん，前記理論構成に関しては——それが成功しているとは思えないが——本章で紹介したのとは異なるものも主張されている。また，（裁）判例に関しても，本章で検討した以外にも重要なものが数多く存在している。しかし，それらに取り組むにあたっても，基本的には本章で示したスタンスが出発点とされるべきであろう。

50　佐伯・前掲『刑法総論の考え方・楽しみ方』93頁。

第6章

因果関係（上）

　　　山下はベテランの検察官，小林は新米の検察官
小林：先輩は法科大学院で教えているんですよね。研究者と一緒に授業したりするんですか？
山下：ああ，今学期は若い准教授と組んでいるんだけど[1]，各回のテーマについて，まずは研究者教員が近時の学説状況を紹介するんだ。まあ，その段階で，その研究者が優秀かどうかがすぐに分かるね。優秀なら，こちらが「ああ，勉強になった」と感じるから。
小林：勉強になります？　学者の書いたものも読みますが，「この教授は本気で自説を採用させようと思っているんだろうか」と疑問に感じることが多いですよ。
山下：そういうことではない。そもそも，実務的にどのような意義があるかという観点から論を組み立てろ，と学者に要求するほうがおかしい。実務的にどのような意義があるかなんていうのは，こっちが考えることなんだよ。
小林：それでは，どうして学説状況の紹介が勉強になるんですか？
山下：それはね，いわばモノの見方という抽象的なレベルで，新たな考慮要素や判断基準が発見できるからだよ。しかも，そこで「新たな」というのは，これまでの実務が刷新されるとか，そういう話ではない。そうではなく，「ああ，たしかに，いわれてみれば，われわれもそういう要素は考慮してきたが，そうだとすると，ここだけは従来の判断を少し修正しないとな」という，部分的な補正のみを要請してくるということだ。だいたい，本当の異物を導入してきて，これまでの実務を全部捨てろといわれても，こっちとしては苦笑するしかないからね。

1　私はかつて，廣瀬健二（立教大学法科大学院），植村立郎（学習院大学法科大学院）というお二人の高名な元裁判官教授と講義をご一緒させていただき，非常に多くのことを学ばせていただいた。記して謝意を表したい。

第 6 章　因果関係（上）

小林：では，その研究者教員による学説紹介のあとに，先輩は何を話すんですか？
山下：まったく同じことをする。ただし，われわれの立場から，だ。
小林：しかし，私の知っている限りでも，検察官一人ひとりでいっていることが全然違う，というケースも多いですが……。
山下：それは，ある要素をどの程度重視すべきかや，どのように考慮すべきかについて対立しているだけだ。これに対して，学者は「おい，そんな考慮要素があったのかよ」と驚くことになる（笑）。
小林：ああ，たしかに，私が学者の書いたものをあまり好きでないのは，読んでいて，この人は何も知らないんだなと興ざめしてしまうからです。
山下：しかし，優秀な学者ならば，必ず，実務の作法にふれて自己の論の組立てを補正してくる。そうすると，今度は，その学者の説明とわれわれの思考様式の融合する部分が少しだけだが大きくなり，こちらとしても，先ほどいった新たな考慮要素をより適切に把握できるようになる。それを受けて再び私が……という相互作用だね。
小林：ちなみに，次回のテーマは何ですか？
山下：ええと，因果関係かな。
小林：ああ，あの，とくに学説が抽象的な分野ですか。因果関係なんて，究極的には，自分の道徳心に基づいて「こいつのせいだ」といえるかどうかの問題なのに，学者はやたらと哲学の文献やらを引きたがりますよね。『刑法総論の理論と実務』でも因果関係の（上）は判例の引用がゼロでしたし，あれはもう開き直っているとしか思えませんね。法科大学院では扱わなくていいんじゃないですか？
山下：逆だよ，逆。法科大学院ができて実務家と研究者の交流がさかんになり，そこで因果関係が扱われたからこそ，学説の状況は大きく変わってきている。さっきは「補正」といったが，それが繰り返されるうちに，「変貌を遂げた」といっていいレベルに達しているかな。『刑法総論の理論と実務』の著者も，（上）でこのあたりをはっきり示したうえで，（下）で具体的な判例の検討をするつもりだろう。
小林：しかし，学説は，判断基底を限定したうえで結果発生の経験的通常性を判断する，そして，その限定方法については激しい対立がある，なんていう議論をしているのでしょう。そもそも，因果関係の有無をはっきりさせるために事実関係を解明しているのに，そのあとに部分的に目隠しをしていこう

135

という発想がありえないです。

山下：そこは，むしろ，学者の話を聞いて私が勉強になったところだよ。事後的に国家権力を総動員してやっと分かったことがらも，全部，考慮したうえで「こいつのせいだ」というのは後知恵であって，むしろ，一般国民が認識しうる範囲でのみ応報の要請が生じるのだ，という主張は——私がいうのもなんだが——一理なくもない。

小林：それでは，先輩は今度の授業で何を話すつもりなんですか？

山下：まあ，これまでの話とそれほど変わるわけではないが，「そのような，目隠しをしてから結果が発生する可能性を問う，という手続きが決め手になるような事案だけを想定していてはダメだ」ということかな。学者は特殊な講壇設例のみを想定して自説を組み立て，その後，異なる考慮を要する事案が出てきても，その自説を無理やりあてはめようとする，という傾向がある。これは思考実験としては重要な意義があるが，考慮すべきものを考慮できないという弊害がある。そして，因果関係論においてはその弊害がとくに大きいように感じるね。

小林：そういえば，トランクルーム事件（最決平18・3・27刑集60・3・382）というのがありましたが，判例が出た当時，学生だった私がとっていたゼミの教授は「交通事故は異常だから因果関係を否定すべきだった」といっていました。しかし，いまの私の感覚だと，それはちょっとピントがずれていて，むしろ，監禁場所が後部座席ではなくトランクだったのが大きいと感じますね。

山下：そう。あとは，被告人が何時ころ，どんな所に停車していたのか，大型トレーラーが暴走してきて被告人車がぺしゃんこにされたとしたらどうか，はたまた，追突ではなく——調査官も書いていたが——ヘリコプターが墜落したとしたらどうか，などといった点が気になるかな。結局，私も君の仲間というわけだ（笑）。

◆

I　はじめに

　因果関係とは，刑法学においては，典型的には結果犯の構成要件が充足されるため，行為と結果との間に要求される関係を意味する。その内実に

関する見解の対立を因果関係論とよび，それは伝統的に最も哲学的な主題とされてきた。一方，近時においては，究極的には事実認定の問題とされることもある，具体的な事案に密接に関連した最も実務的なテーマのひとつでもある。そこで，本書においては因果関係論を2章に分割し，本章は前者の側面に焦点を当て，因果関係が帰責に必要とされる根拠および因果関係の理論的内容を明らかにする[2]。そして，これをふまえたうえで，次章は後者の側面に焦点を当て，具体的な（裁）判例の検討を行うこととしたい。

　以上の次第であるから，本章は第1章と同様，具体的な判例を標題に掲げ，これを軸に議論を進めるという方法は採用できない。しかし，そうであったとしても，実務家が因果関係を認定する際，その背景にあって指針となるべき基本的な発想を提供するという点では，なお実務的にも重要な意義があると考えている。

II　条件関係

1　仮定的消去公式と合法則的条件公式

　古くから，因果関係の基礎にあると解されてきたのが条件関係である。それは「あれなければこれなし」という，いわゆる仮定的消去公式によって判断され，この条件関係が欠ければ因果関係に関するそれ以上の探索は不要とされるのである。そして，その理由は，条件関係さえ存在しないというのは，つまるところ，行為と論理的に無関係に結果が発生したということであるから，もはや，その結果につき行為者に責任を負わせる努力は無意味である，という点に求められている[3]。また，そうであるからこそ，この条件関係の存在さえ怪しいという事案が結果犯として起訴されることは考えにくい。せいぜい，有害物質の薬理作用の詳細に不分明な点があり，代替原因の可能性が絶対にないとはいえない，という事案が起訴され，被

---

[2]　本章の内容は，基本的には，小林憲太郎『因果関係と客観的帰属』（弘文堂，2003）において展開したものと同一である。したがって，参照されるべき文献の詳細についてはそちらをご覧いただきたい。

[3]　このような発想に基づき，条件説を詳細に展開した重要な業績として，岡野光雄『刑法における因果関係の理論』（成文堂，1977）を参照。

告人側によって争われることがあるにすぎない[4]。

　もっとも，そうであるとすれば，仮定的消去公式は内容として過剰なものを含んでしまっている。というのも，かりに，前記有害物質が現実に作用して被害者の疾病が引き起こされたことが鑑定の結果，合理的な疑いを容れない程度に証明されたとしても，なお，同一の有害物質を被告人が操業するのとは別の工場が河川に流出させており，そのため，被告人が前記有害物質を河川に流出させなくても被害者である周辺住民には同一の疾病が生じていた可能性がある，という場合[5]には条件関係が否定されてしまうからである。これでは，行為と結果が明らかに関係している事案において，まさに，そのことを最低限，担保するはずの要件が否定されていることになり，明らかに不合理であろう。

---

[4] 本来，このような（裁）判例をあげるべきであるが，今回は理論刑法学的研究に集中するため，あえて（裁）判例の引用および検討を省略し，次章にゆだねることとしたい。以下，同様である。

[5] このように，行為が結果に対して現実に作用していることが明らかであるにもかかわらず，ほかにも同じような原因があるために仮定的消去公式としての条件関係が否定されてしまう場合のうち，当該原因もまた結果に対して現実に作用している類型を択一的競合（択一的因果関係）事例，そうでない類型を仮定的代替原因事例とよんでいる。
　まず，択一的競合事例の講壇設例としては次のようなものがある。
　① XとYが相互に意思連絡なく相前後して，Aの飲むコーヒーに致死量10グラムの毒薬を，それぞれ10グラムずつ混入した。
　② Aが砂漠旅行に持参するため水を入れた水筒を用意しておいたところ，相互に意思連絡なく，まずXが水筒の中身を砂に詰め替え，つづいてYが水筒の底に穴を開けた。
　③ XとYが相互に意思連絡なく，同時にAに向けて発砲し，弾がそれぞれAの額と心臓に命中した。
　次に，仮定的代替原因事例の講壇設例としては次のようなものがある。
　④ 死刑囚であるAの死刑執行のボタンを刑務官が押そうとする，まさにその瞬間，Aに娘を殺害された父親であるXがこれを突き飛ばし，代わりにボタンを押して復讐した。
　⑤ XがAを射殺したが，YもAを激しく恨んでいたため，もしXがそうしなければ，Yがただちに同じくAを射殺したであろう。
　これらの事例をめぐっては，後述のように，帰責にとって結果回避可能性が必要であるとしたとき，殺人罪の成立範囲が狭くなりすぎてしまうのではないかという問題意識から，考慮すべき代替原因の範囲を限定しようとする動きが学界において見られるところである。そのなかでも最も有力なのは，いまだ現実化していない違法な代替原因を考慮から外す，というものであるが，近時においては議論がさらに複雑化している。たとえば，いつの時点を基準に現実化の有無を判断すべきか，適法な代替原因のなかにも考慮すべきでないものが存在するのではないか，代替原因が行為者自身の行為ないし被害者の行為である場合に特別な考慮は必要か，違法ではあっても責任を欠く代替原因を考慮する余地はないか，共犯が問題となる場合に特別な考慮は必要か，などといった点が議論されているのである。もっとも，これらは煩瑣にすぎる一方，実務的な重要性があるとはいいがたいため，ここでは詳細な検討を省略することとしたい。

そこで，かつての有力な学説は仮定的消去公式を修正し，行為がもたらす作用とは別の因果経過に属する事情を付け加えてはならない，という限定をかけることでこの問題に対処しようとする（付加え禁止説[6]）。しかし，仮定的に消去するというのは，まさしく，「行為がなかったとしたら，どうなっていたであろうか」と問うことにほかならない。したがって，そこで別の因果の流れを考慮するなというのでは，もはや，同公式を放棄したのとなんら変わらないであろう。こうして，今日の有力な学説は，そもそも，条件関係の内容を仮定的消去公式に求めるのがおかしいという。すなわち，より直截に，行為が現実に結果へと因果法則的な影響を及ぼしていること（合法則的条件公式）をもって，条件関係ととらえるべきだというのである（合法則的条件説[7]）。いうまでもないが，このように解すると，先の有害物質を河川に流出させた例でも，行為と結果との間の条件関係を肯定することができる。

2　結果回避可能性

もっとも，以上のように解するだけでは，実は，問題は半分しか解決していない。というのも，「行為が結果に対して現実に作用を及ぼしているが，行為がなくても別の原因によって同じ結果が生じたであろう」という場合に，行為と結果との間の最低限度の事実的なつながりを与えることを企図された条件関係が肯定されるのはよいとしても，そこからただちに，当該結果を引き起こしたかどで当該行為を処罰することまでは正当化されえないからである。このことをもう少し分かりやすく説明しよう。

これはアメリカの不法行為法のテキストにしばしば登場する例であるが，行為者が被害者の所有する乳牛を1頭，逃がしてしまったとしよう。ここで，その行為はわが国の刑法においては器物損壊罪（刑法261条）を構成するはずである。しかし，もしその乳牛が（逃がした段階ではまだ発症していないものの）致死的なウィルスに罹患しており，どのみち翌朝の乳しぼり前に死亡したであろうと予測され，しかも，前記ウィルスのため牛肉として出荷することもできず，さらに，所有者はその乳牛を家畜としてしか認識しておらず，特段の愛情価値を認めていなかったとしたらどうであろ

---

[6]　平野龍一『刑法総論Ⅰ』（有斐閣，1972）135頁などを参照。
[7]　わが国における先駆的な主張として，山中敬一『刑法における因果関係と帰属』（成文堂，1984）を参照。

うか。

　ここで話を民事に戻すと，行為者が賠償すべき所有者のこうむった損害とは，行為がなかった場合との格差であるところ，この事例においてそれはほぼゼロであるから，(不法行為に基づく)損害賠償請求は――逃がすときに柵を壊したとか，捜索費用がかかったなど，別の損害が生じていない限り――認められないであろう。そして，このことを指して，当該乳牛には致死的なウィルスという損害の萌芽が認められ，それゆえに実質的な価値が減少ないし喪失している，といわれるのである(損害萌芽思考)。

　もっとも，ひるがえって考えてみると，刑事，すなわち器物損壊罪の成否を考えるにあたっても，やはり，「逃がさなくてもどのみち同じだった」ことにより，所有権侵害の実質が失われていることは無視しえないのではなかろうか。というのも，同罪の法益侵害とは，単に乳牛が手元にいないという事実的な状態によってではなく，むしろ，行為者がそのようなことをしなければなしえたであろう乳牛の使用・収益・処分ができないという，(行為による)状態の規範的な不良変更ないし悪化によって基礎づけられるからである。そして，これこそが従来，結果無価値とか結果不法などといわれてきたものの実体にほかならない。さらに，同様の論証は因果的法益侵害によって構成される[8]他のすべての犯罪について可能である。

　このように見てくると，結果との間に事実的なつながりを否定しえない事例において条件関係を肯定するため，その内容を仮定的消去公式から合法則的条件公式へと置き換えてみたところで，結局は，条件関係とは別のところで仮定的消去公式の充足が求められることになる。現に，先の損害萌芽思考を刑事にも取り入れようとした有力な論者は，同時に，合法則的条件説の主唱者でもあったのである[9]。そして，仮定的消去公式が痛烈な批判を受け付加え禁止説の併用に至ったという，歴史的経緯からこれを切り離してその積極的な意義を前面に出すため，今日においては，仮定的消去公式に代えて結果回避可能性ということばを用いるのが一般的となっている。このような用語法は，とりわけ過失犯に関しては[10]，実務においてもひろく浸透しているといえよう。

　8　危険犯の場合には法益状態の不良変更の可能性であり，蓄積犯の場合には法益侵害がただ乗りに置き換わることになる。蓄積犯の概念については第2章を参照。

　9　Vgl. Karl Engisch, Die Kausalität als Merkmal der strafrechtlichen Tatbestände (1931), S.18 (Anm.1).

そして、さらに進んで考えてみると、事実的なつながりだけを担保する要件を、独立して設ける意義自体が疑わしくなってくる。というのも、結果回避可能性と（Ⅲでみる）（法的）因果関係が肯定されるのに、事実的なつながりだけが否定される事例などというのは論理的に観念しえず、かつ、事実的なつながりが肯定されただけで認められる法的効果などというのも、また存在しないからである。もっとも、他方で、条件関係ということばは（実務、学界を問わず）人口に膾炙しており、これを帰責にとって不要とすることは無用な混乱をもたらしかねない。そこで、条件関係ということばは残したうえで、その内容を合法則的条件関係から（正しく理解された）仮定的消去公式へと戻す、すなわち、条件関係を結果回避可能性として理解し直す[11]ことが最も望ましいのではなかろうか（論理的関係説）。

Ⅲ （法的）因果関係

1 相当因果関係

Ⅱで見た条件関係ないし結果回避可能性を前提として、さらに、「結果が行為者のせいである」と評価するために必要とされるのが法的因果関係である。もっとも、この法的因果関係という表現は、事実的なつながり、合法則的条件関係としての事実的因果関係に対置されたものである。したがって、前述のように、この事実的因果関係が独立の要件としての意義をもたないと解するときは、わざわざ「法的」などという限定を付する必要はない。さらに、結果回避可能性として理解された条件関係が、その実質的な意義を、むしろ、結果無価値ないし結果不法の確認に見出すものとす

---

10 先述のように、結果回避可能性が、そもそも、結果無価値ないし結果不法という刑法による否定的評価の構成要素であると解するときは、本来、故意犯においても、まったく同様に結果回避可能性が要求されることになるはずである。したがって、実務上、主として過失犯において結果回避可能性が争われるのは、結果回避可能性に疑いの生じうる事案が過失犯に集中しやすいという、あくまで事実上の理由によるものと解すべきであろう。問題はその集中しやすいメタの理由であるが、おそらく、故意犯の場合には許される一定の基準行為を超えるなどという迂遠な手段ではなく、端的に、（強度を下げれば許されるなどという余地のない）けん銃で撃つ等の直接的な手段が選ばれることがほとんどだからであろう。また、そうであるからこそ、前記、迂遠な手段がとられている場合には、故意を証明しにくいということが考えられる。

11 先駆的な主張として、町野朔『犯罪論の展開Ⅰ』（有斐閣、1989）111頁以下、山口厚『問題探究 刑法総論』（有斐閣、1998）7頁以下などを参照。

れば，それは行為と結果との間の関係という，本来の意味における因果関係のカテゴリーからは外れている。こうして，本章では，法的因果関係を意味するものとして，端的に因果関係と表記することとしたい。同様の用語法は，判例においても採用されていると思われる。

さて，この因果関係の内容として，伝統的な通説は，いわゆる相当因果関係を想定してきた（相当性説）。この相当因果関係とは，まず，その存否を判断するために考慮すべき資料（判断基底）を一定の方法で限定し（周知のように，主観説，客観説，折衷説の対立がある），次に，この限定された資料に基づき，現に発生した種類の結果（でき死，焼死，脳出血死等）の生ずべきことが全経験知識に照らして[12]通常ないし予測可能であるかを判断する，という思考過程をたどる。その眼目は，被害者の特殊な素因をはじめとする，行為時に存在した異常な事情が前記結果をもたらしたとき，一定の範囲で因果関係を否定するところにあった[13]。裏を返すと，行為後に異常な事情が介在して前記結果がもたらされた場合について，もともとの相当性説は，少なくとも自説の主戦場とは考えていなかったのである。その証拠に，まずもって判断基底を限定するというプロセスは，まさに，それが相当因果関係を阻却するかが問題とされるべき行為後の異常な介在事情を，あらかじめ考慮の外においてしまうという深刻な矛盾をはらんでいる。

ところが，その後，相当性の概念に関する分析が進むにつれて，このような伝統的な相当性の判断構造はかえりみられることがなくなり，代わって新たな相当性の判断構造が登場することとなった。それが広義の相当性と狭義の相当性の区別である[14]。このうち広義の相当性とは，一定の判断基底をもとにして[15]，（現に発生した種類の結果ではなく）構成要件的結果の生ずべきことが通常ないし予測可能であることを意味する。これに対して，

---

12 このような法則知識に関しては，存在知識すなわち判断基底に関するのとは異なり，見解の対立が存在しない。一部の教科書類には，この法則知識に関しても，主観説は行為者自身の，折衷説は一般人のそれを標準とするとの解説がなされているが，端的にいって誤りである。また，そうであるからこそ，主観説は「因果関係を責任と混同している」との批判に対して激しく反論し，少なくともこの反論に関しては，今日の学界もまた，ほぼ一致して主観説が正しいと考えているのである。

13 反対にいうと，客観的相当性説は因果関係を否定する契機を内在させていないため，後述する一般的生活危険の発想を併用することによって，帰責を適切な範囲に制限しようとしたのであった。

14 これもまた合法則的条件説と同様，エンギッシュが前掲書において創唱したものである。

狭義の相当性とは，現実にたどられた因果経過が，広義の相当性を判断する際に通常ないし予測可能なものとして想定された因果経過に含まれることを意味している。そして，ドイツで生まれたこのような発想はわが国にも「輸入」され，広義の相当性がいわゆる実行行為の内容として取り込まれるとともに，狭義の相当性はまさに相当因果関係の内容を構成するものと位置づけられたのである[16]。

2　危険の現実化

　もっとも，昭和の末から平成の初頭にかけての一連の最高裁判例およびその調査官解説を契機として，この（狭義の相当性を標準とする）相当性説には厳しい批判が向けられるようになった（相当性説の危機）。要するに，因果関係が問題となる事案にはさまざまなものがあり，そこで因果関係の存否を判断する際に考慮すべき事情もまた画一的ではないにもかかわらず，相当性説は因果経過の経験的通常性ないし介在事情の予見可能性という単一の基準しか内包しておらず，実際には役に立たないと評価されたのである。そして，その結果，実務，そして，その影響を受けて学界においても，相当性説に代えて，別の判断枠組みを用いることが一般化する。それこそが危険の現実化とよばれるものである。すなわち，具体的な事実関係に照らし，行為によって作り出された危険が結果へと現実化したものといえるかを判断し，これが肯定されれば因果関係が認められるというのである。
　このような危険の現実化という発想を取り入れることには，私も賛成である。ただし，この発想を現実の事案に即して具体化していくにあたっては，これに先立ち，次の3点に留意しておくことがぜひとも必要である。
　第1に，危険の現実化というのは，それだけではひとつの判断枠組みにすぎないから，その具体的な内容を解釈によって充てんする必要がある。そして，そのためには，そのような充てん作業の指針となる，危険の現実

15　この限りにおいて，伝統的な相当性説における判断基底論は意味をもち続けている。この，新たな相当性の判断構造を創唱した論者は折衷説を採用していたが，むろん，それは必然的なものではない。

16　これに対してエンギッシュにおいては，広義の相当性が構成要件に属する違法要素として故意の対象になるとともに未遂犯の成立を基礎づける一方，狭義の相当性は故意の対象から外れるところから客観的処罰条件に位置づけられていた。もっとも，詳しくはおのおのの章を参照されたいが，故意対象論や未遂犯論の発展により，このような解釈は必然的でないばかりか，そもそも，前提において誤っていると解されるようになっている。

化が要請される実質的な根拠を明らかにしておかなければならない。

　第2に，危険の現実化が具体的な事案において，どのように認定されるべきかを論ずるにあたり，これを単一の抽象的な基準ととらえてしまったのでは，相当性説のもつ画一性，硬直性となんら変わるところがない。いな，それどころか，前記基準につき（相当性説と異なり）はっきりした共通了解がないだけに，そもそも具体的な事案に適用しえないという事態さえ懸念される。そこで，第1で明らかにした根拠論に照らし，事例類型ごとに，考慮すべき事情および判断の基準を明確化していくことが要請される。

　第3に，相当性説が適切に機能しえないがゆえに危険の現実化が持ち出されたという経緯に照らし，危険の現実化にかかる議論が妥当すべき射程を明らかにしておかなければならない。危険の現実化が解決しようとしたのでない問題にまでその議論を推し及ぼすことで，反対に，相当性説こそが的確にあぶり出してきた考慮を亡き者としてしまうのは，ちょうど，伝統的な相当性説が行為後の異常な介在事情にかかる考慮を亡き者としてしまうのと同じ種類の過ちであろう。

　以下では項を改めて，これら3点につき検討を加えていくこととしたい。

3　危険の現実化が要請される根拠

　繰り返しになるが，大前提として，危険の現実化が論じられるのは，狭義の相当性がただちには認めがたい，いいかえれば，行為後の異常な介在事情が見出される場合である。そして，このような場合であっても，行為により作り出された危険が結果へと具体的に現実化したものと評価しうるのであれば，行為と結果との間の因果関係を肯定しうるというのである。それは畢竟，その介在事情に発する危険（だけ）が結果へと現実化したわけではない，ということであって，要するに，「結果は行為ではなくむしろ介在事情のせいだ」とはいえない，というに帰する。

　それでは，結果を引き起こしたかどで行為を処罰する際，なぜそのような関係が要求されるのであろうか。それは端的にいえば，「結果に実現した危険はむしろ介在事情に内在したものである」，「結果はむしろ介在事情のせいだ」と判断される場合には，応報の要請がはたらかないからであろう[17]。むろん，ここにいう応報とは，「100倍返し」のような行き過ぎた復讐感情のことではない。そうではなく，そのような応報をもとに処罰することが不法の合理的な抑止にかなうような，（従来，学界においてしばしば

用いられてきた表現を借りれば）洗練ないし制度化された応報を意味しているのである。そして，そうであるとすれば，因果関係の根拠および内容をむしろ一般予防の観点から構成すべきであるとする見解[18]もまた，究極的には応報からする見解と同根のものといえよう[19]。

むろん，このように抽象的に述べるだけでは，危険の現実化の具体的な判断方法を導き出すことはできないであろう。いくら合理化されたものとはいえ，もともとはわれわれの道徳感情に根差している応報の要請の限界を，現実の事案から離れて真空のなかで構想することはできない。そこで，このような道徳的直観をできる限り理性的に実践する典型的な場所である判例を素材として，危険の現実化にかかる諸判断を整合的に説明しうる体系を導き出し，それを再びわれわれの道徳的直観と対照させながら（必要があれば）修正していく，という作業がぜひとも必要である。そして，この作業は次章において詳細に行われる[20]。

4 事例の類型化

この作業は判例を素材として行われるべきものであるため，詳細は次章にゆだねざるをえないが，おおまかな4つの分類をあらかじめ示しておくこととしたい。

第1に，これは厳密には危険の現実化を論じるべき事例類型ではないが，介在事情がそもそも異常なものではない，すなわち，介在事情が予見可能な場合である[21]。このような場合には，行為者としてははじめから介在事情を見込んで行動すべきであり，むしろ，介在事情を利用して結果を引き

17　このような発想を示すものとして，佐伯仁志「因果関係論」山口厚ほか『理論刑法学の最前線』（岩波書店，2001）10頁，辰井聡子『因果関係論』（有斐閣，2006）79頁以下，西田典之『刑法総論〔第2版〕』（弘文堂，2010）102頁などを参照。
18　町野朔『刑法総論講義案Ⅰ〔第2版〕』（信山社，1995）164・165頁，山口・前掲『問題探究 刑法総論』26・27頁，林幹人『刑法総論〔第2版〕』（東京大学出版会，2008）128・129頁などを参照。
19　一般予防がその発想において応報と同根である点については，第1章を参照。
20　私は以前，このような作業を簡潔に行ったことがある。小林憲太郎「因果関係に関する近時の判例理論について」立教81号（2011）235頁以下を参照。また，近時，判例の内在的分析から因果関係論の体系化を試みる重要な文献として，橋爪隆「危険の現実化としての因果関係(2)」法教404号（2014）86頁以下がある。
21　危険の現実化がさかんに論じられるようになった今日においてもなお，因果経過の通常性という観点が重要性を有することを的確に指摘するものとして，橋爪隆「危険の現実化としての因果関係(1)」法教403号（2014）89頁を参照。

起こすことさえ容易なのである。したがって，そこで因果関係を肯定することが合理的な応報の範疇に収まっているのは明らかだと思われる。その意味で，狭義の相当性が必要であるというのは正しくないとしても，狭義の相当性があれば十分であるとはいいうるであろう。

第2に，これが危険の現実化が論じられる直接的なきっかけとなった典型的な事例類型であるが[22]，たとえ介在事情が異常なものであったとしても，その寄与度が小さいため，介在事情を規範的に無視して因果関係を肯定しうる場合である。学説では，（特定の判例の事案を想定して）介在事情が新たに死因を形成していない[23]とか，当初の行為によって設定された物理的・生理的危険がそのまま結果に実現したものとみうる[24]，などといった類型化がなされることもあるが，実質的には同じことである。このような場合には，行為が結果の文字どおり決定的な要因となっているわけであるから，応報感情が合理性を有することもまた明らかであると思われる。

第3に，当初の行為が介在事情を誘発している場合である。かつては，このような事例類型は第1のそれから独立したものとはみなされておらず，介在事情を誘発したということはそれがありがちなものだったということである，と分析されていた。しかし，誘発の関係がある場合とない場合とで，帰責にとって必要とされる介在事情の通常性には，やはり，無視しえない違いがあるように思われる。

このことは，教唆犯（刑法61条）を考えれば明らかであろう。人に（それなりに説得的な方法で）犯罪を唆したところで，実際に犯行の決意を抱くことはまれであろう。しかし，それでもなお，教唆行為と正犯の実現した不法との間の因果関係を肯定するのがふつうである。これに対して，第三者がその人に犯罪を唆すことを聞きつけ，犯行を決意したあかつきには不法を実現しやすくするなんらかの仕掛けを施しておいた，という場合には，おそらく，幇助行為と正犯の実現した不法との間の因果関係は，同等の蓋然性をもっては肯定されえないと思われる。それを肯定しうるのは，せいぜい，第三者がその人に支配的な影響を与えやすい地位にあるとか，その

22　詳しくは次章において紹介するが，相当性説の危機を直接的にもたらしたのは，大阪南港事件に関する調査官解説であった。

23　井田良『犯罪論の現在と目的的行為論』（成文堂，1995）92頁などを参照。

24　島田聡一郎「相当因果関係・客観的帰属をめぐる判例と学説」法教387号（2012）11頁などを参照。

人が犯行を決意する決定的な動機となる「ネタ」を第三者が握っている，などといった事情の存する場合に限られるであろう。

　このような違いが生じる原因は，誘発関係が存する場合には，たとえ介在事情が異常なものであったとしても，行為がその「異常」性を相対的に減少させていることにより，結果に到達するチャンスが高められているところに求めることができる[25]。そして，そうであるとすれば，誘発関係もまた結果の発生に対して一定程度の支配性を有するものとして，応報の要請を合理的に基礎づけうるように思われる。

　第4に，一般的生活危険が逸脱されている場合である[26]。ここにいう一般的生活危険とは，もともとは，客観的相当性説により過度に拡張されてしまいかねない負責範囲を限定するために考案された法形象であり，ドイツを中心とする民事不法行為法理論のなかで発展してきたものである。その要点は，社会に遍在する，行為の影響がなくても独力で結果を生じさせうる危険に対し，単に，「行為がなければ，その時刻，その場所にはいなかった」という意味での時間的・場所的関係をもたらしたにすぎない場合には，まさに，一般的生活危険が実現したにとどまるものとして負責が否定される，ということである。このことを裏返していうと，そのような一般的生活危険を超えた危険のみが実現している場合には，行為の許されない影響力が因果経過のなかに一貫して見出されうることになるから，結果を行為に帰責することが正当化されうる。そして，このような説明は，同時に，一般的生活危険ではなく，まさにその行為のせいで結果が発生したのだという評価，したがって，合理的な応報の要請を基礎づけうると思われる。

　このような発想を展開する論者が自説を敷衍するためにしばしばあげる事例は，相当性説に関する著名な講壇設例である，いわゆる病院火災事例を変形したものである。すなわち，もともとの病院火災事例は「行為者が被害者を傷害したところ，被害者は病院に運ばれ入院治療を受けたものの，その病院で火災が発生して被害者は焼死した」というものである。論者は

25　この点につき，西田・前掲『刑法総論〔第2版〕』107頁を参照。
26　一般的生活危険の概念を包括的かつ体系的に検討した最も重要な業績として，林陽一『刑法における因果関係理論』(成文堂，2000)がある。また，介在事情が人の行為である場合にその射程を限定されているものの，類似の発想を展開するものとして，佐伯仁志『刑法総論の考え方・楽しみ方』(有斐閣，2013) 71頁などを参照。

これをさらに2つの修正事例に分節し,「大火災であったため,被害者が健常な状態でいつどこにいても同じように焼死したであろう」というものと,「小規模の火災であったが,行為者に負わされた脚部の傷害のせいで逃げ遅れて焼死した」というものを掲げる。そして,前者の修正事例においては一般的生活危険が実現しているものの,後者のそれにおいてはそうでない,したがって負責を肯定しうるというのである。

　もとが講壇設例であるため現実味がなく分かりにくいが,もう少し現実的な事例を用いていうと次のようになろう。たとえば,行為者が被害者を自動車のトランクルームに押し込んで道路脇に駐車していたところ,後続車両の運転者のはなはだしい過失によりこれが前記自動車に追突し,被害者は即死したが,かりに後部座席に(両腕を押さえられるなどして)監禁されていたとすれば無事だったであろう,というものを考えてみる。ここでは,運転者のはなはだしい過失による追突が異常であり,死亡の直接の原因は監禁ではなく前記追突であり,かつ,前記監禁が前記追突を誘発する関係が存していなかったとしても,なお監禁行為と被害者の死亡結果との間の因果関係を肯定することは可能であろう。それはトランクルームへの監禁行為により,被害者が許されない程度に――トランクルームへの乗車は危険であるため禁止されている――衝撃に対して脆弱な状態におかれ,そのせいではじめて被害者の死亡をもたらしうるような危険,したがって,一般的生活危険を超えた危険が実現しているからである。

5　危険の現実化の射程

(1)　相当性説の守備範囲

　以上で述べてきたところからも分かるように,危険の現実化とは,行為後に異常な事情が介在した場合に,それでもなお,「結果はもっぱら介在事情のせいで起きた」とはいえないことを導く包括的な判断枠組みであった。したがって,4で見たように,そもそも介在事情が異常なものとはいえない場合がその射程から除かれるのはもちろん,「行為など関係なく,もっぱら介在事情のせいだといえるか」を判断する際に考慮すべき事情とは別次元の事情が重要性を帯びる場合にも,なお危険の現実化という定式に拘泥するのは誤っている。それは典型的なプロクルステスのベッドであるといえよう。

　それでは,その別次元の事情とはいったいどのようなものなのであろう

か。それは端的にいえば，（被害者の素因をはじめとする）行為時の特殊事情である。たとえば——判例の事案を借用すると——外部からは一見して認識不可能な重度の脳梅毒に罹患している被害者の頬を軽く張ったところ，その脳組織が崩壊して被害者が死亡してしまったという場合，客観的に見れば行為が結果の決定的な原因を構成していることは疑いがない。しかし，たとえそうであるとしても，そのこと，したがって，被害者が重度の脳梅毒に罹患していることを行為者自身，ひいては一般人も知りえない以上，すでに不法（構成要件該当性）のレベルにおいて，「人を死に至らしめる」ことの禁止の対象から外すべきではないかが問題とされるのである。

　そして，この問題の本質は，危険の現実化にかかる議論のそれとはまったく異質のものである。すなわち，ここで問題となっているのは，「行為と介在事情という2つの原因が考えられるとき，もっぱら後者のせいで結果が発生したといえるか」ということではない。そうではなく，むしろ，たとえば，「『人を死に至らしめる』という禁止の対象となる不法を，行為者（ないし一般人という第三者）の側から記述すべきか，それとも，被害者の側から記述すべきか」ということなのである。そして，不法が因果的法益侵害をその内容とする場合には，あくまで，被害者がその意に反して利益を奪われたことが禁止にとって決定的というべきであろう。それが行為者等の側から見て予想外のことであり，努力しても避けられないなどといった事情は，むしろ，責任を否定することでこれをしん酌すべきであると思われる。

　こうして，行為時の特殊事情は，たとえ行為者ないし一般人が認識しえなくても，これを考慮して因果関係を判断すべきである。それゆえ，先の脳梅毒の事例においても問題なく因果関係を肯定することができる。ただ，行為者には致死の点につき予見可能性がないため，責任が欠けることにより傷害致死罪（刑法205条）までは成立しえない，というにすぎない。そして，ここまで読み進めてくれば明らかなように，ここで議論されている問題は，相当性説が判断基底論によって解決しようとしたものとまったく同一である（よって，前の段落で述べた私見は客観的相当性説であることになる）。つまり，相当性説は危険の現実化に完全に代置されるのではなく，その射程を行為時の特殊事情に限定されるべきである。このことを裏からいえば，危険の現実化は行為時の特殊事情をよく扱うことができないのである[27]。

　なお，念のため付言しておくと，行為時の特殊事情が相当性説の手にゆ

だねられるのは，なにも，論者が判断基底を明示的に論じている，伝統的な相当性の判断構造や広義の相当性に限った話ではない。近年，わが国において（危機に陥るまで）有力であってきた狭義の相当性もまた，判断基底を限定して判断された広義の相当性を前提としつつ，そこで想定された因果経過に現実のそれが含まれているかを問うものであって，構造的に判断基底論を前置しているからである。ただ，既述のように，相当性を阻却するかが問われる行為後の異常な介在事情をあらかじめ考慮の外においてしまうという矛盾を避けるため，狭義の相当性の定義自体には判断基底の限定が含まれていないというにすぎない。

(2) 行為時の特殊事情とその例外

(1)で述べたように，私は，客観的相当性説に従い，行為時の特殊事情は，たとえ行為者ないし一般人が認識しえなくてもこれを考慮すべきである，したがって，判断基底に載せるべきであると考えている。もっとも，学説では，たとえ折衷説等を採用したとしても，なお一定の範囲で認識不可能な行為時の特殊事情を考慮する理論的な可能性が提示されている。

第1に，被害者の素因である。その根拠は，それを考慮しなければ素因のリスクを避ける義務を被害者に課すことになり，公平を害するところに求められている[28]。

このような見解は民事不法行為法の議論に着想を得たものと思われ，大変興味深い。また，バリアフリーという今日の社会における基底的な価値観のひとつにも合致し，自然に受け容れやすいものでもあろう。もっとも，損害賠償額の増加という，行為者や被害者の行動に対する直接的なインセンティブをもたらすのであればともかく，単に，犯罪構成要件の一要素である因果関係がみたされるというだけであれば，それによって被害者の自由の拡張がもたらされるとは考えにくい。こうして，このような見解は，被害者の素因を特別扱いする根拠としては，いまだ不十分なものにとどまっているように思われる。

第2に，「被害者がそこにいて，結果が発生したことは結果帰責の議論をする上で，当然の前提とされるべきである」といわれることがある。具

---

27 学界において，危険の現実化という判断枠組みが一般化したのは山口厚教授の影響が大きいが，それを行為時の特殊事情にまで及ぼすのは行き過ぎであると思われる。同『刑法総論〔第3版〕』（有斐閣，2016）62頁を参照。

28 佐伯・前掲「因果関係論」25頁などを参照。

体的には，「たとえば猟銃を自宅の天井に向けて誤発射したところ，実は天井裏には窃盗犯人が潜んでおり，同人が死亡したという事例について，窃盗犯人の存在をおよそ認識できなかったとしても，それによって因果関係を否定する理解はおそらく採り得ないであろう」というわけである[29]。

たしかに，現にそこで被害者が弾に当たって死んでいるのに，刑法上の因果関係のレベルでは「被害者を銃で撃って死なせたわけではない」などというのでは，著しく不自然であり一般人にとっては詭弁の類ともいいうるものであろう。しかし，それはこの種の事例において，たまたま客観的相当性説が道徳的直観に適合するというだけのことである。むしろ，（天井裏に人がいるという）行為時の特殊事情を判断基底に取り込むべきことを基礎づける理論的な根拠は，「被害者の目から見れば，まさに直接，殺されている」という点で他の場合とまったく同じである。また，そうであるからこそ，そのような根拠に説得力がないとする折衷説等は先の事例でも因果関係を否定し，（同説の論者が往々にして採用する）抽象的法定符合説と組み合わさったとき，むしろ妥当な結論を導きうると主張するのである。たとえば，先の事例を変形して，行為者が室内にいるAに殺意をもって発砲したものの，弾が天井のほうにそれて被害者に命中し，これを死に至らしめたとすると，おそらく，被害者に対する殺人罪の成立を認めるのは妥当でないであろう。もっとも，抽象的法定符合説をとると，故意を否定するという方策は使えない[30]。そこで，むしろ，因果関係のほうを否定するために折衷説等が役立つことになる。

Ⅳ　おわりに

以上において，結果および因果関係に関する近時の理論研究の成果を概観してきた。次章では近時の最高裁判例を中心に，より実務的な検討を加

29　橋爪・前掲「危険の現実化としての因果関係(1)」94頁。
30　もっとも，たしかに，抽象的法定符合説は故意の成立範囲を拡張するロジックではあるが，故意「犯」の成立範囲を「予見可能な不法」を超えて拡張する力はない。それは責任主義によって断念させられるからである。詳しくは第4章を参照。なお，この変形事例において，抽象的法定符合説自体を修正することにより故意を否定する理論的可能性を探るものとして，鈴木左斗志「因果関係の錯誤について」本郷法政紀要1号（1993）189頁以下，同「方法の錯誤について——故意犯における主観的結果帰責の構造」金沢37巻1号（1995）69頁以下を参照。

えていくこととする。もっとも，その際にも本章の理論的分析が基礎におかれるため，ここで簡単に要約を示しておくことにしたい。

① 条件関係は，かつては，行為と結果との間の事実的なつながりとして理解されていた。しかし，近時においては——一部に異論はあるものの——事実的なつながりという生の自然的事実それ自体は帰責の独立の要件とはならず，むしろ，結果回避可能性というより規範的な関係が条件関係の実体を構成する，との理解が広まりつつある。問題は結果回避可能性の要請される実質的な根拠であるが，私は，結果回避可能性が結果無価値ないし結果不法という，刑法による否定的評価にはじめから内在するものと考えている。

② このような条件関係に重ねて要求される，行為と結果との間の結びつきが真正な因果関係の問題であり，判例においても，このような用語法が一般化していると思われる。なお，法的因果関係ということばが用いられることもあるが，それが刑法上，唯一の真正な因果関係の問題なのであるから，わざわざ「法的」などという限定をかける必要はない。

③ 伝統的な相当性説は，行為後の異常な介在事情をはじめから判断基底の外においてしまう，という矛盾をはらむ。一方，狭義の相当性もまた，介在事情の経験的通常性という，画一的，硬直的な基準のみで帰責を否定してしまうため妥当でない。

④ そこで持ち出されるのが危険の現実化という判断枠組みであり，判例実務のみならず，学界においても通説としての地歩を固めつつある。それは，狭義の相当性が認められる場合には帰責ないし因果関係を肯定しうることを前提としつつ，それが認められなくても，大きく分けて次の3つの場合にこれを肯定しようとする。それぞれ，(1)介在事情の寄与度が小さい場合，(2)介在事情を誘発している場合，(3)一般的生活危険が逸脱されている場合，である。

⑤ もっとも，相当性説ことに判断基底論が，因果関係ないし帰責にかかる議論において，完全に意義を失うわけでは決してない。むしろ，とくに行為時の特殊事情が問題となる場合には，その本領を発揮する。これに対し，危険の現実化にかかる議論によっては，そのような場合の問題意識を的確に汲み取ることができない。

⑥ 判断基底論に関しては客観説が妥当であり，詳しくは次章で見るが，

おそらくは判例も同様の発想を基礎においている。これに対し，学界では，折衷説等を前提としつつ，部分的に客観説の結論を取り入れようとする挑戦的な試みも行われている。もっとも，依然として散発的なものにとどまっており，かつ，具体的に見ても説得力を欠くと思われる。

第7章

因果関係（下）

　　古山と小林は同い年の若手弁護士
小林：古山さん，ちょっとお話ししていいですか？
古山：同い年なんだから，タメ口にしてくれって何度もいっているだろう。
小林：いやぁ，社会人は同い年でも敬語がふつうですよ。しかも，古山さんとは期が違うし……。
古山：もう，そういうのが苦手なんだよ。俺は敬語を使わないぞ。で，何なの，話って？
小林：分かったよ。じゃあ，俺も敬語はやめる。実は，いま担当している事件と似た事案を調べていたら，無罪の判例がたくさん出てきたんだ。で，俺の理解が正しいか確かめたくって。
古山：無罪がたくさんって，結構なことじゃないか。で，どんな事案なの？
小林：ええと，要するに交差点の衝突事故で，タクシー運転手の被告人が乗客を死亡させた，と。信号はついてないが，見とおしが悪いから，被告人車には道交法上の徐行義務がある。他方，交差道路を走行してきて被告人車と衝突した車両の運転者は，一時停止の標識を無視している。
古山：はあ。で，スピードは？
小林：どちらの道路も制限速度は時速30キロメートルで，交差道路走行車両は一時停止もせず，約70キロでよそ見しながら突っ込んできた。まったく，ひどいものだよ。
古山：それはいいが，被告人も徐行しなかったんだろう。そっちは？
小林：ちょっといいにくいんだが，実は120キロも出していた……。
古山：そりゃ，道交法違反だけでも当罰性が高いな。で，危険運転致死で起訴されたんだろう？
小林：ああ。でも判例を調べていくと，実は，危険運転致死はもちろん，予備的訴因の過失運転致死にさえならないはずなんだよ，これが。

古山：お前はいったい何を発見したんだ？

小林：つまり，だな，かりに被告人車が徐行していても，交差道路の車両が速すぎて，これを視認し次第，急ブレーキをかけても衝突は避けられなかった可能性がある。こういう事実が判明したらどうだ？

古山：ああ，たしかに，その事実関係や言い回しにはなじみがあるね。俺がすぐに思いつく限りだと，無罪になったのは，①列車運転手である被告人が踏切にいる子どもを視認可能な時点で非常制動の措置をとったとしても，れき死の結果は避けられなかったから措置の懈怠が結果の原因でないとしたもの（大判昭4・4・11 新聞3006・15＝京踏切事件），②お前の事件と似たような事案で，信頼の原則を適用して注意義務違反を否定したもの（最判昭48・5・22 刑集27・5・1077），あとは，③これも似たような事案だが，結果回避可能性を否定して過失がないとしたもの（最判平15・1・24 判時1806・157），あたりかな。

小林：そうそう，それだよ。話が早いな。

古山：でも……。

小林：ああ，いいたいことは分かるよ。たしかに，①はそもそも本件に適切な判例ではない。これは事故の予見が可能な時点において，措置の懈怠という実質的には不作為が結果の原因であるかを論じたものだからな。他方，本件ではブレーキをかけなかった云々が注意義務違反に問われているのではなく，まさに，高速度で見とおしの悪い交差点に突っ込んでいったことが問題とされている。

古山：②も微妙だな。もちろん，俺も信頼の原則は主張するだろうが，この判例は不評だから，あまりあてにはできないね。

小林：えっ，そっちも？　たしか，反対意見もついていたが，不評なのか。

古山：だって，おかしいだろう。交差点の衝突事故を防止する合理的な措置として，念のため，おのおのに徐行と一時停止の義務を法が課しているのに，「自分は徐行しないけど，あなたは一時停止してね」なんてとおらないよ，常識的に考えて。

小林：そりゃ，徐行すべきだと俺も思うよ。だから道交法違反は争っていない。ただ，全員のルール違反という不幸が折り重なって現実に事故が発生するなんて，そこまでスピードを出していない被告人に予見しろというのは酷じゃないか。

古山：まあまあ，まだ③があるじゃないか。

小林：ああ、そうだったな。よし、「制御困難速度と評価するに足りない速度でも事故は回避しえなかったから危険運転致死は不成立」、「徐行しても事故は回避しえなかったから過失運転致死も不成立」という二段構えで行こう。

古山：あのぅ、1点だけ気になるんだが、実際問題、無罪の判例のなかで、被告人がそこまでひどい速度超過をしている事案はあったの？ ③だって、せいぜい時速30ないし40キロだろ。

小林：いや、ない……むしろ、学者が書いたものを読むと、どうやら、ドイツでは帰責に結果回避可能性が必要というのが通説・判例なんだが、被告人の義務違反の程度が相手が義務を守っていても結果の発生するほど著しいときは有罪、という見解が有力らしい。本件だと、交差道路走行車両が一時停止のうえ、のろのろ交差点に入ってきても衝突しかねないほど被告人車のスピードが出ていたら、もう有罪になってしまうってことかな。

古山：ああ、その感覚は分かるなあ。「徐行しても事故は回避しえなかった」というのは、結局、「相手が一時停止を無視して突っ込んでくるなんて、注意しても分からないだろう」ってことなんだ。裏を返すと、相手が一時停止を守っても事故が起きかねない状況なら、「徐行しても事故は回避しえなかった」などということは論ずる意味がない。

小林：おいおい、それなら②は無罪でいいってことになるよな？ 徐行すれば事故が回避しえたことは認定されているが、そもそも、被告人車は本件のようにものすごいスピードを出しているわけではないし。

古山：そうか、いわれてみれば、たしかにそうなるな。②の無罪が明らかにおかしいという前言は撤回しよう。しかし、そのこととは別に、「スピードを落としても事故は同じように発生しただろう」ってのが本件でまったく無意味になるわけではないと思うよ。危険運転行為のもつ特別な危険が実現していない、として危険運転致死のほうを争うことは可能じゃないのか？

小林：そうだなぁ。過失運転のほうは仕方がないかもしれないが、少なくとも、危険運転はなんとか否定してもらわないとな。

◆

I 不作為の因果関係

前章に引き続き、本章のテーマも因果関係である。もっとも、本章の主

第7章　因果関係（下）

眼は，前章で行った因果関係に関する理論分析を前提としつつ，具体的な判例の事案に検討を加えるところにある。そこで，それに従ったかたちで，事例類型ごとに判例をとりあげることとしたい。

ただし，念のため2点だけ注記しておく。第1に，条件関係すなわち結果回避可能性は，前章でも述べたように，厳密には因果関係の問題ではないこと，および，事実上，過失犯において問題とされるのがほとんどであることから，本章では検討の対象から省略し，過失犯を扱う第14・15章においてとりあげる。第2に，行為後になんらかの介在事情が認められる場合であるが，前章でも述べたように，そもそも狭義の相当性が肯定される，すなわち，当初の行為によって作り出された危険が自然な流れで結果の発生へと至っているときは，因果関係を肯定しうる点に争いはない。そして，そうであるからこそ，このようなケースで因果関係が争われ，当該争点に関して裁判所が一定の判断を示すことにより判例としての意義が生み出される，などといった事態はあまり考えられない。そこで，こちらについても，判例を具体的に検討するという作業は行わない。

さて，それでは本題に入るが，まずは，前章で示した因果関係理論の射程を具体的な判例を素材に見ておくことにしたい。というのも，前章の検討では，もっぱら作為犯を前提として議論を進めてきたのであるが，不作為犯を扱う第5章で述べたように，不真正不作為犯においては，みずから許されない態様で創出した危険を実現させないことだけが保障人に義務づけられる。したがって，それとは異なる危険が実現した場合には——前章の因果関係理論に関する検討を待つまでもなく——すでにそのことだけから，帰責ないし構成要件該当性が否定されるべきだからである。むろん，このような議論の本質をふまえたうえで，なお因果関係ということばを用いることは自由である。そして，その典型例は，最決平24・2・8刑集66・4・200＝三菱リコール隠し事件に見出すことができよう。もっとも，この判例は第5章においてとりあげたことがあるので，事案は省略し，関係する判示部分のみを引用しておく。

「確かに，原判決が指摘するとおり，Ｄハブの対策品として開発されたＦハブは，Ｄハブの強度を増大したものであって，Ｆハブによる輪切り破損事故の発生が，Ｆハブが装備された平成8年6月以降平成18年10月までに1件生じているのみであることからすれば，中国ＪＲバス事故事案の処理の時点において，被告人両名が上記注意義務を尽くすことによってＤ

ハブにつきリコールを実施するなどの改善措置が講じられ，Ｆハブが装備されるなどしていれば，本件瀬谷事故車両につき，ハブの輪切り破損事故それ自体を防ぐことができたか，あるいは，輪切り破損事故が起こったとしても，その時期は本件瀬谷事故とは異なるものになったといえ，結果回避可能性自体は肯定し得る。

　しかし，被告人両名に課される注意義務は……あくまで強度不足に起因するＤハブの輪切り破損事故が更に発生することを防止すべき業務上の注意義務である。Ｄハブに強度不足があったとはいえず，本件瀬谷事故がＤハブの強度不足に起因するとは認められないというのであれば，本件瀬谷事故は，被告人両名の上記義務違反に基づく危険が現実化したものとはいえないから，被告人両名の上記義務違反と本件瀬谷事故との間の因果関係を認めることはできない。そうすると，この点に関する原判決の説示は相当でない。

　もっとも，１，２審判決及び記録によれば，本件では，中国ＪＲバス事故事案の処理の時点で存在した前記……の事情に加え，〔1〕重要保安部品として破損することが基本的に想定されていない部品であるハブが，本件瀬谷事故も含めると10年弱の間に40件（Ｄハブに限れば，６年弱の間に19件）も輪切り破損しており，その中にはハブの摩耗の程度が激しいとはいえない事故事例も含まれていたこと，〔2〕本件瀬谷事故後に行われたＤハブの強度に関する実走行実働応力試験においては，半径15ｍの定常円を時速25kmで走行した場合に平均値で633.2MPa，ほぼ直角の交差点を旋回したときには平均値で720.5MPaと，Ｄハブの疲労限応力である432MPaを大きく超過した応力が測定されており，これは強度不足の欠陥があることを推認させる実験結果といえること，〔3〕三菱自工のトラック・バス部門が分社化した三菱ふそうトラック・バス株式会社は，平成16年３月24日，一連のハブ輪切り破損事故の内容やその検証結果を踏まえ，Ｄハブ等を装備した車両につき強度不足を理由として国土交通大臣にリコールを届け出ているが，そのリコール届出書には，『不具合状態にあると認める構造，装置又は性能の状況及び原因』欄に『フロントハブの強度が不足しているため，旋回頻度の高い走行を繰り返した場合などに，ハブのフランジ部の付け根付近に亀裂が発生するものがある。また，整備状況，積載条件などの要因が重なると，この亀裂の発生が早まる可能性がある。このため，そのままの状態で使用を続けると亀裂が進行し，最悪の場合，当該部分が

破断して車輪が脱落するおそれがある。』と記載し，Ｄハブに強度不足があったことを自認していたことが認められる。また，一連のハブ輪切り破損事故の処理に当たって三菱自工社内で採用され続けた摩耗原因説も，Ｄハブの輪切り破損の原因が専ら整備不良等の使用者側の問題にあったといえるほどに合理性，説得性がある見解とはいえないことは前記……のとおりである。

　他方，本件瀬谷事故車両についてみても，本件瀬谷事故車両の整備，使用等の状況につき，締付けトルクの管理の欠如や過積載など適切とはいえない問題があったことは否定し難いが，車両の製造者がその設計，製造をするに当たり通常想定すべき市場の実態として考えられる程度を超えた異常，悪質な整備，使用等の状況があったとまではいえないとする第１審判決の認定は，記録によっても是認できるものである。

　これらの事情を総合すれば，Ｄハブには，設計又は製作の過程で強度不足の欠陥があったと認定でき，本件瀬谷事故も，本件事故車両の使用者側の問題のみによって発生したものではなく，Ｄハブの強度不足に起因して生じたものと認めることができる。そうすると，本件瀬谷事故は，Ｄハブを装備した車両についてリコール等の改善措置の実施のために必要な措置を採らなかった被告人両名の上記義務違反に基づく危険が現実化したものといえるから，両者の間に因果関係を認めることができる」。

　本判例は，第５章においても述べたように，注意義務ないし結果回避義務違反という（作為・不作為の区別に対して中立的な）ベールに覆われてはいるものの，実質的には，リコール等の措置を講じないという不作為を（過失によるものとして）処罰したものである。そして，前記引用部分は結果回避可能性を明示的に認定し，これを前提としたうえで，保障人がその実現を防止すべき危険をみずから許されない態様で[1]創出したもの，すなわち，「あくまで強度不足に起因するＤハブの輪切り破損事故が更に発生する」リスクに限定し，それが実現したことを因果関係の根拠とするものである[2]。研究者の目から見ても，理論的にほぼ完璧な判示と評価することができよう。

---

[1] 「車両の製造者がその設計，製造をするに当たり通常想定すべき市場の実態として考えられる程度を超えた異常，悪質な整備，使用等の状況があっ」てはじめて破損につながりうるハブの供給等は，本判例の基本的な発想に照らすと，許される態様と評価されることになろう。

これに対し，本判例によって的確に批判されている原判決（東京高判平21・2・2刑集66・4・371参照）は，（結果回避可能性を前提として要求される）因果関係につき，「本件瀬谷事故は，リコール等の改善措置を講じることなく，強度不足の疑いのあるDハブを放置したことにより発生した輪切り破損の事故であって，放置しなければ事故は防止できたといえるのであるから，仮に摩耗が認められ，これに関連する車両の使用状況があったとしても，それは問題とはならないし，因果関係に影響を与えるともいえない」と述べる。しかし，本件事故がDハブの強度不足に起因するものと認められないのであれば，それは，まさに，保障人がその実現を防止することを義務づけられるのとは別の危険が実現したということである。にもかかわらず，これをもって，なお業務上過失致死傷罪の構成要件が充足されるというのが原判決の趣旨であるとすれば，それは理論的な過ちを犯したものと評さざるをえないように思われる。

II 介在事情の寄与度が小さい場合

1 最決平2・11・20刑集44・8・837＝大阪南港事件

著名な判例であるが，最高裁が出発点とした事実関係は次のとおりである。

「被告人は，昭和56年1月15日午後8時ころから午後9時ころまでの間，自己の営む三重県阿山郡伊賀町大字柘植町所在の飯場において，洗面器の底や皮バンドで本件被害者の頭部等を多数回殴打するなどの暴行を加えた結果，恐怖心による心理的圧迫等によって，被害者の血圧を上昇させ，内因性高血圧性橋脳出血を発生させて意識消失状態に陥らせた後，同人を大阪市住之江区南港所在の建材会社の資材置場まで自動車で運搬し，右同日午後10時40分ころ，同所に放置して立ち去ったところ，被害者は，翌16日未明，内因性高血圧性橋脳出血により死亡するに至った。ところで，

---

2 本判例の調査官解説も，本件においては実質的に（過失による）不作為犯が問題となっていることを承認したうえで，「『強度不足に起因するDハブの輪切り破損事故の更なる発生を防止すべき注意義務』という作為義務によって回避することが本来的に期待されていない結果が偶然に回避できたというにすぎない」場合には因果関係が欠ける，としている。矢野直邦「判解」最判解刑（平24）86頁。

右の資材置場においてうつ伏せの状態で倒れていた被害者は，その生存中，何者かによって角材でその頭頂部を数回殴打されているが，その暴行は，既に発生していた内因性高血圧性橋脳出血を拡大させ，幾分か死期を早める影響を与えるものであった」。

上告棄却のうえ，示された職権判断は次のようなものである。

「犯人の暴行により被害者の死因となった傷害が形成された場合には，仮にその後第三者により加えられた暴行によって死期が早められたとしても，犯人の暴行と被害者の死亡との間の因果関係を肯定することができ，本件において傷害致死罪の成立を認めた原判断は，正当である」。

本判例は，その調査官解説[3]によって，それまで通説としての地位を占めてきた相当性説の危機が直接的にもたらされたという点で，非常に重要なものである。すなわち，狭義の相当性を標準とするだけでは，何者かによる殴打という行為後の介在事情が異常というほかない以上，本件においても因果関係を否定せざるをえないが，それは明らかに不当だというのである。たしかに，本件では，当初の暴行によって直接的な死因が形成され，それがいわば「順調に」拡大して死に至ったという，因果経過の「幹」の部分は介在事情によってもなんら変更されていない。それゆえ，当初の暴行と被害者の死亡結果との間の因果関係を肯定するほうが妥当であろう。前章の検討においては，このことを介在事情の寄与度が小さいと表現したところである。

ところで，狭義の相当性を内容とする相当性説が力をもつきっかけとなったのは，同じく，行為後に異常な事情が介在した事案に関する最決昭42・10・24刑集21・8・1116＝米兵ひき逃げ事件であるが，そこで最高裁は次のように判示している。

「同乗者が進行中の自動車の屋根の上から被害者をさかさまに引きずり降ろし，アスファルト舗装道路上に転落させるというがごときことは，経験上，普通，予想しえられるところではなく，ことに，本件においては，被害者の死因となつた頭部の傷害が最初の被告人の自動車との衝突の際に生じたものか，同乗者が被害者を自動車の屋根から引きずり降ろし路上に転落させた際に生じたものか確定しがたいというのであつて，このような

---

3 大谷直人「判解」最判解刑（平2）232頁以下。「最後に，まったくの私見であるが」という書出しで始まる「補論」において，介在事情の予見可能性のみを標準とする相当性説の実務的な有用性に関し，詳細な批判が展開されている。

場合に被告人の前記過失行為から被害者の前記死の結果の発生することが，われわれの経験則上当然予想しえられるところであるとは到底いえない。したがつて，原判決が右のような判断のもとに被告人の業務上過失致死の罪責を肯定したのは，刑法上の因果関係の判断をあやまつた結果，法令の適用をあやまつたものというべきである」。

　この判示をよく読むと，最初の衝突の際に被害者の直接的な死因が形成されたことがかりに認定可能であったとすれば，因果関係の肯定される余地が留保されていると理解することも十分に可能である。したがって，これをもって，前記，相当性説があらゆる事案に対する妥当性を獲得したものととらえるのは，いまにして思えば勇み足だったであろう（つまり，大阪南港事件を契機に相当性説が危機に陥ったというのは，この「勇み足」が原因であり自業自得ともいえる）。むしろ，被害者の死因を形成した以上，そののちに多少の想定外の事情があって死期が早まる等しても，死亡結果を行為者のせいにしようとする応報感情は，ある程度の通時的な普遍性を有していると思われる。そうすると，このような場合は当時において，すでに相当性説の射程から外されるべきだったのではなかろうか。

　こうして，残る問題は，前記認定が不可能であった，まさに米兵ひき逃げ事件そのままの事案においては，狭義の相当性が欠けることを理由にただちに因果関係を否定してよいか，である。当時は因果関係の分析概念が未発達であったため，狭義の相当性以外の道具を用いて因果関係の存否を論ずることは困難であったが，今日においてはどうであろうか。この点は次項以降で検討することとなるが，やや議論を先取りすると，因果関係を肯定するための方策として，①同乗者が引きずりおろさなくても，どのみち被害者は同時刻に自然落下していた可能性があるから，最終的に被害者が死亡した具体的な態様そのものは予測可能な範囲内である，とか，②同乗者の行為は被告人の当初の行為によって誘発されたものである，などといったものが考えられる。

　しかし，まず，①については，そのような可能性が具体的に認定されていないことを措くとしても，別段，新しい発想ではない。むしろ，前章でも紹介したように，狭義の相当性に取って代わられる前の相当性説の原型そのものである。それは，無視しえないはずの，寄与度が大きい異常な介在事情をあらかじめ考慮の外においてしまったうえで，たまたま同じような態様の結果をもたらしうる，まったく別の，法的性質も因果系列も大き

く異なる事情が想定可能であるというだけで，ただちに因果関係を肯定しようとする点が批判され，衰退していったのである。したがって，①を新たによみがえらせようとするのであれば，この批判をかわす方策をあらかじめ考えておく必要があろう。

次に，②についても，誘発というのは，他者が当初の行為を恣意的に動機づけに用いたというだけでは足りない。たとえ，他者がそのような行為に出る事実的な確率そのものは低くても，類型的，一般的に見て，当初の行為がその確率を相対的に高めるような性質を有していなければならないのである。そうすると，たとえ，同乗者が「運転者が被害者をはね上げたので，なんとかしなければと思って引きずりおろした」と供述したとしても，いまだ不十分であろう。それだけでは，当初の行為が同乗者の行為を当該事案において可能化したというのを超えて，類型的な促進効果を与えたとまでは評価しえないからである。むしろ，放置しておくと同乗者にまで重い責任が発生しかねないとか，かねてより共同で悪事をはたらいており，何かあれば互いに犯跡を隠ぺいしあうような暗黙の了解があった，などといった事情が必要であろう。

2　最決平16・2・17刑集58・2・169＝患者不養生事件

最高裁が出発点とした事実関係は次のとおりである。

「(1)　被告人は，外数名と共謀の上，深夜，飲食店街の路上で，被害者に対し，その頭部をビール瓶で殴打したり，足蹴にしたりするなどの暴行を加えた上，共犯者の1名が底の割れたビール瓶で被害者の後頸部等を突き刺すなどし，同人に左後頸部刺創による左後頸部血管損傷等の傷害を負わせた。被害者の負った左後頸部刺創は，頸椎左後方に達し，深頸静脈，外椎骨静脈沿叢などを損傷し，多量の出血を来すものであった。

(2)　被害者は，受傷後直ちに知人の運転する車で病院に赴いて受診し，翌日未明までに止血のための緊急手術を受け，術後，いったんは容体が安定し，担当医は，加療期間について，良好に経過すれば，約3週間との見通しを持った。

(3)　しかし，その日のうちに，被害者の容体が急変し，他の病院に転院したが，事件の5日後に上記左後頸部刺創に基づく頭部循環障害による脳機能障害により死亡した。

(4)　被告人は，原審公判廷において，上記容体急変の直前，被害者が無

断退院しようとして，体から治療用の管を抜くなどして暴れ，それが原因で容体が悪化したと聞いている旨述べているところ，被害者が医師の指示に従わず安静に努めなかったことが治療の効果を減殺した可能性があることは，記録上否定することができない」。

最高裁が上告棄却のうえ，因果関係に関して示した職権判断は次のとおりである。

「被告人らの行為により被害者の受けた前記の傷害は，それ自体死亡の結果をもたらし得る身体の損傷であって，仮に被害者の死亡の結果発生までの間に，上記のように被害者が医師の指示に従わず安静に努めなかったために治療の効果が上がらなかったという事情が介在していたとしても，被告人らの暴行による傷害と被害者の死亡との間には因果関係があるというべきであり，本件において傷害致死罪の成立を認めた原判断は，正当である」。

本件において被害者は，当初の致命的な傷害を直接的な原因として死亡しており，ただ，自身の無謀な行動が治療効果を減殺した可能性があるにすぎない点で，大阪南港事件とよく似た構造を有している[4]。すなわち，介在事情が被害者自身の行為であるという点に違いはあるものの，その寄与度が小さいため当初の危険の現実化を阻害しないという，因果関係を肯定するにあたって最も本質的な点においては共通しているのである。そして，そのような目で見ると，たしかに，本判例は大阪南港事件に関する最高裁の判示と非常に似通っている。したがって，ここで新たに述べるべきことはないが，あえて次の2点を注記しておく。

第1に，これは大阪南港事件と共通する点であるが，たとえ，当初の行為によって形成された死因に基づき被害者が死亡しているとしても，たとえば，いったん完治ないしそれに近い状態にあると医学的に判断されうる状態に立ち至ったのち，なんらかの事情により容体が急変，症状が再発等

---

[4] そのほか，被告人が被害者に致命傷を負わせたのち，医師による被害者からの人工呼吸器の取外しが介在した事案において，心臓死説に依拠しつつ，「被告人の眉間部打撲行為により，被害者は，びまん性脳損傷を惹起して脳死状態に陥り，二度にわたる脳死判定の結果脳死が確定されて，もはや脳機能を回復することは全く不可能であり，心臓死が確実に切迫してこれを回避することが全く不可能な状態に立ち至っているのであるから，人工呼吸器の取り外し措置によって被害者の心臓死の時期が多少なりとも早められたとしても，被告人の眉間部打撲と被害者の心臓死との間の因果関係を肯定することができるというべきである」と判示したものとして，大阪地判平5・7・9判時1473・156を参照。

してそうなったような場合には、この介在事情の寄与度が小さいというロジックによって、ただちに因果関係を肯定することは困難である。そのような場合には、もはや、当初の行為によって直接、設定された物理的、生理的危険が、そのまま結果へと現実化したものとは評価しえないからである。介在事情が新たに死因を形成したかどうかにより因果関係の存否を決する一部学説が、そのような場合にはもはや別個の死因と評価すべきである、というのも実質的には同旨であろう。ただし、大阪南港事件はもちろんのこと、本件も到底そのような場合とはいえない。緊急手術後、いったん容体が安定したとはいえ、被害者の無謀行動と（それによりリスクが高められた可能性のある）容体の急変はその日のうちのことであり、当初の物理的、生理的危険が平準化したのちのこととはおよそ評価しえないからである[5]。

　第2に、これは大阪南港事件と異なる点であるが、本件の介在事情は結果の発生を積極的に促進するのではなく、治療という救助的因果を妨害することにより消極的にそうしているにすぎない。そこで、このような違いを重要視するときは、たとえば、消極的な介在事情はより寄与度が小さく、それゆえ、より因果関係を肯定しやすいといわれることもある。学説では、「介在事情が不作為等の消極的条件である場合」と定式化されてきたものである。しかし、このような違いを過大に評価することは適切でない。ハブ毒で死にたくない被害者にとって、たとえば、ハブにかまれるのと、（ハブにかまれたとして）血清を奪われる、あるいは、血清を注射してもらえないのとでは、そのこうむる損害の大きさになんら差がないであろう。ただ、ハブにかまれなければ確実に生きられるが、血清を注射しても確実に助かるとは限らない、ハブにかまれることはめったにないが、適時に血清を注射できないことはありがちである、などといった事実上の違いがあるにすぎない。このように、消極的な介在事情に対し、規範のレベルで異なった基準を適用すべきではなかろう。ただし、たとえそうであるとしても、本件では、もともと確実というには遠い救助的因果の効力を、介在事情が減殺した可能性があるという程度にすぎない。したがって、やはり、

　5　前田巌「判解」最判解刑（平16）148頁も、「治癒（あるいは結果発生の可能性のない程度までの回復）に至ったわけではなく、なお、結果発生に十分な因果力のある危険の継続が認められる。比喩的に言えば、小康状態に至ったこと自体は、行為の因果力が、その当初に比して『勢い』を弱めた状態ということができるように思われる」と述べる。

その寄与度は小さなものと評価して差し支えないと思われる。

Ⅲ 介在事情を誘発している場合

1 最決昭63・5・11刑集42・5・807＝柔道整復師事件

因果関係に関する近年の一連の最高裁判例の嚆矢をなしたものであり，最高裁が前提とした事実関係は次のとおりである。

「被告人は，県知事の免許を受けて柔道整復業を営む一方，風邪等の症状を訴える患者に対しては，医師の資格がないにもかかわらず反復継続して治療としての施術等を行つていたものであるが，本件被害者から風邪ぎみであるとして診察治療を依頼されるや，これを承諾し，熱が上がれば体温により雑菌を殺す効果があつて風邪は治るとの誤つた考えから，熱を上げること，水分や食事を控えること，閉め切つた部屋で布団をしつかり掛け汗を出すことなどを指示し，その後被害者の病状が次第に悪化しても，格別医師の診察治療を受けるよう勧めもしないまま，再三往診するなどして引き続き前同様の指示を繰り返していたところ，被害者は，これに忠実に従つたためその病状が悪化の一途をたどり，当初37度前後だつた体温が5日目には42度にも昇つてけいれんを起こすなどし，その時点で初めて医師に手当てを受けたものの，既に脱水症状に陥つて危篤状態にあり，まもなく気管支肺炎に起因する心不全により死亡するに至つた」。

上告棄却のうえ，最高裁が示した職権判断は次のとおりである。

「被告人の行為は，それ自体が被害者の病状を悪化させ，ひいては死亡の結果をも引き起こしかねない危険性を有していたものであるから，医師の診察治療を受けることなく被告人だけに依存した被害者側にも落度があつたことは否定できないとしても，被告人の行為と被害者の死亡との間には因果関係があるというべきであり，これと同旨の見解のもとに，被告人につき業務上過失致死罪の成立を肯定した原判断は，正当である」。

本判例は，その字面だけを見ると，行為それ自体が有する構成要件的結果惹起の危険性のみを理由に因果関係を肯定するものである。そこで，本判例が出された当時においては，広義の相当性だけで相当因果関係を認めるものであって不当である，との批判がなされたことであった。

しかし，具体的な事実関係を離れ，判例の部分的な言い回しのみを独立

に取り出して特定の抽象的な理論とみなし，これを批判することは厳に慎まなければならない。そして，そうであるとすれば，本判例が強調するところは，むしろ，第2の場合などとは異なり，被告人が直接，被害者に死因となるべき致命傷を与えたわけではなく，また，被害者側の行動がやや突飛なものであることは否定しがたいとしても[6]，やはり，被告人の行為がそのような行動を誘発しかねない重要な影響力を有することだったのではなかろうか。現に，本件における被告人の行為は，たとえば，世間話のなかで（医学的に誤った）民間療法を勧めるなどといったレベルをはるかに超え，被害者側からの信頼に乗じ，来院を求めたり再三往診したりして，被害者を適切な医療的救済から囲い込むものだったのである。

そして，この点さえ肯定されうるとするならば，本件において，被告人による医学的に誤った指示の反復が有する，被害者側の不適切な療法の継続を招来しかねない危険が実際に被害者の死亡結果へと現実化していることは，当然，同時に含意されているものと思われる[7]。

2　最決平4・12・17刑集46・9・683＝夜間潜水事件

最高裁の前提とする事実関係は次のとおりである。

「1　被告人は，スキューバダイビングの資格認定団体から認定を受けた潜水指導者として，潜水講習の受講生に対する潜水技術の指導業務に従事していた者であるが，昭和63年5月4日午後9時ころ，和歌山県串本町の海岸近くの海中において，指導補助者3名を指揮しながら，本件被害者を含む6名の受講生に対して圧縮空気タンクなどのアクアラング機材を使用して行う夜間潜水の講習指導を実施した。当時海中は夜間であることやそれまでの降雨のため視界が悪く，海上では風速4メートル前後の風が吹き続けていた。被告人は，受講生2名ごとに指導補助者1名を配して各担当の受講生を監視するように指示した上，一団となって潜水を開始し，100メートル余り前進した地点で魚を捕えて受講生らに見せた後，再び移

---

[6] 第1審判決（松江地判昭60・7・3刑集42・5・815参照）は，被害者やその妻の行動の突飛さを理由に，過失ないし因果関係を否定していた。

[7] 永井敏雄「判解」最判解刑（昭63）275頁参照。なお，すでにこの調査官解説において，「危険性の現実化」という判断枠組みが用いられている。また，それは，「因果関係に関する判例を検討するに当たっては，単に説示の文言を形式的にとらえるのではなく，前提となった具体的な事実関係に十分留意し，判例が行った実質判断の所在を把握するよう努めていく必要がある」と戒めたものとしても有名である。

動を開始したが，その際，受講生らがそのまま自分についてくるものと考え，指導補助者らにも特別の指示を与えることなく，後方を確認しないまま前進し，後ろを振り返ったところ，指導補助者2名しか追従していないことに気付き，移動開始地点に戻った。この間，他の指導補助者1名と受講生6名は，逃げた魚に気をとられていたため被告人の移動に気付かずにその場に取り残され，海中のうねりのような流れにより沖の方に流された上，右指導補助者が被告人を探し求めて沖に向かって水中移動を行い，受講生らもこれに追随したことから，移動開始地点に引き返した被告人は，受講生らの姿を発見できず，これを見失うに至った。右指導補助者は，受講生らと共に沖へ数10メートル水中移動を行い，被害者の圧縮空気タンク内の空気残圧量が少なくなっていることを確認して，いったん海上に浮上したものの，風波のため水面移動が困難であるとして，受講生らに再び水中移動を指示し，これに従った被害者は，水中移動中に空気を使い果たして恐慌状態に陥り，自ら適切な措置を採ることができないままに，でき死するに至った。

　2　右受講生6名は，いずれも前記資格認定団体における4回程度の潜水訓練と講義を受けることによって取得できる資格を有していて，潜水中圧縮空気タンク内の空気残圧量を頻繁に確認し，空気残圧量が少なくなったときは海上に浮上すべきこと等の注意事項は一応教えられてはいたが，まだ初心者の域にあって，潜水の知識，技術を常に生かせるとは限らず，ことに夜間潜水は，視界が悪く，不安感や恐怖感が助長されるため，圧縮空気タンク内の空気を通常より多量に消費し，指導者からの適切な指示，誘導がなければ，漫然と空気を消費してしまい，空気残圧がなくなった際に，単独では適切な措置を講ぜられないおそれがあった。特に被害者は，受講生らの中でも，潜水経験に乏しく技術が未熟であって，夜間潜水も初めてである上，潜水中の空気消費量が他の受講生より多く，このことは，被告人もそれまでの講習指導を通じて認識していた。また，指導補助者らも，いずれもスキューバダイビングにおける上級者の資格を有するものの，更に上位の資格を取得するために本件講習に参加していたもので，指導補助者としての経験は極めて浅く，潜水指導の技能を十分習得しておらず，夜間潜水の経験も2，3回しかない上，被告人からは，受講生と共に，海中ではぐれた場合には海上に浮上して待機するようにとの一般的注意を受けていた以外には，各担当の受講生2名を監視することを指示されていた

のみで，それ以上に具体的な指示は与えられていなかった」。
　上告棄却のうえ，因果関係に関して示された職権判断は次のとおりである。

「被告人が，夜間潜水の講習指導中，受講生らの動向に注意することなく不用意に移動して受講生らのそばから離れ，同人らを見失うに至った行為は，それ自体が，指導者らの適切な指示，誘導がなければ事態に適応した措置を講ずることができないおそれがあった被害者をして，海中で空気を使い果たし，ひいては適切な措置を講ずることもできないままに，でき死させる結果を引き起こしかねない危険性を持つものであり，被告人を見失った後の指導補助者及び被害者に適切を欠く行動があったことは否定できないが，それは被告人の右行為から誘発されたものであって，被告人の行為と被害者の死亡との間の因果関係を肯定するに妨げないというべきである。右因果関係を肯定し，被告人につき業務上過失致死罪の成立を認めた原判断は，正当として是認することができる」。

　第1審判決（大阪地判平3・9・24刑集46・9・689参照）が条件関係および予見可能性を，原判決（大阪高判平4・3・11刑集46・9・697参照）が予測可能性や通常性を前面に出して因果関係を肯定したのに対し，本判例はそれとはやや趣を異にし，被告人の行為が指導補助者や被害者の過誤を誘発する関係にあったことを強調している。それは，おそらく，弁護人も主張するように，そういった介在事情が異常であるとか，非常識であるなどといった評価を完全に排斥することが困難である可能性をしん酌しつつ，それでもなお前記，誘発関係の存在によって，異常性等が相対的に低減されていることを強調する趣旨に出たものであろう。そして，このことが因果関係を肯定する契機となりうることは前章でも述べたとおりである。

　ただし，本判例の構造はいま少し複雑である。すなわち，前記，誘発関係は説示の後半部分に登場するにとどまる。他方，前半部分においては，むしろ，被告人の行為が現実にたどられた（因果関係を肯定可能な）因果経過に限らず，他のありうる因果経過を経て被害者をでき死させる危険性を有することが述べられている。そして，ここではでき死とされているが，そもそもでき死以外に死の具体的な態様を想定しえない本件において，その意図するところは死という構成要件的結果を超えるものではないと思われる。つまり，説示の前半部分は広義の相当性を認定したものだ，ということになる。

問題は，なぜそのようなことをわざわざ最高裁がしたのか，である。それは，おそらく，因果関係を認定するためには行為が結果発生の危険性を有することと，それが具体的に結果へと現実化したことを確認すべきだ，と考えられたからであろう[8]。危険の現実化という判断枠組みが明示的に最高裁判例に登場したのは後出の日航機ニアミス事件がはじめてであるが，それ以前から危険の現実化にかかる判断の実質は意識されていたのである（つまり，顕在化しなかっただけで，実務的には大阪南港事件以前から相当性説は危機に陥っていたことになる）。そして，1の柔道整復師事件が表面上は広義の相当性のみを認定したかのように見えるのは，広義の相当性を基礎づける被告人の行為から想定可能な因果経過のパターンが現実にたどられたものひとつしか存在しないため，「危険の現実化」中，「現実化」の部分が省略されたのだと推察される。

　もっとも，理論的に厳密に考えると，現実にたどられたのとは別のありがちな因果経過を想定しうることそれ自体は，危険の現実化という発想の根底を流れる因果関係のとらえ方とは無縁のはずである。というのも，危険の現実化とは，行為後の介在事情をただちに通常とは評しえなかったとしても，まさに，結果の発生によってその重大性が確証されることとなった種類の危険性が行為に由来するものと評価しうる，ということであって，行為がそれ以外にどのような危険性を有していたかは本質的ではないからである。こうして──繰り返しになるが──理論的に突き詰めるならば，本判例の説示の前半部分は必須のものではない。一方，柔道整復師事件においては，被告人の行為が被害者らの不適切行動を引き起こす危険性を有していたことではなく，むしろ，そのような危険性が現実のものとなってしまったことを明示的に認定すべきであったと思われる。

3　最決平 15・7・16 刑集 57・7・950 ＝高速道路進入事件

　最高裁が出発点とした事実関係は次のとおりである。

「(1)　被告人 4 名は，他の 2 名と共謀の上，被害者に対し，公園において，深夜約 2 時間 10 分にわたり，間断なく極めて激しい暴行を繰り返し，引き続き，マンション居室において，約 45 分間，断続的に同様の暴行を

---

[8] 井上弘通「判解」最判解刑（平 4）234 頁以下参照。ただし，実際には，ほとんどの場合に危険とその現実化を独立して考察するのは困難だという。

加えた。

(2) 被害者は，すきをみて，上記マンション居室から靴下履きのまま逃走したが，被告人らに対し極度の恐怖感を抱き，逃走を開始してから約10分後，被告人らによる追跡から逃れるため，上記マンションから約763mないし約810m離れた高速道路に進入し，疾走してきた自動車に衝突され，後続の自動車にれき過されて，死亡した」。

上告棄却のうえ，示された職権判断は次のとおりである。

「被害者が逃走しようとして高速道路に進入したことは，それ自体極めて危険な行為であるというほかないが，被害者は，被告人らから長時間激しくかつ執ような暴行を受け，被告人らに対し極度の恐怖感を抱き，必死に逃走を図る過程で，とっさにそのような行動を選択したものと認められ，その行動が，被告人らの暴行から逃れる方法として，著しく不自然，不相当であったとはいえない。そうすると，被害者が高速道路に進入して死亡したのは，被告人らの暴行に起因するものと評価することができるから，被告人らの暴行と被害者の死亡との間の因果関係を肯定した原判決は，正当として是認することができる」。

人間には（も）自己保存本能があるから，被害者が高速道路に進入するという自身に重大な危険が及ぶ行動をとることは，通常であれば考えにくい。しかし，被告人らの暴行により極度の恐怖心を抱き，必死に逃走中であったため冷静な判断能力を失っていたこと，とっさの判断を迫られていたことなどからすれば，被害者がそのような行動に出たことも十分に了解可能であり，なんらおかしくはない。少なくとも，奇行などといった範疇からは外れている。判文から推測する限り，最高裁の頭のなかにはこのような思考過程が存在したものと考えられる。

これに対して学説には，「不自然，不相当」という本判例の言い回しをとらえて相当性説的であると称し，判例においても相当性説が完全に捨て去られたわけではない，と分析するものもある。しかし，これは（前提とされる事実関係の違いにも由来するが）因果関係を否定した第1審判決（長野地松本支判平14・4・10刑集57・7・973参照）以降，当事者および原判決（東京高判平14・11・14高刑集55・3・4）の依拠する用語法に配慮したものにすぎず，特定の学説を意識し，これとの親和性を高めようとする意図を読み込むのは不自然であろう。

そして，本件を大きく特徴づけるのは，行為の影響から切り離された介

在事情単体での経験的通常性ではない。そうではなく，むしろ，被告人が被害者による行動選択の自由を削り取り，危険な逃走手段へと駆り立てたことだと思われる。したがって，本件は前記，言い回しに反し，（本章では扱わない）狭義の相当性の事例類型ではなく，やはり，介在事情を誘発している事例類型に割り当てるほうが妥当ではなかろうか[9]。

4　最決平16・10・19刑集58・7・645＝高速道路上停止事件

　紙幅の都合上，因果関係に関する職権判断のみを引用する（原判決およびその是認する第1審判決により最高裁が前提とした事実関係は，この前の部分に示されている）。

　「Aに文句を言い謝罪させるため，夜明け前の暗い高速道路の第3通行帯上に自車及びA車を停止させたという被告人の本件過失行為は，それ自体において後続車の追突等による人身事故につながる重大な危険性を有していたというべきである。そして，本件事故は，被告人の上記過失行為の後，Aが，自らエンジンキーをズボンのポケットに入れたことを失念し周囲を捜すなどして，被告人車が本件現場を走り去ってから7，8分後まで，危険な本件現場に自車を停止させ続けたことなど，少なからぬ他人の行動等が介在して発生したものであるが，それらは被告人の上記過失行為及びこれと密接に関連してされた一連の暴行等に誘発されたものであったといえる。そうすると，被告人の過失行為と被害者らの死傷との間には因果関係があるというべきであるから，これと同旨の原判断は正当である」。

　本判例も，まずは柔道整復師事件や夜間潜水事件と同様，被告人の行為が人身事故につながる，つまり，人の死傷結果を引き起こしかねない重大な危険性を有していたことを確認している。そして，厳密に理論的にいえば，この部分が因果関係を認定するのに必須でないことも，また前述したとおりである。

　さらに，これに続けて本判例は，介在事情の誘発関係を認定している[10]。理論的には，こちらが因果関係の本丸といえよう。そもそも，被告人車が走り去ったのち，7，8分もの間，Aが高速道路の第3通行帯に大型ト

9　本判例の調査官解説である山口雅高「判解」最判解刑（平15）427・428頁は，誘発関係に加えて，逃走方法の不適切さが際立っていないことを要求したものだと解している。しかし，後者が欠けるとしてあげられている例においては，そもそも前者が欠けているように思われる。

レーラーを停止させ続けるなど，通常では考えにくい事態であろう。したがって，むしろ，前記，誘発関係こそが，被告人の自車およびＡ車を停止させた行為と，被害者らの死傷結果との間の因果関係を基礎づけているのである。

ところで，判文をよく読むと，介在事情を誘発したものとされているのは前記，停止させた行為ではない。そうではなく，むしろ，「被告人の上記過失行為〔Ａに文句を言い謝罪させるため，夜明け前の暗い高速道路の第３通行帯上に自車及びＡ車を停止させたという被告人の本件過失行為〕及びこれと密接に関連してされた一連の暴行等」である。密接に関連してされたのであれば，一連の暴行等をも含めて過失行為と認定する余地もあったように思われる。しかし，こればかりは，検察官がそのように訴因を構成しなかったのであり仕方がない，としかいいようがない。なしうるのは，せいぜい検察官の意図を推測することだけであるが，もしかすると，暴行が死傷と因果関係を有することにより傷害（致死）罪を構成しかねない独立の故意犯罪であって，これを死傷に対する過失犯の実行行為に含めることに幾ばくかの違和感があったのかもしれない。いずれにせよ，本判例において一連の暴行等は，まさに，そのために自車およびＡ車を停止させたという点で過失行為と密接に結びついているものの，あくまで因果経過の（当然，因果関係を遮断しない）ひとこまにすぎない。そして，それがその前提となる停止させた行為とともに，介在事情を誘発したものと評価されていることになる[11]。

5　最決平22・10・26刑集64・7・1019＝日航機ニアミス事件

本件についても紙幅の都合上，事実関係を除いた職権判断の部分を引用することで満足せざるをえない。

「(1)　所論は，言い間違いによる本件降下指示は危険なものではなく過失行為に当たらず，本件ニアミスは，上昇ＲＡに反した907便の降下とい

---

[10]　（裁）判例の一部の言い回しを過大に評価してはならない，というのはそのとおりであるが，本件においては，「誘発」の語が第１審判決から一貫して使用されている点が特徴的である（水戸地土浦支判平15・1・10刑集58・7・654参照，東京高判平15・5・26刑集58・7・670参照）。

[11]　この点につき，上田哲「判解」最判解刑（平16）486頁以下を参照。また，本段落で述べた実行行為のとらえ方については，松宮孝明「判批」判評571号（2006）210頁以下も参照されたい。

う本件降下指示後に生じた異常な事態によって引き起こされたものであるから，本件降下指示と本件ニアミスとの間には因果関係がない上に，被告人両名において，907便と958便が共に降下して接近する事態が生じることを予見できなかったのであるから，被告人両名に対して業務上過失傷害罪が成立しない旨主張する。

(2) そこで検討すると……被告人Aが航空管制官として担当空域の航空交通の安全を確保する職責を有していたことに加え，本件時，異常接近警報が発せられ上昇中の907便と巡航中の958便の管制間隔が欠如し接触，衝突するなどのおそれが生じたこと，このような場面においては，巡航中の958便に対して降下指示を直ちに行うことが最も適切な管制指示であったことを考え合わせると，被告人Aは本来意図した958便に対する降下指示を的確に出すことが特に要請されていたというべきであり，同人において958便を907便と便名を言い間違えた降下指示を出したことが航空管制官としての職務上の義務に違反する不適切な行為であったことは明らかである。そして，この時点において……ＴＣＡＳの機能……本件降下指示が出されたころの両機の航行方向及び位置関係に照らせば，958便に対し降下ＲＡが発出される可能性が高い状況にあったということができる。このような状況の下で，被告人Aが言い間違いによって907便に降下指示を出したことは，ほぼ同じ高度から，907便が同指示に従って降下すると同時に，958便も降下ＲＡに従って降下し，その結果両機が接触，衝突するなどの事態を引き起こす高度の危険性を有していたというべきであって，業務上過失傷害罪の観点からも結果発生の危険性を有する行為として過失行為に当たると解される。被告人Aの実地訓練の指導監督者という立場にあった被告人Bが言い間違いによる本件降下指示に気付かず是正しなかったことも，同様に結果発生の危険性を有する過失行為に当たるというべきである。

また，因果関係の点についてみると，907便のＣ機長が上昇ＲＡに従うことなく降下操作を継続したという事情が介在したことは認められるものの……管制指示とＲＡが相反した場合に関する規定内容や……降下操作継続の理由にかんがみると，同機長が上昇ＲＡに従わなかったことが異常な操作などとはいえず，むしろ同機長が降下操作を継続したのは，被告人Aから本件降下指示を受けたことに大きく影響されたものであったといえるから，同機長が上昇ＲＡに従うことなく907便の降下を継続したことが本

件降下指示と本件ニアミスとの間の因果関係を否定する事情になるとは解されない。そうすると，本件ニアミスは，言い間違いによる本件降下指示の危険性が現実化したものであり，同指示と本件ニアミスとの間には因果関係があるというべきである。

さらに，被告人両名は，異常接近警報により907便と958便が異常接近しつつある状況にあったことを認識していたのであるから，言い間違いによる本件降下指示の危険性も認識できたというべきである。また……ＴＣＡＳに関する被告人両名の知識を前提にすれば，958便に対して降下ＲＡが発出されることは被告人両名において十分予見可能であり，ひいては907便と958便が共に降下を続けて異常接近し，両機の機長が接触，衝突を回避するため急降下を含む何らかの措置を採ることを余儀なくされ，その結果，乗客らに負傷の結果が生じることも予見できたと認められる。

以上によれば，被告人Ａの言い間違いによる本件降下指示は，便名を言い間違えることなく958便に対して降下指示を与えて，原判決罪となるべき事実にいう907便と958便の接触，衝突等の事故の発生を未然に防止するという航空管制官としての業務上の注意義務に違反したものであり，被告人Ｂが，被告人Ａが958便に対し降下指示をしたものと軽信して，その不適切な管制指示に気付かず是正しなかったことも，被告人Ａによる不適切な管制指示を直ちに是正して上記事故の発生を未然に防止するという，被告人Ａの実地訓練の指導監督者としての業務上の注意義務に違反したものというべきである。そして，これら過失の競合により，本件ニアミスを発生させたのであって，被告人両名につき業務上過失傷害罪が成立する。これと同旨の原判断は相当である。

なお，本件ニアミスが発生した要因として，管制官の指示とＲＡが相反した場合の優先順位が明確に規定されていなかったこと，航空機の性能についてＣ機長に周知されていなかったという事情があったことも認められる。しかし，それらの事情は，本件ニアミス発生の責任のすべてを被告人両名に負わせるのが相当ではないことを意味するにすぎず，被告人両名に対する業務上過失傷害罪の成否を左右するものではない」。

本判例の説示事項は，過失行為の危険性，因果関係，予見可能性等，多岐にわたっている。もっとも，少なくとも，予見可能性は被告人個人の知識等を前提とした責任にかかわる判断であり，本判例においても実質的にはそのようなものとして扱われているから，他とはやや毛色を異にしてい

る。

　これに対し，本件行為（言い間違いによる降下指示等）が過失行為としての危険性を有しているかという点に関しては，因果関係が肯定されるべき事態の推移を経て，業務上過失傷害罪における結果が発生する危険性を有することをもって認定されている。もっとも，これは，判例が（実質的には）危険の現実化を判断する際にしばしば見られる，行為それ自体が有する構成要件的結果発生の危険性の認定と，内容において重なり合っている。そして，これが因果関係ではなく過失行為という標題のもとで論じられているのは，最高裁がその依拠する理論体系を変更したからではない。そうではなく，むしろ，弁護人が上告趣意において用いていることば遣いに対応したものにすぎない，と見るのが自然であろう[12]。

　ただし，このような「対応」が現実に行われうるのは，やはり，前記，危険性が因果関係のうちに，確固とした理論的位置を必ずしも獲得できていないからだと思われる。その意味で，やや我田引水の解釈かもしれないが，判例自身においても，前述のように，前記，危険性は因果関係の認定に必須のものとはとらえられていないのではなかろうか。現に，本判例に限らず，過失の認定に際し，前記，危険性に相当するものに言及する（裁）判例はいくつも存在するのである。さらにいえば，私は，前記，危険性が過失行為に特有の構成要素であるとも考えていないのであるが，この点（および前記，〔裁〕判例）については過失犯を扱う第14・15章を参照されたい。

　次に，因果関係について，介在事情，すなわち，C機長による907便の降下操作の継続は，独立にとりあげれば奇妙なものに見えるかもしれない。しかし，RAと管制指示が相反した場合の優先順位に関する規定の不在，上昇RAを認識したうえでのC機長の（了解可能な）諸判断を背景にすれば，必ずしも異常とはいえない。むしろ，本件，言い間違いによる降下指示を受けたことに大きく影響されていることから，因果関係が肯定されているのである。そこでは，具体的な事情にかんがみれば介在事情が経験的に見て通常であることに加え，当初の行為が強力な誘因となっていることがあわせてあげられており，非常に周到な認定ということができよう。

　なお，本判例に関しては，最高裁としてはじめて，危険の現実化という

12　西野吾一「判解」最判解刑（平22）239・240頁参照。

判断枠組みを明示的に用いた点が注目されることもある。もっとも、すでに述べたように、このような判断枠組みは実質的にはそれ以前から最高裁のなかで機能していた。したがって、言い回しそれ自体に過大な意味を付与するのは、判例の解釈として適切でないと思われる。

Ⅳ 一般的生活危険が逸脱されている場合

次に問題となる事例類型は、一般的生活危険が逸脱されている場合である。その抽象的な理論構造は前章において説明したので、ここでは、最決平18・3・27刑集60・3・382＝トランクルーム事件を素材に具体的な検討を加える。まず、最高裁の前提とする事実関係は次のとおりである。

「(1) 被告人は、2名と共謀の上、平成16年3月6日午前3時40分ころ、普通乗用自動車後部のトランク内に被害者を押し込み、トランクカバーを閉めて脱出不能にし同車を発進走行させた後、呼び出した知人らと合流するため、大阪府岸和田市内の路上で停車した。その停車した地点は、車道の幅員が約7.5mの片側一車線のほぼ直線の見通しのよい道路上であった。

(2) 上記車両が停車して数分後の同日午前3時50分ころ、後方から普通乗用自動車が走行してきたが、その運転者は前方不注意のために、停車中の上記車両に至近距離に至るまで気付かず、同車のほぼ真後ろから時速約60kmでその後部に追突した。これによって同車後部のトランクは、その中央部がへこみ、トランク内に押し込まれていた被害者は、第2・第3頸髄挫傷の傷害を負って、間もなく同傷害により死亡した」。

上告棄却のうえ、示された職権判断は次のとおりである。

「被害者の死亡原因が直接的には追突事故を起こした第三者の甚だしい過失行為にあるとしても、道路上で停車中の普通乗用自動車後部のトランク内に被害者を監禁した本件監禁行為と被害者の死亡との間の因果関係を肯定することができる。したがって、本件において逮捕監禁致死罪の成立を認めた原判断は、正当である」。

古くから、教科書類においては相当因果関係を説明するため、救急車事故事例とよばれる講壇設例が用いられてきた。それは、XがAをナイフで刺し重傷を負わせたところ、Aは通行人の通報により救急車で搬送されたものの、その救急車が交通事故に遭い、Aはその交通事故を直接的な原因

第7章 因果関係（下）

として死亡した，というものであった。そして，そこで相当因果関係，したがって帰責を否定すべきものとされる実質的な根拠は，まさに，交通事故が異常事態であるところに求められていたのである。

ところが，本件ではまさに，その交通事故が直接的な原因となって被害者が死亡している。しかも，その具体的な態様を見てみると，おそらく救急車事故事例が想定しているものに比して，特段，しばしば起こりがちな事故であるとはいえないし（「甚だしい過失」という表現には，過失の刑法理論的に見た重大性にとどまらず，このような含意があると見るのが自然である），また，追突車両運転者の前方不注意に対する誘発関係も観念しがたい。そうすると，本件において因果関係を肯定した最高裁は，これまでの主要な教科書類の執筆者とは異質な応報感覚を有することになるのであろうか。

私には，そのようには思われない。というのも，本件においては，被害者が被告人によってトランクルーム内という，交通事故のリスクに対して許されないほど脆弱な立場におかれているという，救急車事故事例にはない特殊な事情が看取しうるからである[13]。たしかに，個別具体の事例だけを見れば，交通事故は予測不能な突発的事態かもしれない。しかし，そのリスクは社会に遍在しており，まさにそのことを考慮してトランクルームへの乗車が禁止されている。トランクルームは追突時に後部座席より危険であるというのを超えて，むしろ，トランクルームがクラッシュすることによって後部座席を守るとさえいえるのである。そして，そのような観点からすると，本件においても，被告人は被害者を許されない危険にさらし，かつ，その危険が実際に現実化したものと評価してよいように思われる。

このような発想を標題の表現を用いて言い直すと，行為の影響がなくても単独で結果をもたらしうるような交通事故のリスクは，われわれが社会生活を送るうえで避けることのできない一般的生活危険である。したがって，それが実現したにすぎない救急車事故事例においては因果関係が否定される。これに対して本件交通事故は，被告人によりトランクルーム内におかれたことではじめて被害者の死をもたらしうる。それゆえ，一般的生

---

13 この点で，原判決（大阪高判平17・9・13刑集60・3・401参照）が「このような事故の結果，前車に乗車中の者は，どのような形態で乗車する場合であっても，衝突の衝撃により死傷に至ることは，十分あり得るところであり」と一般化するのは，本件事例類型の特質を見落としているように思われる。多和田隆史「判解」最判解刑（平18）234・235頁参照。

活危険が逸脱されており，因果関係は肯定されることになる。

　なお，本件と類似の構造をもつ判例としては，二重れき過事故に関する最決昭 47・4・21 判時 666・93 があげられよう（そのほか，近時の裁判例として，東京高判平 29・7・13 高検速報 3608 も参照）。これは，業務上過失致死罪における因果関係を肯定したものであるが，原判決の認定によれば，大要，次のような事実が認められる。

　被告人は深夜，普通乗用自動車を運転して時速約 40 キロメートルで進行中，対向車の前照灯に眩惑されたにもかかわらず，減速，徐行の措置をとらなかった過失により，道路を横断歩行中のＡの発見が遅れ，自車右前部を同女に衝突させ，対向車線上に跳ねとばして両下腿骨骨折等の傷害を負わせた。さらに，被告人が前記事故を起こしたのに，そのままその場を立ち去ったため，対向車線上に転倒横臥していたＡは，その後，間もなく，対向車線上を反対方向から進行してきたＢ運転の普通自動車にれき過され，外傷性心臓（右心房）破裂により死亡した。

　この事案の特徴もまた，トランクルーム事件と同様，被告人によって被害者が車線上に横たえられるという，自動車交通に対して許されないほど脆弱な立場におかれているところに求めることができよう。そして，このことが因果関係を認定するに際して本質的な重要性を有しているとすれば，当時，交通量が少なかったとか，Ｂにはなはだしい過失があったなどといった事情は，必ずしも因果関係を阻却する力をもたないと思われる。

　もっとも，原判決の認定によれば，実際にはかなりの交通量があったとともに，深夜であったため照明は薄暗かったようである。このような事情が存在するのであれば，厳密にいうと，この事案は本件事例類型に含めるまでもなく，因果関係を肯定しうるものであったと考えられよう。

V　行為時の特殊事情

　以上が，近時においてさかんに議論されている，行為後の異常な介在事情を守備範囲とする，危険の現実化をめぐる判例の概観である。これに対し，判断基底論を主眼とする相当性説がその解決を任されているのが，ここで扱う行為時の特殊事情である。判例は数多く存在するが，代表的なものとして，前章において講壇設例としても紹介した最判昭 25・3・31 刑集 4・3・469 ＝脳梅毒事件を見てみよう。

第7章　因果関係（下）

「原判決の確定した事実によると被告人は被害者の左眼の部分を右足で蹴付けたのである。そして原審が証拠として採用した鑑定人Mの鑑定書中被害者の屍体の外傷として左側上下眼瞼は直径約5糎の部分が腫脹し暗紫色を呈し左眼の瞳孔の左方角膜に直径 0.5 糎の鮮紅色の溢血があると記載されているからその左眼の傷が被告人の足蹴によつたものであることは明かである。ところで被告人の暴行もその与えた傷創もそのものだけは致命的なものではないが（K医師は傷は10日位で癒るものだと述べている）被害者は予て脳梅毒にかかつて居り脳に高度の病的変化があつたので顔面に激しい外傷を受けたため脳の組織を一定度崩壊せしめその結果死亡するに至つたものであることは原判決挙示の証拠即ち鑑定人M，Nの各鑑定書の記載から十分に認められるのである。論旨は右鑑定人の鑑定によつては被告人の行為によつて脳組織の崩壊を来したものであるという因果関係を断定することが経験則にてらして不可能であり又他の証拠を綜合して考えて見ても被告人の行為と被害者の死亡との因果関係を認めることはできないと主張する。しかし右鑑定人の鑑定により被告人の行為によつて脳組織の崩壊を来したものであること従つて被告人の行為と被害者の死亡との間に因果関係を認めることができるのであつてかかる判断は毫も経験則に反するものではない。又被告人の行為が被害者の脳梅毒による脳の高度の病的変化という特殊の事情さえなかつたならば致死の結果を生じなかつたであろうと認められる場合で被告人が行為当時その特殊事情のあることを知らずまた予測もできなかつたとしてもその行為がその特殊事情と相まつて致死の結果を生ぜしめたときはその行為と結果との間に因果関係を認めることができるのである。されば原判決には所論の如き違法なく論旨は理由がない。なお論旨付記の当裁判所の判例は本件に適切なものでない」。

本判例は，条件関係だけで因果関係を肯定する，いわゆる条件説を採用したものと評価されることもあるが，それは非常に不自然な読み方であろう。というのも，最高裁は――弁護人の主張に応えるかたちではあるが――まずはいわゆる事実的因果関係を認定したうえで，さらに主観的相当性説を排斥するという二段構えの構造をとっているからである。そして，被害者の脳梅毒による脳の高度の病的変化という特殊の事情と相まって，という表現が，そのような特殊事情の考慮を（おそらく，一般人にも特殊事情が認識不可能な本件においても）当然の前提とするものである以上，実質的には客観的相当性説が採用されていると評価するのが妥当であろう。

なお，本判例および他の多くの判例[14]と同様，私も同説が適切であると考えているが，その理論的根拠については前章を参照されたい。

VI 因果関係とは別次元の考慮？

1 最決平9・10・30刑集51・9・816＝CD事件

以上で見てきた判例は，因果関係という表題のもとに因果関係の存否を扱っており，その意味で，形式的にも実質的にも因果関係論の判例ということができる。これに対し，判例のなかには，形式的には因果関係以外の要件を論じているかに見えながら，その実，因果関係について一定の判断を示していると解されるものも存在している。ここでは，そのうちの2つを独立の項ごとにとりあげる。もっとも，結論からいえば，私は，前者については因果関係に関する判例と整理することに賛成であるが，後者についてはやや疑問をもっている。

まず，標題の事件に関し，最高裁は上告を棄却したうえ，職権で次のように判断している。

「所論にかんがみ，本件において関税法109条1項の禁制品輸入罪（以下「禁制品輸入罪」という。）が既遂に達したか否かについて，職権により判断する。

原判決の認定によれば，被告人は，フィリピン人と共謀の上，輸入禁制品の大麻を輸入しようと企て，フィリピン共和国マニラ市内から本件大麻を隠匿した航空貨物を被告人が共同経営する東京都内の居酒屋あてに発送し，平成7年7月21日，右貨物が新東京国際空港に到着した後，情を知らない通関業者が輸入申告をし，同月24日税関検査が行われたが，その結果，大麻の隠匿が判明したことから，成田税関支署，千葉県警察本部生活安全部保安課及び新東京空港警察署の協議により，国際的な協力の下に規制薬物に係る不正行為を助長する行為等の防止を図るための麻薬及び向精神薬取締法等の特例等に関する法律4条等に基づいていわゆるコントロール・デリバリーが実施されることになり，同月27日午前に税関長

---

[14] 最判昭46・6・17刑集25・4・567＝老女布団蒸し事件，最決昭49・7・5刑集28・5・194＝未知の結核病巣事件などを参照。

の輸入許可がされ，その後，捜査当局の監視の下，配送業者が，捜査当局と打合せの上，右貨物を受け取って前記居酒屋に配達し，同日午後に被告人がこれを受け取ったというのである。

　関税法上の輸入とは，外国から本邦に到着した貨物を本邦に（本件のように保税地域を経由するものについては，保税地域を経て本邦に）引き取ることをいうところ（同法2条1項1号），その引取りは，申告，検査，関税の賦課徴収及び輸入許可という一連の行為を経て行われることが予定されたものである。そして，本件においては，情を知らない通関業者が輸入申告をし，申告に係る貨物についての税関長の輸入許可を経た後，配送業者が，捜査当局等から右貨物に大麻が隠匿されていることを知らされ，コントロールド・デリバリーによる捜査への協力要請を受けてこれを承諾し，捜査当局の監視下において右貨物を保税地域から本邦に引き取った上，捜査当局との間で配達の日時を打合せ，被告人が貨物を受領すれば捜査当局において直ちに大麻所持の現行犯人として逮捕する態勢が整った後，右貨物を被告人に配達したことが明らかである。

　右事実関係によれば，被告人らは，通関業者や配送業者が通常の業務の遂行として右貨物の輸入申告をし，保税地域から引き取って配達するであろうことを予期し，運送契約上の義務を履行する配送業者らを自己の犯罪実現のための道具として利用しようとしたものであり，他方，通関業者による申告はもとより，配送業者による引取り及び配達も，被告人らの依頼の趣旨に沿うものであって，配送業者が，捜査機関から事情を知らされ，捜査協力を要請されてその監視の下に置かれたからといって，それが被告人らからの依頼に基づく運送契約上の義務の履行としての性格を失うものということはできず，被告人らは，その意図したとおり，第三者の行為を自己の犯罪実現のための道具として利用したというに妨げないものと解される。そうすると，本件禁制品輸入罪は既遂に達したものと認めるのが相当であり，これと同趣旨の原判断は，正当である」。

　本判例は，そこで用いられている個々の表現のみを取り出して観察すれば，間接正犯性の問題に取り組んでいるようにも見える。しかし，いわゆる「道具の知情」の事例，たとえば，医師が患者に対する殺意をもって，事情を知らない看護師に毒薬入りの注射器を渡したところ，看護師は途中で中身が毒薬であることに気づいたものの，医師と同じく患者のことを以前から憎んでいたため，これ幸いと殺意をもってそのまま患者に注射し，

第7章　因果関係（下）

これを死に至らしめたという場合に，（殺人未遂に関しては争いがありうるにしても，少なくとも殺人既遂に関しては）医師の間接正犯性を否定するのが圧倒的通説である[15]ことにかんがみると，本件においても，最高裁があっさりと間接正犯性を肯定したものと見るのは不自然であろう[16]。むろん，一定の理由はあげられているが，本判例が配送業者に関して述べるところは，そのまま，前記事例における看護師にもあてはまりうるのである。

唯一，考えられる違いは，配送業者の行為が捜査機関の要請に基づく適法なものであった[17]ことである。たしかに，適法に行為する者は往々にして，規範に逆らう意思決定を経ていないという点で，いわゆる規範的障害を欠くものといえる。しかし，厳密にいうと，規範的障害とは，注意すれば不法およびこれに対する違法評価の認識に到達するという意味であって，媒介行為の適法性それ自体は本質的でないはずである。また，この点を措くとしても，媒介行為者が，自身の行為が充足する構成要件の射程を十分に認識しつつ，行為に出ないことも自由であるのにあえて行為に出たと評価しうる場合には，たとえ当該行為が適法であったとしても，なおこれを道具とよぶのは著しく不自然であろう。

このように見てくると，本件においては，未遂に関して（間接）正犯性が肯定されうるのは当然であるとしても，既遂に関してまでこれを肯定することは困難である。したがって，あとは前記，道具の知情の事例とパラレルに，既遂に関しては教唆犯の罪責を問いうるかが検討されるべきことになろう（未遂の正犯と既遂の教唆犯との罪数関係は別途，問題となりうる）。具体的には，多くの学説が指摘するように，当初の行為をきっかけとした適法行為の介入が（正犯と共犯とで本質的に共通する）因果関係を遮断しないかが，個別の事実関係に即して判断されるべきことになる。

ただし，ここで議論の桎梏となりうるのは，通説である制限従属性説が適法行為に対する教唆犯を認めていないことである。本判例が既遂に関し

15　ほとんど唯一の例外として，団藤重光『刑法綱要総論〔第3版〕』（創文社，1990）160頁注18をあげることができる。

16　現に，本判例に付された遠藤光男裁判官の意見は，配送業者が道具としての地位を喪失した旨，明言している。また，本判例の調査官解説も相当に慎重であり，「既遂と認定するのに幾分でも問題があるような事案においては，無用な争いを断ち切るため検察官の裁量において当初から未遂で起訴するということも，実務的には検討に値する」とまで述べていることに注意を要する。三好幹夫「判解」最判解刑（平9）257頁注21。

17　ただし，法律に明文で正当化事由が定められているわけではなく，ＣＤを予定した麻薬特例法の趣旨に照らして適法と解されうる，というにとどまる。

183

ても，あたかも間接正犯の成否が問われているかのごとくに議論を展開しているのもまた，あるいはこの点を意識してのことなのかもしれない。もっとも，詳しくは共犯の従属性を扱う第22章において論ずることとするが，島田聡一郎教授の学説の影響のもとに，近年では，学界においても制限従属性説の縛りが緩められつつある。したがって，本件でも，既遂に関しては端的に教唆犯の成立を肯定し——いくら，正犯と教唆犯および禁制品輸入罪の既遂と未遂の処断刑が同じであり，かつ，未遂に関しては問題なく正犯が成立しているとはいえ——間接正犯が成立しているかの「虚飾」を施すことはなかったと思われる。

2 最決昭53・3・22刑集32・2・381＝熊撃ち事件

事案は，被告人が被害者とともに熊の狩猟に従事するに際し，対象が熊であることを確認のうえ銃弾を発射すべき業務上の注意義務を怠り，被害者を熊と間違えて同人目がけて銃弾を発射した過失により同人に銃創を負わせ，さらに，同銃創により苦悶していた被害者を確認するや，その至近距離から銃弾を発射して同人を死亡させた，というものである。

被告人に（殺人罪のほか）業務上過失致死罪が成立しうるとの検察官の主張に対し，第1審判決（前橋地判昭48・9・26刑集32・2・398参照）は，「被告人の判示第1の所為により被害者はもはや回復が不可能で数分ないし十数分以内に必ず死亡するに至るような傷害を受けたことが認められるが，判示のとおり，被害者は未だ右傷害によつて死亡するに至る以前に，被告人の殺意に基づく判示第2の所為によつて死亡させられたものであるから，第1の所為による因果の進行はこれにより断絶したものと評価せざるを得ず，結局被告人の判示第1の所為は業務上過失致傷を構成するにとどまるものと思料する」と述べた。これに対して原判決（東京高判昭50・5・26刑集32・2・402参照）は，「被告人の過失による傷害の結果が発生し，致死の結果が生じない時点で，被告人の殺人の故意による実行行為が開始され，既に生じていた傷害のほか，新たな傷害が加えられて死亡の結果を生じたものであつて，殺人罪の構成要件を充足する行為があつたものというべきである。そして殺人の実行行為が開始された時点までの被告人の犯罪行為は業務上過失傷害の程度にとどまり，殺人の実行行為が開始された時点以後は殺人罪の構成要件に該当する行為のみが存在したものというべきである。また以上の業務上過失傷害罪と殺人罪とは，同一被害者に対す

る連続した違法行為ではあるが，前者は過失犯，後者は故意犯であつて，両者は責任条件を異にする関係上併合罪の関係にあるものと解すべきである」と判示したのである。そして，さらに最高裁は，職権判断により次のように説示している。

「本件業務上過失傷害罪と殺人罪とは責任条件を異にする関係上併合罪の関係にあるものと解すべきである，とした原審の罪数判断は，その理由に首肯しえないところがあるが，結論においては正当である（当裁判所昭和47年(あ)第1896号同49年5月29日大法廷判決・刑集28巻4号114頁，昭和50年(あ)第15号同51年9月22日大法廷判決・刑集30巻8号1640頁参照）」。

本判例は一般に，当初の誤射と被害者の死亡結果との間の因果関係を否定したもの，と整理されている。そして，おそらくはそういった整理を前提として，爾後の行為者自身の行為の介入を因果関係という枠組みのなかで扱う裁判例も散見されるところである[18]。

しかし，そもそも，本判例が論じているのは原判決の罪数判断だけであり，しかも，原判決の当該部分にも因果関係の語は登場しないのであるから，そのような整理は牽強付会というべきであろう。むしろ，原判決は前記，因果関係の存否に立ち入ることなく[19]，（おそらく，死の惹起に対する二重評価を回避するという観点から）被害者の死亡結果については殺人罪のみで評価し[20]，それ以前に成立している業務上過失傷害罪とは故意・過失の違いがあることから，（前者の罪に後者の罪が吸収されるのではなく）両罪を併合罪としたものととらえるのが自然であると思われる[21]。

18　本判例を，因果関係を否定したものとして明示的に引用したうえ，行為者自身による逃走時の不注意による再れき過が因果関係を否定しないとしたものとして，大阪地判平3・5・21判タ773・265がある。

19　なお，高速道路上停止事件の調査官解説である上田・前掲「判解」493頁以下は，「補論」と称してこの問題に検討を加え，大阪南港事件と平仄を合わせるならば，むしろ，因果関係を肯定すべきであったとする見解に理解を示している。

20　同様の観点から，大判大12・4・30刑集2・378＝砂末吸引事件に代表される，いわゆるヴェーバーの概括的故意ないし遅すぎた構成要件の実現事例では，因果関係を肯定しうる限りにおいて第1行為に殺人罪が成立し，それとは別に，第2行為に過失致死罪が成立することはないと考えられる。これに対し，第1行為に業務上過失致死罪，第2行為に殺人罪の成立を認め，両者を併合罪とした裁判例として鹿児島地判昭44・3・4判時558・97があるが，非常にまれな例であるといえよう。

21　併合罪とする理由は述べられていないものの，ほぼ同一の構造を有すると思われる裁判例として，東京高判昭63・5・31判時1277・166を参照。ただし，厳密にいうと，この事案では，もし因果関係を肯定しえたならば，業務上過失致死罪と傷害罪の併合罪とすることもありえたかもしれない。

第7章 因果関係（下）

　もっとも，そうだとすると，本判例がこのような原判決の罪数判断にコメントする際，観念的競合における行為の一個性に関する先例を参照させるのは奇妙である。原判決が併合罪を認めた理由を批判するのであれば，むしろ，故意・過失の違いを決定的としている点に注目すべきだったのではなかろうか[22]。

　さて，以上で見てきたように，本判例は形式的にも実質的にも因果関係を論じたものではなく，むしろ，その主眼は罪数判断にあったと解するのが妥当である。むろん，実質は罪数論であることをわきまえたうえで，なお因果関係という表題のもとにこれを扱う[23]のが論理的な誤りであるとまではいえない。しかし，いまだ罪数論が独自の理論領域として確立されていないというのであればともかく，少なくとも今日においては到底そのようにはいえないのであるから，やはり，形式的にも正面から罪数論として主題化するほうが適切であろう。そして，同様のことは，たとえば，講学上，しばしば「被害者による治療拒否が介在して死亡結果が発生した場合と因果関係」と定式化される問題[24]についても妥当する。そこで実質的に議論されているのは，近時，学界においてもそれを解決すべき体系的理論がさかんに探究されている，過失による自殺関与の（不）可罰性だからである。

22　この点を的確に指摘するものとして，樋口亮介「判批」刑法判例百選Ⅰ総論〔第6版〕23頁を参照。もっとも，本判例の調査官解説は，あくまで，原判決が掲げる理由を（吸収されないことではなく）観念的競合でないことのそれと理解したうえで，これに対する批判を展開している。礒辺衛「判解」最判解刑（昭53）116・117頁参照。

23　たとえば，先述の二重評価の回避，すなわち，「被害者の一個の死に対し，被告人に対し二重の刑責を問うことになつて不当である」という理由から因果関係を否定した裁判例として，東京高判昭37・6・21高刑集15・6・422を参照。

24　ただし，ここにいう治療拒否とは，それが死につながりうること，あるいは，少なくとも，そのリスクが一定程度，存在することを被害者が正しく認識しつつ，その自由な意思――典型的には宗教的信仰――に基づき，なしたものを意味していることに注意を要する。したがって，たとえば，大阪高判平4・12・22公刊物未登載のように，被害者がかなり酒に酔って暴れたというだけでは，ここに分類するには不十分だと思われる。そして，その次に議論されるべきことは，暴れて検査等を拒否したという介在事情の寄与度が小さい，それゆえ，患者不養生事件等とパラレルに扱いうるかであろう。なお，同事件の調査官解説である前田・前掲「判解」151頁以下は，「補説」という章立てのもとで宗教上の理由による輸血拒否のケースを扱っており，この問題は実務的にも重要なものと考えられる。

第 8 章

被害者の同意

　　山下は法学部の教授，小林は大学院生

山下：あ，小林君，いま，ちょっと時間はあるかな。

小林：はい，大丈夫ですが，なんでしょうか。

山下：いやね，そろそろ修士論文のテーマは決まったかなと思って。

小林：ああ，それでしたら，危険の引受けにしようかなと考えています。

山下：危険の引受けって何？

小林：やだなあ，先生，流行りのテーマじゃないですか。被害者が法益侵害について同意まではしていないものの，その可能性があることは正しく認識している場合に，どのようにして行為者の可罰性を阻却したり制限したりできるか，という問題ですよ。

山下：なるほど。ということは，法益を危険にさらすにとどまる危険犯は検討の射程外ということかな。

小林：いえ，そんなことはないですよ。危険犯だって被害者の同意は観念できますし，危険が発生する可能性を正しく見積もっていれば，危険の引受けもありうるでしょうね。この場合は「危険の危険の引受け」というべきかもしれませんが。

山下：そのとおりだ。一部の学説は，被害者の同意を規律する自律とか自己決定などといった原理が，法益を放棄するという形態においてしか顕現しえないという理由から，危険の引受けを異物のように扱おうとするが，やや考えが足りないように感じるね。まあ，それは措いておいて，では，危険犯における同意と侵害犯における危険の引受けはどう違うんだろうか。

小林：ええと，前者では，そもそも被害者の望まない事態が発生していませんから，構成要件的結果が欠けています。これに対して後者では，被害者は法益侵害までは望んでいないわけですから，構成要件的結果は肯定されるでしょう。ただ，被害者によって引き受けられた，その意味で，許された危険

しか実現していませんから，結局は構成要件該当性が阻却されることになります。

山下：そう。だからこそ後者では，法益侵害が発生する段になって，被害者がこれを避けるために正当防衛したり，緊急避難したりする余地が生じるわけだ。もっとも，自招性を根拠に正当化の範囲は制限されるだろうが。ああ，話がちょっと抽象的になりすぎたね。現実の事案に戻ると，実際問題，結果に実現した危険を被害者が正しく認識している，あるいは，その合理的な疑いを排除できないケースというのは結構ありそうなものだが，量刑の理由で被害者の帰責性に言及するのはともかく，構成要件該当性のレベルでこれを争点化する判例がほとんどないのはなぜだろう。

小林：それは被害者側の感情に配慮しているからではないですか。現に犯罪の被害に遭っているのに，「君が引き受けた危険の結果だから自業自得だ」なんて，ちょっといいにくいでしょう。

山下：しかし，無罪にすべき正当な理由があるときに，裁判官が被害者に気を遣って有罪にするなんてこと，絶対にありえないよ。

小林：それはそうなんですが，被害者が危険を引き受けているといっても，それはやむをえないというか……。

山下：そう。われわれは自己保存本能をもっているから，できることなら危険は冒したくない。しかし，それではより重要な利益が損なわれ，あるいは危険にさらされてしまいかねないから，やむをえず危険を冒すことにした。実際には，このようなケースがほとんどなんだよ。だからこそ，現実に裁判で問題となった事案は，食通がしつこくふぐの肝を出せと頼んだとか，自分から進んで素人の運転するダートトライアル車両に乗り込んだとか，そういった，被害者の危険を好む性向があらわれたものに集中してくる。

小林：なるほど。では，肝試しと称して，わざわざカツアゲの多発する地域を深夜，歩き回ったという事例では，被害者がカツアゲのリスクを進んで引き受けているから，カツアゲをしても恐喝等にならないということですか？

山下：そんなわけがないだろう（苦笑）。先ほども侵害犯の例でいったように，被害者の引き受けた危険が現実化しても構成要件該当性がないということと，法益侵害そのものがないということとは，まったく別のことがらなんだよ。君のあげる事例で危険の引受けを論ずる余地があるとすれば，たとえば，カツアゲ多発地域を調べるなどして肝試しをお膳立てしてやった被害者の友人が，心のなかで「本当にカツアゲに遭ったらおもしろいな」と思っていた

（ただし，被害者自身はリスクを正しく認識しつつも，カツアゲに遭わないほうに賭けていた）とき，恐喝等の（片面的）共犯（学説によっては，正犯の背後の正犯）にならないことくらいだ。

小林：なんだか，自分の研究しようとする対象がはっきりしてきましたよ。最初は，危険の引受けは被害者の同意の薄まったものだから，その効果も少し弱めに考えていこう，と漠然ととらえていただけでした。しかし，両者は，意外に，理論的に共通する点と異なる点がはっきりしているんですね。

山下：いや，そんなことはない。他の論争的な概念と比べて，その理論的な構造がよりはっきりしているなんてことはないよ。ただ，君の考えが深まったから，理論的に明快であるように感じるだけだ。

小林：えぇ，この数分の会話でですか？　私はこの1週間，ずっと危険の引受けばかり考えてきたんですが……自力で理論的な明快さにたどり着く方法はないんでしょうか。

山下：それは君，簡単なことだよ。およそ入手可能なすべての関連文献を読もうと努力することだ。

小林：しかし，濫読すると，かえって思考が分散してしまわないか心配なんですが……。

山下：頭の良い人間は，どんどん情報が入ってくると，それを理論的に体系化しようと試行錯誤する。本能的にそうしてしまうんだ。だって，知識を雑然とした状態で放っておくと気持ちが悪いから。

小林：そういえば，私の尊敬する検察官出身の教授も，裁判員は証拠の海におぼれかねないから配慮する必要があるが，自分たちは資料が増えれば増えるほど事件の輪郭がはっきり分かる，とおっしゃっていました。

山下：ま，事実認定のトレーニング量も違うだろうけどね。

小林：それでは，本能的に体系化しようと思わない人はどうすればいいんですか？

山下：別の道に進むしかないだろうね。

小林：えっ!?

◆

第8章 被害者の同意

I 総 説

1 不法阻却の根拠

　古い法諺に「欲する者は害せない」というものがある。その刑法におけるあらわれが被害者の同意とよばれる法形象である。もっとも、それが不法を阻却する実質的な根拠に関しては、大きく分けて3つの考え方が存在してきた。

　第1は被害者の自律であり、本章の依拠するものである[1]。

　第2章において詳論したように、個人的法益にも複数の種類が存在するが、どのような理由によるのであれ、ある法益が個人に帰属するということは、少なくとも、その法益の使い方に関する私的な——つまり、その個人に固有の価値観に依拠した——決定をそのまま法が承認する、すなわち、公的なものとみなすことを含意している。そうであるとすれば、被害者が自分の法益の使い方として、これを毀滅してしまうことを選択した場合であっても、法はこれを受け容れなければならない。そして、その法益を毀滅するという被害者の選択が実現されている点では、被害者自身が直接、これを実行する場合であろうと、行為者に頼んでこれを実行してもらう場合であろうと、なんら異なるところはない。むしろ、被害者の実力が制限されている場合には、行為者に頼んだほうが、前記選択がよりよく実現されうるとさえいえるのである。

　このように、被害者の同意とは、被害者が自分の法益の使い方に関する選択を実現する際、行為者の手を借りている、という現象面に着目した類型化にすぎない。したがって、そこに不法を見出すことが許されない究極的な根拠は、まさに、国家が個人の価値観に容喙し、これを誤っていると決めつけてはならない、という自律の発想に求められることになる。むろん、不法を見出すといっても、そこでは被害者自身の行為が不法と評価されているわけではない。しかし、行為者の行為を不法と評価するのであっても、それはとりもなおさず被害者の自律の実現を援ける行為を禁止する

---

[1] 詳細については、小林憲太郎「被害者の同意の体系的位置づけ」立教84号（2012）345頁以下を参照。

ことを意味しており，間接的にではあれ，国家が個人の価値観に介入してしまっていることになる。

　ここでただちに生じる疑問は，たとえば，被害者の所有する仏像が重要文化財でもある場合に，その同意を得て行為者が仏像を叩き割ることも不法となしえないのはおかしいのではないか，文化財保護という正当な公共的理由があれば，その法益の使い方に関する被害者の選択を国家が制限することは許されるべきであり，被害者の同意の不法阻却根拠として不可侵な個人の自律をあげるのは大げさではないか，というものである。しかし，前記のような場合には，仏像が損壊されないことに関して被害者以外に属する利益（文化財保護という社会公共の利益）をも観念しうるというだけであって，そのような利益に対する侵襲を不法と評価することは被害者の同意の埒外というべきであろう。

　被害者の同意の不法阻却根拠としてあげられる第2の考え方は，社会的相当性である[2]。これは，違法性阻却を規律する一般原理を行為の社会的相当性に求めつつ，被害者が同意していることは，そのような社会的相当性を認定する際に考慮すべき——重要ではあるが——ひとつのファクターにすぎない，と解するものである。

　しかし，社会的相当性という概念は往々にして道徳ないし支配的な価値観と結びつきがちであり，そこからの逸脱に不法の契機を見出すのは先述した自律の侵害にほかならない。反対に，被害者の価値観，ライフスタイルに口を出すことなく，被害者が良いと決めた法益の使い方だからその実現を援ける行為は社会的に相当だ，というのであれば，結局は，本章の採用する第1の考え方に帰着するように思われる。

　最後に，第3の考え方は優越利益である[3]。いくら被害者が自分で決めた法益の使い方であるとはいえ，それが法益を毀滅してしまうという形態のものである場合には，一定の社会的損失が発生していることそれ自体は否定しえない。もっとも，他方で，被害者が自分で法益の使い方を熟慮し，これを決定することもまた，自律の実現という重要な価値を担っている。そこで，前者のマイナスを後者のプラスが埋め合わせると考えて，緊急避難等とパラレルに違法性が阻却されうる，というのである。

2　このような見解の詳細についても第2章を参照されたい。
3　塩谷毅『被害者の承諾と自己答責性』（法律文化社，2004）6頁，曽根威彦『刑法総論〔第4版〕』（弘文堂，2008）140頁などを参照。

このような考え方は，被害者の同意をも優越利益という違法性阻却の一般原理によって統一的に規制しようとする，理論的に大胆な試みである。しかし，詳しくは次章以降で述べるが，違法性阻却を規律する原理にははじめから優越利益以外にも複数のものが観念しうるのであるから，無理をして被害者の同意だけを優越利益に引きつけたところで，違法性阻却全般が単一の原理のもとで統一的に規制されるわけではない。また，この点を措くとしても，不法を基礎づけるのは法益が被害者の望まないやり方で使われることであって，法益が毀滅されたことそれ自体のもたらす社会的損失ではない。だからこそ，たとえば，被害者が時計の構造を知りたいからといって，分解されたままでおいている部品を勝手に組み立てるのは（「損壊」〔刑法261条〕にあたるかはともかく）不法たりうる一方，被害者に頼まれて（きちんと動いている）時計を分解してしまうのは不法たりえないのである。

そして，そうであるとすれば，前記プラスが認められる場合には，そこから独立して存在し，プラスによって埋め合わされるべきマイナスをそもそも観念しえないことになる。それは畢竟，被害者の自律こそが直接的な不法阻却根拠を形成しているということであって，その実質においては第1の考え方となんら差がないように思われる。

2　体系的位置づけ

すでに第2章において述べたように，被害者の同意は（違法性以前に）構成要件該当性を阻却（ないし制限）する。

これに対しては，たとえば，傷害罪（刑法204条）などを例にとり，①被害者が同意していてもけがをしたという事実は消せないとか，②（次項で見る）重大な同意傷害における可罰性阻却の制限のように，被害者が同意しているという事実以外をも考慮して総合的に判断するという作業には違法性阻却のほうが向いている，などといった批判がなされている。

しかし，まず，①については，被害者の同意が構成要件該当性を阻却するという点にほぼ争いがない器物損壊罪においても，被害者が同意しているからといって壺が割れたという事実は消せないのであるから，そもそも批判として成立していない。次に，②についても，同じく同意による可罰性阻却が制限される殺人罪においては，一般に，被害者の同意が刑法199条の構成要件該当性を阻却する（刑法202条のそれに制限する）と解されて

いるのであるから、あまり説得力がない。そもそも、違法性阻却が総合的判断であるというのは、構成要件に該当する行為が有する法益に対する侵襲性を前提としつつ、その行為がもたらす有用性等の反対利益をも考慮しながら「中和」を図る、という意味である。したがって、同意による可罰性阻却が制限されるといっても、その議論の本籍が前者にのみ存在する以上、これを違法性阻却のレベルで扱うのは適切でないと思われる。

3 不法阻却の限界

ただし、被害者は自身に属する法益について、常に完全な処分可能性を有しているわけではない。具体的には、将来における人格の発展可能性、したがって、自律や自己決定の（具体的に問題となりうる刑法犯を前提とすれば身体的）基盤——以下では、これを人格の中核を構成する利益などと表現することもある——を不可逆的かつ重大な程度に損ねるような法益処分を、被害者の同意という発想の底流をなす自律のあらわれとして尊重するのは自己矛盾である（リベラルなパターナリズム）。だからこそ、刑法202条は被害者の同意があっても、これを殺人の一種として処罰しているのである。その法定刑が刑法199条に定める通常の殺人罪より軽いのは、したがって、部分的にであれ自律が実現されているなどといった理由によるのではなく、単に、「被害者の意に反して」という意思侵害の要素が欠けるからであるにすぎない。もっとも、そうだとすれば、刑法202条がその要件とするのは、厳密にいうと、自律に基礎をおく同意そのものではないことになるから、その罪名も、むしろ、同意殺人罪ではなく承諾殺人罪などとすべきであろう（以下でも、できる限りこの正しい用語法に従って表記するが、文章の流れ等の理由から、やむをえず、「承諾」ではなく「同意」と表記する場合があることをあらかじめ断っておく）。

被害者の同意による不法阻却の限界を画する基本的な発想は以上に述べたとおりであるが、以下では関連する4点を注記しておく。

第1に、自律の自己矛盾を生じるような法益処分が具体的にはどのようなものにまで及ぶか、である。まず、生命を侵害したり、これを具体的に危殆化したりすることは、そこに含まれると解してよいであろう。問題はそれ以外であるが、たとえ生命それ自体を具体的な危険にさらすものではなかったとしても、その喪失が以降のライフスタイルに関する選択の幅を著しく制限してしまうような身体の部分については、原則として生命と同

様に扱ってよいように思われる[4]。(被害者が望んだとはいえ)腕や脚の切断，眼球の除去などを，ただちに自律の実現と評価するのは不自然であろう。

　第2に，自律の自己矛盾，自律の放棄を自律のあらわれとして保障することはできないという発想は，人格の中核を構成する利益を処分しえないことだけでなく，それを他の利益の劣位におくような価値観を保障しえないことをも導く。しばしば，被害者内部における利益衝突を緊急避難によって規律する場合，利益衡量に際しては被害者の主観的な価値序列に従わなければならないといわれるが，そこにはこの第2の限定がかけられることになる。

　第3に，たとえば，承諾殺人が不法を構成する理由が自律の自己矛盾に求められるのであれば，そのような自己矛盾が生じない極限的な場合においては可罰性が阻却されてよい。たとえば，終末期においてわずかに死期を早まらせる「死に様」が，人生の最終局面におけるライフスタイルの選択と評価されうるような場合には，これを援ける行為を刑法202条で処罰することはできない。たとえば，著名なレーサーが不慮の事故により病院のベッド上で余命わずかとなったとき，死期が数時間早まろうとレーシングカーのなかで息を引き取りたいと考え，行為者に頼んでそこまで運んでもらった場合，行為者は承諾殺人罪にはならないであろう。いわゆる尊厳死が患者の自己決定権論に基づき不法でないとされるとき，そこではこのような思考経路がたどられているように思われる。

　また，同じく人格の中核を構成する複数の利益が衝突している状況において，そのいずれを優先するかがそれ自体としてライフスタイルの選択の問題に帰着するとき，その選択の実現を援ける行為もまた不法とは評価しえない。同じく終末期医療の例を用いていうと，死期が迫っており耐えがたい苦痛が予測されるとき，この苦痛を避ける唯一の方法として（患者の依頼に基づき）とられる緩和措置が死期を早めるとしても，やはり，承諾殺人罪にはならないと思われる。（間接的）安楽死が利益衡量に基づき不法でないとされるとき，そこではたらいているのはこのような考慮であろう。

---

[4] 人格の中核を構成する利益とされるもののなかで，近時，とくに議論がさかんなのは性的自己決定である。それが（攻撃的）緊急避難における利益衡量の秤に載せられないのは明らかであるが，もちろん，本文に述べるような意味で放棄することもできない。自律的な個人は，常に，誰と性交するかを自分自身で決めなければならず，その選択権の移譲は許されない「奴隷契約」にほかならない。

第8章　被害者の同意

　第4に，これはあくまで刑法204条[5]の解釈に関する問題であるが，傷害罪における被害者の承諾が自律の自己矛盾という観点から完全な不法阻却効果をもたないとき，同条に減軽された承諾傷害罪をも読み込むことができるかが問題となりうる。そして，(少数説である) 反対説は，完全には不法阻却されないといっても処断刑は大きく引き下げられるべきであり，それゆえにこそ刑法199条に対して刑法202条が設けられているのであるから，刑法202条に相当する規定がない以上，承諾傷害は不可罰と解すべきであるという。

　たしかに，このような解釈も十分に成り立ちうるものであり，立法論としては，承諾傷害罪の規定を設けるべきであるともいえよう（これに対し――それが適切かどうかは別として――ドイツのように自殺関与さえ原則として処罰していない国が多いなか，自傷関与まで処罰規定を設けるべきであるかは議論の余地がある）。しかし，被害者の承諾を得ており，未必の殺意もないとはいえ，四肢を切断したり植物状態に陥らせたりすることを，いっさい可罰性の外におくことには若干の躊躇も覚えるところである。そこで，通説的な見解は，刑法204条に減軽された承諾傷害罪を読み込むとともに，これを刑法202条の法定刑を超えては処断しえない，むしろ，有意に軽く処断すべきであると解している。

　被害者の同意に関する以上のような理論分析に基づき，以下では重要な (裁) 判例の検討を行うこととしたい。

II　錯誤に基づく同意

1　最判昭33・11・21刑集12・15・3519＝偽装心中事件

　事案は，被告人が，被害者女性が自己を熱愛し追死してくれるものと信じているのを奇貨として，追死する意思がないのに追死するもののごとく装い，同女をしてその旨誤信せしめ，同女をして青化ソーダの中毒により

---

[5] もっとも，近時になって，刑法205条をめぐっても類似の問題が議論されるに至っている。すなわち，被告人が被害者から殺害の嘱託を受けて暴行または傷害の故意で暴行を加え，結果として被害者を死亡させたという事案において，第1審判決（札幌地判平24・12・14判タ1390・368）が刑法202条後段のみを適用したのに対し，控訴審判決（札幌高判平25・7・11高刑裁速〔平25〕253）は刑法205条を適用したのである（のちに上告棄却）。

死亡せしめた，というものである。最高裁は上告を棄却したうえ，次のように判示した。

「本件被害者は被告人の欺罔の結果被告人の追死を予期して死を決意したものであり，その決意は真意に添わない重大な瑕疵ある意思であることが明らかである。そしてこのように被告人に追死の意思がないに拘らず被害者を欺罔し被告人の追死を誤信させて自殺させた被告人の所為は通常の殺人罪に該当するものというべく，原判示は正当であつて所論は理由がない」。

2 条件関係的錯誤説，重大な錯誤説の問題点

錯誤に基づく同意は，被害者の同意に関する諸問題のなかでも，最も論争的であってきたものである。そして，判例は引用部分以前の説示をもあわせ読むと，被害者の意思に重大な瑕疵があることとその真意に基づかないこととを等置したうえで，そのような場合には被害者の承諾を認めえないと解しているようである。問題はそこにいう「重大な瑕疵」の具体的な中身であるが，本件で被害者は少なくとも自身が死亡することを分かっていたわけであるから，その点に関して意思の瑕疵はない。むしろ，被告人が追死してくれると思ったからこそ被害者は自死を決意した，いいかえれば，追死してくれないことを知っていたら自死を決意しなかったであろう，という点に瑕疵が見出されることになる。そして，学説ではこのような発想を一般化し，錯誤がなければなされなかったであろう承諾を無効とする見解も主張されている（条件関係的錯誤説，重大な錯誤説）。

すでに述べたように，被害者の同意の不法阻却根拠はその自律，したがって，被害者の内部において整合的に体系化された価値観に国家が容喙してはならないところに求められる。もっとも，そうであるとすれば，錯誤がなければ同意しなかったであろうという場合には，その価値観が完全に的確にはあらわれていないわけであるから，不法阻却を否定することが被害者の同意の本質と抵触するなどとまでいうことはできない。その意味で，前記見解がその出発点からして理論的に成り立ちえないというわけではないものの，私は，次の2点においてこれを採用すべきではないと考えている。

第1に，被害者がその動機においてまで錯誤に陥っていないことを，錯誤の場合には同意を無効にするという解釈によって，すべての（被害者の

同意を観念しうる）構成要件をとおして保障するというのでは，刑法が詐欺罪等を設け，その点を限定的に保障しようとした趣旨を完全に損ねてしまう[6]。たとえば，代金をもらって相手に殴らせる，いわゆる殴られ屋である被害者を，その気もないのに代金を払うとだまし，被害者の同意を得てこれを殴った行為者をただちに暴行罪（刑法208条）で処罰しうるというのでは，たとえば，殴られるのをがまんするという役務が刑法246条2項にいう「財産上不法の利益」にあたるかを議論させようとする，立法者の設定したハードルが迂回されてしまうというわけである。

　第2に，条件関係的錯誤説は，これを字句どおりに適用するときは可罰範囲が拡大しすぎてしまう。たとえば，被害者がピアスをしさえすれば女性にもてると勘違いしているとき，行為者が「そんなわけないのに」と思いながらもその依頼に応じて耳に穴をあけてやると（それ以上の健康被害のリスクはないものとする），ただちに傷害罪で処罰されてしまうというのでは明らかに不都合である。

　むろん，一部の学説は，①意思の瑕疵が重大であるというためには心中における追死の約束程度のものが要請されるのであって，女性にもてるもてないという程度では足りない，②被害者の同意が無効となるためには行為者が意図的に欺罔していることが必要である，などと主張し，判例も実質的にはこのような限定を暗黙のうちにかけているものと解釈している。

　しかし，まず①については，何が意思の重大な瑕疵であるかは，原則として，まさに被害者の意思により決定されるべきであり，そうであるとすれば，被害者が女性にもてることを至上命題としている以上，その点の錯誤は意思の重大な瑕疵というべきであろう。また，かりに法益の客観的な重要性もまた一定の範囲で意味を有するとしても，ピアス穴があく程度であれば，女性にもてるもてないというレベルの選好とバランスしているのではなかろうか。次に，②についても，そのような付加的要件が合理的に根拠づけられていないことに加え，のちに見る法益関係的錯誤がある場合まで視野に入れると，むしろ，可罰範囲が狭くなりすぎてしまうように思われる。

　6　のちに見る法益関係的錯誤説を創唱したアルツトが，その決定的な根拠としたのもまさにこの点であった。Vgl. Gunther Arzt, Willensmängel bei der Einwilligung（1970）．さらに，わが国における同説の普及にきわめて重要な役割を果たした文献として，佐伯仁志「被害者の錯誤について」神戸法学年報1号（1985）51頁以下を参照。

以上の2点にかんがみるならば，やはり，被害者が自身のなそうとする法益処分を問題となる構成要件の着目する属性において正しく認識している場合には，かりにその余の点に錯誤があったとしても，なお同意は原則として有効なものと解すべきである。そして，前記属性に関する錯誤を法益関係的錯誤とよび，このような見解を法益関係的錯誤説という。これによるならば，本件における被告人の行為はせいぜい自殺教唆罪を構成しうるにとどまることになる。

3　法益関係的錯誤説の展開

　このような法益関係的錯誤説は，今日の学界においては非常に有力なものとなっている。もっとも，その本質的な構造が一部学説において必ずしも正しく理解されていないため，実務に対して無用な混乱と法益関係的錯誤説に対する不信感をもたらしている面が否定できない。そこで，同説の理論的な含意をここでもう少し詳細に展開しておくこととしたい。

　第1に，被害者がそもそも法益関係的錯誤に陥っている場合，その法益を処分しようとする現実の意思決定自体を自律的になされたものととらえることはできない。髪を短くしてもらうつもりで「切ってくれ」といったら，ナイフで身体を切りつけられたというとき，そもそも被害者には自己の身体を処分するという意識さえないのである。しばしば「法益関係的錯誤は同意を無効にするのではなく，そもそも不存在にする」といわれるのも，まさにそのような趣旨であろう。

　もっとも，そうであるとしても，行為がいわば理想化された状況において被害者の意思にかなっている，いいかえれば，その潜在的な価値観に適合している場合には，被害者の同意そのものは認められないとしても，なおその自律があらわれたものとして不法を阻却することは可能である。たとえば，患者が不十分な情報しか与えられていない状況で，手術を激しく拒否したものの，医師がこれを強行した。しかし，もし十分な情報が与えられていれば，むしろ手術を要請したであろうというとき，その医師は，少なくとも傷害罪の不法を犯したものとはいえないであろう（むろん，不法行為に基づく精神的損害の賠償が認められることはありうる）。このような，被害者の潜在的な価値観との合致を理由とする不法阻却は，従来，治療行為における患者の仮定的同意や，監禁罪（刑法220条後段）における被害者の仮定的意思，より一般的には，推定的同意の一部とされてきたものを規

律する原理といえる。

　第2に，詳しくは各論のほうで論ずることとするが，一部学説に反し，詐欺罪の要件としての錯誤を法益関係的錯誤ととらえることは正しくない。そもそも法益関係的錯誤説は，詐欺罪がわざわざ同錯誤以外の錯誤に陥らないことまで保障している点をとらえて，それ以外の（被害者の同意を観念しうる）犯罪においては同錯誤だけが顧慮されると主張したからである。前記学説の主眼は，おそらく，詐欺罪においても被害者の同意がその自律のあらわれととらえられる場合には，不法が阻却されることを強調する点にあったのであろう。そのこと自体は正しいし，また，そのような出発点から導かれる，自律のあらわれと評価しうる限界を理論的に画そうとする目的も的確である。ただ，その限界は「法益関係的錯誤がない」ことの手前に存在する点に注意すべきであろう。

　第3に，法益関係的錯誤説を自称する一部の学説が，法益処分の自由をも法益の構成要素ととらえることで，（前述した，自律の自己矛盾という観点から被害者に処分の自由が認められない法益が問題となる場合を除き，）条件関係的錯誤説ないし重大な錯誤説と同様の結論に至っている[7]ことは理論的に支持しえない。法益関係的錯誤説は，まさに，そのような処分の自由を一部の構成要件だけが保護していることを理由に，それ以外の構成要件においては別異に解すべきだと主張したからである。また，この点を措くとしても，人格の中核を構成するという点でより重要な法益ほど欺罔から保護されないことになり，当罰性の格差が逆転してしまうように思われる。

　第4に，詳しくは後述するが，被害者が緊急状況を誤信した場合のように，法益関係的錯誤以外の錯誤に陥っていても，その同意が効力をもたないとされることがある。しばしばあげられる講壇設例であるが，自分の髪に毛じらみがいると誤信した被害者が，そのままでは頭皮に重大な傷害が生ずると考え，これを避ける唯一の手段として，行為者に頼んで丸坊主にしてもらったという場合，（かりに行為者が被害者の誤信に気づいており，かつ，毛髪の除去が暴行罪にあたるとすれば，）行為者は暴行罪で処罰されうるであろう。ここでは，自分が丸坊主になることを被害者は確知しており，その意味で法益関係的錯誤はないが，それとは別に，自身にとってより重要な頭皮を守るためには髪を切るしかないという，一種の緊急状況の存在に関

　7　たとえば，山口厚『刑法総論〔第3版〕』（有斐閣，2016）171・172頁を参照。

して錯誤が生じている。そして，このような場合には，より重要な利益を擁護するためには（たとえそうしたくなくても）当該法益を犠牲にせざるをえないと被害者が考えている点で選択の自由が害されているため，当該法益の処分を自律のあらわれと評価することはできないのである。

これに対して一部の学説[8]は，そのような緊急状況の誤信が行為者の欺罔によるのでない限り被害者の同意を有効とすべきであり，また，そう解さないと，現実に緊急状況が存在した場合にも被害者の同意を有効としえなくなってしまう，と批判している。しかし，現に被害者が自律的に法益を処分しうる状況にないにもかかわらず，その同意を有効とする余地を承認することは被害者の同意の本質，不法阻却根拠に反する。また，具体的な妥当性に関しても，たとえば，先の丸坊主の事例で毛じらみがいると行為者がだましていない限り，たとえ被害者の勘違いを利用してダメージを与えてやろうとする意図まであったとしても，なお不可罰にとどまるというのは納得のいく結論ではない。さらに，現実に緊急状況が存在するのであれば，そのことを理由に——たとえば，被害者の価値観を基礎においた緊急避難をとおして——不法を阻却しうるのであるから[9]，被害者の同意を有効とする実践的な要請などそもそも存在しないのではなかろうか。

III その他の不自由な同意

1 緊急状況の欺罔

被害者が法益関係的錯誤ないし条件関係的錯誤（重大な錯誤）に陥っている場合のほか，その同意が不自由になされたものと評価する余地のある事例類型としては，IIの最後でもふれたが，まず，緊急状況の欺罔があげられる。関連する（裁）判例として，福岡高宮崎支判平元・3・24高刑集42・2・103を見てみよう。

「所論は，同女〔被害者〕の殺害の点については，原判決の事実関係を前提としても，被告人の同女に対する強制は心理的強制にとどまり，同女を

---

8 山口・前掲『刑法総論〔第3版〕』167・168頁，佐藤陽子『被害者の承諾——各論的考察による再構成』（成文堂，2011）194頁以下などを参照。
9 ただし，詳しくは次章において説明するが，緊急状況を作出して不法阻却を得ても，原因において違法な行為の理論により，さかのぼって不法を見出すことが可能である。

第8章 被害者の同意

物理的に行き場のないところまで追い込む程の積極的な欺罔行為をしていないうえ，同女自身は正常な判断能力を有し，同女の自殺は真意に基づくものであるから，本件における被告人の一連の行為は殺人には当たらず，単に自殺教唆にとどまるものである，というものである。

　そこで検討するに，自殺とは自殺者の自由な意思決定に基づいて自己の死の結果を生ぜしめるものであり，自殺の教唆は自殺者をして自殺の決意を生ぜしめる一切の行為をいい，その方法は問わないと解されるものの，犯人によって自殺するに至らしめた場合，それが物理的強制によるものであるか心理的強制によるものであるかを問わず，それが自殺者の意思決定に重大な瑕疵を生ぜしめ，自殺者の自由な意思に基づくものと認められない場合には，もはや自殺教唆とはいえず，殺人に該当するものと解すべきである。これを本件についてみると，原判決挙示の関係証拠を総合すると，被告人は，当時66歳の独り暮らしをしていた被害者から，原判示のような経緯で盲信に等しい信頼を得て，短期間に合計750万円もの多額の金員を欺罔的手段で借受けたが，その返済のめどが立たなかったことから，いずれその事情を同女が察知して警察沙汰になることを恐れ，発覚を免れるため同女をして自殺するよう仕向けることを企て，昭和60年5月29日，同女がSに金員を貸していたことを種にして，それが出資法という法律に違反しており，まもなく警察が調べに来るが，罪となると3か月か4か月刑務所に入ることになるなどと虚構の事実を述べて脅迫し，不安と恐怖におののく同女を警察の追及から逃がすためという口実で連れ出して，17日間にわたり，原判示のとおり鹿児島から福岡や出雲などの諸所を連れ回ったり，自宅や空家に1人で潜ませ，その間体力も気力も弱った同女に，近所の人にみつかるとすぐ警察に捕まるとか，警察に逮捕されれば身内の者に迷惑がかかるなどと申し向けて，その知合いや親戚との接触を断ち，もはやどこにも逃げ隠れする場がないという状況にあるとの錯誤に陥らせたうえ，身内に迷惑がかかるのを避けるためにも自殺する以外にとるべき道はない旨執拗に慫慂して同女を心理的に次第に追いつめ，犯行当日には，警察官がついに被告人方にまで事情聴取に来たなどと警察の追及が間近に迫っていることを告げてその恐怖心を煽る一方，唯一同女の頼るべき人として振る舞ってきた被告人にも警察の捜査が及んでおりもはやこれ以上庇護してやることはできない旨告げて突き放したうえ，同女が最後の隠れ家として一縷の望みを託していた大河原の小屋もないことを確認させたすえ，

第8章　被害者の同意

同女をしてもはやこれ以上逃れる方途はないと誤信させて自殺を決意させ，原判示のとおり，同女自らマラソン乳剤原液約 100cc を嚥下させて死亡させたものであることが認められる。右の事実関係によれば，出資法違反の犯人として厳しい追求（ママ）を受ける旨の被告人の作出した虚構の事実に基づく欺罔威迫の結果，被害者は，警察に追われているとの錯誤に陥り，更に，被告人によって諸所を連れ回られて長期間の逃避行をしたあげく，その間に被告人から執拗な自殺慫慂を受けるなどして，更に状況認識についての錯誤を重ねたすえ，もはやどこにも逃れる場所はなく，現状から逃れるためには自殺する以外途はないと誤信して，死を決したものであり，同女が自己の客観的状況について正しい認識を持つことができたならば，およそ自殺の決意をする事情にあったものは認められないのであるから，その自殺の決意は真意に添わない重大な瑕疵のある意思であるというべきであって，それが同女の自由な意思に基づくものとは到底いえない。したがって，被害者を右のように誤信させて自殺させた被告人の本件所為は，単なる自殺教唆行為に過ぎないものということは到底できないのであって，被害者の行為を利用した殺人行為に該当するものである」。

　本件において，被害者が自分のおかれた状況について誤信していることは疑いがない。もっとも，他方で，被害者は自分が死ぬことを分かっているから法益関係的錯誤はない。そこで，福岡高裁宮崎支部は条件関係的錯誤説を忠実に適用し，従来の判例の言い回しでもって，被告人に殺人罪が成立すると締めくくっている。しかし，同説には理論的にも具体的な結論の妥当性においても，看過しがたい難点が含まれていることは既述のとおりである。そうすると，本件においては，せいぜい自殺教唆罪が成立しうるにとどまるのであろうか。

　おそらく，そのような結論は妥当ではなかろう。そこで，本件においては被告人が前述した緊急状況を欺罔しているのだ，と説明することが考えられる。しかし，たとえ被害者の誤信した状況が現実に存在するとしても，警察に捕まりたくないから死ぬなどというのは，被害者の価値観をしん酌したところで，到底，合理的な判断とはいいがたいであろう。警察に捕まることは死に値する大罪であるなどという，真摯な信仰を長年にわたって有していたのであればともかく，少なくとも本件においては，そのようなきわめて特殊な事情は（当然であるが）看取しえないのである。そうすると，緊急状況の誤信にかかる理屈を用いて，被告人を殺人罪で処罰するの

は難しい。

　むしろ，本件においては，そもそも，被害者が処分の自由を行使しうるような精神状態になかったことが決定的なのではなかろうか[10]。高齢の被害者が警察に追われていると称して17日間にもわたり各所を連れ回され，体力も気力も奪われたうえ，さまざまな手段を用いて心理的に追い詰められ，最後の最後に，唯一の頼みの綱が断たれるなどといった状況におかれたのでは，もはや，そのような状況から逃れようと（冷静からほど遠い状態で）なされた法益の処分を自律のあらわれと評価することはできないのである。そして，そうであるとすれば，これまで論じてきた他の場合と同様，被害者をだまして追い詰める部分に関与していない行為者が，（事情を知りつつ）被害者の求めに応じて農薬を調達しただけであっても，なお殺人罪の成立を肯定することが不可能ではないと思われる。

　以上を要するに，本件において殺人罪の成立を認めることは正しいが，そのような結論は裁判所が依拠した条件関係的錯誤説から導かれるべきでないことはもとより，多くの学説がいうような緊急状況の欺罔によって基礎づけるべきでもないのである。

2　強　制

　強制による同意とは，より重要な利益を擁護するには問題となる法益を処分するほかないという二者択一状況に被害者をおく場合のうち，当該利益をおびやかすのが行為者自身であるような事例類型を指す。もっとも，すでに繰り返し述べたように，被害者の同意の有効性にとっては，①当該利益を誰（何）がおびやかしているかも，また，②当該利益に対する脅威が現実のものであるのか，それとも，単に被害者がそう誤信しているだけであるのかも，原理的な重要性をもたないことに注意を要する。

　さて，強制による法益処分の典型例としてしばしばあげられてきた（裁）判例は，鹿児島地判昭59・5・31判時1139・157である。鹿児島地裁は被告人に，被害者を利用する傷害罪の間接正犯の成立を認めるにあたり，次のように述べる。

　「被告人bはgを終始『今日は殺す』などと脅迫し，特に被告人aをし

---

[10] このことを的確に指摘するものとして，佐伯仁志『刑法総論の考え方・楽しみ方』（有斐閣，2013）221頁などを参照。

第8章 被害者の同意

てgに対し執拗かつ強力なリンチを2時間以上にもわたつて行なわせているものであつて，こうした徹底したリンチによつてgが当時肉体的にも精神的にも死という極限に近い状況に追い詰められていたことは十分に推認することができるし，そのような状況下でgが被告人bの命令に従つて自己の右第5指を歯でかみ切つたのは，指1本をかみ切ればそれと引替えに命が助かるという絶対的命題のもとに，自己の自由意思の存立を失い，その限りで自己を被告人bの道具と化したからにほかならず，反面，被告人bの側からしてみれば，自己の脅迫等により生か死かの選択を迫られ抗拒不能の状態に陥つているgを利用してその指をかみ切らせたと認めるのが相当である」。

　本件では被害者の同意の有効性ではなく，むしろ，被害者を利用する間接正犯の成否が問題とされている。もっとも，詳しくは第21章で述べるが，両者の基準は理論的に見ても同一のものであるべきである。被害者の同意が無効であるということは，その法益処分が自律のあらわれでないということであり，また，そうであるからこそ，それは背後者という別個の主体の道具と評価されうるのである。そして，そうであるとすれば，本（裁）判例は強制による同意に関する本章の記述を，ほぼそのまま敷衍したものといいうるであろう。

　さらに，近時においては最決平16・1・20刑集58・1・1が出されている。事実関係は省略するが，被害者を利用する殺人未遂罪の間接正犯を認めるにあたり，次のように判示している。

　「被告人は，事故を装い被害者を自殺させて多額の保険金を取得する目的で，自殺させる方法を考案し，それに使用する車等を準備した上，被告人を極度に畏怖して服従していた被害者に対し，犯行前日に，漁港の現場で，暴行，脅迫を交えつつ，直ちに車ごと海中に転落して自殺することを執ように要求し，猶予を哀願する被害者に翌日に実行することを確約させるなどし，本件犯行当時，被害者をして，被告人の命令に応じて車ごと海中に飛び込む以外の行為を選択することができない精神状態に陥らせていたものということができる。

　被告人は，以上のような精神状態に陥っていた被害者に対して，本件当日，漁港の岸壁上から車ごと海中に転落するように命じ，被害者をして，自らを死亡させる現実的危険性の高い行為に及ばせたものであるから，被害者に命令して車ごと海に転落させた被告人の行為は，殺人罪の実行行為

に当たるというべきである。

また……被害者には被告人の命令に応じて自殺する気持ちはなかったものであって，この点は被告人の予期したところに反していたが，被害者に対し死亡の現実的危険性の高い行為を強いたこと自体については，被告人において何ら認識に欠けるところはなかったのであるから，上記の点は，被告人につき殺人罪の故意を否定すべき事情にはならないというべきである。

したがって，本件が殺人未遂罪に当たるとした原判決の結論は，正当である」。

本件でも俎上に載せられているのは間接正犯の成否であるが，それが被害者による法益処分の有効性と連動していることはすでに述べたとおりである。もちろん，本件において被害者は実際には死ぬつもりなどないのであるが，死ぬつもりであると誤信した行為者に殺人罪の故意が認められている以上，実質的には同様の問題が扱われているといってよい。

もっとも，ここで特徴的なのは，先の，指をかみ切らせた事案とは異なり，生命という，被害者自身にさえ処分不可能な法益が問題となっていることである。すなわち，生命という，人格にとって最も中核的な法益より重要な利益などただちには観念しがたいから，本件において被告人に殺人(未遂)罪の故意を認めるためには，1であげた(裁)判例におけるのと同様の考慮を経る必要があるのではないかが問題となるのである。

しかし，緊急状況におかれた被害者は多かれ少なかれ心理的に抑圧されているのであって，そのことだけを理由に，ただちに合理的な判断能力そのものが失われていたと断ずることはできない。むしろ，本件においては，断れば行為者からどのような目に遭わされるか分からない，このままでは耐えがたい苦痛や恐怖から永遠に逃れることはできない，などと被害者が考え，これを避ける唯一の方法として自殺を選択した（ものと行為者が認識していた）ことが決定的だったのではなかろうか。そして，この点に着目すれば，生命という最大の法益を投げ出すという被害者の判断も，そのような極限的な状況においては，なお合理的なものとして了解可能であるように思われる。本判例の言い回しも，実質的にはこのような趣旨に理解しうるのではなかろうか[11]。

---

11 以上について，詳しくは，小林憲太郎「判批」ジュリ1319号（2006）175頁以下を参照。

Ⅳ　被害者の同意の効果

この問題に関しては，承諾傷害の可罰性を論じた重要な判例である最決昭55・11・13刑集34・6・396がある。もっとも，その意義および射程については，すでに第2章において検討を加えたから，詳細についてはそちらを参照されたい。したがって，ここでは，あくまで理論的側面に関し，①保険金詐欺目的であることを理由に傷害罪の不法を認めてはならないこと，②傷害に対する被害者の同意は，それが生命を具体的に危殆化したり，（その喪失がライフスタイルの選択を大きく制限するような）身体の枢要部分に回復不可能な損害を与えたりするものでない限り，不法を阻却しうること，③そのような限定は生理的機能に関する被害者による価値序列形成に対しても及ぶこと，④承諾傷害に残された不法は刑法204条に読み込むことができるが，その処断刑は大きく制限されること，を確認しておきたい。

Ⅴ　危険の引受け

1　千葉地判平7・12・13判時1565・144＝ダートトライアル事件

危険の引受けとは，被害者が自身の法益を処分する意思まではないものの，これを一定の危険にさらすことまでは許容しているとき，その危険が実現して現に法益が侵害されるに至ったとしても，なおその危険を引き起こす行為を不可罰とするための理論枠組みを指す。これは従来，もっぱら学術的関心の対象とされてきたが，標題の（裁）判例が無罪判決を出して以降，実務家の間でもさかんに議論されるに至っている。事案は次のとおりである。

被告人はダートトライアルの初心者であり，被害者は7年程度のダートトライアル経験があった。

本件当日，走行会に参加した被告人は，車両の整備を終えて運転席でスタートの順番を待っていたところ，この日，整備のために参加していた被害者が誰かの車に乗りたいといったことから，順番の早かった被告人の車両に同乗してもらうことになった。被害者は本件車両の助手席に乗ってシートベルトを締めた。このとき，被告人も被害者もヘルメット，両手グ

ローブ，長袖，長ズボンを着用していた。

　被告人は従来，直線コースでギアを２速までしか入れたことがなかったが，スタート前に被害者に何速まで入れるか尋ねたところ，被害者が自分は３速まで入れるといったので，３速まで入れて走ろうと考えた。被告人はコースの途中，被害者の指示でギアを２速に入れ，上り坂のカーブを時速40キロメートル位で曲がり，若干下り坂の直線に入って間もなく，被害者からサードに入れるようにいわれて３速に入れ，時速70から80キロメートル位に加速した。次いで，被害者から「ブレーキしろ」，あるいは「ブレーキ踏んで，スピード落として」といわれ，ブレーキを強めに踏んだが，約40メートル先でブレーキを離した（被害者の指示はない）。このとき，時速40キロメートル位に落ちていた。

　ところが，左カーブの下り急勾配のため車両は加速しながら右側にふくらみ，左にハンドルを切ったが（被告人は以前，ブレーキを踏んだままハンドルを切るとスリップすると教えられていたので，ブレーキはかけなかったという），さらに加速しながら右側の土手に接近した。被告人は衝突の危険を感じ，急ブレーキをかけハンドルを左に切ったが，今度は車両後部が右に振られ，左側の土手に向かった。そこで，強くブレーキをかけながらハンドルを右に切ったが，左側の山肌に車両左後部を接触させ，次いで右方に向かい，コース右端の丸太の防護柵に車両前部を激突させた。

　激突後の経過は確定できないが，車両右前部が丸太横木に当たって横木の一部を破壊して外し，その結果，丸太の縦の支柱が突き出して残り，そこに車体が助手席側面から倒れかかって，支柱が助手席窓ガラスを割って突き刺さり，これが被害者の頸部および胸部等に当たった可能性が最も高い。なお，丸太の防護柵は３連あり，それぞれ若干の盛土の上に長さ数メートルの丸太の横木を２本積んだもので，この横木は針金や釘で丸太またはH鋼の支柱に固定されていた。防護柵の外側は進路手前側が崖で，進路前方側は下り斜面の山林になっていた。

　判旨は次のとおりである。

　「被害者は，３速での高速走行の結果生じうる事態，すなわち，その後の対応が上中級者からみれば不手際と評価しうる運転操作となり，転倒や衝突，そして死傷の結果が生ずることについては，被告人の重大な落ち度による場合を除き，自己の危険として引き受けた上で同乗していたと認めることができる。そして，３速走行に入った後の被告人は……減速措置が

足りなかったことも一因となって、ハンドルの自由を失って暴走し、本件事故を引き起こしているが、この経過は被害者が引き受けていた危険の範囲内にあり、他方、その過程に被告人の重大な落ち度があったとまではいえない……右の理由から、本件については違法性の阻却が考えられるが、更に、被害者を同乗させた本件走行の社会的相当性について検討する。

　前述のとおり、ダートトライアル競技は既に社会的に定着したモータースポーツで、ＪＡＦが定めた安全確保に関する諸ルールに従って実施されており、被告人の走行を含む本件走行会も一面右競技の練習過程として、ＪＡＦ公認のコースにおいて、車両、走行方法及び服装もＪＡＦの定めたルールに準じて行われていたものである。そして、同乗については、競技においては認められておらず、その当否に議論のありうるところではあるが、他面、競技においても公道上を走るいわゆる『ラリー』では同乗者が存在しており……また、ダートトライアル走行の練習においては、指導としての意味があることから他のコースも含めてかなり一般的に行われ、容認されてきた実情がある。競技に準じた形態でヘルメット着用等をした上で同乗する限り、他のスポーツに比べて格段に危険性が高いものともいえない。また、スポーツ活動においては、引き受けた危険の中に死亡や重大な傷害が含まれていても、必ずしも相当性を否定することはできない。

　これらの点によれば、被害者を同乗させた本件走行は、社会的相当性を欠くものではないといえる……以上のとおり、本件事故の原因となった被告人の運転方法及びこれによる被害者の死亡の結果は、同乗した被害者が引き受けていた危険の現実化というべき事態であり、また、社会的相当性を欠くものではないといえるから、被告人の本件走行は違法性が阻却されることになる」。

2　検　討

　危険の引受けに関する議論の出発点は、被害者がその法益を処分しうる以上、これを危険にさらすことも許される、ということである。自分の壺に上から石を落として割ってしまうことができるのであれば、落石のおそれがある場所にその壺を置くこともできるはずであろう。そして、そうであるとすれば、たとえその「おそれ」が現実化して落石により壺が割れてしまったとしても、そこに壺を置くことが被害者の自律のあらわれである点にはなんら変わるところがない。さらに、すでに述べたように、被害者

はその自律をあらわすのに自分の手を用いるだけでなく、行為者を恃むことも可能である以上、被害者の依頼に応じてその壺に上から石を落としてやる行為（被害者の同意）も、落石のおそれがある場所にその壺を置いてやる行為（危険の引受け）も、同じく不法を構成しないことになる。学説では危険の引受けに関してさまざまな見解が主張されているが、少なくとも不法阻却を根拠とする限りにおいて、このような発想がひろく共有されているように思われる。

　他方、本裁判例も、その説示の大半を実質的にはこの点の論証および認定に費やしている。もっとも、本件において、被害者が本当に自律的に危険を引き受けていたかには若干の疑問がないではない。というのも、（強制されていないのは当然であるにせよ、）被害者が引き受けたものとされる、自分の死に現実化した危険の大きさを正しく認識していたかには、やや怪しいところが残るからである。ダートトライアルにおいては、コースも車両も服装も転倒や衝突を想定したものとなっており、初心者である被告人に対する高速走行の指示が転倒や衝突の危険を引き受けたことまでは意味しうるとしても、なお死の危険との間には径庭が存在するように思われる。

　このような点にも配慮したのであろうか、本裁判例は危険の引受けだけでは無罪を導くのに弱いと考え、いわゆる社会的相当性についても言及している。そして、その実体は、①ダートトライアルが社会的に定着していることと、②安全確保に関する諸ルールが守られ、危険性が類型的に低く抑えられていたこと、そして、③スポーツ活動であったことに求められているようである。しかし、①目新しければ不相当などというのは合理的な根拠がないし、②危険性が低いといっても因果関係を否定するほどではないのであるから、これを不法阻却に用いるには、別途、対抗利益である社会的有用性を指摘すべきであろう。それが③であるのかもしれないが、スポーツ活動が社会的有用性を担っていることは疑いがないとしても、本件態様の同乗走行まで許容するには、いま少し論証が必要であるように思われる。

　このように見てくると、本裁判例は危険の引受けに関する注目すべきものとして扱われてはいるけれども、全体としてあまり筋のよい構成にはなっていない。もっとも、それは事案の特性によるところが大きいのであって、危険の引受けを論ずるならば、むしろ、最決昭55・4・18刑集34・3・149＝坂東三津五郎ふぐ中毒死事件のほうが適しているのではな

かろうか。
　最後に，念のため1点だけ注記しておく。被害者はその生命を処分しえないのと同じ理由でこれを具体的な危険にさらすこともできないが，生命侵害が被害者の意思に反しないことと同様，（生命侵害に現実化した）生命の危殆化がこれに反しないこともまた不法を減少させるから，生命の危険の引受けには刑法202条を適用しうる。危険の引受けの多くにおいてそうであるように，行為者が故意を有しない場合には，したがって，刑法202条に過失犯処罰規定が存在しないことから不可罰となる。さらに，被害者の同意が不法を阻却しない重大な傷害の危険を引き受けた場合にも，行為者は故意を有する限りにおいて，刑法204条に読み込まれた承諾傷害罪で処罰されうることになろう。

Ⅵ　推定的同意

　講学上，推定的同意とよばれる事例類型にはいくつかのものが存在している。とはいえ，推定的同意はあくまで現実の同意とは異なる法形象であるから，実質的には後者の原理によって規律される場合を推定的同意とよぶのは適切でない。その典型例としてあげられるのが（事前の）包括的同意である。たとえば，売店の主人が奥でテレビを見ており，代金を箱に入れれば商品を持っていってよいという貼紙をしておいたとしよう。このとき，代金を箱に入れずに商品を持ち去る行為が詐欺罪（刑法246条1項）を構成するのか，それとも，窃盗罪（刑法235条）を構成するのかは争いのあるところであろうが，少なくとも，代金を箱に入れたうえで商品を持っていく行為が不法でないことは疑いがない。それは，主人が（代金を箱に入れれば，という条件付きで）持去りに対して事前に包括的な同意を与えているからである。もっとも，それは理論的には現実の同意の一現象形態にすぎず，それとは別の特殊な原理によって規律されるわけではない。
　これに対し，たとえば，被害者が状況を誤って認識しているために法益処分を拒絶しているものの，もし正しく認識すれば喜んで法益を処分したであろうという場合には，現実の同意を規律する原理によっては不法を阻却しえない。そこで，Ⅱ3において述べたように，いわば理想化された状況における被害者の選好，すなわち，被害者の潜在的な価値観との合致をもって自律のあらわれととらえることにより，現実の同意と同様，不法，

ことに，すでに構成要件該当性が阻却されることになる。これが推定的同意の第1の場合といえよう。

もっとも，学説においてよりしばしば（現実の同意とは異なる）推定的同意の守備範囲とされるのは，むしろ，次に述べる第2の場合である。すなわち，行為およびそれによって引き起こされた法益侵害が被害者による現実の処分の自由の行使ととらえられないのはもちろん，その潜在的な価値観に合致しているともいいえないものの，行為者が当時おかれていた状況，つまり，その限定された知識や（生理的）能力を前提とすればそのことを認識しえない，という場合なのである。教科書類にあげられる典型例としては，たとえば，長期旅行中の隣人の庭に落ち葉が大量に積もっていたため，親切心からそこに立ち入り掃除をしてやったところ，実は，隣人は留守中に落ち葉が庭にどのくらい積もるか実験していたため，帰宅して立腹し，住居ないし邸宅侵入罪（刑法130条前段）で告訴した，というものがある。

このような場合には，行為を不法でないとはなしえないであろう。しかし，すでに第4章[12]において論じたように，行為者が努力しても，その行為が不法を実現することとなることを認識しえなかったときは，予見不可能性に基づく責任阻却が認められなければならない。先の事例において住居ないし邸宅侵入罪が成立しないのもこのためであり，また，しばしば「推定的同意は現実の同意が調達不可能である場合に限って認められる」といわれるのは，そのような場合が事実上，予見不可能である場合と重なり合っているからにすぎない。したがって，厳密にいうと，現実の同意が調達可能であっても，そうするまでもないと誰もが思う状況では推定的同意が認められうる反面，調達不可能であっても，尋ねれば拒否されるであろうことが推測できれば推定的同意は認められないことになる。

VII おわりに

以上で被害者の同意をめぐる諸問題を簡単に検討してきた。それは究極

---

[12] 同所でも述べたことであるが，ここでは故意を否定するというだけでは足りない。それだけでは過失犯としての可罰性が残るほか，行為者が心配症で「もしかすると被害者は望んでいないかもしれない」と案じていれば，そもそも故意犯が成立してしまうことになりかねない。

的には，被害者の自律，したがって，個人の内部において整合的に体系化された価値観のあらわれを画定していく作業であった。もっとも，近時においては，そのような価値観が必ずしも通時的な不変性を有しないことに着目し，たとえ当該時点における被害者の価値観とは齟齬していても，一定の範囲で行為の不法を阻却するという発想も主張されている[13]。

むろん，そのような発想に依拠すると可罰範囲が狭くなりすぎるおそれがあるほか，そもそも，国家が大のおとなに対してそのインテグリティの変容を促そうとすることは，それ自体が自律をおびやかしかねない。その意味で，私はこのような発想に反対であるが，それでも，被害者の同意をその不法阻却根拠にまでさかのぼって批判的に検討しようとする，近時の学説の動向それ自体はまことに歓迎すべきものといえよう。

---

[13] 三代川邦夫「被害者の危険の引受けと個人の自由」2015年度学習院大学法学博士学位請求論文を参照。ただし，その後，同『被害者の危険の引受けと個人の自律』（立教大学出版会，2017）においては，被害者を注意深い「超理性的な個人」に仕立てるため，被害者が予見可能な不法を阻却・制限する，というかたちで主張を緩和している。同書を詳細に検討したものとして，小林憲太郎「危険の引受け論・再考──三代川邦夫『被害者の危険の引受けと個人の自律』（立教大学出版会・2017）を読んで」立教97号（2018）298頁以下を参照。

第9章

正当防衛（上）

山下はベテランの裁判官，小林は新米の裁判官

小林：先輩は殴り合いのけんかをしたりします？

山下：なにをいっているんだ，私は法律家だよ。最後にそんなけんかをしたのは小学生のころだね（笑）。

小林：そうですよね，私もです。なのに，いま担当している事件では，ちょっと考えられないような原因で大のおとながけんかになって，被害者が大けがをしているんです。

山下：なに，どういう事案なの？

小林：駅のホームで，どうやら，そこから最初に電車に乗り込めば席に座れる可能性の高い乗車位置があるようなんですが，その場所取りがことの発端です。

山下：ふぅん。まあ，私も毎朝，同じ電車に乗っていたころは，いつも同じ乗車位置に同じ人がいたものだね。向こうもそう思っていたかもしれんが……。

小林：ところが，あるころから被害者も被告人と同じ乗車位置を狙うようになって，それで，ほぼ同時にその乗車位置に着いたときは，ちょっともめることもあったようなんです。

山下：「もめる」っていうのは？

小林：口論とか，駅員によると，軽く押すくらいのこともあったようです。

山下：なるほど。それで，ある日，本格的なけんかに発展してしまったんだね。

小林：そのとおりです。そして，防犯カメラがあるので，被害者が先に手を出してきたことは分かっているんです。ただ，被害者によると，自分が先に乗車位置に来たのに，あとから来た被告人が，電車が到着してドアが開いた瞬間に割り込んできて先に乗ろうとしたから，かっとなって被告人の上着の襟首をつかみ，ホームに引きずり出したそうなんです。

山下：ああ，それで被告人が反撃したわけか。

小林：ええ。それで，たまたま被告人には柔道の経験があったので，とっさに被害者の腕をとって投げたようなんです。実は，その技自体は，たとえば，脳天から落とすとか，そんな危険な代物ではまったくないのですが，運悪く，被害者の足が電車とホームの間に挟まって骨折と相成ったわけです。

山下：事実関係に争いはないの？

小林：被告人は，逮捕当初は「自分が先に来て並んでいた」と供述していたのですが，防犯カメラの記録を見せたら観念して，先ほど説明した事実関係を認めています。で，あとは正当防衛を主張しています。

山下：こんな，場所取りに命を賭けているタイプの人たちの間で割込みをするというのはかなり挑発的だね。直感的には正当化を否定したいところだが。

小林：私もそう思うのですが，どのように理由を書けばよいですかね。

山下：君，いくら先輩後輩でも独立した裁判官なのだから，そうストレートに聞くべきではないよ。むろん，議論にはいくらでも付き合うが。あと15分くらいであれば……。

小林：すみません，では，言い方を変えます。被害者の頬を殴るという不正の先行行為がなされた事案において，正当化を否定した最高の判例（最決平20・5・20刑集62・6・1786＝ラリアット事件）がありますよね。あれと似たような感じで考えているのですが……。

山下：「けんか」って，基本は殴り合いの延長だろう。とすると，不正の先行行為というのも，いわば「けんかをおっぱじめた」，「先に手を出した」という趣旨であって，割込みはちょっと違うんじゃないかね。せいぜい，不道徳な先行行為というところかな。

小林：いえ，私自身は，むしろ，そんなイメージに頼った狭い解釈をしなければならない理論的根拠はないと考えています。

山下：「自説」があるなら先にいえばいいだろう（苦笑）。

小林：そんな，「説」などという大層なものではないのですが，「正当な理由のない」「けんかを誘発するリスクがきわめて高い」行為と解するほうが，対抗行為の正当化を制限すべきことを理論的に説明しやすいのではないでしょうか。下級審にも，厳密にいえば手は出していないけれども，非常に挑発的な行動が先行している場合において，最高のような言い回しを用いて正当防衛を否定した裁判例があります。

山下：より汎用性の高い一般理論にしたいという気持ちはよく分かるが，昭和52年決定（最決昭52・7・21刑集31・4・747＝内ゲバ事件）や平成29

年決定（最決平 29・4・26 刑集 71・4・275）のように，侵害の予期プラスアルファを認定して急迫性を否定している裁判例もあるだろう。それとの関係はどうなるの？

小林：そこなんですが，そういう主観面が付け加わると正当化がさらに強く制限される，という考え方はできませんか。たとえば，今回の事案では，進んで電車から降りても被害者がなかなか手を離さないというとき，その腕をつかんで引きはがすくらいのことは正当防衛にしてやっていいでしょう。それは，ちょっと微妙ですが，被害者が割込みを防ぐため実力を行使してくるというところまでは，被告人が予想していたと認定できないからだと思います。

山下：それは異なる事例類型や原理を統合しすぎではないかね。平成 29 年決定はともかく昭和 52 年決定は，待受け型というか，被告人が先になにか挑発的なことをしていなくても主観的な悪質さを理由に正当防衛を否定しうる，という含意が重要であり，実務家の多くも現にそうとらえているだろう。

小林：私も最初はそう思っていたのですが，よく考えてみると，被告人が先行してなにか積極的なことをやっている必要があるかどうかと，予期云々という主観面が必要かどうかとは関係がないのではないですかね。

山下：しかし，先に手を出していない，挑発もしていない，出向いてもいない，だからこそ，反撃権を奪うのに主観的要件が課される，という関係はあるんじゃないか。

小林：では，ふつうに乗車位置で電車を待っていたら，「そこは俺の場所だからどけ」とからんできた人がいた。無視し続けていたら，激高して殴りかからんとする気勢を示し始めた。しかし，自分は格闘技を習っているので，実戦で試すにはいい機会だと思って退散しなかった。こういう事例で，実際に殴りかかられたら正当防衛できませんか。

山下：ああ，そうか。たしかに，その場合には，あらかじめ退散すべき客観的な事情がないから正当防衛できそうだな。あ，時間だから，もうちょっと煮詰まったら改めて話そう。じゃあ。

小林：……仕方がない，『刑法総論の理論と実務』でも読むか。

◆

I 相互闘争状況における正当化の制限

1 正当防衛の特徴とその根拠

刑法36条1項は,「急迫不正の侵害に対して,自己又は他人の権利を防衛するため,やむを得ずにした行為は,罰しない」と規定する。この正当防衛は一般に,刑法37条1項本文に規定する緊急避難と並ぶ緊急状況における正当化事由と解されているが,両者の間には次に述べる4つの重要な違いが認められている。

第1に,正当防衛における侵害の急迫性は時間的切迫性を必須の要件とし,いわゆる侵害の継続性という法形象を用いることによって一定の範囲で緩和されうるにすぎないのに対し[1],緊急避難における危難の現在性は必ずしも時間的切迫性を要しない。

第2に,正当防衛においては退避不可能性すなわち補充性が必要でないのに対し,緊急避難においてはこれが要求される。

第3に,正当防衛においては法益権衡が要請されないのに対し,緊急避難においてはこれが必要である。

第4に,いわゆる致命的行為について,正当防衛においては(例外的に補充性が要求されるにせよ)著しく不均衡でなければ足りるのに対し[2],(防御的)緊急避難においては完全な権衡が要請される,つまり,保全利益もまた生命でなければならない。

問題はこれらの違いが生じる理由であるが,それは,正当防衛を正当化する原理と緊急避難をそうする原理とが異質のものだからである[3]。

まず,緊急避難は優越利益原理ないし功利的正当化原理に基づいている。

---

[1] この問題が事実認定を超えて,理論的な側面から議論されることはそれほど多くないが,近時の貴重な理論研究として,山田雄大「刑法36条における侵害の始期と時間的切迫性について」法学政治学論究103号(2014)199頁以下を参照。

[2] 致命的防衛行為に関するこのような規律は,かねてより,佐伯仁志教授がアメリカ法および(裁)判例の分析等をとおして主張してきたものである。同「正当防衛と退避義務」小林充先生・佐藤文哉先生古稀祝賀『刑事裁判論集(上巻)』(判例タイムズ社,2006)88頁以下などを参照。そして,少なくとも私が裁判官の方々にインタビューした限りにおいては,実務においてもこのような発想が採用されているようである。

[3] 以下と同方向の説明を,しかし,はるかに精緻に行うものとして,三代川邦夫「正当防衛の海域」立教97号(2018)184頁以下がある。

すなわち、大なる（ないし、少なくとも、同等の）利益を保全する唯一の方法として、小なる（ないし、同じく、同等の）利益を侵害する行為は、全体として見れば社会的厚生を減少させていない。したがって、そのような行為は適法と評価すべきであり、あとは、適法行為に基づく損害賠償という法形象を用いて特別な犠牲を救済すればよい。ただし、詳しくは第11章で述べるが、特別な犠牲を観念しうるのは攻撃的緊急避難に限られるとともに、そもそも他者の犠牲に供することが許されず、それゆえ、金のやり取りでは本質的に救済しえない人格の中核を構成する利益については、その侵害を攻撃的緊急避難によって正当化することはできない。

これに対して、正当防衛に関しては共通了解を形成するような原理の呼称が存在しないが[4]、具体的には次のような発想に基づいている。すなわち、社会契約によって国家を設立した目的に照らし、個人の利益[5]に向けられた不正の侵害への対処は、本来、その実力によるのではなく（自力救済の禁止）、国家のほうで担当すべきである。そうすることによって、むしろ、（他者に対して常時、強者でいられるわけではない）個人の利益はよりよく守られるとともに、実力行使の過剰を抑えて社会の安全を達成することができる。もっとも、反対にいうと、不正の侵害が差し迫ることによって、これを実力で撃退することが——実力による現状変更をむしろ阻止しているという点で——前記安全を害することにつながらず[6]、また、現に国家が個人の利益をよく守りえない状況においては、正当防衛という例外的に実力行使を許容する正当化事由が承認されなければならない、と。

ときおり、正当防衛の成否を判断するに際して、公的救助要請義務なる

---

[4] 私はかつて、保護価値制約原理という呼称を提案したことがある。小林憲太郎「違法性とその阻却——いわゆる優越利益原理を中心に」千葉23巻1号（2008）328頁以下などを参照。もっとも、当然ながら、重要なのはその中身であって、単なる呼び方ではない。

[5] これに対して、国家的ないし社会的法益を保全するための正当防衛を国家緊急救助とよび、そのような法形象を承認しうるかがさかんに議論されている。もちろん、たとえば、社会的法益に対する攻撃といっても、放火のような公共危険罪においては、それが同時に個人の利益に対する攻撃を構成しうる限り、問題なく正当防衛を肯定することが可能である。これに対し、ただ乗りの一括禁止に対する違反である蓄積犯においては、純粋に、私人による国家の肩代わりが行われるにすぎないから、正当防衛を認めることはできない。ただし、たとえば、ただちに偽札製造機を破壊しなければ大量の偽造通貨が流通におかれることとなり、大きな混乱が予測される一方、110番通報しても到底間に合わず、犯人が現場にいないため現行犯逮捕もできないといった極限的な状況において、器物損壊（刑法261条）を優越利益原理に基づく自救行為によって正当化する余地は残されよう。

ものが俎上に載せられることがある[7]。もっとも，それは「国家が不正の侵害を防止し損ねてこれが差し迫り，私人の実力による対抗が安全を害するものでないときは，公的救助要請義務の違反がない」と表現しているだけであり，なにか特別な観念が新たに導入されているわけでは決してない。したがって，前記義務を，たとえば，「110番通報するチャンスがあった以上は正当防衛できない」などという特殊な法的効果と結びつけてこれを批判することは，見えない敵と戦っているようなものである。あるいは，前記義務が①不正の侵害を事前に回避すべき義務が生じるとき，その内容のひとつとして観念されたり，②より侵害的でない対抗行為として近くの警察官を「使う」ことが考えられるとき，そうしなければ過剰防衛になりうることのいいかえとされたりすることもあるが，これらもまた，既存の観念の別表現にすぎないことに注意すべきであろう。

　そして，このような正当防衛と緊急避難を規律する原理の違いは，以下のようにして前述の4つの違いを導く。

　第1に，正当防衛においては，行為が現状を変更しているのではなく，むしろ，これを阻止しようとしているのだと示すために，不正の侵害がまさに行われんとしていること，したがって，急迫性が積極的に要請される。これに対して緊急避難においては，優越利益原理すなわち利益衡量を適用する前提となる，保全利益に対する危難と利益侵害の補充性，教科書類でしばしば用いられる表現を借りれば，保全利益と侵害利益の両立不可能性が求められるにとどまる。そして，現在性それ自体は独立した理論的意義を有していないのである。詳しくは第11章を参照されたいが，危難の現在性を否定したものとされる（裁）判例も，すべて，そもそも保全利益が

　6　他方，実力で現状を変更し，その意味で安全を害しているにもかかわらず，それを唯一の手段として保全しうる重大な利益が認められる場合に，緊急避難と同様の優越利益原理に基づき，例外的に行為を正当化するのが自救行為という法形象である。たとえば，貴重な仏像を携えた窃盗犯人が高飛びしようとするのを偶然にも空港で発見した被害者が，もはやそうする以外に仏像を取り戻す手段がないという状況で，犯人から仏像を実力で奪い返すような行為がそれにあたろう。もっとも，近時，自救行為論に詳細な検討を加えた重要な研究は，これを（占有自救を除いて）法的手続に載せるための保全行為に限定し，前記，「法的手続を用いずとも仕方がない」という伝統的な自救行為の観念を否定している。大下英希「自救行為と刑法における財産権の保護」『理論刑法学の探究⑦』（成文堂，2014）71頁以下などを参照。

　7　近時の詳細な研究として，山本和輝「正当防衛状況の前段階における公的救助要請義務は認められるか？——最高裁平成29年4月26日決定を契機として（1）」立命374号（2017）196頁以下を参照。

おびやかされていないこと（危難そのものの欠如），または，いま行為に出ておかなければ手遅れになるというわけではないこと（補充性の欠如）を指摘しているにとどまる。この点は非常にしばしば誤解されているので十分な注意が必要であろう。

　第2に，まず，緊急避難においては既述のように利益の両立不可能性が要請されるから，退避不可能性が要件となるのは当然である。これに対して正当防衛においては，侵害が不正，したがって，正当な利益を担っていないとされているのであるから，これを尊重して「退避できるときは退避せよ」と命ずることはできない。

　第3に，これはある意味で当然のことであるが，優越利益原理に基づく緊急避難においては，その行為を許容することによるプラスがマイナス以上でなければならないのであるから，法益権衡が要求される。これに対して正当防衛においては，第2でも述べたように，正当でない利益と正当な利益が衝突しているにすぎないのであるから，これを解消する負担を後者に負わせることは許されない。すなわち，退避せず不正の侵害をやめさせるのに必要な限りにおいて，当該侵害を構成する利益はその保護価値を制約されるのであって，たまたま，その制約の度合いが前記，正当な利益を上回っていてもかまわないことになる。

　第4に，これまた緊急避難については当然の事理にすぎない。これに対して正当防衛においては，本来，生命であっても等しくその保護価値を制約されるはずである。これが大原則であるが，他方において，生命という至高の価値を侵すことをタブー視する公共空間そのものが，前記安全類似の社会的利益を構成していることもまた否定しがたい。こうして，致命的な防衛行為は「（正当）防衛」ということばをその内に含んではいるけれども，そのような社会的利益に対する（攻撃的）緊急避難としての性質を併有していることになる。これこそが，致命的な防衛行為が例外的に補充性すなわち退避不可能性を要請するとともに，そのような社会的利益に見合うだけの——生命そのものとまでは行かないまでも，たとえば，豆腐1丁や軽微な傷害の回避では足りない——重要な保全法益の存在を前提とする根拠である。

2 自招による正当化の制限という議論の本質

　もっとも，実務において緊要性の高い問題とされているのは，以上のような正当化事由を支える原理そのものというよりも，むしろ，正当化事由を自招したことがいかなる根拠に基づき，どのような範囲で正当化の効力を制限ないし排除するかである。

　まず確認しておくべきなのは，「正当化された法益侵害」という表現からも分かるように，違法性が阻却されたからといって，個人，社会ないし国家に望ましくない損失が発生しているという事実は，これを否定しえないということである。正当防衛においても，不正の侵害を構成する利益の保護価値が制約されるとはいっても，それは正当な利益の側に負担を押しつけるわけにはいかないからそうせざるをえないというだけであって，前者の利益もまたそれ自体を取り出してみれば立派に保護に値する利益なのである。このことは，赤子を投げつけられたのでやむをえずこれをはたき落としてけがをさせた，という事例を考えれば明らかであろう。身を守るためやむをえず赤子の身体の保護価値が制約されるにすぎないのであって，投げつけられたが最後，赤子の身体は法の保護の外におかれ，そもそも法益でなくなるなどといった法理論を採用する余地はない。

　そして，そうであるとすれば，正当化事由を自招する，たとえば，赤子を傷つけようと考え，その親を挑発して赤子を投げつけさせ，正当防衛と称してこれをはたき落とすなどというのは，赤子のけがという無用な法益侵害を生み出すものであって望ましくない。そこで，そういった場合には，赤子をはたき落とす行為の正当化を制限ないし排除すべきである。そうすれば，行為者は正当化事由の自招を控え，赤子の身体は守られるであろう[8]。近時，学界においては，事前に侵害を回避することが特段の負担なく可能である場合には，そうせずに侵害に直面し，これに対抗しても正当防衛にならないという発想が有力に主張されているが（侵害回避義務論[9]），そこにいう侵害回避義務違反もまた，前記，無用な法益侵害を生み出したと評価しうる事例類型のひとつを理論化したものといえよう。ただし，正当化事由の自招が正当化を制限ないし排除する根拠が以上のようなところに求められるとすれば，議論の射程は対抗行為の正当防衛による正当化に限られない。むしろ，対抗行為を正当化すべき他の事由にも及ぶほか，転嫁行為の（たとえば，攻撃的緊急避難による）正当化もまた視野に入ってくる。転

嫁行為によっても無用な法益侵害が生じうるからである。

なお，以上としばしば混同されるのが原因において違法な行為の理論であるが，両者はその理論的位置をまったく異にする。具体的にいうと，たとえば，侵害の自招といっても，みずからに対する侵害を招致した（狭義の自招）のではなく，第三者に対するそれを招致した（広義の自招）ような場合には，そこで自招者が介入してなした対抗行為や転嫁行為の正当化を，前述のようなロジックを用い，自招を根拠として制限ないし排除することは許されない。当該第三者は無用法益侵害につながる行為を何ひとつしていないからである。しかし，たとえそうであるとしても，必要もないのにわざわざ正当化状況を作り出す自招行為にまで，前記，対抗行為や転嫁行為に認められる正当化の恩恵を受けさせてやるのは不公正である。したがって，自招行為については，対抗行為や転嫁行為による法益侵害を違法に引き起こしたものとして（責任および正犯性が備わることを前提に）処罰しうる。これが原因において違法な行為の理論ということの意味である。

それでは，以上のような基礎理論を前提としながら，具体的な（裁）判例を見ていくこととしたい。

8　私はかつて，無用な法益侵害を防ぐため，自招者に対して対抗ないし転嫁行為の正当化の制限ないし排除という「制裁」を科すことにより，自招をやめさせるのだと説明したことがある。あくまで正当化事由の自招に科される制裁であるから，制裁の一般理論に従い，①罪刑法定主義の観点からは，正当化が制限ないし排除されうる旨，明定されることが望ましい，②あらかじめ侵害を回避しないという（不真正）不作為による自招の場合には，（侵害のリスクを高めるという意味での）危険創出に基づく作為義務の認定が必要である，③自招に正当な理由があれば正当化は制限ないし排除されえない，④自招が責任を欠けば正当化は制限ないし排除されえない，ということになる。また，正当化を排除までするのに侵害の予期が決定的なものとされるのは，故意が制裁を飛躍的に重くするという一般原則のあらわれにすぎない。本書において繰り返し述べてきたように，私自身は故意が処分の側面を加重すると考えているが，不法の予見が制裁の想定する抑止プロセスをショートカットさせることにより，制裁の側面を加重する余地が否定されるわけではない。

ただし，以上に述べたことは過度に理論的であり，実務的な問題を解決するのにそのままのかたちで援用したのでは，むしろ無用の混乱をもたらしかねない。したがって，以下の論述においては，必要に応じて，あくまで基本的な発想から説き起こすかたちで言及するにとどめたい。すぐあとに述べる原因において違法な行為の理論も含め，詳しくは，小林憲太郎「平成20年決定以降の自招侵害論について」判時2234号（2014）3頁以下を参照。

9　最も詳細な研究として，橋爪隆『正当防衛論の基礎』（有斐閣，2007）305頁以下を参照。さらに，実務家による先駆的な主張として，佐藤文哉「正当防衛における退避可能性について」『西原春夫先生古稀祝賀論文集（第1巻）』（成文堂，1998）236頁以下がある。その後の展開としては，栃木力「正当防衛における急迫性」小林充＝植村立郎［編］『刑事事実認定重要判決50選〔第2版〕』（立花書房，2013）71頁以下を参照。

Ⅱ　侵害の予期と積極的加害意思，防衛の意思

1　最決昭52・7・21刑集31・4・747＝内ゲバ事件

相互闘争状況における正当化の制限に関し，かつて，大審院は「喧嘩両成敗」の名のもとに正当防衛を否定していた（大判昭7・1・25刑集11・1）。その後，最高裁になると，もう少し分析的かつ法理論的な検討が加えられるようになり，「闘争の全般」，「全般の情況」から見て「正当防衛の観念を容れる余地がない場合がある」と述べられるようになった（最大判昭23・7・7刑集2・8・793。現に，けんか闘争にも正当防衛の余地が認められた例として，最判昭32・1・22刑集11・1・31）。さらに，より具体的に，「被告人が右の叢に身をひそめ様子を窺ううち被害者が出て来て矢庭に出刃庖丁をもつて被告人に突きかかつて来た際においては，被告人はこの被害者の不正の侵害については早くから，充分の予期を持ち且つこれに応じて立ち向い敏速有力な反撃の傷害を加え得べき充分の用意を整えて進んで被害者と対面すべく右叢附近に赴き彼の様子を窺つていた訳であるから，被害者のこの不正の侵害は被告人にとつては急迫のものというべからざるものであり，又被告人が被害者に加えた判示傷害行為は権利防衛のため止むを得ざるに出でたものというべからざるものである」と述べるものが現れたが（最判昭30・10・25刑集9・11・2295），そこでは正当防衛を否定する方向にはたらくであろう諸事情があげつらわれるにとどまり，また，複数の要件が否定される余地が示されていた。

もっとも，このうち，とりわけ侵害の予期に関しては，それを根拠に急迫性を否定しようとする流れが一部，下級審裁判例に見られたことから，「刑法36条にいう『急迫』とは，法益の侵害が現に存在しているか，または間近に押し迫つていることを意味し，その侵害があらかじめ予期されていたものであるとしても，そのことからただちに急迫性を失うものと解すべきではない」とくぎを刺す最高裁判例も出されることとなった（最判昭46・11・16刑集25・8・996）。そして，このような説示をふまえたうえで，相互闘争状況における正当防衛成立のひとつの限界を示したのが標題判例である。事案は次のようなものであった。

被告人らは中核派に属する者であるが，政治集会を開催するにあたり，

まず，押しかけてきた革マル派を，そのうちの1名を滅多打ちにするなどして撃退した。つづいて，革マル派が態勢を整えて再び襲撃してくることは必至と考え，政治集会を開催するホールの入り口に机や椅子でバリケードを築いた。そして，再び押しかけてきた革マル派が鉄棒等で攻撃してくるのに対し，被告人らも鉄棒で突き返すなどして応戦した。

つづいて，最高裁は上告を棄却したうえ，次のように判示した。

「所論のうち，判例違反をいう点は，所論引用の判例（昭和45年㈹第2563号同46年11月16日第三小法廷判決・刑集25巻8号996頁）は，何らかの程度において相手の侵害が予期されていたとしても，そのことからただちに正当防衛における侵害の急迫性が失われるわけではない旨を判示しているにとどまり，所論のように，侵害が予期されていたという事実は急迫性の有無の判断にあたつて何の意味をももたない旨を判示しているものではないと解されるので，所論は前提を欠き，刑訴法405条の上告理由にあたらない。

しかしながら，所論にかんがみ職権により判断すると，刑法36条が正当防衛について侵害の急迫性を要件としているのは，予期された侵害を避けるべき義務を課する趣旨ではないから，当然又はほとんど確実に侵害が予期されたとしても，そのことからただちに侵害の急迫性が失われるわけではないと解するのが相当であり，これと異なる原判断は，その限度において違法というほかはない。しかし，同条が侵害の急迫性を要件としている趣旨から考えて，単に予期された侵害を避けなかつたというにとどまらず，その機会を利用し積極的に相手に対して加害行為をする意思で侵害に臨んだときは，もはや侵害の急迫性の要件を充たさないものと解するのが相当である。そうして，原判決によると，被告人は，相手の攻撃を当然に予想しながら，単なる防衛の意図ではなく，積極的攻撃，闘争，加害の意図をもつて臨んだというのであるから，これを前提とする限り，侵害の急迫性の要件を充たさないものというべきであつて，その旨の原判断は，結論において正当である」。

2　検　討

この内ゲバ事件は学界においても最もさかんに論じられてきた判例のひとつであり，それゆえ，必要なことがらはすべて論じ尽くされた感がないではない。そして，その結果，一部の特殊な見解を除き，学界においては，

次の5つの点に関しておおまかな共通了解が形成されつつある。しかも，それは判例自体の内在的解釈と大きく重なり合うものでもあるとされる。

第1に，侵害の予期はそれだけで正当化を排除するものではないけれども，正当化を排除するのに必要であるという点では決定的に重要な考慮要素である[10]。

第2に，積極的加害意思などという心情的，情緒的な要素を重視するのは適切でなく，むしろ，より客観的な利益状況に目を向けるべきである[11]。たとえば，再度の襲撃を恐れて退散することなく同所で政治集会を開催することが，具体的な状況にかんがみてどの程度の保護価値を有していたか，などといった事情がそれにあたる。

第3に，自招侵害には出向き型と待受け型が存在するところ[12]（なお，近時，出向き型のなかには，さらに，不正の先行行為型のあることが指摘されているが，これについては後述する），本件のような待受け型は，出向き型，すなわち，みずから進んで侵害に身をさらしに行く場合に比して，正当化が制限ないし排除されにくい。より正確にいえば，正当化を制限ないし排除するためには特別な事情が必要とされる。

第4に，正当防衛が制限ないし否定される場合に問題となる具体的な要件は，正当防衛の各要件の本質に照らしてこれを決するというよりも，むしろ，当該要件を問題とすることにより生じる効果にかんがみてこれを定めるべきである。本判例は急迫性を否定しているが，むろん，たとえば，緊急避難による正当化も排除する趣旨であろう。そこで，急迫性を否定することに賛成する論者は，それが緊急行為性，したがって，同時に（危難の）現在性をも失わせることを根拠にする一方，これに反対する論者は，急迫性を否定するだけでは現在性が残ってしまうことを根拠にしているのである。後述するように，正当防衛を否定する近時の判例には問題となる具体的な要件を掲げないものもあるが，それも，まさに，おのおのの要件

---

10 実質的には侵害の予期の欠如を理由に急迫性を肯定する等した（裁）判例として，和歌山地判昭50・4・22刑月7・4・564，大阪高判昭53・3・8判タ369・440，最判昭59・1・30刑集38・1・185，大阪高判平7・3・31判タ887・259などを参照。

11 現に，実質的には積極的加害意思を認定することなく，急迫性を否定する等した下級審裁判例も散見される。東京高判昭60・8・20判時1183・163，大阪地判昭63・11・18判タ702・265，大阪高判平13・1・30判時1745・150などを参照。

12 このような分類について，詳しくは，香城敏麿「正当防衛における急迫性」小林充＝香城［編］『刑事事実認定――裁判例の総合的研究（上）』（判例タイムズ社，1994）261頁以下を参照。

が確固たる本質を有しているのではなく、むしろ、「このような場合にまで殴り返してよいのか」という、より実質的な価値判断が重要であることを象徴的に示しているように思われる。

第5に、防衛の意思は以上のような、侵害に先行する事情を考慮対象とする要件ではなく、むしろ、防衛行為時の心理状態を問題とするものである[13]。そして、たしかに、判例は「刑法36条の防衛行為は、防衛の意思をもつてなされることが必要であるが、相手の加害行為に対し憤激または逆上して反撃を加えたからといつて、ただちに防衛の意思を欠くものと解すべきではない」（前掲最判昭46・11・16）、「防衛に名を借りて侵害者に対し積極的に攻撃を加える行為は、防衛の意思を欠く結果、正当防衛のための行為と認めることはできないが、防衛の意思と攻撃の意思とが併存している場合の行為は、防衛の意思を欠くものではないので、これを正当防衛のための行為と評価することができる」（最判昭50・11・28刑集29・10・983）と述べてはいるが、現実に防衛の意思が否定された事案は、そもそも急迫不正の侵害が存在しないか、反撃が利益の保全に適さない、文字どおり単なる反撃である、あるいは、過剰にわたった場合が強壮性の情動に基づくもののいずれかである。

それでは、以上の5つの点をどのように評価すべきであろうか。

第1の点は、私も賛成である。侵害の予期の有無は、通常の犯罪における不法の認識（故意）の存否が不法の抑止の必要性に大きく影響するのと同様に、侵害招致の抑止の必要性に大きく影響する。もっとも、正当化を排除するのに侵害の予期まで必要であるというのはよいとしても、正当化を制限するのにさえそれが必要であるというのは言い過ぎであろう。侵害の（ある程度、高度の）予見可能性だけでも、正当化を制限する契機になりうるというべきである。このことは、本件とは異なり侵害の予期までは必ずしも認められない、後述する不正の先行行為型においてとくに重要である。

第2の点も、賛成しうる。もっとも、判例やこれを支持する一部の学説が、本当に、（侵害の予期と、積極的加害意思という）心情的、情緒的要素だけで正当化を排除しているかは疑わしい。それは実際には、政治集会が名

---

[13] おそらく、学界・実務を問わず共通了解を形成する分析であり、近時でも、安廣文夫「正当防衛・過剰防衛」法教387号（2012）16頁を参照。

目的なものであって，退散しないことがけんか以外に特段の正当な目的を担っていないことを，被告人の主観面から言い表したにすぎないものではなかろうか[14]。そうすると，それは，近時の学説がいう客観的な利益状況と軌を一にすることになる。そして，その客観的な利益状況とは，純理論的にいうと，侵害招致を正当化する事由の有無にほかならない。

　第3の点も，そのとおりだと思う。（しばしば用いられるとはいえ）講壇設例で恐縮であるが，たとえば，姿を見れば必ず殴りかかってくるであろう恋敵がいるとして，その恋敵がいる公園にわざわざ自分からおもむく場合（出向き型）と，公園で本を読んでいたところ，友人から恋敵がその公園に向かっている旨の連絡を受けたが，そのまま本を読み続けた場合（待受け型）とで，恋敵に殴りかかられた際の反撃がより正当化されやすいのは，明らかに後者であろう。問題はその理論的な根拠であるが，それは，おそらく，積極的な行動（作為）によって侵害を現実化させることは原則として禁止してよい（出向き型）が，侵害が現実化しないよう，あらかじめ退散しておけと命ずることは例外的にしか許容されない（待受け型），という点に求められるのではなかろうか。それは畢竟，「作為犯の処罰が原則であり，不作為犯のそれは保障人的地位の備わる例外的な場合にしか許されない」という制裁の一般理論，ないし，その背景にある基本的な価値判断に帰することになろう。

　もっとも，そうだとすると，本件が待受け型に分類されるべき事案である以上，被告人らに対し，事前の侵害回避を義務づけることを正当化するための保障人的地位類似の特別な事情が必要となる。その実際の内容は不作為犯論（第5章）を参照しつつ，本件の具体的な事実関係に即して明らかにされるべきであるが，おそらく，被告人らが革マル派の人間を木刀や鉄パイプ等で滅多打ちすることにより，再度の襲撃のリスクを著しく高めたことが決定的だったのではなかろうか。反対にいうと，事前にこのようないきさつがなく，単に，政治集会中に襲撃が予測されるというだけでは，たとえ「そうなったら返り討ちにしてやろう」と準備していたとしても，

14　この点を指摘するものとして，橋爪隆「正当防衛状況の判断について」法教405号（2014）105・106頁を参照。積極的加害意思を否定する下級審裁判例も，実質的には侵害の予期の欠如や，侵害回避義務の欠如ないし侵害招致の正当な理由の存在を根拠にすると解されるものが多い。東京高判昭62・1・19判タ650・251，札幌高判昭63・10・4判時1312・148，東京地判平8・3・12判時1599・149，大阪高判平14・7・9判時1797・159などを参照。

ただちに正当防衛の成立が制限ないし排除されるわけではないと思われる。

むしろ，ここで容易に生じる疑問は，本件において前記のようないきさつがあるのであれば，事前の侵害回避義務などという迂遠な構成に頼らずとも，出向き型，ことに，不正の先行行為型に分類することが可能ではないか，ということである。しかし，詳しくは後述するが，不正の先行行為型といえども，対抗（ないし転嫁）行為が正当化される余地を完全に排除するためには，先行行為の時点において侵害の予期が要請されるところ，本件においては，滅多打ちの時点で被告人らが再度の襲撃を現実に予期していたかには疑いが残ろう。少なくとも，これを実際に認定することは困難であったと思われる。

第4の点は，刑法解釈方法論に関係するが，正当防衛の各要件が正当防衛の実質的な根拠まで縛る本質を有していないというのはそのとおりであるとしても，少なくとも，実質的に見て同一の考慮に基づき正当防衛を制限ないし排除しようとするときにまで，アドホックに問題となる要件を変えるべきではないと思われる。後述するように，不正の先行行為型に関する近時の判例は（急迫性を否定した内ゲバ事件と異なり）問題となる具体的な要件を示していないが，もし両判例が究極的には同様の発想に依拠して正当防衛を制限ないし否定しようとしたのであれば——そして，私はそう解しているが——それはあまり望ましい説示方法とはいえないであろう[15]。あるいは，裁判員にも分かりやすくするため個別の要件に立ち入らなかったのかもしれないが[16]，裁判員であっても（大まかなかたちであれ）判例全体の整合性を考慮しなければならない以上，かえって分かりにくくなってしまうのではなかろうか。

第5の点は，私自身もさまざまな機会に繰り返し指摘してきたところであるが，そのとおりだと思う。一例をあげると，たとえば，東京高判昭60・10・15判時1190・138は前掲最判昭50・11・28をあげつつ防衛の意思を否定しているが，その事案は実際には，急迫不正の侵害自体を欠くと評価しうるものであった。要するに，防衛の意思が欠けるために正当防衛が否定されるという事態は現実には観念しえず，ただ，過剰防衛において防衛の意思が欠けるとされれば（非強壮性の情動を前提とする）刑の減免が

15　橋爪隆「判批」重判解（平20）175頁は，ともに，侵害回避義務論から急迫性のもとに位置づけることも可能であったとする。

16　佐伯仁志『刑法総論の考え方・楽しみ方』（有斐閣，2013）157・158頁参照。

なされない，ということになる。

Ⅲ　不正の先行行為による侵害の招致

1　最決平20・5・20刑集62・6・1786＝ラリアット事件

　侵害を積極的な行動（作為）によって招致する出向き型のなかでも，とくに，当該作為が直接的な暴行であるなどの不正の先行行為型においては，下級審裁判例を中心に独特の解決方法をとるものが見られた。それは，おそらく，相互闘争状況においてもただちに正当防衛は否定されず，これを否定すべき場合にあたるかを慎重に判断しなければならないところ，被告人が「先に手を出した」事案においては，類型的に見て，そのような場合にあたると評価しやすいからであろう。たとえば，福岡高判昭60・7・8刑月17・7＝8・635や東京高判平8・2・7判時1568・145は侵害の予期等に言及することなく急迫性や防衛行為性を否定しており，また，東京地判昭63・4・5判タ668・223は侵害の不正性が欠けるとしている。
　もっとも，他方で，不正の先行行為型に分類されるべき事案においても，あくまで内ゲバ事件の判断枠組みに従い，侵害の予期を認定したうえで急迫性を否定するものも見られた（現に，標題判例の原判決〔東京高判平18・11・29刑集62・6・1802参照〕はそうであった）。そのようななか出されたのが標題判例である。次のようにいう。
　「1　原判決及びその是認する第1審判決の認定によれば，本件の事実関係は，次のとおりである。
　(1)　本件の被害者であるA（当時51歳）は，本件当日午後7時30分ころ，自転車にまたがったまま，歩道上に設置されたごみ集積所にごみを捨てていたところ，帰宅途中に徒歩で通り掛かった被告人（当時41歳）が，その姿を不審と感じて声を掛けるなどしたことから，両名は言い争いとなった。
　(2)　被告人は，いきなりAの左ほおを手けんで1回殴打し，直後に走って立ち去った。
　(3)　Aは，『待て。』などと言いながら，自転車で被告人を追い掛け，上記殴打現場から約26.5m先を左折して約60m進んだ歩道上で被告人に追

い付き，自転車に乗ったまま，水平に伸ばした右腕で，後方から被告人の背中の上部又は首付近を強く殴打した。

(4) 被告人は，上記Aの攻撃によって前方に倒れたが，起き上がり，護身用に携帯していた特殊警棒を衣服から取出し，Aに対し，その顔面や防御しようとした左手を数回殴打する暴行を加え，よって，同人に加療約3週間を要する顔面挫創，左手小指中節骨骨折の傷害を負わせた。

2 本件の公訴事実は，被告人の前記1(4)の行為を傷害罪に問うものであるが，所論は，Aの前記1(3)の攻撃に侵害の急迫性がないとした原判断は誤りであり，被告人の本件傷害行為については正当防衛が成立する旨主張する。しかしながら，前記の事実関係によれば，被告人は，Aから攻撃されるに先立ち，Aに対して暴行を加えているのであって，Aの攻撃は，被告人の暴行に触発された，その直後における近接した場所での一連，一体の事態ということができ，被告人は不正の行為により自ら侵害を招いたものといえるから，Aの攻撃が被告人の前記暴行の程度を大きく超えるものでないなどの本件の事実関係の下においては，被告人の本件傷害行為は，被告人において何らかの反撃行為に出ることが正当とされる状況における行為とはいえないというべきである。そうすると，正当防衛の成立を否定した原判断は，結論において正当である」。

2 検 討

本判例を理論的に分析する以前に，事実認定と当罰性判断に関し，それぞれ1点ずつ指摘しておくことがある。

まず，事実認定に関してであるが，本件においては侵害の予期を認定することも可能であったが明示的な指摘が抜け落ちている，というのではなく，そもそもこれを認定することが困難であったと思われる。というのも，被告人はAから逃げ切れる，したがって，侵害は現実化しないものと考えていた可能性があるからである。つまり，最高裁は侵害の予期の存在を指摘しなかったのではなく，できなかったのである。

次に，当罰性判断に関してであるが，内ゲバ事件の事案においてはいかなる対抗行為も正当化される余地がなかったと考えられる一方，本件においては，たとえば，Aの腕を押さえるなどの防御的防衛くらいは正当化してよいようにも思われる。あるいは，さらにAから逃げようとしたが袋小路に追い詰められた——つまり，退避可能性がない——とき，これを突き

飛ばしたりタックルしたりするなどの（保全利益と大きくバランスを失しない程度に危険な）攻撃的防衛もまた，絶対に許容されないとまではいえないであろう。そして，待受け型に比し，対抗行為がより正当化されにくいはずの不正の先行行為型においてこのような当罰性感覚が生じうるのは，やはり，本件において侵害の予期が欠けるからという以外に説明のしようがない。

　以上の2点を前提として考えると，対抗行為の正当化のしにくさ（しやすさ）を判断するにあたり，（侵害回避義務をともなう）待受け型と通常の出向き型との間だけでなく，不正の先行行為型との間にも，理論的に決定的といえるほどの違いは存在しないように思われる。「先に手を出した」という不正の先行行為型に特有の事情が，事実上，「要はけんかだから正当防衛を論じるのは筋違いだ」と感じられる事例群の中核を構成していることは否定しえないが[17]，そうして導かれる正当防衛の制限ないし排除にかかる規律が自招侵害の一般理論となんら異ならないのであれば，不正の先行行為の存在を過度に強調して独立の「型」にまで高めるのは得策とはいえないであろう。

　ラリアット事件ののち，不正の先行行為型そのものに関する注目すべき判例は出されていないが[18]，出向き型に関しては興味深い（裁）判例がある。それが東京高判平21・10・8判タ1388・370であるが[19]，事実関係は次のとおりである。

　「被告人は，長年にわたりいわゆる『引きこもり』の状態にあり，平成12年ころから自立を期待した実母や被害者の経済的援助の下にアパートで1人暮らしを始めたが，隣室居住者らとトラブルを繰り返して平成19

17　このような観点から，端的に，不正の先行行為型が客観面から，侵害の予期と積極的加害意思が主観面から，それぞれ正当防衛を排除するものと位置づける見解として，山口厚「正当防衛論の新展開」曹時61巻2号（2009）19頁以下を参照。本判例の調査官解説も類似の発想を示している。三浦透「判解」最判解刑（平20）426頁以下参照。

18　不正とまではいえないものの，挑発的言動により侵害を招致した事案として，神戸地判平21・2・9裁判所HP（予期と積極的加害意思を認定して急迫性を否定），神戸地判平26・12・16裁判所HP（侵害の自招と予測可能性から正当防衛状況を否定）などがある。

19　そのほか，東京高判平25・2・19東高刑時報64・1～12・55（予期と積極的加害意思を認定して正当防衛状況を否定），静岡地浜松支判平27・7・1公刊物未登載（積極的加害意思を否定して急迫性を認定）なども参照。さらに，待受け型に関しては，東京高判平27・6・5判時2297・137（侵害の自招と予期，反撃準備などから急迫性を否定）が重要である。

年10月には退去せざるを得なくなり，実母にも援助を拒まれるに至った。平成19年12月に被告人は困窮して本件マンションに実母を訪ねたが，その際，実母との面会を阻もうとした被害者から殴る蹴るといった暴行を受けた。しかしそれでも被告人が実母に会うことを渇望したため，実母から約100万円の援助を受けることができた。しかし，その後，被告人の自立を促すため，携帯電話をつながらないようにするなどして実母からも距離を取ろうとされたため，平成20年3月ころ被告人は実母をその職場近くで待ち伏せして暴行騒ぎを起こすに至った。このため被告人は，同年1月に実母の紹介により就いた警備の仕事も辞めるところとなり，生活費に窮するようになった。そこで被告人は，本件当日，実母に会って更に経済的援助を求めようと本件マンションを訪れたが，本件マンション出入口前で被害者に実母はいない旨告げられ，帰るよう促され，第2の1の冒頭に摘示したとおりの状況〔本件当日午後9時半ころ，被害者は，本件マンション1階出入口前で，実母を訪ねて来た被告人に対し，実母はいないと告げて追い返そうとしたが，被告人がこれに応ぜず，被害者に続いて本件マンションの中に入り込もうとしたり，その場を動かなかったりした。そこで被害者は，出入口前のスロープ上にいた被告人に近寄り，帰るよう強く促したものの，被告人が無言でにらみ返すだけで立ち去ろうとしないため，右手で被告人のジャンパー左襟首をつかみ，「なめんな」「ふざけんじゃねえ」などと言いながら，左方向に3，4回強く引っ張る暴行に及び，その際，被害者の右手が被告人の頬付近に当たるなどした。その後被告人は，被害者の左前胸部を本件果物ナイフで突き刺した〕で本件犯行に至ったものである」。

この殺人未遂に関して正当防衛の成否が争われたところ，東京高裁は次のように判示した。

「(1) 刑法36条1項が侵害の急迫性を要件としている趣旨から考えると，侵害があらかじめ予期されたものであったとしても，そのことから直ちに同条項にいう急迫性が失われるものと解すべきではない（最高裁昭和46年11月16日第三小法廷判決・刑集25巻8号996頁等参照）。

しかし，単に侵害が予期されただけでなく，被侵害者が正当な利益を損なうことなく容易にその侵害を避けることができたにもかかわらず，侵害があれば反撃する意思で，自ら侵害が予想される状況に臨み，反撃行為に及んだという場合には，実際に受けた侵害が事前の予想の範囲・程度を大きく超えるものであったなどの特段の事情がない限り，『急迫不正の侵

害』があるということはできないし，また反撃行為に出ることが正当とされる状況にあったとはいえない。

(2) 本件においては，上記のとおり，被告人は，被害者の暴行の高い可能性を予期し，かつ，被害者や実母の意思に反してまで実母に会おうとしなければ容易に被害者の暴行を避けることができたにもかかわらず（なお，被告人が当時34歳の成人男性であることを踏まえて上記のような経緯をみれば，本件当時被害者や実母の意思に反して強引に実母に面会を求めることに，何ら正当な利益を認めることはできず，かえって被告人には，実母との面会を断られた時点で，少なくとも道義的には本件マンションから立ち去る義務があったというべきである。），被害者の暴行があれば準備した本件果物ナイフを用いて反撃する意思で，本件マンションを訪れ，予想された範囲・程度にとどまる被害者の暴行を受け，本件果物ナイフで上記のような刺突行為に及んだ，というのであって，本件においては到底『急迫不正の侵害』があったとはいえず，正当防衛も過剰防衛も成立しない」。

この事案は典型的な出向き型であり，被害者のほうが先に手を出していることから不正の先行行為型でもない。そうすると，従来の最高裁判例の流れが「不正の先行行為型とそれ以外」という区別に依拠し，あくまで，後者における正当化の制限ないし排除にかかる判断枠組みのなかで待受け型と通常の出向き型を差異化しようとするものであったとすれば，この事案を処理するためには侵害の予期と積極的加害意思の有無，したがって，急迫性の存否を判断することになるはずである。にもかかわらず，裁判所はそのような判断およびこれに触発されて主張された侵害回避義務論を彷彿させる措辞を示すとともに，これに並記するかたちでラリアット事件の言い回しをも借用している。

このことは，待受け型と通常の出向き型の区別だけでなく，後者と不正の先行行為型の区別までもが究極的にはひとつの上位原理のもとに束ねられるべき相対的なものにすぎないことを，象徴的に示しているように思われる。そして，本章は，すでに繰り返し述べたように，そこにいう上位原理が正当化される法益侵害もまた社会的損失であることに着目し，そのような正当化状況を正当な理由なく有責に招致する者の利益を保全する行為の正当化を制限ないし排除することにより，そのような招致行為をやめさせようとする発想に求められると解するものである（招致行為に対する制裁としての正当化の制限ないし排除，いわゆる制裁説）。

Ⅳ　その後の判例

1　最決平29・4・26刑集71・4・275

　その後，最高裁は出向き型に分類しうる事案に関し，次のように述べて侵害の急迫性を否定している。

「1　第1審判決及び原判決の認定並びに記録によれば，本件の事実関係は，次のとおりである。

(1)　被告人は，知人であるA（当時40歳）から，平成26年6月2日午後4時30分頃，不在中の自宅（マンション6階）の玄関扉を消火器で何度もたたかれ，その頃から同月3日午前3時頃までの間，十数回にわたり電話で，『今から行ったるから待っとけ。けじめとったるから。』と怒鳴られたり，仲間と共に攻撃を加えると言われたりするなど，身に覚えのない因縁を付けられ，立腹していた。

(2)　被告人は，自宅にいたところ，同日午前4時2分頃，Aから，マンションの前に来ているから降りて来るようにと電話で呼び出されて，自宅にあった包丁（刃体の長さ約13.8cm）にタオルを巻き，それをズボンの腰部右後ろに差し挟んで，自宅マンション前の路上に赴いた。

(3)　被告人を見付けたAがハンマーを持って被告人の方に駆け寄って来たが，被告人は，Aに包丁を示すなどの威嚇的行動を取ることなく，歩いてAに近づき，ハンマーで殴りかかって来たAの攻撃を，腕を出し腰を引くなどして防ぎながら，包丁を取り出すと，殺意をもって，Aの左側胸部を包丁で1回強く突き刺して殺害した。

2　刑法36条は，急迫不正の侵害という緊急状況の下で公的機関による法的保護を求めることが期待できないときに，侵害を排除するための私人による対抗行為を例外的に許容したものである。したがって，行為者が侵害を予期した上で対抗行為に及んだ場合，侵害の急迫性の要件については，侵害を予期していたことから，直ちにこれが失われると解すべきではなく（最高裁昭和45年(あ)第2563号同46年11月16日第三小法廷判決・刑集25巻8号996頁参照），対抗行為に先行する事情を含めた行為全般の状況に照らして検討すべきである。具体的には，事案に応じ，行為者と相手方との従前の関係，予期された侵害の内容，侵害の予期の程度，侵害回避の容易性，

侵害場所に出向く必要性，侵害場所にとどまる相当性，対抗行為の準備の状況（特に，凶器の準備の有無や準備した凶器の性状等），実際の侵害行為の内容と予期された侵害との異同，行為者が侵害に臨んだ状況及びその際の意思内容等を考慮し，行為者がその機会を利用し積極的に相手方に対して加害行為をする意思で侵害に臨んだとき（最高裁昭和51年(あ)第671号同52年7月21日第一小法廷決定・刑集31巻4号747頁参照）など，前記のような刑法36条の趣旨に照らし許容されるものとはいえない場合には，侵害の急迫性の要件を充たさないものというべきである。

前記1の事実関係によれば，被告人は，Aの呼出しに応じて現場に赴けば，Aから凶器を用いるなどした暴行を加えられることを十分予期していながら，Aの呼出しに応じる必要がなく，自宅にとどまって警察の援助を受けることが容易であったにもかかわらず，包丁を準備した上，Aの待つ場所に出向き，Aがハンマーで攻撃してくるや，包丁を示すなどの威嚇的行動を取ることもしないままAに近づき，Aの左側胸部を強く刺突したものと認められる。このような先行事情を含めた本件行為全般の状況に照らすと，被告人の本件行為は，刑法36条の趣旨に照らし許容されるものとは認められず，侵害の急迫性の要件を充たさないものというべきである。したがって，本件につき正当防衛及び過剰防衛の成立を否定した第1審判決を是認した原判断は正当である」。

2 検　討

本判例の評価は学界において，いまだ定まっているとはいいがたい状況にあるが，次の2点において注目に値することに関しては，おそらく争いがないものと思われる。

その1つ目は，侵害の予期プラスアルファによって急迫性を否定するという，内ゲバ事件以来の判断枠組みを放棄するつもりがない，いいかえれば，それがラリアット事件の判断枠組みによって上書きされたわけではないことを，最高裁として明らかにした点である。一部の下級審裁判例や学説を除き，暗黙の共通了解になっていたこととはいえ，それが明示的に確証された意義は大きい。

2つ目は，にもかかわらず，内ゲバ事件の地位を大きく引き下げた点である。すなわち，本判例は正当防衛の趣旨にさかのぼり，侵害の予期がある場合に急迫性が否定される一般的な要件ないし事情を明らかにしたうえ

で，積極的加害意思論をその下位カテゴリーに位置づけたのである。侵害の予期がある場合に急迫性を否定するため，無理やりに積極的加害意思を認定する必然性はなく，実質的に見て急迫性を否定すべき根拠があるのであれば，端的にそうしてよいとのシグナルを下級裁に送っているのだと思われる。

このように，本判例は典型的な，判例のいわば「正常進化」に属するものであるが，本章で述べてきた基本的な発想に照らし，これを判例の「外側」から観察したときには，なお次に述べる3つの問題を抱えている。

第1に，その意義が縮小されたとはいえ，いまだ積極的加害意思論が生かされていることである。純然たる心情要素のみを根拠に，爾後の正当防衛（その他の正当化）を否定するのは明らかに不当である。反対に，もし，実際には侵害を招致する正当な理由の欠如など，客観的な利益状況が考慮されているのであれば，羊頭狗肉を避け，積極的加害意思論などという主題化をやめるべきであろう。

第2に，本判例が急迫性を否定するために掲げる事情のなかに，「主要事実」か「間接事実」かはっきりしないものが含まれていることである。たとえば，本判例は侵害切迫後，被告人が威嚇的行動をとらなかったことを，事実関係，規範定立に続くあてはめの部分でわざわざ指摘している。このような事情は，そのおかれた場所からすると，「主要事実」の一にも見えなくはないが，それが直截に急迫性の否定を導くというのは奇妙であろう。それはむしろ，従来の議論においては，急迫性の存在を前提としつつ，防衛行為の必要性ないし相当性を否定する事情としてとらえられてきたからである。そうすると，これは不正の侵害に先行する――急迫性を否定する「主要事実」を構成する――事情の「間接事実」ととらえるのが自然であるが（現に，原判決〔大阪高判平28・2・10刑集71・4・311参照〕は積極的加害意思の「間接事実」ととらえている），そうであるならば，今度は指摘する場所の選択がしっくりこない。一瞥して「主要事実」か「間接事実」かを的確に判断しうる実務家だけが判例を読むわけではないのであるから，もう少し分かりやすくしていただきたいものである。

第3に，そもそも，なにゆえに急迫性が否定されるという効果が生じるのか，それはラリアット事件の判断枠組みといかなる理論的関係に立つのか，などといった点がついに明らかにされていないことである。最初に述べたように，本判例は正当防衛の趣旨にさかのぼった直後，それに「した

がって，」と続けるだけで，いきなり，侵害の予期プラスアルファが急迫性を欠如させるという解釈を提示している。しかし，正当防衛の趣旨がラリアット事件の判断枠組みをも導くのだとすれば，「したがって，」の中身をさらに分節しない限り，論証不十分とのそしりを免れえないであろう。さらに，そもそも，侵害の予期プラスアルファが実質的には同様の考慮に基づいて，第三者に対する危難転嫁行為が構成すべき緊急避難をも排除するのだとすれば，正当防衛の趣旨にさかのぼるだけでは「さかのぼり足りない」はずである。そして，この第3の問題を終局的に解決するためには，やはり，本章で述べてきたような基本的発想に頼るほかないように思われる[20]。

V おわりに

自招侵害に関する従来の学界における議論は，個別の事案に対する具体的な解決としての性格が（学説よりも）強い判例の存在感が大きすぎたこともあり，他の問題領域に比して過剰な類型化，いわばガラパゴス化の傾向がみられ，反対に，原理の検討が怠られてきたように思われる。しかし，刑法理論もまた全体論であり，安定的かつ公平に妥当な結論が導かれるよう長年にわたって作り上げられ，また，補正が加えられてきた統合的な刑法体系から，自招侵害の問題だけが漏れ落ちるというのは決して望ましいことではない。そして，下級審裁判例まで含め，その言い回しや，これをなさしめた実質的な価値判断を慎重に見ていくと，判例や実務自体においても，通底する一定の基本的な発想を見出すことは可能なのではなかろうか。

本章ではこのような方向性に基づき，正当化状況の招致に基づく正当化の制限ないし排除に関する統一的な原理を探究してきた。それは，これまで述べてきたところからも明らかなように，正当防衛のみならず，たとえば，緊急避難をもその射程に収めている。具体的には，自招危難のうち避難行為者の利益に対する危難を招致する場合，たとえば，獰猛なことで知られている野犬に投石し，これが案の定，襲いかかってきたため，逃走す

---

20 以上について，詳しくは，小林憲太郎「自招侵害論の行方――平成29年決定は何がしたかったのか」判時2336号（2017）142頁以下を参照。

る唯一の手段として他人の住居に侵入したような事例もまた，住居権侵害という無用な法益侵害を避けさせるため，危難招致行為に対する制裁の趣旨において，住居侵入行為の緊急避難による正当化を制限ないし否定する，というかたちで解決されるべきことになろう。さらに，本章では主として侵害の招致を問題としてきたが，自招侵害論の本質ないしこれを規律する原理に照らすと，たとえば，必要ないし相当な防衛行為の強度を事前に引き上げることもまた同様に扱われるべきである。具体的にいうと，行為者が木の棒と鉄の棒を所持しているとして，被害者が襲いかかってくることを見越し，あらかじめ木の棒を捨てておいたような場合には（ただし，素手では侵害を排除しきれないものとする），鉄の棒による反撃を正当防衛と評価すべきではないと思われる。

　最後に，これまでペンディングにしてきたが，自招により正当防衛を制限ないし排除する場合において，いかなる要件を問題とすべきであろうか。現状でも，侵害の予期を前提としつつ（他に一定の考慮を加えることにより）急迫性を否定する（裁）判例の流れは存するところであるから，対抗行為の正当化の余地を完全に排除する場合には型を問わず急迫性を否定する，という解釈も明らかに不当とはいえない。しかし，そのような場合には同時に，しかも，まったく同一の原理に基づき，侵害を危難ととらえてこれを第三者に転嫁することもまた（緊急避難としても）正当化されえないのであるから，正当防衛に特有の要件を否定するというのはミスリーディングであろう。さらに，本章でも少しふれたが，第11章において詳論するように，（危難の）現在性は独立の要件としての意義を有しないから，そのような場合には急迫性と並んで現在性を否定しておけばよい，という逃げ道も成り立たない。

　以上を考慮し，加えて，すでに述べたように，とくに正当化事由においては，その本質ないし正当化原理から独立してこれを縛る各要件の本質などといったものを観念しがたいことに照らせば，ラリアット事件のように，端的に，対抗（ないし転嫁）行為が正当化されるような状況ではない，と表現するのが最も適切なのではなかろうか。そして，（侵害の予期まではなく，せいぜい，その高度の予見可能性が存するにすぎない等の理由によって，）正当化の余地が完全に排除されないまでも，これが制限されうる場合においては，その制限の程度に応じ，たとえば，必要ないし相当な防衛行為の範囲が縮減される[21]とか，これに加えて退避義務が課せられる，などと

いった表現を用いることが考えられる（その逸脱が過剰防衛や過剰避難になるか，なるとして，具体的にどのように処断されるべきかは，それぞれの解釈論による）。こちらは，もともと正当防衛と緊急避難の要件が異なることから，一律に正当化が排除される場合とは異なり，それぞれに固有の表現に頼るほかないであろう。

21　過失による自招侵害の場合に防衛行為の相当性を厳格化した近時の（裁）判例として，横浜地判平27・3・13裁判所HPを参照。さらに，ラリアット事件より前に出された（裁）判例であるが，自招行為が防衛行為の相当性を限定すると判示したものとして，大阪高判平12・6・22判タ1067・276がある。また，実務家による論稿としても，たとえば，増田啓祐「自招侵害」池田修＝杉田宗久［編］『新実例刑法（総論）』（青林書院，2014）145頁は，「自招行為の存在やその内容は，侵害を受ける側において保護されるべき法益の程度の問題として，防衛行為による法益侵害と侵害行為によるそれとの衡量において考慮されることとなるであろう」と述べる。

第10章

正当防衛（下）

　　山下はベテランの検察官，小林は新米の検察官。山下は現在，法科大学院にて教鞭をとっている。

小林：先輩，何やっているんですか，基本書や演習書なんかまで机に並べちゃって。あ，これ，私も法科大学院生のころに使っていた本ですよ。その後，もう2回も改訂されているんですね。懐かしいなあ。

山下：いま，学生に解かせる刑法の事例問題を作っているんだが，なかなか難しいものだね。まずは論点ありきで，しかも，自然な流れの事例を作らなければならないんだから。研究者教員はどうやっているのだろうか。

小林：やはり，判例を修正して組み合わせたりしているのではないですか。なかには一から自分で作ろうとして，異常に不自然な事例が出来上がってしまうこともあるようですが……。

山下：そういわれると，私も心配になってきたよ。判例の事案を換骨奪胎してオリジナリティを出そうと思ったんだが，ちょっと不自然な流れになってしまったかもしれない（汗）。

小林：理論的には何が問題となる事例なんですか？

山下：いや，元の事案をいじりすぎたせいで，恥ずかしながら，私自身，「これを論じるべきだ」というのがはっきり分からんのだよ……。

小林：よかったら，私も見ましょうか？

山下：そうしてくれると助かるよ。ちょっと待って，ああ，これだな。

　　Aは69歳の男性，Xはその妻である55歳の女性，Yはその息子である34歳の男性であり，犯行当時は全員が同居していた。Aは以前から認知症様の症状を呈し，次第に粗暴な性格になるとともに，些細なことが原因で，たびたび物を周囲に投げつけてXに軽傷を負わせたり，壁に穴をあけたりしていた。また，平手でXをぶったりすることもあった。仕事のため夜間や週末のみ自宅

第10章　正当防衛（下）

にいたYは，気づけば止めに入るなどしていたが，Aが加齢によりそのような傾向を強めていくことに苦慮していた。

　そのような状況が続くなかで，ある週末の日，Aが夕食の配膳などについてXに文句をつけ，食器を床にはたき落とすなどした。Xは普段であれば黙ってこれを片づけていたが，その日は極度に疲労していたことや，たまたま床に新しいカーペットを敷き直したばかりであったことなどから我慢の限界に達し，Aを無視して床に落ちた食器も放置したままにした。Aはこれに憤激し，大きな怒鳴り声をあげながらXを食器の落ちた場所まで引きずろうとした。これに対してXも，Aの腕をねじ上げて引きはがそうとしたが，両者の力が拮抗していたことから，その状態がしばらく続いていた。

　ちょうどそのころ，2階にいたYがAの怒鳴り声に気づき，仲裁に入ろうと1階に降りてきたが，いつもはAに対して無抵抗であり，自分に対しても「私は大丈夫だから」とばかりいっていたXが，Aに実力で抵抗しているところを目の当たりにし，一瞬，その場に立ち尽くしてしまった。すると，Yの姿を見たXが「助けて，こいつに殺される！」と叫んだことから，ふと我に返ったYはAの腰のあたりをつかみ，これを倒して床に押さえつけた。そこで，Xも急いでこれに加勢しようとAの脚部をつかんだが，Aの暴れ方が尋常でなく，また，これまで見たことのないようなきつい目で自分をにらんできたことから，その場にとどまり続けるのが怖くなり，とっさにAから手を放して玄関から飛び出してしまった（Xは，後述のようにAが死亡する時点まで，あてもなく周囲を徘徊していたことが判明している）。

　その後もAは興奮し，怒鳴りながらYを跳ね返そうとし続けたため，Yもまたさらに力を込めてこれを押さえ続けた。ところが，Aには隠れた心臓疾患があったため，頸部や胸部をYに押さえつけられたことや，思いがけず反撃にあい身動きがとれなくなったことによる極度の興奮を原因として，心臓発作を発症し死亡してしまった。

　以上の事例におけるXとYの罪責を論ぜよ。

山下：……という感じなんだが，どうかな。
小林：ふぅん。隠れた心臓疾患というあたりが，いかにもって感じですね。ご自分で不自然だと思われませんでしたか？
山下：君，ずいぶんと上から目線じゃないか。事例問題を受験者の立場から論評できるのは，単に君がちょっと前まで受験生だったからだろう。だいたい，

私が司法試験を受けていたころは，論文試験に一行問題とか，わずか数行の不自然な事例問題が出されていたんだからな（怒）。

小林：はいはい，分かりましたよ（苦笑）。で，どうして隠れた心臓疾患なんですか？

山下：それは君，防衛行為の相当性に関係するんだよ。被害者に事前に認識できない特殊な素因があり，そのせいで非常に脆弱であるとき，はたして，そのことをしん酌して防衛行為の相当性を判断しなければならないのか，という問題だ。

小林：あっ，そうか，そうですね。これをしん酌すべきであるとすれば，馬乗りになって胸を押さえつけるなどいうのは非常に危険性の高い，強度の防衛行為ということになってしまうから，防衛行為の相当性が認められにくくなるわけですか。

山下：ベタだという割に気づくのが遅いじゃないか（笑）。

小林：しかし，同居の家族なのに心臓疾患を知らないというのはおかしいですよ。だから，すぐに頭が回らなかっただけです（汗）。だいいち，危険性が高いといったって，ほかに暴れるのをやめさせるより穏当な方法があると認定できなければ，理屈上，防衛行為の相当性を肯定するほかないのではないですか。

山下：たしかに，防衛行為が侵害を排除するのに必要でありさえすれば，その強度が侵害の強度よりアンバランスに大きくても防衛行為の相当性を肯定する，というのが建前だろう。実際にも，アンバランスというだけで過剰防衛とする（裁）判例があれば，それはむしろ特殊な例とされるだろうね，少なくとも今日においては。

小林：だったらどうして……。

山下：これは佐伯仁志教授がおっしゃっていることで，私もたしかにそのとおりだと感じているんだが，侵害を排除するのに必要な防衛行為がアンバランスという理由から不相当とされることはない。しかし，そのこととは別に，当該防衛行為が侵害者の生命に対して重大な危険性をはらむ場合には，正当防衛の一般論から外れ，（退避義務のほか）利益の大まかな権衡が要求される，というわけだ。

小林：ああ，たしかに，その感覚は私も分かりますね。

山下：では，君なら答案にどう書くのかね。

小林：ええと，まず，最終的に生じた結果に一番近いところから罪責を検討す

るというのが鉄則ですから，この場合にはYから検討することになりますね。で，いくら心臓疾患があっても，短時間押さえつけるくらいならそれほど危険ではないでしょうから，少なくとも，Xが家を飛び出すまでのYのAに対する逮捕行為は問題なく正当防衛になりそうです。

山下：Xが家を飛び出したあとは？

小林：あ，そうか。Aから不正の侵害を受けていたXはもうそこにいないわけだから，侵害は終了した（侵害の継続性がない）ということになりますかね。

山下：どうだろう，それはずいぶん不自然な認定に思えるけど。Aが今度はYに突っかかってくる可能性はあるのではないかな。少なくとも，Y自身がそう認識していた可能性は十分にある。

小林：それでは，Yについては前半が正当防衛で，後半が誤想防衛ということになりますかね。

山下：もしYが，さしあたりAが自分にまで襲いかかってくるおそれはないが，多少の恐怖心からついAを押さえ続けたとしたらどうかね。あるいは，佐伯教授のように考えると，Aに襲いかかられてもせいぜい軽傷を負わされるだけで済むところ，Aの心臓疾患を知悉しながらYが押さえ続けたとしてもいいが。

小林：ああ，なるほど，それなら量的過剰防衛の話を書けばよいですね。

山下：次はXだな。こちらはなかなか厄介だぞ。

小林：Xは当初，Aに対する正当防衛をYと現場で共謀し，これを実行したというところまではよいでしょうか。

山下：正当防衛の共謀という表現にやや違和感が残るが，ま，実態としてはそういうことだろうね。

小林：それゆえXは無罪，というのではダメですか？

山下：ダメかどうかという以前に，それだけ書いて終わりなら，わざわざXの罪責を問う必要がないだろう。元ネタの判例があるんだが（東京地判平14・11・21判時1823・156），Xの共謀の射程はYの過剰防衛による逮捕致死まで及んでいるとはいえないかね。

小林：共謀の射程って何ですかね？

山下：そうだね，文脈によってさまざまな意味があるだろうが，ここでは，共謀共同正犯の罪責を問われうる範囲，具体的には，当初，一緒にやろうと合意した範囲に含まれる，ということだ。ま，そうなると，罪名は傷害致死ということになるかな。私も知らなかったんだが，同僚の教授によると，学界

第10章 正当防衛（下）

ではずいぶん流行りのテーマのようだね。

小林：なるほど。そうすると，たとえば，Xが心のなかで「Yは若いし力もあって，ましてや相手は自分の父親だから，そんなに大ごとにはならないだろう」と思っていたら，防衛行為が過剰にわたる認識がないから傷害致死にはならないでしょうね。あ，しかし，これは故意の話か。

山下：うん。共謀の射程といわれているものの一部は故意の話をしているんだろう。問題は，分かると思うが，Yの暴行が過剰にわたる可能性を最初からXが未必的にであれ認識しており，それでもなおYに助けを求め，あるいは，家を飛び出したきり無為に徘徊していた場合だ。

小林：なんとなくですが，共謀の射程っていうのは，共謀共同正犯関係がいまだ解消していないという含意もありそうですよね。そうすると，わざわざYに介入を強く要請して，最初は一緒になって暴行していたというのなら，単に現場を離れただけで共謀解消とはいえないでしょう。ふつう，判例はそう判断していると思います。

山下：ということは，先の未必的認識があれば，過剰防衛であれXを傷害致死にしていいんだね？

小林：うーん，なんでしょう，ちょっと違和感があります。最初から違法に暴行しようと共謀していたのならともかく，Aから襲いかかられて，ひとりでは自分の身を守り切れないからやむをえずYに助けを求めたわけですよね。ということは，広い意味では，正当防衛の一手段として暴行の共謀を成立させたともいえるわけです。それならば，正当防衛からたまたま重大な結果（ここでは，Yの過剰防衛による傷害致死）が生じても，そのことだけからただちに防衛行為の相当性は否定されない，という判例の趣旨を及ぼしてXを不可罰にする，というのは無理でしょうか。

山下：当初，正当防衛の共謀をなしたにすぎない場合には，残余者がその後，追撃により過剰防衛にわたったとしても，これに加わらなかった被告人については，共犯関係が解消しているかどうかではなく新たな共謀が成立したかどうかを検討すべきだ，とした判例があるだろう（最判平6・12・6刑集48・8・509）。要するに，同じことをいっているのかもしれないね。

小林：すみません，それほど深いところまで考えていなかったので，つい，あまのじゃくになってしまいますが……Xが家を飛び出したあと，警察に駆け込んでYが過剰にわたるリスクを防止すべく努力していたのならともかく，そのリスクを認識しながら無為に徘徊していたのだとすると，Xに何の責任

もないというのもそれはそれで不自然ではないでしょうか。
山下：たしかに，私が先ほどあげた判例の事案では，被告人が残余者による追撃を防ぐ可能性があったかは微妙だろうね。そこまで答案で論じる学生はいないだろうが，これは理論的には，共同で行った正当防衛を先行行為として，他方が過剰にわたることを阻止する作為義務を課し，不作為による共犯の罪責を負わせる，ということかもしれないな。
小林：なんだか，ずいぶん論点が増えてきましたね。試験時間は何分なんですか？
山下：うーん，授業時間中に実施する，もっぱら出席点をつけるための小テストのつもりだったから，40分くらいを考えていたんだが……。
小林：はぁ……典型的な悪問ですね，それは。
山下：君，さっきまで本問について活発に議論していたじゃないか。それなりに議論すべきポイントが散りばめられた良問ではないのかね。
小林：それでも，制限時間が短すぎれば悪問です。なにしろ，みな出来が悪くなりすぎて差がつかないでしょう。せいぜい，ものすごく優秀な，ごく一部の受験者を選別できるだけです。そもそも良問というのは，受験者のレベルや制限時間まで含め，全体としてバランスがとれていて，その結果，ほとんどの受験者の能力を適切に評価できる問題のことですよ。
山下：むむっ，なかなか良いことをいうじゃないか。
小林：いえ，ただ，受験生だったころを思い出して腹が立ってきたんですよ。出題したあと，教授がしたり顔で「この問題は学界でも，本質を理解できる人はほとんどいないだろう」とか，「制限時間内にこの問題の完全解答を作成するのは，どれほど優秀な学者や実務家であっても不可能だ」などといったりして（怒）。みな，内心でイラッときていたものです。
山下：そうか。では，この問題は制限時間が長い学期末試験に回そう。といっても，君に相談してしまったから，それはできないか。いやはや，弁護人の主張や原判決を見て反論を組み立てるほうが，慣れている分，事例問題を作るより楽かもしれないな……。

◆

I　侵害の継続性

1　最判平9・6・16刑集51・5・435

　本章では，近時，学界において議論がさかんな[1]「行為の一体的把握」の意義と限界について，正当防衛を素材に検討を加える。とくに問題とされているのは，急迫不正の侵害が終了したのちも，当初の正当防衛行為の勢いをかって攻撃を続けてしまった，いわゆる量的過剰防衛であるが[2]，その前に，そもそも，いつ当該侵害が終了したのかを画定する必要が生じる。そして，判例実務および一部の学説においては，いったん開始された侵害はある程度，緩やかな基準のもとに継続していると判断されうるという，侵害の継続性とよばれる法形象が認められてきた。その典型例ともいえるのが標題判例であり，次のように判示している。

　「1　原判決及びその是認する第2審判決の認定並びに記録によれば，本件事案の概要は，次のとおりであることが明らかである。

　すなわち，被告人は，肩書住居の文化住宅S荘2階の1室に居住していたものであり，同荘2階の別室に居住する被害者（当時56歳）と日ごろから折り合いが悪かったところ，平成8年5月30日午後2時13分ころ，同荘2階の北側奥にある共同便所で小用を足していた際，突然背後から被害者に長さ約81センチメートル，重さ約2キログラムの鉄パイプ（以下「鉄パイプ」という）で頭部を1回殴打された。続けて鉄パイプを振りかぶった被害者に対し，被告人は，それを取り上げようとしてつかみ掛かり，同人ともみ合いになったまま，同荘2階の通路に移動し，その間2回にわたり大声で助けを求めたが，だれも現れなかった。その直後に，被告人は，被害者から鉄パイプを取り上げたが，同人が両手を前に出して向かってき

---

[1]　深町晋也「『一連の行為』論について——全体的考察の意義と限界」立教法務研究3号（2010）93頁以下，仲道祐樹『行為概念の再定位——犯罪論における行為特定の理論』（成文堂，2013）などを参照。

[2]　この問題についてはバイブルともいうべき永井敏雄「量的過剰防衛」龍岡資晃［編］『現代裁判法大系㉚〔刑法・刑事訴訟法〕』（新日本法規出版，1999）132頁以下があるが，本章は主として最新判例の観点から刑法理論を再定位しようとするものであるから，同判例を契機として書かれた文献を中心に検討を進めることとしたい。

たため、その頭部を鉄パイプで1回殴打した。そして、再度もみ合いになって、被害者が、被告人から鉄パイプを取り戻し、それを振り上げて被告人を殴打しようとしたため、被告人は、同通路の南側にある1階に通じる階段の方へ向かって逃げ出した。被告人は、階段上の踊り場まで至った際、背後で風を切る気配がしたので振り返ったところ、被害者は、通路南端に設置されていた転落防止用の手すりの外側に勢い余って上半身を前のめりに乗り出した姿勢になっていた。しかし、被害者がなおも鉄パイプを手に握っているのを見て、被告人は、同人に近づいてその左足を持ち上げ、同人を手すりの外側に追い落とし、その結果、同人は、1階のひさしに当たった後、手すり上端から約4メートル下のコンクリート道路上に転落した。被害者は、被告人の右一連の暴行により、入院加療約3箇月間を要する前頭、頭頂部打撲挫創、第2及び第4腰椎圧迫骨折等の傷害を負った。

2　原判決及びその是認する第1審判決は、被告人が被害者に対しその片足を持ち上げて地上に転落させる行為に及んだ当時、同人が手すりの外側に上半身を乗り出した状態になり、容易には元に戻りにくい姿勢となっていたのであって、被告人は自由にその場から逃げ出すことができる状況にあったというべきであるから、その時点で被害者の急迫不正の侵害は終了するとともに、被告人の防衛の意思も消失したとして、被告人の行為が正当防衛にも過剰防衛にも当たらないとの判断を示している。

しかしながら、前記1の事実関係に即して検討するに、被害者は、被告人に対し執ような攻撃に及び、その挙げ句に勢い余って手すりの外側に上半身を乗り出してしまったものであり、しかも、その姿勢でなおも鉄パイプを握り続けていたことに照らすと、同人の被告人に対する加害の意欲は、おう盛かつ強固であり、被告人がその片足を持ち上げて同人を地上に転落させる行為に及んだ当時も存続していたと認めるのが相当である。また、被害者は、右の姿勢のため、直ちに手すりの内側に上半身を戻すことは困難であったものの、被告人の右行為がなければ、間もなく態勢を立て直した上、被告人に追い付き、再度の攻撃に及ぶことが可能であったものと認められる。そうすると、被害者の被告人に対する急迫不正の侵害は、被告人が右行為に及んだ当時もなお継続していたといわなければならない。さらに、それまでの一連の経緯に照らすと、被告人の右行為が防衛の意思をもってされたことも明らかというべきである。したがって、被告人が右行為に及んだ当時、被害者の急迫不正の侵害は終了し、被告人の防衛の意思

も消失していたとする原判決及びその是認する第1審判決の判断は，是認することができない。

　以上によれば，被告人が被害者に対しその片足を持ち上げて地上に転落させる行為に及んだ当時，同人の急迫不正の侵害及び被告人の防衛の意思はいずれも存していたと認めるのが相当である。また，被告人がもみ合いの最中に被害者の頭部を鉄パイプで1回殴打した行為についても，急迫不正の侵害及び防衛の意思の存在が認められることは明らかである。しかしながら，被害者の被告人に対する不正の侵害は，鉄パイプでその頭部を1回殴打した上，引き続きそれで殴り掛かろうとしたというものであり，同人が手すりに上半身を乗り出した時点では，その攻撃力はかなり減弱していたといわなければならず，他方，被告人の同人に対する暴行のうち，その片足を持ち上げて約4メートル下のコンクリート道路上に転落させた行為は，一歩間違えば同人の死亡の結果すら発生しかねない危険なものであったことに照らすと，鉄パイプで同人の頭部を1回殴打した行為を含む被告人の一連の暴行は，全体として防衛のためにやむを得ない程度を超えたものであったといわざるを得ない。

　そうすると，被告人の暴行は，被害者による急迫不正の侵害に対し自己の生命，身体を防衛するためその防衛の程度を超えてされた過剰防衛に当たるというべきであるから，右暴行について過剰防衛の成立を否定した原判決及びその是認する第1審判決は，いずれも事実を誤認し，刑法36条の解釈適用を誤ったものといわなければならない」。

2　検　討

　被害者が手すりの外側に上半身を乗り出してしまった，まさにその段階で被告人を発見し，これに攻撃を加えるため態勢を立て直そうとしていたにすぎないのであれば，おそらく，いまだ急迫不正の侵害は認められないであろう。いいかえれば，そのような段階以前に被害者が被告人に対する執ような攻撃に及んでおり，前記のような姿勢でなおも鉄パイプを握り続けていたことが，急迫不正の侵害を認めるうえで決定的に重要であったと思われる。このように，いったん開始された侵害については，たとえ小休止を挟むこととなったとしても，ただちには終了せず，継続して存在するものと評価する解釈を侵害の継続性とよぶ。

　問題は，そのように解しうる理論的な根拠であるが，そこには2つの思

考方向が観念しうる[3]。第1は，侵害の継続性それ自体には厳密な意味における規範的な意義を認めず，ただ，いったん侵害のなされたことが将来における再度の侵害の蓋然性を徴表するとともに，判断ミスによる過大な反撃＝実力行使のおそれを類型的に減少させることから，事実上，急迫不正の侵害が認められる時点が前倒しされるにすぎない，というものである。

もっとも，たとえ侵害が確実なものとして予測され，しかも，その強度が事前に判明していることから判断ミスのリスクがないとしても，過去に侵害の開始された事実が存在しない限り，急迫不正の侵害が認められる時点はそれほど大きくは前倒しされないであろう。それは前章でも述べたように，急迫性という要件の趣旨が侵害の蓋然性や判断ミスの排除に尽きるのではなく，むしろ，実力による現状変更という点で安全をおびやかしているのが侵害のほうであり，対抗行為は現状維持に寄与することを基礎づけるからである。

こうして，第2の思考方向，すなわち，いったん侵害が開始されたことにより前記，安全が失われ，実力による対抗を幅広く許容する状況が形成されたことに注目し，急迫不正の侵害という要件が充足され続けるものと解するほうが妥当である。もっとも，いずれの思考方向を前提にするとしても，現実の事案処理に際して，さほど大きな結論の差は生じないであろう。その意味で，両者の対立はもっぱら理論的な説明方法に存するともいえる。

ところで，本判例は過剰防衛を認めるにあたり[4]，「被告人の一連の暴行は，全体として」過剰であったとしている。そして，この点に着目して，本判例は量的過剰防衛を肯定したものとして位置づけるのが一般的である[5]。しかし，そうであるとするならば，量的過剰防衛の「肝」は，分析的に見れば複数の行為を全体としてひとつの過剰防衛行為と評価するところにこ

---

[3] 急迫性要件の趣旨に関しては反対であるが，侵害の継続性そのものの分析については，遠藤邦彦「正当防衛に関する二，三の考察——最二小判平成9年6月16日を題材に」小林充先生・佐藤文哉先生古稀祝賀『刑事裁判論集（上巻）』（判例タイムズ社，2006）58頁以下を参考にさせていただいた。

[4] ただし，本件においては，退避することなく侵害を確実に排除するに足る，より強度の低い対抗行為を観念しがたいことから，被害者を転落させた行為はこれをどのようにとらえても過剰とは評価しがたい，と指摘するものもある。橋爪隆「判批」ジュリ1154号（1999）133頁以下などを参照。当該行為が被害者を死亡させかねない危険なものであった点を考慮しなければ，的確な指摘だと思われる。

[5] 飯田喜信「判解」最判解刑（平9）98頁参照。

そ存在するのであって，最初に掲げた量的過剰防衛の定義中，「急迫不正の侵害が終了したのちも」という部分は，厳密に理論的にいうならば余計な限定だということになる[6]。

II 量的過剰防衛

1 最決平21・2・24刑集63・2・1

このように，侵害の継続性が認められるとも解される状況のもとで（ただし，明確ではない），被告人の（分析的に見れば）複数の暴行を一体として評価し，それゆえ，量的過剰防衛を肯定したものとされる近時の[7]重要判例が標題のものである。そこで最高裁は，上告を棄却したうえ，次のような職権判断を示している。

「1　本件は，覚せい剤取締法違反の罪で起訴され，拘置所に勾留されていた被告人が，同拘置所内の居室において，同室の男性（以下「被害者」という。）に対し，折り畳み机を投げ付け，その顔面を手けんで数回殴打するなどの暴行を加えて同人に加療約3週間を要する左中指腱断裂及び左中指挫創の傷害（以下「本件傷害」という。）を負わせたとして，傷害罪で起訴された事案である。

2　原判決は，上記折り畳み机による暴行については，被害者の方から被告人に向けて同机を押し倒してきたため，被告人はその反撃として同机を押し返したもの（以下「第1暴行」という。）であり，これには被害者からの急迫不正の侵害に対する防衛手段としての相当性が認められるが，同机に当たって押し倒され，反撃や抵抗が困難な状態になった被害者に対し，その顔面を手けんで数回殴打したこと（以下「第2暴行」という。）は，防衛手段としての相当性の範囲を逸脱したものであるとした。そして，原判決は，第1暴行と第2暴行は，被害者による急迫不正の侵害に対し，時間的・場所的に接着してなされた一連一体の行為であるから，両暴行を分断して評価すべきではなく，全体として1個の過剰防衛行為として評価すべ

6　山口厚「判批」刑ジャ18号（2009）79頁，80頁注9などを参照。
7　量的過剰防衛を認めたものとされる先駆的な判例として最判昭34・2・5刑集13・1・1があり，既述のとおり侵害の終了を量的過剰防衛の必須の要件としない限り，冒頭に掲げた前掲最判平9・6・16もまた量的過剰防衛の一例ということができる。

きであるとし，罪となるべき事実として，『被告人は，被害者が折り畳み机を被告人に向けて押し倒してきたのに対し，自己の身体を防衛するため，防衛の程度を超え，同机を被害者に向けて押し返した上，これにより転倒した同人の顔面を手けんで数回殴打する暴行を加えて，同人に本件傷害を負わせた』旨認定し，過剰防衛による傷害罪の成立を認めた。その上で，原判決は，本件傷害と直接の因果関係を有するのは第1暴行のみであるところ，同暴行を単独で評価すれば，防衛手段として相当といえることを酌むべき事情の1つとして認定し，被告人を懲役4月に処した。

　3　所論は，本件傷害は，違法性のない第1暴行によって生じたものであるから，第2暴行が防衛手段としての相当性の範囲を逸脱していたとしても，過剰防衛による傷害罪が成立する余地はなく，暴行罪が成立するにすぎないと主張する。

　しかしながら，前記事実関係の下では，被告人が被害者に対して加えた暴行は，急迫不正の侵害に対する一連一体のものであり，同一の防衛の意思に基づく1個の行為と認めることができるから，全体的に考察して1個の過剰防衛としての傷害罪の成立を認めるのが相当であり，所論指摘の点は，有利な情状として考慮すれば足りるというべきである。以上と同旨の原判断は正当である」。

2　検　討

(1)　最決平20・6・25刑集62・6・1859

　1の標題判例は，被告人による複数の暴行を（過剰防衛の判断において）一体的に把握したものであるが，実はその前年に，最高裁は，この点を否定するもうひとつの重要な判断を示している。それが標題判例であり，上告を棄却したうえ，次のような職権判断を示している。

　「1　原判決の認定及び記録によれば，本件の事実関係は，次のとおりである。

(1)　被告人（当時64歳）は，本件当日，第1審判示『Aプラザ』の屋外喫煙所の外階段下で喫煙し，屋内に戻ろうとしたところ，甲（当時76歳）が，その知人である乙及び丙と一緒におり，甲は，『ちょっと待て。話がある。』と被告人に呼び掛けた。被告人は，以前にも甲から因縁を付けられて暴行を加えられたことがあり，今回も因縁を付けられて殴られるのではないかと考えたものの，同人の呼び掛けに応じて，共に上記屋外喫煙所

の外階段西側へ移動した。

　(2)　被告人は，同所において，甲からいきなり殴り掛かられ，これをかわしたものの，腰付近を持たれて付近のフェンスまで押し込まれた。甲は，更に被告人を自己の体とフェンスとの間に挟むようにして両手でフェンスをつかみ，被告人をフェンスに押し付けながら，ひざや足で数回けったため，被告人も甲の体を抱えながら足を絡めたり，け返したりした。そのころ，2人がもみ合っている現場に乙及び丙が近付くなどしたため，被告人は，1対3の関係にならないように，乙らに対し『おれはやくざだ。』などと述べて威嚇した。そして，被告人をフェンスに押さえ付けていた甲を離すようにしながら，その顔面を1回殴打した。

　(3)　すると，甲は，その場にあったアルミ製灰皿（直径19cm，高さ60cmの円柱形をしたもの）を持ち上げ，被告人に向けて投げ付けた。被告人は，投げ付けられた同灰皿を避けながら，同灰皿を投げ付けた反動で体勢を崩した甲の顔面を右手で殴打すると，甲は，頭部から落ちるように転倒して，後頭部をタイルの敷き詰められた地面に打ち付け，仰向けに倒れたまま意識を失ったように動かなくなった（以下，ここまでの被告人の甲に対する暴行を「第1暴行」という。）。

　(4)　被告人は，憤激の余り，意識を失ったように動かなくなって仰向けに倒れている甲に対し，その状況を十分に認識しながら，『おれを甘く見ているな。おれに勝てるつもりでいるのか。』などと言い，その腹部等を足げにしたり，足で踏み付けたりし，さらに，腹部にひざをぶつける（右ひざを曲げて，ひざ頭を落とすという態様であった。）などの暴行を加えた（以下，この段階の被告人の甲に対する暴行を「第2暴行」という。）が，甲は，第2暴行により，肋骨骨折，脾臓挫滅，腸間膜挫滅等の傷害を負った。

　(5)　甲は，Aプラザから付近の病院へ救急車で搬送されたものの，6時間余り後に，頭部打撲による頭蓋骨骨折に伴うクモ膜下出血によって死亡したが，この死因となる傷害は第1暴行によって生じたものであった。

　2　第1審判決は，被告人は，自己の身体を防衛するため，防衛の意思をもって，防衛の程度を超え，甲に対し第1暴行と第2暴行を加え，同人に頭蓋骨骨折，腸間膜挫滅等の傷害を負わせ，搬送先の病院で同傷害に基づく外傷性クモ膜下出血により同人を死亡させたものであり，過剰防衛による傷害致死罪が成立するとし，被告人に対し懲役3年6月の刑を言い渡した。

これに対し，被告人が控訴を申し立てたところ，原判決は，被告人の第1暴行については正当防衛が成立するが，第2暴行については，甲の侵害は明らかに終了している上，防衛の意思も認められず，正当防衛ないし過剰防衛が成立する余地はないから，被告人は第2暴行によって生じた傷害の限度で責任を負うべきであるとして，第1審判決を事実誤認及び法令適用の誤りにより破棄し，被告人は，被告人の正当防衛行為により転倒して後頭部を地面に打ち付け，動かなくなった甲に対し，その腹部等を足げにしたり，足で踏み付けたりし，さらに，腹部にひざをぶつけるなどの暴行を加えて，肋骨骨折，脾臓挫滅，腸間膜挫滅等の傷害を負わせたものであり，傷害罪が成立するとし，被告人に対し懲役2年6月の刑を言い渡した。

3　所論は，第1暴行と第2暴行は，分断せず一体のものとして評価すべきであって，前者について正当防衛が成立する以上，全体につき正当防衛を認めて無罪とすべきであるなどと主張する。

しかしながら，前記1の事実関係の下では，第1暴行により転倒した甲が，被告人に対し更なる侵害行為に出る可能性はなかったのであり，被告人は，そのことを認識した上で，専ら攻撃の意思に基づいて第2暴行に及んでいるのであるから，第2暴行が正当防衛の要件を満たさないことは明らかである。そして，両暴行は，時間的，場所的には連続しているものの，甲による侵害の継続性及び被告人の防衛の意思の有無という点で，明らかに性質を異にし，被告人が前記発言をした上で抵抗不能の状態にある甲に対して相当に激しい態様の第2暴行に及んでいることにもかんがみると，その間には断絶があるというべきであって，急迫不正の侵害に対して反撃を継続するうちに，その反撃が量的に過剰になったものとは認められない。そうすると，両暴行を全体的に考察して，一個の過剰防衛の成立を認めるのは相当でなく，正当防衛に当たる第1暴行については，罪に問うことはできないが，第2暴行については，正当防衛はもとより過剰防衛を論ずる余地もないのであって，これにより甲に負わせた傷害につき，被告人は傷害罪の責任を負うというべきである。以上と同旨の原判断は正当である」。

(2)　(過剰防衛)行為の一体的把握と過剰防衛の減免根拠

このように，平成21年決定が2つの暴行を一体的に把握したのに対し，平成20年決定はこれを否定している。問題はその理由であり，とくに平成20年決定はさまざまな考慮要素をあげているが，決定的に重要なのは，おそらく，2つの暴行が同一の動機に貫かれたひとつの意思のあらわれと

は評価しえない，ということであろう[8]。すなわち，被害者が抵抗不能の状態であることを確知しながら，もっぱら攻撃意図に基づいて第2暴行に及んでいることが一体的把握を阻害しているのである。

　たしかに，平成20年決定は侵害の継続性や防衛の意思（の欠如）という術語を用い，これを裏づける事実関係を具体的に指摘しようとしている。しかし，量的過剰防衛に関する旧来の定義からも明らかなように，侵害が継続していないことそれ自体は，ただちに一体的把握を阻害するものではない[9]。また，侵害が終了し，これを被告人が認識したものとされる以上，少なくとも，侵害の認識を前提とする——通常の意味における——防衛の意思が認められることは，はじめからありえないはずであろう。他方，前章でも述べたように，私は，防衛の意思を過剰防衛における刑の減免の要件として，もっぱら強壮性の情動に基づく場合に否定されるものと解しているが，これもまた，行為の一体的把握とは次元の異なる考慮といわざるをえない。こうして，侵害の継続性や防衛の意思（の欠如）というのも，あくまで，身を守るという動機が大きく変容し，強度の攻撃意思が前面に出るに至った，それゆえ，一体的把握をなしえないということを，端的ではあるがやや不精確なかたちでいいあらわしたものにすぎない，ととらえるべきであろう。

　結局，この一体的把握の問題は接続犯タイプの包括一罪の限界と境を接している[10]。したがって，このような包括一罪が一般に承認されうる以上，量的過剰防衛における一体的把握だけを拒否する，いわゆる分断説[11]は支持しえない。また，しばしば誤解されているが，過剰防衛の減免根拠が

8　このことを（裁）判例の詳細な分析をとおして明らかにするものとして，成瀬幸典「量的過剰に関する一考察（2・完）」法学75巻6号（2011）48頁以下を参照。なお，一体的把握を否定した近時の裁判例として，津地判平5・4・28判タ819・201，横浜地判平24・5・15公刊物未登載，肯定したものとして，富山地判平11・11・25判タ1050・278，東京高判平25・3・27判タ1415・180，横浜地判平25・10・30公刊物未登載などがある。

9　むろん，侵害の継続性と量的過剰防衛の判断が，多くの場合に事実上，重なり合うことは否定しがたい。松尾昭一「防衛行為における量的過剰についての覚書」前掲『刑事裁判論集（上巻）』138・139頁参照。

10　もちろん，一体的把握をなしえないとされ，かつ，いずれの暴行も可罰的となる場合であっても，なお連続犯タイプの包括一罪が認められる余地はある。

11　橋田久「量的過剰防衛——最高裁平成20年6月25日第一小法廷決定を素材として」刑ジャ16号（2009）21頁以下，山本輝之「量的過剰防衛についての覚書」研修761号（2011）9頁以下などを参照。

妥当する場合に一体的把握がなされる，というのでもない。それでは思考の順序として倒錯しており，あくまで，一体として把握された暴行が過剰防衛と評価される限りにおいて，減免の余地が生ずるのである（過剰防衛そのものには該当しなくても，その実質的な減免根拠が妥当する限りでこれを準用することは可能であるが，こちらについては後出の誤想過剰防衛に関する議論を参照されたい）。

それでは，過剰防衛の規定そのものはどのように解釈されるべきことになるのであろうか。

刑法 36 条 2 項が「防衛の程度を超えた行為は，情状により，その刑を減軽し，又は免除することができる」と規定し，あくまで正当防衛をなしうる状況の存在を前提としていることからすれば，過剰防衛はその定義上，違法減少を要件にするものといわざるをえない。しかし，他方で，たとえば，被害者を傷害するだけでその侵害を排除しうるところ，恐怖心からついやりすぎてこれを死なせてしまったという場合であっても，おそらく，過剰防衛として刑を減免する余地を認めるべきであろうが，傷害までは許されるというだけの理由で，殺人の違法性が減免にふさわしいほど減少するとはいいがたいであろう。反対に，9 の傷害で侵害を排除しうるところ 10 の傷害を負わせてしまった，という違法性が大きく減少していると評価しうる場合であっても，強壮性の情動からそうしたとか，意図的に過剰に及んだなどといった事情が存在するのであれば，やはり減免はふさわしくないと思われる（したがって，この場合は「過剰防衛であるが減免されない」ということになる）。

こうして，責任減少のほうが，むしろ，減免にとって中核的な要素とされることになる。そして，その実体を理論的に厳密に分析すると，大きく，①心理的圧迫による動機づけ可能性の低減，②違法減少の認識による責任減少，③非強壮性の情動（ドイツ刑法典 33 条は不可罰な過剰防衛の原因として，「錯乱，恐怖または驚愕（Verwirrung, Furcht oder Schrecken）」をあげる）や過剰意図の欠如による責任減少，の 3 つに分けられる。さらに，このような責任減少の重大性に照らすと，違法減少のない誤想過剰防衛にも過剰防衛の規定を準用するとともに，減軽のみならず免除の道まで開いておくのが妥当であろう。ドイツでは，このような特別予防の目的をも加味した複合的な責任減少による免除（彼の国では可罰性阻却）を，答責性の阻却とよんでいる[12]。

以上が過剰防衛規定の基本的な解釈であるが，ここからはあくまで試論の域を出ないけれども，違法減少と責任減少が合わさることによって，刑罰を科すにふさわしい最低限度の可罰的な実体さえ下回ることとなった場合には，免除の先に，超法規的な可罰性阻却を認める余地も存在するのではなかろうか。既述のように，ドイツでは過剰防衛が不可罰とされているが，その根拠は通説によれば，二重の責任減少（本章のいう違法減少と責任減少）に求められているのである。問題はそのような超法規的可罰性阻却事由の体系的な位置づけであるが，それは従来，期待（不）可能性とよばれてきた法形象の一内容と解すれば足りるのではないかと思われる[13]（むろん，厳密にいうと，期待〔不〕可能性の内容はこのようなものに限られない）。そして，違法減少のない誤想過剰防衛もまた，違法減少のないことを認識しえない限り，責任主義の観点から同様に扱われなければならないことも，すでに述べたとおりである[14]。

　それでは，一体として把握された暴行は，いかなる意味において過剰防衛と評価しうるのであろうか。まず，そのような暴行のうちに，正当防衛に該当し，あるいは，正当防衛の程度を超えた部分が含まれていることにより，全体として違法性が減少している，と解することは可能であろう。次に，責任減少に関しても，少なくとも，違法減少の認識に基づく側面は問題なく肯定することができよう。問題はそれ以外の側面であるが，暴行を全体として見たときに，心理的圧迫下で，もっぱら強壮性の情動に基づくのでなく，ついやりすぎたのだ，という評価が可能である限り，こちらについても肯定し，減免（ひいては，先述の期待可能性阻却）を認める余地があると思われる。

(3) 行為の一体的把握と正当化された行為

　もっとも，以上のような一般論を平成21年決定の事案——とりわけ，侵害の継続性を否定したとき——に適用しようとすると，ひとつ厄介な問

12　クラウス・ロクシン［著］宮澤浩一［監訳］『刑法における責任と予防』（成文堂，1984）などを参照。
13　とくに，（ドイツ刑法典に明文の不可罰規定がない過剰避難と区別された）過剰防衛における責任減少に関し，安田拓人「事後的過剰防衛について」『立石二六先生古稀祝賀論文集』（成文堂，2010）262頁以下を参照。
14　以上に述べたこととは別に，急迫不正の侵害の誤信につき過失があれば少なくとも過失犯は成立しうる一方，過失により過剰にわたった場合には過失犯として処罰しない余地がある。この点について，詳しくは第4章を参照されたい。

題が生じる。それは、暴行を一体的に把握して過剰防衛とする量的過剰防衛の手法が、本来、被告人を有利に遇するはずのものであるにもかかわらず、本件では必ずしもそうならない、ということである。すなわち、もしこのような手法を採用しなければ、第1暴行は傷害罪の構成要件に該当するが正当防衛として違法性が阻却され、第2暴行だけが完全な犯罪としての暴行罪を構成することになる。そして、たしかに、刑が免除までされうるという点では、傷害罪の過剰防衛のほうが完全な犯罪としての暴行罪より有利であるとしても[15]、そもそもの罪名、ひいては、処断刑の上限においては関係が逆転する。しかも、本件では被害者が傷害を負うにとどまったため顕在化しなかったが、かりに死亡するに至っていたとすれば、傷害致死罪の過剰防衛としたのでは、免除がふさわしい特別な事案を除き、暴行罪の法定刑の上限に近い刑より軽くすることはできなくなってしまう（以上につき、刑法204・205・208条の法定刑を参照されたい）。

このように見てくると、平成21年決定のように、「有利な情状として考慮すれば足りる」などとは到底いえない。本判例の調査官解説は、その射程を傷害致死事案にまでは及ぼさないことで問題を小さくしようとするが[16]、それでは本質的な解決にはならないし、そもそも、そのように射程を限定する内在的な論理は見出しがたいのではなかろうか。

しかし、他方で、このような場合には量的過剰防衛という処理をやめ、完全な犯罪としての暴行罪を認めておけばよい[17]、というわけでもない。というのも、そのような場合の一定部分は刑の免除がふさわしいと解されるにもかかわらず、その余地が遮断されてしまうからである。なによりも、現に量的過剰防衛と評価すべき実体が存在するにもかかわらず、それとは無関係な理由から突如として分断説に登場願うというのは、風呂桶の水と一緒に赤子を流すようなものであろう。そうすると、残された解決方法は暴行罪の過剰防衛とすることだけである[18]。

---

15 松田俊哉「判解」最判解刑（平20）517頁は、「単なる犯罪行為としての『傷害』より過剰防衛の『傷害致死』（しかも、そのうち死因となる傷害は正当防衛行為により生じたことが動かせない前提となっている。）の方が、実質的には有利な認定であり、しかも、単なる犯罪行為としての『傷害』では過剰防衛による刑の減免の余地はないが、過剰防衛の『傷害致死』であれば刑が減免される可能性がある」と述べる。
16 松田俊哉「判解」最判解刑（平21）11頁参照。
17 もっとも、学界ではこのような被告人の「救済策」が有力に主張されており、たとえば、橋爪隆「過剰防衛の成否について」法教206号（2014）114・115頁が詳細である。

実は，このような解決方法が具体的な事案処理としては，最も妥当なものであることにそれほどの異論はない[19]。むしろ，端的にこれを採用することの最大の障害となっているのは，もっぱら刑法の体系論である。すなわち，本件で「暴行罪の過剰防衛とする」というのは，一方で，「暴行罪」の部分に関しては，第2暴行のみについて構成要件該当性を認めるものでありながら，他方で，「過剰防衛」の部分に関しては，両暴行を一体として把握しこれを認めるものである。そして，そうであるとすれば，後者は傷害罪の構成要件該当性を前提とするはずであるから，前者を超過してしまっている，いいかえると，構成要件に該当しないとされた行為についてまで過剰防衛の評価を加えており，体系矛盾を生じてしまっている，というのである。

　このような刑法体系論に関する認識は実務家の間でも非常に強固なようであるが[20]，端的にいってそれは誤解である。「暴行罪の過剰防衛とする」という事案処理の最初から最後まで，一貫して傷害罪の構成要件該当性が認められており，単に，過剰防衛という違法行為を前提とする評価を加える際に，適法な部分を罪名から差し引いているにすぎない。構成要件には違法推定機能がある[21]，すなわち，構成要件に該当すれば特段の違法性阻却事由がない限り違法とされるから，この「推定」が傷害に関しては覆っていることを示しておかなければならない。むろん，このことをそのまま付記するかたちで示してもよいのであるが，やや煩瑣であるため，より簡便な前記，引き算処理が行われているのである。

　しかも，このような方法はなんら奇異なものではない。たとえば，A罪とB罪の結合犯であるC罪があるとして，そのうちA罪の部分に関しては正当防衛が成立するとしたとき，B罪が成立するという処理を行うのがふ

18　このような解釈の可能性を示唆するものとして，山口厚「正当防衛と過剰防衛」刑ジャ15号（2009）57頁を参照。
19　松田・前掲「判解」（平21）10頁は，傷害が第1暴行から生じた合理的な疑いが残るというだけで，傷害につき刑責を負う余地がなくなるのは妥当性を欠く，と批判する。しかし，それは畢竟，「疑わしきは被告人の利益に」の原則が妥当でないということであるから，同時傷害の特例（刑法207条）のような規定がない限り，はじめから考慮する余地がないと思われる。林幹人『判例刑法』（東京大学出版会，2011）77頁参照。
20　たとえば，先立ってバイブルと称した永井・前掲「量的過剰防衛」134頁以下，145頁以下を参照。
21　構成要件の違法推定機能について，詳しくは，今井猛嘉ほか『刑法総論〔第2版〕』（有斐閣，2012）32頁以下〔小林憲太郎〕を参照。

つうであろう。しかし，だからといって，そこでC罪の構成要件該当性がなくなるわけではない。これとまったく同じことが起きていると解すればよいのである。

Ⅲ おわりに

本章では過剰防衛のなかでも，近時，とりわけ議論のさかんな量的過剰防衛について検討を加えてきた。もっとも，その議論の出発点は複数行為の一体的把握という，本質においては過剰防衛と無関係なところに存するものであった。したがって，過剰防衛の本質に対してより直接的にアクセスするためには，むしろ，質的過剰防衛のほうをとりあげるべきであるが，紙幅の関係上，正面から大々的に扱うことができなかった。そこで，最後に，ごく簡単にであるが，質的過剰についてもコメントしておくこととしたい。

まず，それを逸脱することが過剰性を基礎づける防衛行為の相当性に関し，判例は「刑法36条1項にいう『已ムコトヲ得サルニ出テタル行為』とは，急迫不正の侵害に対する反撃行為が，自己または他人の権利を防衛する手段として必要最小限度のものであること，すなわち反撃行為が侵害に対する防衛手段として相当性を有するものであることを意味するのであつて，反撃行為が右の限度を超えず，したがつて侵害に対する防衛手段として相当性を有する以上，その反撃行為により生じた結果がたまたま侵害されようとした法益より大であつても，その反撃行為が正当防衛行為でなくなるものではないと解すべきである」という（最判昭44・12・4刑集23・12・1573）。そして，防衛行為の相当性と同置される必要性は，一般に，防衛行為が侵害の排除に適していること（適合性）と，侵害の排除にとり最小限度であること（〔必要〕最小限度性）から構成されるものと解されている。

次に，この防衛行為の相当性の具体的な判断方法に関しては，従来，行為説と結果説，事前判断説と事後判断説が，それぞれ対立させられてきた。しかし，個別の事案における（裁）判例の相当性判断が学界においても基本的に妥当なものとしてひろく受け入れられてきたこと，および，刑法理論全体が単純な二項対立の図式から解放され，より現実に即した（良い意味で）複雑な思考を表現するものとなってきたことから，前記のような説

の対立は大幅に相対化されている。

　第1に，行為説と結果説の対立に関しては，まず，たまたま保全利益と侵害利益のバランスが大きく崩れることになったとしても，そのことだけから防衛行為の相当性を否定すべきではない[22]ため，単純な結果説は採用できない。しばしば，豆腐一丁事例[23]のような，いわゆる些事防衛は正当防衛とすべきでないといわれるが，それは——しばしば誤解されているが——前記バランスが大きく崩れているからではない。そうではなく，前章でも述べたように，生命に対して重大な危険をもたらす，いわゆる致命的防衛行為の正当化が制限されるべきだからである。もっとも，他方で，結果をおよそ視野に入れない，行為そのものの性質から相当性を判断すべきでもないから，行為説もまた，そのままのかたちでは不十分である。むしろ，その行為がどのくらい重大な結果を，どの程度の蓋然性をもって生じさせうるかという行為のもつ結果リスクの観点から，侵害を排除するに足りる最もリスクの低いものが防衛行為の相当性をみたす，と解すべきである。

　第2に，事前判断説と事後判断説の対立に関しても，最終的に生じた帰結だけを見て防衛行為の相当性を云々するわけではない，という点では事前判断説の主張に一理がある。しかし，他方で，行為者も一般人も事前には認識しえない特別な事情が存在し，それが先に述べた行為のもつ結果リスクに大きく影響しうるという場合には，それをも勘案して防衛行為の相当性を判断すべきである，という点では事後判断説の発想にも十分に傾聴すべきところがある。たとえば，泥酔者が抱きついてきたためこれを突き飛ばしたという事例において，右方に突き飛ばしても左方にそうしても身を守ることができるが，暗がりであるため行為者も一般人も認識しえなかったところ，右方は断崖絶壁になっており落下すれば即死する状況であったとすれば，右方に突き飛ばすことは防衛行為の相当性をみたさず，

22　もっとも，本書においても繰り返し指摘してきたように，相当性とは一般法理論上，利益衡量を意味しているから，許される防衛行為の程度がこれと本質的に無関係である以上，防衛行為の相当性という表現は非常にミスリーディングである。したがって，私自身は防衛行為の必要性という表現のほうを用いるべきであると考えているが，すでに人口に膾炙しているという観点から，防衛行為の相当性という表現をも用いることがある。

23　豆腐一丁を守るため他に方法がないとき泥棒を撃ち殺す，という事例である。事案は異なるが，大判昭3・6・19新聞2891・14を参照。

第10章　正当防衛（下）

せいぜい誤想防衛にとどまると解すべきであろう（ただし，過剰性の認識が欠ける場合であるから，前述のように，過失犯としても処罰されない余地がある）。

ところで，防衛行為の相当性を肯定した判例のうちには，同時に成立しうる銃刀法違反につき，正当防衛行為の一部として違法性を阻却するものが散見される（たとえば，最判平元・11・13刑集43・10・823を参照）。しかし，同違反の保護法益は社会的法益であり侵害を構成しているわけではないから，正当防衛を根拠に違法性を阻却するというのは明らかな誤りである。むしろ，退避を含めて他に侵害を避ける方法がないこと（補充性）を前提に，保全利益との衡量によって違法性を阻却すべきであろう。それは畢竟，（攻撃的）緊急避難を認めるということであり，その根拠と限界が次章のテーマにほかならない。

第11章

緊急避難

　　山下はベテランの弁護士，小林は新米の弁護士

小林：うーん，うーん（悩）。

山下：どうしたの？　君がそこまで悩むなんて珍しいじゃないか。

小林：悩みの内容が複雑なんですよ。実は，被告人自身は観念していて，家族が弁護士に相談してしまったけど，せいぜい罰金ならもういい，っていっているんです。しかし，それは法律を知らないからであって，私は十分，無罪になりうると思うんですよね。

山下：それなら，それを被告人に分かりやすく説明してやればいいじゃないか。単純な話に聞こえるが……。

小林：いえ，それがですね，私は法律家として無罪だと直観しているのですが，なぜ無罪なのか法理論的によく分からないから，やっぱり複雑なんですよ。

山下：なんだそれは……あまり聞きたくはないが，いちおう事案を聞いておこうか。

小林：はい。速度超過なんですが，被告人はかわいそうなんですよ。実は，起訴されている実行行為の10分くらい前に，被告人は蛇行運転している改造車にクラクションを鳴らしたんです。そうしたら，その改造車が不自然に被告人車と並走してきて，被告人車が赤信号で停止したところ，今度はその改造車が被告人車の10メートルほど前に停止して，ヤンキーっぽいのが数人降りてきたらしいんですよ。

山下：おいおい，なんだか物騒だな。

小林：ええ。で，ちょうどその瞬間，幸いにも信号が青に変わったので，被告人はこれで逃げられると思って自車を進行させたんです。ところが，さっきの改造車が後ろから追いついてきて，被告人車に接触しそうな勢いであおってきました。

山下：それで，怖くなって加速したらスピード違反，というわけか。

第11章　緊急避難

小林：そうです。しかし，こんなの誰だってそうしますよね。そのままのろのろ走っていたらけんかを売っているみたいですし，かといって，左側に寄って減速したり停止したりしたら，今度は捕まって暴行されるかもしれないのですから。

山下：それで，緊急避難でも主張しようってわけか。

小林：あ，そうか。これって緊急避難になりますよね。

山下：というより，そもそも君はなぜ無罪だと思ったわけ？

小林：実は，無罪にする明文の規定はないけれども，昔，一部の判例で言及されていた期待可能性の欠如が問題になるのかな，と思っていました。学者が書いたものも読んだのですが，行為者が上司のいうことを聞かないと首にされるとか，そういうかわいそうな事情があれば期待可能性の阻却される余地がある，という点はいまでもそれなりに認められているようですし。

山下：訴訟戦略としての妥当性を別にして純理論的に考察するのであれば，適法行為が期待不可能だというのもそれほどピントがずれているわけではないと思うよ。緊急避難が問題となるような状況は往々にして，期待可能性に疑義が呈されてきた場合と重なり合うだろう。

小林：それはそれはありがたいお言葉ですが，やはり，明文のある，しかも，違法性阻却事由のほうを先に主張するのが筋ですよね。で，緊急避難にはなるのでしょうか？

山下：私は教師じゃないよ，まったくもう……まず前提として，そのヤンキーの車が追いかけてきて被告人自身や道路交通を現実に危険にさらした，という被告人の供述は本当に信用できるのかね？　それと，被告人は事件に先立ってクラクションを鳴らしたそうだが，その態様が過度に挑発的であったりだとか，あるいは，自分が先に幅寄せして相手を脅そうとしていたりだとか，そういった事情はないんだよね？

小林：後者の挑発云々の点は信用できると思います。ふつうの人は，一見して怖そうな車に積極的にけんかを売ったりはしませんよ。他方，前者は……もしかしたら，追いついてきたのは別の車だったのかもしれませんが，少なくとも被告人自身は，さっきのヤンキーの車が追いかけてきたのだと信じて疑わなかったようです。だいいち，そんな状況で同一車かどうか冷静に判定しろなどというのは，むちゃな要求ですよ。

山下：自招に帰責性がない，誤想があったとしても過失がない，ってことになると，あとは，緊急避難本来の要件を検討することになるだろうね。で，そ

の要件とは？
小林：やだなあ，テストですか（苦笑）。補充性と法益権衡ですよ，たしか……。
山下：そのとおりだ。形式的にはその2つの要件をみたしていても，優越利益原理の内在的制約だとか，避難行為の相当性などといった観点から緊急避難の成立を否定する見解もあるが，今回の事案ではとくに問題にならないだろうね。ま，判例は法益権衡の意味で避難行為の相当性ということもあるけれど。
小林：まず，補充性のほうは裁判所も認めてくれると思います。先ほどもいいましたが，のろのろ走ったら余計に挑発的ですし，かといって，減速・停止などしようものなら捕まって何をされるか分かりませんからね。
山下：たしかに，後続車が繰り返し被告人車に接近してきたため速度超過を犯した事案で，実質的に緊急避難の補充性（ひいては過剰避難や誤想避難，誤想過剰避難まで）を否定した最近の裁判例があるけれど（札幌高判平26・12・2高刑裁速〔平26〕200），そこでは「事前のいさかいがないのだから，もっとほかに避けようがあっただろう」ということが強調されていたね，たしか。他方，今回の事案では後続車が怒って追いかけてきているわけだから，ブレーキランプを点灯させるとか，左側に寄るなどといった措置だけでは収まりがつかないだろう。
小林：では，残るは法益権衡だけですね。被告人は自分の生命や身体，自由，財産等に対する危難を避けるために，速度超過して道路交通を危殆化したわけだから……あ，追突されたりしたら，そのこと自体が道路交通の安全を阻害しますから，これを回避するというプラスもあります。
山下：で，結局，法益は権衡しているの？
小林：そうですねえ……危難と危殆化，それぞれの大きさにもよりますが，危殆化のほうが大きいとただちにはいえないのではないですか。
山下：しかし，危難のほうが大きいともただちにはいえないだろう。
小林：それでしたら，「疑わしきは被告人の利益に」考えるわけですから，危難が危殆化以上であるという前提に立っていいはずです。
山下：いや，それは事実認定の話だよ。もし事実関係が確定しているのなら，危難と危殆化，どちらが大きいかというのは法的評価の問題だろう。
小林：うーん……矛盾しているかもしれませんが，その点はどちらともいえないけれど，それでもなお被告人は無罪だと直観するんですよね。
山下：ひとりずつの個人的法益どうしが衝突している，どちらが大きいか判定

しやすい事案で保全利益より侵害利益のほうが大きければ，同じような直観は生じるかね？

小林：そうですねえ……講壇設例みたいになってしまいますが，そのままでは自分が80％の確率で死亡しかねない状況で，とっさにより脆弱な被害者に危難を転嫁してこれを死亡させる，といった事案なら，まあ，刑罰を科するのはおかしいでしょうね。

山下：それはどうして。過剰避難なんだから，せいぜい任意的減免ではないの？

小林：いえ，もちろん過剰避難というとらえ方もできるでしょうが，それとは別に，「もう，どうしようもなかった」という観点から無罪にすべきだと思うんですよ。ああ，そうだ，最初にいった期待可能性がないということでしょうかね。

山下：おそらく，今回の事案が無罪だと君が思う理由も同じだろう。しかし，法益権衡の点をきちんと詰めないまま緊急避難にしてしまうと，違法性阻却と期待不可能性による責任阻却のいずれかは分からないが，ともかくも無罪っていうのを認めることになるな。

小林：無罪にしてくれるのなら何でもいいですよ。たとえ，緊急避難を適用するのが手っ取り早いという便宜的な理由であったとしても。

山下：そりゃそうだ。しかし，今回はいいとしても，法益権衡が逸脱されていることがはっきりしていて，それでもなお無罪にすべき事案が出てきたらどうするんだ？

小林：そうですねえ……過剰避難による刑の免除の先に，超法規的な責任阻却事由としての期待不可能性がある，というのはいかがでしょうか。

山下：そんな抽象的な命題だけでは，実際問題，とてもじゃないが無罪判決の理由には使えないだろう。だいいち，本当に責任阻却に純化できるかどうかも怪しいものだ。保全利益と侵害利益がそこまでアンバランスではなく，違法性阻却に近い側面もある，というのが無罪の条件ではないかな。もちろん，完全にパニックになって責任無能力類似の状態に陥る，という極限的なケースもあるかもしれないが。

小林：なるほど。学者が緊急避難について書くときは，功利主義がどうとかいう極端な抽象論か，補充性の有無がどうとかいう事実認定論ばかりですが，もうちょっとこう，間をとったものが書けないのでしょうかね。そうしたら緊急避難そのものも，さっきの期待可能性阻却も，もっと実務で使いやすく

なるように思うのですが。
山下：それは私ではなく，学者のほうの山下さんにいってくれ……。

◆

I　緊急避難の正当化原理

　刑法 37 条 1 項本文は，「自己又は他人の生命，身体，自由又は財産に対する現在の危難を避けるため，やむを得ずにした行為は，これによって生じた害が避けようとした害の程度を超えなかった場合に限り，罰しない」と規定する。これが緊急避難であり，本書でも繰り返し述べてきたように，通説は原則として功利的正当化（優越利益）原理に基づく違法性阻却（正当化）事由ととらえている。すなわち，大なる（または，同等の）利益を保全する唯一の手段として（＝補充性）小なる（または，同等の）利益を侵害した場合には，総合的に観察すれば社会的厚生を増大させている（または，変化させていない）のであるから，原則としてこれを違法と評価することはできない。そして，これによって生じた特別な犠牲は，たとえば，適法行為に基づく損害賠償等の法形象を用いて救済することにより個別的な利害調整を図ればよいというのである。このような解釈は，前記，条文の文言ともよく調和しうるように思われる。

　もっとも，これに対しては，ドイツの学説の影響を受け次のような批判もなされている。すなわち，われわれの属する共同体は単なる利益の大小だけで，自分の責任領域において生ずべき損害を他人に転嫁することをよしとしない共通の基本的な価値観を有している。そうであるとすれば，そのような転嫁が許されるのは，当該共同体において，いわば「困ったときはお互いさま」という命題が妥当するような社会的コンフリクトのパターンに収まっている事例類型に限られるはずである，と。そして，このような発想は前記命題を端的に連帯性の原理と称し，これをもって緊急避難における正当化を規律しようとする[1]。

　具体的にいうと——これから（裁）判例を素材に詳しく見ていくけれど

1　詳しくは，たとえば，松宮孝明「強制と緊急避難について」『鈴木茂嗣先生古稀祝賀論文集（上巻）』（成文堂，2007）299 頁以下を参照。

第11章　緊急避難

も——緊急避難による違法性阻却がなされえないことを功利的正当化原理からはいかにしても説明しえないケースとして[2]，雨傘事例とよばれるものがあげられている。これは，高価な紙のドレスを着た行為者が急な雨に降られ，これを守る唯一の方法として，ぼろをまとった被害者からビニール傘を奪い取った，という事例である。そして，功利的正当化原理からは傘に対する窃盗罪（刑法235条）の違法性が阻却されざるをえない[3]ものの，そのような結論は明らかに不当である。そこで，雨などという日常的に遍

---

[2] ほかにも，連帯性の原理があげるケースとして，①強要による緊急避難，②強制採血事例，③臓器移植事例などがある。すなわち，①BがXを「Aの財布を盗んでこなければお前を殺す」と脅して窃盗を実行させた場合，XはBによる犯罪実現に加担しているから緊急避難とすべきでない，②Bに輸血してその失血死を防ぐ唯一の方法として，医師XがAから強制的に少量の血液を採取した場合，Aの人格的自律が害されているから緊急避難とすべきでない，③それぞれ別の重要臓器の移植を受けなければ死に至る病に冒されたXとYが，適合臓器を手に入れる唯一の方法としてAを殺害した場合，Aの生命を手段化することは許されないから緊急避難とすべきでない，といわれるのである。
　もっとも，厳密に考えると，まず，①で緊急避難を否定すべきかははなはだ疑わしい。Xの生命を脅かす原因が何であるかは「命を守るために人の財布を犠牲にしてよいか」という本質的な問題とは関係がないし，また，そもそも，直観的にも悪いのはBだけであってXがこれに加担したという評価は的外れであろう。次に，②もむしろ緊急避難を肯定すべきであろう。これに反対するのは注射に対する一般的な恐怖心だけであって，Aのこうむった損害は，「トラックにひかれそうになったので隣の人を突き飛ばして逃げ，これを転倒させけがを負わせた」という典型的な緊急避難事例において被害者がこうむる損害より大きいとはいえない。最後に，③を緊急避難とすべきでないのはそのとおりであるが，生命という人格の中核を構成する利益を犠牲にして自己利益の実現を図ることを正当なものとして承認しえないというのは，功利的正当化原理もまたコミットする根本的な命題にほかならない。
　ところで，以上の議論においては攻撃的緊急避難，すなわち，危険源以外に対して危険を転嫁するタイプの緊急避難を念頭においてきたが，危険を危険源そのものに差し戻すタイプの防御的緊急避難も観念しうる。たとえば，洞窟の入り口が崩落してXとAが閉じ込められ，2人だと12時間分の酸素しかないが救助隊が到着するのは24時間後であるとき，XがAを殺害して24時間分の酸素を手に入れた，という事例があげられよう。そして，そこでは「他人を犠牲にして自分が生き残る」という図式ではなく，むしろ対等な競争としての図式が成り立ちうるから，生命侵害まで緊急避難として正当化しうるし，必ずしも（適法行為に基づく損害賠償等による）利害調整を要しない。
　これと混同しやすいのが危険共同体論であり，こちらは，同一の危難に襲われた複数者が事態を放置すれば全滅（＝死亡）するとき，多数者が助かる唯一の方法として少数者を犠牲にする（＝殺害する）場合である。映画等に非常にしばしば登場するシーンであり，「全滅よりまし」という道徳的直観を根拠に緊急避難による正当化が主張される。しかし，「全滅よりまし」などというのは個別性という人格の最も本質的な属性を無視した議論であり，現に論者自身，おのおのが別々の危難に襲われている場合には正当化を否定している。そうすると，危難の共通性こそが決定的な意義を有していることになるが，あくまで個々人にとっては，著名なミニョネット号事件を例にとると，たとえば，「Aが餓死する危険」，「Bが餓死する危険」というようにそれぞれが独立した固有の危難なのであるから，理論的にはあまり説得力がなかろう。

在するリスクはおのおのの責任において対処すべきであり，それゆえ，われわれの共同体が「お互いさま」と認めるような種類の状況ではない，という観点から緊急避難による正当化を否定すべきである。連帯性の原理はこのように主張するのである。

　たしかに，雨傘事例を緊急避難により正当化するというのは明らかに直観に反する。しかし，この事例を細密に観察すれば，むしろ，功利的正当化原理によっても違法性阻却を否定することができ，かつ，その際にしん酌されるべきこの事例の特徴こそが前記直観を基礎づけていることが判明する。

　第1に，この事例は典型的な（狭義の）自招危難である。雨という常に想定すべきリスクに，わざわざ紙のドレスをさらしているからである。そして，まずはこのような観点から，緊急避難の成立が制限ないし否定されるべきであろう。裏を返すと，室内にいるにもかかわらず，予測不可能なことに雨漏りが始まったという場合には，自招危難の点を行為者にとって不利に考慮することはできないように思われる。しかも，このような場合には直観に照らしても，もとの事例よりは緊急避難を認めやすいと感じられるのではなかろうか。

　第2に，この事例は効用の個人間比較の問題をスキップしてしまってい

　　むしろ，より本質的であるのは，行為者を襲うこととなった危難がひとつ間違えばむしろ被害者のほうを襲うことも十分にありえた，という危難のいわば互換可能性なのではなかろうか。すなわち，生命等に対する攻撃的緊急避難の禁止される根拠が，他者人格の犠牲のもとに運命を変更して自己の人格的発展のみを図ってはならないところに存するのであれば，危難が互換可能であり，その意味で，いまだ運命を確定的なものとして個々人に全面的に強制することが公平性を欠く場合には，例外的に，危難の押しつけ合いを防御的緊急避難類似の対等な競争として，攻撃的緊急避難によっても正当化しうると解されるのである。このような発想は危険共同体論そのものではないが，そこに伏在する道徳的直観の一部を理論的に敷衍したものであり，準危険共同体論などとよぶことができよう。

　　以上のような理論的方策によっても緊急避難による正当化が不可能であり，にもかかわらず，なお可罰性阻却が相応しいと考えられる場合には，前章で述べた期待可能性阻却に頼るほかないと思われる。このことを含め，緊急避難論の詳細については，小林憲太郎「緊急避難論の近時の動向」立教法務研究9号（2016）143頁以下を参照。

3　プラスに算入されるのが紙のドレスである点には争いがないが，マイナスに算入されるのが傘だけなのか，それとも——同じく，雨に濡れるとだめになってしまうとすれば——ほろもまたマイナスに算入されるべきなのかについては争いがある。詳しくは，山口厚『問題探究 刑法総論』（有斐閣，1998）98・99頁などを参照。そして，功利的正当化原理が全体として社会的厚生が増加させられたかに着目するものである以上，窃盗罪の保護法益である傘の占有だけでなく，ほろもまたマイナスに算入すべきであると思われる。

る。たしかに，財物の価値は原則としてその市場価格によって測られ，たとえば，「100万円の壺＞10万円の壺」という不等式が成り立つであろう。しかし，いわゆる愛情価値の議論を想起すれば分かるように，後者の壺がその所有者の亡き両親の形見であり，紛失したとなれば家財いっさいをなげうってでもこれを探索するであろうという場合には，その不等号が逆転することも考えられてよい。これと同じように，紙のドレスがシーズンごとに数百着もあるもののひとつであり，行為者にとってさほどの価値が認められない一方，被害者にはいっさいの経済的余裕がなく，代わりの傘と服を買えるのもいつになるか分からないという場合には，「紙のドレス＜傘＋ぼろ」という不等式が成り立つ余地もあると思われる。前記直観は（すでに述べた危難の自招性に加えて）「豊かな者が貧しい者から搾取する」ことへの倫理的嫌悪感にも根差していると考えられるが，それは同時にこのような不等式を示唆しているのではなかろうか。

以上のように見てくると，連帯性の原理により功利的正当化原理の欠陥とされる問題は実在しないことが分かる。むしろ，連帯性の原理は，共同体の共通する価値観などという多数者の専制に至りかねない考慮によって，それ以外の点ではなんら異ならない諸事例の一部にだけ刑罰を介入させようとするものであり，個人の自律を侵害することとなる疑いがあろう。こうして，緊急避難による正当化を規律するものとしては功利的正当化原理のほうが妥当である。

以下ではこのような基本的発想を前提として，緊急避難の個々の要件に関する（裁）判例を検討していくこととしたい。

II 危難の「現在」性

1 最判昭35・2・4刑集14・1・61＝関根橋事件（差戻上告審）

事案は，被告人両名が共犯者らと共謀のうえ，本件吊橋が腐朽して車馬の通行が危険となったことから，雪害によって落橋したかのように装って災害補償金の交付を受け，本件吊橋の架替を企図し，ダイナマイトを用いて本件吊橋を爆破落下させた，というものである（爆発物取締罰則違反および往来妨害）。

「原審は，本件吊橋を利用する者は夏から秋にかけて1日平均約2，30

人，冬から春にかけても1日平均2，3人を数える有様であつたところ，右吊橋は腐朽甚しく，両三度に亘る補強にも拘らず通行の都度激しく動揺し，いつ落下するかも知れないような極めて危険な状態を呈していたとの事実を認定し，その動揺により通行者の生命，身体等に対し直接切迫した危険を及ぼしていたもの，すなわち通行者は刑法37条1項にいわゆる『現在の危難』に直面していたと判断しているのである。しかし，記録によれば，右吊橋は200貫ないし300貫の荷馬車が通る場合には極めて危険であつたが，人の通行には差支えなく……しかも右の荷馬車も，村当局の重量制限を犯して時に通行する者があつた程度であつたことが窺える……のであつて，果してしからば，本件吊橋の動揺による危険は，少くとも本件犯行当時たる昭和28年2月21日頃の冬期においては原審の認定する程に切迫したものではなかつたのではないかと考えられる。更に，また原審は，被告人等の本件所為は右危険を防止するためやむことを得ざるに出でた行為であつて，ただその程度を超えたものであると判断するのであるが，仮に本件吊橋が原審認定のように切迫した危険な状態にあつたとしても，その危険を防止するためには，通行制限の強化その他適当な手段，方法を講ずる余地のないことはなく，本件におけるようにダイナマイトを使用してこれを爆破しなければ右危険を防止しえないものであつたとは到底認められない。しからば被告人等の本件所為については，緊急避難を認める余地なく，従つてまた過剰避難も成立しえないものといわなければならない」。

2　検　討

標題判例のうち，「更に」以下の部分は現在の危難を仮定したうえで，補充性の欠如，とくに，いかなる利益も害することなく保全利益を擁護しえたことを理由に過剰避難（刑法37条1項但書）の余地さえ遮断するものであって，傍論ではあるが重要な論点について判断を示している。

もっとも，標題判例はそれ以前に，そもそも現在の危難を否定している。問題はその理由である。一見すると，最高裁は「切迫したものではなかつた」という表現を用いているから，それはあくまで危難の存在を前提としたうえで，その「現在」性のみを否定したもののようにも思える。しかし，最高裁が切迫していないと判断した根拠となる事実に目を向けると，それは，そもそも保全利益に対して対処を要するような危難がいまだ生じてい

なかったことを指し示しているのではなかろうか。つまり，本判例は「現在」性以前に，危難そのものの存在を否定したものと解するのが妥当である。

それでは，いったいどのような事実関係があれば「危難はあるが『現在』性がない」と判断されるのであろうか。ひとつ考えられるのは，このまま放置すれば近々，保全利益が損なわれてしまうことは確実であり，その意味で危難の存在は否定しがたいが，これを回避するためだちに利益侵害に出る必要まではない，という場合である。しかし，そのような場合には補充性が欠けるのであるから，やはり，「現在」性をわざわざ独自の要件として立てておき，これを否定するという迂遠な解釈を採用する必然性はない。

学説には，「現在」性に補充性から独立した意義を与えるために，「損害を甘受しないためには，その時点で何らかの手段を採らざるを得ないという意味での強制状態が現在化している場合に，危難の現在性が肯定される[4]」と述べるものもある。しかし，いま損害を甘受しないためには被害者に10の損害を負わせるので足りるが，5分後には100の損害まで負わせる必要が生じるというとき，いまはまだ「現在」性がみたされないというのは明らかにおかしい。そして，そこでひとたび「現在」性の基準を動かそうとすれば，これを規律するのは「いまのマイナス10と5分後のマイナス100とでは，被害者にとって後者のほうが大きな不利益である」，つまり，より小さな利益侵害で損害を甘受しなくて済むという，補充性を規律する原理以外にはありえないように思われる。

こうして，「現在」性は危難および補充性から独立した意義を有しない，仮象の要件にすぎないと解すべきである。このような解釈に対しては，正当防衛と緊急避難の緊急行為としての共通性を基礎づける，時間的切迫性としての「急迫」性と「現在」性のうち片方が欠けてしまう，という疑問が向けられるであろう。しかし，第9・10章において述べたように，正当防衛において時間的切迫性が要求されるのは自力救済の禁止からくる正当防衛に固有の考慮によるのであって，時間的切迫性が緊急避難においても同じように要求されるという出発点自体がおかしい。また，そうであるか

---

4 深町晋也「家庭内暴力への反撃としての殺人を巡る刑法上の諸問題――緊急避難論を中心として」『山口厚先生献呈論文集』（成文堂，2014）174頁。

らこそ，正当防衛類似状況，たとえば，辺鄙な場所にある旅館の主人が，客たちが数時間後に自身に対する強盗を計画していることを漏れ聞き，警察に通報していたのでは間に合わないため，強盗を防ぐ唯一の手段として客たちの夕食に睡眠薬を混入し，眠らせたうえ縛り上げたという事例において，通説は（急迫性を欠くとして）正当防衛を否定するものの緊急避難の成立は肯定するのである。

Ⅲ　生命に対する（攻撃的）緊急避難

1　東京地判平8・6・26判時1578・39＝オウム真理教集団リンチ殺人事件

事案は，オウム真理教元信者の被告人が被害者（D）とともに母親を連れ出そうと教団施設内に入ったところを見つかって取り押さえられ，教団施設内の一室に連行され，両手錠をかけられたまま教団幹部らに取り囲まれるなか，教団代表者（G）から被害者を殺さなければ被告人も殺すといわれ，被害者を殺害した，というものである。東京地裁は次のように述べて殺人罪の過剰避難を認めた。

「被告人は，Gらに不法に監禁された状態下で，Dの殺害を決意し，その殺害行為に及んだものであるから，右時点において，少なくとも，被告人の身体の自由に対する現在の危難が存在したことは明らかである……緊急避難における『現在の危難』とは，法益の侵害が現に存在しているか，または間近に押し迫っていることをいうのであり，近い将来侵害を加えられる蓋然性が高かったとしても，それだけでは侵害が間近に押し迫っているとはいえない。また，本件のように，生命対生命という緊急避難の場合には，その成立要件について，より厳格な解釈をする必要があるというべきである。これを本件についてみるに，右に認定した状況からすると，被告人があくまでもDの殺害を拒否し続けた場合には，被告人自身が殺害された可能性も否定できないが，被告人がD殺害を決意し，その実行に及ぶ時点では，被告人は，Gから口頭でDを殺害するように説得されていたに過ぎず，被告人の生命に対する差し迫った危険があったとは認められないし，また，この時点で，仮に被告人がD殺害を拒否しても，ただちに被告人が殺害されるという具体的な危険性も高かったとは認められないのであるから，被告人の生命に対する現在の危難は存在しなかったというべきで

ある。したがって，被告人の行為は緊急避難行為には該当しない……被告人も，自己の生命に対する侵害が差し迫っているという認識までは有していなかったと認められるから，この点について被告人に誤想はなかったというべきであり，誤想避難も成立しない……補充性の要件についていえば……被告人が身体拘束状態から解放されるためには，Ｄを殺害するという方法しかとり得る方法がなかったものと認めざるを得ない……相当性の要件について検討するに……当面被告人が避けようとした危難が被告人の身体の自由に対する侵害であったとしても，その背後には，危難の現在性はないとはいえ，被告人の生命に対する侵害の可能性もなお存在したといい得るのであるから，このような状態下で，被告人の身体の自由に対する侵害を免れるためにＤの殺害行為に出たとしても，このような行為に出ることが条理上首肯できないとまではいえない。したがって，被告人のＤ殺害行為について，避難行為の相当性も認められるというべきである……以上の次第で，被告人のＤ殺害行為は，被告人の身体の自由に対する現在の危難を避けるために，已むことを得ざるに出でたる行為とは認められるが，他方，被告人は，自己の身体の自由に対する危難から逃れるために，Ｄを殺害したのであって，法益の均衡を失していることも明らかであるから，結局，被告人の行為には，過剰避難が成立するといわなければならない……被告人に対しては，Ｄ殺害行為に出ないことを期待することが可能であり，適法行為の期待可能性が存在していたと認められるのであるから，被告人のＤ殺害行為について，種々の状況に照らして，被告人の責任が減少することはあり得ても，その責任が阻却されることはないというべきである」。

2 検 討

　標題裁判例は，生命に対する強要による攻撃的過剰避難を認めたものであり，緊急避難をめぐる諸問題の縮図ともいいうるものである。以下，分析的に検討を加える。
　第1に，強要による緊急避難についても，通常の緊急避難と同様の正当化可能性が認められることを前提に，個々の要件を検討するものと解される点は妥当である。しかも，そこでは強要緊急避難という主題化が意識された形跡さえなく，学界において強要緊急避難が大々的にとりあげられ，わざわざ通説がこれを通常の緊急避難と同置するのもひとり相撲の感が強

い。

　第2に，生命を保全する唯一の手段であれば，他者の生命に対する攻撃的緊急避難の成立する（少なくとも理論的な）可能性が前提とされている点は注目に値する。もちろん，私自身も先述したように，被告人と被害者の立場が入れ替わる——つまり，被害者のほうが「被告人を殺さないとお前を殺す」と脅される——可能性が存在した限りにおいて，準危険共同体論により生命に対する攻撃的緊急避難も許容される余地があると考えているが，標題裁判例にそのような但書を付そうとする問題意識は見られない。その意味で，標題裁判例は功利主義的な発想を冷徹に貫こうとしたものと理解することも不可能ではない。しかし，その一方で標題裁判例は，避難行為が他人の生命を奪うものである場合には，現在の危難，補充性，相当性のすべてをとおして要件を厳格解釈すべきであるとしており，とくに最初のひとつについては，すぐあとに述べるように，不自然なまでに限定的な理解が示されている。したがって，現実にはむしろ，生命に対する攻撃的緊急避難をほとんど認めない趣旨ととらえるほうが妥当であろう。

　第3に，標題裁判例が被告人の身体の自由に対する現在の危難のみを認め，生命侵害の可能性もあったが危難の現在性が欠けるとしている点は疑問である。そもそもⅡ2で述べたように，危難の現在性には危難そのものや補充性から独立した意義が認められない。そして，被害者を殺害しなければむしろ被告人のほうが殺されかねない以上，生命に対する危難は存在するのであり，殺害を先延ばしできたことは補充性の欠如に結びつきうるにすぎない。しかも，これは事実認定にかかわるため確言はできないが，この切羽詰まった状況のもとで，殺害を先延ばしになどできなかった，あるいは，少なくとも，被告人がそう誤信していた合理的な疑いさえ排除できるというのは，私には非常に不自然なように思われる。もし，この不自然な認定の背後に「生命に対する攻撃的緊急避難など，そうやすやすとは認められない」という価値判断が潜んでいるのであれば，むしろ，それを直截に主題化すべきではなかろうか。そして，そういった価値判断自体，十分に支持に値するものと考えられる。

　第4に，「已むことを得ざるに出でたる行為」の内容として，補充性とは別に，条理上肯定しうること，すなわち，相当性を掲げることには賛成しがたい。もちろん，繰り返し述べてきたように，私自身，功利的正当化原理には一定の制約があると考えているし，また，自招に基づく正当化の

制限も行われるべきである。しかし，それらはおのおの（必ずしも同根とはいえない）独自の理論的根拠によって支えられているのであり，一括して同一の名称のもとにおかれるべきではない。（裁）判例自体，緊急避難の定義から始まって（最大判昭24・5・18刑集3・6・772などを参照），その具体的な要件の認定に際しても非常にしばしばこの相当性に言及するものの，そのもとで議論されている実質的な中身は非常に雑多である。反対に，この多様な内容を共同体の基底的な価値観というかたちでひとつに束ねようとする連帯性の原理は，先述した自律侵害のおそれに加え，理論的な「先祖返り」とのそしりを免れえないように思われる。

第5に，標題裁判例は期待不可能性を狭義の責任阻却事由とのみとらえているようであるが，そのような解釈は必然的なものではない。前章において，過剰防衛の先にある超法規的可罰性阻却事由につき検討を加えたが，過剰避難においても基本的には同様に考えられるから，もう少し広い範囲で期待可能性阻却の余地を認めてもよいのではなかろうか。すなわち——詳しくは前章を参照されたいが——本件で現実に期待可能性阻却が認められるべきかは別として，少なくとも，いったん法益権衡がみたされていないと判断された以上，あとは可罰性阻却の途として責任無能力類似の極限的な状況しか観念しえない，そうでなければせいぜい免除にとどまる，というのでは実務的にも非常に使い勝手が悪い。ことに，非個人的利益に対する抽象的なリスクが問題となる場合において，法益権衡を積極的に論証，認定することは非常に困難であるが，そのうちの一定部分については，責任無能力類似状況まで求めることなく無罪にすることが相応しい。そこで，法益権衡を著しく逸脱していない限り，心理的圧迫の度合いが強く，非強壮性情動に基づき非意図的に行為に出たことに着目して，超法規的な可罰性阻却事由としての期待不可能性が認められるべきことになる。

私は実務家ではないが，知り合いの裁判官の方々にうかがったところ，無罪にしたいなら法益権衡を示せといわれても，しばしば問題となる道交法違反のようなケースでは難しいから緊急避難そのものは使いにくい，かといって，期待可能性阻却は極端な講壇設例のイメージが強いから実際に無罪判決で使うのは怖い，と聞かされたことであった。免除ではなく無罪にしてやりたいというこのような内発的欲求は，以上に述べた期待可能性論の拡張ないし再構成によって応えられるべきではなかろうか。そして，そのような解釈は，たしかに，過剰防衛ないし過剰避難における免除の趣

旨を推及し，その意味で，刑法36条2項ないし37条1項但書の先に超法規的可罰性阻却事由を見出そうとするものではある。しかし，これを規律する原理にまでさかのぼって考察するならば，2項ないし但書のない35条についても同様に，期待不可能性による可罰性阻却の余地が承認されるべきだと思われる。

Ⅳ　自招危難

1　東京高判平24・12・18判時2212・123

　被告人が，覚せい剤密売人からけん銃を頭部に突きつけられて覚せい剤の使用を強要されたため，断れば殺されると思い，仕方なく覚せい剤を自己の身体に注射したという事案において，緊急避難の成立を認め，無罪を言い渡したものである。

　「被告人は，覚せい剤を使用してその影響下にある捜査対象者から，けん銃（以下「本件けん銃」という。）を右こめかみに突き付けられ，目の前にある覚せい剤を注射するよう迫られたというのである。関係証拠上，本件けん銃が真正けん銃であったか否かや，実弾が装填されていたか否か等は不明であるが，逆に，本件けん銃が人を殺傷する機能を備えた状態にあったことを否定する事情もなく，被告人の供述する状況下では，被告人の生命及び身体に対する危険が切迫していたこと，すなわち，現在の危難が存在したことは明らかというべきである。

　次に，被告人が自己の身体に覚せい剤を注射した行為が，現在の危難を避けるためにやむを得ずにした行為といえるかについて検討すると，『やむを得ずにした行為』とは，危難を避けるためには当該避難行為をするよりほかに方法がなく，そのような行為に出たことが条理上肯定し得る場合をいうと解される（最高裁判所大法廷昭和24年5月18日判決・裁判集刑事第10号231頁参照）ところ，本件においては，覚せい剤の影響下にあった捜査対象者が，けん銃を被告人の頭部に突き付けて，目の前で覚せい剤を使用することを要求したというのであるから，被告人の生命及び身体に対する危険の切迫度は大きく，深夜，相手の所属する暴力団事務所の室内に2人しかいないという状況にあったことも考慮すると，被告人が生命や身体に危害を加えられることなくその場を離れるためには，覚せい剤を使用する

以外に他に取り得る現実的な方法はなかったと考えざるを得ない。また，本件において危難にさらされていた法益の重大性，危難の切迫度の大きさ，避難行為は覚せい剤を自己の身体に注射するというものであることのほか，本件において被告人が捜査対象者に接触した経緯，動機，捜査対象者による本件強要行為が被告人に予測可能であったとはいえないこと等に照らすと，本件において被告人が覚せい剤を使用した行為が，条理上肯定できないものとはいえない。

そして，本件において，被告人の覚せい剤使用行為により生じた害が，避けようとした被告人の生命及び身体に対する害の程度を超えないことも明らかであるから，被告人の本件覚せい剤使用行為は，結局，刑法37条1項本文の緊急避難に該当し，罪とならない場合に当たる」。

本件において，緊急避難の要件中，現在の危難や補充性，法益の権衡がみたされうることにはほとんど疑問の余地がない。問題は，(裁)判例が付加的に掲げる (避難行為の) 相当性の要件，すなわち，条理上肯定しうることである。もっとも，先述したように，複数の異なる考慮，原理に基づく正当化の制限を，ひとつの名称にまとめてしまうのは解釈の手法として適切でない。そこで，むしろ，前記原理のレベルにまで個別化して表現するならば，自招危難ということができよう。すなわち，被告人はわざわざ自分から危難の降りかかりかねない状況におもむいているといえなくもないから，その点に着目して，危難の (ここでは，覚せい剤使用の保護法益である社会的法益に対する) 転嫁の緊急避難による正当化を制限すべきではないか，ということが問題となりうるのである。そして，このような，避難行為者が自身に対する危難を自招する類型を狭義の自招危難とよぶことができる。

問題は，このような狭義の自招危難において緊急避難による正当化が制限ないし否定されるべき実質的な根拠ないし原理であるが，それは基本的に，(狭義の) 自招侵害において対抗行為の正当化がそうされるものと同一に解することができる。すなわち，緊急避難により正当化された利益侵害もまた，それ自体としては保護に値する利益の喪失であり社会的損失を構成することに疑いはないから，狭義の自招危難においては，正当化を制限ないし否定することで自招をやめさせ前記利益の保全を図るべきである。このように，狭義の自招危難における正当化の制限ないし否定は自招に対する一種の制裁としての性質を有するから，制裁の要件やその重さ (正当

化が完全に排除されるのか、それとも、その範囲が限定されるにとどまるのか等)もまた制裁の一般理論によって規律されるべきことになる。

　本件においては最終的に、狭義の自招危難に基づく緊急避難による正当化の制限は排斥された。その実質的な根拠とされているのは、被告人が捜査対象者に接触した経緯や動機(警察官からの捜査協力依頼に応えるためそうしたこと)、および、被告人による危難の予測不可能性である。これを制裁の一般理論に引き直すと、前者は(もう少し詳細な検討が必要であるが)自招に正当な理由がある(不法でない)こと、後者は自招に責任がないことをあらわしており、標題裁判例は本章のような発想のもとで最もよく理解しうるように思われる。

2　東京高判昭45・11・26判夕263・355

　以上に対し、避難行為者が(被害者自身を含む)他者に対する危難を創出し、これを被害者に転嫁する類型を広義の自招危難とよぶことができる。たとえば、標題裁判例は次のようにいう。

　「行為者が自己の故意又は過失により自ら招いた危難を回避するための行為は、緊急避難行為には当らないと解すべきところ、本件についてみるに、原判決挙示にかかる証拠によれば、原判決認定のとおり、被告人が降雨のため路面が湿潤していて滑走し易い状況であり、前方に横断歩道が設置されていることを知つており、対向車のために横断歩道を渡ろうとしていた歩行者を発見しにくい状態であつたから、横断歩道上を横断中の歩行者のあることを慮り、その直前で一時停止しうるよう予め速度を調節して進行し、かつ右横断歩道を横断中の歩行者を認めた場合には、同横断歩道の直前で一時停止し、その通過を待つて進行すべき業務上の注意義務があるのに、これを怠り、漫然従前の時速約45キロメートル(制限速度時速40キロメートル)で進行を続けたばかりでなく、同横断歩道を右から左に向けて小走りで横断していた被害者を右斜め前方約30メートルの地点に認めたのに、警音器を鳴らして警告したのみで、その直前に至るまで制動措置もとらずに進行を続けた各過失により、自動車を被害者に衝突させて原判示の傷害を与えたものであることを肯認することができる。従つて、所論が主張するように、被告人車輌が急ブレーキをかけた場合には、被告人車輌は滑走して横転、横向き又は歩道上に乗りあげ或いは対向車線に入り、歩道上の歩行者や対向車に与えるという現在の危険があつたとしても、そ

れは，そもそも，被告人が道路交通法第70条に明定されている，道路，交通および被告人車輌等の状況に応じ，他人に危害を及ぼさないような速度と方法で運転しなかつたために自ら招いたものと認められる。すなわち，前叙認定の如く，被告人が横断歩道に接近するにあたり，歩道上の歩行者の安全を保護するため，横断歩道直前で一時停止ができるに足りる適当な速度の調整を行なわなかつたがためである。されば，所論その余の点について判断するまでもなく，被告人の原判示所為が緊急避難の要件を備えていないと認めた原判決には，所論の如き事実の誤認ないし法令適用の誤りは存しない」。

　本件のような事例類型は，自招危難として最も頻繁に教科書類にとりあげられるものである。そして，これに続けて，自招危難の問題は基本的には自招侵害と同様に解決されるべきだ，と説明される。しかし，厳密に考えると，典型的な自招侵害の類型とパラレルなのは狭義の自招危難だけであって，本件が属する広義の自招危難はこれとは問題の本質をまったく異にしている。というのも，前記並行性を特徴づける自招に基づく正当化の制限ないし排除とは，これまで繰り返し述べてきたところを分かりやすく表現し直せば，わざわざ自分の利益に対する侵害や危難を招いておきながら，それを守るためと称して他者の利益を侵害することをただちには許容せず，そうすることによって侵害や危難を招くのをやめようと思わせ，結果として前記，他者の利益を保全するところにその本質をおいている。そして，そうであるとすれば，危難の招致となんら関わりがない者の利益を守る行為の正当化を制限ないし否定することは許されず，それゆえ広義の自招危難においても，自招を理由として緊急避難による正当化を制限ないし否定することはできないはずだからである。本件でも，歩道上の歩行者や対向車は危難の招致になんら関わっていないから，自招を理由として緊急避難の成立を否定しようとする標題裁判例の説示は明らかにおかしい。

　もっとも，たとえ本件において緊急避難の成立それ自体は否定しえないとしても[5]，被告人を業務上過失傷害（現・過失運転傷害）で処罰する余地

---

[5] 本件で緊急避難の成否を論ずるにあたって特徴的なのは，急ブレーキをかけないという不作為が問題になっていることと，危難の転嫁対象が被害者の生命等にまで及びうることである。もっとも，前者については，不作為犯の構成要件に該当しうる以上，これについて緊急避難の一般的な成立要件を検討することはなんらおかしくない。他方，後者は人格の中核を構成する利益に対する攻撃的緊急避難として正当化されない余地があるが，この点はすでに詳論したのでここでは検討を割愛する。

が認められないわけではない。すなわち、広義の自招侵害に関して述べたように、緊急避難状況を引き起こす原因行為にまで緊急避難による正当化の恩恵を受けさせるのは不公正であるから、この原因行為をとらえて業務上過失傷害の実行行為とし、これを違法と評価すればよいのである（原因において違法な行為の理論）。本件において、被告人は漫然、急ブレーキが必要な状況に立ち至っているから、実行行為となる注意義務違反の具体的な認定方法はさて措くとしても[6]、このような理論構成によって有罪とする余地は十分に存在したように思われる。反対に、このような理論構成によることなく、無理やりに緊急避難そのものを否定したならば、結果行為時の認識に対応する罪が成立することになってしまう。具体的には、被告人が歩道上の歩行者や対向車との衝突を避けるため、被害者を傷害することを認識しながらやむをえず急ブレーキをかけなかった場合には、明らかに過失犯としての罪責が相応しいにもかかわらず、故意の傷害罪の成立を否定しえなくなってしまうであろう。

V 過剰避難

1 法益権衡の逸脱

　刑法37条1項但書は、「ただし、その程度を超えた行為は、情状により、その刑を減軽し、又は免除することができる」と定める。これが過剰避難であり、その減免根拠は基本的に過剰防衛と同様に解されている（したがって、誤想過剰避難に対する過剰避難規定の準用の可否についても、誤想過剰防衛に対する過剰防衛規定のそれと同様に考えられる）。もちろん、過剰防衛が本性的に防衛行為の相当性すなわち必要性を逸脱した場合にしか観念しえない（つまり、1の利益を守るには侵害を構成する2の利益を奪うほかない、という場合には過剰防衛とならず、3の利益まで奪ってはじめてそうなる）のに対し、過剰避難は補充性をみたしている場合でも観念しうる（つまり、1の利益を保全するには2の利益を侵害するしかない、という場合でも過剰避難となる）、という違いがある。しかし、それは減免根拠の共通性を害するような性質の

---

[6] この問題に関する近時の重要な文献として、宇藤崇「過失犯の訴因における『罪となるべき事実』の記載——訴因の明示・特定をめぐる議論の一断面」曹時67巻6号（2015）1頁以下を参照。

ものではない。

　さて、過剰避難を認めた（裁）判例には、たとえば、次のようなものがある。すなわち、弟からの生命・身体に対する現在の危難を避けるため酒気帯び運転して逃走し、警察署に到着して助けを求めた事案において（量的）過剰避難として刑を免除したもの（東京高判昭 57・11・29 刑月 14・11 = 12・804)、自動車を運転中、8 歳の次女が高熱を出したため、かかりつけの病院で手当てを受けようと、制限時速 50 キロメートルの道路を時速 88 キロメートルで走行した事案において、過剰避難として刑を免除したもの（堺簡判昭 61・8・27 判タ 618・181)、中国籍の被告人が、一人っ子政策に基づく強制的な妊娠中絶手術を避けるため不法入国した事案において、過剰避難として刑を免除したもの（松江地判平 10・7・22 判時 1653・156）などである。

　これらに共通する特徴は、なんらの利益も侵害することなく利益を保全する手段が具体的に指摘されており、その意味で、2 で見る「補充性の逸脱」としての性格を有していることである。反対に、過剰避難を認めた多くの裁判例においては、法益の権衡それ自体は肯定されているのである。もっとも、補充性がみたされているとしたうえで、被告人の行為がいま少し侵害性の強いものであったとすれば、軽々に法益が権衡しているとは評価しえなくなる。そして、このような事案であったとしても、緊急避難そのものによっては無罪としえない場合の「保険」として、期待可能性阻却を活用すべきことはすでに述べたとおりである。

2　補充性の逸脱

　補充性の逸脱にもいくつかのパターンがありうる[7]。たとえば、①Aの 1 の利益を侵害すれば危難を避けられるのに、2 まで侵害してしまった、②Bなら 1 の利益侵害で済むのに、2 まで必要なAに危難を転嫁してしまった、③なんらの利益侵害もなく危難を避ける方法があるのに、危難を転嫁すれば 1 の利益侵害が必要なAに危難を転嫁してしまった、というものが考えられる。そして、過剰避難の成否がさかんに議論されている補充性の逸脱は、とくに③である。

---

[7]　このことを具体的に指摘するものとして、たとえば、橋爪隆「判批」判セレ 99 (2000) 28 頁を参照。

たとえば，暴力団の組事務所内に監禁されていた被告人が，脱出するため1階室内に放火し，同室の一部を焼損した（現住建造物等放火）という事案において，大阪高判平10・6・24高刑集51・2・116は次のように判示している。

「原判決は，本件放火について補充性の原則を充たさないとしながらも，その一方で，『補充性の原則に反する場合においても，当該行為が危難を避けるための1つの方法であるとみられる場合は，過剰避難の成立を肯定し得るものである。本件においては，前記認定のとおり，本件放火行為が危難を避けるための1つの方法であること自体は認められるから，過剰避難が成立するものと解する。』旨を判示している。しかしながら，緊急避難では，避難行為によって生じた害と避けようとした害とはいわば正対正の関係にあり，原判決のいう補充性の原則は厳格に解すべきであるところ，過剰避難の規定における『その程度を超えた行為』（刑法37条1項ただし書）とは，『やむを得ずにした行為』としての要件を備えながらも，その行為により生じた害が避けようとした害を超えた場合をいうものと解するのが緊急避難の趣旨及び文理に照らして自然な解釈であって，当該避難行為が『やむを得ずにした行為』に該当することが過剰避難の規定の適用の前提であると解すべきである（最高裁昭和35年2月4日第一小法廷判決・刑集14巻1号61頁参照。もっとも，「やむを得ずにした行為」としての実質を有しながら，行為の際に適正さを欠いたために，害を避けるのに必要な限度を超える害を生ぜしめた場合にも過剰避難の成立を認める余地はあると考えられる。）。

そうすると，本件においては，他に害の少ない，より平穏な態様での逃走手段が存在し，かつ，本件放火行為が条理上も是認し得るものとはいえない以上，過剰避難が成立する余地はなく，これを肯定した原判決の前記法解釈は過剰避難の要件を過度に緩めるものとして採用できない」。

本裁判例およびその引用する判例は，③につき過剰避難の成立可能性を否定したものであるが，他方，1で見たように，過剰避難を認めようとする（裁）判例の流れも存在する。それでは，理論的にはどのように解されるべきことになるであろうか。

まず，過剰避難が緊急避難の成立可能性を受けて，これを逸脱する場合として規定されている以上，なんらの利益侵害もなく，したがって，構成要件該当性なしに保全利益を擁護しうるケースについてまで，これを過剰避難のカテゴリーに包摂することは困難であろう（裏を返すと，この観点か

らは，①や②を過剰避難に含めることの障害はない）。もちろん，補充性がいかなる意味においても充足されており，ただ法益権衡だけが逸脱されている場合であっても，厳密にいえば緊急避難の成立可能性を前提とすることはできないにもかかわらず，問題なく過剰避難と評価されてはいる。しかし，そこでは，緊急避難の成立可能性を措定することの実質的な意味である違法減少が厳然として存在するのであるから，それが存在しない③と同列に論ずることはできないであろう。

　もっとも，すでに過剰防衛に関して詳論したように，刑の減免という具体的な処断に際してより重要な役割を果たすのは，むしろ責任減少のほうである。そして，たしかに，そのうち違法減少の認識に基づく側面を考慮することはできないが，その他の側面においては責任が大きく減少しうることに着目し，③にも過剰避難規定を準用する，少なくとも，刑を減軽する余地を認めるべきではなかろうか。さらに，このような解釈は，侵害の自招に基づき（対抗行為の正当化が完全に排除まではされないものの）退避義務が課されるなどの制限がかけられたり，致命的防衛行為であることを理由に同じく退避義務が課される等したりした場合において，退避せずになした対抗行為が過剰防衛を構成しうると解されていることとも平仄が合うように思われる。もっとも，そうであるとすれば，厳密にいうと，そのような場合には過剰防衛規定の準用にとどめるとともに，刑の免除まで行うことには慎重であるべきであろう。

第 12 章

故意(上)

　　山下はベテランの裁判官,小林は新米の裁判官
山下:えっと,君はたしか,もともとは刑法の研究者志望だったよね。
小林:あっ,いえ,一瞬そう思っただけで,やはり,少し時間がたったら,裁判実務に携わりたいと強く思うようになりました。
山下:おいおい,なにも恥ずかしがることはないだろう。実際,優秀な裁判官にもいろいろなタイプがいて,「この人は大学に勤めたほうがいいな」と感じることも多いよ。
小林:えっ,そうなんですか?
山下:本当だよ。だいたいそういう人は,論文にも「実務では」などとあまり書かないから,著者名を隠して論文だけ読まされたら,学者が書いたものと区別ができない。せいぜい,判例の分析がちょっと「通っぽい」と感じるだけだろうな。
小林:私は未必の故意について論文を執筆し,法科大学院のローレビューに掲載されました。かなり厳格な査読がついていたんですけどね。いまでもオンラインで読めますよ。
山下:変に自信をつけさせちゃったかな(苦笑)。しかし,未必の故意とは好都合だ。ちょっと相談に乗ってもらおうか。
小林:先輩にはいつも相談に乗ってもらっているからいいですよ。
山下:(まずいな,こんなに調子に乗りやすいタイプだったとは……。)
小林:はい?
山下:いや,なんでもない。実はね,普段はこういう起訴はまずないんだが,今回は強制起訴だから,すぐに感覚がついていかないんだよ。ある自動車メーカーの品質管理部門の長が被告人なんだけど,どうやら自社の製造販売した自動車のブレーキ部品に構造的な欠陥があって,それが原因で死亡をともなう交通事故が起きたようなんだ。で,たぶん,製造販売そのものについ

第12章　故意（上）

て別人を被告に有罪判決を得るのは，予見可能性とか，そもそも公訴時効の問題もあって難しいと考えたんだろうな。以前にも同種の事故情報が多数寄せられていたのに，当事者にも国交省にも漫然，ユーザー側に原因がある旨の報告をし，その後，社内実験でブレーキの欠陥が判明したにもかかわらず，リコール等に必要な措置をなんらとらなかった。この点をとらえて被告人を起訴してきている。全社をあげての組織的なものかどうかは分からないが，ともかくも，被告人がその中心人物だったようだ。

小林：ああ，過失不作為犯ですね。この間の日本刑法学会大会の共同研究のテーマでしたよ〔私の報告の内容については，小林憲太郎「過失犯における注意義務と『作為義務』」刑法56巻2号（2017）271頁以下を参照〕。学界ではいま流行っているみたいですが，私が論文を書いたのは未必の故意ですよ。関係なくないですか？

山下：いや，それがだね，指定弁護士は殺人罪で起訴してきたんだよ。というのも，被告人は自分がスケープゴートにされたと会社に対して怒っていて，「上層部を含めた全員に，『またブレーキの欠陥が原因で死傷事故が起きるかもしれないが，ブレーキの欠陥などという理由でリコール騒ぎになると会社は大ダメージを受けるから，従来どおりごまかし続けよう』という暗黙の共通了解があった」なんて供述しているものだから。

小林：たしかに，それだけ聞くと，被告人も「リコールしないことで被害者の死亡結果が発生するかもしれないが，それでもかまわない」という殺人罪の未必の故意を有していたように理解できますね。

山下：むろん，常識的にはせいぜい業務上過失致死どまりだし，検察官もふつうはそのように起訴してくるんだけどね。この事案で故意の殺人罪が成立しうるかなどというのは，まさに，学者が演習書で講壇設例に付けそうな「Q」だから，故意論の専門家である君に聞こうと思って。

小林：いえいえ，それほどでもないですよ。しかし，そんな論点は学界でも議論されていませんねえ。

山下：私が論文を読んだ限りでは，ドイツの連邦裁判所の判例に，有害製品のリコールを怠った事案で故意の傷害罪を認めたものがあるようだが〔著名な皮革スプレー事件（BGHSt37,106）を指すものと思われる〕，それに関する議論は日本の学界ではなされていないの？

小林：（そういえば，そんな判例あったっけなあ……。）いや，それはちょっと別の議論ですよ。

第12章　故意（上）

山下：大いに関係しそうに思えるけどなあ。まあいいや。では，今回の事案に未必の故意に関する学界の議論をあてはめるとどうなるんだろう。

小林：私が論文を書いたときの指導教員〔佐伯仁志教授〕の見解で，かなり注目されているようですが，故意を構成する知的要素と心情要素の積が故意を認めるに足りる閾値を超えていれば，それは未必の故意として承認される，というものがあります。今回の事案では，ブレーキの欠陥といったって，百発百中で壊れて死亡事故に至るというわけではなく，他社のものよりは有意に壊れやすいというだけですよね。だから，まず，知的要素に関しては値が低いと思います。

山下：知的要素って何だね？

小林：えっ!?　故意論の基本概念じゃないですか。行為者が認識している不法の大きさのことですよ。同じ殺人の故意でも，近くからけん銃で撃つのと遠くからそうするのとでは，命中する確率つまり危険性が全然違いますから，近くから撃つ認識がある行為者の故意は知的要素が大きいんです。他方，心情要素とは……こっちも知らないですよね？　この心情要素とは，認識された不法に対する行為者の情緒的態度のことです。「こいつだけは絶対に殺す」と思っていれば，「できれば死なせたくないが，万一のときは仕方がない」と思っている場合より心情要素が大きいことになります。

山下：なるほどね。で，今回の事案では当然，被告人は死亡事故が起きてほしいなどと願っているはずがないから，心情要素に関しても値が低い。こうして，知的要素と心情要素の積が小さいため被告人には故意が認められない，というわけか。

小林：なかなか呑み込みが早いじゃないですか。もしかして，私の論文も読みました？

山下：（ダメだ，調子に乗りすぎている。早くなんとかしないと……。）　うーん，いまひとつ腑に落ちないんだが，今回の事案で，たとえば，上層部と対立して日陰部署に追いやられた被告人が意趣返しのつもりで，会社を傾かせようとブレーキの欠陥にかかわる情報を抱え込んで何もしなかったら，故意の殺人罪になるのかね。この場合には，被告人は死亡事故が起きてほしいと願っているわけだから，心情要素が大きいはずぞ。

小林：ええ，故意は認められると思います。あれ？　しかし，そんな心理状態の微妙な違いで突然，故意の殺人罪になるのも変でしょうか……。

山下：知的要素についても疑問があるぞ。続けていいかね？

第12章　故意（上）

小林：え，あっ，はい，どうぞ。

山下：そもそもブレーキの壊れる確率が低いといったって，現実に壊れて死亡事故が起きたら人を死亡させる罪の不法が認められるんだろう。そうだとすると，低い確率であれブレーキが壊れかねない，その結果，死亡事故が発生しかねないと被告人が現実に認識していれば，知的要素が小さいとはいえないのではないかね。

小林：しかし，確率は低いんですよ。

山下：いや，だから，それは不法そのものが小さいというだけであって，知的要素が小さい，つまり，もともとは大きな不法が，しかし，主観面には小さくしか反映されていない，というわけではないだろう。分かるかな。知的要素が小さいというのは，高価な壺を安価なものと誤信して窃取したとか，殺意をもって粗悪な改造銃を発射したつもりが実は命中率の高い高性能な最新銃だったとか，そういった場合ではないのかね。

小林：ええと，それなら……。

山下：それなら，まず，知的要素に関しては，「不法と認めるに足りる最下限」の認識が未必の故意のいわば第一次選抜を構成することになるだろう。次に，心情要素に関しては，知的要素の存在を前提として，不法の実現をどのくらい強く願っていたかが問われることになる。むろん，この点についても閾値を観念することはできるだろうが，知的要素がありながら，あえてその意思に基づき行為に出ている，つまり，意的要素が認められるのであれば，通常はこの閾値を超えていると判断されるだろうね，認容的甘受というかたちで。

小林：意的要素は知っているんですね……しかし，おっしゃるとおりだとしても，知的要素も心情要素も，それが大きければ故意責任を加重しますよね。

山下：当たり前だろう。ただ，故意の異なる側面に着目した，異なる段階でそのように判断されるだけだ。

小林：それでは，今回の事案は……。

山下：もし，被告人が供述しているとおりの心理状態が認められれば，立派に故意の殺人罪が成立しうるだろうね。ただ，この種の事案では客観的な情況が，せいぜい「多少ブレーキに欠陥があっても，そのせいで，そんなに悲惨なことにはならないだろう」という被告人の軽信を指し示すにすぎない。だから，実際に検察官が故意を立証できるのは，被告人自身が故意の存在を主張していて，しかも，他意があって嘘をいっているわけではないと，それなりの根拠をもって示せた場合だけだろうね。ま，そうそうある場合じゃない。

小林：ああ、そうですね。（今日は先輩、途中から怖かったな……。）

◆

I　はじめに

　本書において繰り返し述べてきたように、故意は重要な責任要素ではあるものの、責任主義から要請されるものではない。すなわち、かつて、故意は責任主義の観点から、違法性の意識を直接喚起する点で過失より重い責任要素と解されていた[1]。しかし、もしそれが正しいとすると、たとえば、意図がより重い故意の形態であることは合理的に説明できない。Aを殺害しようとけん銃の狙いをつけるか、それとも、本当の狙いは非常に珍しい猟獣であるが、散弾銃だからAも巻き添えになるもののやむをえないと考えるかで、殺人の違法性の意識をもたらす力にはまったく差がないからである。むしろ、意図がより重い故意の形態であることは、行為者がより積極的に被害者の死を求めているという点で、不法に対する傾向性、したがって、処分の必要性がより強いことから説明されるべきではなかろうか。こうして、故意は責任主義、つまり、刑罰の制裁としての側面からではなく、むしろ、処分としてのそれから導かれる責任要素と解されるべきことになる。

　しばしば、故意の大小は知（知的要素）、情（心情要素）、意（意的要素）という3つのパラメーターによって規律されるといわれるが、これもまた同様の観点から説明することが可能である。すなわち、「知」とは行為者の認識する不法の大小であり、たとえば、1の損害より10の損害を生じさせようとし、あるいは、1の危険より10の危険をはらむ手段を用いようとする行為者のほうが、不法に対する強い傾向性を有するものといえる。また、「情」とは（認識された）不法にかかわる行為者の情緒的態度であり、たとえば、Aに弾が命中してほしいと願ってけん銃の引金を引く行為者の

---

[1] このことを詳細に示すとともに、故意が処分の必要性を徴表することを論証した重要な作品として、髙山佳奈子『故意と違法性の意識』（有斐閣、1999）がある。もっとも、同書が過失すなわち予見可能性をも故意とパラレルにとらえるのは適切でない。予見可能性は、第4章において詳論したように、責任主義そのものから要請されるという点で、むしろ違法性の意識の可能性とパラレルだからである。

ほうが，本来は望ましくないがAに命中してもやむをえないと苦渋の選択をする行為者よりも，同じく，不法に対する強い傾向性を有している。これに対して，「意」は行為に出ようとする意思（行為意思）であり，他の2つと異なり主観的違法要素としての側面を有するが，その一方で，知や情を前提としながら行為に出ようとすることは，行為者の不法に対する強度の傾向性をあらわす責任要素でもある。単に頭のなかで「Aを殺したい」と思っているだけの者よりも，実際に引金を引くところまでする者のほうが明らかに危険であろう。

　故意の最下限を画する作業は未必の故意論とよばれる。その中核的な部分は事実認定であり，研究者が独自に提供しうる知見はほとんどないため，以上の分析を前提としながら一言するにとどめる。まず，「意」に関しては未必の故意に固有の特徴はない。問題は「知」と「情」であり，学説には，両者の積が閾値を超えれば故意を認めてよい，というものもある[2]（閾値近くの故意が未必の故意となろう）。たとえば，知が大きければ情は小さくてよい（結果発生の確実性を認識していれば，結果発生を望んでいなくてもよい）一方，知が小さければ情は大きくなければならない（結果発生の確率が低ければ，結果発生を意図していなければならない），というのである。非常に興味深い提言であるが，知と情がともに故意の重さを規律するパラメーターであるとしても，両者はその着目する側面を異にするうえ，知が情の論理的な前提となるのであるから，おのおのが故意を認めるためにクリアしなければならない閾値を独自に有する，と解すべきではなかろうか。そして，現実の（裁）判例においても——少なくとも私の見る限り——知の不足を情が補うような説示は一般的でなく，その一方で，知が大きく情が推断されるためその認定が省略されることはあっても，認容的甘受を下回る情の表現が用いられることはないように思われる。

　以下では故意に関するこのような基本的理解を前提としつつ，知，情，意をめぐって問題となりうるいくつかの点を，（裁）判例をあげながら順を追って検討していくこととしたい。

2　佐伯仁志『刑法総論の考え方・楽しみ方』（有斐閣，2013）251頁以下を参照。

Ⅱ　事実の錯誤と法律の錯誤の区別

1　最決平 18・2・27 刑集 60・2・253

　まずは「知」にかかわる問題であるが，その代表例として，事実の錯誤と法律の錯誤の区別をあげることができる。たとえば，標題判例は次のように判示している。
　「1　原判決の認定及び記録によれば，本件の事実関係は，次のとおりである。
　(1)　本件運転に係る自動車（以下「本件車両」という。）は，長さ502cm，幅169cm，高さ219cmで，もともとは運転席及び座席が合計15人分設けられていたが，被告人が勤務する建設会社において，かなり以前から，後方の6人分の座席を取り外して使用していた。しかし，本件車両の自動車検査証には，本件運転当時においても，乗車定員が15人と記載されていた。
　(2)　被告人は，普通自動車と大型自動車とが区別され，自己が有する普通自動車免許で大型自動車を運転することが許されないことは知っていたものの，その区別を大型自動車は大きいという程度にしか考えていなかったため，上記(1)のような本件車両の席の状況を認識しながら，その点や本件車両の乗車定員について格別の関心を抱くことがないまま，同社の上司から，人を乗せなければ普通自動車免許で本件車両を運転しても大丈夫である旨を聞いたことや，本件車両に備付けられた自動車検査証の自動車の種別欄に『普通』と記載されているのを見たこと等から，本件車両を普通自動車免許で運転することが許されると思い込み，本件運転に及んだものであった。
　2　道路交通法3条は，自動車の種類を，内閣府令で定める車体の大きさ及び構造並びに原動機の大きさを基準として，大型自動車，普通自動車，大型特殊自動車，大型自動二輪車，普通自動二輪車及び小型特殊自動車に区分し，これを受けて，同法施行規則2条は，大型特殊自動車，大型自動二輪車，普通自動二輪車及び小型特殊自動車以外の自動車で，車両総重量が8000kg以上のもの，最大積載量が5000kg以上のもの又は乗車定員が11人以上のものを大型自動車と，それ以外のものを普通自動車と定めているところ，乗車定員が11人以上である大型自動車の座席の一部が取り外さ

れて現実に存する席が10人分以下となった場合においても，乗車定員の変更につき国土交通大臣が行う自動車検査証の記入を受けていないときは，当該自動車はなお道路交通法上の大型自動車に当たるから，本件車両は同法上の大型自動車に該当するというべきである。そして，前記1の事実関係の下においては，本件車両の席の状況を認識しながらこれを普通自動車免許で運転した被告人には，無免許運転の故意を認めることができるというべきである。そうすると，被告人に無免許運転罪の成立を認めた原判断は，結論において正当である」。

2　区別の原理

事実の錯誤と法律の錯誤は，一般に，次のようなかたちで区別されるといわれている。すなわち，行為者が不法そのもの，したがって，刑法が禁止の対象にしようとした事実自体を認識していなければ，それは事実の錯誤であってすでに故意が欠ける。これに対し，そのような事実の認識はあるが，刑法がそのような事実を禁止の対象にしようとしたこと，つまり，違法と評価していることを認識していないだけであれば，それは法律の錯誤にとどまり故意が欠けることはない。ただし，法律の錯誤を回避しえなかった（違法性の意識の可能性を欠く）場合には，（刑法38条3項但書の先にあるという意味で）超法規的に責任が阻却される，と。そして，刑法がある事実を禁止の対象にしようとするときは，単にその外形に着目するのではなく，まさにそれが保護すべき法益に対する侵襲性を有することに着目してそうするのであるから，前者の着目点だけでなく（事実の認識），後者のそれまで認識して（意味の認識）はじめて故意があるといえる。

このような一般論は，故意が（不法を実現すると知りつつ行為に出た点で）行為者の不法に対する強い傾向性を徴表する一方，違法性の意識の可能性は（それが欠ければ行為をやめようとする動機形成が不可能になる点で）責任主義から要請される，という本書の基本的な立場から最もよく理解しうるように思われる。そして，たしかに，このような一般論を個別具体の事案に適用するに際しては困難な解釈論上の問題が発生することもある。しかし，それは事実の錯誤と法律の錯誤の区別にかかる問題ではなく，あくまで，故意の存否が論じられる犯罪の不法にかかるものである。この点は非常にしばしば誤解されているので十分な注意が必要であろう。

たとえば，本件において最高裁は，事例判断ではあるものの事実の錯誤

を否定している。そして，これに対して一部の見解は，本件で被告人は普通自動車だと思っていたのだから無免許運転の故意はないはずだ，と批判している。ここで重要なのは，無免許運転罪が運転そのものの危険性に着目して不法とする通常の危険犯ではなく，むしろ，免許制度による事前のコントロールを担保するための蓄積犯だ，ということである。だからこそ，運転の上手な人が交通ルールを完璧に守って運転したとしても，無免許であれば無免許運転罪となるのである。そうすると，無免許運転の故意の存否は「それに着目して大型自動車免許による事前の規律が及ぼされているところの自動車の属性」の認識の有無によって決せられるべきであろう。

　それでは，そのような属性とは具体的にはいかなるものなのであろうか。そもそも，自動車の類型的区分が車検証への記載によって実効的に行われていることにかんがみれば，そのような属性は第一義的には[3]車検証に大型自動車（つまり，乗車定員11人以上）と記載されていることであろう。そして，このこと自体は本判例も，「乗車定員が11人以上である大型自動車の座席の一部が取り外されて現実に存する席が10人分以下となった場合においても，乗車定員の変更につき国土交通大臣が行う自動車検査証の記入を受けていないときは，当該自動車はなお道路交通法上の大型自動車に当たるから，本件車両は同法上の大型自動車に該当するというべきである」と述べているところから，実質的に承認しているものと思われる。そうすると，本件において被告人に無免許運転の故意を認めるためには，車

3　たとえば，車検後に著しい改造が事実上，加えられ，車検証の記載と現状との齟齬が本質的に重要であることが明らかである場合には，別異に解する余地もあるかもしれない。もっとも，本件がそのような場合にあたらないこともまた明らかであるから，本判例の射程外というべきであろう。調査官解説である上田哲「判解」最判解刑（平18）158頁以下も，「座席数を変更する等の改造を加えても，構造等変更検査等の手続を経て自動車検査証の乗車定員欄の記載が変更されない限り，乗車定員の変更の効力は生じず，したがって，本件運転当時の本件車両は従前どおり大型自動車であったとして取り扱われるという見解が相当であるように思われる……本決定も……〔こ〕の見解が相当であるとしたものである」としつつ，本判例の射程について，「およそ一般的に，ある自動車が大型自動車に当たるかどうかについて，あるいは，大型自動車性の要件であるところの乗車定員が何人であるかについて，自動車検査証の記載によってすべてが決定されるとしたものではない。したがって，例えば，典型的な普通自動車でありながら何らかの事情で（偽造・変造等を含めて）自動車検査証に誤った記載がされてしまっているような場合などを含めて，自動車検査証の乗車定員欄の記載が11人以上となっていれば常に当該車両の乗車定員がその記載のとおりとされて同車両が大型自動車に当たることになるなどという結論が本決定の判旨から導かれるものではない」と述べる。非常に的確な解説であると思われる。

第12章 故意（上）

検証の乗車定員が11人以上となっていることの（少なくとも未必的）認識が必要であり，かつ，それで足りるはずである。にもかかわらず，本判例は，被告人が本件車両の席の状況を認識していたという点を強調している。

このことをいかにして整合的に説明するかであるが，被告人の前記認識はそれ自体が規範的な意義を有するわけではなく，むしろ，故意を認定するうえで重要な間接事実にとどまると解すべきではなかろうか。すなわち，被告人の前記認識からすれば，車検証記載の乗車定員を正式に変更までしたものと認識していたというのは著しく不合理な推論であり[4]，むしろ，事実上，座席を取り外して使用していたにすぎないと分かっていたものととらえるほうがはるかに自然である。反対にいうと，たとえ被告人が前記認識を有していたとしても，それと同時に――やや不自然な想定であり現実にそう認定されるかは措くとして――車検証の乗車定員の数を9と見間違えていたとすれば，なお無免許運転の故意を否定することは可能であろう[5]。

標題判例のほか，無免許運転と類似の犯罪構造をもつ公衆浴場法上の無許可営業罪の故意を否定した重要な判例として，最判平元・7・18刑集43・7・752がある。事案は，会社代表者が実父の公衆浴場営業を会社において引き継いで営業中，県係官の教示により，当初の営業許可申請者を実父から会社に変更する旨の公衆浴場業営業許可申請事項変更届を県知事宛に提出し，受理された旨の連絡を県議を通じて受けたため，会社に対する営業許可があったと認識して営業を続けていた，というものである。

ここで最高裁が故意を否定した趣旨を，「本来は故意があり違法性の意識の可能性が欠けるだけであるが，そのような場合に不可罰とするロジックを最高裁は表立っては採用していないから，やむをえずそうしたのだ」と理解することは適切でないと思われる。というのも，第4章において述べたように，最高裁も百円札模造事件以降，そうしたロジックを採用する

---

[4] これに対し，座席を取り外した痕跡が隠されていたため，もともと乗車定員9人の車両だと認識していたとか，あるいは，そうでなくても，一見して適切な改造等の施されていることが明らかであり，車検証の記載も正式に変更されたのだろうと認識していたような場合には，無免許運転の故意を否定すべきであろう。

[5] ただし――先述のように，これは本判例の射程外であるが――車検証記載の乗車定員が10人以下となっていても，それが，たとえば，不正の手段によりなされたことによって，当該車両が依然として大型自動車とされる場合があり，かつ，被告人が本件をそのような場合であると認識していれば，たとえ本文のような見間違いがあっても故意を肯定することは可能である。

との(暗黙の)決意をしたものと解するのが一般的であり、そうであるとすれば、違法性の意識を欠くにつき相当の理由があることの認定がなされるはずであるが、そのようなものは説示のなかに見当たらないからである。そして、このような、(違法性の意識の可能性以前に)故意を否定しようとする最高裁の立場は、理論的に見ても支持に値するものといえよう。

先述のように、無許可営業の不法とは、「営業する／しない」に対する行政＝許可権者による事前のコントロールをひとりだけかいくぐろうとするところに存在する。そして、そうであるとすれば、かりに被告人が法的には許可でないものを許可と誤信していたとしても[6]、営業の可否に対する許可権者による事前のコントロールに服しているつもりであった以上、意味の認識が欠け故意は否定されるべきであると思われる。このように、事実の錯誤と法律の錯誤、畢竟、意味の認識と違法性の意識は、いったん不法の解釈が定まりさえすれば截然と区別されうるのである。

3 行政犯(法定犯)の故意と禁止違反の認識

もっとも、これに対し、(裁)判例のなかにはいわゆる行政犯ないし法定犯において、禁止違反の認識がないことを理由に故意を否定するかの口吻を洩らすものも散見される[7]。それらはやや古いこともあり、今日の刑法理論に基づきすべてを整合的に解釈しようとすることには方法論的な問題もあるが、抽象的にまとめれば次のようにいえるのではなかろうか。

第1に、前記犯罪類型のなかにはいわゆる調整問題[8]の解決にかかるものが含まれており、そのような場合においては、そもそも禁止違反の認識がなければ意味の認識もまたもちえない。たとえば、海外から到着したば

---

[6] 変更届受理の効力自体、行政法上一個の問題であり、第1、2審(それぞれ、静岡地判昭59・8・28刑集43・7・768参照、東京高判昭60・11・1刑集43・7・773参照)においては最大の争点であったが、最高裁はこの点の判断を留保している。香城敏麿「判解」最判解刑(平元)258・259頁を参照。

[7] 大決昭12・3・31刑集16・447(禁止区域内であることを知らずに要塞地域内において無許可で写真撮影。ただし、過失犯も処罰する)、東京高判昭30・4・18高刑集8・3・325(追越し禁止区域内であることを知らずに自動車を追い越し)、東京高判昭35・5・24高刑集13・4・335(銃猟禁止区域内であることを知らずに銃猟。ただし、過失犯も処罰する)などを参照。

[8] いずれの選択肢に決めてもよいが、ともかくも、いずれかに決まっていなければ社会的厚生が減少する、という種類の問題であり、わが国においては、長谷部恭男教授が国家の正当性を論証する際に用いている。同『比較不能な価値の迷路――リベラル・デモクラシーの憲法理論』(東京大学出版会、2000)1頁以下などを参照。

かりの旅行客がわが国においても自動車は右側通行であると誤信し（右側通行禁止違反の不認識），その誤信に従って自動車を運転したとしよう。このとき，当該旅行客にはすでに（道交法違反の）意味の認識が欠けるというべきである。というのも，自動車の右側通行には，その禁止に先立つ法益への侵襲性（不法とすべき実体）が認められないからである。現に，そのような禁止が存在しない多くの欧米諸国においては，むしろ，左側通行のほうがわが国における右側通行のもつ法益への侵襲性を有している。

第2に，したがって，禁止に先立つ法益への侵襲性が認められる場合には，禁止違反の認識がなくても意味の認識をもちうる。たとえば，速度超過はそれ自体が法益への侵襲性を有しており，高速道路の制限速度を時速150kmと誤解してその速度で走行した場合であっても，単に違法性の意識が欠けるにすぎない（サンダル履きの自動車運転に関し，原判決を破棄して故意を認めた東京高判昭38・12・11高刑集16・9・787を参照）。もちろん，スピードメーターの故障により制限速度を守っていると誤信したとか，標識の数字を見間違えて速度超過してしまったような場合には，すでに故意が欠けると解すべきであろう。しかし，それは行為者の認識した事実が構成要件の枠内に収まっていない，すなわち，（意味の認識ではなく）事実の認識のほうが欠けるからであるにすぎない。

第3に，反対に，禁止違反の認識があるからといって，ただちに意味の認識まであるとは必ずしもいえない。自身の行為が違法との評価を受けていることを知っていたとしても，そのような評価がいかなる不法とすべき実体に着目して下されたものであるかを理解していなければ，故意によって徴表されるべき行為者の不法に対する傾向性が認められないのである。たとえば，高速道路のある区間の制限速度が低く抑えられているが，それは交通の危険ではなく高架下住居への騒音を防止するためであるという場合には，高架下に住居があるなど思いもよらなかった行為者が意識的に速度超過しても，意味の認識が欠け故意は否定されるべきであると思われる。

Ⅲ　主観的超過要素（超過的内心傾向）

次に，「情」にかかわる問題である。もっとも，心情要素において強度の故意，たとえば，意図に関する解釈論的研究は，わが国においてはほとんどなされていない。それは，とりもなおさず条文上の根拠が欠けるから

であるが，反対に，故意そのものではないものの，条文上の根拠に基づき要請され，行為者の不法に対する傾向性，したがって，処分の必要性を徴表すると解される心情要素については議論がさかんである。そして，それは一般に，主観的超過要素という上位カテゴリーに括られている。すなわち，そういった要素は，不法を前提としてこれを避けさせるべく行為を制御する可能性（責任主義から要請される責任要素）や，不法の認識というその主観的対応（故意の知的要素）にとどまらないという点で，不法を超えた主観的要素であるためこうよばれるのである。学界においては，しばしば，刑法体系の試金石として「責任は不法を超えられるか」が問われるが，前記，心情要素は明らかに不法を超えた責任要素である。

それでは，主観的超過要素としてどのようなものがあげられるのであろうか。ひとつは目的犯における目的である。もちろん，一口に目的といってもその法的性質にはさまざまなものが存在するが[9]，たとえば，背任罪（刑法247条）における図利加害目的や覚せい剤の輸入罪における営利目的，領得罪における利用処分意思などは，前記，心情要素として責任に属するというべきであろう。これらは不法そのものを構成ないし加重するわけではないが，行為者の不法に対する強度の傾向性を徴表する。詳しくは各論のほうを参照されたいが，たとえば，営利目的は金が欲しいという，日常的にしばしば頭をもたげがちな衝動にさえ屈してしまっているという点で，特殊な状況下ではじめて不法を犯そうと考えた者よりも強い前記，傾向性をあらわしているのである。

このほか，傾向犯における主観的傾向があげられることもある。たとえば，強制わいせつ罪（刑法176条）における性的意図[10]などはその典型例であろう。もっとも，そのような心情要素が「わいせつな行為」該当性という不法を形成するというのでは，すでに克服された心情刑法の一にほかならない。一方，性的意図が前記，営利目的と同様の意味において，同罪の可罰的責任を構成するという解釈は——私自身は不当だとは思うが——絶対に成り立ちえないとまではいえない。しかし，そのような意図を同罪の成立要件とする契機が法文そのものからは見出されない以上，そのような解釈は裁判所による立法となりかねず妥当でないと思われる。

9　主観的超過要素全般を含め，詳しくは，今井猛嘉ほか『刑法総論〔第2版〕』（有斐閣，2012）61頁以下〔小林憲太郎〕などを参照。

第12章　故意（上）

　ところで，実務家の間では，前述のような処分の必要性を高める心情要素についても，常習性などと並べて，（責任）非難を高めるものとする用語法がときおり聞かれるようである。しかし，厳密に理論的にいうならば，それらは責任を加重するものではあっても，あくまで非難可能性を高める契機は含んでいない。たとえば，営利目的を有する者や常習者は，規範による適法行為への動機づけがことさらに容易だから責任が重いのではなく，ただ，不法への傾向性がことさらに強いからそうなのである。ともあれ，このような理論的関係をわきまえておきさえすれば，どのような用語法に従うかが実務の裁量に任されているのは構成要件の場合と同じである。

Ⅳ　早すぎた構成要件の実現

1　最決平 16・3・22 刑集 58・3・187 ＝クロロホルム事件

　早すぎた構成要件の実現にかかる問題は，私の見るところ，実務家の間では一般に因果関係の錯誤へと分類され，行為者が実行行為に着手してさえいれば，あとは，想定より早く構成要件が実現されても，それは顧慮されない因果関係の錯誤にすぎない，と解されているようである。しかし，理論的に厳密にいうならば，そのような解釈は誤りである。というのも，端的にいうと，因果関係の錯誤が故意の知的要素にかかる問題であるのに対し，早すぎた構成要件の実現はその意的要素にかかる問題であって，両者はその理論的位置を異にしているからである。

　まず，因果関係の錯誤とは，行為者の思い描いた因果経過と現実にたど

10　被告人が，自己の内妻がA女の手引きによって逃げたものと信じ，その報復としてA女を脅迫し，同女を裸体にさせてこれを写真撮影したという事案において，最判昭45・1・29刑集24・1・1は「刑法176条前段のいわゆる強制わいせつ罪が成立するためには，その行為が犯人の性欲を刺戟興奮させまたは満足させるという性的意図のもとに行なわれることを要し，婦女を脅迫し裸にして撮影する行為であつても，これが専らその婦女に報復し，または，これを侮辱し，虐待する目的に出たときは，強要罪その他の罪を構成するのは格別，強制わいせつの罪は成立しないものというべきである」と判示したことであった。

　その後，同判例は最大判平29・11・29刑集71・9・467によって変更され，性的意図を一律に要求する立場は放棄されるに至ったが，その性的性質が不明確である行為については，なお一定の場合に性的意図が必要であるかの言い回しが用いられている点で不徹底である。詳しくは，小林憲太郎「最高裁平成29年11月29日大法廷判決について」判時2366号（2018）138頁以下を参照。

られた因果経過が齟齬する場合をいう。たとえば，行為者が暗闇のなか，殺意をもって被害者の頭部めがけてけん銃を発射したところ，弾は外れたものの，行為者は気づかなかったことに，被害者の背後には崖があり，銃声に驚いてとっさに後ずさった被害者は崖から転落して死亡した，という事例があげられよう。ここでは，故意の殺人既遂が成立するために，行為者は現実にたどられた因果経過のうちどのあたりまでを認識している必要があるかという，まさに故意の知的要素にかかわる側面が問題となるのである。そして，今日の通説は，行為者の思い描いた因果経過と現実にたどられた因果経過がともに客観的な帰属可能性をみたす限りにおいて——そして，それは因果関係の錯誤事例の大前提になっている——行為者は現実にたどられた因果経過のいかなる部分も認識している必要はなく，常に故意既遂犯が成立するという（因果関係の錯誤不要説）。それは，不法を実現すると思いながらも行為に出たところにあらわれる行為者の不法に対する傾向性は，その不法が現実に対応しているかどうかとまったく関係がないからである。

これに対して早すぎた構成要件の実現とは，$\alpha\cdot\beta$からなる行為が不法（構成要件）を実現すると思いながらもその行為に出たところ，思いがけず，まだαしか済ませていない段階で不法が実現されてしまったとき，その実現された不法につき故意犯が成立しうるか，という問題である。ここでは，行為者が不法に向かってどのあたりまで歩を進めれば，その不法につき故意責任を問うのに十分なほど不法に対する傾向性があらわれたといえるのか，具体的には，βまでやり切らなければならないのか，それとも，αまで済ませれば十分であるのかが俎上に載せられており，むしろ，故意の意的要素にかかわる側面が問題の本質を構成している。もちろん，行為者はβまで済ませる必要があると思っていたのに現実にはαだけで足りたという点で，ここでも主観と客観の齟齬は生じているが，それは前述した因果関係の錯誤とは異質の問題である。だからこそ，標題判例であるクロロホルム事件が出されたのち[11]，これに反対して殺人既遂の成立を否定した有

---

[11] 本判例が出される以前の段階から，いち早く早すぎた構成要件の実現の問題を見出し，そこで故意既遂犯の成立しえないことを主張した山口厚『問題探究 刑法総論』（有斐閣，1998）141・142頁は，同時に，因果関係の錯誤不要説の主唱者でもあった（131頁以下）。ただし，論者は本判例が出されたのち実質的に改説し，本件において殺人既遂が成立する余地を承認している。同『新判例から見た刑法〔第3版〕』（有斐閣，2015）86頁以下などを参照。

第12章　故意（上）

力な見解は，すべて，同時に因果関係の錯誤不要説を採用しているのである。

それでは，そろそろ標題判例を具体的に見てみよう。

「1　1，2審判決の認定及び記録によると，本件の事実関係は，次のとおりである。

(1)　被告人Aは，夫のVを事故死に見せ掛けて殺害し生命保険金を詐取しようと考え，被告人Bに殺害の実行を依頼し，被告人Bは，報酬欲しさからこれを引受けた。そして，被告人Bは，他の者に殺害を実行させようと考え，C，D及びE（以下「実行犯3名」という。）を仲間に加えた。被告人Aは，殺人の実行の方法については被告人Bらにゆだねていた。

(2)　被告人Bは，実行犯3名の乗った自動車（以下「犯人使用車」という。）をVの運転する自動車（以下「V使用車」という。）に衝突させ，示談交渉を装ってVを犯人使用車に誘い込み，クロロホルムを使ってVを失神させた上，最上川付近まで運びV使用車ごと崖から川に転落させてでき死させるという計画を立て，平成7年8月18日，実行犯3名にこれを実行するよう指示した。実行犯3名は，助手席側ドアを内側から開けることのできないように改造した犯人使用車にクロロホルム等を積んで出発したが，Vをでき死させる場所を自動車で1時間以上かかる当初の予定地から近くの石巻工業港に変更した。

(3)　同日夜，被告人Bは，被告人Aから，Vが自宅を出たとの連絡を受け，これを実行犯3名に電話で伝えた。実行犯3名は，宮城県石巻市内の路上において，計画どおり，犯人使用車をV使用車に追突させた上，示談交渉を装ってVを犯人使用車の助手席に誘い入れた。同日午後9時30分ころ，Dが，多量のクロロホルムを染み込ませてあるタオルをVの背後からその鼻口部に押し当て，Cもその腕を押さえるなどして，クロロホルムの吸引を続けさせてVを昏倒させた（以下，この行為を「第1行為」という。）。その後，実行犯3名は，Vを約2km離れた石巻工業港まで運んだが，被告人Bを呼び寄せた上でVを海中に転落させることとし，被告人Bに電話をかけてその旨伝えた。同日午後11時30分ころ，被告人Bが到着したので，被告人B及び実行犯3名は，ぐったりとして動かないVをV使用車の運転席に運び入れた上，同車を岸壁から海中に転落させて沈めた（以下，この行為を「第2行為」という。）。

(4)　Vの死因は，でき水に基づく窒息であるか，そうでなければ，クロ

ロホルム摂取に基づく呼吸停止，心停止，窒息，ショック又は肺機能不全であるが，いずれであるかは特定できない。Vは，第2行為の前の時点で，第1行為により死亡していた可能性がある。

(5) 被告人B及び実行犯3名は，第1行為自体によってVが死亡する可能性があるとの認識を有していなかった。しかし，客観的にみれば，第1行為は，人を死に至らしめる危険性の相当高い行為であった。

2 上記1の認定事実によれば，実行犯3名の殺害計画は，クロロホルムを吸引させてVを失神させた上，その失神状態を利用して，Vを港まで運び自動車ごと海中に転落させてでき死させるというものであって，第1行為は第2行為を確実かつ容易に行うために必要不可欠なものであったといえること，第1行為に成功した場合，それ以降の殺害計画を遂行する上で障害となるような特段の事情が存しなかったと認められることや，第1行為と第2行為との間の時間的場所的近接性などに照らすと，第1行為は第2行為に密接な行為であり，実行犯3名が第1行為を開始した時点で既に殺人に至る客観的な危険性が明らかに認められるから，その時点において殺人罪の実行の着手があったものと解するのが相当である。また，実行犯3名は，クロロホルムを吸引させてVを失神させた上自動車ごと海中に転落させるという一連の殺人行為に着手して，その目的を遂げたのであるから，たとえ，実行犯3名の認識と異なり，第2行為の前の時点でVが第1行為により死亡していたとしても，殺人の故意に欠けるところはなく，実行犯3名については殺人既遂の共同正犯が成立するものと認められる。そして，実行犯3名は被告人両名との共謀に基づいて上記殺人行為に及んだものであるから，被告人両名もまた殺人既遂の共同正犯の罪責を負うものといわねばならない。したがって，被告人両名について殺人罪の成立を認めた原判断は，正当である」。

2 標題判例の検討

本判例の説示は「また」を挟んで大きく2つの部分に分かれる。すなわち，それ以前の部分では殺人の未終了未遂を，それ以後の部分では殺人既遂を認定しているのである（以下，実行犯3名の罪責を直接の検討対象とする）。そして，一部の見解は，たしかに，「また」は一般には並列の接続詞であるが，ここでは順接，つまり，それ以前の部分がそれ以後の部分の論理的な前提になっているという。その背景には，いったん実行の着手が認めら

れれば、あとは顧慮されない因果関係の錯誤にすぎない、という解釈が潜んでいる[12]。

しかし、すでに1で述べたように、本件において真に問題とされなければならないのは因果関係の錯誤ではなく、むしろ、行為者がその意思に基づいて（不法の実現に必要と考える）行為のうちどのあたりまでを済ませたことが必要か、である。それは当該不法につき故意責任を問うのに必要な意的要素の問題であり、実行の着手、したがって、未遂犯の成立要件とは理論的に別のものである。また、実際にも、行為に出る段階では実行の着手を観念しえない離隔犯や、そもそも未遂犯処罰規定が存在しない犯罪類型、ひいては、共犯においても早すぎた構成要件の実現はまったく同じように問題となりうるのである[13]。たとえば、1週間後に爆発するようセットされた時限爆弾の起爆ボタン$α$とその横の飾りボタン$β$があるとき、ともに押す必要があると誤信している行為者が、まず$α$を押したところですでに時限装置が作動してしまったとか、正犯に犯行を決意させるのに$α$と$β$の動画を見せる必要があると思っている行為者が、まず$α$を見せたところですでに正犯が犯行を決意してしまった、などという場合があげられよう（なんらかの事情により、行為者は$β$まで進まなかったものとする）。こうして、「また」は慣例どおり、並列にすぎないと解するのが妥当であると思われる。

それでは、早すぎた構成要件の実現の問題の本質がこのようなものであるとして、これを具体的にはどのように解決すべきであろうか。ある見解は、不法の実現に必要と考える行為をすべてなし終えて、はじめて当該不法につき故意責任を問うのに必要なほど、行為者の不法に対する傾向性が外部化されたといえるとする。そして、その理由としては、犯罪が「未終了未遂→終了未遂→既遂」という発展段階をプロトタイプとする以上、既遂の故意は終了未遂の故意を下回ってはならない、という原則があげられ

---

[12] このような思考過程を分かりやすく解説するものとして、橋爪隆「遅すぎた構成要件実現・早すぎた構成要件実現」法教408号（2014）113頁以下を参照。ただし、論者自身は、（被害者の決定的な死因を形成し、かつ、故意有責とはいえ）事前に計画された自分の行為の介入という行為者の認識した因果経過が、相当因果関係の範囲内であることを理由に故意、したがって、殺人既遂の成立を肯定している。しかし、そのように解すると、3で見るような、通常、殺人既遂が認められないとされている事例においても、容易に殺人既遂が成立してしまいかねないように思われる。

[13] この点につき、島田聡一郎「実行行為という概念について」刑法45巻2号（2006）226頁以下、佐伯・前掲『刑法総論の考え方・楽しみ方』279・280頁などを参照。

ている¹⁴。

　しかし，犯罪がそのような発展段階をたどらなければならないというのは，論者のよって立つ独自の刑法体系を前提にしてはじめて主張しうる原則にすぎず¹⁵，学界や実務において広範囲で共通了解を形成している刑法の基礎理論から導けるものではない。また，具体的な結論においても，このような見解は著しく不当である。たとえば，テロリスト仲間から爆弾の起爆装置を渡され，「$\alpha \sim \beta$のボタンを順に押せば爆発する」といわれたのを「$\alpha \sim \gamma$」と聞き間違えた行為者が，γまで押したが，すでにβを押した時点で爆発が起き多数者が死亡していたという場合に，殺人既遂が成立しないというのは到底納得のいく結論ではない。

　さらに，論者は早すぎた構成要件の実現において故意既遂を認めると，中止犯の成立可能性がなくなってしまい不当であるとも指摘する¹⁶。しかし，それは終了未遂ののちに，考えていたより早く構成要件が実現された場合についてもまったく同様の蓋然性をもっていいうることであり¹⁷，にもかかわらず，論者もそのような場合には故意既遂を認めるのであるから，前記指摘がどれほど真剣になされているかははなはだ疑わしい。

　こうして，不法の実現に必要と考える行為をすべてなし終えていなくてもかまわない，と解するほうが妥当であろう。問題はどこまで前倒ししうるかであるが，おそらく，前記行為のうち，①そこまで済ませばあとは特段の障害がないという点で，すべてなし終えられる高度の蓋然性があり，しかも，②すべてなし終えるまでの時間的懸隔がそれほどなく，さらに，③すべてなし終えた場合と同様の構成要件的特徴がすでにあらわれている段階——私はこれまで諸所において，この段階を「ポイント・オブ・ノー

14　たとえば，林幹人『判例刑法』（東京大学出版会，2011）96頁は，「実行未遂の時点での意思をもって既遂犯の故意となしうることはいうまでもないが，着手未遂の場合，本来の既遂構成要件が修正・拡張されているので，その該当事実の認識をもってしては，既遂犯の故意としては十分でないのである」と述べる。

15　高橋則夫『刑法総論〔第3版〕』（成文堂，2016）183頁以下や松原芳博『刑法総論〔第2版〕』（日本評論社，2017）314頁以下は，論者の採用する刑法体系を前提とすれば整合的で一貫しているが，そもそも，そのような刑法体系自体が——とくに実務においては——ある種の「異物」ではないかと思われる。

16　林・前掲『判例刑法』97頁などはそのような趣旨であろう。

17　たとえば，クラウス・ロクシン［著］平野龍一［監修］町野朔＝吉田宣之［監訳］『刑法総論〔第1巻〕〔第3版〕』（信山社，2003）567頁を参照。ドイツでは，早すぎた構成要件の実現において故意既遂の成立を否定する見解は，主として中止の可能性の早すぎるはく奪をその根拠としている。

リターン」と表記してきた——までは，前倒しを認めてよいように思われる。このような要件がそろえば，当該不法に対する行為者の傾向性が十分に外部化したものと評価しうるからである。

ひるがえって本判例を見ると，前倒しは「一連の殺人行為に着手」というかたちで表現されている。もちろん，それだけではその具体的な内容は不明であるが，このような簡潔な表現が採用されたのは，すでに「また」以前の部分において詳細な説明が済んでいるからだ，という趣旨に理解することもできるのではなかろうか。そして，そこで展開されている未終了未遂の認定が実質的に見て前記要件と重なり合っていることからすれば[18]，本判例もまた本章のような発想から非常によく理解しうるように思われる。

そして，このように理解することができるのであれば，かりに本件における計画がVをただちに海中に転落させるのではなく，いったん覚せいさせたうえで脅して遺書を書かせ，そののちに再び昏倒させて海中に転落させるという自殺の偽装であったとすると（Vは最初にクロロホルムを吸引させた時点で死亡したものとする），殺人既遂の成立が認められたかは疑わしい。たしかに，その表現だけを独立に取り出してみれば，ここでも「一連の殺人行為に着手」したとはいえるかもしれない。しかし，①いったん起こして複雑な行為を強要し，再び昏倒させるというのはハードルが高いし，そもそも②最終行為までかなりの時間的間隔があいてしまいかねない。さらに，殺人罪において被害者を昏倒させるというのは，たしかに，一般には，その生命を守る防御力を大きく削り取る点で同罪の構成要件的特徴を示すものといえよう。もっとも，ここでは③いったんVを起こすというプロセスが犯行計画に介在している以上，最初にクロロホルムを吸引させた段階において，すでに同罪の構成要件的特徴があらわれたものとはいいがたいように思われる。

---

[18] すでに述べたように，前記，ポイント・オブ・ノーリターンは，これを規律する原理に照らし，実行の着手時期と必ずしも同一ではない。しかし，詳しくは第18章において説明するが（簡潔には，小林憲太郎『刑法総論』（新世社，2014）126頁を参照），未終了未遂の要件中，構成要件該当行為を終了する高度の可能性，構成要件該当行為との密接した時間的関連性および構成要件領域への作用——これら3つをあわせて実行（構成要件該当）行為に密接する行為とよび，これと，終了未遂にも共通する未遂犯の不法が未終了未遂の要件を構成する——は，現行法による未遂の規律に整合的であろうとするならば，結局は前記，ポイント・オブ・ノーリターンと重なり合うことになろう。

3　その他の事例および（裁）判例

　教科書類等において，しばしば殺人既遂の成立しない（せいぜい殺人予備と過失致死にとどまる）早すぎた構成要件の実現としてあげられる講壇設例も，実は，これとまったく同様の観点から説明しうる。すなわち，たとえば，妻が夫の晩酌時に毒入りウィスキーを出してこれを殺害することを計画し，あらかじめ夫の好きな銘柄のウィスキーを購入して毒を混入したうえ戸棚にしまっておいたところ，妻の外出中に仕事を早引けして帰宅した夫が戸棚にウィスキーを見つけ，みずからこれを飲んで死亡してしまったという事例があげられる。ここでは，①爾後，夫にウィスキーを飲ませること自体はたやすいかもしれないが，②晩酌までかなり時間があいているし，そもそも，③のちに自身で提供することを見越して毒物を戸棚にしまっておくというだけでは，いまだ殺人罪の構成要件的特徴が示されたものとはいいがたいであろう。こうして，この事例では，夫の死の惹起につき故意責任を問うのに必要な意的要素が不足していることになる。

　これに対し，早すぎた構成要件の実現にかかる先駆的なケースといわれている横浜地判昭58・7・20判時1108・138などが，故意既遂の成立を認めたことも同様の観点から支持しうる。これは，妻との関係を悲観した被告人が，妻と居住していた家屋を燃やすとともに焼身自殺しようと決意し，当該家屋の各和室の床ならびに廊下などにガソリンを撒布してその蒸気を発生させ，しばらく後に，廊下でタバコを吸おうとライターを点けたところ，その火がその蒸気に引火して爆発し，当該家屋が全焼したという事案において，現住建造物等放火の既遂を肯定したものである。そこでは，前出の①や②はもとより，③についても，可燃物を撒布することにより目的物を火力に対して決定的に脆弱なものにするという，同罪の構成要件的特徴がすでにあらわれているものといえよう。

　さらに，近時では，この文脈において東京高判平13・2・20判時1756・162＝ベランダ事件もあげられることが多い。これは，被告人が殺意をもって妻である被害者を包丁で突き刺したのち，これを自己の支配下において失血死させようと思っていたところ，被害者がベランダに飛び出し手すり伝いに隣室へ逃げ込もうとしたので，これを部屋の中に連れ戻してガス中毒死させるという気持ちから，その腕をつかもうとして手をのばしたところ，これを避けようとした被害者がバランスを崩して転落し，死亡

第12章 故意（上）

たという事案において殺人既遂の成立を肯定したものである。そこでは、被告人の被害者をつかまえようとする行為と被害者の転落との間の因果関係を前提として、当該行為が刺突行為に始まる殺人の実行行為の一部であることが理由とされている。

これも、あくまで具体的な事実関係を念頭におきながら、実務上、一般的な用語法に従ってなされた説示であるから、それを過度に一般化したうえで厳密な講学上の概念に基づき批判することは、あまり生産的とはいえないであろう。そのことをふまえたうえで、あえてコメントするならば、次の3点が重要であると思われる。

第1に、かりに刺突行為が先行しておらず、ただ、被告人がガス中毒による無理心中を図ろうとしたところ、被害者がベランダに飛び出して同様の経過をたどったのだとしても、なお殺人既遂の成立を肯定することは可能であろう。不可能であるとすれば、たとえば、被害者が出血して身体が弱っていたり、刺されたショックで一種の錯乱状態に陥ったりしていたために、普段であれば安全なベランダから落下したとか、被告人からつかまえられ引き戻されやすくなっていた、などの事情が存在した場合である。

第2に、東京高裁は、原判決（千葉地判平12・9・20判時1756・165）が、被告人が被害者につかみかかった行為が殺人の実行行為の一部であることを明確に判示しておらず、その理由づけが不十分だと批判している。しかし、ことの本質は、つかみかかる行為が前記、ポイント・オブ・ノーリターンを越えているかどうかであって、それ自体、文脈に応じて多義的な「実行行為の一部」などという表現を決め台詞として用いないのは、ある種の見識ともいいうるのではなかろうか。現に、そのあとに出された判例ではあるが、クロロホルム事件もそのようなあいまいな表現は用いていないのである[19]。

第3に、以上の議論は被害者の腕をつかもうとする行為が殺人既遂を構成しうるかにかかるものであるが、そうではなく、当初の刺突行為をとらえて殺人既遂で処罰する余地がただちに排除されるわけではない。もっとも、その際に問題となりうるのは、刺突行為後、被害者の死亡に至る因果経過が正犯としての客観的な帰属可能性を有するかである。それは早すぎ

---

19 これに対し、調査官解説（平木正洋「判解」最判解刑（平16）175頁以下）はそのような表現を多用しているが、普段は慎重かつ謙抑的な種類の文献としては、やや先走りすぎのように思われる。

た構成要件の実現において問題となる，故意既遂の成立にとって必要な意的要素とは議論の次元を完全に異にしている。そこでは客観的な帰属可能性の具備されることが，そもそも議論の前提を構成しているのである。

第13章

故意（下）

　　山下は本年度の司法試験合格者，小林は法科大学院3年生

山下：よぉ，勉強は進んでる？　お，新しいケースブックか。いま何の課題をやっているの。

小林：あっ，先輩，合格おめでとうございます。方法の錯誤ですよ。Ｘがひとり暮らしのＢを殺害しようと考えてＢの自動車のドアに爆弾を仕掛けておいたところ，たまたまＢ宅に来ていたその父親Ａが自動車に乗ろうとドアに手をかけ爆死してしまった，という事例です。

山下：時代は変わったな。俺が学生のころは，Ｙが左方のＤを殺害しようとけん銃で撃ったところ，弾がそれて，たまたま右方を通りかかったＣに命中し，これを死に至らしめた，という事例がお決まりだったよ。

小林：あ，もちろん，その事例も載っていますよ。ただ，そのあとに，爆弾の事例が応用問題として載っているんです。

山下：ふぅん。しかし，その事例は方法の錯誤ではないよな。殺した相手が人違いだったんだから客体の錯誤だろ。

小林：まさに，そこが問題みたいですよ。だって，ＸがＢの近くで爆発させようと爆弾を設置したら，なんとＡの近くで爆発してしまった，という流れで考えると，ちょっと方法の錯誤っぽいでしょう。

山下：いや，方法の錯誤はないだろう。現にＸが企図したとおり，ドアに手をかけた人が爆死しているのだから。

小林：そんなことをいったら，典型的な方法の錯誤の事例だって，現にＹが企図したとおり，弾が命中した人が死亡しているから客体の錯誤に分類されてしまいますよ。

山下：それは屁理屈だろ。方法の錯誤というのは攻撃手段の方向がずれて，思ったのとは違う客体に当たってしまった場合のことだぞ。

小林：法律家の議論は得てして一般社会では屁理屈と感じられがちだから，君

たちも「それは屁理屈だ」という反論だけはしちゃいけないと，元最高裁判事の教授がおっしゃっていましたよ。
山下：あっそ……。
小林：まあ，それはともかく，かりに方法の錯誤の定義が先輩のいうとおりだとしても，やはり爆弾の事例は方法の錯誤になってしまいますよ。なにしろ，けん銃の事例と爆弾の事例の間には，攻撃手段のほうが近づいていくか，それとも，客体のほうが近づいてくるかの違いしかないのですから。
山下：俺がいいたいのはそういうことではないよ。けん銃の事例では弾が外れることも十分にありえて，Ｃに命中するというのはそのひとつのパターンにすぎないが，爆弾の事例では誰かが必ず爆死するわけで，それがＡかＢかなどというのは法的に重要でない違いだ。要は，爆弾の事例では狙いが「外れる」という事態が観念しえない。
小林：そう来ると思っていましたよ。では，爆弾を仕掛けたのが自動車のドアではなく納屋の扉で，ただ，爆弾が湿気て無効化してしまわないうちに，Ｂが納屋に入ろうと思い立たない可能性も十分にあった，という事例に変えたらいかがですか。これでも主張を変えないなら，私が先ほどした指摘は妥当するはずですよ。
山下：分かった，分かった。しかし，俺は最高裁判例に従って抽象的法定符合説をとるから，どのみちＡに対して殺人既遂罪が成立するんだよ。それでいいだろう。
小林：先ほどの教授は「最高裁がそう述べているというだけでは下級裁にとっても解釈の理由とはなりえない」，「そもそも，判例はこの説をとっていると一般化したかたちで言い切れるのは非常にまれなケースだけだ」ともおっしゃっていましたが。
山下：それなら，判例は抽象的法定符合説ではないのかよ。
小林：そういう次元の話ではなく，たとえば，判例は明示的には述べていないけれども，実は，同説を適用しうる事案をなんらかのかたちで限定しているのではないかとか，たとえ犯罪の成否の判断においては故意既遂犯を認めるにしても，量刑の判断においては，実質的に見て過失の責任しかないことをしん酌しているのではないかとか，そういった疑問をもちながら判例を読まなければならない，ということらしいです。
山下：受け売りばかりじゃないか。自分はどう思うんだよ。
小林：うーん，そういわれると困るのですが，けん銃の事例でＹにＣに対する

第13章 故意（下）

　　殺人既遂が成立しないとしても，やはり，爆弾の事例ではXにAに対する殺人既遂の責任を実質的にも問いたいところです。

山下：しかし，お前はさっき，両事例は現象面に違いがあるだけで，理論構造としてはまったく同じだといっていたじゃないか。

小林：はぁ，そうなんですよね……。

山下：そういうときは，どうすればいいんだった？

小林：ええと……。

山下：両事例に対する異なる直観がどこから生まれてくるかを探究するんだったよな。①いま，自分が意識を集中させている理論的側面からは同一の構造を有するように見えても，他の側面からは異なって観察する余地がないのか。いわゆる「事案を異にする」ってやつだ。そして，②かりにその余地がないのなら理論のほうを修正するのか。これが判例変更にあたるかな。あるいは，③直観のほうが洗練されていなかった，他の局面との整合性がとれていなかったとして棄却するのか。判例違反を主張しながら③のような「直観」を述べ続けていると，昔は「畢竟，独自の見解」などと論難されたものだ。

小林：先輩，なんだかキャラが変わりました？　というより，老けました？

山下：俺だって，もともとこれくらいの教養はあるんだよ（怒）。で，爆弾の事例はどうなんだ？

小林：どうっていわれても……そうですねえ，けん銃の弾と違って被害者はゆっくり動きますから，Xが現場付近で様子をうかがっていたのなら，人違いと分かった時点でAを止めていたでしょうけど。

山下：あっ，そうか。

小林：どうしたんです？

山下：Xは「止めていた」というより，「止めなければならなかった」んだよ。しかも，それは近づいてくるのがAだと分かろうが，Bだと信じ込んでいようがまったく関係がない。

小林：しかし，Xは爆弾を設置しているわけだから作為犯の事例ではないのですか。

山下：たしかに，Xは最初，爆弾を設置するという作為を行っている。しかし，厳密には，そのあとも「爆死を防止しない」という不作為が継続していて，ただ，殺人の一罪として包括評価されているだけだろう。

小林：それはいいですが，不作為があったら何か変わるのですか？

山下：だ，か，ら，目の前で自動車に人が近づいてきているのにこれを止めな

かったという不作為犯を観念しうるなら，その人が実はAなのにBだと勘違いしていたというのは単なる客体の錯誤になるだろう。つまり，さっきいった①の場合にあたるってことだ。
小林：あっ，そうか。
山下：ちょっと論理展開が遅いぞ。もう少しスピードアップしないと本番の試験では間に合わないだろうな。
小林：その，「頭の回転が遅い」みたいな言い方はやめて下さいよ。さっきいった教授は，法解釈における論理展開の速さは知識と慣れでほとんど決まる，とおっしゃっていましたし。
山下：また受け売りかよ。ま，俺がさっきした法解釈方法論の話もその教授の受け売りだけどな……。

◆

I　はじめに

前章では，故意の知的要素にかかわる問題のうち，事実の錯誤と法律の錯誤の区別をとりあげた。そこで，本章においては，事実の錯誤とされたもののうち，同一の構成要件間の錯誤である具体的事実の錯誤と，異なる種類の構成要件にまたがる錯誤である抽象的事実の錯誤について検討を加える。

ただし，具体的事実の錯誤のうち客体の錯誤については，故意を阻却しないことで見解の一致が見られる。また，因果関係の錯誤が不要な法形象であることについても前章で論じた。そこで，本章においては，とくに方法の錯誤に焦点を当てることとしたい。

II　具体的事実の錯誤——とくに，方法の錯誤

1　最判昭53・7・28刑集32・5・1068＝びょう打ち銃事件

(1)　判　旨

すでに第4章においてとりあげ，責任主義の観点から詳細な検討を加えた判例ではあるが，非常に重要なものであるため，いま一度，引用する。

第13章　故意（下）

「刑法240条後段，243条に定める強盗殺人未遂の罪は強盗犯人が強盗の機会に人を殺害しようとして遂げなかつた場合に成立するものであることは，当裁判所の判例とするところであり（最高裁昭和31年(あ)第4203号同32年8月1日第一小法廷判決・刑集11巻8号2065頁。なお，大審院大正11年(れ)第1253号同年12月22日判決・刑集1巻12号815頁，同昭和4年(れ)第382号同年5月16日判決・刑集8巻5号251頁参照），これによれば，Kに対する傷害の結果について強盗殺人未遂罪が成立するとするには被告人に殺意があることを要することは，所論指摘のとおりである。

しかしながら，犯罪の故意があるとするには，罪となるべき事実の認識を必要とするものであるが，犯人が認識した罪となるべき事実と現実に発生した事実とが必ずしも具体的に一致することを要するものではなく，両者が法定の範囲内において一致することをもつて足りるものと解すべきである（大審院昭和6年(れ)第607号同年7月8日判決・刑集10巻7号312頁，最高裁昭和24年(れ)第3030号同25年7月11日第三小法廷判決・刑集4巻7号1261頁参照）から，人を殺す意思のもとに殺害行為に出た以上，犯人の認識しなかつた人に対してその結果が発生した場合にも，右の結果について殺人の故意があるものというべきである。

これを本件についてみると，原判決の認定するところによれば，被告人は，警ら中の巡査Tからけん銃を強取しようと決意して同巡査を追尾し，東京都新宿区西新宿1丁目4番7号先附近の歩道上に至つた際，たまたま周囲に人影が見えなくなつたとみて，同巡査を殺害するかも知れないことを認識し，かつ，あえてこれを認容し，建設用びよう打銃を改造しびよう1本を装てんした手製装薬銃一丁を構えて同巡査の背後約1メートルに接近し，同巡査の右肩部附近をねらい，ハンマーで右手製装薬銃の撃針後部をたたいて右びようを発射させたが，同巡査に右側胸部貫通銃創を負わせたにとどまり，かつ，同巡査のけん銃を強取することができず，更に，同巡査の身体を貫通した右びようをたまたま同巡査の約30メートル右前方の道路反対側の歩道上を通行中のKの背部に命中させ，同人に腹部貫通銃創を負わせた，というのである。これによると，被告人が人を殺害する意思のもとに手製装薬銃を発射して殺害行為に出た結果，被告人の意図した巡査Tに右側胸部貫通銃創を負わせたが殺害するに至らなかつたのであるから，同巡査に対する殺人未遂罪が成立し，同時に，被告人の予期しなかつた通行人Kに対し腹部貫通銃創の結果が発生し，かつ，右殺害行為とK

の傷害の結果との間に因果関係が認められるから，同人に対する殺人未遂罪もまた成立し（大審院昭和8年(れ)第831号同年8月30日判決・刑集12巻16号1445頁参照），しかも，被告人の右殺人未遂の所為は同巡査に対する強盗の手段として行われたものであるから，強盗との結合犯として，被告人のTに対する所為についてはもちろんのこと，Kに対する所為についても強盗殺人未遂罪が成立するというべきである。したがつて，原判決が右各所為につき刑法240条後段，243条を適用した点に誤りはない。

もつとも，原判決が，被告人のTに対する故意の点については少なくとも未必的殺意が認められるが，被告人のKに対する故意の点については未必的殺意はもちろん暴行の未必的故意も認められない旨を判示していることは，所論の指摘するとおりであるが，右は，行為の実行にあたり，被告人が現に認識しあるいは認識しなかつた内容を明らかにしたにすぎないものとみるべきである。また，原判決は，Kに対する傷害について被告人の過失を認定し，過失致死傷が認められる限り，強盗の機会における死傷として刑法240条の適用があるものと解する旨を判示しているが，右は強盗殺人未遂罪の解釈についての判断を示したものとは考えられない。原判決は，Kに対する傷害の結果について強盗殺人未遂罪が成立することの説明として，Tにつき殺害の未必的故意を認め，同人に対する強盗殺人未遂罪が成立するからKに対する傷害の結果についても強盗殺人未遂罪が成立するというにとどまり，十分な理由を示していないうらみがあるが，その判文に照らせば，結局，Kに対する傷害の結果について前述の趣旨における殺意の成立を認めているのであつて，強盗殺人未遂罪の成立について過失で足りるとの判断を示したものとはみられない」。

(2) 検 討

標題判例は，いわゆる抽象的法定符合説を採用することを明らかにした有名なものである。そして，この判例に関しては，以前に検討を加えた際，責任主義の観点から，①かりに抽象的法定符合説を採用するとしても，現に引き起こされた不法につき（行為者の知識や生理的能力を前提とした）予見可能性が認められない限り，刑罰の制裁としての側面が担保されないから，故意「犯」の成立を肯定することはできないこと，および，②実際にも，原判決や第1審判決はそのような発想に立つものと理解しうること，を論証した。裏を返すと，抽象的法定符合説の妥当性そのものに関してはペンディングにされたままであった。

第13章 故意（下）

　それでは，同説ははたして妥当なものといえるのであろうか。たとえば，人を死に至らしめるという不法＝構成要件を例にとると，その故意犯として処罰するためには，まず，刑罰の制裁としての側面に照らし，現に，客観的に帰属可能な態様において人の死を引き起こしたという不法と，それを犯さないよう行為者の行為を制御しえたという（責任主義の意味における）責任が必要となる。さらに，このような制裁としての刑罰を処分としての側面から加重するため，不法を犯すこととなることを知りつつあえて行為に出たという，（責任主義から要請されるのではない責任要素としての）故意が付け加わらなければならない。そして，故意犯がこのような構造を有しているとすれば，行為に出る際に行為者が犯すことを分かっていなければならない不法とは，単に「およそ『人』の死が引き起こされる」ことで足りそうにもみえる。その意味で，抽象的法定符合説は理論的に見ても十分に成り立ちうる見解であるようにも思われる。

　しかし，刑法が現実の不法と行為者が分かっていなければならない不法との原則的な一致——ほぼすべての見解が38条1項本文をそう解釈する——を要請している，その趣旨にまでさかのぼって考えるならば，同説は刑法体系全体のなかで必ずしも座りの良いものとはいえない。このことをもう少し分かりやすく説明しよう。

　そもそも処分の観点だけからすれば，人が死ぬと知りながらあえて行為に出た時点において——これを刑罰とよぶかどうかは措くとしても——国家権力が介入し，行為者に一定の不利益を科する十分な根拠となりうるはずである。にもかかわらず，刑法は現に人が死に至らしめられ，かつ，その行為をやめさせるべくコントロールしうることを前提として，はじめて処分の観点からも刑罰（の加重）を正当化しうるというスタンスを採用している。それは，かつて，いわゆる新派刑法理論が激しく批判されたことからも分かるように，処分のみを契機とする刑罰権の行使がいきおい恣意的なものとなりがちだからである。すなわち，刑法は原則として（未遂犯や超過的内心傾向，常習性などの例外はある），刑罰をまずは制裁の観点から基礎づけるとともに，その介入の根拠となる不法を行為者が求めた限りにおいて，処分の観点を導入して刑罰を加重するというシステムを採用することにより，後者の観点が過大な役割を果たすことを防止しているのである。

　しかも，行為者が制裁の根拠となる不法を認識している場合には——行

為者自身の知識や生理的能力を前提とした不法の予見可能性が認められないにもかかわらず、行為者がいわば妄想に近い状態で不法を予見している特殊な事例を除いて——制裁が想定する抑止プロセスの重要な部分をショートカットしうるという意味で、制裁の観点のみからでも相当程度に重い刑罰を正当化しうる（それはちょうど、現実の違法性の意識があれば、単に違法性の意識の可能性が存するにとどまる場合よりも重い刑罰が正当化されうるのと同様である）。このように、実際の刑罰を構想するうえで不可欠ではあるが、いきおい過大なものとなりかねない処分の観点を抑えるという点において、故意の対象を制裁の根拠となる不法に絞るという方策は、いわば「一粒で二度おいしい」ものとなるのである。

　このように見てくると、現に引き起こされた不法と行為者の引き起こそうとした不法とが同種の構成要件でありさえすれば、両者が必ずしも同一のものでなくても故意犯の成立を認めてよい、とする抽象的法定符合説は妥当でないことが分かる。むしろ、両者の同一性を要求する具体的法定符合説のほうが、刑法体系全体によりよく整合するという点で望ましいと思われる[1]。そして、本件においては強盗殺人未遂という結合犯の未遂が問題となっているが、話を単純化するために単なる殺人の事案と仮定し、TもKも死亡したものとしよう。そうすると、T殺害もK殺害も、たしかに殺人という同種の構成要件を充足するものの、それぞれにつき独立に構成要件該当性が認められ、したがって同一とまではいえないのであるから、Kに対する故意の殺人罪を認めるべきではない[2]。

1　近年では具体的法定符合説の有力化にともない、（故意を阻却しない）客体の錯誤と（故意を阻却する）方法の錯誤の区別が問題となる限界的な事例が学界においてさかんに議論されるに至っている。詳しくは、小林憲太郎『刑法総論』（新世社、2014）92・93頁などを参照。とりわけ、同説が判例の採用するところとなった場合に、実務上、最も緊要性が高いと思われるのは、「XがAを殺害しようとその自動車のドアに爆弾を仕掛けたところ、その家族であるBが先にドアを開けて爆死した」という事例の処理である。そして、同説を論証する最近の文献には、「自動車に爆弾を仕掛ければ、必ず誰かが死亡する……にもかかわらず、たまたまBが乗車したからといって故意犯の成立を否定することは、結論において妥当ではない」というものもある。橋爪隆「連載のおわりに」法教426号（2016）109頁。しかし、このような事例の構造は、論理的に、「XがAを殺害しようと、入力した場所まで飛んで行き、その最も近くにいる人の目前で爆発する特殊な爆弾を発射したところ、機械の調子が悪く、別の場所に飛んで行ってしまい、そこにいるBの目前で爆発した」という、おそらくは、論者も典型的な方法の錯誤の事例におけるのと同様、Bに対する殺人罪の成立を否定するであろう事例とまったく同じである。したがって、ここでは、全体としての刑法理論を修正するというよりも、むしろ、個別の当罰性感覚のほうを是正する作業が求められるように思われる。

2　大阪高判平 14・9・4 判タ 1114・293

(1)　判　旨

事案は，けんか騒ぎのなかから車で逃走しようとした被告人が，後方で太郎（実兄）が甲野から危害を加えられているものと考えて，甲野らのいる方向へ自車を急後退させたところ，甲野の右手に自車を当てたほか，太郎を同車でれき過して死亡させた，というものである。原判決（大阪地堺支判平 13・7・19 判タ 1114・297）が太郎に対する傷害致死罪まで認めたため，被告人側が控訴したところ，大阪高裁は次のように述べて原判決を破棄し，被告人に無罪を言い渡した。

「被告人が本件車両を急後退させる行為は正当防衛であると認められることを前提とすると，その防衛行為の結果，全く意図していなかった太郎に本件車両を衝突・轢過させてしまった行為について，どのように考えるべきか問題になる。不正の侵害を全く行っていない太郎に対する侵害を客観的に正当防衛だとするのは妥当でなく，また，たまたま意外な太郎に衝突し轢過した行為は客観的に緊急行為性を欠く行為であり，しかも避難に向けられたとはいえないから緊急避難だとするのも相当でないが，被告人が主観的には正当防衛だと認識して行為している以上，太郎に本件車両を衝突させ轢過してしまった行為については，故意非難を向け得る主観的事情は存在しないというべきであるから，いわゆる誤想防衛の一種として，過失責任を問い得ることは格別，故意責任を肯定することはできないというべきである。

ところで，原判決は，前記のように特段の理由を示していないが，被告人に甲野に対する暴行の故意があったことを認め，いわゆる方法の錯誤により誤って太郎を轢過したととらえ，法定的符合説にしたがって太郎に対する傷害致死の刑責を問うもののようである。本件においては，上記のように被告人の甲野に対する行為は正当防衛行為であり太郎に対する行為は誤想防衛の一種として刑事責任を考えるべきであるが，錯誤論の観点から

2　裁判例のなかには東京高判平 14・12・25 判タ 1168・306 のように，抽象的法定符合説により故意を拡張しながらも，量刑上は故意として扱ってはならないとするものもある。かりに，それが実務における一般的な感覚でもあるとするならば，判例違反を恐れず，端的に具体的法定符合説をとると明言すべきであろう。「故意だが故意として扱ってはならない」という分かりにくさは判例違反より悪である。

考察しても，太郎に対する傷害致死の刑責を問うことはできないと解するのが相当である。すなわち，一般に，人（A）に対して暴行行為を行ったが，予期せぬ別人（B）に傷害ないし死亡の結果が発生した場合は，いわゆる方法の錯誤の場面であるとして法定的符合説を適用し，Aに対する暴行の（構成要件的）故意が，同じ『人』であるBにも及ぶとされている。これは，犯人にとって，AとBは同じ『人』であり，構成要件的評価の観点からみて法的に同価値であることを根拠にしていると解される。しかしこれを本件についてみると，被告人にとって太郎は兄であり，共に相手方の襲撃から逃げようとしていた味方同士であって，暴行の故意を向けた相手方グループ員とでは構成要件的評価の観点からみて法的に人として同価値であるとはいえず，暴行の故意を向ける相手方グループ員とは正反対の，むしろ相手方グループから救助すべき『人』であるから，自分がこの場合の『人』に含まれないのと同様に，およそ故意の符合を認める根拠に欠けると解するのが相当である。この観点からみても，本件の場合は，たとえ春野に対する暴行の故意が認められても，太郎に対する故意犯の成立を認めることはできないというべきである。

　したがって，太郎に対する傷害致死罪の成立を認めることはできない」。
　(2)　検　討
　本裁判例を錯誤論の観点から検討するにあたっては，前提として，そもそも太郎に対する本件行為の違法性が阻却されないか，という点を議論しておかなければならない。この点に関して本裁判例は，正当防衛も緊急避難も認められないことを理由に違法性阻却を否定している。
　たしかに，太郎の生命が不正の侵害を構成しているわけではなく，また，保全利益が侵害利益以上であるなどとは到底いえない（むしろ，そもそも保全利益が欠ける）以上，正当防衛や緊急避難が成立する余地はなかろう。もっとも，他方で，詳しくは次章以降において説明するが，許された危険による正当化を観念する余地がないとまではいえない。すなわち，太郎までひき殺してしまうリスクがないではないけれども，本件行為に出なければ太郎に生ずるであろう損害の大きさや可能性にかんがみると，むしろ本件行為に出るほうが太郎にとって望ましいという理由からこれを許容すべきときは，たとえそのようなリスクが現実化して太郎をひき殺すこととなったとしても，なおその許容の効果を持続させるべきだと考えられるのである。ただし，本章では錯誤論の観点からする検討が主題であるため，

第13章　故意（下）

太郎に対する本件行為が違法であることを出発点にすることとしたい。

さて、本件は具体的法定符合説よりこれを観察すれば、被告人に太郎に対する暴行の故意を認めることはできず、それゆえ傷害致死罪は成立しえない。これに対し、抽象的法定符合説を採用すると、太郎に対する同故意が認められ、さらに、甲野と異なり太郎に対しては、正当防衛状況はおろかその認識さえ存在しない以上、同罪が成立することになりそうである。しかし、現実問題として、適法と評価される事実しか認識していない、その意味で、純粋に善意から行為した被告人について、（暴行の部分に関する）故意犯の罪責を問うのは明らかに不当である[3]。そこで、本件は、抽象的法定符合説がその欠陥を露呈する象徴的な事例とされるのである[4]。

すでに述べたように、私自身は具体的法定符合説のほうが妥当であると考えているので、抽象的法定符合説の適切に解決しえない事例が発見されることそれ自体は、心情的にはむしろ喜ばしいことである。しかし、あくまで理論的に厳密に考察すると、抽象的法定符合説からも、太郎に対して傷害致死罪が成立しないとする解釈が存在しないわけではない。

第1に、本裁判例が「ところで」以下の段落において、原判決が方法の錯誤に関する法定的符合説により太郎に対する傷害致死罪を認めたものと理解したうえで、「錯誤論の観点から考察しても」同罪は成立しないとする解釈である。そこにいう「錯誤論」の意味は必ずしも明らかではないが、おそらく、行為者の認識した不法と現実に引き起こされた不法との重なり合い、符合を問題にしたうえで、それが否定されれば故意を阻却するという議論を指すものと思われる。そして、甲野も太郎も同じく「人」ではあるものの、「被告人にとって太郎は兄であり、共に相手方の襲撃から逃げようとしていた味方同士であって、暴行の故意を向けた相手方グループ員とでは構成要件的評価の観点からみて法的に人として同価値であるとはい

---

[3] これに対し、厳格責任説とよばれる立場は、たとえ正当化事情を誤信していても故意を認めるべきであり、行為者がその誤信を避けられなかった場合に限り責任が阻却されうるにとどまる、という。しかし、それは目的的行為論、すなわち、故意をもっぱら構成要件の要素ととらえる刑法体系が前提とされているからであり、抽象的な体系の保全と具体的な帰結の妥当性が衝突したとき、前者を優先する点で倒錯した議論であると思われる。同説をめぐる議論の詳細については、今井猛嘉ほか『刑法総論〔第2版〕』（有斐閣、2012）33頁以下〔小林憲太郎〕などを参照。

[4] たとえば、西田典之『刑法総論〔第2版〕』（弘文堂、2010）169頁は、「ここには、構成要件的故意を認めることと法定的符合説〔抽象的法定符合説〕をとることの不合理性が露呈しているのである」と辛らつに批判している。

えず，暴行の故意を向ける相手方グループ員とは正反対の，むしろ相手方グループから救助すべき『人』であるから，自分がこの場合の『人』に含まれないのと同様に，およそ故意の符合を認める根拠に欠けると解するのが相当である」というのである。

しかし，不法の符合というのは，後述するように，同じく当該法益に対する行為者の敵対性が徴表されているのに，錯誤が故意犯の成立を阻却してしまうことの不合理性に着目し，法益の共通性を根拠として，主観面と客観面の不法類型のズレを捨象しようとする議論にほかならない。そして，そうであるとすれば——本裁判例の前提とするところではないが——具体的法定符合説のように，甲野の身体の安全と太郎のそれが別の法益であるとは主張しえても，法益が共通するとしながら[5]，その主体が敵か味方かという違いを捨象しえないことは，少なくとも，不法の符合という観点からは説得的に論証しえないように思われる。

そこで，第2に，本裁判例が「ところで」以前の段落において述べているように，故意非難ないし故意責任が欠けるとする解釈も考えられる。すなわち，「錯誤論の観点から」の「考察」をひとまず措き[6]，不法の符合を肯定したとしても，なお，行為者が適法と評価される事実しか認識していない——本裁判例はこれを「誤想防衛の一種」と表現する——以上，講学上の概念を用いていえば，「構成要件的故意はあるものの責任故意がない」ことになる。しかし，このような故意の分裂を認める刑法体系に対しては，いわゆるブーメラン現象が生じるとの致命的な批判がなされており[7]，今日においては，もはや維持することは不可能であろう。

このように見てくると，抽象的法定符合説を前提としながら太郎に対する傷害致死罪の成立を否定する解釈は，およそ成り立ちえないわけではな

---

5 敵＝不正の侵害者の法益性が否定される（少なくとも，減少する）ことを理由に，甲野と太郎の構成要件的同価値性を否定する余地を示唆するものとして，山口厚『新判例から見た刑法〔第3版〕』（有斐閣，2015）56頁を参照。もっとも，本書においても繰り返し述べてきたように，不正の侵害を構成する法益もまた，それ自体，保護に値する立派な利益にほかならない。たとえば，誰かが赤子を行為者に投げつけてきたからといって，身を守るため傷つけなければならない赤子の身体は依然として立派な法益である。ただ，侵害が不正である以上，これをなくさせるのに必要な負担を，侵害を構成する利益の側に負わせることが正当とされるにすぎない。したがって，正当防衛の正当化根拠を——被害者の同意や，本裁判例もあげる行為者と被害者の同一性と同様——法益性の喪失そのものに求めることは適切でないと思われる。

6 第1と第2の解釈のこのような論理的関係を明確に指摘するものとして，橋爪隆「誤想過剰防衛をめぐる問題」法教420号（2015）117頁を参照。

いものの，説得的に主張するには相当の困難がある。むしろ，端的に，具体的法定符合説を採用すべきではなかろうか。

III 抽象的事実の錯誤

1 故意が阻却されない場合

(1) 最決昭54・3・27刑集33・2・140

麻薬を覚せい剤と誤認して輸入したという事案において，抽象的事実の錯誤を論じた有名な判例である。すなわち，被告人は，営利の目的で覚せい剤を輸入するつもりで麻薬を輸入したという覚せい剤取締法違反と麻薬取締法違反にまたがる錯誤と，関税法上の無許可輸入を行うつもりで禁制品輸入を実現したという錯誤の2種類に陥っていたのであるが，最高裁は被告人側の上告を棄却して職権で次のように判示している。

「1 原判決の維持した第1審判決認定の事実によると，被告人は，ほか2名と共謀のうえ，(1)営利の目的で，麻薬であるジアセチルモルヒネの塩類である粉末を覚せい剤と誤認して，本邦内に持ち込み，もつて右麻薬を輸入し，(2)税関長の許可を受けないで，前記麻薬を覚せい剤と誤認して，輸入した，というのである。第1審判決は，被告人の前記(1)の所為は刑法60条，麻薬取締法64条2項，1項，12条1項に，前記(2)の所為は刑法60条，関税法111条1項に該当するとしたうえ，被告人は前記(1)の罪を犯情の軽い覚せい剤を輸入する意思で犯したものであることを理由として，刑法38条2項，10条により同法60条，覚せい剤取締法41条2項，1項1号，13条の罪の刑で処断する，としており，原判決は，第1審判決の右

---

7 この批判に対しては，繰り返し，（構成要件的）故意は過失を包含するとの反論がなされている。近時でも，たとえば，佐伯仁志『刑法総論の考え方・楽しみ方』（有斐閣，2013）41頁を参照。しかし，そのような反論は的外れであろう。というのも，ブーメラン現象とは，構成要件的故意を導入して犯罪の個別化を図ろうとすれば，正当化事情の誤信により責任故意が否定されたとき，構成要件の段階に戻ると再び故意が認められてしまい，成立する犯罪が永遠に決まらなくなる無限ループのことだからである。また，そうであるからこそ，罪名は故意犯としながら，実質的には過失犯の責任しかないことを理由に，科刑のみ過失犯にとどめようとする救済策が主張されることになる。同頁は「故意犯の構成要件該当性を認めた行為に過失犯が認められることになるという，いわゆるブーメラン現象」というが，それでは意味が不明であろう。同じところに戻ってきてしまうからこそ「ブーメラン」なのである。この問題について，詳しくは，今井ほか・前掲『刑法総論〔第2版〕』32頁以下〔小林憲太郎〕を参照。

法令の適用を肯認している。

2 そこで、右法令適用の当否につき判断する。

(1) 麻薬と覚せい剤とは、ともにその濫用による保健衛生上の危害を防止する必要上、麻薬取締法及び覚せい剤取締法による取締の対象とされているものであるところ、これらの取締は、実定法上は前記2つの取締法によつて各別に行われているのであるが、両法は、その取締の目的において同一であり、かつ、取締の方式が極めて近似していて、輸入、輸出、製造、譲渡、譲受、所持等同じ態様の行為を犯罪としているうえ、それらが取締の対象とする麻薬と覚せい剤とは、ともに、その濫用によつてこれに対する精神的ないし身体的依存（いわゆる慢性中毒）の状態を形成し、個人及び社会に対し重大な害悪をもたらすおそれのある薬物であつて、外観上も類似したものが多いことなどにかんがみると、麻薬と覚せい剤との間には、実質的には同一の法律による規制に服しているとみうるような類似性があるというべきである。

本件において、被告人は、営利の目的で、麻薬であるジアセチルモルヒネの塩類である粉末を覚せい剤と誤認して輸入したというのであるから、覚せい剤取締法41条2項、1項1号、13条の覚せい剤輸入罪を犯す意思で、麻薬取締法64条2項、1項、12条1項の麻薬輸入罪にあたる事実を実現したことになるが、両罪は、その目的物が覚せい剤か麻薬かの差異があるだけで、その余の犯罪構成要件要素は同一であり、その法定刑も全く同一であるところ、前記のような麻薬と覚せい剤との類似性にかんがみると、この場合、両罪の構成要件は実質的に全く重なり合つているものとみるのが相当であるから、麻薬を覚せい剤と誤認した錯誤は、生じた結果である麻薬輸入の罪についての故意を阻却するものではないと解すべきである。してみると、被告人の前記1(1)の所為については、麻薬取締法64条2項、1項、12条1項の麻薬輸入罪が成立し、これに対する刑も当然に同罪のそれによるものというべきである。したがつて、この点に関し、原判決が麻薬輸入罪の成立を認めながら、犯情の軽い覚せい剤輸入罪の刑によつて処断すべきものとしたのは誤りといわなければならないが、右の誤りは判決に影響を及ぼすものではない。

(2) 次に、被告人の前記1(2)の所為についてみるに、第1審判決は、被告人は、税関長の許可を受けないで覚せい剤を輸入する意思（関税法111条1項の罪を犯す意思）で、関税定率法21条1項1号所定の輸入禁制品で

ある麻薬を輸入した（関税法109条1項の罪にあたる事実を実現した）との事実を認め，これに対し関税法111条1項のみを適用している。そこで，右法令適用の当否につき案ずるに，関税法は，貨物の輸入に際し一般に通関手続の履行を義務づけているのであるが，右義務を履行しないで貨物を輸入した行為のうち，その貨物が関税定率法21条1項所定の輸入禁制品である場合には関税法109条1項によつて，その余の一般輸入貨物である場合には同法111条1項によつて処罰することとし，前者の場合には，その貨物が関税法上の輸入禁制品であるところから，特に後者に比し重い刑をもつてのぞんでいるものであるところ，密輸入にかかる貨物が覚せい剤か麻薬かによつて関税法上その罰則の適用を異にするのは，覚せい剤が輸入制限物件（関税法118条3項）であるのに対し麻薬が輸入禁制品とされているというだけの理由によるものに過ぎないことにかんがみると，覚せい剤を無許可で輸入する罪と輸入禁制品である麻薬を輸入する罪とは，ともに通関手続を履行しないでした類似する貨物の密輸入行為を処罰の対象とする限度において，その犯罪構成要件は重なり合つているものと解するのが相当である。本件において，被告人は，覚せい剤を無許可で輸入する罪を犯す意思であつたというのであるから，輸入にかかる貨物が輸入禁制品たる麻薬であるという重い罪となるべき事実の認識がなく，輸入禁制品である麻薬を輸入する罪の故意を欠くものとして同罪の成立は認められないが，両罪の構成要件が重なり合う限度で軽い覚せい剤を無許可で輸入する罪の故意が成立し同罪が成立するものと解すべきである。これと同旨の第1審判決の法令の適用は，結論において正当である」。

(2) 検　討

　抽象的事実の錯誤の問題に取り組むにあたって，まず確認しなければならないのは——ときおり誤解されているが——このような場合に故意犯の成立を肯定する創設的な規定は存在せず，あくまで一般理論に従って故意犯を認定しなければならない，ということである。具体的にいうと，刑法38条2項は「重い罪に当たるべき行為をしたのに，行為の時にその重い罪に当たることとなる事実を知らなかった者は，その重い罪によって処断することはできない」と規定するだけであり，軽い罪が成立するとか，軽い罪によって処断しうるなどとは述べていない。さらに，逆のケース，すなわち，重い罪を犯すつもりで軽い罪を実現した場合についてはふれてさえいない。したがって，同条1項本文に従い，行為者に実現された「罪を

犯す意思が」あったか，という一般理論に基づいて故意犯の成否が検討されなければならないのである。

　問題は，そこにいう「罪」が具体的にどのような意味を有するか，である。（正当化事情の錯誤を措いて）一般的に答えるならば，構成要件該当事実，したがって，刑罰法規に定められた不法類型にあたる事実ということになろう。しかし，たとえば，現住建造物への放火と非現住建造物への放火，あるいは，通常の殺人と承諾殺人のように，一方が他方を論理的に包含している場合はともかく（この場合には，錯誤があっても，少なくとも軽いほうの故意犯が成立しうる），本件のような場合には，一見すると，行為者に実現された構成要件該当事実の認識が欠け，軽いほうの故意犯さえ成立しえないようにも思われる。そして，それは著しく不当であると考えられるため，このような結論を回避する解釈論が必要となるのである。これこそが抽象的事実の錯誤をめぐる問題の本質にほかならない。

　それでは，どのような解釈論が可能であろうか。まず確認しなければならないのは，本書でも繰り返し述べてきたように，刑罰の目的が法益の保護にこそ存することである。したがって，刑罰法規が不法類型を定める際にも，最初に保護法益を明らかにしたうえで，これに対してどのような侵襲性をもつ行為を処罰することが合理的であるかを検討し，しかるのちに，具体的な構成要件としてこれを定立するのである。そうすると，行為者がどのような不法類型ないし構成要件を念頭において行為に出たのであれ，少なくとも，刑罰法規が禁圧しようとするルートを経て保護法益への敵対性をあらわしていることに径庭はないのであるから，軽いほうの罪の故意としては十分というべきではなかろうか。こうして，抽象的事実の錯誤においては，主観面と客観面とで構成要件ないし不法類型にズレがあっても，保護法益が共通する限りにおいて，少なくとも軽いほうの故意犯が成立しうることになる。また，人口に膾炙した表現である符合ないし実質的な重なり合いとの関係でいえば，その限界は保護法益の共通性に求められることになろう。つまり，刑法38条1項本文にいう「罪」とは，実現されたのと符合するいずれかの不法類型ないし構成要件にあたる事実を意味し，ただ，「罪を犯す意思が」あるとされたとしても，主観面のほうが軽ければ，行為者の保護法益への敵対性が軽度にしかあらわれていないため，客観面ではなく（このことを注意的に規定したのが同条2項である），主観面の犯罪が成立することになる。

これを本件について見ると，まず1つ目の錯誤については，実質的には保護法益の共通性を中核的な理由として符合が肯定されており，基本的に支持することができよう。ただし，付加的な理由としてあげられている，取り締まられる行為態様の近似性や覚せい剤と麻薬の外観上の類似性等は，符合を認めるにあたって本質的なものとはいえないであろう[8]。たしかに，当時の通説的な見解は，符合の標準として保護法益の共通性のほか，行為態様や客体の類似性をあげていた。しかし，それは，保護法益が共通していれば客体は大抵，似てくるであろうし，また，攻撃方法もパターンが決まってくるだろうという事実上の考慮要素にすぎず，規範的な意味を与えるべきではない。具体的に見ても，ともに白い粉であれば符合するが，一方が黒い液体であれば符合しない，などという区別が合理的であるとは思われない。法律の実質的な同一性も，保護法益の共通性を示す比喩的な表現としては分かりやすいが，刑法を考えれば明らかなように，ひとつの法律に定められた罪が異なる保護法益をもつことも多いのであるから，再び規範的な意味を与えるべきではなかろう。

次に，2つ目の錯誤については，このような構成要件の実質的な重なり合いにかかる議論に立ち入る以前に，そもそも，禁制品輸入が無許可輸入を論理的に包含することを根拠として後者の罪の成立が認められているようである[9]（1つ目の錯誤の場合と異なり，重なり合いに「全く」という形容が抜け落ちているが，それは法定刑が異なるからであるにすぎず，2つ目の錯誤の場合のほうが符合が弱い，という趣旨ではないと思われる。その証拠に，重なり合いからは「実質的に」という形容もあわせて抜け落ちている）。しかし，厳密に考えると，禁制品輸入の不法が，本邦に持ち込まれるべきでないものを持ち込んだという保護法益の因果的な侵害ないし危殆化に存するのに対し，無許可輸入のそれは，保護法益を守るために設けられた許可制という事前のコントロールをひとりだけかいくぐろうとする，蓄積犯における「ただ乗り」に求められる。そうすると，両不法の間に論理的な包含関係があるというのは言い過ぎであって，2つ目の錯誤の場合にも，符合を肯定するため，保護法益の共通性を正面から論証すべきであったと思われる。

---

[8] その後の判例に関する調査官解説においても，すでに，安廣文夫「判解」最判解刑（昭61) 98頁を参照。
[9] 調査官解説もそのように読める。岡次郎「判解」最判解刑（昭54）44・45頁を参照。

第13章　故意（下）

(3) 関連（裁）判例

本件については，重要な関連（裁）判例が2つある。その1つ目は，なんといっても最決昭61・6・9刑集40・4・269である。

「まず，本件において，被告人は，覚せい剤であるフエニルメチルアミノプロパン塩酸塩を含有する粉末を麻薬であるコカインと誤認して所持したというのであるから，麻薬取締法66条1項，28条1項の麻薬所持罪を犯す意思で，覚せい剤取締法41条の2第1項1号，14条1項の覚せい剤所持罪に当たる事実を実現したことになるが，両罪は，その目的物が麻薬か覚せい剤かの差異があり，後者につき前者に比し重い刑が定められているだけで，その余の犯罪構成要件要素は同一であるところ，麻薬と覚せい剤との類似性にかんがみると，この場合，両罪の構成要件は，軽い前者の罪の限度において，実質的に重なり合つているものと解するのが相当である。被告人には，所持にかかる薬物が覚せい剤であるという重い罪となるべき事実の認識がないから，覚せい剤所持罪の故意を欠くものとして同罪の成立は認められないが，両罪の構成要件が実質的に重なり合う限度で軽い麻薬所持罪の故意が成立し同罪が成立するものと解すべきである（最高裁昭和52年㋐第836号同54年3月27日第一小法廷決定・刑集33巻2号140頁参照）。

次に，本件覚せい剤の没収について検討すると，成立する犯罪は麻薬所持罪であるとはいえ，処罰の対象とされているのはあくまで覚せい剤を所持したという行為であり，この行為は，客観的には覚せい剤取締法41条の2第1項1号，14条1項に当たるのであるし，このような薬物の没収が目的物から生ずる社会的危険を防止するという保安処分的性格を有することをも考慮すると，この場合の没収は，覚せい剤取締法41条の6によるべきものと解するのが相当である」。

このうち，前段は標題判例を明示的に参照しているところからも分かるように，ほぼ同旨を述べたものと理解できよう（重なり合いに「全く」という形容が抜け落ちているのは，すでに述べたように，麻薬所持と覚せい剤所持とで法定刑に差があるからである）。

これに対して後段は，新たな興味深い問題を含んでいる。すなわち，麻薬所持罪の成立を認めるところまではよいとしても，現に所持された覚せい剤を没収するにはどうすればよいか，である。この点につき最高裁は，被告人の行為が客観的には覚せい剤所持にあたることと，このような没収

の保安処分的性格から覚せい剤取締法に依拠している。

しかし，犯罪は主観面と客観面が合わさってはじめて成立すること，そして，没収があくまで犯罪の成立を前提とすることにかんがみると，このような理由づけでは不十分であろう。むしろ，構成要件の符合を媒介して故意犯の成立が認められる場合には，いずれを定める法条の適用も論理的には必要なのであるから（むろん，没収等の要がなく実益がなければ，適用を省略しても法令適用の誤りとまでする必要はない），端的に，このような考慮に基づいて覚せい剤取締法の援用を正当化すべきである。そして，最高裁の理由づけは，没収が法定刑の制約を超えて拡張的に科しうるための，あくまで補強的な趣旨に理解すべきように思われる[10]。

さて，2つ目の関連（裁）判例は，東京高判平 25・8・28 高刑集 66・3・13 である。これは，被告人が無許可でダイヤモンド原石を輸入する意思で，輸入禁制品である覚せい剤を輸入しようとした事案において，無許可輸入未遂罪の成立を肯定したものである。そこでは本章とほぼ同旨が詳細に展開されており，非常に参考になる。

2　故意が阻却される場合

(1)　札幌高判昭 61・3・24 高刑集 39・1・8

これは，雪の中に埋没していた妻を発見した被告人が，これが死亡してしまったと思い込み，これを投げ捨てて放置したという事案である。原判決（旭川地判昭 60・8・23 高刑集 39・1・19 参照）は，遺棄当時の妻の死亡が立証されていないとしたうえ，死体遺棄（刑法 190 条）と（保護責任者）遺棄（刑法 217, 218 条）との間に実質的な構成要件上の重なり合いを認め，軽い死体遺棄罪の成立を肯定した。これに対して標題裁判例は，遺棄当時の妻の生死が判明しないことを前提に，被告人にとって有利に，妻が死亡していたものと認定して同罪の成立を肯定したのである。

(2)　検　討

もし標題裁判例が原判決と同様，符合を肯定しうると考えていたとすれば，端的に死体遺棄罪を認定すればよいだけのことである。にもかかわらず，そうせず択一的認定に踏み込んでいる以上，その背後には符合を否定

---

[10]　したがって，安廣・前掲「判解」105 頁以下のように「従物説」そのものまで行くのは，薬物没収「の大バーゲンセールという感を禁じえない」（120 頁注 38）。

する発想が潜んでいると思われる[11]。そして，そちらのほうが妥当であろう。というのも，死体遺棄罪と（保護責任者）遺棄罪とでは保護法益がまったく異なるからである。

　問題は，標題裁判例もいう重過失致死罪（刑法211条後段）が成立しえない事情（たとえば，重過失までは認められない等）が存することにより，妻の死亡を認定することが被告人にとってただちに有利とはいえない場合である。このような場合には，死体遺棄と（保護責任者）遺棄の符合を認めない以上，むしろ，妻が生存していたことから出発し，故意犯の成立を否定するのが原則である。

　もっとも，本件においては被告人が妻の葬祭義務者であることにより，不作為による死体遺棄を認定する余地があることに注意すべきであろう。すなわち，妻の死亡が合理的な疑いを容れない程度に証明されうる最も早い時点から，葬祭義務の履行に要する時間が経過した以降は，不作為による死体遺棄の客観的構成要件が充足されている。そして，それに対応する故意も通常は認められるであろうし，かりにこれが認められない特別な事情――たとえば，すでに誰かが埋葬した，あるいは，死体が滅失したり回収不能な場所に移動したりしたものと誤信したなど――が存在したとしても，いわゆる原因において自由な行為ないし引受け責任の発想に基づき，死体と思って投げ捨てたことをもって故意となしうると思われる。

3　符合が争われうる場合

(1)　最判昭23・10・23刑集2・11・1386

これは，虚偽公文書作成罪（刑法156条）の教唆と公文書偽造罪（刑法155条）の教唆の符合を肯定した判例である。

「原判決の認定によれば，被告人は第1審相被告人Ｉと共謀して，岡山刑務所医務課長Ｆを買収してＳのため同人が勾留に堪えられない旨の虚偽の内容の診断書を作成させてこれを入手しようと決め，Ｉがその任に当ることになつたところ，Ｉは医務課長の買収が困難なのを知つて，寧しろ医務課長名義の診断書を偽造しようと決意し，第1審相被告人Ｍを教唆して本件診断書を作成偽造せしめたというのである。被告人の故意は，前記認

11　この点を指摘するものとして，橋爪隆「構成要件的符合の限界について」法教407号（2014）110頁を参照。

定の如く，Ｉと共謀して医務課長をして虚偽の公文書を作成する罪（刑法第 156 条の罪）を犯させることを教唆するに在る。しかるに現実には前記のような公文書偽造の結果となつたのであるから，事実の錯誤の問題である。かかる場合にＩのＭに対する本件公文書偽造教唆について，被告人が故意の責任を負うべきであるか否やは一の問題であるが，本件故意の内容は刑法第 156 条の罪の教唆であり，結果は同法第 155 条の罪の教唆である。そしてこの両者は犯罪の構成要件を異にするも，その罪質を同じくするものであり，且法定刑も同じである。而して右両者の動機目的は全く同一である。いづれもＳの保釈の為めに必要な虚偽の診断書を取得する為めである。即ち被告人等は最初その目的を達する手段として刑法第 156 条の公文書無形偽造の罪を教唆することを共謀したが，結局共謀者の１人たるＩが公文書有形偽造教唆の手段を選び，これによつて遂に目的を達したものである。それであるから，ＩのＭに対する本件公文書偽造の教唆行為は，被告人とＩとの公文書無形偽造教唆の共謀と全然無関係に行われたものと云うことはできないのであつて，矢張り右共謀に基づいてたまたまその具体的手段を変更したに過ぎないから，両者の間には相当因果関係があるものと認められる。然らば被告人は事実上本件公文書偽造教唆に直接に関与しなかつたとしてもなお，その結果に対する責任を負わなければならないのである。即ち被告人は法律上本件公文書偽造教唆につき故意を阻却しないのである」。

(2) 検　討

標題判例は，両罪の動機目的の同一性から因果関係を認定したうえで，罪質と法定刑の同一性から公文書偽造教唆の故意犯を肯定している。とくに後者に関しては，ややプリミティブな説示にとどまっており，罪質などというあいまいな概念を持ち出すのは適切でないし，また，法定刑が符合にとって規範的な意味を有しないことも，すでに述べたとおりである。もっとも，本判例がかなり古いものであることからすれば，それはある程度やむをえないというべきであろう。そして，今日においては，再びすでに述べたように，構成要件的符合の限界は法益の共通性に求めるべきである。問題は，そこにいう法益がどの程度まで具体化されるべきかである。

たとえば，有形偽造の保護法益が文書の作成名義の真正に対する公共の信用であるのに対し，無形偽造の保護法益は文書内容の真正に対する公共の信用であって，あくまで両者が異なると解するのであれば，両罪の構成

要件は符合していないことになる。そうすると，本件でも故意犯は成立しないということになりかねない。しかし，結論からいえば，このような解釈は適切でないと思われる。

そもそも（有形・無形を問わず）文書偽造罪は，文書を証拠として事実を認定する制度を維持するために設けられた，典型的な蓄積犯の構成要件である。それは，したがって，文書の内容が真実に合致することを理想化された状況とするが，すべての文書に関して，そのような状況を刑罰により担保しようとするのは明らかに不合理である。そこで，無形偽造を処罰する文書を限定するとともに，それ以外の文書に関しては，無形偽造の責任を問われる主体を偽らせないようにすることにより（有形偽造の処罰），真正な内容の文書を作成するようインセンティブを与える，という効率的な手法を採用しているのである。

文書偽造罪の構造がこのようなものであるとすれば，有形偽造も無形偽造も究極的には保護法益を共通しているのであり，ただ，それを守るために複数の不法類型が用意されているにすぎないことになる。これに対し，たとえば，通貨偽造罪（刑法148条1項）の保護法益は，同じ「偽造」ということばが使われていても，通貨を決済の手段として利用する制度であり文書制度とはその性質を異にするから，文書偽造罪の構成要件との間に符合を観念することはできない。したがって，たとえば，行為者が通貨偽造を教唆したところ，正犯がその計画を準備する段階で（行為者の想定していなかった）文書偽造を行い，その段階で正犯が捕まってしまったという場合には，たとえ教唆行為との間に因果関係があっても文書偽造教唆は成立しないことになる。

第14章

過失（上）

山下は法学部の名誉教授，小林は法科大学院の准教授

小林：あれ，先生，今日はどうして大学にいらしたのですか。

山下：おお，小林君じゃないか。ちょっと法科大学院のほうで講義のゲストスピーカーをしてきたんだよ。

小林：そうだったんですか。残念です……ぜひ私も拝聴したかったのですが。

山下：いやいや，君に聞かせられるようなレベルの話ではないよ。そんなことより，君は過失論について大改説したそうじゃないか。

小林：ええっと，私が改説ですか？？

山下：ああ。私が学生をあてて「そもそも過失とは何だね」と尋ねたら，みな「はい，注意義務違反です！」と答えたぞ。必修で君の刑法総論を聞いた学生だろう。

小林：あのぅ……まずかったでしょうか，すみません。

山下：別に謝ることではないが，君はたしか旧過失論の熱心な支持者だったはずだよね。「過失とは不法の予見可能性だ」と教えていると思っていたんだが。「注意義務違反だ」と習っていると学生から聞いてびっくりしてしまったよ。

小林：なんだ，そんなことですか。さすがに，この法科大学院時代に「私の過失論には注意義務という概念など出てこない」なんて学生に話せませんよ。実務家の方々との共同授業もありますし……。

山下：それで，実務に魂を売ったわけか（笑）。

小林：もちろん，最初のうちは，注意義務ということばを使って過失論の説明をしながら，内心，忸怩たる思いをしていましたよ。しかし，途中から，ほかのことに注意をとられてどうでもよくなってきたのです。

山下：節操がないな（苦笑）。それで，「ほかのこと」とは何だね？

小林：その，注意義務ということばが，もう少し分析的に観察したとき，どのような意味で使われているか，ということです。たとえば，製品の有害性が

販売後に判明したとき，これを回収等する注意義務という場合は……。

山下：それは理論的に正確にいうなら，不真正不作為犯における作為義務だな。しかし，旧過失論者だって，昔から「不作為犯における作為義務の趣旨で注意義務という分にはかまわない」と認めてきただろう。

小林：おっしゃるとおりです。そして，いろいろ考えていくと，そんなふうに「かまわない」と思えるシチュエーションが増えてきたわけです。

山下：えぇ!?　ほかにあるのかね？

小林：たとえば，修正旧過失論とよばれる考え方は，過失行為に実質的危険性を要求しましたよね。

山下：ああ，過失行為の危険性ね。しかし，あれのために注意義務違反などという必要はないだろう。なにしろ論者自身，それは責任要素としての予見可能性と同じことだといっているのだから。

小林：しかし，予見可能性は否定できないが実質的危険性はない，というケースはたくさんありますよ。たとえば，自動車メーカーは製造・販売した自動車が死傷事故を起こすことを十分に予見可能でしょうが，きちんと安全基準等を守っている限り，当該製造・販売行為は業務上過失致死傷罪の実質的危険性を欠くのではないですか。

山下：許された危険の話？　それは例外的に，利益衡量によって違法性が阻却される場合だろう。いま議論しているのは，原則的な不法である構成要件該当性があるかどうかではないのかね。

小林：自動車の製造・販売なんて，それがちゃんとした自動車である限り，もはや社会生活の常態ですよ。だからこそ，法そのものが，自動車の製造・販売が許されることを前提として，さまざまな規制を敷いているのではないですか。

山下：まあ，ドイツでも，自動車の製造・販売は許された危険として構成要件該当性を阻却する，というのが通説だけどね。ただ，それはあくまで利益衡量という結果無価値論的な発想だからいいのだよ。そこで突然，注意「義務」などと言い始めるのは君らしくないように感じるが。

小林：もちろん，利益衡量というのはそのとおりですよ。しかし，それを裁判官がフリーハンドで行うのは困難ですから，実際には，行政取締法規やこれが委任する命令等に定められた基準行為を利益衡量の指針とせざるをえないでしょう。

山下：たしかに，道路交通法や同施行令なしで，裁判官に対して「移動や輸送

の利益と交通事故のリスクを衡量して，この道路を時速何キロで自動車走行させればよいかを決めて下さい」というのは，ちょっと厳しいだろうが……。

小林：そこで，当該基準行為を注意義務とよぶのであれば，私は改説しなくていいですよね（笑）。

山下：うーむ，「義務」ということばを使ってよいのは納得したことにしよう。しかし，それとは別に，君は，過失犯が「行政取締法規違反の結果的加重犯」になってはならない，という批判も新過失論に向けていたよね，たしか。そっちはどうなったの？

小林：行政取締法規というのは，あくまでその制定時の科学的知見と利益の大小に関する民意に基づき，しかも，一定の典型的な場合のみを想定して作られています。とすると，具体的な事案が裁判所に係属したとき，そこから「ずれ」が生じていないか，生じているとして，当該基準行為をどのように修正すればよいか，というのは裁判官が独自に判断しなければなりません。だから，過失犯は「行政取締法規違反の結果的加重犯」とは違いますよ。

山下：そういう判断だって，裁判官には重荷だろう。

小林：逆ではないでしょうか。一定の原則が例外を認められるべき場合か，そうであるとして，当該原則の趣旨に照らし，どのような基準で認められるべきか，というのは裁判官が最も得意とする判断だと思いますよ。というより，普段からそればかりやっているわけですし。

山下：まあ，ゼロベースで利益衡量をするのとは違うだろうね。で，君が承認できると考えている「注意義務」は以上で終わりかね。だとすると，旧過失論が過失の本体だと主張してきた予見可能性は，やはり宙に浮くことになってしまうぞ。せいぜい，責任主義の観点からくる可罰性に対する外在的な制約だ，と説明するしかない。

小林：ことばの使い方にすぎないかもしれませんが，「外在的」というのは少し違うのではないでしょうか。一定の不法を犯すことに対して一定の刑罰を結びつけるという刑事制裁の作業は，行為者に予見可能性をはじめとする責任が備わってはじめて，その行為をコントロールするという所期の目的を果せるわけですから。

山下：おいおい，それは私も昔から主張していることだろう。そうではなく，私がいいたいのは，予見可能性は構造的に注意義務という観念と親和性をもたないから，君が注意義務の「再定位」に気をとられるあまり，予見可能性を軽視することになってはいかん，ということだよ。旧過失論からの最後の

忠告だと思ってもらってもいい（笑）。

小林：そうおっしゃられると申し上げにくいのですが……実は，その予見可能性を認定するに際しても，注意義務という観念が有用な場合もあると考えているんですよ。

山下：よく分からんな。注意義務というのは一定の外部的な態度を要請するものだろう。それに対して，予見可能性は内心の緊張を要請するものだから，両者はいわば「住む世界が違う」のではないのかね。

小林：たとえば，自動車運転者がドアミラーをちらっと見ただけで漫然と左折を開始したため，自転車運転者の巻込み事故を起こしてこれを負傷させたら過失運転傷害罪ですよね。このとき，予見可能性はどのように認定すればよいでしょうか。

山下：君，まさかとは思うが，私を試しているのではないだろうね。まず，旧過失論によれば，自転車がそこにいて巻き込まれることが具体的に認識可能であるかが問われることになる。これに対して，新過失論によれば……そうだなあ，首をねじって目視確認しなかったことが主観的注意義務違反を構成することになるだろう。

小林：そこで「主観的」とおっしゃるのは，「内心における」というご趣旨ですか？

山下：いや，首をねじるのは外部的な態度だから，そういう趣旨ではないよ。ただ，客観的注意義務違反について行為者を非難しうるかどうかにかかわる，という意味だ。ドアミラーには死角があると行為者が分かっているからこそ，首をねじって目視確認することが行為者に対して要求でき，そうしていれば巻込み事故による傷害の発生を予見しえた，という関係にある。だいいち，客観的注意義務というのは，それを守れば傷害発生のリスクを減らせるところに意味があるのに，首をねじるだけでは何にもならないだろう。

小林：そう，まさにおっしゃるとおりなんですよ。予見可能性は，旧過失論が想定しているような，「良心を緊張させれば不法が思い浮かんだか」というかたちで認定することが自然な場合もありますけれども，それと同じくらい，「行為者に期待可能な一定の外部的態度がとられていれば不法を認識できたか」というかたちで認定するほうが合理的な場合もあります。そこで，そのような「一定の外部的態度」をも注意義務のひとつととらえられるのではないか，と考えているわけです。

山下：ああ，情報収集義務！　懐かしいな，エンギッシュだったか……ま，そ

れくらいなら，私も承認することにやぶさかではないよ。もっぱら過失犯の責任として論ずるなら，実質的には旧過失論のいう予見可能性と変わらんがな。

小林：懐かしがらないで下さいよ。情報収集義務は今の学界の流行りですよ。最近の下級審裁判例にも，この義務を明示的に論じたものがあって〔大阪高判平27・3・27判時2292・112＝福知山線列車脱線転覆事件控訴審判決などを参照〕，注目されています。

山下：そうなの？　私の記憶が確かならば，こんな義務を認めたら危惧感説に至ってしまう，と論破されたのではなかったか……。

小林：危惧感説との必然的な結びつきはないと思いますよ。そりゃあ，過大な情報収集措置を義務づければそうなるかもしれませんが，過大な「良心の緊張」を要請しても話は同じですから。結局，「過大」という期待可能性の逸脱が元凶なのであって，情報収集義務そのものは「悪」ではありません。

山下：それはそのとおりだろうね。

小林：ところで，先生，これまでのお話だと，私の注意義務論は全部認めて下さるのですね。

山下：なにっ!?　それは牽強付会もいいところだ。作為義務や利益衡量の指針というのは，故意犯にも過失犯にも共通する不法に関する議論だろう。そんなものは過失犯プロパーの議論である注意義務とは違うさ。

小林：注意義務は，たしかに，過失犯で問題とされることが実際上は多いですけれども，理論的には故意犯でもまったく同じように問題となりえますよ。たとえば，最初の例で，自動車メーカーが死傷事故の発生を現実に予見していたら突如として故意の殺人罪や傷害罪が成立する，などということはないですよね。

山下：「現実に予見」って，そりゃ不自然だろう。

小林：そんなことはないですよ。むしろ，現実に予見していない自動車メーカーなど存在しません。ただ，安全基準等を守って製造・販売していれば不法とはされない＝処罰されない，と思っているだけでしょう。実際にそのとおりですし。

山下：それなら注意義務などという，もっぱら過失犯を想起させる用語を使うべきではないな。

小林：理論的にはおっしゃるとおりで，だからこそドイツでは，故意犯と過失犯に共通する議論であることを明確に示すため，注意義務違反に代えて危険

創出という表現を用いるのが一般的になっています。ただ，日本で実務家の方々と議論する際には，実際上，過失犯において問題になりがちであるという観点から，注意義務ということばを使ってもいいだろうと，そう考えているわけです。

山下：なるほどねぇ。このところよく耳にする危険創出とは，もともとはそういう意味だったのか。それでは，真正な注意義務といえるのは情報収集義務だけか。

小林：エヘン，私は，それさえも故意犯と共通する，ただ，不法ではなく責任にかかる議論だと考えているんですよ。

山下：また，すぐには付いていけない話だな（苦笑）。予見可能性がないと，故意犯の責任まで阻却されるっていうのかね。現実の予見まである者について，予見可能性がないというのは矛盾以外の何物でもないだろう。

小林：しかし，先生，期待可能な情報収集措置を講じた結果，一般人ならば不法は起きないだろうと判断するような状況において，行為者がとくに心配性であるなどの理由により，現実に不法の発生を予見していたらどのようにして無罪にされますか。

山下：そんなものは，単なる「妄想」であって故意とはいわんよ。

小林：ですから，それが「妄想」にすぎないとされる理由は何か，ということなのです。そして，それが不法の予見不可能性であるならば，むしろ，故意犯と過失犯に共通する責任阻却事由に位置づけるのが明快でしょう。

山下：うーん，理屈は分からないではないが，あまり他所では聞かない話だな。

小林：そうでしょうか。たとえば，法が要請する規範心理的態度を備えるものと仮定したとき，自身の行為が刑罰を科せられるようなものであると合理的に推論しえない場合には，たとえ行為者がたまたまそのような認識を現実に有していたとしても責任が阻却される，というのはよくいわれることだと思いますが。

山下：そうなの!? いや，私は最近の議論までフォローしていないのだが。

小林：たとえば，「解消しえない違法性の疑い」という論点がありますよね。行為者が期待可能な法調査を尽くしたものの，違法ではないかとの一抹の不安を払しょくしきれない場合にどうするのか，という問題です。あれなどは，その一定範囲を私が先ほど申し上げたロジックによって責任阻却できるでしょう。

山下：ああ，その議論はドイツでは昔からなされているね。

小林：そうですよね。ほかにも，こちらは最近ですが，精神障害者が行為の違法性を分かっていたかといわれれば，まあ分かっていたのかもしれない。しかし，「法が要請する規範心理的態度を備えたうえで」というプロセスを経て分かっているわけではないから，行為の違法性を弁識する能力を実質を備えたものとして有していたとは評価できない。このような議論がありますよね。

山下：それは近時の判例〔最判平 20・4・25 刑集 62・5・1559〕の言い回しだな。

小林：その議論だって，煎じ詰めれば，私が先ほど申し上げたのと同じロジックだと思いますよ。

山下：ふむ，今日の話で分かったことがある。注意義務ということばを使ったから実務家と意思疎通できる，というのは誤りだ。そのことばを発するとき，頭をよぎる理論枠組みが双方で異なっていては，議論はすれ違いに終わるだけだろう。むしろ，今日，私にいった内容をもっと分かりやすく実務家に説明できるようにならないとな。

◆

I　はじめに

　古くから刑法学においては，過失の内実および体系的位置づけに関する議論がさかんに行われてきた。もっとも，近年においては，法科大学院の創設とそれにともなう実務家教員および研究者教員の交流を契機として，学問の世界でも実務におけるのと同様，過失を注意義務違反ととらえる点でほぼ一致が見られるようになっている。

　もっとも，それだからといって，これまで積み重ねられてきた過失に関する理論刑法学的探究が無駄になった，というわけでは決してない。そうではなく，むしろ，実務における注意義務の重層的構造を明らかにするとともに，これを規律する原理を批判的に検討する作業として，これまでの学問的営為は立ち現れることになるのである。

　本章においては，注意義務を大きく 3 種類に分節し[1]，そのうち，他章

1　その詳細については，小林憲太郎「過失犯における注意義務と『作為義務』」刑法 56 巻 2 号（2007）271 頁以下を参照。

では扱われなかったひとつについて、やや詳細な検討を加えることにしたい。さらに、次章においては、本章で明らかにされる過失犯の基礎理論を前提としつつ、いわば応用問題に相当する特殊な法形象や事例類型をとりあげることになる。

II 三種類の注意義務

1 作為義務

まず、もし（未必的にであれ）故意があれば（不真正）不作為犯論における作為義務の問題とされるような、一定の積極的な行動に出るべき注意義務は、過失犯においてもやはり作為義務そのものである。というのも、そのような行動に出ないことにより、たとえば、人を死に至らしめたとき、いかなる要件のもとで人を死に至らしめる罪の構成要件が充足されたといえるかを決する際に考慮すべき事情は、故意犯と過失犯とで完全に共通しているからである。

その例は無数にあげることができ、現に、第5章においても過失不真正不作為犯の例を複数あげたところであるが、近時の判例の事案に関連してさかんに議論されている例をもうひとつあげるならば、いわゆる進言義務を考えることができよう。

たとえば、最決平22・5・31刑集64・4・447＝明石歩道橋事故事件においては、明石市から会場警備を委託された警備会社の大阪支社長であった被告人について、「明石市の担当者らに警察官の出動要請を進言し、又は自ら自主警備側を代表して警察官の出動を要請する」（業務上の）注意義務が認められた。しかし、このような義務は、かりに被告人が雑踏事故の発生による人の死傷を未必的にであれ認識しつつも、事前の雑踏警備計画に関する自己の失策が露呈するのを恐れるあまり事態を放置したという不作為による殺人や傷害の事案であったとしても、まったく同じように問題となるものである。すなわち、そこでは、雑踏警備の統括を引き受けることにより他所からの救助的因果の遮断という結果に実現した危険を創出しており、それゆえ、その危険の不除去が作為によるその創出と同置されうるかが問われることになるのである。

そのほか、最決平28・5・25刑集70・5・117＝温泉施設爆発事故事件

も,「被告人は,水抜き作業の意義や必要性等に関する情報を,本件建設会社の施工担当者を通じ,あるいは自ら直接,本件不動産会社の担当者に対して確実に説明し,メタンガスの爆発事故が発生することを防止すべき業務上の注意義務を負う立場にあった」とする根拠として,「被告人は,その建設工事を請け負った本件建設会社におけるガス抜き配管設備を含む温泉一次処理施設の設計担当者として,職掌上,同施設の保守管理に関わる設計上の留意事項を施工部門に対して伝達すべき立場にあり,自ら,ガス抜き配管に取り付けられた水抜きバルブの開閉状態について指示を変更し,メタンガスの爆発という危険の発生を防止するために安全管理上重要な意義を有する各ガス抜き配管からの結露水の水抜き作業という新たな管理事項を生じさせた」ことをあげている。このうち,前半部分は職掌に着目し,他所からの留意事項の伝達を制度的に排除するという,いわば消極的な危険創出を認定するものといえる。他方,後半部分は指示変更という,より積極的な危険創出を認定するものといえよう。こうして,被告人には水抜き作業の懈怠による爆発事故発生の危険を防止する作為義務が生じ,そのことが具体的な事実関係に即して,情報を説明する注意義務というかたちで敷衍されているのだと思われる。このような,危険創出を積極・消極の両面から認定していくやり方は,最高裁の周到さのあらわれとしてしばしば看取しうるものであろう[2]。

---

[2] なかでも,積極的な危険創出のほうを被告人自身ではなく,むしろ,その属する組織が全体として行ったものと評価しうる場合には,まず,そのことを根拠として組織自体に作為義務としての注意義務を課したうえで,次に,被告人個人に対し,当該組織におけるその職掌に応じて当該注意義務を分配する,という手続きが踏まれることが多い。詳しくは,樋口亮介「注意義務の内容確定基準——比例原則に基づく義務内容の確定」『山口厚先生献呈論文集』(成文堂,2014) 246頁以下などを参照。もっとも,業務上過失致死傷はあくまで被告人個人の罪責を問うものであるから,厳密に理論的にいうならば,そこで被告人個人の注意義務の根拠とされているのは,これが一定の職掌を引き受けることにより他所からの救助的因果を遮断した,という消極的な危険創出のほうだけである。このことは,欠陥製品の製造販売等,組織による積極的な危険創出ののちに入社したなどの事情により,被告人個人がこれに関わっていないことが明らかな場合であったとしても,なお職掌に応じた注意義務が課されうるところからも裏書きされるように思われる。こうして前記手続きは,注意義務導出の理論プロセスを厳密にたどったものというよりも,むしろ,本件においていかに危険が生み出され,これにいかに対処されるべきであったかという,事案の全容を俯瞰するものというべきであろう。同判例をめぐる議論の詳細については,小林憲太郎「近時の判例から見た過失不真正不作為犯の理論」『日髙義博先生古稀祝賀論文集(上)』(成文堂,2018) 49～68頁を参照。

2　許された危険

　注意義務の2つ目は，いわゆる「許された危険[3]」である。すなわち，行為が不法を引き起こす一定のリスクをはらむものの，同時にそれが一定の有用性をも担っている場合には，両者を衡量して，「ここからは前者が後者を上回るから許されない」という行為の許容にかかる限界線を定めなければならない。この限界線を越えないリスクないしそれをはらむ行為を許された危険とよび，そのことが同時に「注意義務に合致する」と表現されることがあるのである。反対に，わが国の刑法理論の母国であるドイツにおいては，注意義務違反が許されない危険の創出といいかえられることが多くなっている。

　学界においては一時，この許された危険が行為無価値論的であって，行為が許されることから結果を引き起こしたことまで正当化するというのは，結果無価値論からは「許され」ない，と批判されたことがあった[4]。しかし，そのような批判は失当であろう。結果を引き起こすリスクを引き起こすことが許されるのであれば，そのようなリスクが現実化して結果が引き起こされたとしても，なおその許容の効果を持続させなければならないというのは，違法性の本質が奈辺にあるかとは関係のない論理則の帰結だからである。たとえば，病気を放置すれば1年後に確実に死亡するであろう患者の意思（価値観）に基づき，90％の確率で10年以上の余命延長を期待しうるが10％の確率で手術中に死亡するおそれのある手術を医師が施すとき，かりに利益衡量によって執刀が許されるのであれば，前記，10％のリスクが現実化して患者が手術中に死亡したとしても，なお許容の効果を持続させなければならないという当然の事理を述べる際，行為無価値論と結果無価値論の対立に言及する必要性は論理的に存在しない（さらに，すぐあとに述べるように，たとえ医師が患者の手術中の死亡を未必的に認識し，それゆえ，刑法202条後段の故意を有するように見える場合であったとしても，なおこのことは変わらない）。

　さて，この許された危険は，基本的に故意犯と共通する過失犯の不法に

　　3　この概念の理論史を含めた詳細については，小林憲太郎『刑法的帰責——フィナリスムス・客観的帰属論・結果無価値論』（弘文堂，2007）264頁以下を参照。
　　4　代表的なものとして，山口厚『問題探究 刑法総論』（有斐閣，1998）185・186頁を参照。

かかわるものである。それは行為のもつリスクと有用性の衡量を内実とするから、より厳密には違法性阻却の段階に位置づけることが可能である。もっとも、自動車の製造販売や運転に代表されるように、あらかじめ立法者が利益衡量を行い、一定の範囲の行為については、はじめから不法類型の埒外におくという前提がとられている——たとえば、製造販売する自動車のブレーキ性能が低すぎたため死傷事故が起きたとき、はじめて人を死傷させる罪の構成要件が充足されるのであって、過剰避難等とされるわけではない——場合には、すでに構成要件該当性阻却の段階に位置づけるべきことになろう。

　また、許された危険がいずれの段階に位置づけられる場合であっても、裁判所が常にリスクと有用性の衡量を一から行わなければならないわけではない。すなわち、立法部門が情報収集および分析能力に優れた行政部門の助力を得、あるいは、これに委任するかたちで行政取締法規を定め、範型的な事例における衡量の帰結をあらかじめ示しているケースも多い。たとえば、マンションを建築する際にどの程度の耐震構造をもたせるべきであるのかは、究極的には、それが地震により倒壊して人が死傷等するリスクと、耐震性の強化による建築コスト増の社会的なマイナスを衡量して決せられるべきである。しかし、地震によるマンションの倒壊とそれによる人の死傷が発生したとして、マンションの設計者や施工主が業務上過失致死傷罪（刑法211条前段）で起訴されたとき、裁判所が白紙の状態から前記衡量を行うのは司法部門の能力、ひいては、それに期待される国法上の役割に照らしてやや無理がある。そこで、たとえば、建築基準法やその委任する政令（建築基準法施行令）が類型的に想定可能な、いわば範型において、あらかじめ衡量の帰結を示しておくという手法が採用されるのである。具体的には、同法や同政令の定める耐震基準がそれであり、これを守っていれば許された危険が実現したにすぎないものと評価されることになろう。

　ただし、もちろん、そのような立法、行政部門の判断に完全に依存してよいわけではない。まれではあれ、衡量に際して考慮すべき要素に不適切な点があったり、衡量そのものに不当なバイアスがかかっていたり、あるいは、そもそも衡量の基礎となる知見が科学の進歩に照らして古くなっていたりすることが絶対にないとはいえない。さらに、こちらはしばしばあることであるが、問題となる事案が範型から微妙にズレており、そのため、衡量の仕方を修正しなければならない、という事態も考えられる。もっと

も，これらは，立法，行政部門とて万能ではない以上，不可避なものである。しかも，原判断に不合理な点がないかを事後的に批判的に吟味したり，原判断の依拠する原理を明らかにしてこれを修正事例に応用していったりする作業は，まさに，裁判所こそがその道のプロとして最も得意とするところであろう。こうして，各機関の絶妙なバランスのもとに，許された危険における適切な衡量が担保されているのである。

許された危険に基づき過失犯が成立しないとされた事案は少ないが，近時の著名な裁判例としては，東京地判平13・3・28判時1763・17＝薬害エイズ事件帝京大ルートをあげることができよう。これは，血友病患者である被害者が大学病院で非加熱濃縮血液凝固因子製剤の投与を受けたところ，同製剤がエイズ原因ウィルス（ＨＩＶ）に汚染されていたため，やがてエイズを発症して死亡したという事案において，同病院で科長等の立場にあった医師が業務上過失致死罪で起訴されたものである。

東京地裁は被告人に無罪を言い渡したが，エイズによる血友病患者の死亡に関する，被告人の予見可能性自体は肯定されていることに注意を要する。ただ，その程度が低いことから，それを前提とした結果回避義務の違反は否定される，というのである。その論理構造はやや複雑であるが，要するに，被告人に認識可能であった非加熱製剤のリスクはさほど大きなものではなく，むしろ，クリオ製剤を用いることのデメリットのほうが重大であったため，被告人には許された危険を逸脱するという（過失）不法の予見可能性が認められない，という程度の趣旨であろう。そして，そうであるとすれば，本裁判例は許された危険という発想を基本的に承認しつつも，ただ，それを逸脱することの予見可能性を欠くとして，責任を否定したにとどまる[5]ものととらえるのが妥当である（つまり，本裁判例のいう結果回避義務とは，むしろ，次に見る3つ目の注意義務と同じ性質をもつものである）。だからこそ――あくまで講壇設例ではあるが――被告人よりも高度の医学的知見を有する第三者が非加熱製剤のもつ重大なリスクを見抜き，その投与を妨害することが（緊急救助等に基づき）正当化されうるのである[6]。

---

[5] 過失犯における不法と責任の関係について，詳しくは，小林憲太郎「過失犯の最近の動向について」刑ジャ39号（2014）41頁以下を参照。

[6] 本裁判例に含まれるそのほかの問題点については，小林憲太郎『重要判例集 刑法総論』（新世社，2015）90・91頁を参照。

なお，その後，いわゆる福知山線列車脱線転覆事故に関して，JR西日本の歴代社長らが鉄道本部長に対し，ATSを事故の発生した曲線に整備するよう指示すべき業務上の注意義務——本章の整理によれば作為義務——を怠ったとして，業務上過失致死傷罪で強制起訴された事案において，(無罪の第1審判決に対する指定弁護士の控訴を棄却した) 原判決に対する指定弁護士の上告を棄却した最決平29・6・12刑集71・5・315が出されている。そこで最高裁の示した職権判断中，3(1)が，まさに本件曲線が取り立てて危険であることの予見不可能性を論証しているのに対し，(2)のほうでは，せいぜい予見可能な事実である曲線一般の抽象的な危険性だけでは，安全対策コストより大きい，すなわち，許された危険を逸脱したものとはいえないことを，実質的に明らかにしていると分析できる。とくに後者は，火災一般の危険性だけで消防法等に定める防火対策のコストより大きい，と解されていることと好対照をなしている（この点については，小貫芳信裁判官の補足意見も参照されたい）。最高裁判例のレベルにおいても，許された危険の発想が広く定着していることの証左ともいえるのではなかろうか[7]。

3　情報収集義務

　注意義務の3つ目は，いわゆる情報収集義務である。すなわち，刑法の要請することが許される程度の情報収集措置を講じ，それによって得られた資料をもとに不法の予見へと到達し，これを避けようとする動機形成へと道を開く義務のことである。そして，刑法が行為者の生理的能力や知識を超えて，不法の予見，ひいては，これを避けようとする動機形成を求めることは，古くから「法は不可能を強いない」という法格言が戒めてきたように，(刑事) 制裁の想定する抑止プロセスを外れるから，前記義務はあくまで行為者自身の生理的能力や知識を前提とするものである。ここからも分かるように，前記義務はつまるところ，責任主義から要請される責任要素としての予見可能性に帰する。

　このことを，例を用いてもう少し分かりやすく説明しよう。たとえば，情報収集義務の典型は，実務においてもしばしば問題とされる，自動車運転者に課せられた前方注視義務である。すなわち，行為者が手元のスマー

---

[7] 以上について，詳しくは，小林・前掲「近時の判例から見た過失不真正不作為犯の理論」を参照。

トフォンを見ながら自動車を運転していたため，横断歩道を横断中の歩行者に気づかずこれをひき殺してしまったという場合，通常は前方注視義務違反の過失があったものと認定される。しかし，それは「刑法の期待する慎重さを備えていれば，人を死に至らしめるという不法の予見に到達した」という予見可能性の認定と実質的には何も変わらない。ただ，そこにいう「慎重さ」とは，要するに，アンテナを張って情報を集めようとする態度にほかならないところ，これを具体的な事実関係に即して注意義務のかたちに構成し直すと，「運転中は前を見ていろ」というものになるにすぎない。

　もっとも，だからといって，今後は実務においても常時，端的に予見可能性を認定するにとどめるべきだ，ということにはならない。というのも，いわば真空のなかで「被告人が慎重であれば」などと問うだけでは，これに対して的確に応答するための十分な契機を得られない場合が多いからである。むしろ，現実の具体的な事案を目の前にして，被告人がいったいどのような配慮を払うべきであったのかを俎上に載せることにより，過失犯——厳密には過失犯に限らないが——の責任を問うことが往々にしてはじめて刑事裁判の国民に対する説得力を担保しうるものといえよう。それはちょうど，違法性の意識の可能性を認定する際，被告人に対し，具体的にどのような法調査措置を期待しえたかが往々にして問題にされるのと理論構造としてはまったく同じである。そして，以上のことを裏返すと，被告人に要請される「慎重さ」が文字どおりのそれ，すなわち，純然たる精神の緊張を実質的に超えない場合には，実務的にも，端的に予見可能性を認定するだけで十分であり，また，現にそうされていると思われる。

Ⅲ　予見可能性の判断方法

1　標　準

　以上で，過失を構成するとされる3種類の注意義務を概観した。そして，本書においても繰り返し述べてきたように，それら3種類の注意義務はいずれも，おのおのの体系的な位置づけこそ違え，故意犯にもまったく同じように要求されるものであった。したがって，厳密に理論的にいうと，過失論という本章の表題のもとで論ずべきものは存在しないが，従来，この

ような表題のもとでしばしばとりあげられてきた3つ目の注意義務，すなわち予見可能性については，便宜的に，ここで若干の検討を加えておくことにしたい。

さて，予見可能性に関して最初に問題とされるのは，その標準である。そして，すでに松宮孝明教授による詳細な研究[8]が明らかにしているように，生理的な能力や知識は行為者のものを前提としつつ，要請される慎重さの程度については，個々人に共通する刑法の規範的な基準が用いられるべきであろう。というのも，制裁の想定する抑止プロセスは合理的な主体の思考に導かれたものであって，その主体がどの程度の生理的能力や知識を有しているかにはまったく関知しないからである。

そして，このような理論刑法学的帰結は，実質的には，実務においてもそのままのかたちで採用されているように思われる。たとえば，判例においては，しばしば，当該社会生活上の地位におかれた一般通常人が注意義務の標準とされることがある（たとえば，前出の薬害エイズ事件帝京大ルートでは，「本件当時の被告人の立場に置かれ」た「通常の血友病専門医」が標準とされた）。それは，煎じ詰めれば，被告人の生理的な能力や知識を，被告人が典型例として就く地位を指摘することで前提としながら，慎重さそのものに関する法の要請が一般性を備えることを述べたものと理解することができよう（これに対し，前記事件においては，前半で被告人の〔権威とはいえ通常の血友病専門医と大差のない，エイズに関する〕知識状態等を前提としつつ，後半で一般性が述べられているものと理解しうるが，そうだとすれば，すでに指摘されているように[9]，「血友病専門医」という限定はまったくもって無用であろう）。

2 程　度

次に，予見可能性に関してしばしば問題とされるのは，責任主義から要求されるその程度である。すなわち，予見可能性の程度があまりにも低い場合には，これをもって足りるとすることは，実質的には予見可能性を不要とするに帰する，といわれるのである。

もっとも，ここで注意を要するのは，予見可能性の程度が低いと表現される事例類型のなかに，性質の異なる2種類のものが存在することである。

8　松宮孝明『刑事過失論の研究』（成文堂，1989）121頁以下。
9　松宮孝明『過失犯論の現代的課題』（成文堂，2004）174頁以下などを参照。

その第 1 は，刑法の要請するところを越えた，いわば妄想ともよぶべき慎重さをもってはじめて当該不法を予見しうる，裏からいえば，刑法が要請する程度の慎重さをもってしては，当該不法そのものの予見にまでは至らない，単に「何かまずいことが起きるかもしれない」という漠然とした危惧感を抱きうるにすぎない，というものである。そして，このような第 1 の事例類型においては，（刑事）制裁の想定する抑止プロセスに照らし，予見可能性を肯定しえないことが明らかである。いわゆる危惧感説ないし新新過失論は重層的な構造を有し，レベルの異なるさまざまな主張を内包しているが，少なくとも，ここでも予見可能性を肯定しようとする限りにおいて根本的に支持しえないと思われる。

これに対し，第 2 の事例類型は，刑法が要請する程度の慎重さをもってしても十分に当該不法の予見に到達しうるが，当該不法が（客観的な帰属可能性をみたす範囲で）まれな事象である場合である。たとえば，耐震性を大きく偽装したマンションを設計，建築したり，その経営するホテルへの防火設備の設置をいっさい怠っていたりしたため，地震や火災が発生して住民や宿泊客が死傷したものとしよう。このとき，結果発生を可能とするレベルの地震や火災が発生することそれ自体は，あるいは，確率論的にいえばまれな現象なのかもしれない。しかし，だからといって，このような場合に業務上過失致死傷罪の成立を否定することが妥当であるとは到底思われない。というのも，そのような「まれ」さはすでに，それについて責任要素としての予見可能性の有無，程度が問われる不法のレベルにおいてしん酌され，基準をクリアしたものと判断されているからである[10]。

3 客 体

さらに，予見可能性に関する問題としてあげなければならないのは，その侵害が不法を構成する具体的な客体を行為者が認識しえなければならないか，である。そして，これについては，重要な判例である最決平元・3・14 刑集 43・3・262 ＝荷台事件が存在する。すでに第 4 章においてとりあげたが，いま一度，引用しておこう。

「被告人は，業務として普通貨物自動車（軽四輪）を運転中，制限速度を

---

[10] 本節で述べたことの詳細については，文献引用も含め，小林憲太郎「過失犯の成立要件」『川端博先生古稀記念論文集（上）』（成文堂，2014）367 頁以下，同『刑法総論』（新世社，2014）99 頁以下などを参照。

守り，ハンドル，ブレーキなどを的確に操作して進行すべき業務上の注意義務を怠り，最高速度が時速30キロメートルに指定されている道路を時速約65キロメートルの高速度で進行し，対向してきた車両を認めて狼狽し，ハンドルを左に急転把した過失により，道路左側のガードレールに衝突しそうになり，あわてて右に急転把し，自車の走行の自由を失わせて暴走させ，道路左側に設置してある信号柱に自車左側後部荷台を激突させ，その衝撃により，後部荷台に同乗していたH及びOの両名を死亡するに至らせ，更に助手席に同乗していたSに対し全治約2週間の傷害を負わせたものであるが，被告人が自車の後部荷台に右両名が乗車している事実を認識していたとは認定できないというのである。しかし，被告人において，右のような無謀ともいうべき自動車運転をすれば人の死傷を伴ういかなる事故を惹起するかもしれないことは，当然認識しえたものというべきであるから，たとえ被告人が自車の後部荷台に前記両名が乗車している事実を認識していなかつたとしても，右両名に関する業務上過失致死罪の成立を妨げないと解すべきであり，これと同旨の原判断は正当である」。

　すでに同所において論じたように，制裁の想定する抑止プロセスに照らすと，予見可能性とは実現された不法について，これをやめさせるべく行為者の行為を制御する端緒，最初の一歩となるものである。そして，このような制御の可能性を担保する基本的な要請こそが責任主義にほかならない。もっとも，そうであるとすれば，本件における後部荷台の両名の死亡が，それぞれ独自に人を死に至らしめるという不法を充足する以上，おのおのの予見可能性を省略せずに認定するのが筋である。反対にいうと，本件においてそれが不可能であるとすれば，前記両名に対する業務上過失致死罪を成立させることは責任主義に反し許されない。

　もちろん，概括的過失という法形象を承認することは可能であり，たとえば，自動車を運転中に考え事をしていたため歩行者天国に進入してしまい，5名をひき殺したという場合，各人が現にそこに立っており，これに自車が突っ込んでいくシーンを具体的に思い描くことまでは不可能であったとしても，なお全員に対する過失運転致死罪の成立を肯定することは許されよう。しかし，それは，自車がそのようなラインを走行し，そのライン上に5名が立っていることを排除できないという意味で，突き詰めれば個別の不法の予見可能性を認定しうるからであるにすぎない。その証拠に，本件とパラレルに，5名のうちの1名がたわむれにマンホールから顔をの

ぞかせた瞬間にれき過されて死亡したのだとすれば，その1名については概括的過失の埒外とされることになろう。

4　因果経過

(1)　因果経過の「基本的部分」

予見可能性に関して問題となる最後のひとつは，その対象としての因果経過がいかなるものであるべきか，より具体的には，現実にたどられた因果経過とどのような関係に立たなければならないか，である。もちろん，両因果経過が細部にわたるまで一致しなければならないとすれば，予見可能性の認められる範囲が耐えがたいほど縮小してしまうことから，そのような見解は実際には主張されていない。そこで，従来の下級審裁判例においては，現実の因果経過の「基本的部分」が予見可能でなければならず，かつ，それで足りる，と解するものがひとつの有力な流れを形成してきた[11]。たとえば，札幌高判昭51・3・18高刑集29・1・78＝北大電気メス事件は次のようにいう。

「およそ，過失犯が成立するためには，その要件である注意義務違反の前提として結果の発生が予見可能であることを要し，結果の発生が予見できないときは注意義務違反を認める余地がない。ところで，内容の特定しない一般的・抽象的な危惧感ないし不安感を抱く程度で直ちに結果を予見し回避するための注意義務を課するのであれば，過失犯成立の範囲が無限定に流れるおそれがあり，責任主義の見地から相当であるとはいえない。右にいう結果発生の予見とは，内容の特定しない一般的・抽象的な危惧感ないし不安感を抱く程度では足りず，特定の構成要件的結果及びその結果の発生に至る因果関係の基本的部分の予見を意味するものと解すべきである。そして，この予見可能性の有無は，当該行為者の置かれた具体的状況に，これと同様の地位・状況に置かれた通常人をあてはめてみて判断すべきものである」。

この説示は大きく3つの部分から構成されている。最初のひとつは危惧感説，すなわち，刑法が要請する慎重さをもってしても当該不法の予見に至らない，漠然とした危惧感を抱きうるにすぎない場合であっても予見可

---

[11]　すぐあとにあげるもののほか，東京高判昭53・9・21刑月10・9＝10・1191，福岡高判昭57・9・6高刑集35・2・85＝熊本水俣病刑事事件控訴審判決などを参照。

能性として十分である，という主張を責任主義に基づいて排斥する部分である。他方，最後のひとつは予見可能性の標準に関し，地位・状況については行為者個人のそれを前提とするものの，要請される慎重さについては通常人を基準にしようとする部分である。「地位」というのは，被告人の職業等に結びついた特別な知識や技術を，「状況」というのは，それらを制限ないし拡張する特殊の外部的事情を，それぞれ念頭においたものであろう。そして，これまで述べてきたところに照らせば，いずれの部分についても基本的に支持しうるように思われる。

　もっとも，問題は，これらの部分がその間の部分，とりわけ，因果経過の「基本的部分」が予見可能であることを要求する部分と論理的な関連性をもたないように見えることである。とくに，最後の部分が無関係であることは明らかであるが，最初の部分についても，因果経過の「基本的部分」が予見可能であることを要求しなければ危惧感説に陥ってしまう，などとは到底いえないであろう。というのも，たとえ因果経過の「基本的部分」を共通にしていなくても，同じ不法をみたす他の因果経過を予見可能でありさえすれば，その不法を犯すのをやめさせるべく行為者の行為を制御する契機が生じるからである。因果経過の「基本的部分」が予見可能であることを要求する立場に対しては，しばしば，そこにいう「基本的部分」が恣意的にしか定められえないとの批判がなされるが，かりにそれを一義的に決する解釈が可能であったとしても，なおそのような立場は妥当でないことに注意を要する。

(2) 因果経過の抽象化

　以上に対し，近時の最高裁判例には，因果経過の予見可能性に関して興味深い判断を示すものがみられる。それが最決平12・12・20刑集54・9・1095＝生駒トンネル火災事件であり，次のように判示している。

　「原判決の認定するところによれば，近畿日本鉄道東大阪線生駒トンネル内における電力ケーブルの接続工事に際し，施工資格を有してその工事に当たった被告人が，ケーブルに特別高圧電流が流れる場合に発生する誘起電流を接地するための大小2種類の接地銅板のうちの1種類をY分岐接続器に取り付けるのを怠ったため，右誘起電流が，大地に流されずに，本来流れるべきでないY分岐接続器本体の半導電層部に流れて炭化導電路を形成し，長期間にわたり同部分に集中して流れ続けたことにより，本件火災が発生したものである。右事実関係の下においては，被告人は，右のよ

うな炭化導電路が形成されるという経過を具体的に予見することはできなかったとしても，右誘起電流が大地に流されずに本来流れるべきでない部分に長期間にわたり流れ続けることによって火災の発生に至る可能性があることを予見することはできたものというべきである。したがって，本件火災発生の予見可能性を認めた原判決は，相当である」。

原判決（大阪高判平 10・3・25 刑集 54・9・1206 参照）が前述の有力な流れに従い，因果経過の「基本的部分」の予見可能性を問題にしたうえで，これを肯定したのに対し（他方，第 1 審判決である大阪地判平 7・10・6 刑集 54・9・1125 参照はこれを否定している），最高裁は明らかにこのような言い回しを避けている。その理由は推測するほかないが，おそらく，「基本的部分」などという出所不明の概念を突如として持ち出すことへの違和感や，「基本的部分」を合理的な根拠に基づき一義的に定めることの困難さが背景にあるのではないかと思われる。

問題は，最高裁がその代わりに用意した処方箋の具体的な内容とその妥当性である。この点に関し，学説上は，最高裁もあくまで現実の因果経過をなんらかのかたちで予見可能であることを要求しており，ただ，それを一定の限度まで抽象化することによって，予見可能性の認められる範囲が狭くなりすぎないよう配慮しているのだ，ととらえるのが一般的である[12]。そして，これに対しては，そのような抽象化が当罰性感覚に沿うというのを超えて，理論的にも正当とされる十分な根拠を提出しなければならないとか，抽象化の限度は「基本的部分」の定め方と同じくらい不明確である，などといった批判が投げかけられているのである[13]。

たしかに，最高裁の用意した処方箋がそのようなものであるとすれば，前記批判を免れることは困難であろう。しかし，最高裁の趣旨をそれとは別異に解することも十分に可能なのではなかろうか。すなわち，現実の因果経過ははじめから予見可能性の対象ではなく，あくまで，客観的に帰属可能な態様で（業務上過失致死傷であれば）人の死傷を引き起こす（現実に対応している必要のない）なんらかの因果経過が予見可能であれば足りる，とする本章と同様の前提に立ちながら，本件の被告人にも判示のような概括的なレベルの因果経過くらいは予見可能であり，かつ，そのようなレベル

---

12 たとえば，橋爪隆「過失犯の構造について」法教 409 号（2014）124 頁を参照。
13 たとえば，島田聡一郎「判批」ジュリ 1219 号（2002）169 頁を参照。

であっても客観的な帰属可能性を認定するに十分である，という趣旨にも理解しうるのである[14]。この推論の桎梏となりうるのは最後の部分であり，その当否の検討は予見可能性論の射程を超えるが，因果関係論において，一般に，被害者に投与されこれを死に至らしめた毒物の薬理作用の詳細が不明であったとしても，そのような詳細までは法的に重要でないから因果関係を認定するに支障はないとされていることに照らせば，本件における炭化導電路の形成も同じく捨象しうるのではなかろうか。

(3) 検 討

以上のように見てくると，すでに述べたことの繰り返しになるが，現実の因果経過そのものはいかなる意味においても予見可能性の対象ではなく，あくまで，現に犯されたのと同一の不法をみたす，なんらかの（現実に対応している必要のない）因果経過を予見可能であれば足りるものと解すべきである。しかも，そのような解釈は理論的に正しいというだけでなく，具体的な帰結においても妥当であり，かつ，最高裁判例とも一定の整合性を有しているのである。

ただし，ここで1点，注意を要することがある。すなわち，同じく，（現実のものと符合する。以下略）不法をみたしさえすれば，その対象である因果経過が現実に対応している必要はないといっても，予見可能性がそうである理由と，故意がそうである（つまり，因果関係の錯誤不要説が妥当である）理由とは理論的にまったく異なる[15]，ということである。具体的にいうと，まず，予見可能性のほうは制裁の構造に照らして要請されるものであるから，本来は現実の侵害経過をその対象としなければならないはずであり，ただ，行為者に認識可能なそれが同一の不法という枠に収まっている限りにおいて，両者の違いは法的には重要でないとして捨象されうるにとどまる。これに対し，故意は処分の観点から基礎づけられるものであるから，その対象を現に生じた事態に求める契機そのものがはじめから存在しない。ただ，本書でも繰り返し述べてきたように，処分からする介入がいきおい過大なものとなりがちであることにかんがみ，政策的観点から，行為者が現に生じたのと同じ不法で括られる事態を思い描いて行為に出た

---

14 調査官解説もそのような解釈の余地を承認している。朝山芳史「判解」最判解刑（平12）320・321頁を参照。

15 私の発想は基本的に山口厚「判批」刑法判例百選Ⅰ総論〔第7版〕108・109頁に導かれたものであるが，この点においては決定的にたもとを分かつ。

場合に限り故意を認める，という謙抑的な態度が刑法において採用されているというにすぎない。

Ⅳ おわりに

1 過失論争の実務的意義？

　従来，学界においては，過失の本質ないし過失犯の理論的構造に関し，新旧過失論の華々しい論争が繰り広げられてきた。しかし，旧過失論のなかでも許された危険による不法の限定を認めない立場，新過失論のなかでも不法の予見可能性を実質的に要求しない立場，のような一部の極端な主張を除いて，具体的な帰結における差はほとんどなかったといってよい。その意味で，このような論争の実践的な意義は――おそらく，多くの実務家諸氏が感じておられるように――研究者が感じているよりはるかに小さいと思われる。ただ，それでも，次の2点だけは，学界において非常に深刻な学説的対立が見られるものであり[16]，たとえ現実に判決文等において言及する機会がなかったとしても，今後，いくばくかの参考にと学説を繙かれるときのため，なお頭の片隅にとどめておいていただければと考えている。

　第1に，過失不法を限定する原理が同時に故意不法をもそうするか，である。たとえば，医師が患者に（十分な説明のうえ，その意思を確認して）ある薬剤を投与するものとする。その薬剤は10％の確率で症状を悪化させるが，90％の確率でこれを改善するという性質をもつ。このとき，その10％のリスクが現実化して症状が悪化したとしても，当該医師は業務上過失傷害罪の不法を犯したものとはいえない。問題はその先であり，かりに当該医師が「ひょっとすると症状が悪化するかもしれないが，それでもやむをえない」という未必的な認識を有していたとすれば，故意不法，したがって，傷害罪が認められるかである。

　この点を肯定する見解は，症状の悪化を念頭においてなされる薬剤の投

---

[16] 具体的には，以下に述べるような私見の方向性と，井田良『刑法総論の理論構造』（成文堂，2005）111頁以下に代表される，いわゆる目的的行為論の方向性とが対立している。私自身は前者のほうが主流であると考えている（考えたい）が，後者もまた大きな学派を形成していることはたしかである。

与は社会的に有害であるから，故意不法のほうは限定しなくてよいと主張する。しかし，私には，そのような主張が妥当であるとは到底思われない。というのも，薬剤の投与が有用であるのか，それとも有害であるのかは，症状悪化のリスクと症状改善のチャンスのいずれが大きいかにより決せられるのであって，投与者が楽観主義者であるのか，それとも悲観主義者であるのかとはまったく関係がないからである。したがって，先の事例では傷害罪を認めるべきでない，つまり，故意不法は過失不法と同じように限定されるべきである。

　第2に，行為者の予見不可能性が（故意犯と過失犯に共通する）不法を限定するか，である。たとえば，医師が気づかないうちに，患者を恨む第三者によって，薬剤が（外観からはこれと区別しえない）毒薬にすり替えられており，それを投与された患者が死亡したものとする。このとき，当該医師を業務上過失致死罪で処罰することはできないであろう。問題はその理由であり，有力な見解は，当該医師が通常要請される注意を払っても毒薬と認識しえない以上，その投与はすでに不法を構成しないと主張する。

　しかし，私には，そのような主張が妥当であるとは到底思われない。というのも，そのような主張は，第1の場合における薬剤の投与と第2の場合における毒薬の投与との間に存在する，それが「望ましい／望ましくない」というレベルにおける（とくに患者の側からすれば）無視しえない違いを捨象してしまうものだからである。その証拠に，第1の場合における薬剤の投与を適法に妨げる余地は（特別な違法性阻却事由の備わらない限り）承認すべきでないが，第2の場合における毒薬の投与に対しては，たとえば，医師が注射しようとする瞬間，たまたま毒薬だと気づいた他の患者がとっさに医師の手から注射器をはたき落とすなどの行為が緊急救助として認められるべきであろう。つまり，第2の場合における毒薬の投与は依然として不法であり，ただ，その予見可能性を欠くことが責任を阻却しうるにとどまるものと解すべきである。

2　その後の学説の展開

　その後，（第4章でも簡潔に紹介・検討した）注意義務の内容確定プロセスとよばれる過失理論が，さらに詳細な論証をもって主張されるに至っている[17]。その内容はまさしく考え抜かれたものであるが，なお以下の4点において，私は払しょくしえない疑念を抱いている。

第1に，注意義務の内容確定プロセスが過失犯においてのみ妥当するものとして構成されている点である。論者がとりあげるさまざまな事例において，行為者が不法を未必的にであれ予見した途端，精緻なプロセスが一瞬にしてスキップされてしまうというのは不当である。行為者が予見可能な危険と比例性を失しない程度の注意義務を守ってさえいれば処罰されないというのは，過失犯のみならず，故意犯においてもまったく同様に妥当することがらだと思われる。

　第2に，行為者が予見可能な危険に対処しないことで，はじめて不法を犯したものととらえられている点である。具体的な処罰範囲に直接かかわることがらではないが，（不法を規定する決定的な視点である）保護すべき法益の側から見たときは，あくまで，危険に対処しないことがすでに不法を構成するのであり，行為者の予見可能性は責任に影響するにすぎないと解すべきである。もっとも，論者の発想が全体として主観的違法論に親和的であることにかんがみれば[18]，このような批判は空振りに終わり，むしろ，そのような親和性が批判の対象とされるべきである可能性が高い。

　第3に，比例性の射程が広すぎる点である。たしかに，以前から私自身も主張しているように，判例実務において注意義務と呼称される観念のなかには，比例性をその実体とするものも存在する（大きな割合を占める，とまでいってよいかもしれない）。しかし，たとえば，その実体を（不真正不作為犯における）作為義務とする注意義務は，決して，平板な利益衡量によって規律されるべきではないし，現に，判例実務においてもそうされていないと思われる。具体例をあげると，たまたま危険を予見可能であるが，これを除去する作為をなすべき保障人でもない者が，危険の大きさに比し，作為の負担がさほどでもないからといって，ただちに作為をなすべき注意義務を課されるのはおかしい。そして，判例がそのような注意義務を課す際，実質的には，故意犯と共通する不真正不作為犯の一般理論を援用していることは，本書の諸所において指摘してきたとおりである（反対に，論者が修正旧過失論型の判断を示したものとする判例は，作為犯として構成している

17　樋口亮介「注意義務の内容確定プロセスを基礎に置く過失犯の判断枠組み(1)～(3)」曹時69巻12号（2017）1頁以下，70巻1号（2018）1頁以下，2号（同年）1頁以下などを参照。

18　たとえば，樋口亮介「実行行為概念について」『西田典之先生献呈論文集』（有斐閣，2017）19頁以下は，故意作為犯において，心理的障壁を抱くことが規範的に期待される行為者についてのみ，その実行行為が観念しうるかの言い回しを用いている。

からそうなっている）。

　第4に，責任主義の意義が矮小化され，注意義務を課す根拠となる危険を行為者が予見可能であれば足りる，とされている点である。責任主義とはヴェルサリ法理の対義語であって，行為者の生理的能力や知識を前提とし，結果的にではなく，そうしようと思って避けられる不法についてのみ制裁を科しうる，という考え方のことである（反対にいえば，制裁としての性質を前提しない場合には責任主義がはたらかず，現に，日本刑法の母国であるドイツでも，たとえば，不法行為に基づく損害賠償においては，負責を設定する因果性につき責任が認められれば足り，負責を充足するそれについては責任が不要と解されている）。それは制裁という法技術を編み出した先人たちの叡智の結晶であり，法律家共同体における整合的に体系化された道徳的直観と，もはや「鶏と卵」の関係にあるとさえいってよい。たとえば，被害者の血友病を行為者が認識しえないため，これにかすり傷を負わせる危険しか予見しえない場合において，被害者の失血死が客観的に見て当該危険の現実化であるというだけの理由により（かすり傷でも出血が止まらずに死亡する，というのがこの種の事例における血友病患者に与えられた属性である），行為者に過失致死罪等が成立しうるという結論を妥当と主張することは，「革命」を起こすこととほとんど同値であると思われる（反対に，論者の言とは異なり，たとえば，最決平24・2・8刑集66・4・200＝三菱リコール隠し事件において，被告人に予見可能であるのが「Dハブに強度不足のおそれがあることによる死傷の危険」にとどまるとしても，現に生じた事故がまったく別の原因に基づく，つまり，強度不足のおそれがなくても同様に起きうるものであることが判明すれば，最高裁のいうように，当該危険は現実化していないことになる）。

　もし，「主観的違法論を前提としつつ，故意作為未遂犯をプロトタイプとする犯罪論の体系を構築せよ」という「指令」を受けたなら，私は論者のような体系を展開し，既遂犯，故意不作為犯，過失犯という「例外的な」犯罪の処罰を正当化するため——その具体的な内容は論者より穏当なものになるとは思うが——おのおのに独自の理屈を用意するであろう。私が現実にそうしないのは，実務や学界を統合する法律家共同体が，少なくとも今日においては，そのような「指令」を発しないからである。この意味において，論者の体系は整合性を欠くわけでも，また，同じ土俵で他説より不当とされるわけでもなく，ただ，現時点で「よそ者」としての扱いを受けるというにすぎない（ちょうど，紹介さえなく京都の割烹に行った場合

のように)。先述した4点の疑念も，したがって，個々の「穏当」を欠く箇所を指摘したものにすぎず，あくまでミクロのレベルにとどまることに注意を要する。

第15章

過失（下）

山下はベテランの検察官，小林は新米の検察官

山下：おーい，小林君，君が行きたがっていた店，今日は席が空いているそうだから，仕事を切り上げて一緒に飲みに行かないか。

小林：はぁ（ため息）。そうしたいのはやまやまなのですが，いま，急いで論文を調べているところなんですよ。

山下：何の事件？

小林：ほら，あの，テレビでも大々的に報道されていた，雑居ビルで火災があって，上のほうのフロアの客が避難できずに死亡した，という事件です。

山下：ああ，あの事件か。たしか，ビルの所有者だか管理会社の担当者だかが業過で起訴されていたね。しかし，被害者数とかの問題は生じるかもしれないが，ぱっと見，有罪は間違いないという印象をもったよ，私は。

小林：それが，弁護人が変わったことを言い出しまして。これも，ぱっと見，一蹴してもいいような気がするのですが，念のため学者の書いたものを調べてみたら，山のように論文が見つかったんですよ。しかも，かなり大御所の。

山下：君はそういうのが多いな（苦笑）。前にもいったかもしれないが，学者の書いている個々的な主張に振り回されてはダメだよ。彼らの主張が全体としてどのような発想に基づいているか，要するに何がいいたいのか。こういったポイントを的確にとらえたうえで，役立ちそうなものがあれば自分たちの世界でも活用する，というスタンスでなきゃ。で，どうせ過失の有無でも悩んでいるのだろう。学者は過失論が好きだからな（笑）。

小林：いえ，それが過失そのものではないんですよ。なにしろ，消防署長の命令に反してスプリンクラーはつけない，防火扉は錆びついて開かないまま，それでもって，火災という十分に予見可能な事態が発生して被害者が焼死しているのですから。これで過失がなかったらいつあるのだ，という感じですよ。むろん，きちんと命令に従っていれば何人助かったか，という被害者数

の問題は残るでしょうが。
山下：なんだ。私はてっきり，（消防法など）行政取締法規上の義務や行政機関の指導・命令は刑法上の注意義務とは異なる，火災は「当日における発生率」という数値で見た場合にはまれな現象だから具体的な予見可能性がない，などという学者の「たわごと」に振り回されているのかと思ったよ。
小林：「たわごと」は言い過ぎですよ（苦笑）。それなりに一貫した主張だと思いますし。昔は「学者は実務を知らない」でバッサリ切っていましたが，知らないのは当たり前で，知らせて説得していけば強い味方になるかもしれませんよ。現に，法科大学院ができて実務家と学者の交流がさかんになった結果，先輩が先ほど「たわごと」とおっしゃったような主張を，むしろ理論的に批判する学者が増えているようです。
山下：そうなの？　それはよかったじゃないか。
小林：ええ，『刑法総論の理論と実務』にそう書いてありました。
山下：なんだか急に不安になってきたな（苦笑）。で，話を本題に戻すと，弁護人は結局，何といってきているのだね。
小林：それが……出火原因は故意による放火の疑いがある，といってきているんですよ。
山下：放火なら故意に決まっているだろう。それがどうかしたの？
小林：いえ，その故意というのは，放火の故意のことではなく，殺人の故意のことなんです。つまり，殺意をもってそのビルに放火した犯人が存在する可能性がある，ということです。
山下：だから，それがどうかしたの？　放火犯人が未必的に殺意を有しているなんてこと，よくある話だろう。そいつに殺意があったら何か話が変わるのか，と私は聞いているのだよ。
小林：弁護人によると，その場合には，被告人であるビルのオーナー等がせいぜい共犯となりうるにとどまり，故意がない限り——まあ，故意は立証できませんよね——不可罰だというのですよ。
山下：奇妙なロジックだな。スプリンクラーを設置しろだの，防火扉を整備しておけだのいわれるのは，出火原因がなんであれ，ともかくも，いったん火災が発生した暁には被害を最小限に食い止めるためだろう。自然発火や失火ならオーナー等は業過になるが，放火の疑いが出た途端，無罪になるというのはどう考えても不均衡だと思うが。そんなおかしなことをいっている学者が本当にいるの？

小林：いるどころか，多数説のようですよ。先輩のおっしゃるように，放火でもオーナーらを業過にするという結論を正当化するためには……ええと，あっ，これだ。「正犯の背後の正犯」という観念を承認する必要がある，と。で，多数説は承認しないといっているようです。

山下：なんだか痛々しいネーミングだな（苦笑）。どうせドイツ語の翻訳だろう〔原語は"Der Täter hinter dem Täter"。故意正犯の背後の過失正犯の成否自体は，過失犯における正犯概念をめぐって古くから議論されていたが，このような，故意犯を含んだより一般的なかたちで主題化されるようになったのは，Friedrich-Christian Schroeder が 1965 年に上梓した同名のモノグラフによるところが大きい。現に，その副題は間接正犯の理論であった〕。「正犯の背後の正犯」だかなんだか知らんが，さっきもいったように，明らかな不均衡を回避するのにそれを承認する必要があるのなら，もう「承認する」の一択だよ。だいいち，承認しないといっている人たちの頭の中が理解できない。

小林：おそらく，そもそも不均衡ではない，と思っているのではないでしょうか。たとえば，次のような設例が今回の事件の対応物としてあげられています。行為者はある道路で開催される歩行者天国の開始時刻に先立って，その要所に可動式のバリケードを設置する担当者であった。ところが，行為者がその設置をうっかり忘れていたところ，自動車が歩行者天国に進入して歩行者をひき殺してしまった。

山下：おいおい，そりゃ，担当者は典型的な業務上過失致死じゃないか。バリケードなどという大仰なものが必要とされているのは，とくにその歩行者天国や周囲の状況に照らして，そうでもしないと，突っ込んできた自動車が歩行者をはねてしまう可能性があるからだろうに。そんなのが無罪だとかいっているから実務家に相手にされんのだよ。

小林：ちょっと待って下さいよ。この設例は少々特殊な事案で，自動車運転者はドライブ中に，たまたま以前から殺害したいと思っていた被害者を歩行者天国内に見つけ，これを追いかけて故意にひき殺した。ただ，かりにバリケードが設置されていれば，殺意をもって突っ込んでこられても，被害者はその後ろに隠れて無事だったであろう。このような流れなのです。それでも業務上過失致死ですか？

山下：なるほど。「故意（作為）正犯の背後の過失（不作為）正犯」の成否が問題になるという点で，今回の事件とパラレルだといいたいわけか。

小林：パラレルではないのですか？

山下：逆に，パラレルだと直感的に思う？　私は違うと思うな。だって，スプリンクラー云々というのは，放火のケースも想定しながら，なお火災から客を守るために作為が義務づけられているんだろ。これに対してバリケード云々というのは，戦場ならともかく（笑），歩行者天国の場合には，あくまで，うっかり進入してきた自動車から歩行者を守るために作為が義務づけられているのだよ。

小林：私も最初，まったく同じように考えましたよ。なんだか自信がついてきました（笑）。それはともかく，そのような説明は，よく考えると，最初の説明と整合しなくなってしまいます。たしかに，「放火魔」は聞くが「れき過魔」というのは聞かない，という点で，殺意をともなう放火のほうが社会生活上，算入されやすいとはいえると思います。しかし，最初に「出火原因にかかわらず，およそ火災から客を守るためにスプリンクラー等を設置する義務が……」といっているのですから，同時に「歩行者天国への進入原因にかかわらず，およそ進入してきた自動車から歩行者を守るためにバリケードを設置する義務が……」ともいわないと矛盾が生じるのではないですか。

山下：まさに，その「『放火魔』は聞くが……」というところが肝なんだよ。往々にしてそういうやつがいるからこそ，これに対しても一般的な有効性をもつ，スプリンクラーの設置などというのが要請される。しかし，「れき過魔」対策にも有効なバリケードを設置しろだなんて，まったくのナンセンスではないか。

小林：ええと，私も混乱してきたのですが，いまなさっているのは，「正犯になるかどうか」とは関係がない別次元のお話なのではないですか〔学説では，これを客観的帰属とか客観的構成要件などとよび，正犯性と区別する用語法が有力である〕。

山下：ああ，そうだよ。正犯であれ共犯であれ，そのような侵害経過を防止するために作為を義務づけてよいか，という問題だ。

小林：そもそも，不作為犯の問題でさえないのではないですか。なにしろ，先輩がいまなさっているお話は，たとえば，被告人が（電気代の節約のために）わざわざスプリンクラーの回線を外したとか，行為者が歩行者天国の終了時刻を誤解して早くにバリケードを撤去してしまったとか，そのような作為犯のケースであってもまったく同じように問題となりうることですよね。

山下：それはそうだが……で，いったい何がいいたいのかね。

小林：ですから，やはり，「正犯の背後の正犯」を認めてよいのかという問題を

別途，正面から議論しなければならないと……。
山下：分かった，分かった，学者と好きなだけ議論したまえ。君の行きたがっていた店にはほかのやつと行くからな（苦笑）。

◆

I　はじめに

前章においては，過失犯の構造およびその一般的成立要件という，いわば基礎理論の部分を概観した。そこで，本章ではそのような基礎理論を前提としつつ，過失犯の応用問題ともいうべきいくつかの法形象および事例類型を分析する。具体的には，結果回避可能性，信頼の原則，そして，特殊過失として管理・監督過失をとりあげることとしたい。

II　結果回避可能性

1　最判平15・1・24判時1806・157

「第1審判決が認定し，原判決が是認した犯罪事実は，起訴状記載の公訴事実と同旨である。その内容は，『被告人は，平成11年8月28日午前零時30分ころ，業務としてタクシーである普通乗用自動車を運転し，広島市南区宇品東7丁目2番18号先の交通整理の行われていない交差点を宇品御幸4丁目方面から宇品東5丁目方面に向かい直進するに当たり，同交差点は左右の見通しが利かない交差点であったことから，その手前において減速して徐行し，左右道路の交通の安全を確認して進行すべき業務上の注意義務があるのにこれを怠り，漫然時速約30ないし40キロメートルの速度で同交差点に進入した過失により，折から，左方道路より進行してきたA運転の普通乗用自動車の前部に自車左後側部を衝突させて自車を同交差点前方右角にあるブロック塀に衝突させた上，自車後部座席に同乗のB（当時44歳）を車外に放出させ，さらに自車助手席に同乗のC（当時39歳）に対し，加療約60日間を要する頭蓋骨骨折，脳挫傷等の傷害を負わせ，Bをして，同日午前1時24分ころ，同区宇品神田1丁目5番54号県立広島病院において，前記放出に基づく両側血気胸，脳挫傷により死亡す

るに至らせたものである。』というにある。過失の存否に関する評価の点を除き、本件における客観的な事実関係は、以上のとおりと認められる。

　また、1，2審判決の認定によれば、次の事情が認められる。すなわち、本件事故現場は、被告人運転の車両（以下「被告人車」という。）が進行する幅員約8.7メートルの車道とA運転の車両（以下「A車」という。）が進行する幅員約7.3メートルの車道が交差する交差点であり、各進路には、それぞれ対面信号機が設置されているものの、本件事故当時は、被告人車の対面信号機は、他の交通に注意して進行することができることを意味する黄色灯火の点滅を表示し、A車の対面信号機は、一時停止しなければならないことを意味する赤色灯火の点滅を表示していた。そして、いずれの道路にも、道路標識等による優先道路の指定はなく、それぞれの道路の指定最高速度は時速30キロメートルであり、被告人車の進行方向から見て、左右の交差道路の見通しは困難であった。

　このような状況の下で、左右の見通しが利かない交差点に進入するに当たり、何ら徐行することなく、時速約30ないし40キロメートルの速度で進行を続けた被告人の行為は、道路交通法42条1号所定の徐行義務を怠ったものといわざるを得ず、また、業務上過失致死傷罪の観点からも危険な走行であったとみられるのであって、取り分けタクシーの運転手として乗客の安全を確保すべき立場にある被告人が、上記のような態様で走行した点は、それ自体、非難に値するといわなければならない。

　しかしながら、他方、本件は、被告人車の左後側部にA車の前部が突っ込む形で衝突した事故であり、本件事故の発生については、A車の特異な走行状況に留意する必要がある。すなわち、1，2審判決の認定及び記録によると、Aは、酒気を帯び、指定最高速度である時速30キロメートルを大幅に超える時速約70キロメートルで、足元に落とした携帯電話を拾うため前方を注視せずに走行し、対面信号機が赤色灯火の点滅を表示しているにもかかわらず、そのまま交差点に進入してきたことが認められるのである。このようなA車の走行状況にかんがみると、被告人において、本件事故を回避することが可能であったか否かについては、慎重な検討が必要である。

　この点につき、1，2審判決は、仮に被告人車が本件交差点手前で時速10ないし15キロメートルに減速徐行して交差道路の安全を確認していれば、A車を直接確認することができ、制動の措置を講じてA車との衝突

回避することが可能であったと認定している。上記認定は，司法警察員作成の実況見分調書（第1審検第24号証）に依拠したものである。同実況見分調書は，被告人におけるA車の認識可能性及び事故回避可能性を明らかにするため本件事故現場で実施された実験結果を記録したものであるが，これによれば，〔1〕被告人車が時速20キロメートルで走行していた場合については，衝突地点から被告人車が停止するのに必要な距離に相当する6.42メートル手前の地点においては，衝突地点から28.50メートルの地点にいるはずのA車を直接視認することはできなかったこと，〔2〕被告人車が時速10キロメートルで走行していた場合については，同じく2.65メートル手前の地点において，衝突地点から22.30メートルの地点にいるはずのA車を直接視認することが可能であったこと，〔3〕被告人車が時速15キロメートルで走行していた場合については，同じく4.40メートル手前の地点において，衝突地点から26.24メートルの地点にいるはずのA車を直接視認することが可能であったこと等が示されている。しかし，対面信号機が黄色灯火の点滅を表示している際，交差道路から，一時停止も徐行もせず，時速約70キロメートルという高速で進入してくる車両があり得るとは，通常想定し難いものというべきである。しかも，当時は夜間であったから，たとえ相手方車両を視認したとしても，その速度を一瞬のうちに把握するのは困難であったと考えられる。こうした諸点にかんがみると，被告人車がA車を視認可能な地点に達したとしても，被告人において，現実にA車の存在を確認した上，衝突の危険を察知するまでには，若干の時間を要すると考えられるのであって，急制動の措置を講ずるのが遅れる可能性があることは，否定し難い。そうすると，上記〔2〕あるいは〔3〕の場合のように，被告人が時速10ないし15キロメートルに減速して交差点内に進入していたとしても，上記の急制動の措置を講ずるまでの時間を考えると，被告人車が衝突地点の手前で停止することができ，衝突を回避することができたものと断定することは，困難であるといわざるを得ない。そして，他に特段の証拠がない本件においては，被告人車が本件交差点手前で時速10ないし15キロメートルに減速して交差道路の安全を確認していれば，A車との衝突を回避することが可能であったという事実については，合理的な疑いを容れる余地があるというべきである。

以上のとおり，本件においては，公訴事実の証明が十分でないといわざるを得ず，業務上過失致死傷罪の成立を認めて被告人を罰金40万円に処

した第1審判決及びこれを維持した原判決は，事実を誤認して法令の解釈適用を誤ったものとして，いずれも破棄を免れない」(破棄自判，無罪)。

2　結果回避可能性の理論的意義

すでに第6章において述べたように，結果回避可能性とは結果不法ないし結果無価値という，行為に対するマイナスの評価を構成する要素である。すなわち，たとえ行為に出なかったとしても，問題となる法益の状態が行為に出たときと有意に異ならない場合には，行為が法益の状態を不良に変更，つまり，悪化させたとは評価しえないのである。そして，結果回避可能性が結果の帰責にとって要請される根拠がこのようなものであるとすれば，許された危険を守って行為に出たとしても結果が回避しえない場合にも，同じくその帰責を否定すべきであろう。というのも，許された危険が実現した結果とは，刑法がいわば「よし」としたものであって，そこから法益の状態が行為によって悪化させられていない以上，やはり，前記マイナスの評価は加えられないからである。

さらに，結果回避可能性の要求される根拠に照らせば，それが故意犯においても同じく必要となることが導かれる。過失犯と同様の結果不法は故意犯においても要求されるからである。もちろん，(裁) 判例等において結果回避可能性が論じられるのはもっぱら過失犯である。しかし，それは理論的に見て故意犯に結果回避可能性が不要と考えられているからではなく，もっと実際的な理由によるものであろう。すなわち，まず，そもそも「行為に出なくても」結果が発生したであろうというケースはまれである[1]。むしろ，現実に問題となるのは「許された危険を守っても」というケースであるところ，それは畢竟，「行為の強度がもう少し低くても」ということである。しかし，結果を求めて行為する故意犯において，その強度を少し下げれば許されるような手段が選ばれることは，ほとんど考えられない (むしろ，全力を出そうが通常の力を入れようが同じく許されない，ナイフで刺すという手段を〔しかも，全力を出して〕用いるのが通例であろう)。むし

---

[1] ただし，当該行為が不作為である場合は別である。すなわち，過失 (不真正) 不作為犯が問題となるケースにおいては，しばしば，作為に出ても結果が回避しえなかったのではないかが争われる。詳しくは第5章を参照されたい。もっとも，本件においては，「左右の見通しが利かない交差点に進入するに当たり，何ら徐行することなく，時速約30ないし40キロメートルの速度で進行を続けた被告人の行為」というかたちで作為がとらえられていることに注意を要する。

ろ，そのような手段が選ばれている場合には，故意の認定そのものに支障が生じることにもなろう。むろん，実態としては，そのような場合の一部に未必の故意が備わっていることも考えられるが，立証の失敗のリスクを勘案すると，それを探して故意犯で起訴することを検察官に期待するのは無理がある。こうして，理論的には故意犯においても同じく問題となりうるはずの結果回避可能性が，しかし，実際上は過失犯においてのみ問題とされることになるのである。

これに対して本判例は，近年の（裁）判例の流れ[2]にならい，結果回避可能性を過失の存否の問題に位置づけているようである。おそらく，そのこと自体にさほどの理論的負荷はないであろうから，あまりラベルにこだわるべきではないのかもしれない。しかし，結果回避可能性が理論的には故意犯においてもまったく同じ意味において問題となりうる要件であることにかんがみると，せめて，過失というそのままのラベルを貼るのは避けていただきたいところである（故意犯において結果回避可能性が問題となる事案が出現したとき，それが故意の存否にかかると説示されることは考えにくい）。むしろ，端的に結果回避可能性それ自体を要件化するか，あるいは，せいぜい「過失と結果との関係」あたりに位置づけるのが穏当ではないかと思われる。

3 結果回避可能性の具体的な判断方法

そこで，次に問題となるのは「許された危険を守っても」という仮定の具体的な内容である。この点につき本判例は，「被告人が時速10ないし15キロメートルに減速して交差点内に進入していたとしても」というようにとらえている。

しかし，結論からいえば，このような理解は理論的に見て正しくないと思われる。たしかに，もし被告人が減速徐行したのにもかかわらず，交差道路を通行する暴走車両と不可避的に衝突したというのであれば，被告人を（今日でいう）過失運転致死傷罪で処罰すべきではない。もっとも，それは，そのような場合においては被告人に，暴走車両というとくに高められた衝突リスクが実現することの予見可能性が欠けるからであるにすぎな

---

[2] これについては，山口厚〔編著〕『ケース&プロブレム刑法総論』（弘文堂，2004）24頁以下〔小林憲太郎〕などを参照。

い。その証拠に，もし被告人に——たとえば，不正改造された暴走車両の
マフラー音などから——この点に関する予見可能性があったとすれば，こ
れを同罪で処罰することは可能である。要するに，前章で用いた例になぞ
らえるならば，被告人が減速徐行して交差点内に進入する行為は，一定の
副作用があるものの治療上の効用のほうが大きいと判断された薬剤を医師
が患者に注射する（つまり，そもそも許された危険に収まる）行為ではなく，
むしろ，患者を恨む第三者がその薬剤を外観からは区別できない毒薬とす
り替えておいたとき，これを医師が患者に注射する（つまり，許された危険
が逸脱されているものの，そのことが認識しえないにとどまる）行為のほうに似
るのである。

　以上を前提として本件を見ると，被告人が減速徐行しても衝突を回避し
えなかった合理的な疑いが残ることを理由に結果回避可能性，したがって，
業務上過失致死傷罪の成立を否定した本判例は，理論的には過ちを犯した
ものと評さざるをえない。もちろん，同罪を否定するという結論をとるだ
けであれば，たとえば，交差道路を走行する車両が一時停止するであろう
という信頼のもと，時速30ないし40キロメートルの速度で進行を続ける
程度にとどまる限り，減速徐行する場合に比して高められた（と思われ
る）衝突のリスクが現実化することの予見可能性を欠く，という理論構成
が絶対に不可能であるとまではいえない[3]。しかし，交差道路走行車両の
違法的態度を前提としても，なお衝突が明らかに予見可能な，たとえば，
時速100キロメートル超の速度で進行を続けたような場合には，同罪の成
立が肯定されざるをえないであろう。そして，そのような場合においても
なお（道交法違反を除いて）無罪となってしまう点で，本判例の論理は実際
上の結論においても到底妥当とは思われない。それはちょうど，先の毒薬
すり替え事例において，医師が誤って規定量の100倍を注射してしまった
とき，「実は毒薬にすり替えられていたのだから，規定量を守ってもどの
みち患者は死亡したであろう」として，業務上過失致死罪の成立を否定す
る結論が当罰性感覚に著しく反する[4]のと同様である。

---

[3] 現に，類似の事案において信頼の原則を適用し，「あえて法規に違反して一時停止を
　することなく高速度で交差点を突破しようとする車両のありうることまで予想した周到
　な安全確認をすべき業務上の注意義務を負うものでな」いとして被告人に無罪を言い渡
　した判例として，最判昭48・5・22刑集27・5・1077がある。

Ⅲ　信頼の原則

1　総　説

　信頼の原則とは，これをわが国に広めた西原春夫博士の有名な定義によると，「行為者がある行為をなすにあたって，被害者あるいは第三者が適切な行動をすることを信頼するのが相当な場合には，たといその被害者あるいは第三者の不適切な行動によって結果が発生したとしても，それに対しては責任を負わない[5]」とする考え方をいう。

　このような考え方はわれわれの道徳的直観によく適合するものであり，その妥当すべき具体的な範囲の広狭に関しては議論があるものの，その基本的な発想，すなわち，一定の範囲で他者を信頼してよいことにより自身に課される注意義務が限定されうる，という点については争いがないといってよい。もっとも，本書において繰り返し述べてきたように，その違反が過失犯を構成する注意義務は重層的な構造を有しており，問題となる層（レイヤー）に応じて信頼の原則の内容も異なりうる。

　第1に，注意義務違反が実質的には作為義務違反を意味する場合である。このような場合，たとえば，（第2にも関係するが）他者への信頼に基づき危険の創出が（構成要件該当性のレベルで）許されるところから，その危険の実現を防止することが義務づけられない余地がある[6]。具体的には，使用者がそれほど悪質な改造は施さないであろうという信頼のもと，合理的

---

[4] 問題は，かりに毒薬へのすり替えがなかったとしても，規定量を守っても（確率が低くなるとはいえ）どのみち副作用で患者が死亡することもありえたという理由から，規定量の100倍を注射した医師の行為につき同罪の成立を否定する結論が，同じく当罰性感覚と抵触しうることである。このような結論を避けるためには，許された危険が実現した結果とそこから逸脱して高められた危険が実現した結果とが規範的に見て異なるとして，結果回避可能性を肯定しておく必要がある。しばしば誤解されているものの，いわゆる危険増加理論の神髄はこのような構成を可能とするところにあり，その限りにおいて支持に値すると思われる。ドイツにおける同様の発想を紹介，検討したものとして，古川伸彦『刑事過失論序説――過失犯における注意義務の内容』（成文堂，2007）266頁以下を参照。そして，それによると，たとえば，今回，患者の死をもたらしたのが，さまざまな種類の副作用のうち投与量と相関しない確率で発生するものであったとすれば，規定量の100倍を注射した医師の行為についても結果回避可能性を欠き，同罪の成立が否定されることになろう。

[5] 西原春夫『交通事故と信頼の原則』（成文堂，1969）14頁。

第 15 章　過失（下）

に要請される程度の危険な改造防止措置を講じてガス湯沸器を製造，販売したところ，一部の使用者が非常に悪質な改造を施してこれを使用した結果，発火，延焼して人が死傷したというとき，再び同様の使用者が現れないとも限らないからといって，製造販売者に製品をリコールする（再度，同様の死傷事故が発生した場合における，業務上過失致死傷罪にいう）注意義務を課すべきではなかろう[7]。

　第 2 に，注意義務違反が実質的には許された危険の逸脱を意味する場合である。このような場合，たとえば，分業による社会的有用性を最大化するため，他者を信頼して任せることにより生じるリスクが許容される余地がある。具体的には，その地域に数少ない救急病院の付近で大規模な交通事故が発生し，そのため，医師や看護師が絶対的に不足しているものの，手術をしなければ救急患者をただ死亡するに任せるほかなくなるという状況において，やむをえず，経験の浅い医師や看護師をサポートにつけて手術したところ，彼／彼女らがミスをして患者が死傷したというとき，執刀医が手術を開始したことに（業務上過失致死傷罪にいう）注意義務違反はない[8]。

　第 3 に，注意義務違反が情報収集義務違反，すなわち，実質的には予見可能性を意味する場合である。このような場合，他者が適切な行動を期待しえない主体（老人，子ども，精神障害者等）であることが認識可能であったり，あるいは，そうでなくても，他者が不適切に行動する具体的な徴候が認められたりすることで，実際上，他者への不信を出発点としなければならない特別な事例を除き，いちいち他者の動静を注視するなどして不法の予見に到達すべく努力する必要はない。たとえば，対面信号が青色灯火である交差点内に進入しようとする自動車運転者としては，その具体的な

---

[6] そのほか，危険の創出が許されなかったり，あるいは，違法性のレベルで許されるにすぎず，かつ，当該正当化事由が爾後の不作為までカバーしていなかったりする場合でも，その危険の実現を防止するために，他者への不信を前提とした万全の措置を講じさせることが過度の負担となるところから，作為容易性が欠け，そのような作為を義務づけられないことがありうる。

[7] これに対し，短絡が簡単で一酸化炭素中毒の危険性が生じる場合において，製品回収の注意義務を認めた裁判例として，東京地判平 22・5・11 判タ 1328・241 ＝パロマガス湯沸器事件を参照。

[8] これに対し，このような特別な状況が欠ける場合において，不十分な態勢のまま手術を開始したことが注意義務違反にあたるとし，業務上過失致死罪の成立を肯定した近時の裁判例として，奈良地判平 24・6・22 判タ 1406・363 を参照。

徴候がないにもかかわらず，交差道路を走行する車両が信号を無視して突っ込んでくるのではないかと，いちいち首を左右にねじって交差道路の交通状況を確認する注意義務はない。したがって，もし突っ込んでこられて死傷事故が発生したとしても，当該自動車運転者に過失運転致死傷罪は成立しない。

　このように，一口に信頼の原則が注意義務を限定するといっても，そこにいう注意義務が問題となる層に応じて，その理論的根拠や具体的な態様はさまざまである。もちろん，具体的な事案において，これら複数のレベルにまたがる信頼の原則のうちひとつだけが問題になるとは限らず，複雑な過失競合の場合などにおいては，むしろ，信頼の原則がいくつかのレベルにまたがって問題となるのが通例であるとさえいえるかもしれない。しかし，たとえそうであるとしても，おのおのの信頼の原則がこれを規律する原理のレベルにおいて実質的に相違する以上，それぞれの原理に照らして個別の信頼の許容性を慎重に判断すべきであって，漠然と「信頼してよさそうか」を直感に頼って決するべきではないと思われる。

　さらに，信頼の原則が注意義務を限定する，その論理過程がいずれのレベルにおいても，故意犯と完全に共通していることにも十分な注意を要する。すなわち，ガス湯沸器の製造販売者が，再び同様の死傷事故が発生するかもしれないと未必的に認識していたとしても（第1の場合），あるいはまた，執刀医が，経験の浅いチームだからミスするかもしれないけれども，ほかに手がないからやむをえないと考えていたとしても（第2の場合），さらに，自動車運転者が以前，その交差点で信号無視車両と衝突事故を起こしたことがあるため，嫌な予感にさいなまれながら進行を続けたとしても（第3の場合），おのおのの場合に業務上過失致死傷罪ないし過失運転致死傷罪が信頼の原則により成立しないのとまったく同じ原理に基づいて，殺人罪ないし傷害罪の成立もまた阻却されることになるのである。ドイツでは，信頼の原則は信頼していない者にも妥当する（故意犯にも適用される）という見解が有力であるが，それはこのような意味において支持することができよう。

2　最決平 16・7・13 刑集 58・5・360

　さて，紙幅の関係上，注意義務の各層について，信頼の原則の適否が問題となった判例をとりあげ，これに検討を加えるという作業はなしえない。

そこで，代わりに，近時，この原則に言及し（，その適用を否定し）た最高裁判例をひとつだけ紹介し，これに若干の分析を加えることとしたい。

「原判決の認定によれば，被告人は，普通乗用自動車を運転し，本件交差点を右折するため，同交差点手前の片側2車線の幹線道路中央線寄り車線を進行中，対面する同交差点の信号が青色表示から黄色表示に変わるのを認め，さらに，自車の前輪が同交差点の停止線を越えた辺りで同信号が赤色表示に変わるのを認めるとともに，対向車線上を時速約70ないし80kmで進行してくるA運転の自動二輪車（以下「A車」という。）のライトを，前方50m余りの地点に一瞬だけ見たが，対向車線の対面信号も赤色表示に変わっておりA車がこれに従って停止するものと即断し，A車の動静に注意することなく右折進行し，実際には対面する青色信号に従って進行してきたA車と衝突したというのである。以上のような事実関係の下において，被告人はA車が本件交差点に進入してくると予見することが可能であり，その動静を注視すべき注意義務を負うとした原判断は，相当である。所論は，本件交差点に設置されていた信号機がいわゆる時差式信号機であるにもかかわらず，その旨の標示がなかったため，被告人は，その対面信号と同時にA車の対面信号も赤色表示に変わりA車がこれに従って停止するものと信頼して右折進行したのであり，そう信頼したことに落ち度はなかったのであるから，被告人には過失がないと主張する。しかし，自動車運転者が，本件のような交差点を右折進行するに当たり，自己の対面する信号機の表示を根拠として，対向車両の対面信号の表示を判断し，それに基づき対向車両の運転者がこれに従って運転すると信頼することは許されないものというべきである」。

本件においては，業務上過失致死罪の実行行為として右折進行という作為がとらえられており，作為義務としての注意義務の違反は問題とされていない。また，現にA車が対面する青色信号に従って進行してきている以上，そのまま右折進行を続けることが許された危険を逸脱していることもまた疑いがない。そこで被告人側は，時差式信号機の標示がなかったため，A車の対面信号も赤色表示に変わり，A車がこれに従って停止するものと信頼したのだ，と主張している。これはまさに，原判決（東京高判平11・12・27刑集58・5・466参照）が問題としたような，A車の動静を注視する注意義務であり，その履行がA車の交差点への進入の予見をもたらすものを争う趣旨であろう。つまり，ここでは情報収集義務という，実質的には

予見可能性を問題とする注意義務が俎上に載せられているのである。そして，そこで信頼の原則が主張されるときは，すでに述べたように，実際上，A車が停止するものとあてこむことができる状況しか具体的に認識しえない，ということが示されなければならない。

　それでは，そのような状況として，まずはどのようなものが考えられるであろうか。簡潔にまとめると，それはおそらく，①信号機が時差式ではなく，かつ，②信号の変わり目にA車が交差点を突破しようとすることはない，というものであろう。しかし，結論からいえば，いずれについても，そのような認識しかもちえないなどとは到底いえないように思われる。

　まず，①についてであるが，たしかに，時差式信号機にはその旨の標示があることが多く，その裏返しとして，当該標示がなければ時差式でない信号機であろうとの予測が成り立つ場合は多いかもしれない。しかし，逆にいうと，常にそうとは限らないのであるから，対向車両の対面信号も赤色であると決めつけることはできず[9]，対向する直進車の動静を注視しておかなければならない。

　次に，②についても，そのように断定することは不可能であろう。かりに対向車両の対面信号も赤色であったとしても，信号の変わり目に急いで交差点を突破しようとする自動車運転者がまま存在することは，われわれの生活経験がよく教えるところである。したがって，このような仮定をおいたとしても，なお右折進行しようとする車両の運転者としては，対向直進車が少なくとも停止のため十分に速度を落としつつあることを確認したうえで，はじめて右折を開始することが（情報収集義務としての）注意義務を尽くしたものと評価すべきである。

　ひるがえって本判例を見てみると，そこで許されないものとされているのは，「自動車運転者が，本件のような交差点を右折進行するに当たり」，「自己の対面する信号機の表示を根拠として，対向車両の対面信号の表示を判断」することと，「それに基づき対向車両の運転者がこれに従って運転すると信頼すること」の2つである。問題は両者の関係であるが，交差

9　これに対し，自身の対面信号が青色や黄色であれば，交差道路通行車両の対面信号は常に赤色のはずであるから，この点に関する信頼は原則として許される。あとは既述のように，災害や停電等による信号機故障の具体的徴候のある場合などが例外として残されることになる。ただし，このような信頼が許される場合であっても，なお②に相当する問題は未解決のままであるから，改めて，前記車両が信号を守ることに対する信頼の相当性を慎重に判断しなければならない。

点に「本件のような」という限定がかけられていること，および，前者と後者がそれぞれ原因・結果のかたちで結びつけられていることにかんがみると，とくに①について，そのような思い込みに十分な合理的根拠が欠けることをいいあらわしたものであって，説示のウェイトはむしろ前者のほうにあると解すべきであろう[10]。もっとも，既述のように，とくに信号の変わり目などにおいては，たとえ赤色と判断してよい特別の事情が存在したとしても，なお対向直進車がただちに停止するであろうと信頼することが常に許されるわけではない。その意味で，②のような断定もまた十分な合理的根拠を欠くと思われる[11]。

Ⅳ 特殊過失──管理・監督過失を中心に

1 はじめに

最後に，これまで述べてきた過失論上のさまざまな概念や原理が，とくに複雑かつ複合的な形態において現れる場合，とりわけ，古くから学説および実務においてさかんに議論されてきた，いわゆる管理・監督過失[12]について若干の検討を加えることにしたい。といっても，それは事案の現象形態に着目した範疇化にすぎず，「特殊過失」ないし「管理・監督過失」向けの特別な過失論が存在するわけではないから，以下の検討も究極的には刑法の一般理論の具体的な適用例を示すものにとどまる点に十分な注意を要する。

さて，管理・監督過失のモデルケースは，たとえば，次のようなものである。

「Xはホテルを経営する代表取締役社長であり，Yは防火管理者に選任

---

10 ただし，無罪の第1審判決（横浜地横須賀支判平11・3・30刑集58・5・459参照）や弁護人の上告趣意が②のような信頼の合理性を説くのはもちろん，すでに引用した原判決もまたその不合理性を論証している。さらに，本判例の調査官解説も②について詳細に言及している。大野勝則「判解」最判解刑（平16）317頁以下を参照。

11 むしろ，こちらのほうに本件における注意義務違反の本質を見出すものとして，古川伸彦「判批」ジュリ1341号（2007）185頁以下などを参照。

12 この問題に関する重要な（裁）判例として，後出のホテル・ニュージャパン事件のほか，新潟地判昭53・3・9判時893・106＝信越化学事件，札幌高判昭56・1・22刑月13・1＝2・12＝白石中央病院事件，最決平2・11・16刑集44・8・744＝川治プリンスホテル事件，最決平2・11・29刑集44・8・871＝千日デパートビル事件などがある。

された従業員である。このホテルにおいては，スプリンクラーなどの防火設備が備えられていないばかりか，定期的な避難誘導訓練なども行われていない。このような状態でホテルが営業されていたところ，ある晩，原因不明の出火があり，火災が拡大して多数の宿泊客が死傷した」。

このような事例において，XとYの罪責はどのようなものとなるであろうか（特別法違反の点を除く）。

2 注意義務違反

まずは注意義務違反である。既述の三分法に従って見ていこう。

第1に，作為義務違反としての注意義務違反である。そもそも，この事例において具体的な被害者の死傷と結びつく作為を特定することは，Xについても Y についても実際上は不可能であろう。つまり，この事例においては，防火設備を整えたり定期的に避難誘導訓練を実施したりするなどの，いわゆる安全体制確立義務に違反したという不作為をとらえる必要がある。そして，前者の，物的な安全体制の瑕疵を管理過失，後者の，人的な安全体制の瑕疵を監督過失とよんでいるのである[13]。また，もしYが職務上の権能に照らし，単独で前記安全体制を確立することができない場合には，Xその他の上位者に対し，そうするよう進言する義務を観念することも可能であろう。問題は，具体的な事案において現実にそのような作為義務を課すべきかであるが，この点については第5章をご参照いただくほかない。

第2に，許された危険の逸脱としての注意義務違反である。この点を判断するにあたっては，消防法や建築基準法（および同施行令）をはじめとする行政取締法規による，範型的な利益衡量の帰結としての防火基準を参照すべきであろう。もっとも，この事例ではなんらの防火安全対策も施されていないのであるから，許された危険が逸脱されていることには問題がないと思われる。

第3に，情報収集義務違反ないし予見可能性としての注意義務違反である。そして，ここで激しく争われているのは，火災などめったに起きるも

---

[13] これに対し，安全体制の確立を上位者が下位者にゆだねた場合において，下位者による（物的・人的を含めた）安全体制の不確立を管理過失，上位者によるその監督不行き届きを監督過失とよぶ用語法もある。さまざまな用語法につき，金谷暁「判解」最判解刑（平5）183頁以下などを参照。もっとも，繰り返しになるが，管理・監督過失とは，いずれにせよ，現象面に着目した範疇化にすぎないから，用語法にこだわってもあまり意味がないであろう。

のではないから，それが起きてはじめて生じうる被害者の死傷結果についてもまた予見可能性が欠けるのではないか[14]，ということである。判例には，いったん火災が起きれば被害者の死傷結果は容易に予見しうる旨，述べるものもあるが（最決平5・11・25刑集47・9・242＝ホテル・ニュージャパン事件。すでに，川治プリンスホテル事件を参照），火災の発生は因果経過の重要な中間項であるから，これを予見可能性の対象から捨象することは許されないというのである。

しかし，まれではあれ火災が発生し，被害者の死傷することが人を死に至らしめる罪の客観的構成要件をみたすものと判断された以上（詳しくは3を参照），そのことが認識可能でありさえすれば予見可能性としては十分なはずであって，わざわざ火災の発生を予見可能性の対象から除く必要などない。そして，まれではあれ火災が発生しうることは一種の社会常識とさえいえるのであるから，前記認識可能性を肯定することもまた十分に可能であると思われる。ホテル・ニュージャパン事件等において最高裁が，前記引用部分に先立って，「昼夜を問わず不特定多数の人に宿泊等の利便を提供するホテルにおいては火災発生の危険を常にはらんでいる」と指摘しているのも，実質的には同旨に出たものではなかろうか。

ところで，学説では，管理・監督過失の事例において問題となりうる論点として信頼の原則をあげるものも多い。その文脈はさまざまであるが，たとえば，Xは防火管理に関してはYが適切にその責めを果たすことを信頼してよいとか，あるいは逆に，XはYを監督すべき立場にあり，しかも，被監督者が適切に職務を果たしえないリスクがあるからこそ監督という観念が成り立ちうるのであるから，そのような信頼は許されないなどといわれるのである。

もっとも，既述のように，信頼の原則とは注意義務を，これを規律する三者三様の原理に基づき，おのおの限定していこうとする発想であって，ただ，「他者を信頼して行動しても注意義務違反とはされない」という現象面において共通するにすぎない。したがって，繰り返しになるが，漠然と「信頼してよいか」を問うことには意味がなく，あくまで，前記原理に照らして分析的にXの注意義務違反性を判断しなければならない。

---

14 このような問題意識を最も明快に展開するものとして，山口厚『問題探究 刑法総論』（有斐閣，1998）181頁以下を参照。

そして、この事例において、Yが独自に安全体制を確立する職務上の権能を有しておらず、それゆえ、Xの作為義務違反はこれを否定することができず、かつ、実際に何の防火安全対策も施されないことにより許された危険も逸脱されていたとすれば、あとに残るのはXの予見可能性だけである。さらに、これをYへの信頼にからめて主題化するとすれば、「Yを防火管理者として選任している以上、防火安全対策を施す必要を認めれば当然、自分に進言してくるであろう」という信頼の相当性いかん、ということになろう。もしこの点が肯定されれば、情報収集義務違反ないし予見可能性としての注意義務違反が信頼の原則に基づき否定されていることになる。

3　注意義務違反と結果との関係

すでに見たように、注意義務違反は犯罪の構成段階のすべてにおいて問題となりうる包括的な概念であるが、話をいったん（客観的）構成要件のレベルに戻そう。ここでは、実行行為としての安全体制確立義務違反という不作為と、被害者の死傷結果との間に刑法上、要請される一定の関係が問題となる。講学上の概念でいえば因果関係と結果回避可能性である。

まず、因果関係についてであるが、ここでは、まれではあれ火災が発生するリスクは常に存在すること（ホテル・ニュージャパン事件はとくにホテルについてそのようにいうが、これに限定する趣旨であれば疑問である）、および、被害者が無防備な状態で、他人が管理する勝手のよく分からない、しかも、防火安全対策がきわめて不十分な閉鎖空間におかれ、火災に対して脆弱な状態に陥れられていたこと、の2点が重要であろう。そして、第6章において詳しく述べたように、これら2点は因果関係を肯定する方向に強く作用すると思われる。

次に、結果回避可能性については非常に困難な問題が横たわっている。というのも、たとえば、スプリンクラーを設置していれば、あるいは、定期的な避難誘導訓練を実施していれば被害者の死傷は避けられたかという点については、神のみぞ知るというケースが多いからである。しかも、かりに「少なくとも〇人の命は助かった」と合理的な疑いを容れない程度に証明しえたとしても、なお、多数の被害者のうち具体的に誰がその「〇人」に相当するかは明らかにしえないことがほとんどであろう。

もっとも、いうまでもないことであるが、結果回避可能性がこのような

問題をはらむのは原理的に避けられないことであって，なにも管理・監督過失に限った話ではない。したがって，結果回避可能性を認定するにあたっては，現実の刑事裁判がまさにそうであるように，「疑わしきは被告人の利益に」の原則を常に念頭におきつつ，鑑定等を活用しながら慎重にこれを行うべきである。さらに，被害者多数の場合においては，「犯情の軽い者から少なくとも〇名」というかたちで認定すべきであろう。これもまた同原則の一適用例にほかならない。

4　過失犯における正犯性

さらに，詳しくは第21章以降を参照されたいが，過失犯における正犯性が問題となる余地もある[15]。すなわち，この事例においては出火原因が必ずしも明らかにされていないが，現実の事案においても，出火原因が故意による（ことに，殺意や傷害の故意をともなう）放火である疑いの残ることがある。そして，そのような場合においては，Xらの過失行為と被害者の死傷結果との間に第三者の故意行為が介入しているとの前提で，その罪責を判断しなければならない（これもまた，「疑わしきは被告人の利益に」の原則の一適用例である）。しかし，そうだとすると，かりに因果関係その他の客観的帰属にかかる要件が充足されたとしても，なお，古くから刑法学上の重要論点であった「（故意）正犯の背後の（過失）正犯」を認め，Xらに業務上過失致死傷罪の正犯を成立させてよいかが問題となるのである[16]。

一般に，「（故意）正犯の背後の（故意）正犯」は認められないと解されている。それは，自由な意思に基づいて不法を実現した者が存在する場合には，もはや，その背後に立つ者を同時に事態の主役＝正犯と評価することができないからである。裏を返すと，たとえ故意があっても，自由な意思が欠ける，たとえば，責任無能力であったり，違法性の錯誤に陥っていたり，あるいは，強制・緊急状況におかれていたりする場合には，背後者

---

[15] 厳密にいうと，安全体制確立義務違反という不作為を処罰する場合には，不作為犯における正犯性もまた問題となりうる。こちらも詳しくは第21章以降（とくに，第28章）で論ずるが，私は，それが作為犯における正犯性とまったく同一であると考えている。簡潔には，小林憲太郎「不作為による関与」判時2249号（2015）3頁以下を参照。
[16] （裁）判例および議論の詳細については，たとえば，松宮孝明『過失犯論の現代的課題』（成文堂，2004）265頁以下，島田聡一郎「管理・監督過失における正犯性，信頼の原則，作為義務」山口厚［編著］『クローズアップ刑法総論』（成文堂，2003）79頁以下を参照。

を正犯と評価する余地がある。

これに対し，背後者が過失犯である場合には別異に解する立場も主張されている。すなわち，そのような場合においては，行為媒介者の自由な意思の有無にかかわりなく，背後者は正犯になりうるというのである。それは実質的には2つの異なる発想によって支えられており，第1に，故意不法と過失不法はその基本原理において異質であり，後者は客観的な帰属可能性をみたす限り，ただちに正犯となる（つまり，共犯という法形象は故意犯においてしか観念しえない）こと，第2に，この事例で放火の疑いを払しょくできなければ，出火後の行為をとらえて処罰しえない限りXらは無罪になるというのは納得のいく結論ではないこと，である。

しかし，私はそのいずれの発想にも反対である。まず，第1については，本書においても繰り返し述べてきたように，故意犯としての処罰もまた制裁としての性格をその基礎としなければならない以上，故意犯に独自の不法などというものを観念することはできず，故意不法は過失不法によって完全に規定されている。したがって，故意犯においてだけ共犯という独自の不法類型が観念できる，などということも原理的にありえず，ただ，過失による（狭義の）共犯が現行刑法上，（過失犯処罰規定を欠き）不可罰とされているにすぎない。こうして，行為媒介者に自由な意思があり，かりに背後者に故意があってもせいぜい（狭義の）共犯にしかなりえない場合には，背後者が過失にとどまる限り不可罰とすべきである。

次に，第2についても，そのような当罰性感覚がどの程度のインテグリティを備えているかははなはだ疑わしい。たとえば，ある道路で歩行者天国が実施されるにあたり，Zがその要所に可動式のバリケードを設置する担当者であったものの，そのことをうっかり失念していたものとしよう。このとき，歩行者天国に進入してきた自動車に歩行者がひかれ，死亡したとしたら，おそらく，Zを業務上過失致死罪で処罰したいと考える方が多いであろう。しかし，もしその自動車の運転者がかねてよりその歩行者のことを憎んでおり，運転中にたまたま見つけたため歩行者天国に進入して故意にひき殺したのだとすれば[17]，Zを処罰することに対しては，むしろ，違和感を抱く方のほうが多いのではなかろうか（いずれの場合においても，バリケードが設置されていれば，歩行者はその後ろに身を隠して難を逃えたものとする）。

プロの法律家の当罰性感覚は，たしかに，それ自体として体系的な整合

性を備えて(おり,なおかつ,刑法の一般理論にも対応して)いることがほとんどである。しかし,そうではあっても,感覚というからには批判的な検証のプロセスが省略されざるをえない。したがって,これを一定の理論的主張の(補助的ではあれ)根拠とするにあたっては,前記,整合性をとろうとする意識的な努力が必要であろう。今回についていえば,死傷者が多数に上るという凄惨さと,放火かどうかがはっきりしない,放火だとしても犯人が分からないというもどかしさが,あくまで「Xらがある個人を死傷させた」ことに対する当罰性感覚をゆがめている可能性が高い。

---

17 完全にパラレルにするためには,歩行者を無差別に殺傷するつもりで歩行者天国に突っ込んできた,という事例にする必要があろうが,本質的には何も変わらない。他方,バリケードの設置忘れを奇貨として突っ込んできた,という付加的な情報まであれば,あるいは,Zに対する処罰欲求の生ずる向きもあるかもしれない。しかし,巷間に見られるXらに対する処罰欲求は,スプリンクラーの不設置等を奇貨として放火したのでなくても生ずるものであろうから,このような付加的情報まで同事例に与える必要はない。
　そのほか,殺意をもって放火する人間は相当数いるが,殺意をもって歩行者天国に自動車で突っ込んでくる人間はそうでないから,そもそも,後者による歩行者の死亡という侵害経過を防止するためにバリケードの設置という作為を義務づけられない,という見解もあるかもしれない。これは,Zに対する処罰欲求の欠如が,その正犯性を論ずる以前に,正犯・共犯に共通する客観的帰属(客観的構成要件)の不充足に根差している,と主張するものであろう。もっとも,たしかに,放火のほうが犯人として特定されにくいという特徴はあるかもしれないが,「故意の殺人のリスクまで算入しなければならないか」というレベルで見たとき,それほど決定的な違いを構成するものとは思われない。

第16章

違法性の意識とその可能性

　　　山下はベテランの弁護士，小林は新米の弁護士
小林：先輩，違法性の意識を欠くにつき相当の理由があるから無罪だ，という主張は筋が悪いですか？
山下：なんだね，唐突に。そりゃ，事案によるとしかいいようがないだろう。
小林：そうですよね，すみません。被告人は外国人なのですが，日本の法律に疎く，護身用にと本人はいっているのですが，大型のナイフを携帯していたという銃刀法違反です。どうやら，本国では許されているらしいんですよ。
山下：そんなもの，どうやって日本に持ち込んだの？
小林：これも本人の弁なのですが，入国後，知り合いから譲り受けたそうです。
山下：で，その知り合いが誰かはいわないんだろ。君，弁護人がそんな不自然なストーリーに乗っかっちゃダメじゃないか。
小林：分かっていますよ。しかし，英語も話せないし，意思疎通自体が困難なのです。
山下：ま，そういう心構えはいまさら私が教えるまでもないと思うから，話を本題に戻すと，やはり，その事案で違法性の意識云々はきついと思うね。
小林：やっぱりそうですか……そうですよね。しかし，学者が書いたものを読んでも，なぜ「きつい」のかがよく分からないのです。
山下：そもそも，無罪になった先例は調べたの？　私の記憶では，たしか，被告人が一貫して（準）公的機関の判断に対して従順であることを前提として，そのような機関自体が被告人を違法行為へと誤導した側面があるとか，そのような機関にとってさえ適法・違法の評価が困難な事情があるとか，そういった事案に限られているだろう。
小林：おぉー，先輩はなんでも知っていますね！
山下：なんだ，馬鹿にしているのかね（苦笑）。ともかく，今回の事案で「きつい」のは分かっただろう。

小林：ちょっと待って下さいよ。たしかに，先例はそうかもしれませんが，学者の本にはたいてい，「違法性の意識の可能性は，行為者の現に備えている法的知識を前提としつつ，努力すれば違法性の意識に到達しえたかによって判定される」と書かれています。そうすると，無罪がおっしゃったような事案に限られるというのは言い過ぎで，今回の事案のように，被告人がただただ無知であるという場合であっても無罪とすべきではないですか。

山下：いや，しかし，法律を知らないといっても，「これはやばいかな」程度のことは思うだろう。そして，そう思えるなら，実際の規制がどうなっているかを調べようと少しは努力すべきだ。これに対して，実際に無罪とされた事案は，被告人がそれなりに調査しても違法とは気づけない，少なくともその合理的な疑いがあった，というものなのだよ。

小林：そうですか……では，私がいろいろ論文や体系書を調べたのは無駄でしたね。無罪を主張する前提で，ちょっと理論的に気になったことも質問しようと考えていたのですが。

山下：そこまでいうなら，その質問とやらも聞くよ。

小林：本当ですか!? 実は，違法性の意識を欠くにつき相当の理由がある場合に故意（犯意）がないと主張すべきか，それとも，責任がないと主張すべきかを悩んでいたのですよ。

山下：ま，私なら前者だろうね。理由は2つあって，両者は鶏と卵のようなものだが，第1に，実際に無罪とした下級審裁判例は故意を否定している，第2に，故意は刑法38条に明文の定めがあるが責任はそうでない。

小林：学者が書いたものに感化されてしまったのかもしれませんが，38条3項って，むしろ，違法性の意識やその可能性は故意と関係がない，といいたがっている条文に見えませんかね。だいいち，そう解さないと，たとえば，過失犯には違法性の意識の可能性が要らないということになってしまいますよ。

山下：過失犯というのは，そもそも違法評価の対象である事実を知らないということだろう。それなのに，違法性の意識を云々するというほうがおかしくないかね。それともなに，たとえば，トラック運転手が前方不注視で建物に突っ込んだとき，過失建造物損壊（道路交通法116条）なんて知りませんでした，といわれたら無罪になるの？ この人は自分が建物に突っ込むなどと思っていないから，関係法令を調査しようとする契機もないんだよ。

小林：あれ，そうなってしまうのですかね。しかし，なにか変だな……。

第16章　違法性の意識とその可能性

山下：おいおい，しっかりしてくれよ。さっき読んでいた文献をもう一度見てみたら？

小林：えっ，あ，はい，そうですね。ええと，『刑法総論の理論と実務』なのですが……。

山下：またそれか（汗）。

小林：ああ，分かりました。違法性の意識の可能性というのは，行為者が不法を実現することとなる行為をやめるよう，自己を動機づけるために必要なファクターなんですよ。なにしろ，自分の行為が違法だと分からなければ，「それをやめようと思え」と刑法が命じることもできないですから。

山下：そこまでは誰でも知っているのだよ。私は「過失犯における違法性の意識の可能性」とやらの話を聞きたいのだが。

小林：そう急かさないで下さいよ（汗）。ええと，刑法が制裁の予告をもって行為者の行為をコントロールするというのは，そのプロセスをもう少し細かく見ていくと，まず，①刑法が行為者に一定の慎重さを要請し，そうすれば行為者は自分の行為が不法を実現するシーンを予見する〔予見可能性〕，そして，これに続き，②刑法が行為者に一定の規範尊重態度を要請し，そうすれば行為者は前記シーンが違法と評価されていることを認識する〔違法性の意識の可能性ないし弁識能力〕，そこまで行けば，あとは，③刑法が行為者に制裁を避けようとする合理的な思考を要請し，そうすれば行為者は行為をやめようとする動機を形成する〔制御能力。もちろん，たとえそのような動機を形成しても行為をやめられない例外的なケースも存在し，そこで欠ける要件こそが，責任主義に基づいて要求される最後の責任要素である意思能力にほかならない〕，めでたしめでたし。

山下：なんだ，「めでたしめでたし」って。そんなふざけたことを書いているのかね，小林とかいう教授は（怒）。

小林：あ，いや，そんなことはないです。あとのほうは私が意訳したのですが（汗）。

山下：ちょっとその本を見せてみたまえ……こら，難解な部分はそのまま読み上げているだけではないか。どこが意訳なのだね。

小林：す，すみません。

山下：まあいいや。要するに，こういうことか。（道交法罰則を含めた広義の）刑法は，車両等の運転者が他人の建造物を損壊することが不法を構成する，すなわち，（特段の違法性阻却事由がない限り，原則として）違法と評価される旨，

規定しており，ただ，行為者が過失にとどまる場合には処罰を業務上過失や重過失に限定する一方，故意まである場合には特段の限定なく処罰している，と。

小林：そうです，そうです。

山下：調子のいいやつだな，本当に分かっているのかね（苦笑）。で，トラック運転手が一定の慎重さを備えれば自己が建造物を損壊するシーンを予見し，さらに，一定の規範尊重態度を備えれば建造物を損壊することが刑法上，違法と評価されていることを認識する，と，こういう具合だね。

小林：はぁ，そうではないですかね。

山下：今度はやけに自信なさげではないか。ともかく，君のおかげで「過失犯における違法性の意識の可能性」というのがよく分かったよ。たしかに，理論的には，過失犯においても違法性の意識の可能性を要求すべきだ。というより，刑法が行為者の行為をコントロールするプロセスのなかに違法性の意識の可能性が組み込まれており，そのプロセスをたどっていくと過失犯の成立要件が認定される，というのが正確かな。違法性の意識を欠くにつき相当の理由があるとき，条文に出てくるからというだけで安易に故意（犯意）を否定すべきではないね。

小林：あのぅ，私もしゃべりたいのですが……。

山下：あと，過失犯処罰規定があることを知りえたかどうかは本質的ではない，というのも分かったな。

小林：……。

◆

I　理論的意義

1　総説

すでに第4章において述べたところであるが，違法性の意識の可能性（違法性の意識を欠くにつき相当の理由がないこと）は，刑罰の制裁としての性質から導かれる，責任主義を構成する責任要素のひとつである。すなわち，もし行為者が刑法の要請する法尊重態度を備えていたとしても，なお行為の違法性を知ることができない場合には，違法な行為に結びつけられた刑

罰の予告がこれをやめさせようとする制御効果を発揮しえない，いいかえれば，制裁の想定する抑止プロセスをたどることができない。したがって，そのような場合には，制裁としての性質を基礎とする刑罰を科すことが許されないのである。

このような発想は学説上，責任説という名で定式化されている。むろん，説にどのような名前をつけるのも原理的には自由であるから，このこと自体に特段の異論はない。もっとも，責任説は学説史において次の2つの理論的負荷を担わされており，にもかかわらず，私は，同説がいずれの負荷からも解放されるべきだと考えている。そこで，以下にこのことを簡単に敷衍しておきたい。

責任説の第1の負荷は，それがいわゆる目的的行為論とセットにされていることである。すなわち，故意・過失はもっぱら不法の要素であり，これをやめるべく動機づけを制御しえたことが責任を構成するのであって，そう解してはじめて責任説が理論的に正当に基礎づけられうる，というのである。また，そのような目的的行為論のなかにも，故意が不法要素とされる根拠を，一定の結果を求めて因果的手段を外界に投入し，事象を目的的に操縦しようとする行為の構造に求めるものと，行為者に差し向けることのできる行為規範がその認識内容によって規定される，という行為規範の構造に求めるものとが存在する[1]。そして，前者のような，いわば原初的な発想を強調すれば，違法性阻却（正当化）事由の錯誤もまた故意を阻却せず，違法性の意識の可能性にかかわるにとどまる，という厳格責任説に至ることになろう（これに対し，後者のような発想からは，その違反が不法を与える行為規範に「正当化事情なく」という但書がついていると解する，つまり，消極的構成要件要素の理論を採用することで，故意を阻却することも絶対に不可能とまではいえない[2]）。

しかし，繰り返しになるが，違法性の意識の可能性が（故意・過失とは別に）責任要素として要求されるのは，刑罰が制裁としての性質を基礎としているからであって，目的的行為論とはまったく関係がない。たしかに，責任説の発見は目的的行為論の偉大な功績ではあるが，それが同説の専権

---

[1] 目的的行為論の諸形態について，詳しくは，小林憲太郎『刑法的帰責——フィナリスムス・客観的帰属論・結果無価値論』（弘文堂，2007）43頁以下を参照。

[2] このような見解の代表例として，井田良『刑法総論の理論構造』（成文堂，2005）153頁以下を参照。

的な利用まで正当化することはありえないのである。そして，そうである以上，厳格責任説が必然的帰結として導かれることもまたありえない。むしろ，正当化事情を誤信しつつ行為に出る行為者は刑法が除こうとする危険性を備えていないから，故意を阻却するほうが正しい結論である。こうして，制限責任説が妥当であると思われる。

　責任説の第2の負荷は，違法性の意識の可能性が故意・過失から等距離にある，と解されていることである。すなわち，故意と過失は犯罪論上，究極的には同質の要素である一方，違法性の意識の可能性だけがこれらとは異質の責任要素であって，そのことは，たとえ故意・過失をともに責任要素ととらえたとしても変わらない[3]，というのである。

　しかし，本書でも繰り返し述べてきたように，そもそも犯罪論の体系に関するこのような前提自体が正しくない。故意・過失はともに責任要素ではあるものの，両者は決して同質ではないのである。もう少し詳しくいうと，過失が予見可能性を意味するとすれば，それは，むしろ，違法性の意識の可能性と同じく責任主義から要請されるものであって，前者を前提として後者が審査される，という関係に立つ（不法が実現されると予見しえない者について，それが違法との評価を受けている旨，認識しえたかを問うのはナンセンスである）。これに対して故意は，責任主義すなわち制裁の観点とは別の，処分の観点から要請される責任要素にほかならない。ただ，刑罰が制裁としての性質を基礎としつつ，これに処分としての性質が補充的に付け加わるという犯罪論の構造に照らし，故意「犯」の成立にも（過失＝予見可能性や）違法性の意識の可能性が必要とされるにすぎない。

　こうして，私は，2つの負荷から解放された（制限）責任説が最も妥当であると考えている。問題は条文上の根拠であり，おそらく，刑法38条3項但書の先にある超法規的責任阻却事由と解さざるをえないであろう。そして，そうであるとすれば，実質的な立法とならないよう慎重に条文上の手がかりを探す賢明な裁判所としては，このような事由の承認に少なからず躊躇を覚えるかもしれない。しかし，違法性の意識の可能性がない場合には無罪とすべきであるという道徳的直観を優先する以上，このような事由の承認は不可避であるし，また，それが裁判所の役割に照らして誤っ

---

[3]　髙山佳奈子『故意と違法性の意識』（有斐閣，1999）は，おそらく，違法性の意識の可能性に関して最も立ち入った検討を加えた重要な作品であるが，この第2の負荷から自由でない点において根本的に支持しえないと思われる。

ているわけでもない。法の解釈とは全体論的解釈，すなわち，条文全体が整合的にとらえられるような解釈であって，なおかつ，それが体系化された道徳的直観と不断に照応され続けなければならない。そして，そうである以上，一見すると法の欠缺に思われる部分——ここでは，違法性の意識の不可能性という責任阻却事由に関する規定の欠如——もまた，条文全体として整合性のとれた解釈を可能とする諸原理によって，実はあらかじめ埋められていることになるのである。

このようなことを忘れ，無罪とするため，とりあえず，条文に書いてある故意（罪を犯す意思）を否定するなどという便宜に走れば，条文全体としての整合的解釈という，もっと重要なものを失いかねないことに十分注意すべきである。しかも，問題となる犯罪要素によっては，このような便宜的処理に逃げられないこともある。同じく責任主義から要請される責任要素としては，たとえば，意思能力があげられよう。反射運動や夢遊病者の行動として人を殺してしまった者がいるとき，いったいどの条文，どの文言から無罪を引き出せるというのであろうか。こうして，裁判所としては，違法性の意識の不可能性を正面から超法規的責任阻却事由と認めることに躊躇すべきではないと思われる。

2 異説の検討

以上に対し，学界の一部においては，違法性の意識ないしその可能性を故意の要件とする，故意説とよばれる見解も主張されている。このうち，現実の違法性の意識を故意の要件とするものを厳格故意説，違法性の意識の可能性を故意の要件とするものを制限故意説という。

制限故意説は，具体的な結論においては本章の立場と大きく重なっているが，理論的な矛盾を内包している点で支持しえない。すなわち，故意と違法性の意識の可能性は，前者が処分，後者が制裁という，まったく異質の原理によって規律されているのであるから，後者を前者の要件とするのは明らかにおかしい。他方，過失犯としての処罰もまた，制裁としての性質を基礎としなければならない——というより，過失犯の成立要件は制裁の要件そのものである——以上，違法性の意識の可能性を必然的に要請する。にもかかわらず，制限故意説は違法性の意識の可能性が過失犯とはかかわりがないというのであるから，その点においても著しく不当であろう。

これに対して厳格故意説は，故意の成立範囲が狭くなりすぎるという周

知の批判が妥当するほか，刑法38条3項本文という明文の規定に抵触することが問題である。論者は同所に定める「法律」を，「具体的に適用されるべき法規」と限定解釈することで抵触を避けようとする。しかし，そのように解釈すると，但書をもつ，その意味で，それなりに限定的な内容を有するはずの本文が，ほとんど自明の理を述べたにすぎないものとなってしまう。これでは，条文全体から醸し出される法の趣旨とはかけ離れたものといわざるをえない。

　このように，故意説は支持しえない見解であるが，同時に，そこには一定の理論的示唆を看取しえないではない。それは次のようなことである。そもそも，不法を実現することの現実の予見がある場合には，単に予見可能性があるにとどまる場合に比して，制裁の想定する抑止プロセスの重要部分をスキップしうるという意味で，より重い責任が基礎づけられうるのであった。これとまったく同じように，行為の違法性を現実に認識している場合には，単に違法性の意識の可能性があるにとどまる場合に比して，より重い責任が基礎づけられうるのである。そして，刑法38条3項但書は，たしかに，そのような現実の違法性の意識の欠如そのものによって刑の減軽の可能性を認めたものではない。しかし，そのような可能性が，あくまで，行為者が違法性の錯誤に陥っている場合に限って認められているという点では，現実の違法性の意識の有無による責任の段階づけそれ自体は承認されているものといえよう。

　ただし，これもすでに述べたことの確認になるが，抑止プロセスがスキップされていることが肝要なのであるから，現実の違法性の意識といっても，当該の具体的な状況において，行為者が法尊重態度を備えれば到達しうるそれに限られる。したがって，行為者が合理的な根拠なく「判例が自己に不利に変更されるかもしれない」と予測していたり，警察その他の公務所から適法であるとの教示を受けたにもかかわらず「いまいち信用できない」と不安に感じていたりしても（いずれも爾後，裁判所が行為を違法と判断したものとする），それはここにいう「現実の違法性の意識」とは評価しえない，という点に十分な注意を要する[4]。

II （裁）判例の変遷

1　最判昭25・11・28刑集4・12・2463

「所謂自然犯たると行政犯たるとを問わず，犯意の成立に違法の認識を必要としないことは当裁判所の判例とするところである（昭和23年(れ)第202号同年7月14日大法廷判決参照）。従つて被告人が所論のように判示進駐軍物資を運搬所持することが法律上許された行為であると誤信したとしてもそのような事情は未だ犯意を阻却する事由とはなしがたい。原判決の認定したところによれば，被告人は判示物件を進駐軍物資と知りながら運搬所持したというのであるから本犯罪の成立をさまたげるものではない。論旨は原判決は被告人は進駐軍物資を運搬することは許されないものであることの認識があつたことの証拠を示さない違法があると主張するのであるが，所謂行政犯たる本件犯罪の成立に違法の認識を要しないこと前述の通りであるから所論のような証拠を示す必要はない。従つて論旨は理由がない」。

これは，違法性の意識不要説を採用する古い判例の代表的なものとして，しばしばあげられるものである。もっとも，厳密にいうと，それは現実の違法性の意識が必要であるかにいう弁護人の主張を排斥したにすぎず，違法性の意識の可能性までもが不要であるとの一般論を展開したものではない。また，本判例は違法性の錯誤がいまだ犯意を阻却しないとは述べているものの，かりにその錯誤が回避不可能であるとしたとき可罰性を阻却する余地を認めるにしても，それが犯意の阻却という形態をとらなければならないというのは強すぎる推論であろう。

4　同様に，責任無能力者が行為の違法性を認識しているように見えても，生理的な原因により法尊重態度の具備が阻害された状態においてのことである以上，それもまたここにいう「現実の違法性の意識」とは評価しえない。最判平20・4・25刑集62・5・1559を素材としつつ，このことを指摘するものとして，林幹人『判例刑法』（東京大学出版会，2011）116頁以下を参照。さらに，責任能力要件内部の弁識能力においては，行為者の弁識内容の正否それ自体ではなく，弁識プロセスの標準からのかい離を問題とすべきだとするものとして，竹川俊也「刑事責任能力論における弁識・制御能力要件の再構成（2・完）」早法67巻1号（2016）256頁以下がある。ただし，本文で述べたように，論者の理解に反し，違法性の意識の可能性においても同様に，弁識プロセスの標準からのかい離を問題としなければならないことに注意を要する。

たしかに，当時の学説は責任説をよく知らなかったこともあって，本判例を故意説とのかかわりにおいて主題化したうえで，同説を排斥したものと理解した。しかし，それはいまにして思えば一種の「決めつけ」であって，すでに当時の段階において，判例のもう少し慎重な解釈が必要であったように思われる。

2　東京高判昭44・9・17高刑集22・4・595＝黒い雪事件

「もとより，刑法第175条の罪の犯意については，前記最高裁判所が猥褻の文書について判示するところであり，これによれば『問題となる記載の存在の認識とこれを頒布，販売することの認識があれば足り，かかる記載のある文書が同条所定の猥褻性を具備するかどうかの認識まで必要としているものではない』ことおよび『かりに，主観的には刑法第175条の猥褻文書にあたらないものと信じてある文書を販売しても，それが客観的に猥褻性を有するならば法律の錯誤として犯意を阻却しないもの』とされている。これを本件についてみれば，本件映画の上映が客観的には同法条に定める猥褻性を具備する図画と解すべきことは前記のとおりであり，被告人らは，いずれも問題となる場面の存在を認識し，これを上映（陳列）することの認識を有していたことは記録上明らかであるから，同人らに刑法第175条の罪の犯意ありとするに十分のごとくでもある。しかし，前記判例といえども，被告人らのごとき映画の上映者において，該映画の上映が同条所定の猥褻性を具備しないものと信ずるにつき，いかに相当の理由がある場合でも，その一切につき犯意を阻却しないものとして処罰する趣旨とは解しがたいのみならず，ここでも，映画の上映における特殊性，すなわち，文書その他の物の場合とは異なる規制機関の存在，しかも，それは，前記のごとく，憲法の改正に伴ない，日本国憲法の精神に合致する制度として発足し，国家もまたそれを是認している制度であることを考慮せざるをえない。かかる観点に立つて，被告人らの本件行為に対する責任について按ずれば，被告人らはいずれも映倫管理委員会の審査の意義を認めて本件映画をその審査に付し，その間，被告人Kは，もとより製作者として主張すべき点は主張して審査員との間に論議を重ねたとはいえ，結局は審査員の勧告に応じ，一部修正，削除して右審査の通過に協力し，本件映画は原判示のように，昭和40年6月4日いわゆる確認審査を経て映倫管理委員会の審査を通過したものであり，被告人両名等本件映画の公開関係者は，

右審査の通過によつて，本件映画の上映が刑法上の猥褻性を帯びるものであるなどとは全く予想せず，社会的に是認され，法律上許容されたものと信じて公然これを上映したものであることは一件記録に照らして明白であり，映倫管理委員会制度発足の趣旨，これに対する社会的評価並びに同委員会の審査を受ける製作者その他の上映関係者の心情等，前叙のごとき諸般の事情にかんがみれば，被告人らにおいて，本件映画の上映もまた刑法上の猥褻性を有するものではなく，法律上許容されたものと信ずるにつき相当の理由があつたものというべきであり，前記最高裁判所判例が犯意について説示するところは当裁判所においても十分これを忖度し，尊重するとしても，前記のごとく映倫審査制度発足以来 16 年にして，多数の映画の中からはじめて公訴を提起されたという極めて特殊な事情にある本件においても，なおこれを単なる情状と解し，被告人らの犯意は阻却しないものとするのはまことに酷に失するものといわざるをえない。してみれば，被告人らは，本件所為につき，いずれも刑法第 175 条の罪の犯意を欠くものと解するのが相当である。記録並びに当裁判所における事実取調の結果に徴するも，他に被告人らの犯意を肯認するに足る証拠はない」。

本裁判例は，刑法 175 条の猥褻図画公然陳列罪（当時）に関し，違法性の意識を欠くにつき相当の理由があったと認め，犯意（故意）を阻却したものである。

事実認定にもかかわるため確実なことはいえないが，本件のような事実関係があれば，たしかに，違法性の意識の可能性はなかったものと認めるのが相当であろう。問題は，そのことが可罰性の阻却を導く過程において，故意を否定するという経路をたどっていることである。そして，実は，同様の下級審裁判例は複数に上っている（東京高判昭 27・12・26 高刑集 5・13・2645 ＝こんにゃくだま事件，東京高判昭 55・9・26 高刑集 33・5・359 ＝石油やみカルテル事件〔ただし，後出の羽田空港ビルデモ事件以後に出されたもの〕などを参照）。

それでは，なぜこのような解釈が裁判所に好まれるのであろうか。それはおそらく，次の 2 つの点に配慮したものであろう。

1 つ目は，すでに述べた条文上の根拠である。刑法 38 条 3 項但書の先に超法規的な可罰性阻却事由を観念するにしても，そこで否定されるのが違法性の意識の可能性という超法規的な責任要素であるというよりも，まだ，（但書が前提とする）本文のほうに出てくる「罪を犯す意思」であると

いうほうが条文から離れずに済む，というわけである。

しかし，再びすでに述べたように，法の解釈に際して条文との部分的な接続を意識しすぎるあまり，条文全体の整合性を創出する犯罪論の体系から齟齬してしまったのでは本末転倒である。そして，1つ目の配慮はまさにこの愚を犯すものであるように思われる。

つづいて，2つ目は，犯罪の成立に違法性の意識など関係ないとする古い判例との整合性である。すなわち，このような発想を推し進め，違法性の意識の可能性さえ犯罪の成立にとり不要とするのが伝統的な最高裁の立場であるとするならば，もはや，法律の錯誤において無罪判決を出すことは判例違反なしには不可能となってしまいかねない。そこで，無罪が相応しいと考えられる場合には，苦肉の策として，（最高裁によっても問題なく故意が否定される）事実の錯誤と明確に区別しないかたちで事案を処理するのである。

しかし，これまた本書において繰り返し述べてきたように，事実の錯誤と法律の錯誤とはこれを規律する原理がまったく異なるのであるから，このような事案処理は問題の本質を隠ぺいするものでしかない。したがって，「最高裁がこれからも違法性の意識の可能性を不要とする立場を堅持するであろう」と考える下級審裁判官としては，むしろ，正面からそのことを批判すべきであろう。もっとも，すぐあとに見るように，最高裁の立場に関するそのような認識は，少なくとも今日においては，もはや実態からズレているように思われる。

3　最判昭53・6・29刑集32・4・967＝羽田空港ビルデモ事件および最決昭62・7・16刑集41・5・237＝百円札模造事件

まずは羽田空港ビルデモ事件である。

「原判決によれば，被告人は，日本中国友好協会（正統）（以下，単に日中正統という。）中央本部の常任理事，教宣委員長をしていた者であること，日中正統と，これと姉妹関係にある日本国際貿易促進協会の両団体は，内閣総理大臣佐藤栄作がアメリカ合衆国政府首脳と会談するため昭和42年11月12日羽田空港から出発して訪米の途につくことを知るや，右訪米は日本と中国との友好関係をそこなうものであるとして，同年9月上旬ころ，これに反対の態度を表明したうえ，機関紙やパンフレットにより，両団体の関係者などに対し，同年11月12日には羽田空港に集つて訪米に反対の

第16章　違法性の意識とその可能性

意思表示をするからこれに参加するように呼びかけていたが，その前日都内清水谷公園で開かれた同じような団体による佐藤首相訪米反対の集会やそれに引き続くデモ行進については，被告人が東京都公安委員会の許可を受けて実行していたのに，この件については許可申請の手続がなされなかつたこと，右の呼びかけに応じて前記両団体の関係者などが昭和42年11月12日東京都大田区羽田空港2丁目3番1号東京国際空港ターミナル・ビルデイング2階国際線出発ロビーに参集したが，被告人は，同日午後2時40分ころ，同ロビー内北西寄りにある人造大理石製灰皿の上に立ち，『首相訪米阻止に集つた日中友好の皆さんはお集り下さい』と呼びかけ，これに応じて集つた約300名の右両団体の関係者らに対し，『首相訪米を阻止しよう』という趣旨の演説をした後みずから司会者となり，日中正統会長Kに演説を依頼し，これに応じた同人が同じような趣旨の演説をした後，同人と交替して前記灰皿の上に立ち，手拳を突きあげて『首相訪米反対』，『蒋来日阻止』，『毛沢東思想万歳』，『中国プロレタリア文化大革命万歳』などのシユプレヒコールの音頭をとり，これに従つて前記集団は一斉に唱和したこと，続いて，関西方面から参集した人々を代表してYが，青年を代表してMが，演説をした後，前記灰皿の上に立つた被告人は，折からロビー内で制服警察官等が本件集団の動向を見ているのを認め，『警官の面前で首相訪米反対の意思を堂々と表示することができたのは偉大な力である』と述べて集団の士気を鼓舞したうえ，『これから抗議行動に移ることとするが，青年が先頭になり，他の人々はその後についてくれ』と指示し，最後に，右手をあげて『行動を開始します』と宣言したこと，これに応じ，前記集団の一部が，同日午後3時4分ころ，同ロビー内北側案内所附近で横約5列，縦十数列に並び，先頭部の約5名がスクラムを組んだうえ，西向きにかけ出し，その後右隊列は順次南方及び東方に方向を転換しながら同ロビー内を半周したうえ，ロビー南東部から延びている職員通路に走り込んだが，こうしてロビー内を半周している際，右隊列中の一部の者が『わつしよい，わつしよい』とか『訪米阻止』とかのかけ声をかけていたこと，空港ビルを管理している日本空港ビルデイング株式会社は，同日午後2時40分ころから数回にわたり，場内マイク放送で『ロビー内での集会は直ちにおやめ下さい』などと繰り返し制止していたけれども，これを無視して前記演説やシユプレヒコールなどが行われ，かつ，各演説の途中及び終了の際に，本件集団は一斉に拍手したり，『そうだ』とかけ

声をかけたりしていたことなどの事実が認められるというのである。
　これらの事実とくに右事実に現われている被告人の言動及び記録によって認められる被告人の経歴，知識，経験に照らすと，被告人は東京都内において集団示威運動を行おうとするときは場所のいかんを問わず本条例に基づき東京都公安委員会の許可を受けなければならないことを知っていたことが明らかであるうえ，終始みずからの意思と行動で本件集団を指導，煽動していたことにより，本件集団の行動が示威運動の性質を帯びていることを認識していたことも明らかであるから，被告人は行為当時本件集団示威運動が法律上許されないものであることを認識していたと認めるのが相当である。原判決が3の1で指摘している事情は，いまだ右の認定を左右するに足りるものではなく，また，本件集団示威運動が比較的平穏なものであつたとの点も，原判決の認定している前記各事実に照らし必ずしも首肯することができないから，右の結論に影響を及ぼすものではない。
　以上によれば，被告人は行為当時本件集団示威運動が法律上許されないものであることを認識していたと認められるから，被告人はそれが法律上許されないものであるとは考えなかつたと認定した原判決は，事実を誤認したものであり，この誤りは判決に影響を及ぼし，原判決を破棄しなければ著しく正義に反すると認められる」。
　本件において，無罪の第1審判決（東京地判昭44・12・18判時583・24）に対する控訴を棄却した原判決（東京高判昭51・6・1高刑集29・2・301）は，被告人が条例違反の認識を欠くにつき相当の理由があったと認め，非難可能性がなく犯罪の成立が阻却されるとしていた。これはまさに責任説の発想を展開したものであり，最高裁の伝統的な立場に関する当時の一般的な理解に照らすと，かなり勇気の要る判示だったのではないかと推測される。たしかに，前出の黒い雪事件をはじめとして，違法性の意識を欠くにつき相当の理由があると認められる場合に故意を否定して無罪とする先例は存在した。しかし，この原判決は——本章の分析からすれば望ましい方向にとはいえ——そこからさらに大きな一歩を踏み出しているのである。
　むろん，この原判決は本判例によって破棄されてしまった。しかし，注目すべきはその理由である。かりに最高裁が違法性の意識の可能性など犯罪の成否には無関係だと考えていたとすれば，原判決を判例違反によって破棄することもありえたであろう。しかし，本判例は，被告人には現実の違法性の意識まであったと認め，事実誤認により原判決を破棄したのであ

る。ここに，違法性の意識の可能性の要否につき態度を留保し，ひいては，将来，実際に違法性の意識の可能性を認めえない事案につき審理，判断することとなった場合には，被告人を無罪とする余地を残そうとする積極的な作為を看取することは，それほど強引な解釈ではないように思われる[5]。

そして，このような最高裁の立場に関する推測は百円札模造事件によってさらに強化されることになる。詳細な事案は第4章において紹介したため，ここでは理論面にかかわる説示部分のみを引用しておくこととしたい。

「被告人Hが第1審判示第1の各行為の，また，被告人Nが同第2の行為の各違法性の意識を欠いていたとしても，それにつきいずれも相当の理由がある場合には当たらないとした原判決の判断は，これを是認することができるから，この際，行為の違法性の意識を欠くにつき相当の理由があれば犯罪は成立しないとの見解の採否についての立ち入つた検討をまつまでもなく，本件各行為を有罪とした原判決の結論に誤りはない」。

すでに述べたように，本章は「行為の違法性の意識を欠くにつき相当の理由があれば犯罪は成立しないとの見解」を採用すべきだと考えている。そして，もちろん，この判例は同見解を採用するとしたものではない。しかし，もし最高裁が「同見解は採用すべきでない」と積極的に考えていたとしたら，はたして，わざわざ同「見解の採否についての立ち入つた検討をまつまでもなく」などという一節を挿入するであろうか。こうして，最高裁は同見解を採用する方向に舵を切った，と見て差し支えないように思われる[6]。

さらに，細かい点であるが，同見解が「犯罪は成立しない」と定義されており，「犯意（故意）は成立しない」とはされていないことにも注意を要する。最高裁としては，制限故意説という特定の見解のみを念頭におくのではなく，より一般化したかたちでとらえようとしたのかもしれない。しかし，すでに見た羽田空港ビルデモ事件の原判決のような例外を除き，違法性の意識を欠くにつき相当の理由がある場合には犯意ないし故意を否定する，というのが無罪の下級審裁判例の主流であったこと，そして，なによりも，学説としての制限故意説は決して「犯罪は成立しない」とはいわない（あくまで，「故意は成立しない」という）ことにかんがみれば，最高

---

5 この点につき，佐藤文哉「判解」最判解刑（昭53）281頁を参照。
6 この点につき，仙波厚「判解」最判解刑（昭62）160頁を参照。

裁が今後，採用する可能性を示唆しているのは責任説のほうだと考えてよいかもしれない。

Ⅲ　発展問題

1　最判昭32・10・18刑集11・10・2663

「刑法38条3項但書は，自己の行為が刑罰法令により処罰さるべきことを知らず，これがためその行為の違法であることを意識しなかつたにかかわらず，それが故意犯として処罰される場合において，右違法の意識を欠くことにつき斟酌または宥恕すべき事由があるときは，刑の減軽をなし得べきことを認めたものと解するを相当とする。従つて自己の行為に適用される具体的な刑罰法令の規定ないし法定刑の寛厳の程度を知らなかつたとしても，その行為の違法であることを意識している場合は，故意の成否につき同項本文の規定をまつまでもなく，また前記のような事由による科刑上の寛典を考慮する余地はあり得ないのであるから，同項但書により刑の減軽をなし得べきものでないことはいうまでもない。

しかるに原判決は，被告人等が共謀して昭和28年2月21日山形県東田川郡本郷村所在の村有の橋を岩石破壊用ダイナマイト15本を使用爆発させて損壊した本件事案につき，被告人Wの第1審公判における，ダイナマイトを使つてこんなことをすると罪が重いということを知らなかつた旨の供述，被告人Kの原審第3回公判における，ダイナマイトを勝手に使うことが悪いこととは思つていたが，こういう重罪ではなく罰金位ですむものと思つていた旨の供述を引用して，『被告人等のこれらの供述によれば，被告人等は死刑または無期もしくは7年以上の懲役または禁錮に処せらるべき爆発物取締罰則1条を知らなかつたものというべきである』と判示し，被告人等の犯行の動機，性格，素行などを参酌して刑法38条3項但書により刑の減軽をなしているものである。これによれば被告人等は右本件所為が違法であることはこれを意識していたものであり，ただその罰条または法定刑の程度を知らなかつたというに過ぎないものであるにかかわらず，一般の量刑事情を挙げて刑法38条3項但書を適用しているのである。

されば原判決は刑法38条3項但書の解釈適用を誤つたものであつて，右違法は判決に影響を及ぼすこと明かであり，原判決を破棄しなければ著

しく正義に反するものと認めなければならない」。

 本判例は，具体的な刑罰法令の規定はもちろんのこと，法定刑の寛厳の程度に関する錯誤もまた，刑法38条3項但書の適用を受けられない旨，判示したものである。そして，刑の減軽の先に，違法性の意識の不可能性という超法規的な責任阻却事由を観念しうるとすれば，同じく，法定刑の寛厳の程度を認識しえなかったとしても，このような責任阻却事由が登場する余地は存在しないことになろう。

 さて，実際問題として，「それほど刑が重いとは思わなかった」という被告人の抗弁を減軽（ないし可罰性阻却）事由として類型的に考慮するというのは，あまり筋の良い議論とはいえないであろう。もっとも，この点については理論的に検討すべき問題が存在しないわけではない。これは学界においては「行為者が認識すべき違法性の質と量」というかたちで主題化されている。

 まず，違法性の質の問題である。これは，もう少し具体的にいうと，行為者が認識できなければならないのは刑法上の違法性か，それとも，民事・行政法上の違法性を統合した一般的な違法性で足りるか，あるいは，法的評価に先立つ（前法的な）反倫理性でもかまわないのか，という争いである。そして，結論からいえば，それは刑法上の違法性でなければならないであろう。

 違法性にはさまざまな種類が存在する。違法一元論とか法秩序の統一性などといっても，それは違法評価により達成しようとする目的が齟齬してはならないというだけであって，およそ違法性が一種類しか観念しえないなどと主張するものではない。たとえば，財産犯の議論において，刑法上の違法性は民法上のそれと一致しなければならない，といわれることがある。しかし，それは，たとえば，ある財産犯の規定が民法上，違法とされる財物取得を（返還請求や損害賠償請求等を超えて）より強力に抑止するために設けられていると解される場合には，民法上，適法とされる財物取得に当該規定を適用し，それゆえ，刑法上，違法と評価してはならないというにすぎない。

 そして，違法性の意識の可能性において問題となる違法性とは，刑罰がその制裁としての性格に基づき，一定の不法を実現する行為をやめさせるプロセスのひとこまとして，その行為に加えられる否定的評価にほかならない。したがって，そういった評価の主体は，刑罰が結びつけられる一定

の不法を定めている法律でなければならないのである。同様に，職場の例で恐縮であるが，学生に対する懲戒処分において認識可能でなければならない否定的評価とは，禁止行為を定めた学則違反性であることになる。

次に，違法性の量の問題である。前出の，法定刑の寛厳の程度に関する錯誤もこれに関係しており，要するに，行為者が軽度の違法性しか認識しえず，より重大な違法性は認識可能性の外にあるというときは，前者の，軽度の違法性に対応する刑罰しか科しえないのではないか，ということである。

しかし，このような問題意識はそもそも前提において誤っているように思われる。というのも，違法性それ自体には重大であるとか，そうでないなどといった区別を観念することができないからである。論者は，たとえば，被害者に大けがを負わせることは，これに小さなけがを負わせることよりも重大な違法評価を受ける，と考えているのかもしれない。しかし，（他の事情が同じであったとして）前者のほうが重い刑罰を科されるのは，それが後者よりも重大な違法評価を受けるからではなく，そもそも，違法評価の対象である不法においてより重大だからである。違法性そのものは，不法に対して加えられる，適法性と対になった二者択一の評価であるにすぎない。

このように見てくると，被害者に大けがを負わせているにもかかわらず，行為者の認識不可能性を根拠として小さなけがを負わせることに対応する刑罰しか科しえない場合があるとすれば，それはより重大な違法性を認識しえないからではありえない。そうではなく，より重大な不法，すなわち，被害者に大けがを負わせることそのものが認識しえないからでなければならないのである。大けがを負わせることに対する違法評価を認識しえないのは，したがって，その当然の帰結であるにすぎない。

2　大阪高判平21・1・20判夕1300・302

「オ　違法性の意識の可能性
(ア)　純客観的・論理的判断の帰結
　a　続いて，違法性の意識の可能性の有無について検討するに，純客観的・論理的に判断する限り，被告人に違法性の意識の可能性があったと評価することにも，一定の合理性が認められる。……
(イ)　具体的経緯を踏まえた総合評価

第16章 違法性の意識とその可能性

しかしながら，違法性の意識を欠いたことについて相当の理由があったかどうかは，違法性を認識するために必要な思考自体の複雑困難さの程度のみによって決すべきものではなく，具体的局面に即し，その立場に置かれた者に対して，客観的・論理的に適正な思考を求めることが酷でないかどうかを，社会通念に照らし，常識的観点から判断することも必要であるところ，上記……の論理操作自体はそれほど難解なものではないとしても，今一度，前記……の事実経過に照らして評価すると，本件において，被告人にそのような思考を要求し，それができずに適法と信じて輸入行為を行ったことをもって，故意犯の成立を認めることが妥当かどうかについては，重大な疑問がある。

　a　警察における事前の指導等との関係

　まず，被告人は……けん銃加工品の輸入事業開始に先立ち，合法的な輸入を行うために必要とされる加工の方法等を警察官や税関職員から確認しているが，この確認行為は，単に個人的に面識のある警察官等に事実上の打診をしたとか，別の話題の中でたまたま付随的に話された内容を信じたとかいうものではなく，けん銃加工品の輸入行為を合法化するという明確な目的をもって，銃器類の規制に関する専門的知見を有することが期待される専門部署の警察官２人から，その方法を詳細に聴取し，同様の期待が可能な警視庁生活安全課に電話をしたり，関空の税関に出向いたりして，自らの疑問を主体的に提示しながら，念入りに合法性を確認したのであるから，被告人が，その指導や回答の内容について，それが警察や税関の内部，ひいては，銃器に関する実務全般に，公的に通用している合法性の基準であると考えるのは，やむを得ないところである。

　加えて，被告人は，警察で教示された基準を，けん銃部品性を否定する法的な十分条件として鵜呑みにすることなく，この基準ではなお不十分であると判断して，各部品に対する破壊度を同基準より更に高め，けん銃部品性を確実に失わせようと，積極的に努力していた。被告人は，『例えば「無可動銃の認定基準」を 100 とした場合，120 か 130 壊した物を出そうという意識はあり，同基準を２割も３割も上回る破壊をすれば，誰も文句は言わないだろうと思っていた。』旨供述しており，この供述は，被告人の心境を示すものとして十分信用できるとともに，この『誰も文句は言わない』という意識は，単に，事実上摘発されることはないという認識を示すにとどまらず，法的な意味でも，誰が判断しても問題なく合法と判定さ

第16章　違法性の意識とその可能性

れる，いわゆる安全圏に達している，という意識を示すものと理解するのが自然であり，客観的に評価しても，警察の専門部署に対して念入りに合法性の基準を確認した上，その基準を上回る加工を実践した以上，自らの行為が法的にも合法であると確信することには，それなりの根拠があったといえる。

　これと異なる見解をとることは，被告人に対して，その指示を守れば適法な輸入ができるという趣旨で，しかも，担当警察官個人の見解ではなく，警察内部の公的な基準に基づいて，客観的には不十分な指導しかしなかった捜査機関自身の落ち度を，その指導内容を上回る実践をした被告人に，刑事責任という重大な不利益を負わせるという形で転嫁することにほかならず，こうした社会的正義の観点も，可能な限り，法的評価に反映させるのが相当である。

　　b　同種輸入行為の集積及びその間における税関側の対応との関係
　次に……被告人が，本件各輸入行為より前に，同種加工品の輸入を繰り返し，その間，税関側から，実質的な安全性にほとんど影響しない些細な不備を含めて，是正を求められていたのに，機関部体自体に関する問題点の指摘は一切受けることがなかったのであって，被告人には，同種加工品の輸入の合法性を再検討する機会は実質的になかったといえ，むしろ，そのような経験を重ねる中で，被告人が，同種加工品は，銃刀法上も機関部体に当たらないという確信を更に強めたとしても，何ら不自然ではなく，そのような被告人に対し，一度も実質的機会を与えないまま，本件各輸入行為に際して，その適法性に関する客観的かつ冷静な判断を求めることには，実際上，過度の困難を強いる面がある。

　　c　輸入対象物についての意識との関係
　被告人は……機関部体の耐久性を相当弱める加工をし，スライドや銃身にも，そのままでは発射が不能になる加工をし……専ら，銃器関係品のマニア向けに，観賞用の装飾銃を構成するセットとして輸入しており，客観的にも，本件押収物全体がけん銃として使用される現実的可能性がなかったことは明らかである。すなわち，本件押収物自体について発射機能を回復させるためには，銃刀法上必要最小限度の発射機能であっても，相当専門的な技能を伴う本格的な修復作業を要することが，各鑑定書に示された修復作業の内容から推察できるところであり，直接の顧客自身が，その発射機能を回復させようと試みることはもとより，本件押収物全体が，顧客

から更に暴力団関係者等に譲り渡され，その者において，発射機能を回復させて発射を試みることも，実際上ほとんど考えられない。被告人は，本件押収物の発射機能については，主観的にも客観的にも，これを排除するに十分な加工をしていたと認められ，それが正に，本件がけん銃の輸入としての起訴に至らなかった理由でもある。

そして，本件各輸入行為の実態を見れば，本件各部品は，決して独立した輸入の対象品ではなく，上記のような鑑賞用のセットの一部分にすぎず，本件各部品がそのセットと切り離されて，性能に欠陥のない別の部品と組み合わされ，凶器として使用されるような可能性も，事実上，ほとんどなかったといえる。確かに，本件各部品を用いてけん銃を製作することはできるし，ガイドレールを補修する技能があれば，使用に伴う危険を防ぐ余地もあるが，そのようなことをするぐらいなら，『別の部品』の供給源になる同形式のけん銃をそのまま使えばよいのであって，あえて耐久性・安全性の点から重大な欠陥があることが明らかな本件各部品を譲り受け，それを別のけん銃の部品と組み合わせてけん銃を作ろうとする者が現実に存在するとは考えられない。そのような状況で，観賞用の銃を1つのセットとして輸入しようとする者に対し，本件押収物の発射機能とは別に，部品ごとに厳密なけん銃部品該当性の冷静かつ正確な把握を求め，『本件各部品を，性能上欠陥のない他の部品と組み合わされて使用すれば，金属製弾丸を最低1発発射できるか』，という現実味の希薄な仮定論に立った判断を求めるのは，相当困難な要求である。……したがって，本件各輸入行為の際の具体的状況下で，被告人が前記……判断を行うことは，実際上，相当困難であり，被告人に銃器類に関する相当専門的な知識があることを考慮しても，一私人である被告人に対し，そのような判断に至れなかったことについて，法的非難を浴びせることは，酷に過ぎるといえる。

(ウ) 小括

上記イの諸点を総合すると，本件において，同アの純客観的・論理的判断の帰結をそのまま適用し，被告人に違法性の意識の可能性があったと認めることは，常識や社会正義に反する価値評価であり，被告人が違法性の意識を欠いたことは，やむを得ないところであって，これについて相当な理由があったと評価するべきである。

カ　結論

以上のとおり，被告人には，本件各部品の輸入がけん銃部品輸入罪の構

成要件に該当する違法な行為である旨の意識がなく，かつ，その意識を欠いたことについて相当な理由があったといえるから，けん銃部品輸入罪の故意を認めることはできず，被告人に同罪は成立しない」。

　本裁判例は，違法性の意識を欠くにつき相当の理由があるとして，けん銃部品輸入罪の故意を否定したものである。すでに述べたように，最終的に否定されるのは故意ではなく責任であるべきであるが，実践的により重要であるのは相当の理由の存否，したがって，違法性の意識の可能性の具体的な判断方法である[7]。もう少し敷衍すると，本裁判例は事前の法調査等の経緯を踏まえて，被告人が違法性の意識に到達しえなかったことを認定している。そして，これに対し，それは先行責任の発想であり個別行為責任の原則に反して許されず，あくまで，処罰対象となる行為（実行行為）の時点において，違法性の意識を可能とする法的知識が被告人に与えられていなければならない，とする批判が投げかけられているのである[8]。

　しかし，結論からいえば，このような批判はあたらないであろう。というのも，このようないわば法調査義務も，あくまで，行為に出るにあたってどの程度の法尊重態度を要請しうるかを，ただ，内部的な精神の緊張よりは類型的に長時間を要する，一定の外部的態度を含めて判断しているにすぎないからである。その論理構造は過失犯における注意義務のひとつである情報収集義務と同一であって，別段，先行責任を問うものではない。これに対し，責任無能力状態下の行為に対し，事前にそのような状態の回避を期待しえたことを理由として，責任能力がある場合と同じ非難をただちに向けられるわけではない。これこそが先行責任論とよばれる問題なのである[9]。

　このように，法調査義務というのも，つまるところは「被告人に対し，刑法の期待する努力をすれば違法性の意識に到達するだけの契機が与えられていたか」の問題にほかならない。そうすると，およそ法調査の要があるとさえ思い至れないほど法的知識の乏しい被告人について，法調査義務の懈怠を根拠に違法性の意識の可能性を肯定することはできない。それは

---

[7] この問題の全般について立ち入った検討を加える余裕はないが，重要な先行業績として，松原久利『違法性の意識の可能性』（成文堂，1992）および同『違法性の錯誤と違法性の意識の可能性』（成文堂，2006）がある。

[8] 髙山・前掲『故意と違法性の意識』336頁以下などを参照。

[9] このような問題意識を肯定的に展開した重要な作品として，安田拓人『刑事責任能力の本質とその判断』（弘文堂，2006）を参照。

第 16 章　違法性の意識とその可能性

　ちょうど，見たこともない種類の魚を手にしたプロの料理人が，これを客に提供するに先立ち，毒魚でないかを調べなければならないのはともかく，そもそも（ふぐ以外に）毒魚が存在することさえ知らない素人が，はじめて釣りをして釣った毒魚をそれと知らずに調理して友人に提供し，これを死に至らしめた場合に（過失致死罪における）予見可能性を肯定しえないのと同様である。

　また，反対に，たとえ期待される法調査を尽くしたとしても，なおあいまいな部分が残ることから違法性の合理的な疑いを払しょくしえない場合には，ただちに違法性の意識の可能性を否定することもできない。それはちょうど，前記料理人が専門の仲買人らに尋ねたところ，多くは大丈夫であろうと回答したものの，長年の経験からある種類の毒魚に共通するわずかな特徴を見出し，仲買人らに見落としがあったのではないかとの合理的な疑いを抱いた場合において，ただちに予見可能性を否定しえないのと同様である。

　ところで，学説には，本裁判例が「社会的正義の観点」を持ち出していることに着目し，そこでは禁反言法理に基づき「国家の非難の資格という視点も取り込まれて」いる，と分析するものもある[10]。もっとも，そのような説示が本裁判例による論証全体のなかで，実践的な機能を果たしているかにはやや疑問なところがあり，単に，すでに別筋で論証済みの無罪という結論が，裁判所と警察を截然と区別しない一般市民による，「国のだまし討ちだ」というある種の怒りの感情に適合することが示されているにすぎないおそれが強い。しかも，現実には，国家の機関ごとに判断が分かれることは往々にしてあるのであって，知識の増加により，そのような感情自体が失われてしまうことも多いであろう。再び職場の例で恐縮であるが，大学職員は日々，たとえば，文部科学省と会計検査院とで判断が分かれるなか，大学の損失を最小化すべく，粛々と職務を遂行しているのである。

　もちろん，たとえば，警察がわざと誤った法情報を提供して犯行に駆り立てたり，あるいは，故意によらずとも，法的誤解に基づき積極的に犯行を推進したりした場合には，当該犯行に対する国家刑罰権の行使が制約さ

10　樋口亮介「責任非難の意義――複数の視点の析出と構造化の試み」法時 90 巻 1 号（2018）9 頁を参照。

れることもありうるであろう。しかし，それは，たとえば，犯意誘発型の
おとり捜査においても同様に問題となりうることがらであって，こと，違
法性の意識の可能性という文脈で考慮することは整合性を欠くのではなか
ろうか。こうして，前記学説の問題意識は——かりに，これを同文脈にお
こうとするのであれば——「この種のケースでは警察に照会する以上に信
頼性の高い法調査手段はないだろう」という，あくまで事実上の考慮にと
どめておくのが妥当であろう。反対にいうと，今回，警察の回答が信用で
きない特別の事情が存在し，かつ，被告人もそのことを十分に認識しえた
とすれば，違法性の意識の可能性を肯定することも不可能ではないと思わ
れる（判例に関してさえ，その変更が優に予測しうる場合には「特別の事情」にあ
たると解してよいであろう）。

第17章

責任能力と原因において自由な行為

山下は法学部の刑法の教授，小林は文学部の倫理学の教授

山下：いやぁ，こんなに会議が長引くとは思いませんでしたね。夕食休憩なんて入ったのははじめてですよ。

小林：山下さんは着任されて2年ほどですよね。昔はしょっちゅうでしたよ。そうそう，この間，国語の入試問題の文章を探していたら，偶然，山下さんの書かれたエッセイを見つけたのですが，法学者もジェイムズ〔William James。アメリカの哲学者，心理学者（1842～1910）〕を参照したりするのですね。

山下：いやはや，恥ずかしいから読まないで下さいよ。専門家の目にふれるだなんて思っていないですから。

小林：そんなそんな，ご謙遜を（笑）。しかし……。

山下：やはり間違っていましたか？

小林：そんな大げさなものではないですが，エッセイで参照されていた彼のやわらかな決定論というのは，なにも，意思の自由を擬制したり，仮定したりしようという発想ではないですよ。あくまで，「意思が何によって決定されているか」を問題とし，山下さんが使われていた表現を借りれば，「意思が規範心理によって決定されている」場合をこそ，実践的に見て自由とよぶにふさわしいのだ，という発想です。

山下：ああ，そうでしたね。いや，後知恵ではなく本当に分かっていたのですが，ついつい「そのような意思を形成しないことも可能であった」と仮設する発想だ，と書いてしまったのです。

小林：もしかして他行為可能性ですか？　しかし，そんなものはもはや批判されるための観念でしょう。

山下：実は，法学の分野でも，近年，他行為可能性という観念に対しては批判が非常に強くなってきています。しかし，それでも，有力な学者の一定数は

依然としてこの観念を支持しています。また，そもそも，批判する文献がものすごい勢いで出ているということは，それだけ，この観念が確固とした地位を占めてきたものととらえられている，ということでしょう。

小林：われわれの業界と同じ現象が少し遅れて起きている，ということでしょうかね。後学のために，法学の分野ではどのような批判がなされているのか教えていただけませんか。

山下：そうですね，まずは倫理学の影響が大きいと思います。責任や非難という発想は必ずしも「そのような行為に出ないことも可能であった」ことを前提としない，ということです。ま，釈迦に説法ですかね。

小林：有名な思考実験がありましてね〔いわゆる「フランクファートの反例」を指すものと思われる〕。ある人が殺人を犯した。ところで，その人の脳には特殊なチップが（あらかじめ第三者によって）埋め込まれており，その人が殺人を思いとどまろうとした瞬間，電気信号を発して殺意を形成させ，殺人を犯させる仕組みになっている。もっとも，その人は実際にはためらうことなく殺人を犯したので，そのチップから電気信号が発せられることはなかった。

山下：法学の論文であげたら実務家は絶対に読んでくれない，というタイプの設例ですね，それは（苦笑）。

小林：実務家というのは……。

山下：裁判官や検察官，弁護士の方々のことですよ。

小林：ほう。しかし，それは偏見ではないですか。私の友人の弁護士は，飲みに行ったら，そんな設例の議論ばかりふっかけてきますよ。ま，それはともかく，先ほどの設例を見れば分かるように，責任とか非難とかいう観念は他行為可能性とかかわりなく成立している。そして，意思の自由ということばがどうしても他行為可能性を強く連想させる以上，もうそういうことばを使うのはやめておこうと，そういう流れになっていますね，とっくに。

山下：なるほど。あとは，他行為可能性テーゼが揺らぐ大きなきっかけになったものとして，脳科学の知見が法学界にも紹介されるようになったことがあげられますかね。むろん，以前から，他行為可能性という意味における意思の自由はその実在を科学的に証明できないから国家刑罰権行使の根拠とはなしえない，という主張はありました。しかし，証明できないどころか，その逆が証明されつつあるらしいということで，そのような主張が俄然勢いを増した，というところでしょうか。

小林：はいはい，例のあれですね。しかし，脳科学に限らず，「合理的主体の自

由」という観念の欺瞞を暴いていこうというのが自然科学・社会科学を問わないトレンドでしょう。人文系は少し遅れてこれを批判的に検討する，という感じですかね。

山下：さらに，そこから少し遅れて，法学にも活かせないかと知恵を絞るのがわれわれの業界のお決まりのパターンです（苦笑）。さて，ほかに，他行為可能性と堂々といいにくい背景的な事情として，法学界に固有のものでは，常習犯やパーソナリティ障害者の実務的な扱いに配慮しなければならない，ということがあげられますかね。

小林：そのような表現をされるということは，「他行為可能性がなさそうだが有罪にしたい」ということでしょうか。

山下：そうはっきりおっしゃられては身も蓋もないのですが（苦笑），要するにそういうことです。私も，この場限りで身も蓋もない話をさせていただきますと，①クレプトマニアが無罪というのはどう考えてもおかしいという直観と，②罪がそれほど重くない，はっきりと効果的で確立された治療法がないといったことから，いったん無罪にしたら強制的に精神病院に収容するなどの他の方策もとれないという実際上の考慮，この２つは軽々に排除できるものではありません。

小林：なるほどねぇ。そういったこともあって，法学界でも，他行為可能性に頼らずに，この局面だと責任能力というのでしょうか，これを定義しようとする動きが強くなっているのですね。

山下：そうです，そうです。もちろん，具体的な定義の仕方は論者によってさまざまですけどね〔責任ないし責任能力に関する刑法学者の手になる最近の論稿はこの点に集中している〕。で，私が先ほどから心配しているのは，このような法学界の議論が倫理学の専門家から見て根本的に間違っていないか，ということなんですよ（笑）。

小林：そんな，間違っているなんてとんでもないですよ。ただ……。

山下：ただ？

小林：いや，その，なんというか，これまでご紹介下さった法学界における議論というのは，裁判実務上の考慮を除けば，責任や非難という観念のとらえ方に関するわれわれの議論と似すぎているのですよ。

山下：いやぁ，それはよかったです。

小林：そのぅ……実は，あまり良い意味では申し上げなかったのですが……法学独自の議論枠組みのようなものはないのですか。われわれは有罪／無罪と

か，懲役何年とか，そういったことは念頭におかずに議論しているものですから，そのまま輸入しても大丈夫なのかと老婆心ながら気になりましてね。
山下：これはこれは，予想外の方向から厳しいご指摘をいただきましたね。
小林：すみません，私が無知なだけだと思うのですが……実は，このあいだ，全学共通カリキュラムの講義で法学部の先生とペアを組んだんですよ。それで，私も，自分の専門分野と関連しそうな法学文献くらいは読んでから講義に臨もうと思いましてね。聞くところによると，『刑法総論の理論と実務』という本が出たばかりということでしたので，図書館に行って手に取ってみたのです。そうしたら，責任能力に関する章があったので，コピーして読んでみたのですよ。
山下：ああ，アレですか……。
小林：あれ？ もしかして，読んではいけない本だったのですか（汗）。
山下：いや，そんなことはないですが……各章の冒頭に変な仮想対話が付いていたでしょう。私はどうもあれが苦手で（苦笑）。
小林：なんだ，そんなことですか。人文系には仮想対話だけで完結する論文さえありますから，とくに違和感はありませんでしたよ。それより，法学だけで自己完結的に，というより，目的論的に責任とか非難とかを論じようとする態度が，私などにはかえって潔く感じられましたが。
山下：ええっ!? 私はいちおう法学者ですが，ピンときませんでしたよ（汗）。
小林：おかしいなぁ，その本の著者が法学的であるように装っているだけなのでしょうかね。ともかく，その著者によると，不法を犯した行為者にその責任を問うというのは，そのこと自体に意味があるのではない。そうではなく，世人に対して「ほら，不法を犯したらこんな目に遭わされるのだぞ」と示し，「法律に『不法を犯したら刑を科する』と書かれているのは現実のことだったのだな。それならば不法を犯すのはやめよう」と思わせる。そういう，将来の不法を抑止するための，いわば「見せしめ」としての意味があるのだ。こういうことなのですよね。
山下：刑罰の目的の基礎には一般予防という発想があるといわれていますが，ま，極端にいえばそのようなことでしょうね。
小林：要するに，法学の分野では，はじめから「まさにその行為者に他行為可能性があったか」を問題とする契機が存在しない，ということですよね。
山下：は？ といいますと……。
小林：だって，世人に対してその処罰が「見せしめ」としての効果をもたらし

うる場合に，あとから「行為者には責任がある，非難可能である」と定義しているのでしょう。ま，このくらいなら責任や非難の語義を超えていないでしょうしね。

山下：ええと，かなり過激に聞こえるのですが，それは他行為可能性があるものとみなす，擬制するということでしょうか。

小林：法学者でない私が答えるのもおかしいですが（苦笑），そういうことではないでしょう。むしろ，責任や非難といった観念に経験的な基礎を与えようとする議論だと思いますよ。ただ，他行為可能性の存在を経験的に証明するというのではなく，単に，「そのような種類の人が不法を犯すのを処罰することにしておけば，人々は往々にして，処罰を恐れて不法を犯すのを差し控えるであろう」という経験則を証明するというかたちで。後者は証明済みですから，経験的に証明しえないものを根拠に国家が刑罰権を行使している，ということにはなりません。そして，「そのような種類の人」には責任がある，非難可能である，とあとから構成するわけです。

山下：で，「見せしめ」のマイナス〔処罰することにともなう負担〕に比してプラス〔抑止効果〕のほうが大きければ，そのような処罰を定める立法は合理的である，と。分からなくはないですが，なんだか，法律家が嫌う「リベラルでない」物言いですね，それは。ふつう，責任や非難というのは，行為者の自由を措定し，それがなければ処罰しえないというかたちで，国家による一方的な刑罰目的追求に歯止めをかける，という観念だとわれわれの業界ではとらえられています。

小林：ああ，そこにいう「刑罰目的」が特別予防というやつですな。

山下：おっ，よくご存じですね。

小林：それも先ほどの本に書いてありましたよ（笑）。しかし，自由を措定されたせいで行為者は処罰されるのですから，処罰に歯止めをかけるという意味でリベラルなのではないでしょう。

山下：いや，ですから，自由を措定されなければ行為者は国家から何の不利益も科せられない，というわけではないのですよ。むしろ，その代わりに，もっぱら特別予防に基づいて国家が介入してくることになる。そして，これを刑罰とよぶかどうかはもはやことばの問題です。

小林：まさにそれを私はいっているのですよ。自由の措定がリベラルだというのは，そうしたほうが行為者に科せられる不利益が小さくなる，という趣旨では必ずしもない。そうではなく，「自由な主体を観念し，そうすることで責

任を問う」という思考形式それ自体が，人を動物とは本質的に違ったものととらえている点でリベラルだ，ということでしょう。で，最初に出てきたやわらかな決定論は，あとから構成された責任や非難の根拠をも（意思の）自由とよんで差し支えない，と，こういっているわけです。

山下：そうですか，あの『刑法総論の理論と実務』の著者は，そういう開き直ったことを書くタイプなのですね（苦笑）。私などは，読んでいてどうもピンと来ないと思っていたのですが，ようやく腑に落ちましたよ。

小林：うーん，開き直るというのは少し違うでしょう。むしろ，私なんかは，一知半解のまま「倫理学の知見を参照して刑事責任論を再構成する」などといっている方々のほうが「痛い」と思いますが。

山下：これは耳が「痛い」ですな（苦笑）。

※本章では「小林」が非法律家であるため，趣旨の伝わりにくいところが多かったかもしれない。少なくとも私自身は，責任非難を行うために①行為者が事実的な意味における意思の自由，すなわち，他行為可能性を有していることも，また，②刑罰威嚇が行為者を他行為へと決定する因果的作用をもつことも，必ずしも要求されないと考えている。しかし，そうであるとしても，たとえば，一定のパーソナリティ障害を有する者に対して刑罰を科することが，合理的関連性というレベルにおける抑止力さえもたない——人々が規範意識をはたらかせて他行為へと動機づけを制御する度合いがまったく増加しない——ことが科学的に明らかにされたならば，そこではもはや責任非難を断念せざるをえず，（刑事）制裁とは別の法益保護方策を考えなければならないであろう。現在の実務がパーソナリティ障害者に対して一律に刑罰を科しているのは，科学的に明らかにされていないこと，そして，そのこともあって，別の方策が立法者により実効的に用意されていないこと，が背景にあるからにすぎず，このことを度外視して責任非難を肯定しようとする近時の一部学説は非常に問題である。第1章において詳論したように，（刑）法は不法を抑止するためにこそ責任非難を行うのであって，この出発点を決して忘れてはならない。

◆

第17章 責任能力と原因において自由な行為

I 責任能力

1 総　説

(1) 大判昭6・12・3刑集10・682

「案スルニ心神喪失ト心神耗弱トハ孰レモ精神障礙ノ態様ニ屬スルモノナリト雖其ノ程度ヲ異ニスルモノニシテ即チ前者ハ精神ノ障礙ニ因リ事物ノ理非善惡ヲ辨識スルノ能力ナク又ハ此ノ辨識ニ從テ行動スル能力ナキ狀態ヲ指稱シ後者ハ精神ノ障礙未タ上敍ノ能力ヲ缺如スル程度ニ達セサルモ其ノ能力著シク減退セル狀態ヲ指稱スルモノナリトス所論鑑定人Eノ鑑定書ニハ被告人ノ犯行當時ニ於ケル心神障礙ノ程度ノ是非辨別判斷能力ノ缺如セル狀態ニアリタリトハ認メラレス精神稍興奮狀態ニアリ妄覺アリテ妄想ニ近キ被害的念慮ヲ懷キ知覺及判斷力ノ不充分ノ狀態ニアリ感情刺戟性ニシテ瑣事ニ異常ニ反應シテ激昂シ衝動性行爲ニ近キ乃至ハ常軌ヲ逸スル暴行ニ出ツルカ如キ感情ノ障礙ノ症狀存シタリトノ趣旨ノ記載アリテ右ニ依レハ本件犯行當時ニ於ケル被告人ノ心神障礙ノ程度ハ普通人ノ有スル程度ノ精神作用ヲ全然缺如セルモノニハアラス唯其ノ程度ニ比シ著シク減退セルモノナリト謂フニアルカ故ニ其ノ精神狀態ハ刑法ニ所謂心神耗弱ノ程度ニアリト認ムヘキモノニシテ所論ノ如ク心神喪失ノ程度ニアリト認ムヘカラサルモノトス果シテ然ラハ所論ノ鑑定ノ結論ハ相當ニシテ又原判決カ右鑑定書ノ記載ヲ引用シテ被告人カ本件犯行當時心神耗弱ノ狀況ニアリタリト判斷シタルハ正當ナリト謂フヘク記録ヲ精査スルモ此ノ點ニ付原判決ニ重大ナル事實ノ誤認アルコトヲ疑フニ足ルヘキ顯著ナル事由ヲ見サルヲ以テ論旨ハ理由ナシ」

(2) 検　討

本判例は古いものであるが，その基本的な内容は今日の実務および学界においても維持されている。すなわち，責任無能力（心神喪失。刑法39条1項）とは，「精神の障害により」（生物学的要素），「弁識能力または制御能力（あるいは，その両方）が欠ける」（心理学的要素）状態を指す（混合的方法）。他方，限定責任能力（心神耗弱。同条2項）とは，当該能力が著しく減退している状態を意味する。

そして，有力な見解によると，心理学的要素がみたされれば常に生物学

的要素もみたされる[1]。いいかえれば，生物学的要素のほうには規範的な意味がない。かりに生物学的要素を限定的に解してみても，それ以外の生理的要因に基づき心理学的要素がみたされれば，どのみち超法規的に責任を阻却せざるをえず無駄な努力だからである。もちろん，生物学的要素は現実の裁判および起訴・不起訴の判断において，精神医学的知見を介して心理学的要素を徴表するという，間接事実としての非常に重要な役割を果たしている。しかし，それはあくまで認定論上のものにすぎないのである。

　このような責任能力のとらえ方は，本書でも繰り返し述べてきたように，制裁という制度を支える責任主義の発想と最も調和的である。不法を実現する行為に対して予告された害悪（刑罰）が，その行為をやめさせるべくはたらくためには，行為者が①その行為はやめるべき（違法）との評価を受けていることを認識しえ，かつ，②その認識に基づいて，その行為をやめようとする動機を形成しえなければならないからである。いうまでもなく，①が弁識能力に，②が制御能力に対応している。そして，主として（生理的要因ではなく）法的知識の欠如に基づき，①が阻害されている場合を事実上，括り出して責任阻却事由としたのが，前章において扱った違法性の意識の不可能性にほかならない。つまり，責任無能力中，弁識無能力と違法性の意識の不可能性との間には，責任阻却を導くプロセスにおいて規範的な違いがない。

　たしかに，生理的要因に基づいて①が阻害される場合には，およそ行為者に法遵守態度を要請しえないことも多い。極端な例をあげれば，赤子がなにかしらの不法を犯したとき，「たとえ法に忠実であろうと努力したとしても，自身の行為の違法性を認識しえなかった」と表現するのは大仰にすぎよう。しかし，それもまた，煎じ詰めれば，「行為の違法性を認識せよと法が期待しえない」という，違法性の意識の不可能性の一ヴァリエーションにすぎないともいえる。また，そうであるからこそ，無過失＝予見不可能性に関しては，たとえ主体が責任無能力であっても，それ以上の概念の分節が行われないのである。

　以上のような責任能力と違法性の意識の可能性に関する概念整理は，もともと，目的的行為論という特定の学術的立場から主張されたものであ

---

[1] 最も明快な主張として，安田拓人『刑事責任能力の本質とその判断』（弘文堂，2006）66頁以下などを参照。

る² 。しかし，両者が責任主義において果たす役割を機能的に観察するならば，このような概念整理は今日の判例・実務や（本書を含む）一般的な刑法体系からも十分に支持することができよう。そして，理論的にはこのような概念整理に基づいて，鑑定が責任能力判断において占める地位³ や，裁判員裁判における責任能力判断の具体的な表現方法⁴ が，さらなる実践的課題として取り組まれるべきだと思われる。

2 異説の検討

以上のような，いわば伝統的な責任能力論に対しては，しかし，有力な批判もなされている⁵ 。すなわち，責任能力の本質は精神の障害という生

---

2 学説史についてはたとえば，小林憲太郎『刑法的帰責――フィナリスムス・客観的帰属論・結果無価値論』（弘文堂，2007）43頁以下を参照。
3 この問題については従来，最決昭58・9・13集刑232・95が指導的な役割を果たしてきたものの，近年になって最判平20・4・25刑集62・5・1559および最決平21・12・8刑集63・11・2829が立て続けに出されたことにより，再び議論が活発化している（さらに，昭和58年決定と平成20年判決のみを引用する最判平27・5・25判時2265・123も参照）。
　紙幅の都合上，ここで詳論はできないが，重要なのは，この問題が原理的には責任能力判断に限った話ではない，ということである。たとえば，被告人の当時の生理的状態に照らし，どのくらいの力でレバーを引くことが期待しえたか（作為義務），あるいは，不法を予見するため，どのくらい精神を緊張させることが要請できたか（予見可能性）もまた，鑑定との関係でまったく同様の問題を引き起こす。したがって，鑑定の意義を責任能力判断に特化して探究するあまり，他の場合と平仄の合わない主張に陥ることのないよう十分な注意が必要であろう。
4 これもまた，独立の論文で検討を要する大問題である。そして，近年では，精神障害の犯行に及ぼした影響と，もともとの人格に基づく判断とを対置させ，その相克関係から責任能力を判断する手法が一般化しているようである。
　むろん，私も，それが明快で分かりやすいものであることは否定しない。「もともとの人格」を観念しえない種類の障害である場合に窮するとか，それが結論の先取りであるなどといった批判もなされているが，射程を限定した比喩にすぎないと考えれば，さほど深刻なものとは思われない。むしろ，真の問題は――かねてより諸所で指摘しているように――ある概念を全体としての刑法体系から切り離し，単体で日常的な表現に置き換えようとする，その方法論である。これでは，ある部品の作り方を分かりやすく教わったが，それがいったいどのような機械の部品であり，また，そこでどのようなはたらきをするのかが皆目分からない，というのと同じであろう。それで「機械が適切に製造されていることへの信頼」が生まれるとは思われない。
　こうして，裁判員裁判においても，あくまで，責任能力が全体としてどのような考え方から求められる，どのような趣旨の要件であるかを念頭におきながら，分かりやすい説明が探求されるべきであろう。そして，いうまでもないことであるが，それは責任能力に限った話ではない。
5 代表的なものとして，たとえば，町野朔ほか［編］『触法精神障害者の処遇〔増補版〕』（信山社，2006）12頁以下〔町野〕を参照。

物学的要素にこそ存在する，というのである。具体的にいうと，心理学的要素にかかる弁識・制御能力が残存しており，それゆえ，制裁としての性質を基礎におく刑罰を原理的には科しうる場合であったとしても，なお（治療）処分を優先するという刑事政策的意義を有するものとされる。このような意味において，責任無能力は精神障害者の特権化された責任阻却事由にほかならない。

　このような発想は，特定の価値観に基づくユートピアとしては非常に魅力的なものである。しかし，それを現行法体系と整合的に理解することはほとんど不可能であろう。治療適応のある精神障害者だけをただちに刑罰から解放するとともに，それ以外の精神障害者については厳格に弁識・制御能力を審査し，たとえそれが欠けると判断されたとしても，責任無能力とは別の，超法規的な責任阻却事由が視野に入れられるにとどまる。このような体制を実現するためには，刑法その他の条文の一部をいじるだけでは足らず，現行法体系を根本的に造り替える必要があるように思われる[6]。

　もちろん，このような「変革」の主張が特定の価値観を超え，十分な公共性を備える余地がないと断言することはできない。しかし，そのためには，たとえば，「統合失調症患者はそれだけで刑罰を免れ，治療を受ける」という制度に改めたことによる刑事政策的有用性の増大が，より経験的な観点からも論証される必要があろう。事後的に見れば，病人を刑務所に入れることは百害あって一利なく，むしろ，病院に入れることが明らかに合理的である。他方で，本書でも繰り返し述べているように，弁識・制御能力のある者に制裁を科することは，事前的に見れば重大な有用性を実現しているのである。このことも決して忘れてはならない。

Ⅱ　原因において自由な行為

1　総　説

　原因において自由な行為とは，周知のように，不法を直接的に実現する結果行為時には責任能力が失われているものの，それを引き起こす原因行

---

[6] このような発想に対する詳細な批判として，たとえば，林幹人『判例刑法』（東京大学出版会，2011）123頁以下を参照。

為時には責任能力が備わっている場合をいう。そして，このような場合においてもなお完全な責任を問うために，いくつかの理論モデルが主張されている。

1つ目は，構成要件モデルである。すなわち，原因行為を，責任無能力状態下での自己の結果行為を利用する，一種の間接正犯ととらえるのである。

このような理論構成が可能な事例においては，まさに原因行為そのものが実行行為となるのであるから，それについて完全な責任を問いうるのは当然であろう。かつて，この構成要件モデルに対しては，原因行為時に未遂犯が成立することになり処罰時期が早くなりすぎる，との批判がなされたことであった。しかし，次章において詳論するように，今日においては，実行行為をいずれに求めるにせよ，未遂犯の成立にとって既遂到達の具体的・現実的危険性を要求するのが通説，そして，おそらくは判例の立場である。したがって，このような批判を深刻に受け止める必要はない。

2つ目は，責任モデルである。これは，代表的な論者のことばを借りると，「結果行為を実行行為と捉え，それに対する責任非難を，完全な責任能力が備わっている原因行為にまで遡って，その時点において行おうとするものである[7]」。かつて，学界において有力であった，同一の意思によって貫かれた一個の行為と責任が同時存在していれば足りるとする解釈[8]もまた，基本的には同様の発想ととらえることができよう。

もっとも，論者は同時に次のように述べる。「ただし，このように責任非難の時点を実行行為時以前に遡及させることができるとしても，責任非難を行う時点で，責任非難のために必要となる責任要素がすべて現実に存在することを要求すべきである。……とくに，このような責任非難は，実行行為の遂行を非難しえない状態の有責な惹起を介してはいるが，あくまでも実行行為の遂行についてのものだから，それに対する故意非難を基礎付けるためには，故意が責任非難の時点においてぜひとも必要となるのである[9]」。

そもそも，原因行為の時点で責任要素がすべてそろっていなければなら

---

[7] 山口厚「実行行為と責任非難」『鈴木茂嗣先生古稀祝賀論文集（上巻）』（成文堂，2007）214頁。
[8] 西原春夫『犯罪実行行為論』（成文堂，1998）150頁以下などを参照。
[9] 山口・前掲「実行行為と責任非難」215頁。

ないのは，それこそが実行行為だからではなかろうか[10]。いいかえれば，責任モデルにおいては，原因行為についての責任がそれに起因する結果行為についての責任を生み出しているにすぎないのである。これでは，実質的に見て構成要件モデルと径庭がなかろう。もし責任を問いうる範囲に差が生じるとすれば，それはモデルそのものではなく，責任要素の解釈の違いに根差しているように思われる。

3つ目は，例外モデルである[11]。これは先行責任論とも呼ばれ，結果行為＝実行行為時には責任能力が欠けるとしても，そのような状態を有責に招致した，いいかえれば，事前の回避を期待しえたことが責任を基礎づけるものと解する。

しかし，このような解釈は成り立たないであろう。すでに述べたように，責任能力もまた，究極的には責任主義を支える責任要素に還元されうるのであるから，これについてのみ特別な責任論を展開することは許されない。これに対して，論者は引受け過失や事前の法調査による禁止の錯誤の回避可能性を援用しようとする。しかし，まず，前者はそもそも引受け行為を実行行為とするものにほかならない。次に，後者についても，それはあくまで行為に出る段階において，法に忠実であろうとすれば，多少時間がかかり，また，ある程度の外部的行為を要するとはいえ，期待可能な法調査を経て違法性の認識に到達しえたはずだ，という趣旨にすぎない。これと，行為に出る段階において，そもそも法に忠実であろうとする態度が阻害されている責任無能力の場合とはまったく異なるのである[12]。

さらに，例外モデルは結論の妥当性という観点からも大きな問題をはらむ。たとえば，結果行為時にはじめて殺意を抱いた場合であっても，なお故意の殺人罪の完全な責任を問われる余地が存するのである。このような結論はわれわれ法律家の健全な当罰性感覚に反するし，のちにも見るように，判例の立場とも整合しないように思われる。そして，このような結論を回避するために原因行為の責任要件を加重していくと，それは結局，責任モデル，ひいては構成要件モデルに立ち戻ることになろう。

10　このような指摘として，たとえば，佐伯仁志『刑法総論の考え方・楽しみ方』（有斐閣，2013）327頁を参照。

11　近時の代表的な主張として，安田・前掲『刑事責任能力の本質とその判断』45頁以下を参照。

12　おそらくは同旨の批判として，町野朔「『原因において自由な行為』の整理・整頓」『松尾浩也先生古稀祝賀論文集（上巻）』（有斐閣，1998）350頁を参照。

以上を要するに，原因において自由な行為は基本的には，構成要件モデルによって解決されるべきである。

2 主として心神耗弱を想定した補助原理

(1) 行為の一体的把握

このように，一般的な刑法理論の適用を超えないという意味で最も筋がとおっているはずのこの構成要件モデルは，しかし，学界において通説ではあっても，いまだ定説とまではなっていない。それは，同モデルをそのまま適用したのでは十分な責任を問いえない，と感じられるケースがあるからである。そこで，以下では，そのようなケースを適切に解決するために考えられる2つの補助原理を試論として提示してみたい。むろん，それらは厳密にいうと，行為者が結果行為時に心神耗弱にとどまった場合にその射程を限定されるわけではない。しかし，従来の学説における議論では，そのような場合に原因行為の正犯性が阻却される[13]ことが同モデルの桎梏ととらえられてきた。したがって，ここでも便宜上，主として心神耗弱の場合を念頭において議論を進めることにしたい。

まず，1つ目の補助原理は行為の一体的把握である。たとえば，行為者が同一の動機に基づいて同一の機会に被害者を殴り続けたが，なんらかの理由により途中から責任能力が減退しており，しかも，被害者の傷害ないし死亡の原因が後半の暴行に求められる，という事例が考えられる。あるいは，最決平16・3・22刑集58・3・187＝クロロホルム事件のような事案（ただし，被害者は第2行為により死亡したものとする）で，被害者にクロロホルムを吸引させて昏倒させたのち，行為者の責任能力がなんらかの事情により低減した，という事例も考えられよう。これらの事例においては，一連の行為を包括的に評価して，それぞれ，ひとつの傷害ないし傷害致死行為，殺人行為ととらえる余地がある。そうすると，そのような，一体的に把握された行為に出るにあたって完全な責任能力が備わってさえいれば，その全体についても完全な責任を問うてよいのではなかろうか。

ところで，第10章において述べたように，分析的に見れば複数の行為を包括してひとつの行為と評価しうる場合であっても，そのうちに違法性

---

[13] 例外的な主張として，山口厚ほか『理論刑法学の最前線』（岩波書店，2001）164頁以下〔佐伯仁志〕などを参照。

が阻却（正当化）される行為が含まれている場合には，責任が問われる不法からこれを除かなければならなかった。そして，1つ目の補助原理はこれと矛盾，衝突するようにも見える[14]。しかし，両者は十分に両立可能であろう。一体的把握とは行為を眺める視点を一歩引くというだけのことであり，それによって，法的に望ましいとされた事態まで制裁をもって抑止すべきであることは導かれない。これに対して，法的に望ましくない事態を回避すべく，自己を動機づける契機が行為者に与えられていたかという観点からすれば，「そもそも，そのような一連の行為にとりかかろうとするな」といえれば十分であるように思われる。

(2) 「あわせて1本」構成

次に，2つ目の補助原理は「あわせて1本」構成である[15]。すなわち，自己の心神耗弱状態下の結果行為を利用する意思，または，実質的にこれを包含する意思に基づき，完全責任能力下で原因行為がなされ，それによって，心神耗弱状態下で結果行為がなされたことが前提である。そして，そのような場合には，同一の行為者が結果行為の責任能力を減退させる原因行為を，別に，それと狙って，あるいは，そもそも原因行為だけで不法を実現するつもりでなしたことにより，完全な責任を問いえなくなるのは不公正である。そこで，結果行為時の責任能力の不足を，原因行為をもあわせ考慮することで補うべきである。このように考えるのである。

「実質的にこれを包含する意思」とは，具体的にいうと，自己の心神喪失状態下の結果行為を利用しようと思ったが実際には心神耗弱にとどまったとか，殺意をもって被害者の頭部に斧を振り下ろしたところ避けられ腕に傷を負わせるにとどまったが，出血を見て情動朦朧の心神耗弱状態に陥り二撃，三撃と続けてついに被害者を殺害した[16]，などといった場合である。反対に，自己の心神耗弱状態下の結果行為を利用しようと思ったが，実際には心神喪失にまでなったような場合には，この1つ目の補助原理を適用すべきではない。被害者の殺害におもむく前に，行為者が景気づけのため飲酒したところ，予想外に酒が回り，心神耗弱になってしまった場合

---

14 この点を指摘するものとして，長井圓「判批」刑法判例百選Ⅰ総論〔第7版〕79頁を参照。
15 先駆的な主張として，平野龍一『刑法総論Ⅱ』（有斐閣，1975）305頁などを参照。
16 著名な裁判例の事案でいえば，東京高判昭54・5・15判時937・123がこれに近いのではなかろうか。

第17章　責任能力と原因において自由な行為

も同様である。それは価値的に見れば，殺人の計画を立てた者が勇気を奮い立たせるためエナジードリンクを飲んだところ，その成分が行為者の特異体質に作用し，責任能力が減退したという——ほとんどの論者が爾後に行われた殺人につき完全な責任を問うことを断念する——事例と差がないからである。

　なお，この2つ目の補助原理は，理論的には，原因行為時に故意が欠ける，つまり，過失犯としての完全な責任を問うためだけであっても，これを適用することが一応は可能である。たとえば，強い酒を飲むとすぐに理性を失って他人を傷つける習癖をもつ行為者が，つい酒席においてウィスキーの一気飲みに興じてしまい，その結果，心神耗弱に陥って他の客を殴り，これにけがをさせてしまったという事例を考えてみよう。ここでは，行為者が刑法上，少なくとも，心神耗弱と評価されうるほど理性を失い，暴れて他人にけがをさせてしまいかねないことを，完全な責任能力を有する原因行為＝一気飲み時に予見可能である。したがって，原因行為も結果行為も同一人によるものであることにかんがみ，「あわせて1本」と構成すべきである。ただし，少なくとも原因行為時には故意が欠けるのであるから，完全な責任を問いうるのはせいぜい過失犯にとどまるものと解すべきである。

　もっとも，たとえこのように2つ目の補助原理を過失犯にも適用してみたところで，どのみち（刑が減軽されるとはいえ）故意犯が成立しうる。この事例でいえば，わざわざ（重）過失傷害罪の完全な責任を問う方策を探求しなくても，（刑が減軽されるとはいえ）故意の傷害罪が問題なく成立しうるのである。しかも，おそらく前者は後者に吸収されるであろうから，あまり実益のある解釈とはいえない[17]。したがって，以下の検討においては，2つ目の補助原理を問題とするに際し，過失犯は考慮の対象から外しておくこととしたい。

3　（裁）判例の検討

(1)　最大判昭26・1・17刑集5・1・20

被告人は昭和某年4月22日午前11時過ぎころ，飲食店において同店の

17　この点を指摘するものとして，橋爪隆「『原因において自由な行為』について」法教425号（2016）115頁注39を参照。

使用人であるIと飲食をともにし，同日午後2時ころ，同店調理場において同店の女給であるMより「いい機嫌だね」といわれるや，同女の左肩に手をかけ被告人の顔を同女の顔に近よせたのに，同女よりすげなく拒絶されたため同女を殴打するや，居合わせたIおよび料理人Kらより制止されて憤慨し，とっさに傍にあった肉切り包丁をもってIの左鼠径靱帯中央下部を突き刺し，よって左股動脈切断による出血によりその場に即死させた。ただし，被告人にIに対する暴行または傷害の意思があったとは認められない。また，被告人には精神病の遺伝的素質が潜在するとともに著しい回帰性精神病者的顕在症状を有するため，犯行時はなはだしく多量に飲酒したことによって病的酩酊に陥り，ついに心神喪失の状態において前記殺人を行ったことが認められる。

　原判決（札幌高函館支判昭25・1・13刑集5・1・40参照）が殺人の公訴事実に対して無罪を言い渡したため，検察官が上告した（他の罪となるべき事実につき被告人も上告）。最高裁は次のように述べて原判決を破棄し，差し戻した。

　「本件被告人の如く，多量に飲酒するときは病的酩酊に陥り，因つて心神喪失の状態において他人に犯罪の害悪を及ぼす危険ある素質を有する者は居常右心神喪失の原因となる飲酒を抑止又は制限する等前示危険の発生を未然に防止するよう注意する義務あるものといわねばならない。しからば，たとえ原判決認定のように，本件殺人の所為は被告人の心神喪失時の所為であつたとしても(イ)被告人にして既に前示のような己れの素質を自覚していたものであり且つ(ロ)本件事前の飲酒につき前示注意義務を怠つたためであるとするならば，被告人は過失致死の罪責を免れ得ないものといわねばならない」。

　本判例は少なくとも，最高裁が例外モデルを採用していないことを示している。というのも，本件においては，被告人に対し事前に心神喪失状態の回避を期待しえた以上，同モデルによれば殺人罪について完全な責任を問うことが可能となるはずだからである。

　そこで，次に視野に入れられるのが，原因行為，すなわち，飲酒時における被告人の認識内容に対応した犯罪，ここでは過失致死罪である。そして，結果行為を実行行為としながらも，原因行為時の責任に基づいてこれを非難しようとする責任モデルが，煎じ詰めれば，原因行為そのものを実行行為とする構成要件モデルに帰することはすでに述べたとおりである。

415

本判例も，飲酒を抑止または制限する注意義務の違反を問題とし，おのれの素質の自覚から（おそらく）予見可能性を認定しているから，実質的には同様の発想に基づくものと評価することができよう。むろん，そのような素質の自覚から，すでに，原因行為時に暴行または傷害の未必的故意を肯定しうるのではないか，という議論も不可能ではない。その場合には傷害致死罪までが視野に入ってくる[18]。しかし，それは事実認定に関する次元の異なる問題である。

ところで，学説には，「行為者が自分の落度に基づいて心神喪失という責任阻却事由を自招した以上，行為者にその援用が許されるべきではない」という発想こそが過失致死罪の成立を基礎づけている，というものもある。それは要するに例外モデルの適用であり，過失犯の帰属においてはそれこそが本来的な形態だ，というのである[19]。純粋な学術的観点からは非常に興味深い主張であろう。

もっとも，第14章においても詳論したように，過失犯の不法は理論的には故意犯のそれとまったく同じである。また，判例・実務も，前提となる事実関係が大きく異なるため見えにくくなっているものの，たとえば，被告人が被害者の死亡を予見していたかどうかによって，不法を限定する諸原理を変えているわけではない。したがって，過失犯においてのみ特別な帰属の形態を構想するのは，私には適当とは思われない。

また，論者は構成要件モデルを批判して，たとえば，本判例が心神喪失状態の自招をもって客観的帰属を肯定しているのは実質的には例外モデルの主張である，という[20]。しかし，本判例はなにも，自己を心神喪失に陥らせたことそのものに着目しているわけではない。そうではなく，あくまで，酔うと理性を失って他人を傷つけるような素質を有する被告人が飲酒

---

18 同罪の成立を認めたものとして，名古屋高判昭31・4・19高刑集9・5・411などを参照。これに対し，重過失致死罪の成立を認めるにとどめたものとして，東京高判昭41・3・30判タ191・200，京都地舞鶴支判昭51・12・8判時958・135などがある。
19 髙橋則夫ほか『理論刑法学入門——刑法理論の味わい方』（日本評論社，2014）97頁以下〔杉本一敏〕などを参照。
20 髙橋ほか・前掲『理論刑法学入門——刑法理論の味わい方』101頁以下〔杉本一敏〕などを参照。ほかにも，福井地判昭38・6・17下刑集5・5=6・576や横浜地判昭49・8・7判時760・114があげられている。たしかに，これらの裁判例は例外モデルに親和的な言い回しを含んでいる。しかし，それらは，判決文全体をとおして読めば，2つ目の補助原理の適用を企図したものであるか，または，あくまで当該事実関係のもとにおいては，心神喪失の自招が許されない危険の創出と結びついていることを前提にしたものであろう。

をしてしまった，ということに着目しているのである。心神喪失状態は，したがって，原因行為の客観的帰属ではなく，ただ，正犯性を基礎づけるにすぎない。これが例外モデルの主張でないことは明らかであろう。

(2) 最決昭43・2・27刑集22・2・67

被告人は，自己所有の自動車を運転して印刷物の配達を終えてからバーに行き，3〜4時間飲酒したのち，自己の自動車駐車場所に引き返そうとしたが，結局，他人所有の自動車を乗り出して（窃取し，）酒酔い運転を行った。この段階で，被告人は心神耗弱の状態にあった。

「なお，本件のように，酒酔い運転の行為当時に飲酒酩酊により心神耗弱の状態にあつたとしても，飲酒の際酒酔い運転の意思が認められる場合には，刑法39条2項を適用して刑の減軽をすべきではないと解するのが相当である」。

本件は，心神耗弱による刑の減軽を排除するために，2つ目の補助原理の適用が問題となりうる典型的な事案である。そして，実際にこれを適用するためには，飲酒により，少なくとも，心神耗弱状態に陥ることの未必的な認識が必要となる。もしそれがないと，たとえば，被告人がほろ酔い気分（ただし，酒酔い運転のレベルには達している）にとどめようと飲酒量を抑えていたにもかかわらず，友人が面白半分で，被告人のグラスに高濃度のアルコールをこっそり混入しておいた結果，心神耗弱に陥った場合にまで刑の減軽が否定されることになり，妥当でないように思われる。もっとも，いうまでもないことであるが，心神耗弱状態の認識といっても，そのような法的評価まで被告人が正しく下せる必要はない。そうではなく，単に，ひどく酔っ払って理性的なコントロールが効きにくくなることを認識していれば足りる。

一方，本判例は，そのなお書きが非常に簡潔なこともあり，論理的にはさまざまな読み方が可能である。もちろん，飲酒の時点で酒酔い運転の意思が認められることが完全な責任を問うための前提として指摘されている点，および，心神耗弱状態に陥ることの認識が問題とされていない点を素直に受け止めるならば，責任モデルに親和的な判示と評価することが一応は可能であろう[21]。もっとも，このような簡潔な判示が特定の理論的な負荷を担っているというのも，それ自体，かなり強引な解釈かもしれない。むしろ，酒酔い運転なのだから，最初からそのつもりがある限り，酒に酔いすぎたせいで刑が軽くなるというのはおかしい，という道徳的直観をそ

のまま示したものととらえるべきではなかろうか。

　たしかに，そのような道徳的直観は強い訴求力をもっている。しかし，先の，友人がいたずらをした事例のように，それがただちには全面的にはたらかない場合が存在することもまたたしかである。そして，そのような場合を異なって扱うことを合理的に正当化するためにこそ，一定の理論モデルやその補助原理が必要となるように思われる。

　なお，本件と構造的に似た事案として，大阪高判昭56・9・30高刑集34・3・385があげられる。これは，覚せい剤の使用および所持の時点で（覚せい剤中毒等により）少なくとも心神耗弱の状態であった，というものである。大阪高裁は次のように判示している。

「被告人は反復して覚せい剤を使用する意思のもとに，昭和52年12月15日夕刻すぎ4.81グラムを上回る量を譲り受けて注射したのであつて，右の一部を使用した原判示第1の所為は右の犯意がそのまま実現されたものということができ，譲り受け及び当初の使用時には責任能力が認められるから，実行行為のときに覚せい剤等の影響で少なくとも心神耗弱状態にあつても，被告人に対し刑法39条を適用すべきではないと考える。原判示第2事実についても同様であつて，犯行日時である昭和52年12月19日午後9時半すぎころは少なくとも心神耗弱状態にあり，原判決は相当でないが，被告人は覚せい剤の使用残量を継続して所持する意思のもとに所持をはじめたものであり，責任能力があつた当時の犯意が継続実現されたものといえるから，これまた刑法39条を適用すべきではない」。

　ここでも2つ目の補助原理の適用が問題となりうる。そして，被告人が，少なくとも，刑法上，心神耗弱と評価されうるほど，いわば「理性を失った」状態で覚せい剤を使用および所持することを未必的にであれ認識していたのであれば，これが適用され，刑の減軽は否定されることになろう。

　これに対して大阪高裁のほうは，本判例と同様，責任モデルという特定の理論モデルを展開しているというよりも，むしろ，もう少し素朴な当罰性感覚を直截的にいいあらわしたものであろう。要するに，覚せい剤を使

21　本判例「の文言を素直に読むならば，酒酔い運転の意思の連続性ないし意思実現を理由として39条2項の適用を排除したものであり，意思実現説〔責任モデルのひとつ〕を採用したものと評価できよう」としつつ，他方で「飲酒して酒酔い運転をするという意思の中に心神喪失・心神耗弱状態に陥ることの素人的認識を認めることも可能である」旨，指摘するものとして，中空壽雅「判批」刑法判例百選Ⅰ総論〔第7版〕81頁を参照。

用したらおかしくなったから，そのあとも使い続けた点については刑を減軽してあげる，というのは筋がとおらないだろうということである。しかし，すでに述べたように，そのような個別の当罰性感覚を全体論的見地から批判的に吟味することこそが，理論モデルの構築や補助原理による修正という学術的営為である。これをスキップすることは許されない。

　ところで，この裁判例の事案においては，むしろ，1つ目の補助原理のほうが問題になると解する向きもあるかもしれない。それは，覚せい剤の使用および所持が包括して一罪と評価されうることを根拠にするものである。しかし，詳しくは第30章において述べるが，包括一罪の法的性質は決して一枚岩ではない。たとえば，個別の行為について有罪の立証が可能であれば問題なく併合罪となしうるものの，それが不可能である場合のいわば（立証上の）救済概念として包括一罪が構想されることもある。そして，この事案においては，使用および所持を，それぞれ，ひとつの行為として一体的に把握する――ちょうど，けんかにおける殴る蹴るをひとつの暴行行為ととらえるように――ことは非常に困難であるように思われる。

　(3)　長崎地判平4・1・14判時1415・142

　被告人は被告人方において，某日午後2時ころ，妻A子に対し手拳で頭部・顔面等を殴打したが，なおも同女に対し，その後，同日午後11時ころまでの間，腹立ちまぎれに焼酎を飲んで酩酊の度を強めながら数次にわたり手拳で頭部・顔面等を殴打し，背部等を足蹴にする暴行を加えたうえ，居間に向かって押し倒し，同間にうつ伏せに倒れた同女をなおも叩こうと同間に入ろうとした際，敷居につまずき同間東側アルミサッシガラス戸に頭を強打したことからいっそう激昂し，同女の背部・臀部等を足で踏みつけ，肩たたき棒で頭部等を滅多打ちするなどの暴行を加え，よって，同女に頭部・顔面および胸背部打撲による皮下出血，筋肉内出血ならびに胸骨および肋骨骨折による胸腔内出血等の傷害を負わせ，同日午後11時ころ，被告人方居間において，同女を前記傷害に基づく外傷性ショックにより死亡させた（致命傷は居間における暴行による）。なお，被告人は飲酒によって本件犯行のはじめの時期には単純酩酊の状態にあったが，その後，本件犯行の中核的な行為を行った時期には複雑酩酊の状態になっていたものであって，前記状態において被告人の是非善悪を弁別する能力は著しく減退しており，それに従って行為する能力は著しく減退していた，すなわち，被告人は犯行途中より心神耗弱の状態になった。

第17章 責任能力と原因において自由な行為

「本件は，同一の機会に同一の意思の発動にでたもので，実行行為は継続的あるいは断続的に行われたものであるところ，被告人は，心神耗弱下において犯行を開始したのではなく，犯行開始時において責任能力に問題はなかったが，犯行を開始した後に更に自ら飲酒を継続したために，その実行行為の途中において複雑酩酊となり心神耗弱の状態に陥ったにすぎないものであるから，このような場合に，右事情を量刑上斟酌すべきことは格別，被告人に対し非難可能性の減弱を認め，その刑を必要的に減軽すべき実質的根拠があるとは言いがたい。そうすると，刑法39条2項を適用すべきではないと解するのが相当である」。

本件は，心神耗弱による刑の減軽を排除するために，1つ目の補助原理の適用が問題となりうる典型的な事案である。その意味で，2つ目の補助原理の適用が問題となりうる(2)の判例の事案と好対照をなす。実際にも，本裁判例は，実質的にはひとつの実行行為ととらえられること，および，その開始時においては責任能力に問題がなかったこと，を根拠として刑法39条2項の適用を否定している。

もっとも，ここで一応，争いうるのは，本件において実行行為の全体をひとつととらえる，その刑法的評価自体が適切かどうかである。そして，夫婦げんかから（高齢であることを考慮しても）相手方を死亡させるほど強度の暴行を加えるに至るという事態の推移は，そのような評価に疑問を生じさせるものであろう。このような場合には，暴行の動機においても，その客観的な態様においても，重要な断絶があると解されることが多いからである。そうすると，もしそのような評価が適切でないとすれば，致死の原因となった暴行が心神耗弱状態に陥る前に加えられたものであるとの証明がない限り，傷害致死罪についての完全な責任を問うことはできない[22]。

これに対し，より明快に「被告人の暴行は，その全部を一体として評価すべきであり，仮に犯行の後半部分において，被告人がその責任能力に何らかの影響を及ぼすべき精神状態に陥っていたとしても，刑法39条1項又は2項は適用されないものと解すべきである」と判示した裁判例として，すでに大阪地判昭58・3・18判時1086・158がある。1つ目の補助原

22　以上を的確に指摘するものとして，橋爪・前掲「『原因において自由な行為』について」120頁を参照。もちろん，論者のいうように，「『実行行為の一体性』という観点」とは別の観点から，完全な責任を問う余地はなお排除されない。それは実質的には，2つ目の補助原理の適用を視野に入れるということである。

理を適用して，傷害致死罪についての完全な責任を問うた典型例といえよう。ただし，この事案においては，そもそも，責任能力に疑いのない犯行の前半「段階において被害者に加えた暴行は，優に致死の結果をもたらしうるものと認められる」旨，あわせて認定されていることに注意を要する。もしそれが因果関係まで含意しているのであれば，そのことだけで同罪の完全な責任を問うことも可能であろう。

　そのほか，厳密にいえば実行行為そのものではないものの，これに密接する行為を含めた一連の行為をひとつの傷害行為ととらえ，それにとりかかる段階で完全な責任能力が備わっていたことを根拠に傷害罪についての完全な責任を認めた裁判例として，東京地判平9・7・15判時1641・156がある。これは，被害者と口論になった被告人（てんかんの疾患を有する）が被害者を包丁で刺して傷害を負わせたが，刺した時点においてすでにてんかんの発作が起こっていた可能性がある，というものであった。ここで，東京地裁は次のように判示している。1つ目の補助原理の的確な適用といえよう。

　「1　まず，被告人の捜査段階の供述によれば，被告人に傷害の故意及び責任能力が存することは明らかである。

　2　次に，被告人の公判供述によっても，包丁で刺したこととベランダでの暴行との継続性を否定する事情はなく，それらは一連の行動であると認められ，台所でB子〔被害者〕を捕まえて刃先の鋭利な包丁を手に取ったことまでは認識していたというのであるから，遅くとも包丁を手にした時点までに傷害の故意を生じたと認められる。そうすると，仮にB子を刺した時点で発作が起きていたとしても，発作中の行為はその直前の意思に従ったものであって故意に欠けるところはない。

　3　捜査報告書によれば，被告人は交通事故による外傷性のてんかんを患い，医師の投与する薬を服用していたところ，時々発作を起こし，発作を起こしている間は意識がなくなるものの，発作を起こす前及び意識が戻った後は通常の者と同様に意識があり，物事の善悪も分別できることが認められる。

　そうすると，B子を刺した時点で発作が起きていたとしても，2で検討したとおり，発作中の行為がその直前の被告人の意思に従ったものである以上，被告人は自己の行為を認識して善悪の判断をしそれに従って行動する能力を有しつつ実行したものといえ，完全な責任能力が認められる」。

Ⅲ　理論モデルの実務的考察——原因において自由な行為を中心に

　原因において自由な行為は学説と実務のかい離が最も激しい問題領域のひとつである。法科大学院の創設と，それによる実務家と研究者の交流の増加にともない，多くの問題領域において，学説は実務を強く意識したものとなっている。ところが，こと原因において自由な行為に関しては，学界における通説が「通常の刑法理論を適用すれば足りる」と述べるだけである。つまり，具体的にどのようにして刑法39条の適用を否定すればよいかについては，ほとんど語るところがないのである。しかも，自説に堂々と構成要件「モデル」という，一般的な刑法解釈論には登場しない抽象的な表現を用いている。そこで，以下では，簡潔にではあるが，構成要件モデルとその補助原理が現実の事案処理においてどのように機能するのかを箇条書き風に示しておくこととしたい。

①完全な責任能力のある時点において，最終的に実現することとなる不法の予見がない限り，故意犯としての完全な責任を問うことはできない。
②結果行為時に心神喪失状態であれば，原因行為の正犯性はただちにみたされる。したがって，同じく，故意犯としての完全な責任を問うためには，早すぎた構成要件の実現におけるのと同様，「不法を実現することを認識しながら，重要な一線を越えて原因行為にとりかかる」ことが必要である。
③結果行為時に心神耗弱にとどまる場合，原因行為の正犯性が否定されるから，原因行為そのものを実行行為ととらえて完全な責任を問うことはできない。もっとも，心神耗弱（ひいては心神喪失）状態を利用する意思があったり，あるいは，そのような状態下で結果行為に出るまでもなく，不法を実現しうると考えて原因行為をなしたりした場合には，刑を減軽するのが不公正である。したがって，そのようなメタの発想から完全な責任を肯定すべきである。
④行為者の一連の行為を包括して，ひとつの（たとえば，傷害）行為と評価しうる場合には，たとえその途中で責任能力が減退ないし喪失しても，その開始時に完全な責任能力がありさえすれば，なお完全な責任を問うことが可能である。

依然として抽象的かもしれない。しかし，少なくとも，通説が「刑法の一般理論をそのまま適用せよ」とのみ言い残すよりは，具体的な判断が容易になるのではなかろうか。そして，すでに見たように，多くの（裁）判例が，実際には，ほぼ同様の方針に従って刑法39条の適用を制限ないし排除していると思われる。

第18章

未遂犯（上）

　　山下はベテランの裁判官，小林は新米の裁判官
小林：今日の研究会，学者の方々はあまり発言しませんでしたね。
山下：そりゃあ，判例研究会だからね。彼らは知らないことが多すぎる。
小林：えっ？　しかし，学者も判例評釈を書いたり，論文で判例を検討したりしますよね。
山下：そういうことではない。われわれは本職なんだよ。それで飯を食っているんだ。学者が判例について書いたものは，個々の指摘がどれだけ鋭かろうが，どこかしらおもちゃっぽい。
小林：はぁ，そうなんですか。
山下：君もすぐに分かるようになるよ。
小林：しかし，その割に，先輩方は学者の判例評釈や論文を読まれますよね。それはなぜなのですか。
山下：それはね，考慮すべきファクターに「漏れ」がないかを確認するためなのだよ。先ほどもいったが，学者の立てた一般理論や原理といったものに，われわれがそのままのかたちで従うことはない。それは，端的にいえば実態に合わないからだ。ただ，学者がそのような理論や原理を主張するなかで掲げている論拠や，参照している諸外国の動向には大いに参考になるところがある。ああ，そういう点も考えておかなければならないな，と。
小林：ふぅん，そうなんですか。
山下：そうだよ。今日の判例は実行の着手時期に関するものだったが，議論のなかで，「心神喪失・抗拒不能とまではいえないが，泥酔に近い状態の複数の女性がマンションの一室に集まっており，そこに新たにやって来た行為者が，隣室に連れ込めばただちに強いて性交しうる状況のもと，好みの女性を物色する」ことが強制性交等罪（刑法177条前段）の実行の着手を構成しうるか，という話が出てきただろう。

小林：ああ，たしか，若手の学者が物色説の意義とその限界がどうとかいっていましたね。
山下：そう。しかし，「物色」ということばだけを取り出して，その内容を理論的に解明しようとする，というのがすでにダメなんだ。「このような事案では，このような段階で窃盗罪（刑法235条）の実行の着手を認めるべきだ」と判断されたとき，あとから，当該段階を表現するのにふさわしい日本語を探してたどり着いたのが「物色」なのだよ。
小林：それでは，学者の議論のなかで，いったいどういうものが役に立つのですか。
山下：今日の議論の話？　それなら，日本語がどうとかいっておきながらこういうのもなんだが，ドイツの学説・判例の紹介かな。
小林：そうなんですか。聞き慣れない概念が多くてよく分かりませんでしたが……。
山下：聞き慣れないというのは私も同じだが，議論の実質的な中身としては，構成要件領域への作用というのがなかなか面白かったね。
小林：あっ，まさにそれがよく分からなかったやつですよ。〔2つの行為によって既遂に至るとき，第1行為の時点で成立すべき〕未終了未遂に固有の要件として，①第2行為遂行の容易性とか，②第2行為遂行との時間的近接性とかは分かるのですが，最後の，③〔第1行為による〕構成要件領域への作用というのが初耳でして……。
山下：要するに，①と②だけでは終了未遂に至る危険の具体性とか現実性しか見ないことになってしまうから，これらに加えて，なんというか，当該構成要件該当行為〔実行行為〕に固有の不法内容に対する「近さ」のようなものを要求すべきだ，ということだよね。窃盗だと，財物に対する事実的支配〔占有〕を侵すのが構成要件該当行為だが，そういった支配をさらに取り囲む〔占有者の〕勢力圏内に侵入する，あるいは，少なくとも，侵入しようとすることが構成要件領域への作用といえるだろう。
小林：誰かがいっていた，被害者領域への作用というのは関係があるのですかね。
山下：私の理解したところだと，構成要件領域への作用が上位概念であり，当該構成要件が被害者の支配領域を侵害することを不法内容とする場合には，被害者領域への作用というかたちで具体化される，ということではないかな。で，窃盗の構成要件はまさにそのような場合だから，被害者領域への作用と

第18章　未遂犯（上）

　　表現してかまわない。
小林：なるほど。今日，どなたかが「物色説というのは，そういう事案だと物色説が妥当だ，という趣旨にすぎない」と発言していましたが，たしかに，車上荒らしだと開いた窓から腕を入れただけで，露出した状態で商品を展示している骨董屋だと侵入しただけで，窃盗未遂になるというのは被害者領域への作用と表現すれば分かりやすいですね。
山下：ああ。ただ，研究会の最中はその説明で納得していたのだが，あとになって考えてみると，その説明がすべての事案に妥当するわけではない，ということに気づいた。
小林：えっ，そうなんですか？
山下：たとえば，離隔犯を考えてみたまえ。ちょっと学者っぽい例をあげると（笑），「行為者は泥棒ロボットを開発した。それを起動するにはAとB，2つのボタンを順に押す必要があり，いったん起動すればそれを解除する方法はない。このような場合において，行為者が露店のすぐ前で当該ロボットを起動しようとしたところ，Aのボタンを押したところでたまたま職質を受け，Bまで押すことはかなわなかった」というのはどうかな〔この例では，実行行為と既遂到達との間に時間的にも場所的にも離隔といえるほどのものは存在しないし，また，ロボットは人ではないから，厳密にいうと，離隔犯でも非自手・間接実行でもない。もっとも，少なくとも①～③の認定方法に関してこれらの違いは重要ではないから，ママにしておく〕。
小林：その職質は，窃盗を疑ったというより，そのロボットが怪しかったからですよ，きっと（苦笑）。そんな事例を思いつけるのなら，先輩も大学で教えたほうがよいのではないですか？
山下：なに，それはほめているのかね。ともかく，この例で③はみたされるかな？
小林：それは，当然みたされるでしょう。なにしろ，ボタンが2つ並んでいて，片方を押したのなら，もう全部済んだのも同じではないですか。
山下：そうだろうね。しかし，先ほど，君が「分かりやすい」といった説明によるのなら，Aのボタンを押すことが被害者領域への作用をともなわなければならないのではないのかね。
小林：あっ，そうか，そうですよね。おかしいなあ……。
山下：別におかしくなんかないんだよ。先ほどの説明は，あくまで，自分の手で財物をつかみ取る，という形態の窃盗において，③の認定方法を具体化し

たものにすぎない〔実は，「先ほどの説明」をする主要な学説は，そもそも，そのような形態以外においては未遂犯の成立にとって，自己の支配領域からの事象の手放しを要求しているが，そのように解したのでは，未終了未遂の成立範囲が狭く，反対に，終了未遂のそれが広くなりすぎるであろう〕。だから，離隔犯，たとえば，ロボットのボタンを押す，という形態の窃盗においては別の認定方法が考えられてよいはずだ。そして，Bのボタンを押すことが構成要件該当行為なのであれば，Aのボタンを押すことは十分，これに「近い」ものと評価されるだろうね。この点は君のいうとおりだ。

小林：なるほど。先ほどの説明は万能ではなく，その射程が限定されている，とおっしゃったのはそういう意味だったのですね。

山下：離隔犯を想定して理論の射程を限定するなんて，なかなか学者っぽいだろう（笑）。ま，それはともかく，離隔犯は特殊な場合だから，ちょっと脇においておこう。それで，最初にいっていた，好みの女性を物色するという事例はどうなるだろうか。

小林：その事例では，①と②はそれほど障害なく認められるかもしれませんが，問題は③ですよね。どうでしょう。

山下：どうでしょうって，君，聞いているのは私のほうだよ。

小林：はあ。かりに準強制性交等（刑法178条2項）が問題となりうるような状況であれば……そうですねえ，性交が被害者の身体内部への性器の侵入という実質的な不法内容によって特徴づけられるとすれば，少なくとも，被害者の身体に触れるなど，その統合性に対して直接的な作用を及ぼすか，または，性器を露出させるなど，侵襲手段の覆いを取ることが③の内容を構成するのではないでしょうか。

山下：事前に準備していたかのような口ぶりだねえ（笑）。ともかく，窃盗の未終了未遂で物色説をとったから，女性を物色したら準強制性交等の未遂，というわけではないだろう。しかも，それは，たとえ物色段階において，爾後，既遂に到達するのに必要と行為者が考える行為をなし終えられる可能性と，それにかかる時間が窃盗と準強制性交等とでまったく差がないとしても，だ。

小林：問題は強制性交等の場合ですが，同じように考えると，性交の手段である暴行・脅迫まで行っていなくても，実行の着手を肯定することは理論的には可能ですよね。

山下：そうだろうね。よく，「手段が限定されている犯罪においては，当該手段の開始があってはじめて実行の着手が肯定される」といわれるが，実は，そ

のように考えなければならない理論的な根拠はまったくないわけだ。

小林：しかし，やはり，女性を物色しただけで未遂，というのは準強制性交等の場合以上に難しそうに思えますね。

山下：それは，君ももう分かったと思うが，手段である暴行・脅迫の開始がなくても強制性交等罪の実行の着手は観念しうるとはいえ，同罪に固有の不法内容に照らしてそれと同質の事前行為を要求するとなると，やはり，物色というだけでは足りないからだろう。

小林：そうですよね。性交の手段である暴行の開始までは要らないとしても，たとえば，被害者が逃げられないよう部屋に閉じ込めたり，性交場所まで連行したりするための暴行は必要な気がします。

山下：そういうことだ。ところで，今回はいつもと違って，なんだか，事前に台本が用意されていたかのような対話になってしまったね。

小林：そうですね。しかし，対話形式の法学文献などたいていはそんな感じですよ。この本の各章のリードが異常なだけです。

山下：たしかに（苦笑）。

◆

I　総説

　刑法43条本文は，「犯罪の実行に着手してこれを遂げなかった者は，その刑を減軽することができる」と定める。これが未遂犯であり，既遂犯の刑が任意的に減軽されるという，いわば中途半端な処断がなされていることになる[1]。

　さて，この未遂犯の構造ないし処罰根拠に関しては，歴史的に見て2つの対極的な考え方が主張されてきた。

　1つ目は旧派的な発想に基づく客観説であり，未遂犯を，既遂犯が実現される危険性を作り出す一種の危険犯ととらえる。たしかに，本書でも繰

1　本章の内容をより詳細に展開した旧稿として，小林憲太郎「実行の着手について」判時2267号（2015）3頁以下がある。紙幅の都合上，文献の引用は全面的にそちらに譲るため，あわせて参照されたい（なお，旧稿の公刊後に出された重要なモノグラフとして，佐藤拓磨『未遂犯と実行の着手』（慶應義塾大学出版会，2016）および原口伸夫『未遂犯論の諸問題』（成文堂，2018）がある）。ただし，旧稿から見解を変更した部分もある。

り返し述べてきたように，犯罪とそれに対する刑罰が制裁としての性質を基礎とすることに照らせば，未遂犯という修正された犯罪の形態においても，なお現実に不法が実現されたことを要求するのは一貫している。そして，未遂とは本性的に「既遂に届きそうだがダメだった」ということであるから，そのような不法の内容として既遂到達の危険性を想定することもまた自然な流れといえよう。

しかし，この１つ目の考え方には致命的な難点がある。というのも，もしそれが正しければ，未遂犯の処断刑は既遂到達の可能性を作り出す危険犯について想定される法定刑と同じでなければならないはずであるが，実際には，既遂犯の刑の任意的減軽というもっと重いものが用意されているからである。そして，そのような難点が生じてしまう元凶は，未遂犯がそのような危険犯とは異なり，特別な超過的内心傾向（主観的超過要素）——不法の主観的な反映を超えた内心の状態——を要請することを失念したところにある。すなわち，そのような危険犯においては，行為者が「既遂到達の危険が生じる」ことを分かっていれば足りる。これに対して，未遂犯においては，それを超えて「実際に既遂へ到達する」とまで思っていなければならないのである。

２つ目は新派的な発想に基づく主観説であり，未遂犯を，行為者の不法に対する傾向性を外部化する挙動ととらえる。そして，このような考え方によれば，先の難点はうまくクリアされるようにも見える。たとえば，被害者の身体の近くを弾が通過するよう，狙いを外してけん銃を発射したというだけでは，「殺人未遂」とよぶにふさわしいほど，行為者の生命に対する危険性が外部化したものとはいえない。結果的には外れたとしても，あくまで，弾を被害者の額や心臓に当てにいってはじめて，そのようにいいうるのである。

この２つ目の考え方に対しては，被害者の殺害を固く決意して，けん銃を携え，被害者宅に向かって歩を進めるだけで殺人未遂が成立しうることとなり，未遂犯の成立時期が早くなりすぎてしまうとの批判がなされている。しかし，そのような結論はこの考え方から必然的に導かれるものではない。被害者に銃口を向け，けん銃の引金を引き切ったのと同じくらい行為者の生命に対する危険性が外部化したといいうるためには，行為者が既遂到達に必要と考える挙動のうちどのあたりまで進めていることが要請されるか，という観点からそのような結論を回避することも十分に可能であ

ろう。むしろ，もっと本質的な問題は，この考え方によったのでは未遂犯の処断刑を既遂犯の法定刑そのものとしなければならなくなってしまう，というところにある。

　以上のように見てくると，いずれの考え方も一長一短であり，両者を統合することが望ましいであろう（統合説）。すなわち，未遂犯に対して科される刑罰もまた制裁としての性質を基礎としなければならないから，既遂到達の危険性が現に犯された不法として要求される。そして，そのような不法を超えて既遂そのものを行為者が志向していることが，処分の観点から，既遂到達の危険性を惹起する危険犯につき想定される法定刑を加重し，未遂犯の処断刑にまで引き上げる。このように解されるのである。

　ただし，このような統合説は，未遂犯の処断刑について，1つ目の考え方から導かれるはずのそれ（前記，危険犯の法定刑）と，2つ目の考え方から導かれるはずのそれ（既遂犯の法定刑）の間をとろうとするものである。したがって，厳密にいうと，現行法が未遂犯の処断刑を既遂犯の法定刑の「任意的」減軽と定めていることまで，ただちに正当化しうるわけではない。そこで，統合説というだけでは足らず，現行法が定める未遂犯の処断刑の「重さ」を説明する努力が必要であろう。

　この点につき，かつては，2つ目の考え方のほうからの説明として，未遂犯の故意は未必の故意では足りない，といわれることもあった。しかし，今日の学説においても，未必の故意と確定的故意を区別する基準については——原理のレベルにおいてさえ——見解の一致が見られない。また，実務的にも，未遂犯においてのみ未必の故意を排除するなどという解釈論はあまりにも筋が悪く，受け容れられがたいであろう。したがって，あくまで1つ目の考え方のほうから説明する必要がある。

　そこで，次のように考えるべきではなかろうか。まず，未遂犯においては既遂犯の刑を減軽するのを原則とすべきである。そして，減軽する場合であっても，その処断刑は相当に重い一方，前述のように，2つ目の考え方のほうからの説明は期待できない。したがって，未遂犯の不法である既遂到達の危険性とは，あくまで，その具体的・現実的な危険性に限るべきである。もちろん，既遂到達の非常に重大な危険性が作り出されたとか，殺人未遂でいえば被害者が回復の見込みがない植物状態に陥ったなど，犯情がきわめて重い場合には例外的に，既遂犯の刑を減軽しないことも考えられよう。しかし，そのような場合であっても，既遂犯の不法までは実現

されていないという事実はなお厳然として存在している。したがって，既遂犯の法定刑の上限までは科しえないものと解すべきであろう。

以下ではこの統合説を前提としつつ，まずは未遂犯成立の時間的限界，すなわち，実行の着手時期について検討を加えることとしたい。

II 実行の着手時期

1 終了（実行）未遂

(1) 総　説

さて，実行の着手時期を論ずるにあたっては，終了（実行）未遂と未終了（着手）未遂を分けておくことが有用であろう。たしかに，現行法上，両者の規律は特段，区別されていない。しかし，既遂犯の不法がその具体的・現実的危険性に置き換わっただけであるという点で，既遂の修正形態としては終了未遂のほうがプロトタイプであるといえよう。したがって，まずはこちらのほうを検討の対象としてとりあげる。

終了未遂とは，未遂犯のうち，行為者が既遂到達に必要と考えるすべての行為をなし終えている場合を指す。殺人未遂でいうと，たとえば，行為者が殺意をもってけん銃の銃口を被害者に向け，引金を引いたものの，発射された弾が狙いを外れたようなケースである。もちろん，このようなケースで殺人未遂罪が成立しうることはとくに問題がなかろう。これに対して，行為をなし終えたのち，可能であった既遂到達時期まで時間的な懸隔が存在するケースでは深刻な学説上の対立が見られる。

たとえば，行為者が被害者を毒殺しようと思い，郵便局において，被害者宅に向け毒まんじゅうの発送手続きをとったものの，なんらかの事情によりそれが局内で紛失されてしまった，という事例を考えてみよう。わが国の郵便事情に照らせば，郵便小包が途中で紛失されるなどきわめてまれな事態である。その意味で，この事例においても，既遂到達の高度の可能性，すなわち，その「具体的」危険性が生じていることは疑いがない（むろん，被害者が大の和菓子嫌いであるなどといった事情でも存在すれば別であるが，そのような事情はないものとする）。しかし，そうだとしても，実際に被害者が自宅に届けられた毒まんじゅうを食し，死亡するはずであった時期はずっと先のことなのである。それでもなお，この事例において既遂到達の

第18章　未遂犯（上）

「現実的」危険性まで生じたものといいうるであろうか。

　時間的切迫性不要説（行為説，利用者標準説ともいう）は，既遂到達の「現実的」危険性という要件がそもそも過大なものであることを直截に承認する。そして，この事例においてもなお殺人未遂罪が成立しうるという。その理由は大きく分けて2つあり，1つ目は未遂犯の構造そのものにかかわるもの，2つ目は危険概念の理解にかかわるものである。以下，もう少し具体的に見てみよう。

　まず，1つ目であるが，これは未遂犯の不法を（本章のように）既遂到達の危険性の惹起ではなく，「既遂に到達しそうな行為をするな」という行為規範の違反に求める。しかし，本書でも繰り返し述べてきたように，そのような行為の制御に関わるのはむしろ責任のほうである。不法のレベルにおいて，行為をやめさせようとするコントロールの失敗を問題とすべきではない。また，この点を措くとしても，毒まんじゅうが真空パックされており配達予定日が1年後であったとしても，なお発送時に殺人未遂罪が成立しうるというのは一般的な当罰性感覚に著しく反しよう。

　次に，2つ目であるが，これは危険というものを，危惧された事態が現実化する確率論的な可能性に純化する。たとえば，時限装置が5分後にセットされた爆弾が正しく爆発する確率が90％，5時間後にセットされた爆弾が正しく爆発する確率も90％なのであれば，爆発する危険性の大きさは同じだと考えるのである。しかし，殺人未遂が問題になりうるとして，その爆発によって死亡するおそれのある被害者から見れば，すぐに死ぬかもしれないのか，それとも，少なくとも数時間は無事に過ごせるのかは，無視しえない違いなのではなかろうか。そして，このことと，Iで述べた未遂犯の処断刑の「重さ」を勘案するならば，やはり，既遂到達の時間的切迫性という意味における，その「現実的」危険性まで要求するのが妥当であろう。

　ただし，このように，時間的切迫性必要説（結果説，被利用者標準説ともいう）が妥当であるとしても，常に，既遂到達の文字どおり「直前」まで未遂犯の成立が待たされるわけではない。たとえば，詐欺罪のように，取引行為をめぐって問題となる犯罪類型においては，まさに，取引用語のレベルで時間的に切迫する――あとちょっとで振込みの期限が来てしまう，などというように――ことで足りると解すべきであろう。また，毒まんじゅう事例と同じく殺人未遂が問題となる場合であっても，たとえば，被

害者を3時間かけて殴り殺すようプログラムされたロボットのスイッチをオンにするような事例においては，被害者の生命が削り取られていく全体的なプロセスそのものは時間的に差し迫っているといえる。したがって，そのロボットが被害者を殴り始めた時点において，すでに殺人未遂罪の成立を肯定することも不可能ではないと思われる。そのほか，狼が出やすい山中で被害者にクロロホルムを嗅がせ，昏倒させて放置する場合も同様であろう。ここでは，被害者が無意識かつ無防備のまま危険な場所に横たえられており，その生命を守る防御壁がすでに削り取られている。こうして，被害者の生命侵害プロセス全体としては差し迫っているといえ，狼に喰い殺されるであろう時間帯が数時間後であっても，なお殺人未遂罪の成立を肯定することが可能であると思われる。ただし，いうまでもないことであるが，そのようなプロセスがもっと長期間にわたっており，それが始動したというだけでは未遂犯の重い処断刑を基礎づけうるほどの事態の切迫感が認められないのであれば，いまだ予備にとどまるものと解すべきであろう。

　ところで，学説では，以上の「時間的切迫性必要説ＶＳ不要説」という対立軸のほか，異なる視点から終了未遂の成立限界を画そうとする試みもなされている。

　第1は，行為者の支配領域からの事象の手放しを標準とする見解である。同居する被害者が帰宅したら食べて死ぬだろうと思い，その菓子箱に毒まんじゅうを入れたとしよう。このとき，行為者がその場にとどまっていれば，被害者が毒まんじゅうを食べようとした段階において，はじめて殺人未遂罪が成立しうる。これに対して，行為者が家から出かけてしまえば，（被害者の帰宅前であっても）ただちに同罪が成立しうるというのである。

　この見解の趣旨は必ずしも明らかではないが，「支配領域」云々が「いつでも中止できる」という意味であれば，中止犯の成立不可能性（ないし，少なくとも困難性）を未遂犯の成立要件とするものであって妥当でない。また，そうではなく，単に「翻意の可能性が留保されている」という意味であれば，たしかに，殺人未遂とはならない余地がある。しかし，それは被害者を殺害する決意がいまだなされていないからであって，究極的には，被害者にけん銃の銃口を向けてはみたものの引金を引くべきかどうかまだ逡巡している，という場合と同じである。反対に，もはや決意が固まっているのであれば，たとえ行為者が（被害者の苦しむ様を見たいと思い，）その

場にとどまっていたとしても，ただちに殺人未遂とすべきであろう。そして，それでは成立時期が早すぎるというのであれば，そこで実質的にはたらいているのは，むしろ，時間的切迫性必要説の思考であるように思われる。

そもそも，この見解は未終了未遂に足りない分を，終了未遂の前倒しにより補おうとして主張されたものである。すなわち，未終了未遂においては行為者がなすべきことをいまだなし終えていないから，事象を掌中に収めたであろうことが要請される。これに対して，終了未遂においてはすでになし終えているから，自己の支配領域から事象を手放しさえすれば十分である。このように考えるのである。たしかに，同一の処断を受ける未終了未遂と終了未遂の同価値性を創出しようとする，この見解の動機それ自体は高く評価すべきであろう。しかし，そのために，未終了未遂に過剰な，一方，終了未遂に過少な要件を立てるのでは，風呂桶の水と一緒に赤子を流すようなものである。やはり，未終了未遂は終了未遂にやや足りないことを率直に認めつつ，どこまで足りなければ同一の処断が正当化しえなくなるかを慎重に判定する，という解釈論的努力のほうが筋が良いように思われる。

第2は，被害者の支配領域への事象の介入を標準とする見解である。それによれば，被害者が毒まんじゅうを口に運ぼうとする，まさにその瞬間まで殺人未遂の成立が待たされるわけではない。一方，被害者宅に向けて郵送中というのでは足りない。むしろ，被害者宅に届けられ，家人が受け取ることにより，毒まんじゅうが被害者の支配領域に入ってくることが必要だ，というのである。

たしかに，被害者の支配領域がおびやかされることが，未遂犯の成立にとって重要な意味をもつことは多いであろう。これは未終了未遂の例であるが，車上荒らしにおける窃盗未遂の成立にとっては，たとえば，自動車の開いた窓から腕を入れることが決定的となるケースが多いと思われる。しかし，それは保護法益そのものが財物に対する被害者の事実的支配であり，それが徐々に侵されていくという形態をとっているからではなかろうか。裏を返せば，保護法益が生命である殺人未遂においては，被害者の支配領域をことさらに論ずる必然性は存しない。現に，半径1キロメートルを壊滅させる強力な爆弾をセットし，爆発まであとわずかだというのであれば，1キロメートル離れたところに住んでいる被害者の支配領域が，そ

の段階ではなんらの作用も受けていないとしても、なお殺人未遂の成立を肯定するのがふつうだと思われる。

　もっとも、この見解にはよく分からないところがあり、あるいは、被害者の生命を奪い去るひとまとまりのプロセスが始動されてさえいれば、未遂犯の成立時期を時間的にいくらかさかのぼってもよい、という趣旨にも理解することができる。それならば私も賛成であるが、そのような解釈は、煎じ詰めれば、あくまで時間的切迫性を要求しつつも、それを一定の場合に緩やかに認定しようとするものにすぎない。その証拠に、たとえば、10年かけて孵化、成虫になり、宿主を喰い殺す寄生虫の卵を被害者の体内に注射したという事例においては、危険源が被害者の支配領域に及んでいることは明らかであるが、いまだ注射時においては、論者も殺人未遂罪の成立を認めないと思われる。このような事例は現実味のない講壇設例に見えるかもしれない。しかし、たとえば、ドイツにおいては、長い潜伏期間を経てエイズを発症し、死亡することを認識しながら、性交をとおして被害者にＨＩＶウィルスを感染させる行為の可罰性が、学説・実務上、重要な論点となってきたのである。したがって、このような事例をどのように処理すべきかは、起訴事案の選別段階をも含めると、実際上も非常に重要であるといえよう。

　最後に、行為者が既遂到達に必要と考えるすべての行為をなし終えたのち、一定の間隔をおいて未遂犯の成立を認めようとするすべての見解は、刑法43条本文の文言との関係で緊張をはらむことになる。というのも、そのような行為がいわゆる実行行為を包含すると解するときは、実行の着手と未遂犯の成立が連動しなくなり、同文言の字句どおりの解釈とは齟齬するようにも思われるからである。

　この点について有力な学説は、あくまでその連動を維持するかたちで齟齬を解消しようとする。すなわち、処罰対象行為としての実行行為とはむしろ正犯行為の意であり、それは未遂犯を定める刑法43条本文にはわざわざ書かれていない。そして、実行の着手とは未遂犯成立の時間的限界を画する機能的概念だというのである。

　もちろん、このような解釈が論理的に成り立ちえないわけではない。しかし、正犯行為と同時に処罰対象行為の意においても、実行行為ということばは人口に膾炙してきた。そして、実行の着手が実行行為の着手の意であるというのも、ことばのきわめて自然な解釈であるといえよう。し

がって，これらの点を動かすよりも，たとえば，既遂到達の具体的・現実的危険性が未遂犯という修正された構成要件の書かれざる要素である，と解するほうが法律家全体にとってより受け容れられやすいのではないかと思われる。

(2) 大判大7・11・16刑録24・1352

「他人カ食用ノ結果中毒死ニ至ルコトアルヘキヲ豫見シナカラ毒物ヲ其飲食シ得ヘキ状態ニ置キタル事實アルトキハ是レ毒殺行爲ニ著手シタルモノニ外ナラサルモノトス原判示ニ依レハ被告ハ毒藥混入ノ砂糖ヲAニ送付スルトキハA又ハ其家族ニ於テ之ヲ純粹ノ砂糖ナリト誤信シテ之ヲ食用シ中毒死ニ至ルコトアルヲ豫見セシニ拘ラス猛毒藥昇汞一封度ヲ白砂糖一斤ニ混シ其一匙（十グラム）ハ人ノ致死量十五倍以上ノ效力アルモノト爲シ歳暮ノ贈品タル白砂糖ナルカ如ク裝ヒ小包郵便ニ付シテ之ヲAニ送付シ同人ハ之ヲ純粹ノ砂糖ナリト思惟シ受領シタル後調味ノ爲メ其一匙ヲ薩摩煮ニ投シタル際毒藥ノ混入シ居ルコトヲ發見シタル爲メ同人及其家族ハ之ヲ食スルニ至ラサリシ事實ナルヲ以テ右毒藥混入ノ砂糖ハAカ之ヲ受領シタル時ニ於テ同人又ハ其家族ノ食用シ得ヘキ状態ノ下ニ置カレタルモノニシテ既ニ毒殺行爲ノ著手アリタルモノト云フヲ得ヘキコト上文説明ノ趣旨ニ照シ寸毫モ疑ナキ所ナリトス」

古い判例であるが，毒薬を混入した砂糖を歳暮の白砂糖であるかのごとく，小包郵便で被害者に送付した場合において，被害者がこれを受領した時点で殺人罪の実行の着手を認めたものである。

まず，特筆に値するのは，被告（人）が送付手続きをとったにすぎない段階においては，いまだ実行の着手が認められないと解されていることである。むろん，あくまで本件事案において，毒入り砂糖が被害者に到達していることを前提とした判断である，と制限的に読むことも絶対に不可能とまではいえない。しかし，いわゆる発送時説，すなわち，実行行為をすればただちに未遂が成立するというのは，個別具体の事案における微妙なあてはめを要しない，いわば単純明快な発想である。そして，それにもかかわらず，本判例が発送後の事態の推移を詳細に認定していることにかんがみれば，少なくとも，発送時説は排斥されているものと解するほうがはるかに自然であろう。

そこで，次に，具体的にはどのような考慮に基づいて，被害者の受領時に実行の着手が認められているかが問題となる。そして，これについても，

毒入り砂糖という危険源が被害者宅というその支配領域に介入していることが決定的である、という読み込みを行うことが論理的に排除されるわけではない。しかし、本判例が重視しているのは、むしろ、毒入り砂糖の受領によって、これを「食べようと思えばすぐに食べられる」状態におかれたことであろう。そして、そのことを例証するためにこそ、現に、被害者が調味のため、毒入り砂糖を薩摩煮に投入したことを掲げているのだと思われる。

こうして、本判例は本章の立場から最も整合的に説明しうると考えられる。

2　未終了（着手）未遂

(1)　総　説

未終了未遂とは、未遂犯のうち、行為者が既遂到達に必要と考えるすべての行為をいまだなし終えていない場合を指す。殺人未遂でいうと、たとえば、行為者が殺意をもってけん銃の銃口を被害者に向け、引金を引き切る前に、第三者に取り押さえられたようなケースである。もちろん、このようなケースで殺人未遂罪が成立しうることはとくに問題がなかろう。これに対して、引金を引くという実行行為そのものにいまだとりかかっていない段階で、第三者に取り押さえられたケースでは深刻な学説上の対立が見られる。

まず、形式的客観説はそのようなケースで一律に殺人未遂罪の成立を否定する。すなわち、刑法43条本文は「実行に着手」と規定しており、それは実行行為それ自体を現実に開始したことを意味している。したがって、それ以前の段階においては、まさに、そのような形式的な理由から実行の着手が否定されるというのである。

たしかに、このような見解は条文の文言の素直な理解には即している。しかし、賄賂罪における「職務」が職務密接関連行為を含むように、「実行」が実行行為に密接する行為を含むという解釈が論理的に成り立ちえないわけではない。また、この点を措くとしても、「着手」がいわば「準備段階以降」という広い意味をもちうることは、われわれの日常用語例においても明らかである。たとえば、原稿の執筆に着手するというのは、資料を集めたり構想を練ったりする作業を終え、ＰＣを起動させたり、ワープロソフトを立ち上げたりする段階で認められるのではなかろうか。

第18章 未遂犯（上）

　そして，なにより，形式的客観説を支持しえない最大の要因は，そこから導かれる具体的な結論が明らかに不当であることである。たとえば，はじめのケースで，行為者がけん銃を懐から出し，被害者に狙いをつけた段階で第三者に取り押さえられたとすれば，殺人はいまだ予備にとどまるものとされてしまうのである。現行犯逮捕等の警察実務まで含めて考えると，およそ許容できる帰結ではなかろう。

　そこで，実質的客観説は，実行行為そのものを始めるより前の段階において，すでに実行の着手が認められうることを直截に承認する。そうすると，次に問題となるのは，その段階が具体的にはどこまでさかのぼりうるかである。そして，同説はこの問いに対し，未遂犯の不法がみたされるところまでだ，と答える。すなわち，既遂到達の具体的・現実的危険性が認められる限り，実行行為より前の段階であっても実行の着手を肯定してよい，と解するのである。

　この実質的客観説が，単純な形式的思考に陥ることなく，また，具体的に見ても妥当な結論を得るため，未遂犯の処罰根拠ないしその理論的構造に立ち返って目的論的解釈を行おうとしたのは，まさに卓見というべきであろう。しかし，同説はひとつだけ重要な点を見落としている。それは，すでにⅠで述べたことであるが，未遂犯の処罰根拠はその不法，したがって，既遂到達の具体的・現実的危険性を引き起こす危険犯のそれには尽くされない，ということである。このことを放念すると，たとえば，行為者がまだ被害者宅の外にいるものの，プロの殺し屋であるため，すぐに侵入して被害者を発見し，けん銃を取り出して即，射殺できるという場合には，その段階ですでに殺人未遂罪が成立しうることになってしまうであろう。

　このように，未遂犯の処罰根拠に立ち返るとしても，その不法に着目しているだけでは足りない。これに加えて，その不法に対応する危険犯につき想定される法定刑よりも，はるかに重い未遂犯の処断刑を正当化するため，行為者が既遂を求めて一定の段階を越えた行為に出ることをとおし，その既遂実現に対する傾向性を十分に外部化していなければならないのである。こうして，処分の観点から，一定の段階を越えた行為に出ることを付加的に要請する実質的客観説を，修正された実質的客観説とよぶことができよう。それは煎じ詰めれば，未遂犯の処罰根拠に関する統合説を，その成立時期，すなわち，実行の着手時期の問題に適用したものである。

　さらに，現行法上，終了未遂と未終了未遂が同一の規律を受けているこ

とにかんがみれば，そこにいう「一定の段階」とは，それをクリアすれば，あとは，自然ななりゆきで実行行為の終了に至るであろう段階を意味することになる。ここで自然ななりゆきというのは，新たに特別な危険性の外部化を要しないということである。そして，「一定の段階」が実行行為そのものよりさかのぼりうる限りにおいて，（未遂犯の不法とあわせて実行の着手を基礎づける）「実行（構成要件該当）行為に密接する行為」とよばれるのである。

先の例を用いていうと，いかに行為者の被害者殺害の決意が固かろうが，ただ被害者宅の外に突っ立っているだけでは，その殺人に対する傾向性が十分に外部化されているとはいえない。これに対して，被害者の面前に立ちけん銃に手をかけようとした，その段階にまで立ち至れば，もはや，実行行為に密接する行為と評価することに支障はないと思われる。容易かつ単純なわずかな動作で被害者を死に至らしめうる強力な武器であるけん銃に手をかけることは，これを撃つことと同じ程度に行為者の危険性を表にあらわしているからである。

学説では，このような議論を未終了未遂に固有の不法にかかるものととらえる向きもある。もっとも，既遂到達の具体的・現実的危険性という観点から見たとき，前記議論にそれほど決定的な意義があるものとは思われない。また，この点を措くとしても，間接正犯のケースを想起すれば明らかなように，前記議論を不法とのかかわりにおいてとらえる限り，それは終了未遂においても同様に妥当しうるものとなろう。こうして——前記議論にそのままのかたちで賛成するかはともかく——未終了未遂の責任を取り立てて問題にすることはどうしても必要である。そして，本章ではこれを「実行行為に密接する行為」とよんでいるのである。

もっとも，のちに判例の事案を検討する際にも明らかになるように，事実関係がもう少し複雑になってくると，実行行為に密接する行為の範囲を明確に画することは困難になる。そこで，考慮すべきファクターをより分析的に観察していくと，次の3点に集約されることになろう。

第1に，実行行為をなし終えることの容易性である（厳密には，その行為者による認識。以下，同じ）。これが欠けるというのは，とどのつまり，実行行為の終了までに障害があるということである。したがって，そのような場合には，障害を乗り越えようとする新たな危険の外部化が必要となってしまうであろう。

第2に，実行行為をなし終えるまでの時間的近接性である。犯行計画があまりにも間延びしている場合には，最初の行為にとりかかったというだけで，最後までなし終えたのと同じ程度に，行為者の既遂到達への傾向性が外部化されたとはいえないからである。

ただし，以上の2点は，未遂犯の不法に対応する危険犯がすでに要請するところである。まず，第1の点は，既遂到達の「具体的」危険性に内包されている。実行行為をなし終えることが困難であれば，既遂に到達する可能性自体も低いからである。次に，第2の点は，既遂到達の「現実的」危険性に内包されている。実行行為をなし終えられるのがずっと先である場合には，既遂到達もまた時間的に切迫しているとはいえないからである。むろん，一連の法益侵害プロセスを一体として把握しうる場合には，時間的切迫性をある程度，緩やかに認定しうることはすでに述べたとおりである。そして，それに対応して，第2の点もまた緩やかに認定する余地があろう。

これに対して，第3の点は，未遂犯の不法に対応する危険犯が要請するところを超え，未遂犯独自の処分の観点から導かれるものである。それが「構成要件領域への作用」（具体的な被害者を観念しうる場合には「被害者領域への作用」）である。すなわち，問題となる犯罪の不法内容に照らし，それとの同質性，同じ構成要件的特徴を備える範囲においてのみ，実行行為に密接するものと評価しうる，というわけである。たとえば，被害者と強いて性交するため，これを密室に連れ込もうとする際，暴力をふるってその身体を支配下においたのであれば，強制性交等罪の実行行為に密接する行為と評価しうる。反対に，（たとえその成功率が同じであったとしても）甘言を弄したにすぎないのであれば，いまだそのような行為とは評価しえない。このように解されるのである。

この第3の点に関しては学説上，異論も強い。構成要件該当性そのものを超えた構成要件的特徴など観念しえない，というのである。すぐ前の例でいうと，被害者を密室に連れ込むための暴行は強制性交等罪の構成要件要素としての暴行とは異なるのであるから，両者の同質性を云々するのは筋違いであるとされる。そして，その結果として，暴力をふるった場合に強制性交等未遂罪が成立しうるのであれば，甘言を弄した場合でも同じでなければならない，というのである。

たしかに，構成要件該当性を超えたところで構成要件的特徴ということ

ばを用いるのは，あるいはミスリーディングであるかもしれない。しかし，実態として，強制性交等の前段階として被害者の身体に拘束的な作用を及ぼす暴行に出るのと，単に甘いことばをかけるのとでは，それをとおしてあらわれた行為者の強制性交等への傾向性という点で，埋めがたい差があるのではなかろうか。そして，前者の場合には，その点において，実際に強制性交等に出た場合とほとんど変わりがないように思われる。

むろん，行為者の犯行計画において，暴行を用いて被害者を拉致したのち，まずは十分に口説いて和姦を試み，それが不成功に終わったあかつきには強いて性交する，というように，さらなる中間行為が想定されていた場合には，前記暴行の時点においてもなお，強制性交等罪の実行の着手は認められないであろう。しかし，それは，当該中間行為が強制性交等に至るプロセスをわざわざストップさせる性質のものであり，それゆえ，前記暴行が同罪の構成要件的特徴を失う，換言すれば，行為者の強制性交等既遂到達への傾向性を十分に徴表しなくなるからである。したがって，このことは本章の主張となんら矛盾するものではない。

また，なによりも，実務が甘言を弄したにとどまる場合に実行の着手を認める運用をとっていないとき，学説が率先してこれを認めるべきだと主張することには相当に慎重であるべきように思われる。もちろん，個別具体の論点において，可罰範囲を拡張する解釈を一律に自粛する必要はない。しかし，未終了未遂の成立時期という，多くの場合に刑罰権の帰趨を決する論点は多分に政策的なものとなりがちであり，それゆえにこそ，学説はその権威を維持するためいっそうの謙抑が求められよう。

以下では，このような未終了未遂の一般理論を前提としながら，いくつかの犯罪類型に関する重要判例を検討していくこととしたい。

(2) 最決平16・3・22刑集58・3・187＝クロロホルム事件——殺人

すでに第12章においてとりあげた判例であるため，決定要旨のみを掲げておく。

「実行犯3名の殺害計画は，クロロホルムを吸引させてVを失神させた上，その失神状態を利用して，Vを港まで運び自動車ごと海中に転落させてでき死させるというものであって，①第1行為は第2行為を確実かつ容易に行うために必要不可欠なものであったといえること，②第1行為に成功した場合，それ以降の殺害計画を遂行する上で障害となるような特段の事情が存しなかったと認められることや，③第1行為と第2行為との間の

時間的場所的近接性などに照らすと，第1行為は第2行為に密接な行為であり，実行犯3名が第1行為を開始した時点で既に殺人に至る客観的な危険性が明らかに認められるから，その時点において殺人罪の実行の着手があったものと解するのが相当である。また，実行犯3名は，クロロホルムを吸引させてVを失神させた上自動車ごと海中に転落させるという一連の殺人行為に着手して，その目的を遂げたのであるから，たとえ，実行犯3名の認識と異なり，第2行為の前の時点でVが第1行為により死亡していたとしても，殺人の故意に欠けるところはなく，実行犯3名については殺人既遂の共同正犯が成立するものと認められる。そして，実行犯3名は被告人両名との共謀に基づいて上記殺人行為に及んだものであるから，被告人両名もまた殺人既遂の共同正犯の罪責を負うものといわねばならない。したがって，被告人両名について殺人罪の成立を認めた原判断は，正当である」（番号は筆者）。

本判例は，「また」という並列の接続詞を挟み，それ以前の部分で殺人の未終了未遂の成立時期を，それ以後の部分で早すぎた構成要件の実現を，それぞれ取り扱っている。このうち，後者は第12章において詳しく検討したため，ここでは主として前者のほうをとりあげる。

さて，前者にかかる説示を素直に読むと，それは，①〜③「などに照らすと，」第1行為が実行行為である第2行為に密接する行為であり，そのことと，第1行為を開始した時点において，すでに「殺人に至る客観的な危険性」が明らかに認められることから，その時点で殺人罪の実行の着手がある，と述べたものと理解しうる。実行行為に密接する行為と既遂到達の客観的な危険性を，未終了未遂の成立を肯定する際に認定したものといえ，修正された実質的客観説の定式に完璧にマッチしている[2]。

さらに，②は，前述した，実行行為に密接する行為というための第1の点に，③は第2の点に，それぞれ対応するものといえよう。③のうち「場所的」近接性というのは本章でも初見であるが，移動手段の速度の高低によって，実行行為に密接する行為といえるかが影響を受けるというのも不可解である。単に，本件事案では場所的にも近接していたことを確認的に述べる趣旨か，あるいは，時間的近接性を推認させる間接事実として掲げ

---

[2] 本判例の調査官解説（平木正洋「判解」最判解刑（平16）160頁以下）もまた，このような定式に貫かれている。

られているものと解すべきであろう。

　これに対し，①はその趣旨が必ずしも明らかではない。というのも，それが文字どおり第1行為の第2行為（の確実かつ容易な遂行）にとっての必要不可欠性を意味するものとすれば，それは明らかに過大な要求だからである。本件では実行犯が被害者を昏倒させるのにたまたまクロロホルムを用いたが，同種の多数の事件（たとえば，名古屋地判昭44・6・25判時589・95）を見れば容易に推察されるように，ほかにもさまざまな手段が考えられるであろう。

　もっとも，最高裁がこのような奇妙なことを述べているというのは，他の多くの判例に対する学者の評釈におけるのと同様，悪意（⁉）にみちた，あまりありがちでない解釈であろう[3]。むしろ，最高裁がいいたかったのは，被害者の殺害にとりなんとしても邪魔な，その抵抗力を完全に剥ぎ取るというのは，そのあとになされる殺害そのものと連続的にとらえられる，ということではなかろうか。そして，そうであるとすれば，①は実行行為に密接する行為というための第3の点，すなわち，構成要件領域への作用に対応するものと理解することができよう。

　ところで，本判例に関しては，以上のほかにも次の2つが議論されている。

　まず，本判例によって，未終了未遂の成立時期が行為者の犯行計画を考慮して決定される旨，直截に承認されたものといわれている[4]。しかし，未終了未遂がその理論的な構造に照らし，犯行計画の考慮を要請するのは当然であって，実際には本判例のはるか以前から実務的にも明らかなことであろう。これまでは調査官解説等においても，一部学説との正面対決を避け，明言が避けられるふしがないではなかった。しかし，今日においては，そのような学説が特殊な刑法体系に基づく多分に教条主義的なものであることについて，広い共通了解が形成されつつある。そういった状況をふまえ，堂々と明言されるようになったというにすぎない。

　次に，いうまでもなく，未終了未遂の成否と早すぎた構成要件の実現との理論的な関係が学界において一大論点を形成している。そして，通説的

---

[3] 旧稿（小林・前掲「実行の着手について」8頁）においては，私自身，このような解釈を提示してしまっていた。その後，担当編集者から指摘を受けて解釈を改めた次第である。貴重な指摘に対し，記して謝意を表したい。
[4] 平木・前掲「判解」169頁以下などを参照。

な見解は，両者が連動する，すなわち，未終了未遂の成立することが早すぎた構成要件の実現において故意既遂犯が成立することの論理的な前提となる，と主張する。

もっとも，本判例は両者の間に「また」という並列の接続詞を挿入するにとどまり，順接のそれはまったく見当たらない。そして，最高裁が漫然と接続詞を選択するなどということは考えられないから，前記，通説的な見解は少なくとも本判例の解釈としては的を失していると思われる[5]。さらに，この点を措いて理論的に考察しても，行為者が既遂到達に必要と考える行為の前半だけから既遂に到達してしまったとき，故意既遂犯の成立を肯定するにあたり，その前半の段階で未終了未遂の成立要件がひとつでも欠けていることがその桎梏になるというのは，一般的な刑法理論からは説明のつかない，論者のいわば信仰告白にほかならないであろう。

そこで，私は第12章において，早すぎた構成要件の実現について次のように述べた。すなわち，既遂犯にふさわしい故意のプロトタイプは，行為者が既遂を求めつつ，それに必要と考えるすべての行為をなし終えることである。しかし，故意が要求される趣旨にさかのぼって実質的に考察すると，そこまで行かなくても，「この地点を過ぎれば，あとは自然な流れで最後まで進むだろう」という意味で，そのような行為のいわばポイント・オブ・ノーリターンにとりかかっていれば，既遂犯の成立に必要な故意としては十分である，と。

もっとも，ひるがえって考えてみると，そのような「ポイント」は実行行為に密接する行為と完全に重なり合っている（違いは，未終了未遂の成否そのものが問われているわけではないことから，その「ポイント」においては未遂犯の不法が必ずしも要求されないことだけである）。まず，未遂犯の処断刑が既遂犯の刑の「任意的」減軽にとどまる以上，そこから既遂に到達しても故意既遂犯が成立しえない，いいかえれば，いまだそのような「ポイント」を越えていない段階において，実行行為に密接する行為と評価するのは適切でない。他方，そこから既遂に到達すれば故意既遂犯が成立しうるほど

---

5 実は，調査官解説（平木・前掲「判解」182頁）自体，「本決定は……通説的見解のような考え方を前提とし」たものと解釈している。しかし，本判例が早すぎた構成要件の実現において故意既遂犯の成立する余地を排除する少数説を採用していないところから，ただちに前記，通説的な見解を採用するものと見るのはやや強引にすぎるのではなかろうか。

行為者の既遂到達への傾向性が外部化しているというのは，実行行為の終了に比肩するほどそうなっているということである。したがって，そのような「ポイント」からさらに歩を進めなければ実行行為に密接する行為とは評価しえない，というのも適切でない。こうして，そのような「ポイント」と実行行為に密接する行為が結果として一致することになるのである。

このように見てくると，前記，通説的な見解は，そのような「ポイント」＝実行行為に密接する行為の段階において未遂犯の不法が備わっている，という偶有的な条件のもとでのみ本章の主張と同一に帰することになる。

(3)　最決昭40・3・9刑集19・2・69──窃盗

「被告人は昭和38年11月27日午前零時40分頃電気器具商たる本件被害者方店舗内において，所携の懐中電燈により真暗な店内を照らしたところ，電気器具類が積んであることが判つたが，なるべく金を盗りたいので自己の左側に認めた煙草売場の方に行きかけた際，本件被害者らが帰宅した事実が認められるというのであるから，原判決が被告人に窃盗の着手行為があつたものと認め，刑法238条の『窃盗』犯人にあたるものと判断したのは相当である」。

本件では，被告人を発見して取り押さえようとした被害者Aの胸部を所携の果物ナイフで突き刺して同人を死亡させ，被害者Bに傷害を負わせたという事後強盗致死傷罪が問題とされている。そのため，そのような行為に出た時点において，窃盗罪の実行の着手が認められるかが争われたのである。

窃盗罪の未終了未遂の成立時期に関しては多数の（裁）判例があり，それらについて，ここで逐一，検討を加える余裕はない。もっとも，そこで重視されていると思われるポイントを最大公約数的にまとめると，次の3つになろう。すなわち，それさえ済ませれば，①容易かつ②それほど間をおくことなく，最終的な占有侵害行為に及びうる状況のもと，③財物を囲む被害者の支配領域に介入しようとすることである。そして，最終的な占有侵害行為こそが窃盗罪の実行行為にほかならないから，①と②は，それぞれ，実行行為に密接する行為というための第1の点と第2の点に対応している。他方，③は財物の占有そのものに対する攻撃との同質的な連続性をあらわすものであるから，同じく，第3の点に対応している。また，窃盗罪の一般的な現象形態においては，①〜③が同時に未遂犯の不法を与え

ることにもなろう。

　ひるがえって本件について見ると，①〜③がみたされていることは明らかだと思われる。むしろ，問題なのは，財物があふれる店舗内に夜間，留守中に侵入した以上，その時点においてすでに①〜③がみたされているのではないか，ということである。もしそれが正しいとすれば，本判例が「煙草売場の方に行きかけた」と述べているのは，単に事実関係がそうであったという趣旨にすぎず，窃盗罪の実行の着手がそこまで待たされるわけではない，と理解すべきことになろう。

　この問題を解くカギは被告人の犯行計画の考慮にある。たとえば，被告人が現金にしか興味がなく，侵入後，それがありそうな煙草売場を認め，これに一直線で向かおうとしたとしよう（本件事案はこちらに近いようである）。このような場合には，未終了未遂の成否が犯行計画を前提として判断されるべきである以上，電気器具類を守る被害者の支配領域が開かれてしまったことそれ自体は窃盗罪の実行の着手を基礎づけえない。むしろ，煙草売場に近づいていくことが要請されるのである。これに対して，そのような犯行計画が当初から強固なものとして存在したわけではなく，なにか金目のものを盗りたいと思って侵入したのち，煙草売場の金を盗ることを思い立ったというにすぎないのであれば，着手時期をそのように遅らせる必然性はないと思われる。

　(4)　最決昭45・7・28刑集24・7・585——強姦（強制性交等）

　「原判決ならびにその維持する第1審判決の各判示によれば，被告人は，昭和43年1月26日午後7時30分頃，ダンプカーに友人のYを同乗させ，ともに女性を物色して情交を結ぼうとの意図のもとに防府市内を徘徊走行中，同市八王寺1丁目付近にさしかかつた際，1人で通行中のT（当時23歳）を認め，『車に乗せてやろう。』等と声をかけながら約100メートル尾行したものの，相手にされないことにいら立つたYが下車して，同女に近づいて行くのを認めると，付近の同市佐波1丁目赤間交差点西側の空地に車をとめて待ち受け，Yが同女を背後から抱きすくめてダンプカーの助手席前まで連行して来るや，Yが同女を強いて姦淫する意思を有することを察知し，ここにYと強姦の意思を相通じたうえ，必死に抵抗する同女をYとともに運転席に引きずり込み，発進して同所より約5,000メートル西方にある佐波川大橋の北方約800メートルの護岸工事現場に至り，同所において，運転席内で同女の反抗を抑圧してY，被告人の順に姦淫したが，前

記ダンプカー運転席に同女を引きずり込む際の暴行により，同女に全治まで約10日間を要した左膝蓋部打撲症等の傷害を負わせたというのであつて，かかる事実関係のもとにおいては，被告人が同女をダンプカーの運転席に引きずり込もうとした段階においてすでに強姦に至る客観的な危険性が明らかに認められるから，その時点において強姦行為の着手があつたと解するのが相当であり，また，Tに負わせた右打撲症等は，傷害に該当することは明らかであつて（当裁判所昭和38年6月25日第三小法廷決定，裁判集刑事147号507頁参照），以上と同趣旨の見解のもとに被告人の所為を強姦致傷罪にあたるとした原判断は，相当である」。

本件でも，強姦未遂罪の成否そのものが争われているわけではない。そうではなく，強姦致傷罪の成立を肯定するために，問題となる傷害を引き起こした暴行の時点において，強姦罪の実行の着手を認めうるかが争われているのである。

本判例はこの点を肯定するにあたり，その時点において「すでに強姦に至る客観的な危険性が明らかに認められる」ことを理由として掲げている。これは実質的客観説の典型的な論証といえよう[6]。そして，たしかに，当時の学説や判例実務の状況に照らすと，このように，実質的客観説の採用を高らかに宣言することにも非常に大きな意味があった。というのも，それ以前においては，むしろ，形式的客観説を前提にしつつ，実行行為に密接な行為といいうるところまで，着手時期を前倒ししようとする発想が支配的だったからである。

しかし，今日においては，未遂犯の不法を認定するだけでは，未終了未遂の成立を肯定するに足りないことが広い共通了解を形成している。すなわち，それに加えて，実行行為に密接する行為を認定することが求められているのである（修正された実質的客観説）。いうなれば，本判例以前の形式的客観説的な発想が，行為者の既遂到達への傾向性の外部化という，処分の観点から装いを新たにして再登場したわけである。しかも，未遂犯の不法に加えて実行行為に密接する行為を認定しなければならない，そのこ

---

6 大久保太郎「判解」最判解刑（昭45）255頁は，「主観説，客観説または折衷説のいずれの見地をとっても，強姦の実行の着手を認めうるものではなかろうか」と評する。しかし，過度に謙抑的な解説というべきであろう。現に，のちの調査官解説（たとえば，クロロホルム事件に関する平木・前掲「判解」162頁）においては，本判例が実質的客観説を採用したものであることが当然の前提とされている。

とが今日，広い共通了解を形成しているというのは，なにも学説に限った話ではない。そうではなく，先に見たクロロホルム事件を代表例とする一連の判例においても，明確に承認されているところであるといえよう。したがって，いまの目から見れば，本判例にはやや物足りないところがある[7]。

それでは，本件において，被告人が被害者をダンプカーの運転席に引きずり込もうとする行為は，爾後になされる強姦罪の実行行為に密接する行為と評価しうるであろうか。前述の，実行行為に密接する行為というための第1および第2の点は，特段の問題なく肯定されよう。第2の点は，ダンプカーで約5000メートルを移動していることが気にならなくもない。もっとも，被害者はその間，強姦場所でもある運転席で完全な拘束下におかれていたわけであるから，強姦に至るひとまとまりのプロセスがすでに始動されていたといえ，時間的近接性を肯定しうるように思われる。

これに対して，第3の点はどうであろうか。たしかに，被害者を引きずり込む際の暴行は，強姦罪の実行行為としての暴行とは別のものである。しかし，そうはいっても，引き続き強姦するために被害者の身体を拘束下におこうと強力な有形力を行使することは，強いて姦淫する手段としてそうすることと同じ構成要件的特徴を備えているのではなかろうか。そして，そうであるとすれば，この第3の点もみたされているものと思われる。反対に，被害者を運転席におびき入れるのに甘言を弄したにとどまるのであれば，その成功率やかかる時間が引きずり込むのと同じであったとしても，強姦罪の実行行為としての暴行と同質の構成要件的特徴を備えるものとはいいがたいであろう。

---

[7] これに対して大久保・前掲「判解」258頁注9は，本件「と異なり，ある者を他所に拉致したうえ殺害する意図をもって自動車内に引きずり込もうとする行為は，それ自体いまだ殺意の明確な発現とはいえず，また殺人罪の構成要件の一部実現でもない等の理由から，殺人の実行の着手があると見ることはできないと考えられる」と解説している。これは明らかに，実行行為に密接する行為という要件のほうを論じ，その充足を否定したものであろう。そして，その結論には本章の立場からも賛成することができる。たしかに，強姦の場合には，被害者の身体を拘束する暴行が，爾後の，強姦の手段としての暴行に対して漸次的である。これに対して，殺人の場合には，爾後，改めて被害者の防御を排し，その生命に対して新たに攻撃を加えなければならない。その意味で，当初の暴行が，行為者の生命侵害に対する傾向性を十分に徴表していないのである。むろん，当初の暴行が被害者にクロロホルムを嗅がせて昏倒させるなど，その防御力を喪失させるものであれば話は変わってきうる。そして，これについてはクロロホルム事件に関して述べたとおりである。

以上のとおり，本判例は実質的客観説の言い回しのみを用いる点で，未終了未遂の認定方法としては欠けているところがある。もっとも，本件事案を前提とする限り，同時に，実行行為に密接する行為を認定することも可能である。したがって，強姦罪の実行の着手を肯定するという，その結論自体には賛成することができよう。

(5) 最判平 30・3・22 刑集 72・1・82——詐欺

「(1) 本件の事実関係

第 1 審判決及び原判決の認定並びに記録によると，本件の事実関係は，次のとおりである。

ア 長野市内に居住する被害者は，平成 28 年 6 月 8 日，甥になりすました氏名不詳者からの電話で，仕事の関係で現金を至急必要としている旨の嘘を言われ，その旨誤信し，甥の勤務する会社の系列社員と称する者に現金 100 万円を交付した。

イ 被害者は，平成 28 年 6 月 9 日午前 11 時 20 分頃，警察官を名乗る氏名不詳者からの電話で，『昨日，駅の所で，不審な男を捕まえたんですが，その犯人が被害者の名前を言っています。』『昨日，詐欺の被害に遭っていないですか。』『口座にはまだどのくらいの金額が残っているんですか。』『銀行に今すぐ行って全部下ろした方がいいですよ。』『前日の 100 万円を取り返すので協力してほしい。』などと言われ（1 回目の電話），同日午後 1 時 1 分頃，警察官を名乗る氏名不詳者らからの電話で，『僕，向かいますから。』『2 時前には到着できるよう僕の方で態勢整えますので。』などと言われた（2 回目の電話）。

ウ 被告人は，平成 28 年 6 月 8 日夜，氏名不詳者から，長野市内に行くよう指示を受け，同月 9 日朝，詐取金の受取役であることを認識した上で長野市内へ移動し，同日午後 1 時 11 分頃，氏名不詳者から，被害者宅住所を告げられ，『お婆ちゃんから金を受け取ってこい。』『29 歳，刑事役って設定で金を取りに行ってくれ。』などと指示を受け，その指示に従って被害者宅に向かったが，被害者宅に到着する前に警察官から職務質問を受けて逮捕された。

エ 警察官を名乗って上記イ記載の 2 回の電話をかけた氏名不詳者らは，上記ア記載の被害を回復するための協力名下に，警察官であると誤信させた被害者に預金口座から現金を払い戻させた上で，警察官を装って被害者宅を訪問する予定でいた被告人にその現金を交付させ，これをだまし取る

ことを計画し，その計画に基づいて，被害者に対し，上記イ記載の各文言を述べたものであり，被告人も，その計画に基づいて，被害者宅付近まで赴いたものである。

(2) 本件における詐欺罪の実行の着手の有無

本件における，上記(1)イ記載の各文言は，警察官を装って被害者に対して直接述べられたものであって，預金を下ろして現金化する必要があるとの嘘（1回目の電話），前日の詐欺の被害金を取り戻すためには被害者が警察に協力する必要があるとの嘘（1回目の電話），これから間もなく警察官が被害者宅を訪問するとの嘘（2回目の電話）を含むものである。上記認定事実によれば，これらの嘘（以下「本件嘘」という。）を述べた行為は，被害者をして，本件嘘が真実であると誤信させることによって，あらかじめ現金を被害者宅に移動させた上で，後に被害者宅を訪問して警察官を装って現金の交付を求める予定であった被告人に対して現金を交付させるための計画の一環として行われたものであり，本件嘘の内容は，その犯行計画上，被害者が現金を交付するか否かを判断する前提となるよう予定された事項に係る重要なものであったと認められる。そして，このように段階を踏んで嘘を重ねながら現金を交付させるための犯行計画の下において述べられた本件嘘には，預金口座から現金を下ろして被害者宅に移動させることを求める趣旨の文言や，間もなく警察官が被害者宅を訪問することを予告する文言といった，被害者に現金の交付を求める行為に直接つながる嘘が含まれており，既に100万円の詐欺被害に遭っていた被害者に対し，本件嘘を真実であると誤信させることは，被害者において，間もなく被害者宅を訪問しようとしていた被告人の求めに応じて即座に現金を交付してしまう危険性を著しく高めるものといえる。このような事実関係の下においては，本件嘘を一連のものとして被害者に対して述べた段階において，被害者に現金の交付を求める文言を述べていないとしても，詐欺罪の実行の着手があったと認められる。

したがって，第1審判決が犯罪事実のとおりの事実を認定して詐欺未遂罪の成立を認めたことは正当であって，第1審判決に理由不備の違法があるとして，これを破棄した原判決には，法令の解釈適用を誤った違法があり，この違法は判決に影響を及ぼすことが明らかであって，原判決を破棄しなければ著しく正義に反するものと認められる」。

なお，本判例には山口厚裁判官の補足意見が付されており，その内容は

次のとおりである。

「私は，法廷意見に賛同するものであるが，本件において詐欺未遂罪が成立することについて，理論的観点から意見を補足しておきたい。

詐欺の実行行為である『人を欺く行為』が認められるためには，財物等を交付させる目的で，交付の判断の基礎となる重要な事項について欺くことが必要である。詐欺未遂罪はこのような『人を欺く行為』に着手すれば成立し得るが，そうでなければ成立し得ないわけではない。従来の当審判例によれば，犯罪の実行行為自体ではなくとも，実行行為に密接であって，被害を生じさせる客観的な危険性が認められる行為に着手することによっても未遂罪は成立し得るのである（最高裁平成15年(あ)第1625号同16年3月22日第一小法廷決定・刑集58巻3号187頁参照）。したがって，財物の交付を求める行為が行われていないということは，詐欺の実行行為である『人を欺く行為』自体への着手がいまだ認められないとはいえても，詐欺未遂罪が成立しないということを必ずしも意味するものではない。未遂罪の成否において問題となるのは，実行行為に『密接』で『客観的な危険性』が認められる行為への着手が認められるかであり，この判断に当たっては『密接』性と『客観的な危険性』とを，相互に関連させながらも，それらが重畳的に求められている趣旨を踏まえて検討することが必要である。特に重要なのは，無限定な未遂罪処罰を避け，処罰範囲を適切かつ明確に画定するという観点から，上記『密接』性を判断することである。

本件では，預金口座から現金を下ろすように求める1回目の電話があり，現金が被害者宅に移動した後に，間もなく警察官が被害者宅を訪問することを予告する2回目の電話が行われている。このように，本件では，警察官になりすました被告人が被害者宅において現金の交付を求めることが計画され，その段階で詐欺の実行行為としての『人を欺く行為』がなされることが予定されているが，警察官の訪問を予告する上記2回目の電話により，その行為に『密接』な行為が行われていると解することができる。また，前日詐欺被害にあった被害者が本件の一連の嘘により欺かれて現金を交付する危険性は，上記2回目の電話により著しく高まったものと認められる。こうして，預金口座から下ろした現金の被害者宅への移動を挟んで2回の電話が一連のものとして行われた本件事案においては，1回目の電話の時点で未遂罪が成立し得るかどうかはともかく，2回目の電話によって，詐欺の実行行為に密接な行為がなされたと明らかにいえ，詐欺未遂罪

の成立を肯定することができると解されるのである」。

　本件において，1回目の電話，2回目の電話，（のちに被害者宅を訪問して）警察官を装って現金の交付を求める行為，の3つを一体的に評価し，ひとつの欺罔行為と認定することは困難であり，詐欺罪の構成要件に該当する行為＝実行行為は3つ目の，現金の交付を求める行為から観念されることになる。本判例もまたこのことを出発点としている。

　もっとも，このような実行行為そのものを開始せずとも実行の着手は肯定されうるのであり，そのことは本判例が原判決（東京高判平29・2・2刑集72・1・134）を批判して述べるとおりである。そして，本章の採用する修正された実質的客観説によれば，実行の着手の限界は，既遂到達の具体的・現実的危険性という未遂犯の不法と，（本件のように，実行行為そのものがいまだ開始されていない未終了未遂の例においては）実行行為に密接する行為という未遂犯の責任とによって画されることになる。

　まず，不法に関しては，少なくとも本判例の前提とする事実関係を見る限り，特段の障害なく肯定することができよう。まさに，被害者はいまにもその現金をだまし取られそうになっていたのである。これに対して，実行行為に密接する行為のほうはもう少し説明が必要かもしれない。とくに，(1)で述べた第1および第2の点は異論なく肯定されうるであろうが（現金の交付を受けるところまでは，特段の障害も想定されず，かつ，さほどの時間も要しない），問題は第3の点である。

　とはいえ，結論からいえば，こちらについても十分に肯定することが可能であろう。詐欺罪の構成要件的特徴とは，「だます」，「嘘をつく」という手段を用いて，被害者を財物等の所持に関して脆弱な状態に陥れる，つまり，これを交付しようとする誤ったインセンティブを生じさせることにより，そうでなければ得られないであろう財物等を，しかも，被害者自身を（財物等を交付してくれる）協力者とすることをとおして手に入れる，という一連の侵害経過に見出されるものである。そうすると，ただ銀行から現金を下ろさせる嘘をついたにとどまる1回目の電話はともかく[8]，実際に警察官が出向く旨の嘘までついた2回目の電話は，被害者が進んで財物等に対する支配を移転させることに向けた嘘の第1歩ともいうべきものであり，前記，構成要件的特徴を看取しうるように思われる。

　ひるがえって本判例を見ると，「被害者に現金の交付を求める行為に直接つながる」という部分が実行行為に密接する行為を，「被害者において，

間もなく被害者宅を訪問しようとしていた被告人の求めに応じて即座に現金を交付してしまう危険性を著しく高める」という部分が既遂到達の具体的・現実的危険性を，それぞれ認定したものといえ，クロロホルム事件，ひいては，本章の採用する修正された実質的客観説に連なると評してよいであろう。唯一，気になるのは，本判例が，本件嘘が犯行計画の一環として一連のものであったことにとらわれ，1回目の電話の段階において，すでに，実行行為に密接する行為と評価しうるかの口吻を洩らしていることである。しかし，そのような評価が困難であることはすでに述べたとおりであり，この点については，すぐあとにとりあげる山口補足意見のように解すべきであろう。

それでは，同補足意見の内容はいかに評価すべきであろうか。まず，一般論として，クロロホルム事件を参照しつつ，「従来の当審判例によれば，犯罪の実行行為自体ではなくとも，実行行為に密接であって，被害を生じさせる客観的な危険性が認められる行為に着手することによっても未遂罪は成立し得る」というのは——何度も述べたように——完璧に正しい理解である。そして，「密接」性と「客観的な危険性」が重畳的に要求されること[9]，ことに，本件においては，前者のほうが俎上に載せられるべきこともまた既述のとおりである。一方，具体的なあてはめに関しては，結局，「密接」性を肯定してよい実質的な理由がつまびらかにされていないこと（この点は，(6)で見る千葉補足意見と対照的である），「客観的な危険性」も2回

---

[8] たしかに，銀行から現金を下ろさせておいてはじめて，これを現場で交付させることも可能になるという意味において，1回目の電話が犯行計画の不可欠なステップであることは否定しがたい。しかし，詐欺罪の構成要件的特徴にかんがみたとき，被害者は現金を下ろすことによって，むしろ，これに対する（実質的な）支配を強化しようとしていた，つまり，被害者による自主的な支配移転とは逆向きであった，という点は無視しえない重要性を有しているように思われる。さらに，そもそも一般論として，いまだ支配を移転させることに向けた嘘をつく以前の段階においても，いわば「詐欺師がとっかかりを作るために虚言を弄した」というだけで詐欺未遂罪が成立しうるとしたならば，よくある「あなたに5000万円を差し上げたいので連絡して下さい」というフィッシングメールもただちに同罪を構成しうることになりかねず，共通了解を超えた前倒しが生じてしまうであろう。

[9] かつて，山口厚『刑法総論〔第3版〕』（有斐閣，2016）283頁は「相互補完的関係にある」と表現していた。これと，「相互に関連させながらも，それらが重畳的に求められている趣旨を踏まえて検討することが必要である」というのとではかなりニュアンスが異なるから，かりに，それらの理解が自説でもあるとするならば，もはや改説といってよいレベルに達していると思われる。そして，本文で縷々述べてきたように，そのような改説は私にとっては歓迎すべきものである。

目の電話まで待たなければならないことの説明が十分でないこと，などの疑問も残るが，本質的な異論はない。

なお，同補足意見は本件嘘を一連のものと認めつつも，あくまで，実行の着手は2回目の電話によってはじめて肯定される，とする解釈の余地を残している。同補足意見が法廷意見と完全には整合しない可能性もあるが，私は，そのような解釈のほうが妥当ではないかと考えており，これもまたすでに述べたとおりである。

(6) 最判平26・11・7刑集68・9・963——特別法違反

「1　1，2審判決の認定及び記録によると，本件の事実関係は，次のとおりである

(1) A（以下「A」という。）は，平成18年2月頃から，氏名不詳者より，日本から香港へのうなぎの稚魚の密輸出を持ちかけられ，報酬欲しさに，これを引受け，繰り返し密輸出を行っていたが，その後，被告人らを仲間に勧誘した。

(2) 本件当時の成田国際空港における日航の航空機への機内預託手荷物については，チェックインカウンターエリア入口に設けられたエックス線検査装置による保安検査が行われ，検査が終わった手荷物には検査済みシールが貼付された。また，同エリアは，当日の搭乗券，航空券を所持している旅客以外は立入りできないよう，チェックインカウンター及び仕切り柵等により周囲から区画されており，同エリアに入るには，エックス線検査装置が設けられた入口を通る必要があった。そして，チェックインカウンターの職員は，同エリア内にある検査済みシールが貼付された荷物については，保安検査を終了して問題がなかった手荷物と判断し，そのまま機内預託手荷物として預かって航空機に積み込む扱いとなっていた。一方，機内持込手荷物については，出発エリアの手前にある保安検査場においてエックス線検査を行うため，チェックインカウンターエリア入口での保安検査は行われていなかった。

(3) Aらによる密輸出の犯行手口は，〔1〕衣類在中のダミーのスーツケースについて，機内預託手荷物と偽って，同エリア入口でエックス線検査装置による保安検査を受け，そのスーツケースに検査済みシールを貼付してもらった後，そのまま同エリアを出て，検査済みシールを剥がし，〔2〕無許可での輸出が禁じられたうなぎの稚魚が隠匿されたスーツケースについて，機内持込手荷物と偽って，上記エックス線検査を回避して同エリアに入り，

先に入手した検査済みシールをそのスーツケースに貼付し、〔3〕これをチェックインカウンターで機内預託手荷物として預け、航空機に乗り込むなどというもので、被告人らは、Aの指示で適宜役割分担をしていた。

(4) Aは、氏名不詳者から、『本件当日に15か16ケースのうなぎの稚魚を運んでもらいたい。そのため5人か6人を用意してほしい。』などと依頼され、被告人、D、B及びEの4名について、本件当日発の日航731便の搭乗予約をしていたが、前日になって、『明日は2名で6ケースになった』旨伝えられ、被告人らに対し、被告人、E及びDが本件スーツケース6個を同エリア内に持ち込み、C（以下「C」という。）とBが香港までの運搬役を担当するよう指示した。Aは、C分の同便の搭乗予約をしていなかったが、他の予約分をCに切り替えるつもりでいた。

(5) 本件当日、A及び被告人を含む総勢6名は、ダミーのスーツケースを持参して成田国際空港に赴き、手分けして同エリア入口での保安検査を受け、検査済みシール6枚の貼付を受けてこれを入手した。そして、被告人らは、同空港で、氏名不詳者から本件スーツケース6個を受け取り、1個ずつ携行して機内持込手荷物と偽って同エリア内に持ち込んだ上、手に入れていた検査済みシール6枚を本件スーツケース6個にそれぞれ貼付した。

(6) その後、AとCは、本件スーツケースを1個ずつ携え、日航のチェックインカウンターに赴き、Cの航空券購入の手続をしていたところ、張り込んでいた税関職員から質問検査を受け、本件犯行が発覚した。

2　本件における実行の着手の有無

(1) 上記認定事実によれば、入口にエックス線検査装置が設けられ、周囲から区画されたチェックインカウンターエリア内にある検査済みシールを貼付された手荷物は、航空機積載に向けた一連の手続のうち、無許可輸出が発覚する可能性が最も高い保安検査で問題のないことが確認されたものとして、チェックインカウンターでの運送委託の際にも再確認されることなく、通常、そのまま機内預託手荷物として航空機に積載される扱いとなっていたのである。そうすると、本件スーツケース6個を、機内預託手荷物として搭乗予約済みの航空機に積載させる意図の下、機内持込手荷物と偽って保安検査を回避して同エリア内に持ち込み、不正に入手した検査済みシールを貼付した時点では、既に航空機に積載するに至る客観的な危険性が明らかに認められるから、関税法111条3項、1項1号の無許可輸

出罪の実行の着手があったものと解するのが相当である。

(2) したがって、本件が無許可輸出の予備罪にとどまるとして第1審判決を破棄した原判決には、法令の解釈適用を誤った違法があり、この違法は判決に影響を及ぼすことが明らかであって、原判決を破棄しなければ著しく正義に反するものと認められる」。

本件では、税関職員の張込みが犯行にとってどの程度の障害となりえ、また、そのことが未遂犯の成否にどのような影響を与えるかも非常に興味深い問題である。しかし、この点は本判例により特段、問題とされていないから、以下の検討においても割愛することとしたい。

さて、本判例も無許可輸出罪の実行の着手を認定するにあたり、もっぱら実質的客観説の言い回しを用いている。そして、未遂犯の不法を与える最大のファクターとされているのが、不正に入手した検査済みシールを貼付した時点において、発覚可能性が最も高い保安検査をパスしたものとして、あとは再確認もなく運送委託を経て航空機に積載されることとなる、という点である。たしかに、シールを貼付したのちは発覚する可能性が低く、かつ、ただちに運送委託を行えるのであれば、「航空機に積載するに至る客観的な危険性が明らかに認められる」という本判例の評価は適切なものであろう。

問題は、未終了未遂の成立を肯定するのに実質的客観説の観点だけでは足りず、実行行為に密接する行為をあわせて認定しなければならないことである。もっとも、近時の判例の趨勢に照らすならば、本判例もこの点を不要と判断したわけではなく、特段の論証をせずとも認定しうると考えたのだ、と理解するほうが自然であるように思われる。現に、本判例に付された千葉勝美裁判官の補足意見は、非常に的確にも次のように述べている。

「2 本件における機内預託手荷物の保安検査は、上記のようなものとは異なり、チェックイン手続の前に、チェックインカウンターエリアの入口において行われており、密輸出が成功するか否かの鍵を握る場面が運送委託に向けた行為より前の段階で登場する。そして、本件では、法廷意見が判示したとおり、ダミーのスーツケースを利用して保安検査を済ませて検査済みシールを入手して同エリアに入り、その後、手荷物を携帯したまま同エリアから出て、今度はうなぎの稚魚の入った手荷物を機内持込手荷物であると称して同エリア入口での保安検査を免れ、同エリア内に入って、そこで既に入手し剥がしていた検査済みシールを本件スーツケース6個に

貼り付けるという一連の偽装工作を完了させており，密輸出の成功の鍵を握る最大の山場を既に乗り越えた状態となっていたのである。残るのは，被告人ら自らが，そのままこれらをチェックインカウンターへ運び運送委託をすることだけである。そして，法廷意見の判示するとおり，検査済みシールを貼付した時点では，通常は，もはや保安検査等で無許可輸出品がスーツケースに入っているか否かの再確認をされるおそれはなくなっており，密輸出に至る客観的な危険性が明らかに認められる。

　3　また，本件スーツケースは，いまだチェックインカウンターエリア内に存置された状態にあり，被告人らにおいて運送委託に向けた行為を開始してはいなかったものの，保安検査を積極的に利用して機内預託手荷物として正式に検査が済んでいるかのような状態を既に作り出しており，密輸出の成功の鍵を握る偽装工作が成功裏に完了し，輸出のための手続の重要な部分が終了しているのである。すなわち，これらの一連の偽装工作は，保安検査前の専ら被告人らだけの領域内で行われたのではなく，保安検査という，機内への手荷物の運送委託の前提となる一連の手続過程に入り込み，これを利用して検査済みシールを貼付することにより完成している。このような状況は，密輸出に至る客観的な危険性が明らかに認められると同時に，構成要件該当行為である機内への無許可輸出品の運送委託に密接な行為が行われたと評価することもできるものである。

　4　以上によれば，本件においては，運送委託行為ないし積載依頼に向けた行為の開始がなくとも，密輸出の実行の着手を肯定してよいと考える」。

　この補足意見は，未遂犯の不法と実行行為に密接する行為を，段落番号を分けて，それぞれ丁寧に認定している。このうち，前者は本判例を敷衍するものであって，ほとんど異論の余地がないと思われる。これに対して，後者は文字どおり本判例を「補足」するものであって，そこで省略されていた点を比喩的な表現も用いながら分かりやすく説明している[10]。

　もっとも，そこでとくに念頭におかれているのは，前述の，実行行為に密接する行為というための第3の点，すなわち，構成要件領域への作用である。おそらく，第1および第2の点は，未遂犯の不法を認定する際に掲げられた事情から容易に肯定しうると解されたのであろう。スーツケースにシールを貼付してしまえば，あとに残る作業である運送委託それ自体が容易かつただちに行いうることは前記事情から明らかだからである。それ

では，この補足意見において，構成要件領域への作用は具体的にはどのように認定されているのであろうか。

とくに目を引くのは，「これらの一連の偽装工作は，保安検査前の専ら被告人らだけの領域内で行われたのではなく，保安検査という，機内への手荷物の運送委託の前提となる一連の手続過程に入り込み，これを利用して検査済みシールを貼付することにより完成している」という部分である。無許可輸出罪の実行行為そのものが示す構成要件的特徴とは，許可権者の目をかいくぐって，目的物を，それが自動的に航空機に積載されてしまうルートに完全におくことである。そうすると，そのような実行行為に先立つ行為が同様の特徴を有するものといえるためには，目的物をもっぱら自身の支配領域下において準備を重ねているだけでは足りない。そうではなく，少なくとも，同じく許可権者が設定した，そのルートの前にあるいわばディフェンスラインに介入する必要があるというべきであろう。先に引用した部分はこのような趣旨に理解するのが最も自然であり，また，本章の主張とも非常によく整合すると思われる。

唯一，気になるのは，このように解した場合，シールを貼付した時点まで待たなくても，たとえば，目的物を機内持込手荷物と偽って，保安検査を回避してチェックインカウンターエリア内に持ち込んだ時点において，すでに同様の構成要件的特徴が看取しうるのではないか，という点である。そして，学説には，後者の時点でも実行の着手を肯定してよい，現に，本判例は「シールを貼付した時点では，既に」と述べており，着手時期をさかのぼりうることが示唆されている，というものもある。

もっとも，この点については，もう少し慎重な判断が必要であろう。そもそも，「既に」という言い回しは，着手時期が到来していることを示す

10　これに対して，調査官解説（秋吉淳一郎「判解」曹時68巻6号（2016）199頁）は，この補足意見が「控訴審判決の法律判断を破棄するに当たって，実行の着手時期に関する法廷意見の立場〔実質的客観説〕に立ったとしても，また，別の立場〔形式的客観説〕に立ったとしても，実行の着手が肯定されることを確認的に補足して説明したものと思われ，特に法廷意見と異なる立場に立つことを示したものではないと推察される」と述べる。たしかに，補足意見が法廷意見とその基本的な立場を共有している，という点はそのとおりであろう。もっとも，近時の判例の流れ，および，補足意見が未遂犯の不法と実行行為に密接な行為を並列させていることに照らすと，前記，基本的な立場とは実質的客観説ではなく，むしろ，修正された実質的客観説のほうだと思われる。したがって，補足意見がしてみせたのも別の立場からのあてはめではなく，まさに，自分たちの立場からのそれだということになる。

(判例の) 慣用表現にすぎず，あまり深読みすべきではない。また，かりに後者の時点で構成要件領域への作用という点がみたされたとしても，実行の着手にかかる他のすべての要件が同時にみたされたものと即断することはできない。たとえば，衆人環視のもと，おもむろにシールを取り出して目的物に貼付することはそれなりの障害であって，最終的な運送委託まで行うことはいまだそれほど簡単とはいえない，という判断も十分に可能であろう。そして，その場合には，やはり，前者の時点ではじめて実行の着手を肯定すべきだと思われる。

なお，その後，同空港では手荷物の機内預託手続きが変更され，チェックインカウンターにおける運送委託後に保安検査が行われている。このような場合，未遂犯の不法は保安検査後にはじめて認められることになろう。こうして，実行行為と未遂犯の成立時期が分離し，冒頭の毒まんじゅう事例と類似の構造を有するに至るのである。

第19章

未遂犯（中）

山下はベテランの検察官，小林は新米の検察官

山下：おっ，小林君，どうしたの？ なんだかボーっとしているようだが。

小林：……。

山下：ん？ おいおい，聞こえてないのかな。

小林：ああ，先輩，いたのですか。

山下：というより，君，私の机に寄りかかって考えごとをするのはやめてくれ。ファイルがお尻の下敷きになっているし……。

小林：あ，すみません。今日の研修で扱った事案について考えていたら，法科大学院生時代に同級生たちと議論した内容を思い出して，それで……。

山下：なんだ，そんなことか。昔を懐かしむのは仕事が終わってからにしたまえ（笑）。

小林：いえ，そうではなくて！ たぶん，先輩には無縁の話だからもういいです。

山下：気になるな（苦笑）。

小林：実は，自分が学生のころから退化しているのではないかと心配になったんですよ。昔なら争点になりうると気づいたはずのことがらが，いまは思いつけなくなっていて……。

山下：具体的にはどういう事案なの？

小林：時代劇の殺陣のリハーサルで，役者である被告人が事故を装って，同じく役者である被害者を斬り殺そうとした，という事案です。自分で小道具部屋に模造刀を取りに行って，そこで，過失のふりをして真剣のほうを持ち出してリハーサルに臨み，被害者に斬りかかろうとしたのですが，緊張のためか，刀身が鞘からうまく抜けず，鞘ごと被害者に振り下ろしてしまった。で，結局，被害者は打撲傷を負っただけだったのですが，その後，真剣であることに気づいたスタジオ側が不審に思って警察に通報し，取調べの結果，被告

人の計画が明らかになったというわけです。
山下：ふぅん。なんだか，そのような話が昔，「古畑任三郎」シリーズにあったなぁ。たしか，犯人が殺害に成功したのと，スタジオ側が犯人をかばおうとした点で，君のいう事案とは違っていたと思うが。
小林：で，その事案ですね……。
山下：そうそう，思い出した。被害者はスタジオのオーナーで，これを廃業してスーパーにしようと計画していた。それで，遊び半分で最終作の時代劇に出演しようとしたところ，スタジオに愛着のあった犯人に殺されたんだよ。たしか，スタジオ関係者も犯人を慕っていて，犯行後，犯人をかばおうとした。小道具さんが，自分が模造刀を真剣にすり替えたと，虚偽の自白までしたんだったかなあ。
小林：いや，だから，ドラマの話じゃないですって！
山下：ああ，すまんすまん（笑）。それで，何の話だっけ？
小林：先輩も気づかれないのですか？ 鞘ごと刀を振り下ろしても被害者は絶対に死にませんから，可罰的な殺人未遂と不能犯の区別が問題となりうるのですよ。あぁ，法科大学院生のころなら絶対に気づいていたのに，必要に応じて注釈書や判例評釈を参照するだけになってしまったから，頭が鈍ってきているんだ，間違いない。今週末は最新の体系書を手に入れて読破しないと！
山下：よく分からんが，そもそも刀に手をかけるか，あるいはかけようとした時点で，不能犯など議論するまでもなく可罰的な殺人未遂が成立しているのではないのかね。
小林：え？？ あっ，そうか。ふつうに行けば，刀身をきちんと鞘から抜いて斬りかかったはずですもんね。
山下：君がその事案を見て，特段の迷いなく殺人未遂だと思ったとしても，別に「抜けて」いたわけではないだろう。君はいま，はじめて気づいたと思っているかもしれないが，自分自身が明確に認識していなかっただけで，実は，その事案を見た段階で直観していたのではないかな。
小林：ふぅん，そんなものですかね。ちょっと安心しましたが……。
山下：それより，わざわざ「古畑任三郎」をフィーチャーするなら，もっとちゃんとした事案にしなかった担当者が悪いな。
小林：いや，ですから「古畑任三郎」は関係ないですって。では，どういう事案にすればよかったのですか？

第19章 未遂犯（中）

山下：それはだな，君，たとえば，小道具部屋で被告人が真剣を持ち出そうと思って，うっかり模造刀のほうを持ち出してしまったとか，あるいは，きちんと真剣のほうを持ち出しはしたんだけれども，あらかじめ安全フックを外しておかなかったから，勢いよく刀身を引き抜こうとしても鞘は外れなかったとか，そういう事案にしなきゃ。

小林：それだとどうなるのですか？

山下：もしかして，本当に学生のころよりも知識が減っているのではないだろうな（苦笑）。よく考えてみろ。そういう事案だと，完璧な計画だったとしたら殺人罪の実行の着手が認められる最も早い時点において，すでに既遂到達を阻害する事情の存在が確定してしまっているから，不能犯を議論しなければならなくなるわけだよ。それくらい分かるだろう。

小林：ああ，そうか，そうですね。いろいろ考えすぎて混乱していました……。

山下：ふん。で，学生のころはどういう議論をしていたの？

小林：ええと，具体的危険説の規範を定立してあてはめをする，というのがお決まりでしたね。一般人が認識可能な事情を基礎として，既遂到達の危険性が認められるかを判定するのですよ。下級審の裁判例においてはいまでも支配的ではないですか。

山下：で，その説をあてはめるとどうなるの，さっきの事案で？

小林：うーん，全部殺人未遂になるのではないですか。刀で斬りかかろうとするシーンを一般人が見たら，これは危ないと感じるでしょうから。

山下：おいおい，殺陣のリハーサルであることは一目瞭然なのだから，むしろ，完全に安全だと感じるのではないのかね。

小林：しかし，客観的には真剣であり，そのことを被告人がとくに認識しているわけですから，例外的に危険の判断基底に取り込まれる，というのが具体的危険説なんですよ，たしか。

山下：はぁ，寝ぼけているのか？　私があげた最初の取違えの事案だと，客観的にも模造刀なんだぞ。

小林：あぁ，そうでした！　では，時間的に少しさかのぼって，小道具部屋のシーンを一般人が観察したとすれば……。

山下：被告人が「模造刀」というラベルの貼ってある引出しを開けて，模造刀を取り出したというシーンをかね。

小林：あ，そうかそうか。それでも一般人は何も感じませんよね，被告人の意図を知らない限り。

第19章　未遂犯（中）

山下：で，被告人の意図を一般人は認識できるの？
小林：無理に決まっていますよね，純粋に内心の出来事なのですから……とすると，具体的危険説によれば，この事案は不能犯になるということですか？しかし，それは絶対におかしいですよね。
山下：そう，絶対におかしい。最近の学説だと，行為規範違反の意味で具体的危険説という用語法もあるようだが，まあ，ほとんどの実務家はそういう強すぎる前提をおく学説を「真剣に」は相手にしないだろうね。反対に，実際に危険な事態が生じたかを判定する手段として具体的危険説というのが伝統的な用語法だろうが，これは，先ほどの話からも分かるように，一般人がどこまで知っている，いかなる時，場所におかれた観察者になればよいのか，その点を定める原理が存在しないという意味において，はっきりいえば「終わった」学説なのだよ〔厳密に考えると，被告人の意図を客観的に存在した事情ととらえ，それを被告人がとくに認識しているとして判断基底に載せれば，後者の具体的危険説によっても可罰的な殺人未遂と解することは不可能ではない。しかし，それは実質的には抽象的危険説の適用にほかならないであろう〕。
小林：先輩，今日は学説についてずいぶんずけずけおっしゃいますね（笑）。
山下：それは君，実務に入って理論を忘れた，みたいな言い草をするから，ついいわずにおれなかったのだよ。私がいったことをあまり喧伝しないでくれよ（苦笑）。
小林：分かっていますよ。しかし，てっきり「一般人」というところにかみつかれると思っていました。
山下：「かみつく」というのは穏やかではないな。単に問題点を指摘しているだけだぞ。で，そのことをふまえてもう一言付け加えると（笑），たしかに，「一般人」が最後の決め台詞に用いられることはあっても，現実の審理において「一般人ならどう感じるか」が争点になることはまずないね。
小林：と申しますと？
山下：だって，誰のいっている「一般人」像が正しいかなどということは合理的に検証する方法がないだろう。弁護人が何かいってきたら反論はするけれども，それを本丸の争点ととらえることはありえないね。結局は鑑定人をよんで科学的に判断するしかないのだよ。学者のなかには「人間の心のはたらきなど，経験則，すなわち，一般人による社会通念上の判断を容れなければ判定しえない事情もある」という人もいるが，それは科学的な判断と社会常識がたまたま一致しているというだけだろう。

463

第19章　未遂犯（中）

小林：「心のはたらき」というのは，具体的にはどのような事情でしょうか。

山下：先ほどの事案だと，たとえば，人間は人目を忍んで急いでいれば刀を取り違えることもある，とかね。

小林：別に，受験生時代に答案で使っていた学説に拘泥するわけではないですが，お話をうかがっていると，いくら「科学的に」，「科学的に」と強調したところで，結局はふつうの具体的危険説と変わらないのではないですか。なにしろ，不能犯が問題となる事案など，ほとんどは，先輩のおっしゃる，社会常識のレベルから独立した科学的知見が存在しないケースですよ。

山下：いや，それは違うのだよ，誤解しやすいが。具体的危険説はいきなり社会常識，一般人の判断を持ち出すだろう。しかし，それではダメなんだ。あくまで，既遂に至らなかった原因を詳細に解明したうえで，そのような原因が存在しなかった可能性を科学的に判断しなければならない。そして，この最後の部分がたまたま一般人の判断と一致している，というだけなのだよ。

小林：どうも釈然としませんね，具体的な事案とのからみでおっしゃっていただかないと。

山下：なに，もしかして，受験生時代の自説を批判されたらいまでも嫌なの？

小林：いや，そこまでではないですけれども，やはり，がんばって論証パターンを覚えたりしましたし……。

山下：ははは，君も論証パターンを覚えたりしたんだね（笑）。ああ，悪い悪い。話を戻して，さっきの安全フックの事案だが，どうして安全フックがかかっていたのだろうね。

小林：どうしてって，先輩が作った事案ではないですか！

山下：おいおい，ちょっと落ち着けよ（苦笑）。からかっているのではなく，大事なところなんだよ，ここが。たとえば，①被告人自身，安全フックのことを知っており，ただ，焦っていたためこれを外し忘れた，②安全フックは多重防護の観点から付けられた念のための装置であり，それほど強度がなく抜刀を完璧に防げるものではなかった，③安全フックはその真剣を最後に使った人がかけることになっていたが，かけ忘れを防ぐ体制がきちんと整っていたわけではなかった，などといった事案であれば，まあ，殺人未遂が成立しうることにそれほど争いはないだろうね。

小林：では，どのような場合に不能犯となるのですか？

山下：そうだねえ……やや不自然かもしれないが，たとえば，被告人は知らなかったものの，はるか以前から完全な性能をもつ安全フックが導入されてお

り，いったん納刀したら確実にかかる仕組みになっていた，しかも，その仕組み自体に十重二十重の保険がかけられていた，というのであれば，かなり不能犯っぽくなるだろう。

小林：うーん，おっしゃることは分かりますが，どこまで行っても「一般人ならどう思うかを細かく見ているだけ」のような気がしますが……。

山下：だから，それでいいのだよ，そこにいう一般人が一般経験則のことであれば。

小林：では，言い方に気をつければ具体的危険説でいいということですよね？

山下：いや，それは違う。具体的危険説というのは科学者を排して，はじめから一般人にご登場願うという発想が根底にあるのだよ。しかし，そのような雑な判断を法廷でやるわけがないだろう。一般人が出てくるのは最後の最後，厳密な科学的判断では詰め切れない「ブレ」のところだけなのだよ。

小林：なんだか釈然としませんが，ともかく，家に帰ってからもう一度よく考えてみます。先輩も次に会うまでに，最近の体系書をきちんと読んでおいて下さいよ！

山下：なんだ，本格的に議論したいのか。それなら，私も山口先生の『危険犯の研究』を読んでくるよ（苦笑）。

◆

I 不能犯の理論

1 不能犯の不可罰性

外形上は実行の着手があるかに見えるものの，そもそも未遂犯の不法，すなわち，既遂到達の可能性が存在しない場合を不能犯ないし不能未遂とよぶ[1]。

この不能犯を処罰することも，原理的におよそ不可能というわけではない。現に，たとえば，わが国の刑法の母法であるドイツ刑法典はこれを処罰しており，ただ，客体や方法の不能が行為者の著しい無知に基づくとき，

---

[1] 前章に引き続き，本章についても，文献等の詳細な引用は小林憲太郎「実行の着手について」判時2267号（2015）3頁以下に譲る。

刑が任意的に減免されうるにとどまる（23条3項）。

これに対して，わが国においては不能犯を不可罰と解するのが定説である（したがって，不可罰的不能未遂ともいわれる）。そして，その理由は次の2点に求められている。

第1に，たしかに，不能犯においても可能未遂と同様，既遂を求めて一線を越えた行為に出ることにより，行為者の既遂到達への強度の傾向性が外部化されている。しかし，それだけで刑罰が介入するとなると，刑罰は制裁としての基礎を失い，処分としての性質に純化されてしまう。これでは，刑罰というものに関する刑法理論の基本的な考え方を重要な程度に掘り崩す結果となろう。

第2に，たしかに，不能犯といえども，社会に対してなんらの害悪も引き起こさないわけではない。たとえば，暗がりでマネキンを人と誤信し，殺意をもってこれを射撃するなどというのは，それ自体，法の妥当を信頼する社会を大きく震撼させる行為といえよう。しかし，厳密に考えると，そのような害悪は，問題となる行為が必ずしも犯罪でなくても生じうるものである。先の例でいえば，たとえ射撃それ自体が不可罰であったとしても，なお，「平気で人を殺そうとする人間が現れた」ことに対し，社会は大きな衝撃を受けるのである。したがって，そのような害悪を根拠として，問題となる行為が犯罪であることは導けないであろう。

こうして，不能犯は不可罰と解されるのである。

2　不能犯の限界

(1)　行為者の危険性

つづいて，不能犯の限界，すなわち，既遂到達の危険性を判断する基準である。従来，学界において，議論が最もさかんに行われてきたのがこの問題であり，さまざまな学説が登場している。もっとも，ここでは，それらを逐一，検討することはしない。むしろ，それらが，その標榜する危険判断によって，実質的にはいかなる（不）処罰根拠を論証しようとしているかに着目し，3つのグループに分けて，より体系的な分析を加えることにしたい。

さて，1つ目のグループは，つまるところ，行為者の危険性を論証しようとするものである。しかし，1で述べたように，それによって未遂犯としての可罰性を基礎づけることはできない。それは未遂犯の処罰を処分に

純化しようとするものだからである。

　この1つ目のグループに分類される学説は，従来の用語法に従えば，主観的危険説や抽象的危険説である。両学説は，存在知識（判断基底）の標準を行為者に求める点で共通するものの，法則知識（判断基準）に関しては異なっている。すなわち，主観的危険説が法則知識の標準をも行為者に求めるのに対し，抽象的危険説は，これを客観的な科学的知識に求めるのである。

　問題は，いずれの学説がより一貫したものかである。まず，たまたま状況を誤認した行為者が危険であることは疑いがなかろう。客体を人と誤信して射撃した行為者は，それが実はマネキンであったとしても同じく危険である。これに対して，威力の弱いおもちゃのエアガンであっても，弾をうまく「秘孔」に当てれば人を殺せると思い込んでいる行為者は，同様の意味で危険であるとはいいがたい。このように，1つ目のグループに属するという観点からすれば，抽象的危険説のほうがより一貫したものといえよう。

　(2)　行為規範違反

　2つ目のグループは，つまるところ，行為規範違反を論証しようとするものである。しかし，それは未遂犯の不法を行為無価値に求めるものであって妥当でない。

　いわゆる行為無価値論に対する批判は，本書においても縷々述べてきたことであって，ここでは繰り返さない。論者は一般人に対する行為規範の提示を強調するが，自動車運転等，特定の社会生活領域に限定されたものとはいえ，知識や生理的能力まで標準化された一般人が登場する余地は，少なくとも刑法体系内には存在しない。他方，それらを個別化された行為者に対する規範のコントロールは，不法ではなく，むしろ，責任において担保されるべきであろう。

　なお，この2つ目のグループに属するものとされてきた代表的な見解は具体的危険説である。もっとも，その主流が存在知識に関し，行為者がとくに認識した「真実に合致する」事情を考慮するというのは，少なくとも，2つ目のグループに属するという観点からすれば一貫したものとはいいがたいであろう。これに対して，法則知識の標準を客観化することは正しい。行為規範は法益の保護に対して合理的なものでなければならないからである。

(3) （結果不法としての）既遂到達の危険性

3つ目のグループは，つまるところ，（結果不法としての）既遂到達の危険性を論証しようとするものである。これこそが正しく理解された未遂犯の不法であり，このグループの方向性を支持すべきであろう。未遂の結果不法を与える要素としては，ほかにも，1で見た法の妥当性の震撼，社会心理的な衝撃があげられることがある。これを印象説という。しかし，同所でも述べたように，それはただちに可罰性の根拠となりうるようなものではない。また，この点を措くとしても，それは既遂到達の危険性とはまったく異質のものといわざるをえないであろう。だからこそ，ドイツの有力な見解においても，同説は，あくまで，（可能未遂と区別された）可罰的不能未遂の処罰根拠ととらえられているのである。

さて，既遂到達の危険性を判断する手法としては，具体的危険説のうち一部の発想と，客観的危険説を出発点とする発想とが対立している。このうち，前者は存在知識に関し，事後的に明らかにされた事情のなかから，一般人が認識しえ，または，行為者がとくに認識したもののみを考慮しようとする[2]。しかし，既遂に到達したかどうか（被害者の生死）はすべての事情をふまえて判定するにもかかわらず，既遂に到達するおそれがあったかどうかを判定する際には目隠しをする，などという手続きの違いに合理的な根拠はない。「おそれ」は科学的知見に対し，作為的に目隠しをしてはじめて生み出されるというものもあるが，のちにも述べるように，それは誤りである。

こうして，後者の客観的危険説的発想を支持すべきである。そして，科

---

[2] 井田良『刑法総論の理論構造』（成文堂，2005）268頁などを参照。なお，このような発想に対しては，「客観的に存在したかどうかは，事後にならなければ判らないので，このような限定が，未遂の危険判断を事前判断とする出発点と整合的かは疑問があるし，そのような主張が一貫されているわけでもない。例えば，警察官が着装している拳銃を奪取して引き金を引いたが，警察官が実弾の装填を忘れていて殺害に至らなかった，という空ピストル事例においては，警察官の拳銃には弾が入っていると一般人が思っていれば，それを基礎にして危険性が判断されている」との批判もなされている。佐伯仁志『刑法総論の考え方・楽しみ方』（有斐閣，2013）350頁。しかし，このような発想は行為規範違反を論証しようとするものではないから，そもそも事前判断という出発点は採用されていない。また，同事例においては，弾が入っていないことが客観的に存在した事情であり，それは一般人に認識不可能であるから考慮されず，結果として，弾が入っていることを基礎にして危険性が判断されているのであって，主張の一貫性はなんら害されていない。したがって，このような批判はそもそも批判として成立しておらず，本質的な問題は，むしろ，すぐあとに述べるところに存在するように思われる。

学的知見に基づき既遂到達の危険性を判断する場合，大きく分けると次の2つのパターンが観念しうる。それは既遂到達を可能とする事情が備わったものと仮定したとき，その既遂到達が時間的に切迫した段階に着目したものである。

第1に，そのような事情の備わることが科学的な予測としてありうる，というパターンである。これは科学的不確実性ともよばれ，このような危険判断が客観的危険説的発想からも可能であることは，ほぼ争いがない。要するに，殺意をもって被害者宅に毒まんじゅうを送り，それが届いて被害者がいつでも食しうる事態に立ち至ったのであれば，人間の気持ちなど不安定なものであり，被害者がすぐに毒まんじゅうに手をのばすことも科学的には十分ありうる以上，殺人未遂罪が成立しうるのである。

第2に，そのような事情は現に備わっていないが，時間的にさかのぼった地点から科学的な予測を行えば，そのような事情が備わることもありえた，というパターンである。先の事例を修正すると，行為者が毒まんじゅうのすぐ横にあったふつうのまんじゅうを間違って送ってしまった，というものが考えられよう。まんじゅうが被害者宅に届いた時点で毒は入っていないが，時間的にさかのぼれば，行為者が毒まんじゅうのほうを正しく箱詰めすることも科学的に見て十分ありえた，というわけである。問題は，このような危険判断に基づいて，この修正事例における行為者をも殺人未遂罪で処罰してよいかである。

学説には，客観的危険説の基本思想に忠実であろうとする以上，第1のパターンのみが可罰的な未遂犯を基礎づけうる，というものもある[3]。しかし，そのような解釈は未遂犯の成立範囲を耐えがたいほど縮小し，論者の意図に反して，むしろ，不能未遂可罰化論のエンジンとなるおそれがあろう。また，そもそも，第1のパターンこそが科学的な危険判断の原型である，という前提にも大きな疑問がある[4]。「世界が異なる様相となる可能性」と，「世界が異なる様相であった可能性」とは，可能性の判断枠組み自体が別なのであり，一方が他方より「科学的」であるなどという根拠

---

[3] 村井敏邦「不能犯」芝原邦爾ほか［編］『刑法理論の現代的展開——総論Ⅱ』（日本評論社，1990）175頁以下などを参照。

[4] 第2のパターンもまた未遂犯を基礎づけることを，はじめて体系的に論証したのは山口厚『危険犯の研究』（東京大学出版会，1982）164頁以下であった。もっとも，それを「修正された客観的危険説」とよぶことは必ずしも適切でない。第2のパターンは，あくまで，第1のパターンと対等だからである。

は存在しない。そして，いずれの可能性も科学的知見を用いて慎重に判断するという限定つきで，適正な可罰範囲を確保するため，第2のパターンをも承認すべきだと思われる。

このことをもう少し具体的に説明しよう。まずは，一般人に認識可能な事情などといった架空の事実を探求するのではなく，現実の事実関係をできる限り詳細に明らかにする。その際には，「疑わしきは被告人の利益に」の原則に従い，事実関係が不明の場合でも，既遂到達を可能とする事情がより備わりにくいほうを認定すべきである。さらに，科学的に危険を判断するといっても，未遂犯の処断刑の重さに照らし，「科学的に排除しえない」という程度では足りず，ある程度，高度の危険性を要求すべきであろう[5]。

ただし，とくに第2のパターンに関しては，しばしば学説でも指摘されるように，次の点に注意する必要がある。すなわち，既遂到達を可能とする事情のうちに，行為者の（現実のものとは）実質的に異なる行為が含まれてはならない，ということである。たとえば，行為者が用意できた毒は口から入れても無害であり，それゆえ，毒まんじゅうで被害者を殺せた可能性はないが，行為者の殺意は強固であったため，別の刺殺計画を実行することもありえた，という理由から殺人未遂としてはならない。現実に行為に出た限りにおいてしか行為者の危険性をとらえないとしておきながら，実質的にはそれを潜脱することとなってしまうからである。

以下では，伝統的に不能犯にかかわるとされてきた（裁）判例をとりあげ，それがここまで述べてきた基本的な考え方から，どのようにとらえられるかを見ていくことにしたい。

---

5 もちろん，「高度の危険性」といっても，かりに行為者が——確率的には低くても——既遂到達を可能とする事情が備わるほうに賭けて行為に出たとき，実際に既遂に到達すれば既遂犯が成立しうるような場合において，既遂到達の時間的切迫性から前記事情を差し引いた状況が認められれば十分である。たとえば，さまざまな不確定要素によって，どれほど狙いを定めても1000分の1の確率でしか命中しない遠距離から殺意をもって被害者を射撃するとしたとき，かりに本当に命中すれば殺人既遂が成立しうるというのであれば，狙いが外れたり（終了未遂）引金を引く直前に取り押さえられたり（未終了未遂）しても，なお殺人未遂は成立しうるものと解すべきであろう。近時，独自の犯罪論体系に基づいて，不能犯論における危険性につき「全く無害とはいえない事象」であれば足りるとする注目すべき見解として，樋口亮介「実行行為概念について」『西田典之先生献呈論文集』（有斐閣，2017）33頁を参照。

II 不能犯の（裁）判例

1 方法の不能

(1) 福岡高判昭28・11・10高刑判特26・58＝空ピストル事件

被告人は被害者である巡査から逮捕されそうになったため，これを殺害して逃走しようと決意し，隙をうかがって被害者が右腰に着装していたけん銃を奪取し，その右脇腹に銃口を当てて2回にわたり引金を引いた。しかし，被害者が多忙のため，たまたま当夜に限り，弾をけん銃に装てんするのを忘却していた結果，被告人は殺害の目的を遂げなかった。このような事実関係のもとで，福岡高裁は次のように述べて殺人未遂罪の成立を肯定した。

「案ずるに，制服を着用した警察官が勤務中，右腰に着装している拳銃には，常時たまが装てんされているべきものであることは一般社会に認められていることであるから，勤務中の警察官から右拳銃を奪取し，苟しくも殺害の目的で，これを人に向けて発射するためその引鉄を引く行為は，その殺害の結果を発生する可能性を有するものであつて実害を生ずる危険があるので右行為の当時，たまたまその拳銃にたまが装てんされていなかつたとしても，殺人未遂罪の成立に影響なく，これを以て不能犯ということはできない」。

本裁判例は，本件行為が不能犯でないことを論証するにあたり，「一般社会に認められている」という言い回しを用いている。そして，この点に着目して，それが一般人の認識可能性を存在知識の標準とする，具体的危険説を採用したものであるとの分析もなされている。

しかし，それは特定の学説を前提とした，結論ありきの，やや強引な読み方ではなかろうか。むしろ，判文全体を素直に読むならば，それは「事態が正常に推移するならば，警察官のけん銃には弾が装てんされているはずだ」という趣旨を述べたものと理解しえよう。裏を返せば，今回，被害者が弾を装てんし忘れたのは異常な推移であって，そのような経過をたどらない，すなわち，被害者が弾の装てんを思い出すことも科学的に見て十分ありえたと思われる。そうすると，それは前述した第2のパターンから殺人未遂の危険性を基礎づけうることになる。

このように，本裁判例は一般論として本章の考え方を展開したものではもちろんないが，考慮の実質においては高い親和性を有するものといえよう。

なお，この裁判例とは逆に，具体的に無力な武器を用いた場合に不能犯としたものもある。すなわち，東京高判昭29・6・16東高刑時報5・6・236＝手榴弾事件は，被告人が，長らく地中に埋没していたため導火線が湿る等の質的変化を起こし，そのため本来の性能を欠いた手榴弾の安全栓を抜き，殺意をもって被害者方に投げ込んだという事案において，殺人未遂罪の成立を否定している。

こちらの裁判例は，厳密な科学的考察を加え，（爆発物ではあるが，）爆発を可能化する条件（「工場用の巨大なハンマーを使用し急激な摩擦を与えるか或は摂氏200度以上の熱を加える」）が当該の事実関係のもとでは備わりえないことを根拠としている。そうすると，具体的な結論は異にするものの，その判断枠組み自体においては，やはり，先の裁判例と同様，本章のものと非常に親和的であるように思われる。

(2) 最決昭35・10・18刑集14・12・1559

「いやしくも覚せい剤の製造を企て，それに用いた方法が科学的根拠を有し，当該薬品を使用し，当該工程を実施すれば本来覚せい剤の製造が可能であるが，ただその工程中において使用せる或る種の薬品の量が必要量以下であつたため成品を得るに至らず，もしこれを2倍量ないし3倍量用うれば覚せい剤の製造が可能であつたと認められる場合には，被告人の所為は覚せい剤製造の未遂犯をもつて論ずべく，不能犯と解すべきではないから，この点についての原判示は相当であり，論旨は理由がない」。

触媒の量が不十分であったため覚せい剤の製造に至らなかった，という事案において覚せい剤製造未遂罪の成立を肯定したものである。そして，そこでは，用いた方法が科学的根拠を有し，薬品や工程からすれば本来，覚せい剤の製造が可能であったことが強調されている。裏を返すと，ある種の薬品の量が必要量に足りなかったことだけが既遂到達の妨げとなっている，という関係が科学的に確認されているのである。ここまでの作業は手榴弾事件と非常に似通っている。

もっとも，異なるのはこの先であり，それこそが可能未遂と不能未遂を分けている。すなわち，本件においては，当該薬品が非常に稀少であり，それ以上は絶対に入手しえないなどといった特殊な事情でも存在しない限

り，その増量はさほど困難なものではなかった，ということである。そうすると，ちょうど，容易に入手しうる毒薬で被害者の殺害を試みたものの，たまたま致死量に足りなかったため失敗した場合に殺人未遂罪が成立しうるのと同じく（ただし，被害者の体調等によって致死量は変化しないものとする），ここでも覚せい剤製造の可能未遂を認めることができよう。

本判例は，形式上は事実関係と結論を述べているだけである。しかし，事実関係の具体的な記述の仕方に着目すれば，それは本章の基本的な考え方と高い親和性を有するものといえよう。

なお，本判例と異なり，覚せい剤製造未遂罪の成立を否定したものもある。すなわち，東京高判昭37・4・24高刑集15・4・210は，覚せい剤の主原料が不真正なものであった事案について，「結果発生の危険は絶対に存しないのであるから」同罪を構成しない，というのである。事実関係がはっきりしないが，被告人が真正な主原料も同時に入手しており，たまたま不真正なほうと取り違えたなどという特殊な事情でも存在しない限り，真正な主原料が用いられた可能性はほぼ皆無といえる（前述の第2のパターン）。そして，不真正な主原料から覚せい剤が出来上がる可能性もゼロである（同じく第1のパターン）。このような科学的判断の積み重ねこそが不能犯の限界を画するべきであり，この裁判例はその後半部分にしかふれていないが，当然，前半部分も暗黙の前提とされているように思われる。

(3) 最判昭37・3・23刑集16・3・305＝空気注射事件

被告人AがBを殺害して保険金を取得しようと考え，他の被告人らと共謀のうえBの静脈内に蒸留水とともに空気を注射したが，致死量にいたらなかったため殺害の目的を遂げなかった。このような事案において最高裁は，次のように述べて殺人未遂罪の成立を肯定した。

「所論は，人体に空気を注射し，いわゆる空気栓塞による殺人は絶対に不可能であるというが，原判決並びにその是認する第1審判決は，本件のように静脈内に注射された空気の量が致死量以下であつても被注射者の身体的条件その他の事情の如何によつては死の結果発生の危険が絶対にないとはいえないと判示しており，右判断は，原判示挙示の各鑑定書に照らし肯認するに十分であるから，結局，この点に関する所論原判示は，相当であるというべきである」。

本判例は第1，第2のパターンをことさら区別せず，「被注射者の身体的条件その他の〔死の結果発生を可能とする〕事情」を観念しうることから，

原判示を相当として是認したものである。もっとも，原判決（東京高判昭36・7・18高刑集14・4・250）が「医師でない一般人」の観念，「社会通念」を最重要視しているところ，本判例はあえてその部分を引いていない[6]。したがって，本判例は，あくまで科学的な危険判断を，ただ，ややプリミティブなかたちで行ったものと評価するのが妥当であろう。

ただし，本判例に対しては，その判断枠組みの洗練度という次元を超えて，より本質的な疑問もある。それは，死の結果発生の危険が「絶対にないとはいえない」というレベルで，殺人未遂という原判断を追認している点である[7]。未遂犯の処断刑の重さに照らすならば，より具体的で高度の危険を要求すべきであろう。そして，もしそれが本件において認定しえないというのであれば，傷害罪による処罰にとどめるという判断がさほどおかしなものとは思われない。

2 客体の不能

(1) 大判大3・7・24刑録20・1546＝空ポケット事件

「原院ハ被告カ市内青山墓地ヲ通行セルOヲ引倒シ其懐中物ヲ奪取セントシタル事實ヲ認メナカラOカ懐中物ヲ所持シ居リタル事實ノ證拠ヲ示ササルコト寔ニ所論ノ如シ然レトモ通行人カ懐中物ヲ所持スルカ如キハ普通豫想シ得ヘキ事實ナレハ之ヲ奪取セントスル行爲ハ其結果ヲ發生スル可能性ヲ有スルモノニシテ實害ヲ生スル危險アルヲ以テ行爲ノ當時偶々被害者カ懐中物ヲ所持セサリシカ爲メ犯人カ其奪取ノ目的ヲ達スル能ハサリシトスルモ其ハ犯人意外ノ障礙ニ因リ其著手シタル行爲カ豫想ノ結果ヲ生セサリシニ過キスシテ未遂犯ヲ以テ處斷スルニ妨ケナキモノナルヲ以テ本件ニ於テ被害者Oカ懐中物ヲ所持シ居リタルト否トハ強盗未遂犯ノ構成ニ何等影響ヲ及ホスモノニ非ス」

いわゆる客体の不能に関しては，現実的な危険が欠けるという理由から，

---

6 この点につき，藤井一雄「判解」最判解刑（昭37）77頁を参照。

7 最上級審の判例は伝統的に，いわゆる絶対不能・相対不能区別説を採用するものと評価されてきた。したがって，当時においては，特段の意図なくこのように述べられたものと推察される。もっとも，今日の目から見れば，同説のような比喩的な言い回しに満足してはならず，より分析的な考察を加える必要がある。そうすると，同説は（プリミティブな形態にとどまるとはいえ）科学的な判断を標準とする点で正しい方向性を示すものの，すぐあとに述べるように，未遂犯が要請する危険の程度を低く見積もりすぎているように思われる。

一律に不能犯とする見解も主張されている[8]。しかし，そもそも，客体の不能と方法の不能とは必ずしも截然と区別しうるものではない。たとえば，ベッドで寝ていると思われる被害者を殺意をもって射撃したところ，その直前に，寝相の悪い被害者は寝返りを打ってベッドから落ちてしまっていた，という事例について，これを殺人未遂にすべきかという実質論に先立って，いずれの不能に属するかを決することは不可能であろう。

また，この点を措くとしても，客体の不能の場合にだけ現実的な危険が欠ける，という趣旨は不明である。既遂到達を可能とする方法が備わる（第2のパターンの場合，備わった）であろうかと，客体が備わる（同じく，備わった）であろうかとは，危険判断の構造に照らして等価だからである。第1のパターンを例にとると，被害者を射殺しようとする殺人未遂の場合，弾が被害者のほうに飛ぶであろうかと，弾が飛ぶほうに被害者がいるであろうかとは，実質的に見て同じ構造をもつ判断であろう。

このように，客体の不能を特別扱いすることが理論的に正当化しえないとすれば，空ポケットから懐中物を強取しようとした場合に強盗未遂罪の成否を論ずるにあたっても，切迫時から時間的にさかのぼって，そこに懐中物が存在した可能性を科学的に判定する，という通常の危険判断手続きがとられるべきことになる。そして，被害者が金品をいっさい身につけない特殊な信条の持ち主であった，ほかの（懐中物を所持する）通行人を標的とすることも考えられなかった，などというきわめて特別な事情でも存在しない限り，同罪を認めるに十分な危険を肯定することができよう。

これに対して本判例は，かなり古いものではあるけれども，それ以後の（とくに最上級審の）判例の流れから逸脱し，通行人は懐中物を所持しているのがふつうであるという，いわば社会通念に近い発想を持ち出して危険を肯定しているようにも見える。しかし，本件のような事案においては，たとえ科学的判断を行うとしても，「被害者が懐中物を所持していることがありえたか」などという，社会生活上の常態に頼ったものとならざるをえない。それはちょうど空ピストル事件において，福岡高裁が「一般社会に認められていること」を不能犯でないとする根拠としながら，その実，被害者である巡査が弾を装てんしていた可能性を科学的に判断しているのと同じであろう。

---

8 山口・前掲『危険犯の研究』168頁などを参照。

第19章　未遂犯（中）

　もっとも，学説には，空ポケット事件と空ピストル事件とをあくまで区別しようとするものもある。すなわち，前者のように領得罪が問題となる場合においては，予防の観点が重い刑を基礎づけているため，具体的危険説的な危険判断が行われるべきだというのである[9]。たしかに——これは各論のほうで詳論する予定であるが——領得罪の毀棄罪に対する刑の加重は，利用処分意思という特別予防の観点から基礎づけられよう。しかし，それはあくまで責任の加重であって，危険判断という未遂犯の不法とは関係がない。このような学説は不法と責任を混同するものであって不当であろう。

　(2)　広島高判昭36・7・10高刑集14・5・310＝死体殺人事件

　「論旨は被告人TはSの死体に対し損傷を加えたに過ぎないから，その所為は死体損壊罪に該当すると主張するのである。なるほど同被告人がSに対し原判示傷害を加えたときには同人は既に死亡していたものであることは前認定のとおりであるが，原判決挙示の証拠によれば，被告人Tは原判示鐘惣組事務所玄関に荷物を運び入れていた際屋外で拳銃音がしたので，被告人FがSを銃撃したものと直感し，玄関外に出てみたところ，被告人FがSを追いかけており，次いで両名が同事務所東北方約30米のところに所在する松島歯科医院邸内に飛び込んだ途端2発の銃声が聞えたが，被告人Fの銃撃が急所を外れている場合を慮り，同被告人に加勢してSにいわゆる止めを刺そうと企て，即座に右玄関付近にあつた日本刀を携えて右医院に急行し，被告人Fの銃撃により同医院玄関前に倒れていたSに対し同人がまだ生命を保つているものと信じ殺意を以てその左右腹部，前胸部その他を日本刀で突き刺したものであることが認められる。そして原審鑑定人Uの鑑定書によれば『Sの直接の死因は頭部貫通銃創による脳挫創であるが，通常同種創傷の受傷者は意識が消失しても文字どおり即死するものでなく，真死に至るまでには少くとも数分ないし十数分を要し，時によつてはそれより稍長い時間を要することがあり，Sの身体に存する刺，切創は死後のものとは認め難く生前の頻死時近くに発生したものと推測される』旨の記載があり，一方当審鑑定人Oの鑑定書によれば『Sの死因は松島歯科医院前で加えられた第2弾による頭部貫通銃創であり，その後受傷

---

[9]　和田俊憲「不能犯の各論的分析・試論の覚書」町野朔先生古稀記念『刑事法・医事法の新たな展開（上巻）』（信山社，2014）238頁以下などを参照。

した刺,切創には単なる細胞の生的反応は認められるとしても,いわゆる生活反応が認め難いから,これら創傷の加えられたときには同人は死に一歩踏み入れていたもの即ち医学的には既に死亡していたものと認める』旨の記載があり,当裁判所が後者の鑑定を採用したものであることは前に記述したとおりである。

このように,Sの生死については専門家の間においても見解が岐れる程医学的にも生死の限界が微妙な案件であるから,単に被告人Tが加害当時被害者の生存を信じていたという丈けでなく,一般人も亦当時その死亡を知り得なかつたであろうこと,従って又被告人Tの前記のような加害行為によりSが死亡するであろうとの危険を感ずるであろうことはいづれも極めて当然というべく,かかる場合において被告人Tの加害行為の寸前にSが死亡していたとしても,それは意外の障害により予期の結果を生ぜしめ得なかつたに止り,行為の性質上結果発生の危険がないとは云えないから,同被告人の所為は殺人の不能犯と解すべきでなく,その未遂罪を以て論ずるのが相当である」。

本裁判例は,殺人未遂罪の成立を肯定するにあたり,①Sの生死につき専門家の間でも見解が分かれるほど,医学的にも生死の限界が微妙な案件であることと,②一般人もまたその死亡を知りえなかった,したがって,死亡の危険を感じるであろうこと,を根拠として掲げている。それぞれ,①が客観的危険説的な発想,②が具体的危険説的な発想を前提としたものであることは明らかであろう。

もっとも,判文をよく読むと,①と②は単純な並列の関係におかれているわけではない。そうではなく,①「であるから,」②,という論理的関係におかれているのである。そこで,具体的危険説を支持する者は,②こそが危険判断の基準なのであり,①はその資料にすぎない,と解釈する。

しかし,ひるがえって考えてみると,一般人とは異なる観点から判断するからこその専門家なのであって,専門家がこう考えるから一般人も同じように感じる,などという関係は存在しないはずである。そうすると,判文の趣旨は,むしろ,専門家の判断を一般人のそれに対して規範的に優先させ,「専門家にとって微妙なら一般人にとっても微妙なはずである」という一種の仮設をおくものととらえるべきであろう。裏を返すと,専門家が口をそろえて「被害者の死ははるか以前から確定していた」と述べているにもかかわらず,一般人のなまの判断として,被害者が生体のようにも

見えたから不能犯ではないなどとする解釈は，本裁判例の意図するところではないと思われる。

このように，本裁判例は実質的には，(日本刀による刺突時にも) Sが生命活動を継続していた可能性が科学的に見て十分に存することを理由として，殺人未遂罪の成立を認めたものと評価しうる。もっとも，学説には，本件のように，行為の客体が欠けるというにとどまらず，被害者の不能，すなわち，そもそも被害者が存在しない場合には危険判断の前提を欠くとして，一律に不能犯とする理論的な可能性を示唆するものもある[10]。これは，客体の不能においても未遂犯が成立する余地を残しつつ，これを一律に不能犯とする前記見解の発想にも配慮したものであり，注目に値するといえよう。

たしかに，既遂犯自体が「被害者なき犯罪」であるというのでもない限り，未遂犯においても被害者を観念しえなければならない，というのはそのとおりである。しかし，それはなにも，既遂に到達したら被害者となるべき者が現に存在することを前提としたうえで，その法益に対する危険性を判断する，という形態に限られないはずである。いいかえれば，そのような者は現に存在しないが，「被害者の法益が侵害される」という事態を可能なものとして観念しうる，という形態であってもかまわないのである。むろん，後者の形態のほうが事実上，可能性＝既遂到達の危険性を認定しにくい，という相関性はあるかもしれない。しかし，本件がまさにそうであるように，後者の形態が未遂犯を構成する余地は残されるべきだと思われる。

(3) 名古屋高判平28・9・21判時2363・120

「2 被害者が詐欺に気付いて模擬現金入り本件荷物の配達依頼等をした時点以降に，詐欺未遂罪の成立する余地について（前記第3の1）

(1) 関係証拠上，本件通話以前に，被告人がEからの荷物受領の依頼を受けた事実は認められない。また，前記1(2)アないしウのとおり，被害者は，8月20日午後3時55分までには，氏名不詳者からの電話が詐欺であることを知って警察に通報し，氏名不詳者からの配達指示を受けて模擬現金入り本件荷物を準備し，午後4時16分までの間に本件荷物を発送していることが認められる。

---

10 和田・前掲「不能犯の各論的分析・試論の覚書」234頁以下などを参照。

(2) 原判決は、被告人が荷物を受け取ることを承諾した行為が、被害者が荷物を発送するまでに氏名不詳者らがした行為に何らかの影響を与えたと認めることはできず、加えて、被害者が本件荷物を発送した時点（被告人の利益に考え、本件通話以前に発送したと認める。）で既に詐欺既遂の現実的危険も消失していたから、その後に関与した被告人の行為が本件詐欺未遂の結果と因果関係を有することはなく、この点で、被告人に本件詐欺未遂の共同正犯の責任を負わせることはできないと判断している。

この点について、原審検察官が、本件詐欺の結果発生の現実的危険の有無については、いわゆる不能犯に当たるかどうかが問題となる場合と同様の基準により判断すべきであると主張したのに対し、原判決は、本件では氏名不詳者による本件詐欺の実行行為後に関与した被告人に詐欺未遂の共同正犯の罪責を問うことができるかが問題となっているのであるから、犯罪の成否自体を問題とする不能犯とは問題状況が異なるとして、その主張を排斥して上記のとおり判断した。

(3) しかし、不能犯の考え方は、行為者が犯罪を実現する意思で行為をしても、結果発生がおよそ不可能な場合には刑事処罰の対象としないという考え方であり、未遂犯として処罰を加えるか、不能犯として不処罰とするかが問題となるものである。このように、不能犯の考え方が、結果発生が不可能と思われる場合に、未遂犯として処罰すべきか、未遂犯としても処罰すべきではないかを分ける機能を有するものであり、結果発生が不可能になる事由や時期も様々であることに鑑みれば、単独犯だけでなく、共犯の場合、それも共犯関係に後から入った場合でも、不能犯という言葉を使うかどうかはともかく、同じような判断方法を用いることは肯定されてよい。単独犯で結果発生が当初から不可能な場合という典型的な不能犯の場合と、結果発生が後発的に不可能になった場合の、不可能になった後に共犯関係に入った者の犯罪の成否は、結果に対する因果性といった問題を考慮しても、基本的に同じ問題状況にあり、全く別に考えるのは不当である。結果発生が当初から不可能な犯罪を実行しようとした者に、後から犯罪実行の意思を持って加担した者がいた場合、原判決の立論では、仮に、当初から実行しようとした者については未遂犯が成立するとしても、後から関与した者は常に処罰されないことになると思われるが、そのような結論は正当とは思われない。また、原判決は、不能犯は犯罪の成否自体を問題にするというが、そこでは全体としての詐欺罪のみを問題にしていると

思われる。仮に，本件の被告人について，詐欺を行うことについての意思の連絡があった場合は，詐欺という犯罪に加担する意思を持って現金等を受領しようとしたが，実際は既にその結果が発生することはない状態にあったことから，まさに，自己の行為が詐欺未遂罪として処罰されるのか，結果発生が不可能になっていたとして刑事処罰を免れるかが問題になっている，換言すれば，共犯者の1人については，犯罪の成否が問題となっている場面なのである。このような場合に不能犯の考え方を用いて判断するのは，必要かつ妥当であると考えられる。

したがって，この点についての原判決の結論は是認できない。

そして，実際には結果発生が不可能であっても，行為時の結果発生の可能性の判断に当たっては，一般人が認識し得た事情及び行為者が特に認識していた事情を基礎とすべきである。そうすると，仮に，被害者が，被告人がEからの荷物受領の依頼を受ける以前に既に本件荷物の発送を終えていたとしても，被害者が警察に相談して模擬現金入りの本件荷物を発送したという事実は，被告人及び氏名不詳者らは認識していなかったし，一般人が認識し得たともいえないから，この事実は，詐欺既遂の結果発生の現実的危険の有無の判断に当たっての基礎事情とすることはできない。本件通話の時点で氏名不詳者らは，実際に現金を受け取る意思であったと認められるから，詐欺の犯意は失われておらず，被告人が氏名不詳者らとの間で共謀したとみられれば，被告人に詐欺未遂罪が成立することとなる。

なお，被告人がEからの依頼を受けて被害金を受領する行為が本件詐欺の実行行為に当たるかは一個の問題であるが，仮にこれが実行行為に当たらないとしても，当該受領行為は，財物の騙取を実現するための重要な行為であり，通謀の上これを分担したのであれば，正犯者といえる程度に犯罪の遂行に重要な役割を果たしたものとして，少なくとも共謀共同正犯には当たり得るものと考えられる」。

いわゆる「だまされたふり作戦」において，事前共謀を欠く受け子に詐欺未遂罪（刑法246条1項，250条）の共同正犯が成立しうるかが，近時の下級審裁判例においてしばしば問題とされている。本裁判例もそのひとつであるが（ただし，無罪の原判決〔名古屋地判平28・3・23判時2363・127〕に対する控訴を棄却しつつ，かりに共謀の証明がなされていれば不能犯論の適用により有罪とする余地を示す，というやや複雑な構造を有している），この問題に取り組むにあたっては，不能犯論に立ち入る以前に注意すべきことがある。

すなわち，詳しくは第24章，および，第28章のリードを参照されたいが，かりに後行者が共謀加担する以前に先行者によって犯された不法を一定の要件のもとで承継するものと考えれば，当該要件がみたされる限りにおいて，不能犯論に立ち入るまでもなく受け子に詐欺未遂罪の共同正犯が成立しうる，ということである。裏を返すと，わざわざ不能犯論に立ち入っている裁判例は，このような意味における承継を否定していることになる。それは畢竟，後行者が共謀加担したのちの侵害経過だけをとりあげても，なお詐欺未遂罪の共同正犯が成立しうるということである。そして，そのような解釈が因果的共犯論と結びつくときは，詐欺の不法が錯誤者からの受交付に尽きることとなってしまい，著しく不当であることもまた同所において論ずるとおりである。もっとも，以下ではこれらの点を措き，もっぱら不能犯論に絞って検討を加えることとしたい。

さて，本裁判例は不能犯論に関し，具体的危険説を彷彿させる言辞を用いている。詐欺既遂の客体として錯誤者が要求されると考えれば，本件のような事案は客体の不能に分類するのが自然であり[11]，同言辞は従来の（裁）判例の趨勢にも沿うものといえよう。もっとも，Ⅰ2で述べたように，具体的危険説といっても，その理論的な構造は必ずしも一枚岩ではない。そして，本裁判例は客観的に存在する，既遂到達を不可能化する事情（「被害者が警察に相談して模擬現金入りの本件荷物を発送したという事実」）を出発点としつつ，これを被告人らが認識せず，一般人が認識しえたともいえないとして，「この事実は，詐欺既遂の結果発生の現実的危険の有無の判断に当たっての基礎事情とすることはできない」と締めくくっている。これは具体的危険説のなかでも，行為規範違反の有無を判定しようとするものではなく，むしろ，（結果不法としての）既遂到達の危険性を問題にしようとするものであろう。

しかし，本件のように，人的にも時間的にも場所的にも広がりのある事案においては，一般人の認識可能性を問題にするといっても，いつ，どこで，誰の立場におかれた一般人であるかによって，「基礎事情」に取り込まれる範囲は大きく異なりうる（現に，「仮定すべき一般人は，犯人側の状況と共に，それに対応する被害者側の状況をも観察し得る一般人でなければならな

11　これに対し，「騙し足りなかったという限りで方法の不能と見うる事案」と評価するものとして，安田拓人「判批」法教437号（2017）146頁を参照。

い」と述べて不能犯を認めたものとして，福岡地判平 28・9・12 刑集 71・10・551，反対に，不能犯を否定したものとして，神戸地判平 28・9・23 公刊物未登載を参照）。しかも，一般人の「立ち位置」を定める基準は原理的に存在しえない。というのも，そこにいう一般人とは，既遂到達そのものとは異なり，既遂到達の危険性を判定するに際してのみ，突如として，特段の根拠なく導入された一種の「異物」だからである。

　こうして，被害者がだまされたことに気づかず現金入りの荷物を発送していた可能性がどのくらい存在したかを，心理学的知見や経験則をも含んだ広い意味において科学的に判定する，というのが端的であり一貫していると思われる。そして，本件においては，被害者が息子に電話をかけなかった，あるいは，かけてもつながらなかった可能性も十分に存在するものとすれば，不能犯を否定するのが妥当であろう。もちろん，時間的にさらにさかのぼり，気づく契機を欠くような被害者が標的とされていた可能性を問題とすることも，論理的には十分に考えられる。ただ，そうした場合には，既遂到達を阻害する事実の存在可能性も大幅に上昇し，実際上，可罰的未遂を肯定しにくくなるというにすぎない。

　なお，その後，最決平 29・12・11 刑集 71・10・535 が出され，最高裁は下級審裁判例の趨勢に反し，後行者に対して，その加功前の先行者による欺罔行為についてまで（詐欺未遂罪の）共同正犯としての責任を問う余地を認めるに至った。先述のように，このように解すれば不能犯の論点は消失する反面，承継的共犯の論点において新たに大きな問題が引き起こされることになる。

第20章

未遂犯（下）

　　古山と小林は，期は違うが同い年の弁護士
小林：だからさぁ，中止犯を認めたって，刑を免除してくれなきゃ意味がないだろう。なあ，おい，聞いているのか！
古山：聞いているよ。焼き霜なんだから早く食べないと。お前も早く食べろよ。
小林：のんきに鱧なんか食べている場合かよ。被告人は刑務所に入ったら鱧だって食べられないんだぞ！
古山：お前がそこまで悪酔いするのは珍しいな。では，仕方がないからまじめに議論に付き合うが，未遂に達した段階でどれだけ犯情が重くても，既遂に進むのを止めさえすれば常に実質無罪，というのはいくらなんでも虫が良すぎないか？
小林：だから任意性が要るんだろ。ただ止めただけではなく，反省して止めているんだよ。
古山：反省までしていなくても任意性は認められると思うが，それは措いておいて，反省しているといったって，たとえば，殺人の中止未遂で，被害者は助かるには助かったが重大な後遺症に悩まされている，というケースもあるんだぞ。
小林：ああ，うん，そうかな……。
古山：なんだよ，急におとなしくなって。まさか，お前が話しているのはそういうケースなのか？
小林：まあ，そうだな……しかし，障害未遂で被害者が同じように苦しんでいる，というのとはまったく違うだろ。
古山：そういう場合って，そもそも未遂減軽されるか？
小林：されないとおかしいだろ。被害者にとっても，実際に死んでしまうのと，後遺症はあるが長く生きられるのとでは，実質的な損害の大きさがまるで違う。

第20章 未遂犯（下）

古山：分かった。では，かりにそうだとして，しかし，減軽されるにしても，実際に言い渡される刑の重さは反省して止めた場合とは違うよな。

小林：当たり前だろ，そんなの。俺がいいたいのは，反省して止めた場合のほうが刑が軽いというだけなら，中止犯の規定が存在する意味がないだろう，ということなんだよ。お前が裁判官なら，たとえ中止犯の規定がなくったって，反省して止めた被告人の刑は軽くするだろ。

古山：ちょっと待て，鱧の刺身は珍しいから先に食べさせてくれ。

小林：お前，いい加減にしろよ！

古山：ちゃんと聞いているよ。中止犯の規定がなくても刑を軽くする，というのは酌量減軽のことか？

小林：情状がかなり良い場合はな。しかし，そこまで行かなくても，反省して止めたのなら多少なりとも刑は軽くするだろ。

古山：中止犯の規定がなくても刑が減軽されたり，そこまで行かなくても刑が軽くなったりするのに，わざわざ中止犯の規定が設けられているということは，刑を免除までしないと間尺に合わない，と，こういうことをいいたいんだろ？

小林：ええと，ちょっと待て。これは何だ？

古山：それは笛だよ。

小林：食べられるのか？

古山：ああ，浮袋だからな。で，俺がさっきいったまとめ方でいいのか？

小林：うん，まあ，そんな感じかな。これ，やっぱり食べられないんじゃないのか？

古山：そういうのは，うまいのまずいの，いっちゃいけないんだよ。で，本題に戻ると，「中止犯の規定がなければ酌量減軽までなされるであろう場合には刑を免除する」という基準は間尺に合うよな。

小林：それなら，酌量減軽まではなされないであろう場合にはどうするんだ？刑を減軽するだけなら，障害未遂と差が生じないケースがたくさん出てくるんだぞ。

古山：だから，そういう場合には，減軽された処断刑の範囲内で，中止犯の規定がなければ言い渡されるであろう宣告刑よりも有意に軽い刑を言い渡すんだろ。

小林：じゃあ，なにか，中止犯っていうのは，それがなければ科されるであろう障害未遂の「罪一等を減ずる」趣旨の規定だってことか？

古山：まあ，そういうことだな。お前も温かいうちに鱧寿司食べれば？

小林：余計なお世話なんだよ，まったく。だいたい，「反省して止めたから刑を軽くしてやる」という一般的な量刑原則を超えて，どうしてわざわざ刑をワンランク下げるなんていう規定が要るんだよ，それだったら。その理由がきちんと説明できないのなら，やはり，中止犯の規定にはっきりとした意義を与えるために，原則として刑を免除すべきだろう。

古山：いや，だから，その理由をきちんと説明しようというのが，学者のやっている中止犯の減免根拠論なんじゃないのか。

小林：で，学者は何といっているんだよ。

古山：それこそ自分で調べろよ。あ，すみません，鱧御飯のお替りってお茶漬けにできますか？

小林：お前なぁ……。

◆

I 中止未遂の減免根拠

1 総　説

　刑法43条但書は，「ただし，自己の意思により犯罪を中止したときは，その刑を減軽し，又は免除する」と定めている。これを中止未遂ないし中止犯という。問題は，なぜこのような寛大な効果が与えられるかである。

　かつては，悪行を途中でやめたことに対する「ご褒美」である，という説明がなされていた。これを褒賞説という。しかし，それだけでは単なる比喩にとどまり，そこから中止犯規定の具体的な解釈を導きうる「理論」とはいいがたいであろう。もっとも，その後，研究の蓄積により，大きく分けて次の2とおりの説明が編み出されている。

　第1は，刑罰目的説である[1]。これは，当初の未遂行為とのちの中止行為とを全体的にとらえ，刑罰目的が大きく減少しているのだ，と説明するものである。すなわち，①結果的に法益は助かったのだから不法が小さい

---

[1] 小異はあるものの，山中敬一『中止未遂の研究』（成文堂，2001）63頁以下，金澤真理『中止未遂の本質』（成文堂，2006）91頁以下などを参照。

ことに加え，②途中で犯行をやめてしまうなどというのはその模倣を抑止する必要性が小さく，さらに，③途中で犯行をやめてしまうような行為者は自身の危険性の小ささを外部に表明している，などというのである。人口に膾炙した表現を用いれば，①が違法減少，②が一般予防の必要性という意味での責任減少，③が特別予防の必要性という意味での責任減少，といったところであろう。そして，このような説明によるならば，中止犯は犯罪性そのものが減少しているから寛大な効果が与えられることになる。

しかし，この刑罰目的説には重大な疑問がある。というのも，当初の未遂犯は犯罪としてすでに確定的に成立しているにもかかわらず，この局面においてだけ[2]，爾後の中止まであわせ考慮しなければその刑法的評価が定まらない，などというのは合理的根拠を欠くからである。比喩的にいえば，人を死なせたことの犯罪性評価がすでに確定しており，事後的に変更不可能なのであれば，人を死なせそうになったこともまた同じでなければならないはずである。

そこで，第2の説明である（刑事）政策説が出てくる[3]。すなわち，当初の未遂犯に対する犯罪性評価それ自体は事後的に変更不可能であるが，未遂犯の処断刑は既遂犯の刑に接近するほど重いから，そのままでは，未遂犯人が既遂へと歩を進めることに対するディスインセンティブが過少になる。むろん，それだからといって，未遂犯の処断刑そのものを引き下げようとすると，今度は，未遂犯に対する当罰性評価が過少になってしまう。そこで，未遂犯の処断刑自体はそのままに，ただ，歩を進めることをやめれば刑を大幅に軽くするというインセンティブを与えることにした。このようにいうのである。同説が「あと戻りのための黄金の橋」説ともよばれるのは，歩を進めるのをやめさせるためのインセンティブをたとえたもの

---

[2] そこで，たとえば，松本圭史「中止犯の法的性格論における違法減少説再興の試み——違法性の連帯性を手がかりに」早法68巻2号（2018）293頁以下は，法益侵害結果発生前の「浮動状態」であることと，未遂行為も中止行為も客観的には同一の法益に対して向けられていることが，未遂行為と中止行為の一体的評価を基礎づけるという。そして，そのうえで，中止行為が（当該行為によって保護された利益という意味での）結果有価値を実現していることが違法減少をもたらす，と説明するのである。

しかし，それならば，危険犯の既遂到達後に侵害への転化を阻止したにすぎない場合にも，中止未遂と同様の処断をせざるをえなくなる。また，そもそも，たとえば，被害者を死なせないために，いったん，被害者を死にそうにさせる必要がある，などという関係は存在しない以上，違法減少を導く論証連鎖が破たんしているように思われる。

[3] 小異はあるものの，山口厚『問題探究 刑法総論』（有斐閣，1998）224・225頁，野澤充『中止犯の理論的構造』（成文堂，2012）402頁以下などを参照。

である。

　この政策説から見ると，中止犯は，未遂犯人が既遂へと歩を進めるのをやめたことが構成する一種の「逆犯罪」である。そして，その効果である刑の必要的減免，すなわち，未遂犯の処断刑からの刑の引下げもまた，同じく「逆刑罰」，したがって，刑罰減少事由ととらえられることになる。学説では，しばしば「一身的」刑罰減少事由と表記されるが，もともと刑罰は一身的なものであるから，ここでそのような限定をかける必要はないと思われる。また，政策説に対しては，未遂犯人は往々にして中止犯の規定を知らないという批判もなされているが，これもあたっていない。通常の犯罪論を裏返して考えてみれば，既遂到達阻止が刑法上，望ましいものと評価されていることを注意すれば認識しえたというだけで十分のはずだからである。

　ただし，このようなインセンティブ付与は，当初の未遂犯に対する適正な当罰性評価を損ねるという，別の刑事政策的な問題を抱えている。したがって，中止犯の規定は，このようなインセンティブ付与が合理的に必要とされる場合に限って投入されるべきである。このような中止犯の，いわば補充性は，のちに見るように，任意性の解釈において重要な意味を有しているのである。

2　派生的な問題

　さて，1で見た減免根拠論からは，いくつかの派生問題の解決が導かれる[4]。

　1つ目は，予備の中止である。判例はこれに対する中止犯規定の準用を否定しているが（最大判昭29・1・20刑集8・1・41），支持されるべきであろう。

　そもそも，形式的な問題として，予備罪は未遂から独立して規定された目的犯であって，未遂と既遂のような関係には立ちえない。ちょうど，文書偽造と偽造文書行使を目論んだ者が，前者をなし終えた段階で後者に進むのをやめたとしても，前者の中止犯が成立しえないのと同じである。これを解釈によって乗り越えようとすれば，それは司法による立法に帰着し，

---

[4]　以下のように，政策説から一貫して関連論点の解決を図る，簡潔ではあるが重要な作品として，和田俊憲「中止犯論――減免政策の構造とその理解に基づく要件解釈」刑法42巻3号（2003）281頁以下がある。

罪刑法定主義に反するように思われる。また，かりに罪刑法定主義違反の点を措くとしても，そのような解釈が現実に要請されるものとはいいがたいであろう。というのも，予備と未遂の間には大きな刑罰格差が存在するのが通例だからである。そこでは，未遂までの刑の加重というディスインセンティブで十分であり，中止犯によるインセンティブ付与は必要ないと思われる。

ただし，予備罪のなかには，未遂から独立した目的犯としての性質をもつもののほか，未遂から既遂到達の時間的切迫性だけを引いたもの，いうなれば「ミニ未遂」もまた含まれている。そして，後者の場合においては，中止犯の恩典を受けるため，時間的に切迫するまで中止行為を見合わせようとする望ましくないインセンティブが生じてしまいかねない。そこで，このような場合には，時間的に切迫する前の中止行為に対しても，切迫した後のそれに対するのと変わらない恩典，すなわち，既遂の刑を標準とした必要的減免を与えるべきであろう（むろん，予備罪の刑は十分に軽いからあまり実益のある議論ではないが，免除の余地がない強盗予備罪などにおいてはなお意味がある）。さらに，共犯にも中止犯の規定を適用ないし準用するときは，同様の（未遂が成立するまで中止行為を見合わせようとする）インセンティブを排除するという観点から，未遂から独立した目的犯としての予備罪がその先に発展するのをやめさせた，あるいは，少なくとも自己が与えた因果的影響を取り除いた場合においても，なお同様の恩典を与えるのが妥当であるように思われる。

2つ目は，刑の減軽と免除の区別である。そして，学説では，中止未遂に内包される既遂犯を観念しうる場合には減軽にとどめるべきだ，とする見解も有力である[5]。たとえば，殺人の中止未遂において，被害者がけがをしていれば（傷害既遂）刑の免除まではなしえない，というのである。これは，中止未遂もまた未遂犯の成立を前提としており，それゆえ，未遂犯に吸収されるべき既遂犯もまた中止未遂の処断に従うところ，それによって当該既遂犯の当罰性評価が損なわれることを避けようとしたものであろう。

もっとも，ひるがえって考えてみると，内包既遂犯を観念しえない場合であってもなお，当初の未遂犯に対する当罰性評価は損なわれている。こ

5　町田行男『中止未遂の理論』（現代人文社，2005）39頁以下などを参照。

のように，すでに確定的に成立している犯罪への適正な当罰性評価が害されるという，それ自体，重要な刑事政策的問題をおしてなお，既遂へと歩を進めるのをやめさせるインセンティブを付与しようとするのが，中止未遂の規定を導入した立法者の決断なのである。したがって，内包既遂犯の当罰性評価を維持するという観点から，中止犯規定を解釈するのは方法論的に誤っているように思われる。

そして，前記インセンティブの内実が（障害）未遂に対する中止未遂の刑の軽さに求められる以上，減軽と免除の区別もまたそのような観点から導かれなければならない。すなわち，かりに中止犯の規定を捨象したとき，（法定減軽とは別に行われうる）酌量減軽を相当とする事案においては刑の免除がなされるべきである。これに対して，それ以外の事案においては刑の減軽にとどめ，あとは裁判官がその合理的な裁量に基づき，（障害）未遂の規定しかなければなされるであろう量刑との間に適切な格差を設けた刑を言い渡すべきであろう。

とはいえ，反省して必死に被害者を救助したという類の事案は——当初において既遂到達の重大な危険を作り出したとか，既遂を阻止する手段がかなり不確実なものであった，あるいは，既遂は阻止したもののその他の被害が深刻である，などといった事情でも存しない限り——そのかなりの部分が（かりに中止犯の規定がなければ）酌量減軽を相当とすると思われる。したがって，実際問題としては，中止犯が成立する場合に刑が免除されるケースはそれなりの数に上るであろう。現実の（裁）判例のうちに免除を認めたものが少ないのは，免除を相当とする事案がはじめから起訴されていないからではないかと推察される。

II 要求される中止行為の内容

1 総説

つづいて，中止犯の各成立要件を見ていくこととしたい。まずは，要求される中止行為の内容である。

かつての有力な見解は，未遂犯を着手（未終了）未遂と実行（終了）未遂に区分したうえで，前者を中止する場合には以後の不作為で足りるが，後者を中止する場合には既遂到達を防止する積極的な作為が要請される，と

解していた。しかし，着手中止と実行中止とが法文上，区別されているのであればともかく，そうではないのであるから，このような解釈を主張するためには十分な合理的根拠が必要であろう。そして，私には，そのような根拠があるとは到底思われない。

　まず，具体的な結論が明らかに不当である。たとえば，行為者が殺意をもって，最初に被害者の腹部を撃って動きを止め，つづいてその頭部を撃ち抜こうと考えてけん銃を発射したところ，腹から血を流して苦しむ被害者を見てかわいそうになったとしよう。このとき，もし腹部の傷害が致命的であり放置すると死に至りうるというのであれば，たとえ着手未遂であったとしても，積極的な救命措置という作為による中止が要求されるべきである。他方，複数の弾が込められたけん銃を所持する行為者が，しかし，一発で仕留められると考え，殺意をもって被害者を射撃したところ，たまたま狙いが外れてしまったとしよう。このときは実行未遂というほかないが，だからといって，中止犯となるためになにか積極的な作為が要求されるわけではない。単に，それ以上は撃たないという不作為だけで中止として十分であろう。

　また，Ⅰ1で述べた中止未遂の減免根拠に照らしても，着手中止と実行中止をこのように区別して扱うことは理論的に正当化されえないであろう。というのも，そのような減免根拠によれば，既遂に進むのを止めることこそが中止の本質を形成しているのであって，そのために不作為で足りるか，それとも作為まで要求されるかは，実行行為が終了しているかとは関係がないからである。こうして，作為に出なければ既遂に到達してしまうときは（着手未遂であっても）作為による中止が要請される反面，そうでないときは（実行未遂であっても）不作為による中止で足りるものと解すべきである。現在の通説といってもよいであろう。

　もっとも，一部の学説は，このことを基本的に承認し，作為に出ずとも既遂に到達するおそれのない事例では原則として不作為による中止で足りるとしながらも，未遂に内包される既遂犯の違法性が増大する危険のあるときは，これを消滅させる作為まであってはじめて中止として十分であるという[6]。たとえば，行為者が殺意をもって被害者を射撃したところ，軽傷を負わせるにとどまったが，放置すればその傷が化膿するおそれがある

　6　和田俊憲「未遂犯」法時81巻6号（2009）34・35頁などを参照。

というときは，そのような，傷害が拡大する危険を消滅させる作為に出てはじめて中止とよぶに値する，というのである。

しかし，中止犯はあくまで未遂犯人に対し，既遂に進むのを止めるインセンティブを付与しようとするものである。したがって，中止犯の規定を用いて既遂犯の被害拡大を防止しようとするのは立法の趣旨に反する解釈であろう。むろん，先の事例において，行為者が化膿防止の措置をとってやったかどうかが，殺人の中止未遂の当罰性評価にとり何の意味ももたないわけではない。もっとも，それは，刑の減軽と免除の区別を含めた量刑の判断において考慮されるべきだと思われる。

これに対して論者は，殺人未遂の中止行為が同時に重大な傷害の悪化をともなっており，利益衡量の観点からすると，むしろ，中止行為を推奨しないほうが被害者のためになるときは，中止減免を否定すべきであるという[7]。しかし，これは的を失した反論であろう。私もそのようなときは中止減免を否定すべきだと考えるが，それはちょうど，生命に対して（殺人未遂を基礎づけうる最下限に近い程度の）危険を生じさせるものの，重大な身体利益を（確実性に近い程度の蓋然性をもって）擁護する行為を，利益衡量の観点から殺人未遂で処罰すべきでないのと同様だからである。このことから，殺人（未遂）罪の保護法益が身体になってしまうわけではないのと同じく，中止減免の否定から，殺人の中止未遂の目的が身体の保護になってしまうわけではない。

2　東京高判昭62・7・16判時1247・140＝牛刀事件

「被告人は，Aを右牛刀でぶった切り，あるいはめった切りにして殺害する意図を有していたものであって，最初の一撃で殺害の目的が達せられなかった場合には，その目的を完遂するため，更に，二撃，三撃というふうに追撃に及ぶ意図が被告人にあったことが明らかであるから，原判示のように，被告人が同牛刀でAに一撃を加えたものの，その殺害に奏功しなかったという段階では，いまだ殺人の実行行為は終了しておらず，従って，本件はいわゆる着手未遂に該当する事案であるといわねばならない。

そして，いわゆる着手未遂の事案にあっては，犯人がそれ以上の実行行

---

[7] 和田俊憲「途中でやめるとはどういうことか——不作為による中止犯の理論的構造」慶法37号（2017）307・308頁を参照。

為をせずに犯行を中止し、かつ、その中止が犯人の任意に出たと認められる場合には、中止未遂が成立することになる」。

本裁判例は、その論理形式においては伝統的な見解に従い、まずは実行行為が終了したかを判定し、これが否定される着手未遂においては、中止にとって爾後の不作為で足りると解している。もっとも、このような論理形式が本件事実関係を超えて、現に一般的な妥当性を与えられているかについては、次の2点においてやや疑問がある。

第1に、最初の一撃によって被害者が全治約2週間の左前腕切傷を負ったにすぎないこと、が着手未遂の根拠とされている点である。すなわち、被告人は一撃目で殺害の目的を達する可能性も認容しているのであり、実際にそうなった場合には当然、終了未遂から結果が発生したものと評価されるであろう。そうすると、一撃目で被害者に致命傷を負わせられなかったことが、実質的には着手未遂という評価を基礎づけているのである。それは畢竟、不作為による中止だけで既遂到達を阻止しうる場合を着手未遂と定義するものであって、煎じ詰めれば（近時の通説的な見解に従う）本章の考え方と同一に帰するのではなかろうか[8]。

第2に、中止行為はあくまで爾後の不作為であるとしながら、（判示の非引用部分において、）被害者を病院に運び込んだこともセットで中止犯の成否が検討されている点である。このような作為を（後述のように、任意性の間接事実となりうる）反省や悔悟の徴表と見ることも、判文の理解として絶対に不可能であるとまではいえないであろう。しかし、そのような理解は、同時に「……運び込んだ行為には、本件所為に対する被告人の反省、後悔の念も作用していた」と判示されていることと整合しない。むしろ、被害者がそれなりにけがを負っていることを考慮して、中止行為そのものではないにせよ、これに類似する性質を、被害者に治療を受けさせた作為に見出すものととらえるべきであろう。そして、そうであるとすれば、端的に、このような作為をも中止行為と認めるほうが論理的に明快である。このような解釈に問題があるとすれば、それは「着手未遂であるにもかかわらず、中止行為として作為までが要求されている」ことではなく、むしろ、「中

---

8 同様の分析が可能な裁判例として、東京高判昭51・7・14判時834・106などを参照。さらに、要求される中止行為の内容を、そのまま放置すれば既遂に達しかねない状況を作出したかどうかにより決する立場をあてはめた近時の裁判例として、名古屋高判平27・10・14判時2352・94がある。

止犯規定の追求する政策的目的があくまで既遂到達防止であるにもかかわらず，中止行為として既遂到達の阻止以上のことが求められている」ことだと思われる。

III 中止行為と既遂不到達との間の因果関係

さらに，一部の学説において争われているのが，中止行為と既遂不到達との間の因果関係の要否である。もっとも，再びI1で述べたところによれば，これが要求されるのは当然というべきであろう。中止犯という「逆犯罪」は，既遂不到達という「逆不法」を（客観的に帰属可能な態様で）惹起したところに，その「逆構成要件該当性」を見出すからである。

これに対して因果関係を不要とする立場は，既遂不到達の原因が何であれ，未遂犯人が既遂到達を防止しようと中止行為に出たところに中止犯における刑の減免根拠を求めている。しかし，そのような立場によったのでは，既遂不到達が必要的減免という強力な恩典の付与にとって，純然たる外在的制約にすぎなくなってしまう。これでは，既遂不到達の場合にだけ，そのような恩典が付与されうることを合理的に基礎づけられないように思われる。

もっとも，学説には，以上のことを基本的に承認し，因果関係を要求しながらも，それに対して一定の例外を設ける見解も主張されている。すなわち，当初の未遂犯を基礎づける既遂到達の危険が（前章において述べた）第2のパターンに属する場合には，例外的に，因果関係がなくても中止犯の成立を肯定すべきだというのである[9]。具体的にいうと，たとえば，行為者が殺意をもって，毒と取り違えてすぐ隣の砂糖を被害者に飲ませた場合，結果的には無駄であっても，反省した行為者が被害者を病院に搬送し，（かりに毒を飲ませたとしても助かるのに十分な）解毒治療を受けさせれば，殺人の中止未遂が成立しうることになる。

問題はなぜこのような例外を設けるべきかであるが，それは大きく分けて次の2つの理由によるものとされる。第1に，無駄というのは結果論にすぎないから，既遂に進むのを止めさせる効力を万全なものとすべく，な

---

9 井田良『刑法総論の理論構造』（成文堂，2005）284・285頁，佐伯仁志『刑法総論の考え方・楽しみ方』（有斐閣，2013）363・364頁などを参照。

お中止減免というインセンティブを付与すべきである。第2に，実際に毒を飲ませ，それゆえ，より悪いことをした行為者のほうにだけ刑の必要的減免という恩典を与えるのは不均衡である。このようにいうのである。

しかし，中止犯という「逆犯罪」を裏返し，通常の犯罪で考えてみれば，いずれの理由も説得力がないことが分かる。まず，第1については，これを裏返せば，前章でとりあげた死体殺人事件のように，死体を生体と誤信し，殺意をもって日本刀で刺突した場合にも殺人（既遂）罪の成立を認めざるをえなくなる。刺突をやめさせても無駄というのは結果論にすぎず，生命侵害をやめさせる効力を万全なものとすべく，なお殺人罪の刑というディスインセンティブを付与すべきことになるからである。また，第2についても，善意から，事故に遭った被害者に行為者が救命措置を施したところ，顔をよく見ると恋敵だったので，改めて，殺意をもってこれを刺突したという事例を考えてみたい。そして，この第2の理由を裏返せば，当初の救命措置に成功し，それゆえ，より良いことをした行為者は殺人（既遂）罪となるのに，これに失敗していた（ただ，行為者は成功したと思い込んでいた）場合には，せいぜい殺人未遂罪しか成立しえず不均衡だ，ということになってしまうのである。

以上のように，これら2つの理由は通常の犯罪においてはおよそ成り立たない前提をおいている。したがって，それらは「逆犯罪」である中止犯の解釈においても，当然，機能しえないものと思われる。

Ⅳ 真摯な努力

1 総説

中止行為にかかわる最後の論点が，真摯な努力とよばれるものである。すなわち，中止行為は真摯な努力をともなうものでなければ中止犯の成立にとって十分でない，といわれている。しかし，その具体的な内容および根拠については，さまざまな見解が対立しているのである。

第1の見解は，真摯な努力を，客観的に見て既遂到達阻止に適していない中止行為であっても，中止行為者が主観的に適していると信じていれば足りる，という趣旨に理解する。もっとも，そのような解釈は，前章で述べた，未遂犯の処罰根拠を行為者の危険性に純化する立場や，いわゆる印

象説を前提として主張されているものである。したがって，そのような（わが国では）少数説を採用しない本書の基本的な考え方からすれば，到底，支持しうるものではない。

　第2の見解は，Ⅲで論じた因果関係が欠ける場合にも中止犯の成立する余地を承認したうえで，少なくとも中止行為に密接する行為にとりかかっていない限り，真摯な努力が欠けるとして中止犯を否定しようとする。ちょうど，実行の着手にとって，実行行為に密接する行為にとりかかることが要求されるのとパラレルであるといえよう。たとえば，殺人未遂犯人が反省し，被害者を救命するため119番通報をしようと公衆電話を探していたところ，警ら中の警察官に緊急逮捕されてしまったという場合には，たとえなんらかの事情により殺人が既遂に到達しなかったとしても，殺人未遂の中止犯は成立しえないものとされる。このような場合には，（おそらく）中止行為として要請される，（被害状況の正確な説明をともなう）「救急隊員への被害者の引渡し」に密接する行為に，当該犯人がいまだとりかかっていないからである。

　このような見解は，かりに前記，因果関係を必ずしも要求しない場合には，非常に興味深い視座を提供するものといえよう。しかし，Ⅲで述べたような，これを必要とする——それどころか，既遂到達阻止という「逆不法」の中核ととらえる——本章の立場からすると，そもそも不当な前提をおくものと評さざるをえない。ただし，本書において繰り返し述べてきたように，前記，「実行行為に密接する行為」の標準が，いわゆる早すぎた構成要件の実現において故意既遂犯の成立しうる要件と重なり合っていることにかんがみると，このような真摯な努力の内容が別の理論的局面において意味をもつ余地はある。すなわち，未遂犯人が既遂到達阻止に必要と考えるすべての行為をなし終える前に既遂到達阻止の結果が惹起されてしまった場合において，真摯な努力と評価しうる段階にまで立ち至っていたのであれば中止犯が成立しうる，ということになる。たとえば，行為者が殺意をもって被害者に投毒したのち，反省して，必要と考える2種類の解毒剤を順番に注射しようとしたところ，実は医学的に必要なのは1種類目だけであり，それを注射した段階ですでに被害者は救命されてしまったとしよう。このときは，おそらく，真摯な努力があるとして殺人の中止未遂が成立しうることになろう[10]。

　第3の見解は，中止行為が悔悟の念から，必死または誠実な態度でなさ

れることをもって真摯な努力と評価する。たとえば，殺人未遂犯人が被害者を病院に引き渡しはしたものの，犯人は自分でないと嘘をついたり，治療費の支払いもその約束もせず逃げ去ったりした場合には，真摯な努力が欠けるため中止犯は成立しえないものとされる。

たしかに，Vでも述べるように，悔悟の念等が任意性の有力な間接事実になることは多いであろう。あるいは，嘘をつかなければ自首（刑法42条1項）が成立した余地もあるかもしれない。しかし，それらは中止行為そのものが内在的に要請するところではない。そして，そのような間接事実としての意味さえ超えた純然たる良心の発露は，かりにこれをとらえるとしても，中止犯の成否そのものではなく，刑の減軽と免除の区別を含めた量刑においてなされるべきであろう。

こうして，第4の見解を支持すべきである。すなわち，真摯な努力とは，中止行為が既遂到達阻止を導く因果経過において，中止未遂の強力な恩典を与えるにふさわしいほど，主要な存在となっていることを意味するものと解されるのである。（「逆犯罪」ではなく）通常の犯罪論の用語例でいえば，（共同）正犯性ということになろう[11]。したがって，たとえば，殺人未遂犯人が「被害者を刺したから助けてやってくれ」と通行人に伝え，逃走したのち，その通行人が親切心から119番通報し，被害者が一命をとりとめたという場合には，真摯な努力が欠け中止犯は成立しえないことになる。ただ見知らぬ通行人に救命を頼んで逃走するだけでは，たとえそれが既遂到達阻止との間に因果関係までは有するとしても，現実に既遂到達阻止に対して果たした寄与が小さすぎるのである。

これに対して学説には，幇助的な役割を果たしたにとどまる場合であっても中止行為として十分であることは多いから，このような真摯な努力の解釈は適切でないと批判するものもある。しかし，そこで実際に想定されている事例とは，現に被害者の救命手術をしたのは医師であるが，被害者を病院に引き渡すところまでは中止行為者がきちんと行ったとか，119番通報したのも被害者を病院に搬送したのも別人であるが，中止行為者が病

10　他方，これを否定したものと解される裁判例として，東京地判平7・10・24判時1596・129を参照。

11　真摯な努力が単独中止の否定される事案における共同正犯性に帰着すべきことを，詳細に論証する近時の重要な作品として，和田俊憲「中止の共犯について——真摯な努力と中止の任意性」『西田典之先生献呈論文集』（有斐閣，2017）146頁以下を参照。

院にもない特殊な解毒剤を医師に渡したからこそ被害者は救命された，などといったものである。これらの事例において中止行為者の果たした役割は，もはや共同正犯と評価しうるレベルに達しているのではなかろうか。

2　大判昭 12・6・25 刑集 16・998

「刑法第 43 條但書ニ所謂中止犯ハ犯人カ犯罪ノ實行ニ著手シタル後其ノ繼續中任意ニ之ヲ中止シ若ハ結果ノ發生ヲ防止スルニ由リ成立スルモノニシテ結果發生ニ付テノ防止ハ必スシモ犯人單獨ニテ之ニ當ルノ要ナキコト勿論ナリト雖其ノ自ラ之ニ當ラサル場合ハ少クトモ犯人自身之カ防止ニ當リタルト同視スルニ足ルヘキ程度ノ努力ヲ拂フノ要アルモノトス今本件ヲ觀ルニ原判決ノ確定シタル事實ニ依レハ被告人ハ本件放火ノ實行ニ著手後逃走ノ際火勢ヲ認メ遽ニ恐怖心ヲ生シ判示 I ニ對シ放火シタルニ依リ宜敷頼ムト叫ヒナカラ走リ去リタリト云フニ在ルヲ以テ被告人ニ於テ放火ノ結果發生ノ防止ニ付自ラ之ニ當リタルト同視スルニ足ルヘキ努力ヲ盡シタルモノト認ムルヲ得サルカ故ニ被告人ノ逃走後該 I 等ノ消火行爲ニ依リ放火ノ結果發生ヲ防止シ得タリトスルモ被告人ノ前示行爲ヲ以テ本件犯罪ノ中止犯ナリト認ムルヲ得ス」

本件において中止犯の成立を否定すべきことは，ほぼ争いの余地がないであろう。問題は，そのいかなる要件が欠如しているかである。本判例が強調するのは，自身が結果発生の防止にあたったのと同視するに足るべき程度の努力を払うことであった。そして，明示的な表現こそ用いられていないものの[12]，これこそが真摯な努力という要件の実体であると思われる。すなわち，人に「放火したからよろしく頼む」と叫びながら走り去るだけでは，たとえこれを受けて消火がなされたとしても，真摯な努力が欠け中止行為としては不十分である。それのみでは，消火に至る因果の経過において，（共謀）共同正犯とも評すべき重要な役割が果たされていないからである。

これとは反対に，下級審裁判例のなかには，真摯な努力ということばを用いながら，実質的には，任意性さえ超えた量刑事情を論ずるものも見られる。たとえば，大阪高判昭 44・10・17 判タ 244・290 は，殺人未遂犯人

12　他方，明示的な表現を用いるものとして，東京地判昭 37・3・17 下刑集 4・3 ＝ 4・224 などを参照。

が被害者を病院へ担ぎ込み，医師の手術中，友人や被害者の母らに犯人は自分ではないと虚言を弄したり，凶器を捨てるなど犯跡を隠ぺいしたり，治療費の負担を約するなどしなかったりしたことをもって，一応の努力をしたにすぎず真摯な努力と認めるに足りない，と判示している。しかし，そのような事情を理由に中止行為を否定するのは妥当でない。それはちょうど，侵害経過において重要な役割を果たしたのち，その寄与を撤回しえなくなった段階において，犯行を自供する等したから共同正犯ではなくなる，などという主張が不法類型と量刑事情を混同しているのと同様であろう。

V 任意性

1 総 説

(1) 任意性の2つの内容

中止犯の成立要件として，最後にあげられるのが任意性である。これは，刑法43条但書の「自己の意思により」という文言に対応するものである。そして，この任意性の具体的な内容としては，大きく分けて次の2つが考えられる。

1つ目は，中止行為による既遂到達阻止という「逆不法」に対応する「逆責任」である。たとえば，被害者を2種類の薬剤を用いて毒殺しようと考え，順番に投与したところ，実は，2種類目はむしろ1種類目の解毒剤であったため，被害者は事なきを得たとしよう（1種類目だけで致死的な作用があるものとする）。このとき，解毒剤の投与という中止行為によって既遂到達が阻止されていることは明らかであるが，その点につき行為者の認識が欠けるため，いわば「故意」がなく中止犯は成立しえない。また，未遂犯人が重度の精神症状に襲われ，自身の動機づけをコントロールしえない状態下で119番通報した場合には，同じく，「責任能力」が欠け中止犯は成立しえないことになる。これに対して学説には，中止故意は任意性ではなく中止行為そのものの要件だ，というものもある。むろん，概念の整理方法であるから，本来的には論者の自由であろう。もっとも，「不法＝中止行為」，「責任＝任意性」というかたちで二分するほうが，通常の犯罪論との整合性も高く，より分かりやすいのではないかと思われる。

2つ目は，中止減免の補充性である。すなわち，当初の未遂犯を規定する行為者の価値決定に照らし，その合理的な帰結として中止行為に出た場合には，任意性を否定して中止減免を排除すべきである。というのも，そのような場合には，わざわざ当初の未遂犯の刑を大幅に軽くするという他の刑事政策的問題を甘受せずとも，どのみち行為者に対して既遂到達阻止を期待しうるのであって，政策説の追求する目的が同様に達成しうるからである。任意性の標準に関する，いわゆる不合理決断説[13]は，その前提とする中止減免根拠論において支持しえないものの，具体的な内容に関しては本章の主張と重なる部分が多いと思われる。

近時ではドイツの議論の影響を受けて，任意性の内容の１つ目のみを要求する立場を心理学的考察説，２つ目をも要求する立場を規範的考察説と称し，両説の対立を分析軸として任意性の問題にアプローチしようとする動きが強い。そして，かりにこれに従うならば，既述のとおり，規範的考察説のほうを妥当とすべきであろう。これに対して，政策説を支持する有力な見解は，そこから心理学的考察説のほうを導こうとする[14]。たしかに，中止犯を「逆犯罪」ととらえる政策説の基本的な発想からすれば，その要件として「逆不法」と「逆責任」だけを考慮するというのが自然であろう。しかし，「逆犯罪」は（その向きが逆であることを除けば）通常の犯罪とその構造を同じくするとはいえ，法益保護の手段として対等の地位を有するわけではない。すなわち，主たる手段はあくまで通常の犯罪なのであって，「逆犯罪」は，その主たる手段を抑えてなお追求すべき刑事政策的目的が生じた場合に，補充的に投入される従たる手段にすぎないのである。そして，このような中止減免の補充性をもしん酌するならば，政策説を規範的考察説と整合的に理解することも十分に可能であると思われる。

一方，学説や（裁）判例においては，これまで見てきた中止行為や任意性にかかわる要請とは別に，中止犯の新たな要件カテゴリーを提案する動きも見られる。また，とくに任意性に関しても，以上とは異なる観点から，その内容充てんを図ろうとする向きもあるところである。しかし，それらの動向もまた，煎じ詰めれば，前述した任意性の，ことに２つ目の内容に還元することが可能であり，反対に，還元不可能であるものについては，

13　山中・前掲『中止未遂の研究』41頁以下などを参照。
14　野澤・前掲『中止犯の理論的構造』404・405頁などを参照。

むしろ，これを棄却するのが妥当であると思われる。以下では派生的な問題として，この点をもう少し詳細に見ていくことにしたい。

(2) 派生的な問題

学説では，（主観的）失敗未遂や，すでに（構成要件外の）目的を達した未遂（未必の故意に基づく未遂の中止）などといった法形象が議論されている。前者は，たとえば，暗がりのなかで客体を恋敵と誤信し，殺意をもってけん銃の狙いをつけたものの，よく見ると親友であったため銃口を下ろしたような場合である。これに対して後者は，狩猟中に非常に珍しい動物を発見し，周囲の人が流れ弾に当たって死亡するかもしれないが，それもやむをえないと思いつつ，動物に命中するまで撃ち続けようと考え猟銃を発射したところ，一発目で仕留められたためそれ以上撃つのをやめたような場合である。そして，これらの場合においては，行為者の所為計画を前提とすればすでに既遂到達の危険が失われているから，任意性を論ずるまでもなく，カテゴリカルに中止犯から排除されるというのである。

もっとも，そのような危険が失われているのは，厳密にいうと，あくまで行為者が「もう撃たない」と意思決定したからである。それは要するに「不作為による中止に出た」ということであるから，そこで中止犯の成立を否定するためには，任意性の要件がみたされないことを示さなければならない。そして，これらの場合においては，まさに，当初の価値決定――それは前記，所為計画を含む――に照らして「もう撃たない」ことが合理的なのであるから，実は任意性の内容の2つ目が欠如しているのである。前記学説も，中止犯が否定される独立のカテゴリーを作るといいながら，実質的には，このような思考回路を経て任意性を否定しているにすぎないと思われる。

また，中止行為は終局的なものでなければならない，といわれることもある。たとえば，深夜，宝石店に侵入して物色を開始したものの，手持ちの機器では無効化できない最新式の防犯センサーを発見したため，後日，自身も最新の機器を携えて再挑戦するつもりで，いったんは退散したものとしよう。このような場合には窃盗の意思が完全に放棄されておらず，中止行為は終局的なものといえないため窃盗の中止未遂は成立しない，というのである。しかし，そこで中止犯が成立しない本当の理由は，防犯センサーのせいで発覚，逮捕されるのを恐れるという中止行為の動機が前述した任意性の内容の2つ目をみたさないからである[15]。したがって，このよ

うな，終局性などという新たな要件を十分な根拠もなく導入すべきではない。

近時の学説には，たとえば，殺意をもって被害者にけん銃の狙いをつけたのち反省して銃口を下ろしたものの，再び翻意して銃口を上げ，引金を引いたところ弾が外れてしまったような場合において，「当初の実行行為に結果が帰属して既遂に達する可能性」が現に消滅させられていない，として中止行為を否定するものもある[16]。既遂到達の阻止とはもともとそういう意味であるから，私も異論はないが，かりに，これを同時に終局性の標準とする趣旨であれば妥当でない。というのも，終局性とは，論者が当然に中止行為を肯定する事例においても，なお欠如する余地のある要件として位置づけられてきたからである。

さらに，任意性は道徳的に高く評価すべき動機と同視されることもある。たしかに，（当初の未遂犯という）犯罪を規定する価値決定は，一般には，通報を恐れてやめたなど，高尚とはいいがたい動機としか整合しないであろう。その意味で，道徳的に高く評価すべき動機であることは，任意性の内容の2つ目の有力な間接事実ということはできよう。しかし，道徳的に高く評価すべき動機が，例外的に，当初からの行為者の価値体系の合理的な帰結である場合も考えられる。たとえば，行為者が殺意をもって被害者にけん銃の狙いをつけたものの，すぐ横の池で自分の子どもがおぼれていることに気づき，急いでこれを救助するため撃つのをやめたという事例では，任意性が欠け殺人の中止未遂は成立しないと解すべきであろう。そこでは，「自分の子どもを犠牲にしてまで被害者を殺害するつもりはない」という行為者の価値体系が，潜在的にであれ，当初の殺人未遂の前提を構成しているからである。そのほか，教科書類では，任意性が肯定される典型的な場合として，「窃盗に入って物色を開始したものの，母の命日であることを思い出して……」という講壇設例があげられることがある。しかし，これについても，当初の「犯行に適した日を最優先する」という価値決定が途中で崩れたからこそ，任意性が肯定されうるのである。したがっ

---

15 別の機会をとらえて姦淫行為に及ぶことを期待し，打算的に当面の姦淫行為を差し控えたにすぎない場合において，強姦の中止未遂の任意性を否定した裁判例として，東京地判平14・1・16判時1817・166を参照。

16 和田・前掲「途中でやめるとはどういうことか――不作為による中止犯の理論的構造」308頁以下を参照。

て，最初から母の命日には絶対に悪事をはたらかないと決めていたにもかかわらず，予想外にも犯行に時間がかかって日付が変わってしまったというのであれば，むしろ任意性を否定するのが妥当であろう。

ところで，わが国の（裁）判例は，しばしば，任意性を肯定する際には広義の後悔を援用する（限定主観説）一方，これを否定する際には，中止の動機が一般人にとっても障害となるべきことを指摘する（客観説）傾向がある，と分析されている。しかし，任意性の肯否にかかる現実の判断まで視野に入れてこれを観察するならば，（裁）判例の主流は原理のレベルで矛盾を犯しているわけではない。むしろ，基本的には本章の主張する任意性の判断枠組みを前提としつつ，間接事実も含め，具体的な事実関係に言及しながら任意性を認定しているにすぎない，ととらえるほうが自然であろう。

すなわち，まず，悔悟の念というのは任意性，ことに，その内容の２つ目の有力な間接事実である。というのも，通常は，たとえば，殺人未遂を犯す段階において，行為者は「人を殺すのは悪いことだが，自分にはそれを上回る〇〇という理由があるのだから，あえてやろう」というように，激情に駆られながら瞬時に，あるいは，明確に意識せずとも潜在的にであれ，一定の価値決定を行っているからである。悔悟の念は，このような価値決定と合理的に整合しない。したがって，合理的な整合性を見出しうる例外的な事例においては，任意性が否定されることもありうる。たとえば，被害者には世話になったこともあるので，痛みや苦しみなく殺してやりたい，もしそれができないのならあきらめる，という価値体系を内在化した行為者がいるとしよう。このとき，行為者が一撃目で急所を外して被害者が目を覚ましてしまい，もはや甚大な痛苦を与えることなくこれを殺害することが不可能になったのであれば，たとえ行為者が「被害者がかわいそうだからやめよう。こんなことになるなら，やらなければよかった」と考えて中止したとしても，任意性が欠け殺人の中止未遂は成立しないと解すべきであろう[17]。

次に，「一般人でも中止するだろう」というのは，まさに，本章の主張

---

17 子や孫に直接手を下したり，苦しむ姿を見たりしたくないという思いから，彼らが寝ている間に放火して心中を図ったものの，火が回る前に孫たちが起き出してきた事案において，殺人および放火の中止未遂の任意性（および中止行為）を否定した裁判例として，大阪地判平23・3・22判タ1361・244を参照。

する判断枠組みを——やや短絡化したかたちで——敷衍するものである。学説には，一般人はそもそも未遂を犯さないから破綻した定式だ，と批判するものもある。しかし，ここにいう「一般人」とは，事実上，多数を占める平均的な市民のことではない（そう誤解されかねない点で，表現がやや短絡的である）。そうではなく，当初の未遂犯を規定する行為者の価値体系を前提として，合理的に首尾一貫したかたちで行動する人，という意味なのである。ちょうど，過失犯論に出てくる一般人が，行為者の生理的能力や知識を前提として，法の要請する慎重さを備えた人を指しており，平均的市民の意でないのと同じことである。そうすると，「一般人でも中止するだろう」というのは，まさに，本章にいう任意性の内容の2つ目が欠ける場合を，そのままいいあらわしたものと理解されるのである。

このようなことを前提に現実の争われ方を想定するならば，おそらく次のようなものとなるであろう。すなわち，検察官としては，まず，①そもそも任意性の内容の1つ目が欠如しないかを検討すべきである。とくに強姦（強制性交等）の中止未遂ではしばしば見られることであるが（代表的なものとして，最判昭24・7・9刑集3・8・1174，東京高判昭39・8・5高刑集17・6・557などを参照），生理出血を見るなどして欲情が減退し，勃起状態を維持しえなくなった場合などにおいては，中止行為——このような生理的現象であっても行為に該当しうることは本書において繰り返し述べてきたとおりである——に対して意思的なコントロールを及ぼしえず，それゆえ，意思能力としての「逆責任」が欠けている。次に，②任意性の内容の2つ目に関しては，まず，発覚や逮捕等，通常の犯罪者でも恐れる事態[18]，あるいは，より望ましい犯行条件の出来（路上強盗に着手したところ，より金を持っていそうな，あるいは，より身体の弱そうな人があとから通りかかったなど）[19]等，通常の犯罪者でも計画変更する事態が中止の動機となっていないかを検討すべきである。さらに，②が認められなくても，③行為者に当初から

---

18 ただし，注意を要するのは，発覚や通報等のリスクといっても，それが当初の未遂行為時から織り込み済みのはずであるにもかかわらず，急に腰が引けてしまい，これを重大視して中止したような場合には，必ずしもこの任意性が否定されるとは限らない，ということである。そこではリスク選好に関する合理的な一貫性が欠けているからである。被害者による通報を恐れて中止した場合にも任意性を肯定する裁判例が散見され，学説でも「中止の動機が処罰に対する抽象的な恐れにとどまるときは任意性を肯定する余地がある」としばしば指摘されるのは，このような趣旨に理解することができよう。
19 そのほか，強姦の中止未遂に関し，和歌山地判平18・6・28判夕1240・345も参照。

特殊な犯行計画（どうしても欲しかったフィギュアの販売時間終了直前に，その代金10万円を入手することだけを目的として強盗に着手したところ，被害者は1万円しか所持していなかったなど），信仰ないし強度の信念（被害者に痛苦を与えないことを決定的に重要と考えていたにもかかわらず，一撃目で急所を外し，もはや痛苦を与えることなく殺害するのが不可能になってしまったなど），人格的傾向（精神的に完全に依存していた共犯者が先に犯行をやめてしまったなど）等が存在し，それらを前提とすれば，犯行を断念するほうが，むしろ，首尾一貫した態度と評価しうる場合でないかを検討すべきである。そして，いうまでもないことであるが，被告人および弁護人は，そのおのおのを争うことになる。

2　最決昭32・9・10刑集11・9・2202

「原判決の認定するところとその挙示する証拠によれば，本件の事実関係は，被告人はかねて賭博等に耽つて借財が嵩んだ結果，実母Fや姉Y等にも一方ならず心配をかけているので苦悩の末，服毒自殺を決意すると共に，自己の亡き後に悲歎しながら生き残るであらう母親の行末が不憫であるからむしろ同時に母をも殺害して同女の現世の苦悩を除いてやるに如かずと考え，昭和28年10月18日午前零時頃自宅6畳間において電燈を消して就寝中の同女の頭部を野球用バットで力強く1回殴打したところ，同女がうーんと呻き声をあげたので早くも死亡したものと思い，バットをその場に置いたまま自己が就寝していた隣室3畳間に入つたが，間もなく同女が二郎二郎と自己の名を呼ぶ声を聞き再び右6畳間に戻り，同女の頭部を手探ぐりし電燈をつけて見ると，母が頭部より血を流し痛苦していたので，その姿を見て俄かに驚愕恐怖し，その後の殺害行為を続行することができず，所期の殺害の目的を遂げなかつたというのである。右によれば，被告人は母に対し何ら怨恨等の害悪的感情をいだいていたものではなく，いわば憐憫の情から自殺の道伴れとして殺害しようとしたものであり，従つてその殺害方法も実母にできるだけ痛苦の念を感ぜしめないようにと意図し，その熟睡中を見計い前記のように強打したものであると認められる。しかるに，母は右打撃のため間もなく眠りからさめ意識も判然として被告人の名を続けて呼び，被告人はその母の流血痛苦している姿を眼前に目撃したのであつて，このような事態は被告人の全く予期しなかつたところであり，いわんや，これ以上更に殺害行為を続行し母に痛苦を与えることは

自己当初の意図にも反するところであるから，所論のように被告人において更に殺害行為を継続するのがむしろ一般の通例であるというわけにはいかない。すなわち被告人は，原判決認定のように，前記母の流血痛苦の様子を見て今さらの如く事の重大性に驚愕恐怖するとともに，自己当初の意図どおりに実母殺害の実行完遂ができないことを知り，これらのため殺害行為続行の意力を抑圧せられ，他面事態をそのままにしておけば，当然犯人は自己であることが直に発覚することを怖れ，原判示のように，ことさらに便所の戸や高窓を開いたり等して外部からの侵入者の犯行であるかのように偽装することに努めたものと認めるのが相当である。右意力の抑圧が論旨主張のように被告人の良心の回復又は悔悟の念に出でたものであることは原判決の認定しないところであるのみならず，前記のような被告人の偽装行為に徴しても首肯し難い。そして右のような事情原因の下に被告人が犯行完成の意力を抑圧せしめられて本件犯行を中止した場合は，犯罪の完成を妨害するに足る性質の障がいに基くものと認むべきであつて，刑法43条但書にいわゆる自己の意思により犯行を止めたる場合に当らないものと解するを相当とする。されば，原判決が本件被告人の所為を中止未遂ではなく障がい未遂であるとしたのは，以上と理由を異にするが，結論においては正当である」。

　本判例が任意性を否定するにあたり，具体的に指摘しているのは，①予期しない事態の出来により，殺害行為の続行が当初の意図に反することとなるため，これを継続するのが一般の通例であるとはいえないこと，および，②殺害行為続行の意力の抑圧が（爾後の偽装行為に徴しても）良心の回復または悔悟の念に出でたものとはいえないこと，である。両者の論理的な関係は必ずしも明らかではないが，①「すなわち」②とされていることにかんがみると，①を事案に即して具体的に敷衍した内容が②である，と整理することもできるかもしれない。そして，そうであるとすれば，本判例は本章と完全に同一といってよい立場を採用するものと理解しえよう。

　すなわち，①は，中止が当初の未遂犯を規定する意図の，むしろ，合理的に首尾一貫した帰結であることを述べたものであり，任意性の内容の2つ目をそのまま前提としている。これに対して②は，爾後の偽装行為が広義の後悔が中止の動機でないことを徴表し，さらに，そのことが中止がむしろ事態の変化に即応した合理的な帰結であることを徴表する，という2段階の推論過程を前提にするものと理解しうるのである。すでに述べたよ

うに，本判例以降の（裁）判例の流れはさまざまに説明されているが，私には，当初から一貫して本章のような立場が任意性判断の基礎におかれているように思われる[20]。

---

20 たとえば，任意性を肯定した福岡高判昭 61・3・6 高刑集 39・1・1 も，①流血等の外部的事実の表象が必ずしも中止行為を導くとは限らないから任意性があり，また，②反省，悔悟の情も認められる，としている。ここでは，①が任意性の本丸であり，②が補足的な位置づけを与えられていることが，より明快に示されているように思われる。ほかにも同様に理解しうる裁判例として，浦和地判平 4・2・27 判タ 795・263, 札幌高判平 13・5・10 判タ 1089・298 などを参照。

第21章

間接正犯

山下は法科大学院の教授，小林は法学部の准教授

小林：あっ，先生，私も横に座ってお茶をいただいてよろしいですか？

山下：ああ，もちろんかまわないよ。ただ，判時の原稿執筆の合間の休憩で，いまは頭を休めたいから，世間話くらいしか付き合えないが（笑）。

小林：分かりましたよ（苦笑）。ところで，先生は共犯論で有名な島田聡一郎先生と同じ研究室におられたんですよね，もともとは。

山下：ああ，そうだよ。島田さんが1年上だったが，あまりにも優秀すぎて，「先輩」というより「先生」という感じだったな。彼が共犯論を研究テーマに選んだせいで，私はその後，同じく共犯論の権威である恩師の追悼論文集〔『西田典之先生献呈論文集』（有斐閣，2017）〕に寄稿するまで，共犯論の論文を1本も書けなかった。

小林：そんなにすごかったんですか？

山下：そう，そんなにすごかった。いまでも私は彼の見解にほぼ賛成しているよ。というより，反対すべきところがまだ見つからない。

小林：私ももちろん，島田先生の作品はすべて拝読していますが，僭越ながら，先生は島田先生の見解に縛られすぎているんじゃないですか。

山下：おいおい，それは聞き捨てならんな（笑）。もう少し具体的に指摘してよ。

小林：勉強の話になってしまいますが，かまわないんですか？

山下：ここまで来たら，もう，しょうがないよ。われわれはそういうとき，我慢が利かないからこの職業を選んでいるんだろう（苦笑）。

小林：分かりました（笑）。では，お話しさせていただきますが，島田先生が最初に出された本〔島田聡一郎『正犯・共犯論の基礎理論』（東京大学出版会，2002）〕に書かれている判例の分析とか，学界における支配的な見解のとらえ方って，ちょっと古くないですか。

山下：そりゃ，刊行後に出された判例や学説をフォローできていないのは当然

だが,「古い」という評価はまったくあたらないと私は思うよ。では,逆に尋ねるが,どの部分が古いと感じるの?

小林:ひとことでいえば,①被害者利用の場合と第三者利用の場合では間接正犯の標準が異なる,②背後者が間接正犯となるためには,行為媒介者の自律性が失われるだけでは足りず,それに加えて実行行為性が必要である,というのが現在の主流ですよね。しかし,島田先生の本には,いずれの点に関しても反対のことが書かれています。

山下:「主流」という評価自体,はなはだ疑問だが,それを措くとしても,支持者の多寡で学説の正しさが決まるわけではないだろう。きちんとした批判を加えられないまま,「お前はマイノリティだ」といっても空しいだけだ。

小林:そういうことでしたら,もうちょっと詳しく説明させていただきます。

山下:ああ,ぜひそうしてくれ。

小林:まず,①に関しては,さらに,欺罔の場合と強制の場合が分けられますよね。そして,欺罔について申しますと,たとえば,判例は,「お前が自殺すれば俺も追死する」とだまして自殺させれば殺人罪の間接正犯とするのに〔最判昭33・11・21刑集12・15・3519〕,「お前があいつを殺せば俺はお前と結婚する」とだまして殺させてもそうしないから,被害者利用と第三者利用では基準が違う,と,このようにはなりませんか。

山下:ああ,その偽装心中の判例だけは別だよ。追死するとだましても殺人罪の間接正犯にすべきじゃないから。そもそも,支持者の多寡を問題にしたいのなら,その判例をあげるのは自己論駁的じゃないの。たぶん,学界では支持者のほうが少ないし〔この点につき,佐伯仁志「判批」刑法判例百選Ⅱ各論〔第7版〕5頁を参照〕,だいいち,君だってその判例はおかしいと,どこかに書いていなかったっけ?

小林:いや,それは,そのぅ,若かりし日の過ちと申しますか,そもそも記憶にないと申しますか……。

山下:おいおい,二十代でそれはないだろう(笑)。

小林:うーん,では,そのぅ,「考え直した」という感じでお許しいただけませんか(汗)。

山下:分かった,分かった。私は「大人」だからそこは合わせるよ(笑)。

小林:す,すみません……。

山下:別に,謝ることではないよ(苦笑)。しかし,百歩譲ってその判例に賛成するとしても,被害者がかなり極限的な心理状態に追いやられて,冷静な判

断能力が失われていた事案だろう。本気で被害者利用と第三者利用が違うって論証したいのなら，「お前がアイプチで二重まぶたにしたら付き合ってやる」とだましたときにも，暴行・傷害の間接正犯にするのが判例だと示さなきゃ。

小林：アイプチ？

山下：えっ!?　「若者」に合わせたつもりだったんだが，使い方を間違ったかな（汗）。まあ，いまの例は忘れてくれ。で，①の強制のほうはどうなの？

小林：ええと，被害者に対して「お前の○○を自分で侵害しないと，俺がお前の××を侵害するぞ」と脅したら，○○と××が著しく不均衡でない限り，○○を侵害する間接正犯になるけれども，第三者に対して「被害者の○○をお前が侵害しないと，俺がお前の××を侵害するぞ」と脅しても，○○を侵害する間接正犯にはなりにくい，と，こちらはいかがですか？

山下：それは，○○と××のうちいずれがどのくらい重要であるかを，両者が同一の主体に属していれば，その主体が原則として自由に決められるけれども，別の主体に属していればそうでない，っていうのが大きいんじゃないの。

小林：では，被害者と第三者がまったく同一の価値序列を内在化しているっていう仮定をおけば，○○を侵害する間接正犯のなりやすさ／なりにくさは同じってことですか？

山下：うん，そうだと思うよ。具体的には，××が第三者に属するものと仮定したとき，第三者が被害者の○○を侵害することが過剰避難として刑を免除されうるレベルに達していれば，○○を侵害する間接正犯が成立しうる，っていうのが，たしか，島田さんが君と同い年だったころに出したさっきの本で主張されていたこと。危難に襲われて，これを避けるには○○を侵害する以外にないという状況におかれたら〔補充性〕，人間の心など弱いものだから，○○と××が厳密にバランスしていなくても，規範的に見て別異に意思決定する余地がない，つまり，自律的決定が排除されると解すべきだ，と。たしか，君は 28 歳だったよね？

小林：先生が島田先生と比べられるのを嫌がられる理由が分かってきました……しかし，ここはあえて気持ちを奮い立たせて反論しますよ！

山下：どうせ，判例は共同正犯にするものが多いじゃないか，ってことでしょ。

小林：な，なんで分かったんですか!?

山下：攻め方がワンパターンすぎるんだよ（苦笑）。あのね，君がさっきいった価値序列やら，（過剰避難における）刑の免除やらを証明するのは煩瑣なの。そ

んなことしてまで間接正犯を認めなくったって，第三者利用の場合には共同正犯になるんだから無理しなくていい，って発想なんじゃないの，実務は。

小林：うーん，そうか，たしかに，その可能性は十分にありますね。しかし，そういう話だと，次のステップに進めないから困ったことになります……。

山下：「そういう話」って？

小林：いや，ですから，被害者利用の場合を第三者利用の場合から切り離して，間接正犯を緩やかに認める余地を断たれたら困るってことですよ。

山下：なんだ，そういうことか。たしかに，諸外国の例と比べても，被害者を利用した場合の刑罰が日本では足りていない，っていう感覚は分からないではないよ。しかし，それは立法論じゃないの？ 島田さんもさっきの本に書かれているとおり，間接正犯は結局は罪刑法定主義の問題なんだよ。

小林：もう，本の話をされるたびに，比べられているようで，胸がズキズキしますよ（苦笑）。それはともかく，お話をうかがっているうちに，たしかに，先生がおっしゃることのほうが正しいような気がしてきました。立法論を回避して間接正犯で刑罰を補おうとすると，今度は，刑罰が硬直的かつ重くなりすぎるという別の問題が生じてきますしね。

山下：次は②だな。実は，こっちのほうが自信があるぞ（笑）。

小林：そう面と向かっておっしゃられては批判しにくいんですが（苦笑），そうですねえ……強制の例で申しますと，たとえば，第三者が被害者に暴行・脅迫を加え，この甚大な痛苦から逃れるには自傷に出るほかない，という精神状態に陥らせたものとします。そうだ，有名な裁判例〔鹿児島地判昭59・5・31判時1139・157〕の事案をデフォルメすると，「自分の小指を切断しないと殺すぞ」と脅したことにしましょうか。

山下：ああ，それで，行為者が経緯を知悉しながら，小指の切断を可能化するナイフを被害者に渡したってわけね。で，脅迫していない，つまり，実行行為性を欠く行為者を傷害の間接正犯にするのはおかしいだろう，と，こういうことでしょ。

小林：そうです，そうです。

山下：しかし，その事例を根拠に「それ見たことか。やっぱり実行行為性が必要だろう」と勝ち誇るのはおかしいぞ。

小林：えっ，どうしてですか⁉ そこで行為者に傷害の間接正犯を肯定するのは行き過ぎだと感じられませんか？

山下：もちろん，私も，傷害の間接正犯で「処罰」するのはおかしいと思うよ。

しかし，その本当の理由は，第1に，そもそも行為が適法であること，第2に，第三者を傷害の間接正犯にすることで処罰欲求が充足できること，の2つなの。だから，その「おかしい」という感覚をもって，（傷害の正犯という）不法類型該当性まで否定することは，ただちにはできないんだよ。

小林：ええと……。

山下：だ，か，ら，第1に，行為は（被害者の価値観に照らした）優越利益の実現を可能化しているにとどまる一方，第2に，その事例では適法行為を利用する間接正犯を肯定することができるんだよ。

小林：ああ，そうか。ということは，いずれの点も欠ければ，批判者だって，たとえ実行行為性をことさらに認定しえなくても，傷害の間接正犯を肯定したくなるだろう，ってことですか？

山下：そのとおりだ。ちょっと不自然な例かもしれないが，たとえば，被害者がうっかり「危難に襲われる妄想を抱き，これを回避する唯一の手段である，自分の小指を切断する以外の行為を選択することができない精神状態に陥る」薬を飲んでしまったが，切断するための道具がどうしても見つからなかったところ，事情を知悉する行為者がナイフを被害者に渡した，というケースであれば，誰もが「傷害の間接正犯にしても全然おかしくない」っていうんじゃない？

小林：うーん，そういわれてみれば，そのような気もしてきました……。

山下：そうそう，いまのは被害者を利用する間接正犯の例だが，第三者を利用する場合でも同じだよね。薬の内容を「自分の小指を……」ではなく，「他人の小指を……」にすればいいだけだから。

小林：ああ，そうか，そうですよね……。

山下：あのね，君，逆説的に聞こえるかもしれないが，そこで納得してはいかんよ。なにかしらの反論を必死に考えるんだ。いまの若手研究者のみなさんは簡単に引き下がりすぎる。われわれが若いころはもっとしつこかったよ。ま，その結果，私は引き際を読み損なって，何度も改説することになったけどね（苦笑）。

小林：……分かりました。もう一度，じっくり考えてきますから，あと2時間後に，またここで議論に付き合っていただけませんか？

山下：そこは素直なのがいいんだよね（笑）。よし，分かった。原稿の執筆はいったん中断して，私も真剣に議論に付き合おう。いまの編集者の方は私と同姓同名だから，そのよしみで締切りをちょっと遅らせてもらえるかな……。

I　間接正犯の構造

1　他者の行為の帰属と自身の行為の帰属

　間接正犯とは，他者（第三者ないし被害者）の行為を媒介させ，不法を正犯的に実現する場合をいう。反対に，そのような行為媒介者が存在しない場合を直接正犯とよんでいる。

　かつて，間接正犯を認めないことが限縮的正犯論のコロラリーとされた時代があった。そこでは，当時，支配的であった極端従属性説を採用した場合に生じる処罰の間隙を埋める，いわば救済概念として間接正犯が要請され，拡張的正犯論の提案へと至ったのであった。しかし，今日においては，もはや，このような推論の過程は合理的なものとはみなされていない。というのも，限縮的正犯論と拡張的正犯論の対立は，あくまで，正犯と共犯の論理的な先後関係をめぐるものであり，前者のように，正犯が共犯に論理的に先行するものととらえたからといって，間接正犯を承認しえなくなるわけではないからである。限縮的正犯論から否定されるのは，「共犯にならないから間接正犯になる」という前記，先後関係の逆転だけである。裏を返すと，共犯の成否とはかかわりなく，間接正犯を積極的に論証しさえすれば限縮的正犯論には反しない。そして，これこそが今日の「定説」的な発想である。

　もっとも，この間接正犯がいかなる場合に認められるべきか，その具体的な成立要件に関しては，道具理論や行為支配説，規範的障害説などといった実にさまざまな学説が主張されている[1]。そこで，以下では学説の詳細に立ち入ることはせず，間接正犯という法形象の実体を考察するにあたり，最も本質的と思われる2つの分析軸を提示するにとどめたい。

　さて，第1の分析軸は，間接正犯を①他者の行為の帰属ととらえるか，それとも，②自身の行為の帰属ととらえるかである。すなわち，①によれば，あくまで行為媒介者こそが本来的な正犯なのであり，ただ，背後者が

---

[1]　ドイツの議論の詳細については，橋本正博『「行為支配論」と正犯理論』（有斐閣，2000）などを参照。

行為媒介者に一定のはたらきかけをしたり，不法の認識や動機づけ可能性などにおいて優越的地位を有していたりすることによって，背後者に対しても，媒介行為があたかも正犯のごとくに，つまり，自分の手で実現したかのように帰属されるというのである。これに対して②によれば，正犯とは単一の基体しか有しておらず，ただ，その現象形態として他者を介する場合もあれば，そうでない場合もあるというにすぎないものとされる。

　もっとも，結論からいえば，わが国の刑法の解釈論として①の存立する余地はなく，②を採用するほかないと思われる。というのも，わが国の刑法には間接正犯に関する特別の規定が存在しないからである。にもかかわらず，そこで①に基づき間接正犯としての処罰を肯定しようとすれば，それは端的に罪刑法定主義違反を構成することになろう。これに対してドイツの刑法典は，その25条1項において，「可罰的行為をみずから，または，他者によって実行した者は正犯として処罰される」と規定している。そして，そうであるからこそ，彼の国では間接正犯を直接正犯とは異なる特別な不法類型ととらえ，①のような発想を採用する見解が有力なのである。

　そして，以上のことからは次の2つの帰結が導かれる。

　まず，間接正犯と共同正犯を他者の行為の帰属という統一的な原理のもとに収め，前者を背後者の優越性，後者を事前の共謀から基礎づけようとする一部学説の試みは当初から挫折している。したがって，共同正犯もまたそのような原理から解放し，より実態に即し，かつ，刑法理論の他の部分と整合的な説明方法を探求すべきであろう。もっとも，その詳細は第25章以降に譲らざるをえない。

　次に，①のような発想に基づいて，非身分者による身分犯の間接正犯を認める余地はない。そして，②に頼るほかないのであれば，そのような間接正犯を認めることは，身分という身分犯の構成要件要素が充足されていないにもかかわらず，身分犯としての処罰を肯定することに帰し，罪刑法定主義違反とのそしりを免れえないであろう。それでもなお，そのような間接正犯を認めようとする動きが強いのは，当該身分がいわゆる違法身分である場合，当該非身分者が実質的に見て，身分者の正犯と同等の当罰性を備えているからであろう。そして，そのこと自体は私自身も承認するにやぶさかではない。しかし，のちに述べるように，それは当該身分犯を非身分犯化する立法によって解決すべき問題であろう。

なお，3つ目の帰結として，間接正犯における実行の着手時期に関し，①からは被利用者標準説が導かれるところ，②を妥当とするのであれば利用者標準説を前提とせざるをえない，といわれることがある。しかし，すでに第18章において詳論したように，そのような推論はなんら必然的なものではない。そして，たとえ②が妥当であるとしても，なお被利用者標準説を採用すべきだと思われる。

2 行為そのものの性質と行為後の介在事情の性質

つづいて，第2の分析軸は，間接正犯の成否を①行為そのものの性質に着目して判断するか，それとも，②行為後の介在事情の性質に着目して判断するかである[2]。

たとえば，いわゆる道具の知情の事例を考えてみよう。具体的には，医師が患者を毒殺しようと考え，看護師に対し，「これは薬だから患者に飲ませてくれ」といって毒を渡したところ，看護師は途中で毒であることに気づいたものの，以前からその患者のことを憎んでいたため，これ幸いと，そのまま毒を飲ませて患者を殺害した，というものである。ここでは，もし①によるのであれば，医師の行為は殺人罪の間接正犯としての実行行為性を有し，そののちに看護師の故意行為が介入していることは，（間接正犯性とは区別された）因果関係の問題として扱われることになる。これに対して②によるのであれば，端的に，看護師の故意行為という介在事情が医師の間接正犯性に影響しうることになる。

また，以上は行為そのものの性質において間接正犯と評価しうる事例であるが，1で述べたように，間接正犯と直接正犯が現象形態における区別にすぎないと解するときは，行為そのものの性質が直接正犯と評価しうる場合であっても話は同じである。たとえば，医師が患者に直接，毒を飲ませて立ち去ったところ，患者が苦しんで大声をあげ始めたため，助けが来る前にと，看護師が患者の口にさらに毒を押し込み，その場で殺害したという事例を考えてみよう。ここでもやはり，②によるのであれば，因果関係が存在することを前提としつつも，なお医師の間接正犯性が問題とされることになる。そして，すでに第6・7章において詳論したように，医師

---

[2] このような分析軸を導入し，②を採用すべきことを詳細に論証した重要な作品として，島田聡一郎『正犯・共犯論の基礎理論』（東京大学出版会，2002）がある。

の投与した毒がすでに致死量に達しており，看護師の追加的な行為が毒の効きを早めたにとどまる場合には，因果関係を肯定することが不可能ではないと思われる。

　それでは，①と②のいずれが適切であろうか。そもそも（間接）正犯とは，事後的に生じた不法に対し，第一次的な責任を負うべき者である。そして，そうであるとすれば，②のほうが理論的にははるかに筋が良い。にもかかわらず，①のような発想が学界において根強いのは，これを採用してはじめて因果関係と正犯性の棲み分けが可能になる，と解されているからであろう。要は，まず正犯性＝実行行為を確定し，しかるのちに，これと結果との間の因果関係の存否を判断する，という図式である。

　しかし，これまた第6・7章において詳論したように，この図式は思考の順序が逆転している。すなわち，因果関係とは応報＝一般予防からくる刑罰の要請を画する要件であり，この最下限がみたされたうえで，はじめて正犯や共犯等，いかなる不法類型を用いるべきかが判断される，というのが正しい順序なのである。そして，このように因果関係と正犯性の果たす役割が合理的に区別されたならば，おのおのの判断対象が棲み分けなければならない必然性などまったく存在しない。同じく，行為から結果に至る侵害経過を対象としつつ，因果関係，しかるのちに，正犯性が判断されれば足りる。

　こうして②を採用すべきこととなるが，問題は，行為後の侵害経過がどのようなものであれば正犯性を肯定してよいか，である。そして，具体的な事案に適用される下位の基準は別途，詳細に検討されなければならないが，あえて大まかにいうならば，「行為媒介者が不法（被害者の場合には自損行為の種類や量）を認識しつつ，その自由な意思に基づきこれを実現した場合には，背後者の正犯性が阻却される」という消極的なかたちで定式化されるべきであろう[3]。というのも，そのような場合でない限り，媒介行為は完全な人格の表現とは評価されえず，それゆえ，背後者にとっては単なる手段，道具とみなすことが可能だからである。

　ただし，このような見解の主唱者は，その適用に一定の限界を設けている。すなわち，侵害経過に対する媒介行為の寄与度が小さい場合には，た

　3　このような，自律的決定説とよばれる考え方を詳細に展開したのも，島田・前掲『正犯・共犯論の基礎理論』である。その端緒は，山口厚『問題探究 刑法総論』（有斐閣，1998）141・142頁で展開された，いわゆる遡及禁止論に求められよう。

とえ先ほどの場合に該当したとしても，背後者から見れば規範的に無視しうるとして正犯性を肯定するのである。私もこれに賛成であるが，論者が不作為をはじめとする消極的な条件の介在全般について，その寄与度が小さいものと評価している点は支持しえない。第5章において詳しく述べたように，不真正不作為は作為と同一の不法を構成するのであるから，その一方だけ不法に対する寄与度が小さいなどというのは明らかな矛盾である。

もっとも，同時に当然のことではあるが，これは保障人の不真正不作為についての話である。非保障人の不真正不作為の寄与度はゼロである。かつて，いわゆる排他的支配説は，非保障人がひとりでも臨場すれば作為義務が欠け，不真正不作為犯は成立しえないと解したが，これは次の2点において根本的に誤っている。第1に，排他的支配は作為義務ではなく正犯性の要件である。第2に，非保障人の臨場は排他的支配に影響しない。むろん，そうすると，非保障人に対する不救助の唆し（いわゆる Abstiftung）が作為正犯を構成する余地が生じる。しかし，私には，その余地をあらかじめ遮断してしまうほうが不当であるように思われる。

II 刑事未成年を利用する間接正犯

1 最決平13・10・25刑集55・6・519

それでは，正犯性に関する以上のような一般理論をもとに，いくつかの事例類型において，背後者がいかなる場合に間接正犯とされるべきかを具体的に見ていくことにしたい。

まずは刑事未成年を利用する場合である。そして，標題判例の説示は以下のとおりである（上告棄却のうえ職権判断）。

「原判決及びその是認する第1審判決の認定によると，本件の事実関係は，次のとおりである。

スナックのホステスであった被告人は，生活費に窮したため，同スナックの経営者C子から金品を強取しようと企て，自宅にいた長男B（当時12歳10か月，中学1年生）に対し，『ママのところに行ってお金をとってきて。映画でやっているように，金だ，とか言って，モデルガンを見せなさい。』などと申し向け，覆面をしエアーガンを突き付けて脅迫するなどの方法により同女から金品を奪い取ってくるよう指示命令した。Bは嫌がっ

ていたが，被告人は，『大丈夫。お前は，体も大きいから子供には見えないよ。』などと言って説得し，犯行に使用するためあらかじめ用意した覆面用のビニール袋，エアーガン等を交付した。これを承諾したBは，上記エアーガン等を携えて1人で同スナックに赴いた上，上記ビニール袋で覆面をして，被告人から指示された方法により同女を脅迫したほか，自己の判断により，同スナック出入口のシャッターを下ろしたり，『トイレに入れ。殺さないから入れ。』などと申し向けて脅迫し，同スナック内のトイレに閉じ込めたりするなどしてその反抗を抑圧し，同女所有に係る現金約40万1000円及びショルダーバッグ1個等を強取した。被告人は，自宅に戻って来たBからそれらを受け取り，現金を生活費等に費消した。

上記認定事実によれば，本件当時Bには是非弁別の能力があり，被告人の指示命令はBの意思を抑圧するに足る程度のものではなく，Bは自らの意思により本件強盗の実行を決意した上，臨機応変に対処して本件強盗を完遂したことなどが明らかである。これらの事情に照らすと，所論のように被告人につき本件強盗の間接正犯が成立するものとは，認められない。そして，被告人は，生活費欲しさから本件強盗を計画し，Bに対し犯行方法を教示するとともに犯行道具を与えるなどして本件強盗の実行を指示命令した上，Bが奪ってきた金品をすべて自ら領得したことなどからすると，被告人については本件強盗の教唆犯ではなく共同正犯が成立するものと認められる。したがって，これと同旨の第1審判決を維持した原判決の判断は，正当である」。

2 検 討

Ⅰ1で述べたように，古い裁判例は，おそらく，極端従属性説を前提としながら，処罰の間隙を埋めるものとして間接正犯を構想していた。そして，刑事未成年は責任を欠く（刑法41条）ため背後者を共犯として処罰しえず，そのことからただちに間接正犯を肯定する，という思考過程が採用されていたようである（たとえば，仙台高判昭27・9・27高刑判特22・178を参照）。

もっとも，その後の学説の発展により，限縮的正犯論を前提としながらも，背後者の「主役」としての性質を積極的に論証することで，なお間接正犯を肯定しようとする発想が一般化した。とくに，Ⅰ2で述べたような考え方を出発点とするときは，行為媒介者が刑事未成年であるとの一事を

もって，背後者の正犯性を積極的に論証したものと評することはできないであろう。というのも，責任年齢というのは，それを下回れば不法を認識し，その自由な意思に基づいてこれを実現する余地が奪われる，などといった趣旨から設けられた制度ではないからである。そうではなく，たとえそのような余地が認められる場合であったとしても，特別な刑事政策的観点から刑罰より保護のほうを優先する趣旨の制度である。したがって，責任年齢をわずかに下回るにすぎない等の事情により，そのような余地が認められる場合には，背後者の正犯性は阻却されるのが原則である。そして，例外的にこれを肯定するためには，行為媒介者がその意思を抑圧されていたなど，その自律性が阻害されていたことを示す特別の事情を認定しなければならない。

実際，その後の（裁）判例もまた，比較的高年齢の刑事未成年を使嗾する行為を間接正犯とするにあたっては，その意思を抑圧する，具体的には，いうことを聞かなければ何をされるか分からず，かつ，そのような重大な危害を避けるには犯行に及ぶほかないと，少なくとも当該刑事未成年自身が感じているという事情を認定している。たとえば，最決昭58・9・21刑集37・7・1070は「原判決及びその是認する第1審判決の認定したところによれば，被告人は，当時12歳の養女Nを連れて四国八十八ケ所札所等を巡礼中，日頃被告人の言動に逆らう素振りを見せる都度顔面にタバコの火を押しつけたりドライバーで顔をこすつたりするなどの暴行を加えて自己の意のままに従わせていた同女に対し，本件各窃盗を命じてこれを行わせたというのであり，これによれば，被告人が，自己の日頃の言動に畏怖し意思を抑圧されている同女を利用して右各窃盗を行つたと認められるのであるから，たとえ所論のように同女が是非善悪の判断能力を有する者であつたとしても，被告人については本件各窃盗の間接正犯が成立すると認めるべきである」と判示している（そのほか，類似の判断として，名古屋高判昭49・11・20刑月6・11・1125などを参照）。

もちろん，そうはいっても，刑事未成年が肉体的，精神的に未成熟であることは否定しえない。そのため，成年であればより的確な状況判断のもと，加えられるべき危害にそれほどの現実性がないことを見抜いたり，あるいはまた，警察に駆け込むなど危害を回避する手段を的確に認識したりできる場合であったとしても，なお意思が抑圧されたものと評価しうることが多いであろう[4]。たとえば，大阪高判平7・11・9高刑集48・3・177

は，交通事故に遭い，倒れている被害者からバッグを取ってくるよう命じた事案において，「Ｉは，事理弁識能力が十分とはいえない10歳（小学5年生）の刑事未成年者であったのみならず，所論が指摘するような，直ちに大きな危害が被告人から加えられるような状態ではなかったとしても，右のＩの年齢からいえば，日ごろ怖いという印象を抱いていた被告人からにらみつけられ，その命令に逆らえなかったのも無理からぬものがあると思われる。そのうえ本件では，Ｉは，被告人の目の前で4，5メートル先に落ちているバッグを拾ってくるよう命じられており，命じられた内容が単純であるだけにかえってこれに抵抗して被告人の支配から逃れることが困難であったと思われ，また，Ｉの行った窃盗行為も，被告人の命令に従ってとっさに，機械的に動いただけで，かつ，自己が利得しようという意思もなかったものであり，判断及び行為の独立性ないし自主性に乏しかったということができる。そして，そのような状況の下で，被告人は，前記事実誤認の論旨に対する判断の際に述べた理由から，自己が直接窃盗行為をする代わりに，Ｉに命じて自己の窃盗目的を実現させたものである。以上のことを総合すると，たとえＩがある程度是非善悪の判断能力を有していたとしても，被告人には，自己の言動に畏怖し意思を抑圧されているわずか10歳の少年を利用して自己の犯罪行為を行ったものとして，窃盗の間接正犯が成立すると認めるのが相当である」と判示している。

　もっとも，そうであるとしても，標題判例の事案において意思の抑圧を認定することは，いかなる意味においても困難であろう。そこで母親である被告人がなしたのは，当初は犯行を嫌がっていた長男を説得するという，その意思を抑圧していたとすれば無用なはずの作業だからである。標題判例はしばしば，①刑事未成年の利用につき間接正犯を否定したはじめての判例であること，そして，②その中核的な理由として意思抑圧の欠如をあげていること，の2点において画期的なものと評されている。しかし，学説や判例の推移をも視野に入れてこれを観察するならば，それはむしろ必然的な判断ともいいうるものだったのである。

　なお，標題判例は背後者の間接正犯性を否定したのち，刑事未成年である行為媒介者との（教唆犯ではなく）共同正犯を認めた点でも注目されているが，この点については第25章以降において検討することとしたい。

　　　4　この点につき，平木正洋「判解」最判解刑（平13）154頁以下などを参照。

Ⅲ　強制ないし欺罔による間接正犯

　つづいて，強制や欺罔により他者を道具化する場合である。もっとも，このうち被害者を利用する場合については，第8章において検討を加えたところである。すなわち，①それを回避するには自損行為に及ぶほかないような重大な危害を示し（強制），②法益関係的錯誤に陥れて自損行為に及ばせ（法益関係的欺罔），あるいは，③それを回避するには自損行為に及ぶほかないような（行為者以外から加えられる）重大な危害の存在を偽る（緊急状態の欺罔）などすれば，そのような自損行為は被害者の自律のあらわれと評価することができず，被害者の同意としての効力をもたない。それは畢竟，そのような自損行為を背後者の手段，道具と評価しうるということであるから，背後者の間接正犯性を肯定することが可能となるのである。そして，①において，かりに背後者がそのような重大な危害の存在を偽っただけであっても，背後者の間接正犯性を導く論証連鎖にはなんら変わりがない一方，危険源がいずれであるかもまた本質的な重要性をもたないことにかんがみれば，原理のレベルで①と③を区別する必要はないことになる。

　もっとも，ここまでについては，それほど争いがないかもしれない。むしろ，より論争的であるのは，その先，すなわち，そのような自損行為を被害者の自律のあらわれと評価しえない，その原因を背後者が作出していなくても正犯性を肯定しうるか，である。いいかえれば，すでに意思抑圧ないし錯誤の状態に陥っている被害者に対し，その自損行為を可能化するだけでも間接正犯となしうるか，ということなのである。

　有力な見解は自手実行すなわち直接正犯を正犯のプロトタイプととらえ，そこで，たとえば，被害者の身体に自らナイフを突き立てることと等置すべき直接的，現実的な危険性をあらわすものとして，背後者による強制や欺罔を要求しようとする。しかし，たとえ背後者のほうからははたらきかけていなくても，たとえば，下剤の商標名を下痢止めと勘違いしている被害者に対し，その求めに応じて下剤を手交する行為のもつ傷害（下痢の悪化）の危険性は，これ以上にないほど直接的かつ現実的であろう[5]。また，この点を措くとしても，そもそも論者がどれほど真剣に自説を主張しているか，ということ自体がはなはだ疑わしい。というのも，自手実行ののち

他者の行為が介在した場合には，たとえ因果関係が肯定されうるとしても，なお正犯性をあわせて検討するのが一般的だからである。

　このように見てくると，背後者の正犯性を肯定するためには，端的に，行為媒介者の自律性が阻害されていることを認定すれば足りるものと解すべきである。そして，以上は被害者を利用する場合であるが，第三者を利用する場合についても，基本的には同様の判断枠組みが採用されるべきであろう。Ⅲで検討した，実質的な責任能力を有する刑事未成年を使嗾する事例などは，まさに，強制による意思抑圧を利用する間接正犯の成否が問題とされたものである。

　学説には，間接正犯性にとり背後者からのはたらきかけを要することを前提に，第三者と異なり被害者には規範的障害がないからはたらきかけの程度は弱くて足りる（または，不要である），というものもある。しかし，既述のように，そのようなはたらきかけを要求すること自体が適切でないほか，この点を措くとしても，「実際には（X所有の）箱の中にAの壺が入っているにもかかわらず，（以前から憎んでいる）Bの壺が入っているものと誤信したAが箱ごと叩き割る道具はないかと探していたところ，事情を知ってむしろAにダメージを与えてやろうと考えたXがこれに自分のハンマーを手渡した」という事例において，Xが不可罰となってしまい著しく妥当性を欠くように思われる[6]。

　ただし，1点だけ注意を要するのは，第三者を利用する場合には共犯としての処罰も可能であり，それゆえ，理論上可能な範囲を目いっぱい使って間接正犯を成立させなくてもよい，ということである[7]。たとえば，背後者が1万円の壺を所有する被害者に対し，「その壺は1000円の価値しかないから割ってしまえ」とだました場合，背後者を器物損壊罪で処罰する

---

[5]　もちろん，「故意がなければ人はどのような指示でも従うわけではないし，責任無能力者であれば何でもするというわけではない」という意味で，危険性に関してそれほど高いハードルが設定されているわけではない。しかし，気の向いたときにしか思ったように動いてくれない猿や犬を利用する直接正犯においては，危険性が因果関係を遮断するほど低いものでない限り，ただちにこれが成立しうることに争いはない。そして，そうであるとすれば，ハードルの低さから「間接正犯の実行行為の内容として，欺罔，脅迫などによって被利用者の行為を誘発する危険性のある働き掛けがなされることが要求されるべきであろう」とすることは，間接正犯を直接正犯とは異なる不法類型ととらえるのでない限り，首尾一貫したかたちでは主張しえないように思われる。括弧書きの引用部分については，橋爪隆「実行行為の意義について」法教424号（2016）106頁。

[6]　この点につき，島田・前掲『正犯・共犯論の基礎理論』262頁を参照。

521

にはその間接正犯を肯定するほかない。これに対して，背後者が第三者を「あの被害者の壺は1000円の価値しかないから割ってしまえ」とだまし，実際には1万円の壺を割らせた場合には，背後者を同罪で処罰するのにその間接正犯と構成する必要はなく，教唆犯ないし共同正犯の成立を認めておけば足りる。そして，そうであるとすれば，実務的にはこのような場合に同罪の教唆犯ないし共同正犯とするのが常態である以上，わざわざ違和感の強い間接正犯が成立する余地を残しておくべきではないとも考えられる。さらに，学説には，不法の大部分に重なり合いがある場合には同一の構成要件でなくても正犯性が阻却される，というものもある[8]。たとえば，背後者が第三者に対し，「あの建物には人がいないから火を放て」と嘘をいったときは，現住建造物等放火罪の間接正犯は成立しないというのである。

しかし，正犯としようが共犯としようが犯情の評価にほとんど径庭がなく，それゆえ，無用な争いを避けるという観点から共犯の成立を認めるにとどめている実務の運用を根拠として，正犯の理論的な成立可能性まで否定してしまうのは倒錯した議論であろう。その証拠に，犯情の評価が大きく異なりうる，いわば「余裕で」正犯となりうる場合には，実務的にも正犯とする実践的な必要性が生ずるのではなかろうか。たとえば，10億円の壺を1000円と偽って割らせたような場合には，正犯であると示してはじめて適正な犯情の評価が可能になると思われる[9]。

7　近時の学説には，被害者を利用する場合に通常の共犯規定を用いて十分な可罰性を確保しえないことから，これを間接正犯の拡張によってまかなおうとするものもある。樋口亮介「実行行為概念について」『西田典之先生献呈論文集』（有斐閣，2017）28頁以下を参照。しかし，それは本文に述べるのとは異なり，刑法各則の本条から「理論上可能な範囲を」超えて可罰性を創設するものであり，もはや立法論の範疇に属するように思われる。また，立法論として見ても，新たに条文を設けて可罰性の段階づけを行うならともかく，一括して正犯の刑であたるのは妥当とはいえない。追死を偽って毒薬を飲ませるのと，ジュースと偽って毒薬を飲ませるのとでは，その当罰性に埋めがたい格差があるからである。

8　たとえば，橋爪・前掲「実行行為の意義について」110頁を参照。

Ⅳ 故意ある幇助道具（実行行為を担当する従犯）

1 横浜地川崎支判昭51・11・25判時842・127

これは，AがBに対して覚せい剤を譲渡するに際し，被告人が取引の数量，金額，日時，場所をAに連絡し，Aから覚せい剤を受け取り，これをBに手渡した事件につき，被告人が覚せい剤譲渡の共同正犯であるかが争われたものである。

「被告人が覚せい剤50グラムをBに手渡した客観的事実は動かしえないものであるところ，右所為における被告人は，覚せい剤譲渡の正犯意思を欠き，AのBに対する右譲渡行為を幇助する意思のみを有したに過ぎないと認めざるをえないので，いわゆる正犯の犯行を容易ならしめる故意のある幇助的道具と認むべく（東京地方裁判所昭和43年刑(わ)5762号，同44年刑(わ)1633号事件判決。同年刑(わ)3003号，3191号，同45年刑(わ)2101号事件判決。最高裁判所昭和25年7月6日判決，集4巻7号1178頁。同判決の参考とされたのではないかと思われる独大審院1928年11月23日判決，RG判決集62巻369頁以下特に390頁と同院1929年11月8日判決，RG判決集63巻313頁以下特に314-315頁等独国において確立された判決及び学説参照），これを正犯に問擬することはできない」。

2 検討

背後者が正犯，行為媒介者が幇助犯とされる場合を故意ある幇助道具という。そして，標題裁判例は，下級審のものではあるが，これを認めた例

---

9 以上の議論は，さらに，結果の客観的帰属可能性の大きさについて，第三者が錯誤に陥っている場合にも妥当しよう。たとえば，第三者が未必の殺意は有しているものの，背後者からその起爆スイッチを渡された爆弾の威力があまり強くないと思い込み，被害者を「痛い目」に遭わせることを目的としていたところ，実は，その爆弾は致死率100パーセントの非常に強力なものであった，という事例においては，背後者を殺人罪の間接正犯とする理論的な可能性が認められるべきだと思われる。そして，錯誤がはなはだしい場合においては，適正な犯情評価を示すため，実践的にも間接正犯を認定すべきであろう。他方，被害者を「この薬を飲めば筋肉がつくが，10パーセントの確率で慢性的な下痢症状を甘受しなければならない」とだまし，実際には100パーセントの確率でそうなる薬を渡した背後者が，それならばとその薬を飲んだ被害者が慢性的な下痢症状になったとき，傷害罪の間接正犯となりうる点にはそれほど争いがないように思われる。

として有名である（そのほか，大津地判昭53・12・26判時924・145も参照）。他方，しばしば引用される最判昭25・7・6刑集4・7・1178は，会社の代表取締役である被告人が会社の使用人に命じ，自己の手足として米を運搬輸送させた場合において，同使用人がその情を知っていたとしても，被告人は食糧管理法違反の正犯となる旨，判示したものである。もっとも，そこでは被告人が食糧の運搬輸送の実行正犯とされるにとどまり，幇助犯を利用した間接正犯とされているわけではないから，先例として必ずしも適切なものとはいえない。

さて，学説においては，一定の範囲でこの故意ある幇助道具を承認する見解が有力である。もっとも，その例としてあげられるものの一部については，このような法形象を承認せずとも同様の結論を採用することが可能である。たとえば，いわゆる身分なき故意ある道具の事例として，公務員宅で雇われている手伝いの者が，来訪者から情を知りつつ公務員宛の賄賂を受け取った，というものがあげられる。そして，収賄罪の不法が職務の対価としての利益供与による不可買収性の侵害ととらえられるならば，それは利益が公務員側に移るという事態の規範的な把握によって，公務員のもとで直接，発生していると評価することも可能であろう。こうして公務員は収賄罪の正犯となり，これに対して代替可能で軽微な寄与をなしたにとどまる手伝いの者は，幇助犯として処罰されることになる。

もっとも，標題裁判例の事案をこれと同様に評価しうるかは大いに疑問である。覚せい剤の移転によるその拡散リスク，ひいては保健衛生上の危害の可能性は，まさに，被告人のもとで直接，発生しているとしかいいようがないからである。これに対して標題裁判例は，量刑上，宥恕すべき事情を指摘したのち，正犯意思を欠くとして幇助犯にとどめている。しかし，正犯と共犯は先述した原理に基づいて区別されるべき不法類型であって，単なる量刑の格差に還元されうるものではない。そして，何人をも介さず直接，不法を実現した者は，当該原理に照らし，正犯と評価するほかないように思われる。私は，当該原理をその主観的反映まで含め，正犯意思と表現する実務的用語法それ自体に異議を差し挟むつもりはないが，それが標題裁判例のように独り歩きすることのないよう，十分な注意が必要であろう。

以上に対して，不法の一部のみが行為媒介者のもとで直接，発生している場合も考えられる。たとえば，特殊詐欺の事案において，受け子が終始，

従属的かつ代替可能で軽微な役割しか果たしていない，というものが考えられよう。学説には，（詐欺罪の）実行行為の一部（受交付行為）でも担当した以上，受け子は常に共同正犯になるというものもある。しかし，詐欺罪の不法を全体として（つまり，欺罔行為もあわせて）見たとき，そこで果たした役割が重要なものといえないのであれば，やはり，刑の必要的に減軽される幇助犯にとどめるべきであろう。

　もっとも，問題は欺罔行為を担当した者，とくに，かけ子というのを超えて，犯行計画の立案や人員，機材の調達等まで行い，詐欺罪の不法を全体として見ても，とりわけ重要な役割を果たした者の擬律である。そして，私は以前，Ⅰ1で述べたような発想に基づき，たとえ受け子が自律的にふるまっているとしても，その寄与度が小さなものである以上，背後者の正犯性を肯定しうるものと解していた[10]。現状，その見解を改める緊要性を感じているわけではないが，詳しくは第25章以降において論じるように，この点については別様に解決することも可能であると考えている。

Ⅴ　非身分者による身分犯の間接正犯

1　最判昭32・10・4刑集11・10・2464

「刑法156条の虚偽公文書作成罪は，公文書の作成権限者たる公務員を主体とする身分犯ではあるが，作成権限者たる公務員の職務を補佐して公文書の起案を担当する職員が，その地位を利用し行使の目的をもつてその職務上起案を担当する文書につき内容虚偽のものを起案し，これを情を知らない右上司に提出し上司をして右起案文書の内容を真実なものと誤信して署名若しくは記名，捺印せしめ，もつて内容虚偽の公文書を作らせた場合の如きも，なお，虚偽公文書作成罪の間接正犯の成立あるものと解すべきである。けだし，この場合においては，右職員は，その職務に関し内容虚偽の文書を起案し情を知らない作成権限者たる公務員を利用して虚偽の公文書を完成したものとみるを相当とするからである（昭和10年(れ)第1424

10　小林憲太郎『刑法総論』（新世社，2014）141・142頁を参照。さらに，「受領行為がなくとも，被害者が欺罔の結果，遅かれ早かれ財物を交付していたと考えられる限り，詐欺既遂の正犯性が認められる」とするものとして，西田典之ほか［編］『注釈刑法（第1巻）総論』（有斐閣，2010）806頁〔島田聡一郎〕を参照。

号同11年2月14日大審院判決，昭和15年(れ)第63号同年4月2日大審院判決参照)。

これを本件についてみると，原判決の是認した第1審判決の判示認定事実によれば，被告人は，その第1の(1)及び(2)の犯行当時，宮城県栗原地方事務所において同地方事務所長Ｒの下にあつて同地方事務所の建築係として一般建築に関する建築申請書類の審査，建築物の現場審査並びに住宅金融公庫よりの融資により建築される住宅の建築設計審査，建築進行状況の審査及びこれらに関する文書の起案等の職務を担当していたものであるところ，その地位を利用し行使の目的をもつて右第1の(1)及び(2)の判示の如く未だ着工していないＧの住宅の現場審査申請書に，建前が完了した旨又は屋根葺，荒壁が完了した旨いずれも虚偽の報告記載をなし，これを右住宅の現場審査合格書の作成権限者たる右地方事務所長に提出し，情を知らない同所長をして真実その報告記載のとおり建築が進行したものと誤信させて所要の記名，捺印をなさしめ，もつてそれぞれ内容虚偽の現場審査合格書を作らせたものであるから，被告人の右所為を刑法156条に問擬し，右虚偽の各審査合格書を各関係官庁並びに銀行に提出行使した所為を各同法158条の罪を構成するものと認定した第1審判決を是認した原判決は正当であるといわなければならない。所論引用の当裁判所の判例は，公務員でない者が虚偽の申立をなし情を知らない公務員をして虚偽の文書を作らせた事案に関するものであつて，本件に適切でない」。

2　検　討

標題判例は一般に，非身分者による身分犯の間接正犯を認めたものと理解されている。というのも，それは虚偽公文書作成罪を，公文書の作成権限者たる公務員を主体とする身分犯ととらえつつ，非作成権限者である公務員に同罪の間接正犯を成立させているからである。むろん，詳しくは各論のほうで扱うように，補助公務員の作成権限それ自体が論争的なものとされている。しかし，ここでは，どのような見解によっても作成権限がないとされるであろう者が俎上に載せられている点に注意を要する。

もっとも，私自身は，そのような標題判例の理解が外在的にも，そして，内在的にも適当ではないと考えている。まず，外在的な点として，刑法156条は「公務員が」と規定しているだけであり，「作成権限者たる公務員が」とは書かれていない。したがって，作成権限者でない公務員であっ

ても，同条の「その職務に関し」という要件をみたしさえすれば——そして，おそらく本件被告人もみたしうるが——非身分者による身分犯の間接正犯などという法形象を承認するまでもなく，同罪の間接正犯として処罰することが可能である。次に，内在的な点として，標題判例自体が淡々と「公務員が」，「その職務に関し」のあてはめを行っているだけであり，非身分者も身分犯の間接正犯になれるなどという命題について，これを論証しようとする気配はいささかも見られない。むしろ，弁護人の上告趣意に対する応答からは，非公務員は同罪の間接正犯たりえないとする立場が同時に維持されているように思われるのである。

こうして，非身分者による身分犯の間接正犯が認められるべきか否かは，標題判例を肯定説の「味方」につけることなく，いわばゼロベースで判断しなければならない。そして，そうだとすると，同時に，議論の素材として同罪を用いることもまた考え直したほうがよいであろう。というのも，同罪は次の2点において，素材としての適性を欠くからである。

第1に，同罪は公文書作成職務の誠実さ（その適正に対する国民の信頼）をも保護法益とするものと解する余地があり，そうであるとすれば，行為媒介者の自律性が欠け背後者の正犯性が肯定されうる場合には，すでに不法（の一部）が欠ける可能性をしん酌しなければならない。たとえば，背後の非身分者が行為媒介者である公務員を脅したり，だましたりして虚偽公文書を作成させたとき，同罪の間接正犯が成立しないのは前記「誠実さ」の侵害が欠けるからであって（これと親和的に理解しうる裁判例として，東京高判昭28・8・3高刑判特39・71を参照），非身分者による身分犯の間接正犯の成否に立ち入る以前に門前払いされてしまうのである（同様に，身分犯の正犯性が特殊であることを示すために，収賄罪を用いることもまた適当でない。背後の非公務員が行為媒介者である公務員を脅したり，だましたりして賄賂を収受させたときは，そもそも職務の不可買収性が害されていないからである）。

第2に，同罪の成否を決する際には刑法157条との関係を明らかにしなければならない。しかも，同条の法定刑がなぜ軽いかについてはさまざまな見解が対立しており，同罪の成立が否定された場合であっても，それが間接正犯論の帰結であるのか，それとも，同条が存在することの帰結であるのかが必ずしも判然としないのである。現に，非公務員につき同罪の間接正犯を否定した先例（最判昭27・12・25刑集6・12・1387）は，同条の存在だけからでもその帰結を導けるかの口吻を洩らしている。

そうすると，非身分者による身分犯の間接正犯の成否を論ずるにあたっては，むしろ，たとえば，医師等でない者が医師等を道具として患者等の秘密を漏示させるという，秘密漏示罪（刑法134条）のほうが素材としては適切であろう。問題は，そこで主体が医師等に限定されている実質的な理由である。この点につき有力な見解は，医師等が業務上，患者等のセンシティブ情報を非常に収集しやすく（なにしろ，患者等は既往や症状を話し，診察や検査を受けなければ，健康に生きるのに不可欠な医療サービスを受けることができない），それゆえ，これを漏らして患者等のプライバシーを侵害することがきわめて容易な地位にあるからだ，と説明する。すなわち，単に患者等の秘密が漏れるのではなく，そのようなプライバシー侵害の高度の危険性がまさに現実化して漏れることこそが同罪の特別な不法を構成している，というのである。そして，そのような特別な不法は医師等がいてはじめて実現可能であることから，同罪の主体が医師等に限定されていることが導かれることになる。これこそが，学界において人口に膾炙した表現である，「違法身分」ということの意味である。

3　展　望

そして，違法身分の神髄が以上のようなところに求められるとするなら──詳しくは第29章において述べるが──非違法身分者は違法身分者を媒介しさえすれば特別な不法を実現しうるため，非違法身分者もまた違法身分犯の共（同正）犯となりうることになる。具体的には，医師等でない者が医師等による秘密漏示に加功すれば秘密漏示罪の共犯となりうるのである。これを「違法身分の連帯性」とよび，刑法65条1項の適用をまつまでもなく，当然に認められる事理にほかならない。

学説には，惹起説的発想ないし因果的共犯論を根拠として，これに反対するものもある。しかし，詳しくは次章において論ずるが，承諾殺人（未遂）における被害者や証拠隠滅における犯人，必要的対向犯の一部における相手方などと異なり，秘密漏示における非医師等は，医師等を介して間接的にであれば，とくに脆弱な状態におかれた患者等のプライバシーを攻撃することが可能である。つまり，違法身分の連帯性は因果的共犯論の要請を完璧にみたしているのである。

もっとも，真の問題はその先にある。それは，なぜ（間接）正犯とまではなりえないか，である。むろん，解釈論のレベルで答えるのは簡単であ

第 21 章　間接正犯

り，「条文に『医師……が』と書いてあるからだ」ということになろう。いわゆる罪刑法定主義の論法である。しかし，それだけでは，なぜ条文にそのように書くべきであるのかという，立法論のレベルにおける疑問に答えたことにはならない。いいかえれば，なぜ（間接）正犯とまではなりえないような立法がなされているのか，はたしてそのような立法は妥当であるのか，などといった点は依然，問題として残されたままなのである。

　それでは，このような点についてはどう考えるべきであろうか。既述のように，ここからは立法論にかかわることがらであるが，私自身は，そのような既存の立法にはあまり合理性がないのではないかと考えている。医師等がいてはじめて実現可能な特別な不法に着目するとしても，そのことから，主体を医師等に限定しなければならないことは必ずしも導かれないからである。たとえば，「『医師……が，その業務上取り扱ったことについて知り得た人の秘密』を正当な理由がないのに漏らした者は……」という，主体を限定しない非身分犯の条文であってもかまわないはずである。いな，不合理な処罰の間隙を埋めるという観点からすれば[11]，むしろ，こちらのほうが望ましい条文とさえいいうるのではなかろうか。そして，そこで「いや，医師等が漏らすことこそが深刻な問題なのだ」と反論する者は，実質的には，医師等の秘密管理業務の公正（誠実さ）ないしそれに対する患者等や国民の信頼という，患者等のプライバシーそのものとは別の法益を観念しているにすぎない。

　しかも，このような立法論は現実的基盤を欠いた単なる机上の空論ではない。たとえば，無免許運転罪（道路交通法 117 条の 2 の 2 第 1 号）は，行為媒介者であるドライバーの錯誤や強制を利用して，背後者である非ドライバーもまた正犯的に実現することが可能である[12]（したがって，同罪を自

---

[11] 反対に，非身分犯とされていれば幇助犯にとどまったであろう軽微な役割しか果たしていないにもかかわらず，身分という法益侵害の基盤を提供したかどでただちに共同正犯とされるという，不合理な処罰の拡大を防止する観点も（あまり気づかれることはないが）非常に重要である。

[12] この点につき，詳しくは，今井猛嘉ほか『刑法総論〔第 2 版〕』（有斐閣，2012）60・61 頁〔小林憲太郎〕を参照。

[13] 実際，道路交通法 116 条は「車両等の運転者が業務上必要な注意を怠り，又は重大な過失により他人の建造物を損壊したときは，6 月以下の禁錮又は 10 万円以下の罰金に処する」と規定している。そして，その結果，たとえば，同乗者がたわむれに運転者にいきなり目隠しをしたため，驚いた運転者が自車を適切に操作しえなくなり，そのまま建物に突っ込んでしまった場合においても，同乗者に同罪の成立する余地が失われてしまっている。これは不合理な処罰の間隙といわざるをえない。

529

手犯とする岡山簡判昭44・3・25刑月1・3・310は不当である)。しかし,もし同罪の条文が主体をドライバー(現にハンドルを握っている者)に限定していれば,罪刑法定主義が桎梏となってこのような結論を採用することができず,正犯の成立範囲が合理性なく縮減されてしまうであろう[13]。このように,多くの犯罪においてはすでに,実質的には違法身分犯が非身分犯へと造り替えられ,その結果として,正犯の成立範囲が合理性なく縮減される事態が的確に回避されているのである。

私としては,今後もこのような傾向を推し進め,最終的には違法身分犯という法形象が消失することが望ましいものと考えている。そして,そのような思考方向は,違法身分犯という観念の主唱者にとっても決してラディカルにすぎるものではないと思う。というのも,論者にとって違法身分犯とは,当該身分が法益侵害の事実的条件となっている犯罪にすぎないからである[14]。それは裏を返せば,当該身分が条件とされていることに規範的な意義がないということである。したがって,立法技術的に可能である限り,そのような条件が可罰性,ここでは正犯の成立範囲の桎梏とならないよう,条文の書き方にさまざまな工夫を凝らすべきことになろう。

これに対して論者自身は,そのような条件を無力化するより手っ取り早い方法として,はじめから非身分者による身分犯の間接正犯を承認しようとする[15]。たしかに,自律性を欠く行為媒介者である違法身分者を利用して,非身分者が違法身分犯の不法を完全に実現している場合には,そのような条件が身分として正犯の成立範囲を絞るのは不合理な事態でしかない。しかし,これを回避するためには,端的に,そのような条件を身分とせずに済む法改正を主張すべきである。現に,論者が女性もまた間接正犯たりうるとして掲げる強姦罪(刑法旧177条)などは,まさに,非身分者による身分犯の間接正犯を承認せずに済む条文の書き方がなされているのである。にもかかわらず,そうせずに,あくまで解釈論にとどまろうとする動機から,あえて罪刑法定主義違反のそしりを受けに行くのは,風呂桶の水

---

14 たとえば,西田典之『共犯と身分〔新版〕』(成文堂,2003) 190頁は,違法身分のプロトタイプを「直接単独正犯形式における法益侵害可能性の事実上の制限にすぎない」と評している。ただし,192頁以下が「秘密漏泄罪型の身分犯」を,これとは異なる,違法身分犯の第2の類型ととらえているのは適切でない。というのも,既述のように,患者等のプライバシーに対する高度の危険の実現という特別な不法にとっては,やはり,医師等の身分が直接単独正犯形式における事実上の制限となるからである。
15 たとえば,西田典之『共犯理論の展開』(成文堂,2010) 112頁以下を参照。

と一緒に赤子を流すようなものであろう。

　以上のように見てくると，結局，身分犯は責任身分犯に純化されるべきことになる。そして，詳しくは第29章において論ずるが，責任身分は本性的に行為者ごとに個別化すべきものである。そうすると，煎じ詰めれば，前述した刑法65条1項にとどまらず，2項までもが理論的には不要な規定ということになろう。

VI　適法行為を利用する間接正犯

　最後に，適法行為を利用する間接正犯という法形象もまた，古くから議論されているものである。もっとも，そこでは制限従属性説のもと，狭義の共犯となれない者の可罰性を説明する，一種の救済概念としての性格が基礎におかれていたように思われる。

　これに対して今日では，すでに述べたように，まず正犯の成否が議論されなければならない（限縮的正犯論）。そして，それが原則として行為媒介者の自律性の有無により定まるものとすれば，媒介行為が適法であるとの一事をもって，ただちに背後者の正犯性を肯定することはできないであろう。行為媒介者が適法行為に出ることも，出ないことも，その自由な意思に基づき決せられるという事態は十分に考えられるからである。

　もっとも，従来，適法行為を利用する間接正犯とされてきた事例類型において，背後者が当罰的と解される理由が行為媒介者の自律性の欠如に存したかには，はなはだ疑わしいところがある。むしろ，適法行為に関与することは通常は適法であるところ，たとえ正当化されても法益侵害は依然として社会的損失である[16]ことにかんがみ，そもそも，そのような損失をもって解消すべき葛藤状況を背後者が作り出していることこそが，これを当罰的なものとする真の理由なのではなかろうか[17]。そして，そうであるとすれば，そのような理由が妥当する限り，行為媒介者に自律性が認め

---

[16]　たとえば，媒介行為が医師の緊急中絶手術である場合に堕胎罪の間接正犯を認めた大判大10・5・7刑録27・257においても，妊婦の生命を守るためとはいえ，犠牲になった胎児もまた立派な法益であることは否定しがたいであろう。そのほか，適法行為を利用する間接正犯を認めた（と一般に解されている）判例である最決平9・10・30刑集51・9・816については，第7章を参照されたい。

[17]　この点につき，島田聡一郎「適法行為を利用する違法行為」立教55号（2000）21頁以下を参照。

られ、それゆえ、背後者の正犯性が阻却される場合であっても、なお背後者を可罰的とする理論構成を採用すべきであろう。

むろん、そうはいっても、刑法の謙抑性という一種の外在的な観点から、背後者の可罰性を行為媒介者に自律性が欠ける場合に限定する、という主張が明らかに不合理であるとまではいえないであろう。そして、そうであるとすれば、間接正犯だけを処罰する途を残しておけば足りる、という解釈にも一理あるようにも見える。しかし、すでに述べたように、現行法の体系には違法身分犯が厳然として存在しているのである。したがって、自律性を欠く行為媒介者である身分者を、背後の非身分者が利用する場合にもなお可罰性を肯定するためには、結局のところ前記理論構成がぜひとも要請されることになる。

こうして、適法行為との共同正犯はもちろん、適法行為に対する狭義の共犯もまた、前記理由が妥当する限りで肯定されるべきである。それは畢竟、制限従属性説の放棄を意味しよう。したがって、この点につき詳しくは、次章および第27章において論ずることとしたい。

Ⅶ　その後の学説の展開および関連する問題

1　刑法199条と202条の区別

(1) 欺罔

刑法199条と202条の区別は古くから争われてきた問題であるが、近時、とくに議論がさかんなのは、被害者が直接的な生命侵害行為をすべて自手実行している場合において、いかなる要件のもとで行為者に199条の罪が成立しうるか、という点である（以下、199条と202条に関しては「刑法」という表記を省略する）。なかでも、とりわけ俎上に載せられているのは、被害者自身が死ぬことを十分に認識しているにもかかわらず、欺罔ないし強制により行為者に同罪が成立することとなる範囲である。そして、その点が明らかにされた暁には、第三者を利用する行為が同罪を構成する範囲との広狭が、さらに問題とされることになる。

それでは、まずは被害者を欺罔する場合であるが、ここでとりあげるのは、いわゆる動機の錯誤を惹起する場合のほうである。というのも、少なくとも、緊急状況の欺罔が強制と同様に扱われるべきである点については

学説上，ほとんど争いがないからである。そして，すでに第8章においてとりあげたため詳細は省略するが，判例は動機の錯誤を惹起する場合においてもまた，それが欠ければ被害者が自殺意思を生じないような重大なものであるときには，自殺に関与する行為を199条によって処断している。具体的には，たとえば，自分も追死すると偽って被害者に自殺を決意させたときは199条が適用されるものとされる。

　もちろん，被害者が自殺を考えるような極限的な心理状態におかれた結果，合理的な判断能力を喪失しているなどというのであれば，199条のほうを適用するのは適切な判断である。実は，判例の事案もそのようなものであるのかもしれない。もっとも，その場合には，欺罔が前記，能力喪失状態下で被害者が自殺を決意するに至った契機にすぎないのであるから，これを独自に主題化するのはピントがずれていると思われる（ちょうど，責任無能力の第三者を利用して被害者を殺害させたとき，欺罔的手段を用いたかどうかが199条の適否に直結しないのと同じである）。現に，その場合には，かりに行為者が真実，追死するつもりであった（が，被害者の自殺後，翻意した）としても，なお199条のほうを適用すべきであろう。反対に，極限的とはいえない場合，たとえば，「お前がパーマをかけたら俺もかける」とだましてパーマをかけさせたときには，暴行・傷害罪（の間接正犯）とすべきではない。

　一方，第三者を利用する場合との比較であるが，合理的な判断能力の喪失に結びつかない，純然たる動機の錯誤を惹起しただけでは，せいぜい（広義の）共犯にとどまる点については争いがないといってよいであろう。たとえば，「あいつを殺せば俺の高級車をやる」と第三者をだまして被害者を殺させても，行為者に199条の罪（の間接正犯）は成立しえないと思われる。

　これに対して有力な学説は，被害者を利用する場合のほうが間接正犯を肯定しやすい，具体的には，動機の錯誤を惹起しただけでも199条を適用しやすい，と分析する。そして，その根拠は，被害者にとって法益侵害は犯罪ではなく，それゆえ，ハードルが低いところに求められている[18]。

　たしかに，背後者の正犯性を規律する行為媒介者の自由な意思決定が，被害者と第三者とで原理においてその標準を同じくする必然性はない。し

18　豊田兼彦「被害者を利用した間接正犯」刑法57巻2号（2018）279頁などを参照。

かし，ハードルの高低をいうだけでは，自殺が自己保存本能と最も相容れない所為であり，ハードルの高さは最大であるとも主張できる以上，水掛け論に終わらざるをえないであろう。そして，われわれ法律家の道徳的直観に照らし，本当に動機の錯誤を惹起するだけで間接正犯にしてよいかと問えば，先のパーマの事例を想起すれば分かるように，答えは明らかに「ノー」である。つまり，少なくとも動機の錯誤の惹起に関しては，被害者を利用する場合と第三者をそうする場合とで，間接正犯の成否は——否定されるという点において——一致するように思われる。

(2) 強　制

つづいて，被害者を強制する場合であるが，再び第8章でとりあげたため詳細は省略するけれども，①被害者に重大な危難を投げかけ，②これを避けるには自殺するほか途がないと思わせれば199条の罪（の間接正犯）が成立しうる，という点において判例・学説の大方の一致があるといってよいであろう。すなわち，まず，①瑣末な危険を投げかけるだけでは，その心理的動揺を考慮しても，はるかに重要な利益である生命を犠牲にするという判断が——そうしないことは期待不可能であったという意味において——不自由なものであるとは評価しがたい。また，②危難を避ける方法がほかに存在するのであれば，これをとることを期待しうるのであるから，あえて死ににいくのはその人の自由としかいいようがない。

一方，第三者を利用する場合との比較であるが，これまた，被害者をそうする場合とで基準が一致しなければならない原理的な必然性はない。もっとも，結論としては，①第三者に重大な危難を投げかけ，②これを避けるには被害者を殺害するほか途がないと思わせれば，やはり，199条の罪（の間接正犯）が成立しうる，という（被害者利用の場合と）同一の基準を採用すべきではなかろうか。というのも，そのような場合においては，第三者の心理的動揺をも考慮すると，その行為は過剰避難として刑を免除すべきものであるところ，それは畢竟，刑法自身がその行為は有意に自由な判断のもとで実現されたものではなく，それゆえ，現実に刑罰を科することは許されないと解したことに帰するからである[19]。

これに対して有力な学説は，欺罔のときと同じく，第三者を強制する場

19　この点につき，島田・前掲『正犯・共犯論の基礎理論』297頁以下を参照。
20　豊田・前掲「被害者を利用した間接正犯」275・276頁を参照。

合のほうがハードルが高いのであり，実務においても，被害者をそうする場合よりも間接正犯とされにくい傾向がある，と分析する。そして，具体的には，東京地判平 12・7・17 判タ 1091・181 を例としてあげるのである[20]。

しかし，すでに(1)で述べたように，ハードルの高低を問題とするだけでは決着がつかない。また，実務において第三者利用の場合に間接正犯が避けられる傾向があるとすれば，それは共同正犯をはじめとする（広義の）共犯で拾えるからであって，単に，（間接）正犯性をめぐる論争をショートカットしているにすぎないともいえよう。裏からいえば，実務が共同正犯等を認定している事案において，ただちに「間接正犯の成立可能性が排除されている」と推論するのは拙速であると思われる。

他方，たしかに，前記裁判例は，一見すると第三者を利用する 199 条の罪の間接正犯が成立しそうな事案において——傍論ではあるが——当該第三者の道具性を否定し，共同正犯の成立を肯定するにとどめている。もっとも——当該第三者の罪責が問われた別の裁判体の判断であり，また，その認定には疑問もないわけではないが——当該第三者については，せいぜい，その身体の自由に対する現在の危難しか認められておらず，実際にも，（過剰避難とはされながらも）刑は免除されずに懲役 3 年，執行猶予 5 年の刑が言い渡されているのである（東京地判平 8・6・26 判時 1578・39）。そうすると，この事案は（被害者利用の場合と共通する）本章の基準によってもなお間接正犯が否定されるべきものであって，前記裁判例は反証とはならないように思われる（同様に，当該第三者が他人を殺すのは嫌だからと，自分から舌をかんで死亡したとしても，やはり，背後者に 199 条の〔基本的〕構成要件該当性は認められないであろう）。

(3) 実行行為性

(1)および(2)の検討においては，行為者自身が欺罔ないし強制を加えている場合を主として念頭においてきた。それでは，それ以外の場合においては間接正犯が成立しえないのであろうか。

有力な学説は，背後者に（被害者を利用する）間接正犯が成立するためには，被害者の道具性が肯定されるだけでは足りず，自身の行為が「人を殺す」行為であるといえること，すなわち，実行行為性ないし正犯性が認められることが必要である，と分析する。そして，強制の場合においては，「そもそも，何らかの原因で自殺以外の行為を選択することができない精神状態に自ら陥った被害者がいたとして，この被害者に対し，最後の一押

しを加えて自殺の意思を確定させる行為は，それが暴行・脅迫などでない限り，自殺教唆にほかならないと考えられる」，「欺罔による被害者利用の場合についても同様に解されるべきであろう」というのである[21]。

しかし，たとえば，被害者がそのような精神状態に陥る薬をうっかり飲んでしまったとき，自殺する手段が見つからずに困っている被害者に対し，事情を知悉しながらけん銃を手交した行為者は明らかに199条がふさわしい。のみならず，ここでは生命侵害のみを扱っているから，これを否定してもまだ202条で拾う余地があるが（傷害においてさえ，自傷への関与を可罰的とする見解はほとんどない），それ以外の自己侵害が俎上に載せられた場合には，もはや打つ手がなくなってしまうのである。論者は合理的な根拠なく余計な加重要件を立て，不当に可罰性を縮減していると評さざるをえないように思われる。

なお，すでに(1)および(2)で述べたように，第三者を利用する場合にも（被害者をそうするのと）同じ基準で道具性を肯定すべきであるが，その際にも，やはり，背後者の間接正犯性にとって特段の加重要件は不要である。たとえば，第三者が「被害者を殺さなければ自分が殺される」という極限的な妄想状態に陥る薬をうっかり飲んでしまったとき，同じく，殺害を可能化するけん銃を手交した行為者は明らかに199条がふさわしい。そして，そのような事案が実務上，広義の共犯として処断されているからといって，そこで間接正犯成立の理論的可能性まで排除されているわけではないこともまた，すでに(2)で述べたとおりである。

2 刑法202条内部の区別

(1) 総　説

議論の前提として，すでに第8章で詳細に論じたように，被害者の自律が妥当する領域においては，自手的にその法益を侵害すると，他手的に，すなわち，行為者を恃んでそうしてもらうとを問わず，およそ国家による介入が許されないこととなる結果，他手の場合における行為者の行為を不法と評価することはできない。

他方，生命を典型例として，自律の物質的基盤を構成する利益が問題と

21　豊田・前掲「被害者を利用した間接正犯」283・284頁を参照。第三者を利用する場合について述べられていないのは，そもそも道具性が否定されると解されているからであろう。

なる領域においては，たとえ被害者の意思に反してでも，国家が当該利益を保全するために介入することは，被害者の自律を侵害するどころか，むしろ，その擁護に資するために許される。その典型例が202条であるといえよう。すなわち，生命はあくまで被害者個人に属する利益であるから，被害者自身がこれを毀滅することが不法と評価されることはない。しかし，たとえ被害者の意思に沿ったものであるとしても，行為者がその毀滅に手を貸すことは不法として禁止されうる。その結果，被害者は「死にたくても死ににくくなる」という意味で国家から自由を制限されることになるが，それはむしろ被害者の自律を守ることにつながる。このように解されるのである。

　そこで，次に問題となるのは，当該不法が具体的にはどのような不法類型に該当するものと解されるかである。ここで注意を要するのは，199条から202条へと保護を切り下げるかたちで，生命を最終的かつ自律的（ここにいう自律とは行為の不法を阻却する被害者のそれではなく，背後者の正犯性を阻却する行為媒介者のそれである点に注意を要する）に攻撃しているのが，自手・他手の別にかかわりなく，常に被害者の自由な意思決定（自殺意思）であることである。そうすると，他手の場合であっても——あくまで比喩的な意味においてではあるが——行為者は（単独）正犯的な不法を実現しえない。そこで，視野に入れられるのが——再び比喩的な意味にすぎないが——（広義の）共犯的な不法である。

　こうして，さらに問題となるのはその内部の区別である。とくに，自殺教唆罪は比較的その外延が明らかであるから，ここで俎上に載せられるのは自殺幇助罪と承諾殺人罪の区別である。そして，行為者が侵害経過の全体において重要な役割を果たしていれば承諾殺人罪，そうでなく，容易に代替可能で軽微な役割を果たしたにすぎなければ自殺幇助罪に該当するものと解するのが妥当であろう。なお，承諾殺人罪は共同正犯に完全に対応するものではなく，意思連絡をはじめとする共同性が欠けていても，なお成立しうる点において幇助犯の一部を取り込んでいる（たとえば，行為者に殺されたいと内心で思っている被害者を，そのことを知らない行為者が殺害しても承諾殺人罪は成立しうる）。後述するように，類型的に見て，承諾殺人罪のほうが犯情において自殺幇助罪よりも重大であるとすれば，むしろ，202条におけるほうが（60条以下よりも）適正な区分であるといえよう。

　ところで，学説には，自殺関与罪と承諾殺人罪の法定刑が同一であるこ

とを根拠として，202条内部の区別にかかる議論にはほとんど実益がないというものもある。しかし，現実問題として，「自殺か他殺か」は行為者を含む社会からの一大関心事であるほか，犯情の評価においては両者の区別にも相応の意義が認められるであろう。さらに，もう少し視野を広くとると，たとえば，自傷への関与は一律に不可罰であるが，承諾傷害は一定の範囲で傷害罪として可罰的であるなどと解するのであれば，「自傷か他傷か」には重大な規範的意義があるものといわざるをえない。こうして，前記議論にも実は大きな実益のあることが分かる。

(2) (裁) 判例

(a) 富山地判平17・6・13 裁判所HP

「被告人は，インターネットの自殺サイトを通じて知り合ったA (当時27歳) 及びBと共に集団自殺をしようと企て，Bと共謀の上，平成17年3月31日午前2時ころ，a市b先のc川河川敷d橋梁下付近において，被告人及びBが同所に駐車中の普通自動車に燃焼している練炭を入れた七輪2個を持ち込み，自ら睡眠薬等を服用して同車後部座席に乗り込んだAに一酸化炭素を吸入させ，よって，そのころ，同所において，Aを一酸化炭素中毒により死亡させ，もって，人を幇助して自殺させたものである」。

本件において，Aの生命を直接，みずからの手で侵害したのは被告人らのほうである。もっとも，その一方で，Aが最後の局面まで死にたいという意思を保持していたものと認められる以上，たとえ被告人らの行為を一体としてとらえたとしても，いわば単独正犯性を肯定することができないのは(1)で述べたとおりである。そこで，次に問題となるのは，被告人らの行為が侵害経過の全体において，重要な役割を果たしたものと認められるかどうかである。この点が肯定されれば承諾殺人罪，否定されれば自殺幇助罪 (の共同正犯) が成立することになろう。

さて，たしかに，いわゆる練炭自殺において練炭を車内に持ち込むというのは，死を惹起するうえで決定的な寄与であるようにも思われる。しかし，たとえば，練炭そのものが——侵入窃盗における被害者宅に設置された強固なドイツ製ドアの合鍵のように——非常に入手困難であり，それを被告人らが調達したとか，あるいは，そこまでいかなくても，Aが重度の身体障害者であり，自力では練炭を自車内に持ち込めないなどといった事情が存しない限り，そのような作業はA自身が (入眠前に) 容易に代替しうる軽微な寄与にすぎない，ととらえるほうが自然なのではなかろうか。

私自身が練炭自殺の手順や実態に明るくないこと，本裁判例自体が非常に簡潔な説示にとどめていることなどから，確実なことはいえないが，かりに以上のような考慮が背景にあるのであれば，自殺幇助罪（の共同正犯）にとどめるという結論は妥当なものとして支持しえよう。

(b) 東京高判平 25・11・6 判タ 1419・230

「関係証拠によれば，被告人と花子は，二人で一緒に死のうなどと話して自殺方法を相談し，酒と睡眠薬を飲んだ上で自動車内において練炭自殺をすることを決め，練炭コンロ等を準備するとともに，本件数日前には埼玉県秩父市内の山中で自殺に適した場所を下見するなどしていたこと，本件当日も，事前の相談のとおり，自動車で下見した秩父市内の山中に向かい，共に酒と睡眠薬を飲み，着火した練炭コンロ 2 個を車内に置いてドアを閉めるなどしたが，花子のみが急性一酸化炭素中毒で死亡し，被告人は死亡するに至らなかったこと，着火した練炭コンロを車内に置いてドアを閉めたのは被告人であるが，花子も，練炭の着火方法を被告人に助言するとともに，自らも車外における着火作業の一部を分担したことが認められる。被告人と花子は，二人で心中することを決意して自殺の方法や場所を相談し，そのとおりの方法，場所で自殺を図ったものであり，花子も自殺の手段である練炭コンロの着火に積極的に関与しているから，被告人と花子は一体となって自殺行為を行ったものであり，花子自身も自殺を実行したとみるべきものである（大審院大正 11 年(れ)第 463 号同年 4 月 27 日判決・大審院刑事判例集 1 巻 239 頁参照）。原判決は，花子が練炭の着火を一部分担したとしても，殺害の実行行為の準備行為にすぎないとするが，前記のような事実関係の下では，練炭への着火は，練炭コンロを車内に置いてドアを閉めるという直接的な生命侵害行為と密接不可分の行為であり，単なる準備行為にすぎないとする原判決の評価は，いささか形式的にすぎ，賛同できない。そうすると，被告人の行為は，自殺の意思を有する花子に対し，共同して自殺行為を行うことにより，その自殺の実行を容易にしたものとして，自殺幇助に該当すると認めるのが相当である」。

本件においても，（花子の）直接的な生命侵害行為，すなわち，着火した練炭コンロを車内に置いてドアを閉める行為を担当したのはもっぱら被告人のほうであるが，花子の死にたいという意思が最後の局面まで固定されていたものと認定しうる以上，被告人にいわば単独正犯性を肯定することはできない。そして，そのうえで，被告人が侵害経過の全体をとおして重

第21章　間接正犯

要な役割を果たしたものと評価しえれば，承諾殺人罪のほうが成立しうることは繰り返し述べてきたとおりである。

　それでは，本件においてはどのように解すべきであろうか。審級により結論の分かれたところであり評価は難しいが，少なくとも，原判決（さいたま地秩父支判平25・6・12公刊物未登載）のように，直接的な生命侵害行為＝殺害の実行行為をもっぱら被告人が担当していることから，ただちに承諾殺人罪のほうが成立するとの帰結を導くのは不正確であろう。そして，本裁判例の説示にあらわれているように，本件においては，2人が相談のうえで一緒に自殺を図ったというのが実態であり，たまたま，自殺に必要なプロセスのある一部分を被告人のほうが担当したにすぎない，ととらえるのが自然であるとすれば，その寄与はむしろ軽微なものであって，自殺幇助罪にとどまると解するのが妥当であるように思われる。

第22章

共犯の処罰根拠と従属性

　　山下は法律出版社の編集者，小林は本書の著者

山下：いやぁ，とうとう改正組織犯罪処罰法が成立したね。とはいえ，本章から共犯論に入るわけだが，改正法に対処する余裕がなくって記述が先細り，というのは勘弁してくれよ。

小林：分かっていますよ（苦笑）。そもそも，本書は刑法総則の解釈論を扱っているわけですから，組織犯罪処罰法が改正されても大きな影響はありません。というより，立法者が本気で刑法総論の議論に影響を与えたいのなら，刑法総則のほうを改正しますしね。

山下：そうなの？　テロ等準備罪の新設は従来の共犯理論を根本から揺るがせると，うちで執筆をお願いしている弁護士さんがいっていたが……。

小林：うーん，厳密にいうと，テロ等準備罪はそもそも共犯規定ではないですからねぇ。その弁護士さんが危惧されているのは，濫用的な取締りが行われたり，捜査権が過度に拡張されてしまったりだとか，そういった事態ではないですか。つまり，ホンモノのテロリストが爆破テロを計画して関係場所の下見なんかをしていれば，これが当罰的であることは明らかなんでしょうが，外形上は日常的かつ中立的な行為であるだけに，当局にとって都合の悪い思想をもつ人々の弾圧に利用されてしまいかねない，ってことでしょう。「人を刺し殺す」行為そのものの取締りを利用して，異なる意見をもつ人たちを弾圧するっていうのは至難の業ですからね。

山下：おかしいなあ。条文には「2人以上で」と書いてあるから，共犯に関する規定じゃないの？

小林：もちろん，実態としては共犯なんですが，条文の建付けとしては，計画者を，当該計画に基づいて一定の準備行為がなされた段階で，正犯として処罰することになっているんですよ。

山下：よく分からないが，それは準備罪の（共謀）共同正犯の規定ではないの？

第22章　共犯の処罰根拠と従属性

小林：ですから，実態としてはそうでしょうね。

山下：それだったら，準備罪だけ規定しておいて，あとは一般の共犯理論にゆだねる，っていうのが本筋じゃないのかね。

小林：そんなことをしたら，それこそ，その弁護士さんの危惧されている事態がさらに現実的なものになってしまいますよ。あくまで，組織的犯罪集団云々という厳しい限定をかけて基本的構成要件そのものを絞っておき，刑法総則の共犯規定による処罰拡張はそのあとにはじめて登場する，という造りにしておくんです。もっとも，その弁護士さんは，おそらく，現状では「絞り方」が全然足りないとおっしゃるでしょうが……。

山下：ちょっと待って！　「絞り方」が足りないっていう議論のなかで，そういう集団の構成員以外の人々も主体になりうる，という点がよく指摘されているが，あとから総則の共犯規定で処罰拡張していいのなら，なんのためにがんばって絞っているんだよ（怒）。

小林：総則の共犯規定にはそれ自体，合理的な根拠があって，判例や学説も慎重に適用しようと努力していますよ。それこそ，本章以降を読んで下さい。

山下：それはそうだが……しかし，あとで広げていいのなら，先に絞っておく意味がない，っていう空しさは分かるよな？

小林：では，逆にお尋ねしますけど，山下さんは私と話されるとき，よく「この犯罪の構成要件はもっと限定したほうがよい」とおっしゃいますが，それって，総則の共犯規定の適用を排除することを前提としたご主張だったんですか？

山下：前から気になっていたんだが，君の，その，いかにも揚げ足を取ってやろうという論法はなんとかならんのかね（苦笑）。ともかく，テロ等準備罪ができたから共犯論を全面的に書き直したい，については締切りを延ばせ，なんていわないってことだな。よしっ（笑）。

小林：締切りのことも，テロ等準備罪の問題それ自体も，笑いごとじゃないですよ（怒）。

山下：すまん，すまん（苦笑）。あっ，あと，証人等買収罪のほうも本書には関係ないんだよね。本章の原稿を読んでいてちょっと気になったものだから……。

小林：すみません，どのあたりと関係しそうなんでしょうか？

山下：いや，ピントがずれているかもしれないんだが，たしか，君は，共犯の処罰根拠のところで「証拠の他人性」がどうとか書いていただろう。しかし，

証人等買収罪のほうでは，自己の刑事事件に関しても証拠を隠滅してもらうためにお金をあげたら処罰する，って明文で定められている。そうすると，君が原稿に書いていることの前提が崩れてしまったりはしないのかと，ちょっと心配になっちゃって。

小林：それはそれは，ご心配いただきありがとうございます（笑）。

山下：おいおい，こっちも笑いごとじゃないんだよ（怒）。

小林：す，すみません。笑みがこぼれたのは，原稿を詳しく読んで下さっていると知って感激したからですよ。

山下：そりゃ，まともな編集者はみな，注までちゃんと読んでいるよ。で，どうなの，さっき私がいった点は？

小林：そこも原稿は直さなくて大丈夫ですよ。なにしろ，証人等買収罪は賄賂罪の一種であって，証拠隠滅罪などとは異質ですから。

山下：しかし，証拠隠滅のためにするんだから，結局は一緒じゃないの？

小林：では，証拠偽造のために文書を偽造したら，自己の刑事事件に関する限り，文書偽造罪にもならないんですか。

山下：ああ，そうか，なるに決まっているよね。にしても，賄賂罪の一種というのはよく分からんな。

小林：要するに，刑事司法の機能を直接に阻害するのが証拠隠滅罪等だとすれば，刑事司法とのかかわり方を規律する公共的な観点を私的な取引によってゆがめるのが証人等買収罪なんですよ。よろしければ，各論のほうの賄賂罪の章をお送りしますよ。

山下：もう各論の原稿まで出来ているのかね。そいつは感心だな。

小林：いや，もちろん，全部じゃないですよ（汗）。

山下：ふむ，そりゃそうだ。ところで，賄賂罪の一種ということは，条文に書かれているのは贈賄罪に相当するほうだよね。

小林：ええ，そういうことになります。

山下：すると，お金をもらったほうは収賄罪に相当する行為をしているわけだが，そっちはどうなるの？

小林：共犯，とくに，共同正犯になるんじゃないですかね。

山下：いや，しかし，立法者はあえて収賄罪に相当する行為を罰則に規定していないんだから，それを共犯で処罰するというのはちょっと……。

小林：ああ，立法者意思説ですね。しかし，その説は現在，すこぶる不評ですよ。だいいち，何が立法者の意思だったかなんて，はっきりと確定できない

ケースがほとんどですから。

山下：ふつう，処罰したかったら条文にそう書くんじゃないのかね？

小林：どのみち共（同正）犯になるからあえて書かなかった，というようにも理解できますよね。つまり，正反対の推論が同等の蓋然性をもって成立しうるわけです。

山下：だから，そういうときは，現実に立法者がどういうつもりであったかを歴史研究の手も借りて確定していくわけだよ。

小林：それは「原理的に確定可能であれば」という仮定のもとでのお話ですよね。うちの大学でも，最近，学部長会議の議決を経て懲戒処分に関する学則を改正したんですが，議決そのものは満場一致だったのに，具体的な事案が出てきた途端，「そういうケースに適用するつもりだった」という学部長と，「そういうつもりではなかった」という学部長が同じ数だけ出てきましたよ。そのせいで教授会まで長引いて……。

山下：愚痴はもういいかな（苦笑）。

小林：おっと，すみません（笑）。で，立案担当者の立法解説といったって規範的な効力はありませんから，立法者意思説で押していくのは無理ですよ。

山下：でもさ，もし刑法典に収賄罪の規定がなかったら，やっぱり，賄賂をもらうほうは無罪だと感じるよね。

小林：そうでしょうか。立法論的には疑義も出されているとはいえ，現行法上，贈賄に比して収賄のほうが重点的に処罰されているのは，やはり，背景に「お上が民間を食い物にする」という構図が存在するからですよね。そうすると，おっしゃるような仮定のもとで収賄を贈賄の共犯にさえしない，という解釈は非常にアンバランスだと思います。

山下：なんだ。それじゃあ，たとえば，証人のほうが――「有利に偽証してほしければ金をよこせ」と「上から目線」で交渉しうる，という意味で――立場が強いケースも多い以上，どうあがいても買収されたほうは共犯になってしまうわけか……。

小林：そんな悲しそうな顔をしないで下さいよ（汗）。本章にも書いていますが，かりに，買収するほうは諸方面に金を配り，あの手この手で事実をねじ曲げようとする，その意味において類型的に反覆継続性を有する一方，買収されるほうは必ずしもそうとはいえない，と評価することができれば，共犯の処罰根拠が欠けるとして，買収されたほうを共犯にしないことも不可能ではないと思いますよ。

山下：そうなの!?

小林：すみません，やっぱり，これはちょっと無理筋かもしれませんね（苦笑）。

山下：おいおい，無理はしなくていいんだよ。別に，私は買収されたりしないからね（笑）。ただ，そんな準賄賂罪みたいなものがどんどん出来たら，世の中が息苦しくなってしまわないものかね。われわれが著者を接待するのは原稿を出してほしいからだし，君がうちの若いのにおごったりするのも締切りを延ばしてほしいからだろう（笑）。そのこと自体が悪であると，私はそこまで思えないんだが……。

小林：そんなものまで処罰すべきだとは私も思っていませんよ（苦笑）。国家が刑罰権を用いてまで，その公共性を私的な取引から守ろうというのは，相当に限定された範囲にとどまります。ただ，刑事司法とのかかわり方が国家刑罰権の適正な実現という公共的観点のみによって規律されるべきである，というのはそれほど争いがないんじゃないでしょうか。

山下：さっきいっていた弁護士さんは，証人等買収罪もおかしいと批判されていたが？

小林：弁護士さんがよくおっしゃるのは，山下さんのような問題意識ではなく，むしろ，（負けそうな）被告人に有利な証言をしてくれるらしい人と打合せなんかをするとき，休業分等も含めて，それにかかった費用を支払うことまで処罰されてはかなわない，ということでしょう。私も，その懸念自体は根拠のないものではないと思いますよ。ただ，そのことと，証人等買収行為が不法の実体をもたない，ということとはまったく別です。

山下：ふーむ。共犯論のところは，100％ではないが，なんとなく分かったよ。あと，それとは別に，ちょっと思い出したんだが，第20章に書いていたことは大丈夫なの？　まあ，こっちはもう遅いんだけど……。

小林：第20章って，何のテーマでしたっけ？

山下：中止犯論だよ。改正組織犯罪処罰法には，準備罪を犯した者が実行に着手する前に自首したら刑を減免する，という規定が入っているだろう。あれとの関係で矛盾は生じないの？

小林：そのことでしたら，第20章の記述を訂正する必要はないと思います。というより，どうして訂正する必要があると感じられたんですか？

山下：いや，だって，君は，予備の中止には原則として中止未遂の規定を準用すべきではない，と書いていただろう。

小林：それはまったく別の話です。たとえばですが，予備罪は発覚しにくいか

らと，自首の効果を強化する規定を刑法典に入れた場合でさえ，中止犯論の記述は変えなくていいと思いますよ。

山下：どうして？　だって，二重におかしなことになっちゃうよ。第1に，実行に着手したあとはもう自首しなくていい，といっているようなものだろう。

小林：極論すれば，そのとおりでしょう。検挙が困難なのは，主として予備段階なんですから。

山下：開き直ったな（苦笑）。では，第2に，実行に着手したあとは中止もしなくていい，といっているようなものだ。こっちはどうだね？

小林：ええと，どういうことでしょうか（悩）。

山下：未遂犯処罰規定がなければ，準備罪を吸収しようがないから〔反対にいうと，未遂犯処罰規定があれば吸収するものと解する余地がある〕，その刑がフルに残ってしまうじゃないか。

小林：山下さんって，もっと大雑把な方かと思っていましたよ（笑）。

山下：いや，実は，その問題は，ある有名な刑法学者のブログ〔http://proftanuki.jugem.cc/?page=1〕で指摘されていたんだけどね（汗）。

小林：道理で鋭いと思いましたよ（苦笑）。しかし，未遂犯処罰規定がなければ，既遂犯の刑というディスインセンティブだけで既遂到達を阻止するに十分ですから，むしろ中止減免なんてしなくていいんです。

山下：ああ，そういえば，そんなことも書いていたね。ま，私としては，これからも締切りを守ってちゃんとした原稿を出してくれればそれでいいから（笑）。

小林：……。

◆

I　共犯の処罰根拠

1　責任共犯説と不法共犯説

前章において述べたように，今日，支配的な限縮的正犯論によれば，まずは正犯という不法類型の成否が精査される。そして，この正犯が成立しないとされた場合でも，その者を無罪放免にすることが法益保護の目的に照らして不合理と判断されるのであれば，正犯から処罰範囲を拡張し，こ

れを共犯という不法類型によって捕捉すべきである（処罰拡張事由としての共犯）。

そして，このような基本的発想から出発するのであれば，共犯がなぜ処罰されるのか，その処罰根拠[1]もまた，基本的には正犯のそれと同質のものとして構想するのが自然であろう。そして，それが今日の通説的立場でもある。もっとも，歴史的に見ると，このような立場とは異なり，共犯の処罰根拠を正犯のそれとは異質なものととらえる立場も有力に主張されたことがある。

その1つ目は責任共犯説である。すなわち，共犯の処罰根拠は正犯を罪責に陥れたこと，いわば，犯罪者をこの世に送り出したことだというのである。しかし，このような考え方によると，正犯が責任まで備えていなければ共犯が成立しえない，つまり，極端従属性説を採用せざるをえなくなってしまう。そして，実質的な責任能力を有する刑事未成年を（意思抑圧等なく）使嗾する事例において，同説が耐えがたい処罰の間隙を生むことは前章で述べたとおりである。

そこで，2つ目として出てきたのが不法共犯説である。これは，比喩的にいえば，責任共犯説から正犯の責任だけを削り取ったものであり，正犯に不法を犯させたことが共犯の処罰根拠であるという。たしかに，このような考え方によるならば，先に見た処罰の間隙は生じないであろう。しかし，反対に，たとえば，行為者に自己の殺害を嘱託した（が，一命をとりとめた）被害者が承諾殺人未遂罪（刑法202条後段，203条）の教唆犯とならざるをえず，耐えがたい処罰の拡張を生むことになるのである。

2 惹起説（因果的共犯論）

(1) 被害者は承諾殺人（未遂）罪の共犯となるか？

こうして，今日の通説的立場とともに，共犯の処罰根拠は正犯のそれと同質のものととらえるべきである。すなわち，正犯を介して間接的にであれ，共犯自身が当該犯罪の不法を引き起こしていることこそがその処罰根

---

[1] 共犯の処罰根拠に関する代表的な古典として，大越義久『共犯の処罰根拠』（青林書院，1981）がある。もっとも，今日の目から見れば，そこにはやや不正確な記述や若干の誤解がないわけではない。そして，これらの点を正し，共犯の処罰根拠の正確な理解に大きな貢献を果たしたのが，松宮孝明教授およびこれに影響を受けた一連の論者である。代表的なモノグラフとして，松宮『刑事立法と犯罪体系』（成文堂，2003），豊田兼彦『共犯の処罰根拠と客観的帰属』（成文堂，2009）などを参照。

拠である。このような考え方を惹起説ないし因果的共犯論という。そして，このような発想は狭義の共犯にとどまらず，共同正犯にも基本的に妥当するものと解すべきであろう。したがって，それに基づき狭義の共犯の成立が否定される場合には，同じく，共同正犯もまた成立しえないことになる。

なお，実務家の間では惹起説よりも因果的共犯論という表現のほうが一般的なようであるが，共犯に関するさまざまな解釈論的帰結を一括して導くことのできるマジックワードとして用いられているきらいがないではない。しかし，理論研究の成果をより精確に活かすためには，因果的共犯論の理論的核心が奈辺にあるかを的確に把握しておく必要があろう。

そして，この因果的共犯論（惹起説）を出発点とするならば，被害者が承諾殺人（未遂）罪の共犯となることはありえない。というのも，同罪の保護法益はあくまで被害者の生命であり，ただ，パターナリスティックな観点からこれを被害者の意に反してでも保護するために，自死に対する他者の助力を禁圧しているにすぎないからである。そこでは，被害者が他者と同じ意味において自身の生命を攻撃することはできない。

(2) 犯人は犯人蔵匿隠避罪の共犯となるか？

つづいて，犯人自身がその蔵匿や隠避を唆す等した場合において，犯人蔵匿隠避罪（刑法103条）の教唆犯等が成立しうるかも学説上，争われている。そして，強大な国家権力を担う検察官の協力者とされないために，犯人はみずからその身柄の確保や証拠の保全に協力する必要はないという観点から，犯人自身が同罪の主体から除かれている（自己蔵匿隠避は不可罰である）のだとすれば，やはり，犯人は同罪の不法を間接的にも実現しえず，それゆえ，同罪の教唆犯等は成立しえないものと解すべきであろう。同様に，自己の刑事事件に関する証拠を隠滅するよう他人にはたらきかけた者についても，証拠隠滅罪（刑法104条）の共犯は成立しえないことになる。

もっとも，これに対して大判昭8・10・18刑集12・1820は，「犯人カ其ノ發見逮捕ヲ免レントスルハ人間ノ至情ナルヲ以テ犯人自身ノ單ナル隱避行爲ハ法律ノ罪トシテ問フ所ニ非ス所謂防禦ノ自由ニ屬スト雖他人ヲ教唆シテ自己ヲ隱避セシメ刑法第103條ノ犯罪ヲ實行セシムルニ至リテハ防禦ノ濫用ニ屬シ法律ノ放任行爲トシテ干涉セサル防禦ノ範圍ヲ逸脱シタルモノト謂ハサルヲ得サルニヨリ被教唆者ニ對シ犯人隱避罪成立スル以上教唆者タル犯人ハ犯人隱避教唆ノ罪責ヲ負ハサルヘカラサルコト言ヲ俟タス」

と判示している。

　ここでは，たしかに，先述したところに近い防御の自由という表現が用いられている。しかし，その根拠とされている人間の至情という実態に着目するならば，それは不法から独立した，いわゆる期待不可能性の発想に依拠するものととらえるのが自然であろう。そして，そうであるからこそ，他人を巻き込むことまでは宥恕しえないという観点から，防御の濫用という表現のもとで，実質的には期待可能性の認定が行われているものと解されるのである。おそらく，証拠隠滅罪に関しても同様であろう（最決昭40・9・16 刑集 19・6・679，最決平 18・11・21 刑集 60・9・770 などを参照）。

　もっとも，自己蔵匿隠避や自己の刑事事件に関する証拠の隠滅が不可罰とされている趣旨を，このように，官憲の追及から逃れるためにひとり無我夢中でいろいろとやるのは人の常である，という不法から独立した発想に求めるのは適切でないと思われる。というのも，もしそれが適切であるとするならば，たとえば，証拠の偽造が同時に文書偽造を構成するときもまた，少なくとも，責任を大幅に減少させなければならないはずであるが，実際には，そのような犯跡隠ぺい目的での犯行は，ふつう，責任を重くするものととらえられているからである。

　こうして，防御の自由は文字どおり不法のレベルにおいて考慮されるべきである。そして，そうであるとすれば，因果的共犯論を前提とする以上，自己の蔵匿隠避を教唆した犯人，ひいては，自己の刑事事件に関する証拠の隠滅を教唆した犯人は，共犯の処罰根拠をみたさず不可罰になるものと解すべきであろう（反対に，巻き込まれる他人が故意有責である場合にだけ防御の濫用と認められるのであれば，それは棄却されるべき責任共犯説にほかならないし，あまつさえ，教唆犯しか観念しえないというのなら，それはもはや新たな犯罪類型の創設に帰着することになる）。

　(3)　必要的対向犯の相手方はその共犯となるか？

　弁護士法 72 条違反（非弁行為）に関し，この点が問題とされた事案において，最判昭 43・12・24 刑集 22・13・1625 は次のように判示している。

　「弁護士法 72 条は，弁護士でない者が，報酬を得る目的で，一般の法律事件に関して法律事務を取り扱うことを禁止し，これに違反した者を，同法 77 条によつて処罰することにしているのであるが，同法は，自己の法律事件をみずから取り扱うことまで禁じているものとは解されないから，これは，当然，他人の法律事件を取り扱う場合のことを規定しているもの

と見るべきであり，同法72条の規定は，法律事件の解決を依頼する者が存在し，この者が，弁護士でない者に報酬を与える行為もしくはこれを与えることを約束する行為を当然予想しているものということができ，この他人の関与行為なくしては，同罪は成立し得ないものと解すべきである。ところが，同法は，右のように報酬を与える等の行為をした者について，これを処罰する趣旨の規定をおいていないのである。このように，ある犯罪が成立するについて当然予想され，むしろそのために欠くことができない関与行為について，これを処罰する規定がない以上，これを，関与を受けた側の可罰的な行為の教唆もしくは幇助として処罰することは，原則として，法の意図しないところと解すべきである。

そうすると，弁護士でない者に，自己の法律事件の示談解決を依頼し，これに，報酬を与えもしくは与えることを約束した者を，弁護士法72条，77条違反の罪の教唆犯として処罰することはできないものといわなければならない」。

まず確認すべきなのは，依頼人＝委任者が非弁行為の被害者であるとして，被害者に承諾殺人（未遂）罪の共犯が成立しないのと同様の理由から，その共犯としての可罰性を否定することはできない，ということである。というのも，非弁行為とは「単体で取り出してみれば合理的である（誰も困らず，ただ，喜び助かる人だけがいる）ものの，これが多数蓄積することにより，国民が安心して適切な法的サービスを受けることのできる社会的環境が著しく阻害される，というきわめて不合理な事態が現出してしまう」という特別なタイプの不法類型だからである。これを講学上，蓄積犯とよんでおり，本書においても繰り返し扱ってきたものである。

もっとも，問題は，法が報酬を得る目的での受任行為を業とすることのみを明示的に処罰しており，当然，同時に想定されるはずの委任行為については罰則を設けていない理由である。そして，この点が理論的に解明されない限り，委任者に共犯が成立しないことは導けないであろう。学界において有力な立法者意思説は，この点を明らかにしないまま，「立法者が罰則を設けていないのは無罪としたかったからだ」と推論しようとする。しかし，「どのみち共犯として処罰しうるからだ」と推論することも同等の蓋然性をもって可能であるから，前者のような推論には必然性がないように思われる。

この点に関して不動の通説は存在しないが，近時，有力な見解[2]が述べ

るように，委任行為は1回限りで完結する性質をもっており，不特定多数者を相手に繰り返し行われるという，一種の増幅作用を実現しえないことが決定的ではないかと思われる。すなわち，立法者は蓄積犯の不法を構成すべき「ただ乗り」のうち，とくに多数蓄積して前記社会的環境を破壊しやすいものを選んで処罰の対象としている，と解されるのである。そして，そうであるとすれば，因果的共犯論を前提とする限り，増幅作用による特別な不法（増幅不法）を引き起こせない委任行為は共犯としても処罰しえないことになる。

これに対して本判例は，立法者意思説に親和的な口吻を洩らしつつ委任行為の不可罰性を導いている（その後の類似の判断として，最判昭51・3・18刑集30・2・212〔預金等不当契約取締法違反〕，東京地判平6・10・17判時1574・33〔浮貸しの罪〕なども参照）。しかし，既述のように，同説の推論過程は破たんしており，また，この点を措くとしても，立法者が不可罰にしようとした限界を理論的に明らかにすることができない。本判例は「原則として」と断っているが，いかなる場合が例外にあたるかを決する原理が同説には内在していないのである。

このことを裏返していうと，先の有力な見解のように考えてはじめて，例外的に共犯が成立しうる場合を画定することができる。それは端的にいえば，当該関与が（間接的にであれ）増幅不法を実現している場合である。いいかえれば，もっぱら委任行為を介して受任行為を引き起こすのではなく，受任行為そのものを引き起こしたと評価しうる場合なのである。したがって，たとえば，委任者だけでなく，委任者に対して委任行為を勧めた者もまた不可罰にとどまる一方，特別な報酬（事務所の提供等）をとおして爾後の受任行為を促進するなどした委任者は，例外的に共犯として処罰しうることになる。

(4) 正犯を未遂に終わらせるつもりの者は教唆犯となるか？

正犯に犯行を唆すが，それが既遂に達する前に介入し，正犯を逮捕しようと考えている者に未遂の教唆犯が成立しうるか。この問題を未遂の教唆（アジャン・プロヴォカトゥール）とよぶ。そして，因果的共犯論を支持する一部の見解は，ここでもまた，教唆犯が成立しない理由を共犯の処罰根拠に求めようとする。すなわち，正犯が未遂を犯すためには既遂を求めてい

2　豊田・前掲『共犯の処罰根拠と客観的帰属』96頁以下など。

なければならない以上，未遂の共犯が成立するためにも同様に，共犯が既遂を求めていなければならないというのである。

たしかに，このような場合には教唆犯は成立しないものと解すべきであろう。もっとも，厳密に考えるならば，そのような帰結は共犯の処罰根拠（因果的共犯論）とは関係がない。なぜなら，その場合においても，未遂の不法それ自体は教唆者により（間接的に）引き起こされているからである。したがって，教唆犯が成立しないのは責任，すなわち，故意が欠けるからだと解すべきである。第18章において詳論したように，既遂到達の具体的，現実的危険性を引き起こす危険犯につき想定される法定刑に比し，未遂犯の処断刑のほうが有意に重いのは，危険の認識を超え，既遂そのものを思い描きながら決定的な行為に出たことが責任を加重するからである。そして，そうであるとすれば，前記危険犯の教唆犯につき想定される処断刑に比し，未遂の教唆犯の処断刑のほうが有意に重い以上，やはり，既遂を求める故意が責任を加重しているものと解するのが一貫しよう。

Ⅱ　共犯の従属性

1　総説

さて，因果的共犯論が共犯の処罰根拠，したがって，共犯の不法を積極的に基礎づける議論であったのに対し，学説や実務においては，これとは逆向きの議論の必要性もまた広く認識されている。すなわち，とくに狭義の共犯を念頭におきながら，その成立範囲を限定しようとする議論である。

立法者は法益保護のためにさまざまな不法類型を刑罰の対象として定め，そこに罪刑法定主義が妥当することになる。具体的には，単独正犯が当該不法類型をひとりで完全にみたさなければならないのに対し，共同正犯においては複数者をあわせてこれをみたしている必要がある。そして，そうであるとすれば，狭義の共犯が問題となる場合もまた，当該不法類型の一部（または全部）については（正犯的にではないという意味で）間接的にしか実現されていないにもかかわらず，刑罰を科するのは罪刑法定主義の潜脱ともいいうる。そこで，狭義の共犯は当該不法類型をひとりで完全にみたす単独正犯，または，複数者で一体としてみたす共同正犯を媒介する場合にのみ可罰的とすべきである。このような発想を（狭義の）共犯の（〔共

同）正犯に対する）従属性とよぶ。また，それは（狭義の）共犯の成立に対し，（共同）正犯の媒介という枠をはめることを意味するから，（狭義の）共犯の限定性と表現されることもある。

そして，このような共犯の従属性は従来，実行従属性，要素従属性，罪名従属性の3つに分けて検討されてきた[3]。以下では項を分けて，おのおのにつき批判的な分析を加えることとしたい。

2　実行従属性

それでは，まず実行従属性である。その具体的な内容は，正犯が実行行為を行わない限り共犯もまた成立しない，というものである。それはつまるところ，たとえば，正犯に犯罪の実行を唆しただけでただちに教唆（未遂）が成立するという，いわゆる共犯独立性説を排除する効果を期待されているのである。

もっとも，厳密に考えると，それは1で述べた（狭義の）共犯の従属性の内容としてはふさわしくない。というのも，実行従属性という表題のもとで真に要請されているのは，未遂以降が可罰的とされる犯罪につき共犯としての罪責を問われるためには，その者が間接的にであれ（少なくとも）未遂の不法を実現していなければならない，という因果的共犯論そのものだからである[4]。つまり，実行従属性は共犯の従属性とは正反対の要請にほかならず，したがってまた，共同正犯においてもまったく同様に妥当すべきものである。たとえば，共謀共同正犯は，実行担当者がいまだ未遂の段階に達していない限り，共同正犯の未遂として処罰されることはない。

そして，実行従属性という議論の性質が以上のようなものであるとすれば，それは予備の段階にまでそのままスライドさせることが可能である。すなわち，予備をも可罰的とする犯罪につきその共（同正）犯としての罪責を問われるためには，（他の共同）正犯者をとおして間接的にであれ，予備の不法を実現していなければならないのである。

これに対して一部の学説[5]は，実行行為概念の絶対性を理由に，このような議論のスライドに反対する。実行従属性にいう「実行」（刑法61条1

3　その嚆矢として，平野龍一『刑法総論Ⅱ』（有斐閣，1975）354頁を参照。
4　この点につき，山口厚「共犯の従属性をめぐって」『三井誠先生古稀祝賀論文集』（有斐閣，2012）282・283頁を参照。

項など)とは,未遂犯の成立を基礎づける「実行に着手」(刑法43条本文)にいう「実行」と同義であって,そうであるとすれば,未遂以前の段階である予備について(狭義の)共犯を論ずる余地はない。また,共同正犯は「実行」(刑法60条)行為を共同(分担)するものにほかならず,こちらも予備につきその成立を論ずる余地はない。このようにいうのである。そして,このような実行行為概念の絶対性は,同一の文言は同一の意味に理解すべきであるという刑法の厳格解釈の原則や,予備の非定型性からくる処罰範囲拡張防止の要請から導かれるものとされる。

しかし,厳格解釈が要請される刑法においてといえども,同一の文言は常に同一の意味に理解すべきである,などという行き過ぎた要請を立てるべきではない。たとえば,建造物侵入罪(刑法130条前段)にいう「建造物」と建造物損壊罪(刑法260条前段)にいう「建造物」,文書偽造罪(刑法154条以下)にいう「偽造」と証拠偽造罪(刑法104条)にいう「偽造」などは,異なった意味に理解するのが判例・通説であり,そのほかにも無数の例をあげることができる。また,この点を措くとしても,予備罪は独立した目的犯の形式をとっており,論者のいう「実行行為」を観念することも十分に可能というべきであろう[6]。ちょうど,文書偽造罪が偽造文書行使罪の未遂以前の準備段階をとらえて犯罪化したものであるとしても,文書偽造罪は立派に独立した目的犯であり,その「実行行為」を十分に観念しうるのとまったく同じである。

また,予備が内心の処罰と紙一重の部分を含みうる概念規定をされており,それゆえ,実行の着手時期に近接した段階でなければならないとか,主として社会生活上許容された用途に供される物の準備では足りないなどといった,慎重で謙抑的な解釈が要請されるというのはたしかである。しかし,そのような高いハードルをクリアし,たとえば,直後に殺人に用いる目的でけん銃を入手するなど,まさに(殺人)予備罪として処罰するにふさわしい行為がなされている場合には,これに対する加功を無罪放免にすることは処罰範囲の過度の縮小であって,むしろ,そちらのほうが刑事

---

5 大塚仁『刑法概説(総論)〔第4版〕』(有斐閣,2008) 308・309頁,316頁,324頁など。

6 この点につき,西田典之『共犯理論の展開』(成文堂,2010) 127頁以下を参照。さらに,そこにいう目的は通貨偽造罪における行使の目的などとパラレルであり,いわゆる他人予備が予備罪の共同正犯たりうるのはもちろん,単独正犯となる余地も承認されるべきだと思われる。

政策的に見て望ましくないと思われる。

　他方，判例においては，予備についても共犯が成立すべきことを積極的に論証するものはほとんど見受けられない。もっとも，それは（一部の下級審裁判例を除いて）論証に支障を生ずるからではなく，むしろ，結論そのものが当然視されているためであろう。たとえば，最決昭37・11・8刑集16・11・1522は，被告人が従兄であるAからBを殺害するために青酸カリの入手方の依頼を受け，これを承諾してCから譲り受けた青酸ソーダをAに手交したという事案において，特段の論証なく殺人予備罪の共同正犯を認めている。

3　要素従属性

(1)　最小限度従属性と極端従属性

　次に，要素従属性とは，（狭義の）共犯の処罰が罪刑法定主義の潜脱とならないよう，従属対象である（共同）正犯が立法者の定めた不法類型をすべてみたしていなければならない，という要請を指す。それは，まさに定義からして真正な共犯の従属性の内容を構成している。そして，そういった不法類型こそが講学上の基本的構成要件なのであるから，結局，「共犯が成立するためには正犯が基本的構成要件に該当する必要がある」，「（基本的構成要件に該当するという意味での）正犯なき共犯は観念しえない」という命題が導かれる。これを最小限度従属性という。

　これに対して一部の学説は，従属対象である正犯が犯罪として可罰的な行為まで実現している必要がある，と主張する。これを極端従属性という。しかし，本書においても繰り返し述べてきたように，たとえば，責任能力や故意は罪刑法定主義とはまったく関係がないから，少なくとも，そのような要請までもが共犯の従属性に内在しているとはいえないであろう。

　もちろん，たとえそうであるとしても，罪刑法定主義を超えた一定の刑事政策的観点から，従属対象である正犯に責任まで求めるという，加重された要件を課す余地が理論的に排除されるわけではない。そして，そのことは，たとえば，刑法61条1項が「犯罪」と規定していることとも整合的である，というものもある。

　しかし，実質的な責任能力を有する刑事未成年を（意思抑圧等をともなうことなく）使嗾する行為や，非身分者が故意なき身分者を利用して違法身分犯の不法を実現させる行為など，間接正犯とはなりえないが非常に当罰

性の高いものまで想起するならば，そこで共犯処罰の可能性まで奪ってしまう極端従属性のほうが，むしろ刑事政策的に見て重大な疑義があるように思われる。また，条文の文言にしても，「犯罪」や「罪」ということばが刑法において，講学上の犯罪成立要件の完備を意味しているとは限らないであろう。たとえば，刑法38条1項本文にいう「罪」は，もっぱら，構成要件該当事実の存在および違法性阻却事由該当事実の不存在を意味するものと解するのが通説なのである。

(2) 制限従属性の当否

むしろ，今日において最も論争的であるのは，従属対象である正犯が責任までみたしている必要はないにしても，少なくとも，違法性までみたしている必要はあるという主張の当否である。このような主張を制限従属性という。

まず確認すべきなのは，共犯の従属性が究極的には罪刑法定主義を根拠とするものである以上，このような制限従属性の要請までは内在的には出てこない，ということである。むしろ，論者の主眼は罪刑法定主義の潜脱を防ぐことではなく，適法行為という法が望ましいと判断した事態に関わる行為をもって，これを違法と断じ処罰するという不合理を回避することなのである。

もっとも，ここで奇妙なのは，前章で紹介したように，論者が適法行為を利用する間接正犯は承認していることである。行為媒介者に自律性があろうがなかろうが，先の不合理はなんら変わらないはずであるから，そのような間接正犯もまた否定するのが筋なのではなかろうか。そして，もし，適法行為への関わりを違法と評価することが合理的である例外的な場合にだけ間接正犯を認めるというのなら，他の条件が同じである限り，そのような場合には行為媒介者に自律性があっても共犯を認めておくのが一貫するはずであろう。それは畢竟，制限従属性の放棄を意味する。

それでは，そのような例外的な場合とは，いったいどのような考慮によって基礎づけられるのであろうか。それは——再び前章で述べたように——正当化されても法益侵害は依然として社会的損失であることにかんがみ，そのような損失を犠牲として解消すべき葛藤状況を背後者がわざわざ作り出している場合だ[7]，というべきであろう。というのも，そのような場合には，そのような損失をやむをえないものとする考慮が背後者の行為には妥当しないからである。こうして，そのような例外的な場合には適法

行為に対する共犯を認めることが可能である。
　このような観点から興味深いのが最決平 9・10・30 刑集 51・9・816 ＝ ＣＤ事件である。そこで最高裁は，上告棄却のうえ次のような職権判断を示している。
　「所論にかんがみ，本件において関税法 109 条 1 項の禁制品輸入罪（以下「禁制品輸入罪」という。）が既遂に達したか否かについて，職権により判断する。
　原判決の認定によれば，被告人は，フィリピン人と共謀の上，輸入禁制品の大麻を輸入しようと企て，フィリピン共和国マニラ市内から本件大麻を隠匿した航空貨物を被告人が共同経営する東京都内の居酒屋あてに発送し，平成 7 年 7 月 21 日，右貨物が新東京国際空港に到着した後，情を知らない通関業者が輸入申告をし，同月 24 日税関検査が行われたが，その結果，大麻の隠匿が判明したことから，成田税関支署，千葉県警察本部生活安全部保安課及び新東京空港警察署の協議により，国際的な協力の下に規制薬物に係る不正行為を助長する行為等の防止を図るための麻薬及び向精神薬取締法等の特例等に関する法律 4 条等に基づいていわゆるコントロールド・デリバリーが実施されることになり，同月 27 日午前に税関長の輸入許可がされ，その後，捜査当局の監視の下，配送業者が，捜査当局と打合せの上，右貨物を受け取って前記居酒屋に配達し，同日午後に被告人がこれを受け取ったというのである。
　関税法上の輸入とは，外国から本邦に到着した貨物を本邦に（本件のように保税地域を経由するものについては，保税地域を経て本邦に）引き取ることをいうところ（同法 2 条 1 項 1 号），その引取りは，申告，検査，関税の賦課徴収及び輸入許可という一連の行為を経て行われることが予定されたものである。そして，本件においては，情を知らない通関業者が輸入申告をし，申告に係る貨物についての税関長の輸入許可を経た後，配送業者が，捜査当局等から右貨物に大麻が隠匿されていることを知らされ，コントロールド・デリバリーによる捜査への協力要請を受けてこれを承諾し，捜査当局の監視下において右貨物を保税地域から本邦に引き取った上，捜査当局との間で配達の日時を打合せ，被告人が貨物を受領すれば捜査当局に

7　このような発想については，島田聡一郎「適法行為を利用する違法行為」立教 55 号 (2000) 21 頁以下を参照。

おいて直ちに大麻所持の現行犯人として逮捕する態勢が整った後，右貨物を被告人に配達したことが明らかである。

　右事実関係によれば，被告人らは，通関業者や配送業者が通常の業務の遂行として右貨物の輸入申告をし，保税地域から引き取って配達するであろうことを予期し，運送契約上の義務を履行する配送業者らを自己の犯罪実現のための道具として利用しようとしたものであり，他方，通関業者による申告はもとより，配送業者による引取り及び配達も，被告人らの依頼の趣旨に沿うものであって，配送業者が，捜査機関から事情を知らされ，捜査協力を要請されてその監視の下に置かれたからといって，それが被告人らからの依頼に基づく運送契約上の義務の履行としての性格を失うものということはできず，被告人らは，その意図したとおり，第三者の行為を自己の犯罪実現のための道具として利用したというに妨げないものと解される。そうすると，本件禁制品輸入罪は既遂に達したものと認めるのが相当であり，これと同趣旨の原判断は，正当である」。

　すでに第7章において述べたところであるが，本判例の事案において，配送業者の行為を道具，すなわち，自律性を欠くものと評価することは非常に困難であろう。現に，本判例がそのような評価の根拠として掲げる事情はすべて，典型的な道具の知情，したがって，通常，間接正犯性が否定される事例にもまったく同等の蓋然性をもって妥当しうるものである。

　そこで，(間接正犯の未遂とは別に)問題となりうるのは(既遂に対する)教唆犯である。そこでは正犯に相当する配送業者の行為が適法と評価されうるものであるため，先述の，適法行為に関わる行為を違法と評価しうる例外的な場合にあたるかが議論されなければならない。そして，コントロールド・デリバリーによる捜査への協力は，その種の行為を一括して正当化しておくことで捜査の有効性を高め，全体として社会的厚生を増加させるものではある。しかし，その一方で，個々のケースにおいても生ずる大麻拡散のリスクが正当な利益の侵害(危殆化)，社会的損失であることもまた否定しがたい。こうして，本件被告人の行為はまさに，大麻拡散のリスクという犠牲をやむをえないものとする葛藤状況を作り出したものといえ，前記，例外的な場合に該当しうることになろう。

　もちろん，本判例も実質的にはこのような考慮をふまえながら，ただ，制限従属性という既存の理論との整合性に配慮して，どのみち被告人に科しうる刑の範囲は変わらないからと，適法行為を利用する間接正犯という

呼び名にこだわっただけだ，という読み方も不可能ではないであろう。しかし，そうすることによって，今度は正犯性に関する既存の理論と大きな齟齬を来してしまうのである。そして，先述したように，制限従属性には必ずしも合理性がないことにかんがみれば，本判例は気の遣いどころを間違っているように思われる。既遂に関しては，端的に教唆犯の成立を認めるべきであろう。

4 罪名従属性

(1) 罪名従属性と要素従属性（最小限度従属性）の関係

最後に，罪名従属性である。これは，共犯とその従属対象である正犯とで罪名が異なってよいか，よいとしてどの範囲においてか，を論ずるものである。

もっとも，私自身は，このような問題提起の仕方にはほとんど理論的な意義がないと考えている。というのも，罪名は多分に技術的な性格を有しており，罪名の違いそのものに一定の刑法理論的性格を結びつけることが原理的に不可能だからである。たとえば，罪名の違いが不法類型，したがって，構成要件の区別に基づくこともあれば，共通する構成要件のうち一部分が正当化されることによる場合もあろう。むろん，備わっている責任要素が異なるために，罪名が違ってくることも考えられる。

このように見てくると，むしろ，要素従属性に関する最小限度従属性を出発点としつつ，正犯の不法と実質的に符合する範囲を共犯の不法が上や横にはみ出さない，という要請のほうが本質的であろう。そして，はみ出さないことが罪名の合致に対応する場合には罪名従属性が妥当し，対応しない場合には罪名従属性が緩和されるというように，あとづけの説明に用いるほうが罪名の性格に合っているように思われる。

たとえば，正犯が傷害で共犯が傷害致死というのは許されない。また，第13章において論じたところを前提とすれば，覚せい剤所持が麻薬所持（ジアセチルモルヒネ等以外）より重いとして，正犯が麻薬所持で共犯が覚せい剤所持というのも認められないであろう。さらに，横にはみ出す例としては，正犯が殺人で共犯が器物損壊というのもおかしい。そして，これらの場合においては結局，正犯と異なる罪名の共犯が成立しえないことに帰するから，あとづけで「ここでは罪名従属性が厳格に要請されている」と説明するのは自由である。ただ，私はそれが，むしろ，ミスリーディング

であると考えているにすぎない。

　これに対して，正犯が傷害致死で共犯が傷害であるとか，正犯が覚せい剤所持で共犯が麻薬所持である，などといった事態は十分に考えられる。そして，こちらについても同様に，「ここでは罪名従属性が緩和されている」とあとから表現することも——望ましくはないと思うが——論理的な誤りとまではいえない。

　さらに，故意がもっぱら責任要素である以上，正犯が過失致死や傷害致死で共犯が殺人である，という可能性ももちろん排除されない。一部の学説は，たとえば，「教唆」（刑法61条1項）という文言が犯行決意の惹起までを必然的に含意しており（いわゆる故意従属性），それゆえ，非故意行為の決意の惹起で足りると解することは罪刑法定主義に違反する，と批判している。しかし，そのような含意は単なる日常用語例に付着したイメージにすぎず，これを不要とすることがことばの可能な意味を超えるとまではいえないであろう。したがって，非故意行為に対する共犯を認める合理的な必要性の存する限り，故意従属性などという発想は放棄すべきである。

　問題は，そのような必要性がはたして存在するかである。たしかに，非故意行為に対する共犯など認めなくても，たいていの場合には，背後者を間接正犯として処罰することが可能であろう。しかし，非身分者が故意を欠く身分者を利用して違法身分犯の不法を実現した場合まで念頭におくならば，常に背後者を間接正犯と構成しうるとは限らない。したがって，このような場合には非故意行為に対する共犯を認め，背後者を当該違法身分犯の共犯として処罰すべきであろう。

　また，正犯が故意を欠くにもかかわらず，これを備えるものと共犯が誤信した場合には，客観的には間接正犯という不法類型が充足されているにもかかわらず，主観的には共犯というそれを実現する意思しかない。そして，刑法38条2項が1項本文の趣旨を注意的に敷衍したものにとどまると解するときは，このような場合に共犯の成立を認めることは，同時に，故意従属性の放棄を意味しているのである[8]。

(2) 罪名従属性と共同正犯者間の罪名共通性の関係

　ところで，学説においては，罪名従属性という表題のもとで，非従属的共犯，すなわち，共同正犯が異なる罪名にまたがって成立しうるか，とい

　8　この点を指摘するものとして，松宮・前掲『刑事立法と犯罪体系』223頁以下を参照。

う問題までもが議論されることが多い。そして，この問題に関しては，大きく分けて次の3つの見解が主張されている。

　第1の見解は部分的犯罪共同説である。これは，各共同正犯者の実現しようとした犯罪について，その不法が符合する（重なり合う）範囲で共同正犯が成立し，その範囲を超えた部分については単独正犯が成立する，という考え方である。そして，判例も（おそらくは）この見解を採用するものと理解されている。

　まず，最決昭54・4・13刑集33・3・179は次のように判示している。

　「第1審判決は，被告人Sら7名の右所為は刑法60条，199条に該当するが，Uを除くその余の被告人らは暴行ないし傷害の意思で共謀したものであるから，同法38条2項により同法60条，205条1項の罪の刑で処断する旨の法令の適用をし，原判決もこれを維持している。

　2　そこで，右法令適用の当否につき判断する。

　殺人罪と傷害致死罪とは，殺意の有無という主観的な面に差異があるだけで，その余の犯罪構成要件要素はいずれも同一であるから，暴行・傷害を共謀した被告人Sら7名のうちのUが前記福原派出所前でH巡査に対し未必の故意をもつて殺人罪を犯した本件において，殺意のなかつた被告人Sら6名については，殺人罪の共同正犯と傷害致死罪の共同正犯の構成要件が重なり合う限度で軽い傷害致死罪の共同正犯が成立するものと解すべきである。すなわち，Uが殺人罪を犯したということは，被告人Sら6名にとつても暴行・傷害の共謀に起因して客観的には殺人罪の共同正犯にあたる事実が実現されたことにはなるが，そうであるからといつて，被告人Sら6名には殺人罪という重い罪の共同正犯の意思はなかつたのであるから，被告人Sら6名に殺人罪の共同正犯が成立するいわれはなく，もし犯罪としては重い殺人罪の共同正犯が成立し刑のみを暴行罪ないし傷害罪の結果的加重犯である傷害致死罪の共同正犯の刑で処断するにとどめるとするならば，それは誤りといわなければならない。

　しかし，前記第1審判決の法令適用は，被告人Sら6名につき，刑法60条，199条に該当するとはいつているけれども，殺人罪の共同正犯の成立を認めているものではないから，第1審判決の法令適用を維持した原判決に誤りがあるということはできない（最高裁昭和23年(れ)第105号同年5月1日第二小法廷判決・刑集2巻5号435頁参照）」。

　この判例は，共同正犯者のそれぞれが殺人と暴行・傷害の故意をもつて

協働し、被害者を死に至らしめた場合において、後者につき傷害致死罪の共同正犯の成立を認めたものである。もっとも、厳密にいうと、それだけでは前者に関する罪責が明らかにされていない。そこで、これとあわせて最決平17・7・4刑集59・6・403＝シャクティパット事件を見ておく必要がある。ただし、同事件については第5章において詳細な検討を加えたことがあるため、ここでは事実関係を省略し、これに対する結論部分のみを引用しておく。

「被告人は、自己の責めに帰すべき事由により患者の生命に具体的な危険を生じさせた上、患者が運び込まれたホテルにおいて、被告人を信奉する患者の親族から、重篤な患者に対する手当てを全面的にゆだねられた立場にあったものと認められる。その際、被告人は、患者の重篤な状態を認識し、これを自らが救命できるとする根拠はなかったのであるから、直ちに患者の生命を維持するために必要な医療措置を受けさせる義務を負っていたものというべきである。それにもかかわらず、未必的な殺意をもって、上記医療措置を受けさせないまま放置して患者を死亡させた被告人には、不作為による殺人罪が成立し、殺意のない患者の親族との間では保護責任者遺棄致死罪の限度で共同正犯となると解するのが相当である」。

ここまでくると、重なり合いを超えた部分につき単独正犯が成立することが明らかになり、判例は部分的犯罪共同説を採用するものと理解して差し支えなかろう[9]。

もっとも、この見解には致命的な難点がある。というのも、たとえば、殺意をもつ者ともたない者とが協働した場合において、前者が殺人罪の単独正犯の成立要件を充足していない限り、被害者の死亡結果につき故意犯の罪責を問いえなくなってしまうからである。しかも、そのような事態は抽象的な可能性として観念しうるというにとどまらない。被害者の死因となる傷害を形成した暴行が、前者によって直接、加えられたものと（合理的な疑いを容れない程度に）証明しうる場合のほうが、むしろレアケースであるとさえいいうるのではなかろうか。

そこで、重なり合う部分に限らず、重いほう、ここでは殺人罪の共同正犯が全員につき成立し、ただ、刑法38条2項を適用することによって、

9　シャクティパット事件の調査官解説である藤井敏明「判解」最判解刑（平17）206頁も、その判例としての拘束力は慎重に留保しつつも、「昭和54年判例と併せて読めば……『やわらかい部分的犯罪共同説』になじむ判示ということができよう」と述べる。

殺意のない者の科刑だけが傷害致死罪等のそれに限定される，という第2の見解が考えられる。これを完全犯罪共同説という（ただし，歴史的には，こちらのほうが部分的犯罪共同説より古いものである）。

しかし，すでに繰り返し批判され，先に見た昭和54年決定においても明示的に排斥されているように，刑罰あっての犯罪なのであるから，このように科刑だけを分離して操作するのは適当でない。

そうすると，端的に，殺人罪と傷害致死罪等の共同正犯の成立を認めるのが妥当ではなかろうか。この第3の見解を行為共同説という。そして，それは構造的に，構成要件の重なり合いや刑法38条2項の適用可能性を要請しないから，原理的には，罪名の分離に制限はないものと解すべきである。たとえば，悪友どうしがたまたま出会って酒食をともにするうち，一緒に付近の女子学生寮に侵入して「悪さ」をしようという話になったが，それぞれが実行したのは強制性交等と窃盗であり，いずれも他方の実行しようとする犯罪を誤解していた，という事例においては——むろん，単独正犯としての処理も可能であろうが，犯情の適正な反映という観点から——強制性交等罪と窃盗罪の共同正犯を認めることが不可能ではないと思われる。

もちろん，いくら簡便であるといっても，行為共同説が共同正犯の本質的構造と抵触するのであれば，これを承認すべきではない。しかし，詳しくは第25章以降において論ずる予定であるが，共同正犯は，①複数者を一体的に正犯として扱うことを正当化する相互の結びつきと，②個々人が正犯の刑を科するにふさわしいほど重要な役割を侵害経過において果たしていること，の2点によって基礎づけられる。そして，罪名の共通性は原理的には両者となんら関係がないから，わざわざ（部分的であれ完全であれ）犯罪共同説を採用する理論的必要性は存在しないものというべきである。

そして，ここまで述べてきたことに照らせば，もはや繰り返す必要もないことと思われるが，行為共同説というのはあくまで非従属的共犯，すなわち共同正犯に関する考え方である。したがって，真正な共犯の従属性，つまり，要素従属性（最小限度従属性）に関連づけられた罪名従属性にかかる議論は，この行為共同説とは理論的にまったく関係がない。そうすると，ときおり見られる「行為共同説は罪名従属性を完全に放棄する考え方である」という解説は，完全な誤りだということになる。

第23章

共犯の因果性（上）

山下はベテランの裁判官，小林は新米の裁判官

山下：ああ，小林君，いいところに来た。ちょっと相談してもいいかな？

小林：はぁ，あまり難しいことは分かりませんよ。

山下：いやね，君の感覚を知りたいだけなんだよ。いま，法科大学院で学者とペアを組んで演習を担当しているんだが，どうも，その先生がいっていることのピントがずれているような気がしていてね。ただ，結構有名な先生だから無下にもしにくくてさ（苦笑）。

小林：そんな遠慮をするなんて，先輩らしくないですね（笑）。で，どういうふうにずれているんですか？

山下：いや，もちろん，私のほうがずれているのかもしれないんだが……共犯関係の解消の問題でね。被告人を含めた数人で被害者に暴行しようということになって，被告人は被害者を拉致する自動車を用意したり，実際に率先して被害者を殴る蹴るなどしたりしていたんだが，途中で「もういいかな」と感じたんだね。共犯者らに「こいつも，もう十分に分かっただろうから，いい加減にやめようぜ」といって，そのひとりの腕をつかんだところ，そいつがキレて，むしろ，被告人の顔を殴って気絶させてしまった。で，そのあとも，残った者たちで被害者に暴行し続け，重篤な傷害を負わせることになった。さて，被告人はその傷害についても共同正犯の罪責を負うか，というのがテーマなんだよ。

小林：それって，似たような裁判例〔名古屋高判平14・8・29判時1831・158〕がありましたよね，たしか。

山下：いや，まあ，そうなんだが，ちょっとその裁判例のことは忘れてもらって，自分の感覚に従って答えてほしいんだ。でね，ペアを組んでいる学者は，被告人が先立って与えた因果的影響力は最後の傷害にまで及んでいるから，共犯関係は解消しないはずだ，つまり，被告人には当該傷害についてまで共

第23章　共犯の因果性（上）

同正犯が成立しうる、というんだよ。

小林：ええ、そういう判断もありうるんじゃないですか。だって、現に、その裁判例の原判決〔名古屋地判平14・4・16判時1831・160〕は、たしか、そういう判断を示していましたよね。

山下：だ、か、ら、その裁判例のことは忘れてくれといっただろう。あくまで、自分の感覚で答えてほしいんだよ。

小林：うーん、難しいところですよね。あと1回だけ言及させていただきますが、その裁判例は共犯関係の解消を認めたのち、同時傷害の特例（刑法207条）を適用していたと思います。でも、それって、結局は、少なくともその事案においては共犯関係の解消を認めないのと同じことですよね。むろん、量刑に多少の影響はあるかもしれませんが。そうすると……。

山下：その学者のいっていることが実務感覚としても正しいと？

小林：いえ、もちろん、正しいとまでいえるかどうかは分かりませんが、少なくとも、明らかにおかしいともいえないんじゃないですか。

山下：しかし、けががけがなら、被告人が排除されたのちに生じたものと証拠上、認定することだって十分に可能だろう。高裁も当然、そういった場合には、被告人がそのけが＝傷害につき罪責を負わないことまで承知したうえ、共犯関係の解消を認めているんだろうから、原判決と実質的に同じだなんて牽強付会もいいところだ。

小林：ええ、それは分かりましたが（汗）、しかし、だからといって、ただちに高裁のほうが正しく、原判決は感覚がズレているということにはなりませんよね。

山下：よしっ、じゃあ、ここで現実の裁判例の話はやめて、私が最初にあげた、懸案の事例をどう解決すべきか教えてくれ。

小林：とおっしゃられましても、これまでのお話から推察されるとおり、私自身は、被告人が最終的な傷害について共同正犯になるのもやむをえないと思いますよ。

山下：君までそんなことをいうの⁉　ちょっとショックだな。だって、よく考えてみてくれよ。事態が自然に推移していれば、被告人は他の共犯者らの暴行を止めて、被害者は無事だったはずなんだよ。それが、被告人にはなんら帰責性のない、いわば「交通事故」的な不運によって、その流れを断ち切られてしまったわけなんだから。

小林：うーん、はたして被告人にそんな力があるんですかねぇ？　つまり、他

第23章 共犯の因果性（上）

　の共犯者らの暴行を「ふつうに」止めきれるような……。
山下：もし他の共犯者らがいうことを聞かなきゃ，警察に通報してでも止めていただろう。少なくとも，その合理的な疑いは排除できない。そして，通報するだけなら集団のトップじゃなくてもできるんだよ。
小林：それはそうですが……しかし，それは大部分が仮定の話ですよね。被告人が実際に通報して警察官が臨場し，現実に他の共犯者らの暴行を止めていれば，もちろん，そもそも傷害が発生していないわけですから，被告人が当該傷害につき共同正犯としての罪責を負うことはありえません。また，そこまでいかなくても，通報で駆けつけた警察官が，予想外にも，他の共犯者らから返り討ちにされ，爾後の被害者に対する暴行を止められなかった，というのであれば，まあ，被告人を傷害罪にしないというのも分からなくはないです。
山下：君のいう後者の場合だって仮定の話は入っているよな，「ふつうは警察官なら止められるだろう」というかたちで。それなのに，どうしてその場合には共犯関係が解消されたといえるの？
小林：先輩の話は仮定の部分が多すぎるんですよ。他方，私があげた後者の場合には，被告人は共犯関係を解消するのに必要な行為をすべてなし終えていて，ただ，その先の事態の推移について，「通常なら暴行は止められたはずだ」という仮定をちょっと入れているだけです。
山下：ははん，君，誤解しているよ。たとえ仮定の部分が多くったって，暴行が止められる方向に事態が推移する高度の蓋然性が認められるのであれば，共犯関係の解消を肯定するのに理論的な障害はないはずだ。そこを，君が「被告人は暴行を止めるためにどこまでやったか」という点に異常にこだわるのは，中止犯の成否と混同しているからだね。
小林：私だって，中止犯との区別はきちんとしていますよ（怒）。たしかに，被告人が自身の与えた因果的影響力を除去したことを前提として，そのような点が中止犯の成否にとり重要であるというのはおっしゃるとおりです。しかし，いま問題にしているのは，そもそも因果的影響力を除去しえていないんじゃないか，ってことなんですよ。
山下：あのね，それこそ私も分かっていることなんだよ。そんなドヤ顔でいわれてもね（怒）。さっきからいっているのは，他の共犯者らによる暴行の継続が止められなかった，という救助的因果の不介入が，当初，被告人の与えた因果的影響力を遮断するほどのものである場合には，共犯関係はただちに解

消されるべきだ，ってことなんだよ．それでもって，そこにいう救助的因果が現実の警察官の臨場や，被告人による現実の通報に限られる必然性はまったくない．むしろ，具体的な状況によっては，それらにつながる最初の一歩を被告人が踏み出しただけで，その挫折が因果的影響力を遮断することもありうるだろう．

小林：いやいや，そんな状況，めったにないですって．被告人がグループ内で突出して高い地位にあるならともかく，ふつうは，みなに「もうやめよう」といっても聞き入れられないからといって，警察に通報を試みようものなら袋にされて終わりです．

山下：うん，だから，それも分かっているんだって．ただ，特別の事情があれば因果的影響力が遮断されたといってよいケースもなくはないよね．そして，最初にあげた事例がそういうケースに該当する余地も論理的には排除はされない．

小林：それは，まあ，そうですが……というより，先輩のおっしゃっていることって，とどのつまり，私が申し上げていることと同じではないですか？

山下：いやね，実は，私もそんな気がしてきていたんだ（苦笑）．君にいわれたことをふまえて，今度，ペアの学者ともうちょっと話してみるよ．

小林：なんだか，ご趣旨を誤解していたようで，すみませんでした．

山下：いやいや，こっちこそ，早とちりしていろいろいってしまって悪かったね．議論に付き合ってもらったお礼に，なにかおごるよ．

小林：本当ですか⁉　それなら，この前の和食屋さんにまた連れていって下さいよ．

山下：えっ⁉　（ええと，ズワイガニ漁の解禁日はギリギリまだだったよな……．）よし，じゃあ，うまいものをたらふく食べに行こう！

◆

I　共犯の因果性の本質

1　東京高判平2・2・21 判夕733・232＝宝石商殺害事件

強盗殺人の正犯（A）が当初の計画どおり地下室で被害者を射殺することをせず，同所から遠く離れた場所を走行中の自動車内で実行に及んだ場

合において，同地下室に防音のための目張り等をした行為が幇助犯を構成するかが問題とされ，この点が否定された有名な裁判例である。

「Aは，現実には，当初の計画どおり地下室で本件被害者を射殺することをせず，同人を車で連れ出して，地下室から遠く離れた場所を走行中の車内で実行に及んだのであるから，被告人の地下室における目張り等の行為がAの現実の強盗殺人の実行行為との関係では全く役に立たなかったことは，原判決も認めているとおりであるところ，このような場合，それにもかかわらず，被告人の地下室における目張り等の行為がAの現実の強盗殺人の実行行為を幇助したといい得るには，被告人の目張り等の行為が，それ自体，Aを精神的に力づけ，その強盗殺人の意図を維持ないし強化することに役立ったことを要すると解さなければならない。しかしながら，原審の証拠及び当審の事実取調べの結果上，Aが被告人に対し地下室の目張り等の行為を指示し，被告人がこれを承諾し，被告人の協力ぶりがAの意を強くさせたというような事実を認めるに足りる証拠はなく，また，被告人が，地下室の目張り等の行為をしたことを，自ら直接に，もしくはCらを介して，Aに報告したこと，又は，Aがその報告を受けて，あるいは自ら地下室に赴いて被告人が目張り等をしてくれたのを現認したこと，すなわち，そもそも被告人の目張り等の行為がAに認識された事実すらこれを認めるに足りる証拠もなく，したがって，被告人の目張り等の行為がそれ自体Aを精神的に力づけ，その強盗殺人の意図を維持ないし強化することに役立ったことを認めることはできないのである」。

2 検 討

(1) 共犯の因果性の内容

はじめに，単独正犯としての完全な帰属要件は，従属的共犯においては正犯が，共同正犯においては複数人をあわせて，完全にみたしていなければならない，という前提を確認しておく必要がある。そして，そのうえで，因果的共犯論に基づき共犯の処罰根拠から要請されるのは，最低限度，次の2点であると思われる。すなわち，①当該の具体的な事案において，その寄与を撤回すれば，他者（従属的共犯においては正犯，共同正犯においては複数人中，他の関与者）を介してであれ，不法の実現を妨げられる有意な可能性（以上のもの）が存在すること，および，②他者（従属的共犯においては正犯，共同正犯においては複数人中，他の関与者）を介してであれ，不法を

(少なくとも）容易化するのに一般に適した危険を現実化させていること，である。これらをあわせて共犯の因果性とよぶ。もっとも，単独正犯において結果回避可能性が因果関係（危険の現実化）そのものを構成するのではなく，結果不法の内在的要請として位置づけられることにかんがみれば，厳密にいうと，①もまた共犯の「因果性」とよぶべきではないのかもしれない。

　学説ではしばしば，共犯の因果性の内実を物理的因果性と心理的因果性に区分して検討する手法がとられる。もっとも，それは現象面に着目し，検討の便宜のためにそうされているにすぎず，あまり本質的な区分とはいえない。単独正犯においても，もっぱら物理的に媒介された因果関係が問題となる場合，心理的なそれが問題となる場合，両者の混合形態，が観念しうるにもかかわらず，その間に規範的な差異が認められていないのと同様である（背後者の正犯性を阻却する行為媒介者の自律的決定や，背後行為への帰属にあたり，媒介行為を捨象することを正当化する物理的危険の直接的実現などは，物理的因果性と心理的因果性の区分とは別次元の問題である）。したがって，たとえば，共犯の因果性を心理的因果性に限定したり，共犯において物理的因果性のみを単独正犯におけるのと同様の厳格なものととらえたり，はたまた，共犯においてのみ心理的因果性の非法則性を前提にしたりする一部学説の議論[1]は，そもそも方法論的に妥当でないと思われる。

　さて，以上を前提としながら本件目張り行為を見ると，①と②，いずれについても否定されざるをえないであろう。そもそも，①本件事案においてはかりに目張り行為をしなくても，正犯の車内での強盗殺人を挫折させられた可能性はなんら高まらない。しかも，②変更されたのちの正犯の犯行計画に照らせば，目張り行為は車内での強盗殺人を容易化するにとって，なんら一般的適性を備えていない。したがって，本件目張り行為につき幇助犯の成立を否定した標題裁判例は妥当である。これに対し，その成立を肯定した原判決（東京地判平元・3・27判時1310・39）およびこれを支持する一部の学説は，ありえた変更前の犯行計画という仮定的な世界のなかで幇助犯の因果性を検討しようとするものである。同判決の掲げるさまざまな限定も，その「仮定的」性格を変えるものではない。そして，そのような

---

[1] 代表的なものとして，町野朔「惹起説の整備・点検――共犯における違法従属と因果性」内藤謙先生古稀祝賀『刑事法学の現代的状況』（有斐閣，1994）113頁以下，林幹人『刑法の基礎理論』（東京大学出版会，1995）159頁以下などを参照。

幇助犯の因果性の理解は畢竟，幇助犯を危険犯として再構成するものであり，今日の基本的な刑法解釈に反していると思われる。

(2) 共犯の因果性の大小

共犯の因果性が以上のようなものであるとして，次に，「因果的寄与が重大であるか」，「侵害経過において重要な役割を果たしているか」などといった点を，いかにして判断すべきかが問題となる。しばしば，共同正犯と幇助犯の区別を論ずる文脈において登場する指標であるが，この点についても，究極的には①と②の積によって判断されるべきであろう[2]。

たとえば，①に関していうと，侵入窃盗に不可欠な合鍵を，被害者宅の出入り業者である立場を利用して調達してやったような場合には，その寄与が重大なものとされるであろう。反対に，たまたま友人の侵入窃盗の計画を漏れ聞いたため，こっそり援助してやろうと被害者宅の鍵を開けておいてやったが，友人は常習犯であり，その程度なら独力で容易に開錠しえたというのであれば，寄与はさほど重大なものとはいえないように思われる。

他方，②に関しては，特別の事情が存するのでない限り，実際には①と連動することになろう。提供した手段が犯行促進一般に適したものであればあるほど，往々にして，その撤回が犯行を挫折させる可能性は高まるからである。もっとも，合鍵の調達という高度の一般的適性を備えた寄与といえども，犯行グループに被害者の同居人が含まれており，そのルートから合鍵を調達することも簡単であったという場合には，②が大きくても①は小さいという事態を観念することができよう。反対に，このようなケースは実際にはあまり考えられないが，提供した合鍵がゆがんでおり，そのままでは犯行が失敗に終わる可能性が非常に高かったものの，侵入窃盗犯が合鍵のゆがみに気づかず，鍵穴に差し込んで強引に回し続けた結果，偶然にも鍵穴のほうがうまい具合にゆがみ，開錠できてしまったという場合には，①が大きくても②は小さいということになろう。

以上の一般理論を共同正犯と幇助犯の区別にかかる従来の議論に引き直してみると，まず，①その寄与がなければ不法の実現が挫折させられた可能性のほうは容易に理解しうるであろう。共同正犯の成立要件のひとつである重要な役割に関し，ときおり「必要不可欠な寄与をなしていれば重要

---

[2] 小林憲太郎「不作為による関与」判時2249号（2015）9頁を参照。

な役割と評価しうる」といわれるが[3]，それはまさにこちらのパラメーターを想定したものといえよう。これに対して②一般的適性のほうは，因果関係論に関する学説の用語法にすぎないこともあって，ただちには理解しにくいかもしれない。

　この一般的適性とは，もう少し具体的にいうと，その寄与が不法を惹起したことを前提として，いかなる事実が欠ければその寄与が不法を惹起しえなかったかを問い，そのうえで，そのような事実が欠けえた可能性を問題とするものである。そして，その可能性が小さければ一般的適性が高く，反対に，大きければ低いことになる。同じく，ときおり「謀議に積極的に参加するなど，他の者と心理的に強く結びついていれば重要な役割と評価しうる」ともいわれるのは[4]，この一般的適性の高さを（も）指摘したものであろう。そのような場合には他の者が強い影響を受け，現実のものとは異なる——つまり，謀議に基づく犯行でない——行動をとりえた可能性が大きく減少するからである。裏を返すと，そのような可能性がさほど減少しないのであれば，積極的に謀議を主導するといっても，それは単なる「空回り」であって，寄与の重大性につなげるべきではないように思われる（なお，厳密にいうと，この一般的適性は第6章において詳論した危険の現実化にかかるさまざまな下位基準を大きく括ったものにすぎず，前述のような仮定的蓋然性の判断に純化しうるわけではないが，議論を分かりやすくするために単純化したことを注記しておく）。

II　共犯関係の解消

1　総説——因果性遮断説

　共犯関係から離脱した者が，いかなる場合に残余者による爾後の犯行につき共犯としての罪責を負わずに済むか。この共犯関係の解消の問題をめぐっては，①実行の着手の有無や②不法類型の別，③中止犯の成否をからめてさまざまな見解が主張され，裁判例の基礎とする基準も必ずしも帰一してこなかったように思われる。

---

[3]　たとえば，島田聡一郎「共謀共同正犯論の現状と課題」『理論刑法学の探究③』（成文堂，2010）64頁を参照。
[4]　たとえば，島田・前掲「共謀共同正犯論の現状と課題」64頁を参照。

もっとも，近時においては，この問題を広義の共犯全般に共通する処罰根拠論，すなわち，因果的共犯論の延長線上で解決しようとする発想が広い支持を得るに至っている[5]。これを因果性遮断説という。具体的には，離脱者が残余者による爾後の犯行に対する自己の先行する行為の因果性を遮断し，共犯としての処罰根拠を喪失させれば共犯関係は解消される。そして，先の3つの関連論点については，それぞれ，①実行の着手の有無は原理的には重要でなく，単に，それがあれば犯行への流れが固定化しており因果性を遮断しにくい，という事実上の関係が存在するにとどまる，②不法類型の別もまた非本質的であり，ただ，たとえば，因果性を遮断しないまでもこれを減弱化すれば，共同正犯から幇助犯に落ちることはありうる[6]，③中止犯の成否はもっぱらその成立要件が充足されているかによって定まるのであり，そもそも，共犯関係の解消は離脱者の行為によらずして因果性が遮断された場合にさえ認められうる。このようにいうのである。

　そして，最高裁もまた次の2つの決定により，基本的にはこの因果性遮断説を前提にするものと解されるに至っている。

　まず，最決平元・6・26刑集43・6・567は次のようにいう。

「1　傷害致死の点について，原判決（原判決の是認する1審判決の一部を含む。）が認定した事実の要旨は次のとおりである。(1)被告人は，1審相被告人のAの舎弟分であるが，両名は，昭和61年1月23日深夜スナックで一緒に飲んでいた本件被害者のHの酒癖が悪く，再三たしなめたのに，逆に反抗的な態度を示したことに憤慨し，同人に謝らせるべく，車でA方に連行した。(2)被告人は，Aとともに，1階8畳間において，Hの態度などを難詰し，謝ることを強く促したが，同人が頑としてこれに応じないで反抗的な態度をとり続けたことに激昂し，その身体に対して暴行を加える意

---

[5]　その嚆矢として，西田典之『共犯理論の展開』（成文堂，2010）240頁以下を参照。
[6]　これに対して豊田兼彦「共犯からの離脱と幇助犯の成否」立命375＝376号（2017）245頁以下は，共同正犯として起訴され共犯関係の解消が争われた事案において，これが肯定されることはあっても幇助犯に落とされることはほとんどなかった，と指摘する。もっとも，肯定例は，幇助犯の成立にとって必要な因果性さえ遮断されたものと評価しうるケースがほとんどである。残余者が離脱を大して意に介さず，その意味で，離脱者が当初において与えた心理的影響が失われており，さらに，あとに残されたのは爾後，残余者のみでも容易に代替可能な物理的寄与ばかりであった，というようなケースがその典型例であろう。問題は，なぜそのような「微妙な」事案を検察官が共同正犯として起訴するかであるが，判例実務において幇助犯がレアケースにとどまるなか，わざわざ幇助犯として起訴することが当罰性に対する疑いをシグナルすることを恐れているのではなかろうか。

思をAと相通じた上，翌24日午前3時30分ころから約1時間ないし1時間半にわたり，竹刀や木刀でこもごも同人の顔面，背部等を多数回殴打するなどの暴行を加えた。(3)被告人は，同日午前5時過ぎころ，A方を立ち去つたが，その際『おれ帰る』といつただけで，自分としてはHに対しこれ以上制裁を加えることを止めるという趣旨のことを告げず，Aに対しても，以後はHに暴行を加えることを止めるよう求めたり，あるいは同人を寝かせてやつてほしいとか，病院に連れていつてほしいなどと頼んだりせずに，現場をそのままにして立ち去つた。(4)その後ほどなくして，Aは，Hの言動に再び激昂して，『まだシメ足りないか』と怒鳴つて右8畳間においてその顔を木刀で突くなどの暴行を加えた。(5)Hは，そのころから同日午後1時ころまでの間に，A方において甲状軟骨左上角骨折に基づく頸部圧迫等により窒息死したが，右の死の結果が被告人が帰る前に被告人とAがこもごも加えた暴行によつて生じたものか，その後のAによる前記暴行により生じたものかは断定できない。

2 右事実関係に照らすと，被告人が帰つた時点では，Aにおいてなお制裁を加えるおそれが消滅していなかつたのに，被告人において格別これを防止する措置を講ずることなく，成り行きに任せて現場を去つたに過ぎないのであるから，Aとの間の当初の共犯関係が右の時点で解消したということはできず，その後のAの暴行も右の共謀に基づくものと認めるのが相当である。そうすると，原判決がこれと同旨の判断に立ち，かりにHの死の結果が被告人が帰つた後にAが加えた暴行によつて生じていたとしても，被告人は傷害致死の責を負うとしたのは，正当である」。

本判例が共犯関係の解消を否定した根拠は，被告人が離脱しなければその現実化した事態につき共犯としての罪責を問われるべき，AがHに対してなお制裁を加えるおそれが認められるにもかかわらず，当該現実化を防止する措置を講ずることなく，成り行きに任せて現場を去ったにすぎないことである。ここでは共犯関係が解消されたものというために，被告人が共犯の処罰根拠である前記事態に対する危険実現の関係，すなわち，因果的影響力を遮断したことが必要であり，かつ，それで足りる（Hの死亡そのものを回避したり，中止犯の成立要件を充足したりすることまでは必要でない）ことが実質的に承認されているように思われる。

もっとも，本判例はあくまで実行の着手後における共犯関係の解消にかかるものであった。したがって，理論的にはともかく実際上は，実行の着

手前においてこれと異なる，より緩やかな基準を採用する余地は必ずしも排除されていなかった。このような状況のもとで，実行の着手前における共犯関係の解消に関し，重要な判断を示したのが最決平21・6・30刑集63・5・475である。次のようにいう。

「1　原判決及びその是認する第1審判決の認定並びに記録によれば，本件の事実関係は，次のとおりである。

(1)　被告人は，本件犯行以前にも，第1審判示第1及び第2の事実を含め数回にわたり，共犯者らと共に，民家に侵入して家人に暴行を加え，金品を強奪することを実行したことがあった。

(2)　本件犯行に誘われた被告人は，本件犯行の前夜遅く，自動車を運転して行って共犯者らと合流し，同人らと共に，被害者方及びその付近の下見をするなどした後，共犯者7名との間で，被害者方の明かりが消えたら，共犯者2名が屋内に侵入し，内部から入口のかぎを開けて侵入口を確保した上で，被告人を含む他の共犯者らも屋内に侵入して強盗に及ぶという住居侵入・強盗の共謀を遂げた。

(3)　本件当日午前2時ころ，共犯者2名は，被害者方の窓から地下1階資材置場に侵入したが，住居等につながるドアが施錠されていたため，いったん戸外に出て，別の共犯者に住居等に通じた窓の施錠を外させ，その窓から侵入し，内側から上記ドアの施錠を外して他の共犯者らのための侵入口を確保した。

(4)　見張り役の共犯者は，屋内にいる共犯者2名が強盗に着手する前の段階において，現場付近に人が集まってきたのを見て犯行の発覚をおそれ，屋内にいる共犯者らに電話をかけ，『人が集まっている。早くやめて出てきた方がいい。』と言ったところ，『もう少し待って。』などと言われたので，『危ないから待てない。先に帰る。』と一方的に伝えただけで電話を切り，付近に止めてあった自動車に乗り込んだ。その車内では，被告人と他の共犯者1名が強盗の実行行為に及ぶべく待機していたが，被告人ら3名は話し合って一緒に逃げることとし，被告人が運転する自動車で現場付近から立ち去った。

(5)　屋内にいた共犯者2名は，いったん被害者方を出て，被告人ら3名が立ち去ったことを知ったが，本件当日午前2時55分ころ，現場付近に残っていた共犯者3名と共にそのまま強盗を実行し，その際に加えた暴行によって被害者2名を負傷させた。

2　上記事実関係によれば，被告人は，共犯者数名と住居に侵入して強盗に及ぶことを共謀したところ，共犯者の一部が家人の在宅する住居に侵入した後，見張り役の共犯者が既に住居内に侵入していた共犯者に電話で『犯行をやめた方がよい，先に帰る』などと一方的に伝えただけで，被告人において格別それ以後の犯行を防止する措置を講ずることなく待機していた場所から見張り役らと共に離脱したにすぎず，残された共犯者らがそのまま強盗に及んだものと認められる。そうすると，被告人が離脱したのは強盗行為に着手する前であり，たとえ被告人も見張り役の上記電話内容を認識した上で離脱し，残された共犯者らが被告人の離脱をその後知るに至ったという事情があったとしても，当初の共謀関係が解消したということはできず，その後の共犯者らの強盗も当初の共謀に基づいて行われたものと認めるのが相当である。これと同旨の判断に立ち，被告人が住居侵入のみならず強盗致傷についても共同正犯の責任を負うとした原判断は正当である」。

　本判例は強盗行為に着手する前の離脱が問題となっているにもかかわらず，平成元年決定とほぼ同様の措辞を用いて共犯関係の解消を否定したものである。しかも，かつて，実行の着手前における基準とされたとも解しうる，離脱意思の（表明とその）残余者による了承が，必ずしも決定的でないことがわざわざ言及されている点も注目に値する。こうして，理論的には実行の着手前についても同様に妥当しうるはずであった因果性遮断説が実際にも適用され，同説は学界のみならず判例実務においても地歩を固めるに至ったのである。

　もちろん，たとえ同説を前提にするとしても，実行の着手前は事実上，共犯関係が解消されやすい，という緩やかな関連性は存在しうるであろう。とはいえ，本件においては，強盗行為そのものにはいまだ着手していないとしても，住居侵入後，侵入口の確保まで済んでおり，被告人による事前の因果的寄与は犯行に現実化する目前のところまで展開していた。そうすると，本件において因果性を遮断するには，いったん共犯者を住居外に連れ出して説得し，翻意させたり，少なくとも，それを聞けば通常はすぐに犯行をあきらめ，退散するであろう「警察に通報した」，「すでにパトカーのサイレンが聞こえる」などといった発言を，（虚言であっても信ぴょう性のある態様で）なしたりする必要があろう。要するに，共犯関係の解消はそう簡単には認められないと思われる。

もっとも，このように盤石に見える因果性遮断説ではあるが，最近になって，同説の限界もまた一部の学説により指摘されるに至っている。その基本的な発想は，煎じ詰めれば，共犯の処罰根拠そのものが欠けるとまではいえなくても，他の規範的な考慮によって共犯関係の解消を認めるべき場合があるのではないか，ということであろう。もちろん，しばしば指摘されるように，共犯の因果性自体が——共犯として処罰することを正当化しうるほど重要なものといえるか，という意味で——規範的な考慮を要請するものではある。ここで問題としているのはそれ以外，具体的には，「寄与の撤回による犯行妨害可能性」と「寄与の犯行促進に対する一般的適性」には解消されない規範的な考慮にほかならない。

　以下ではこのような問題意識のもと，いくつかの事例類型ごとに，この規範的な考慮について簡単な検討を加えることにしたい[7]。

2　離脱者が設定した救助的因果の断絶

　これは，離脱者が自己の設定した因果的影響力を遮断すべく，その現実化を妨害する手段＝救助的因果を投入したものの，それが異常な事情によって奏功しなかった場合である。たとえば，講壇設例ではあるが，離脱者が残余者による犯行の継続を防止すべく警察に通報したものの，警察内部の連携ミスが重なって警察官が臨場できず，そのまま犯行がなされてしまったようなケースがあげられよう。

　たしかに，このような場合には共犯関係の解消を認めるべきであろう。しかし，それは救助的因果の不介入という消極的条件の介在によるものではあるけれども，突き詰めれば，離脱者の設定した因果的影響力が残余者による犯行に現実化したものと評価しえないからである（厳密にいうと，このような場合には残余者が〔離脱者の〕離脱前に設定した因果性も遮断されており，それゆえ，残余者は離脱後の侵害経過について罪責を負うにとどまることに注意を要する）。第6・7章において詳論したように，介在する条件の積極・消極の別そのものは因果関係の判断に影響を与えない。それゆえ，異常な積極的条件の介在が因果関係を遮断するのであれば，異常な消極的条件の介在についても同じことがいえるはずである。

7　文献の引用も含め，詳しくは，小林憲太郎「共犯関係の解消について」『理論刑法学の探究⑨』（成文堂，2016）191頁以下を参照。

こうして，このような場合に共犯関係の解消を認めるのは正しいが，それは共犯の処罰根拠が欠けることによる，いいかえれば，因果性遮断説の適用そのものなのである。先に平成21年決定に関し，離脱者が残余者に警察への通報の事実を伝えたものの，残余者がひるまず，果敢にも犯行を継続したときは共犯関係の解消する余地がある，と述べた。これもまた，そのような事実の告知が通常は犯行継続の放棄につながるものの，異常にもそうならなかったことが実質的な根拠である。そうすると，このような場合の一例ということができよう。

3 「別個の犯罪事実」論

次に，離脱者は残余者が新たに実現した別個の犯罪事実については共犯としての罪責を負わない，とする命題も主張されている。これを「別個の犯罪事実」論という。具体的には，たとえば，残余者がいったん犯意を確定的に放棄したのち，新たに犯意を形成して犯行に及んだり，そうでなくても，当初のものとは実質的に見て同一性を欠くような犯行計画へと変更し，これを実現したりしたような場合には，もはや共犯関係は解消したものとされる。

しかも，そのことは，離脱者の提供した犯行手段が最終的に利用されており，なおかつ，残余者のこれまでの行動等に照らし，犯意放棄後の再形成や計画変更がありうるものと判断される場合であっても変わらない，というのである。そして，そうだとすると，「別個の犯罪事実」論は因果性遮断説とは異質の規範的な考慮ということになる。というのも，そこでは共犯の因果性が認められるにもかかわらず，なお共犯関係が解消したものと判断されるからである。

問題はこのような考慮が，いかなる理論的根拠から基礎づけられうるかである。そして，それは第21章において述べたように，行為媒介者の自律的な意思決定が背後者の正犯性を阻却するのと同根の発想に求められるのではなかろうか。すなわち，前述のような犯意放棄後の再形成や計画変更がなされた場合には，離脱者が関与したのとは別の自律的な主体が犯行を実現したものと評価されうる。そして，そうであるとすれば，当該犯行に対し，離脱者の関与した主体は実質的に見て正犯性を失うことになる。それは畢竟，離脱者の従属対象が正犯でなくなる，共同正犯の場合には，関与者の行為をあわせても正犯の構成要件を充足しえなくなる，というこ

となのである。こうして当該犯行に対し，離脱者は共犯としての罪責から解放される[8]。

この「別個の犯罪事実」論はドイツの議論の影響を受けたものであり，わが国の（裁）判例のうちにそのままのかたちで見出すことは困難である。もっとも，事実関係を細密に見ていけば，実質的には「別個の犯罪事実」論を適用すべきであったと批判されているもの（最判昭24・12・17刑集3・12・2028など）や，現に適用したとも解されうるもの（神戸地判昭41・12・21下刑集8・12・1575，東京地判昭52・9・12判時919・126など）が存在している。

4　残余者による一方的排除

さらに，離脱者が自分の自由な意思によるのではなく，残余者による欺罔や強制をとおし，爾後の犯行から一方的に排除されてしまった場合についても議論がなされている。たとえば，侵入窃盗を共謀する過程で離脱者が犯行に不可欠な合鍵を調達してやったものの，犯行直前になって離脱者が翻意し，合鍵を返すよう残余者に迫ったところ，残余者が「われわれも犯意を放棄したから大丈夫だ」と嘘をついたり（欺罔），離脱者を殴って失神させたり（強制）して合鍵の返却を免れ，そのまま犯行に及んだようなケースが考えられる。

さて，このような場合においても因果性が遮断されていないことは明らかであるから，爾後の残余者による犯行につき離脱者が共犯としての罪責を免れるためには，因果性遮断説とは次元の異なる規範的な考慮が要請されよう。これまで残余者による一方的排除を論ずるにあたっては，共犯の因果性として仲間の存在による勇気づけという，純粋な心理的因果性のみが問題となるケースを念頭におく向きがないではなかった。しかし，そのようなケースであれば特段の考慮を挟まずとも，同説のみで共犯関係の解消を基礎づけることができる。一方的排除とは，そのような勇気づけを無

8　もっとも，厳密に考えると，「別の主体にも間接的には関与している」と評価することによって，共犯の罪責を問うことは排除されないはずである。そして，「犯意放棄後の再形成や計画変更」を見越していなくても，もとの主体に関与する行為につき故意を肯定しうる，という錯誤理論を採用するならば，「別個の犯罪事実」論を認める実益は大きく失われよう。この点については，2017年12月5日に早稲田大学で開催された，松原芳博教授が主宰される研究会において問題を提起していただき，これを受けて考えたところである。

用のものとする象徴的な行為だからである。したがって，ここではむしろ，因果性の残存を否定しえないケースのほうを念頭におく必要がある。

　もっとも，結論からいえば，一方的排除などという独自の類型を承認し，因果性が遮断されていないにもかかわらず，離脱者を共犯としての罪責から解放してしまうのは適切でないように思われる。というのも，因果性の残存を否定しえないケースとして冒頭にあげたものと比較して，たとえば，残余者から合鍵を返されたものと勝手に思い違いをし，残余者も犯意を放棄したのだとひとり安心していたとか，残余者に合鍵を返せと怒鳴っているうちに興奮しすぎ，持病と相まって昏倒してしまったなどといったケースにおいて，離脱者の共犯としての罪責に変更を生じるほど重要な当罰性の格差があるとは到底考えられないからである。

　もちろん，犯行計画のキーパーソンであった離脱者が変心することにより，残余者がもはや今回の計画は実行不可能になったとして実質的に犯意を放棄し，離脱者を排除してから改めて別の犯行計画を立案，遂行したものと評価しうるようなケースにおいては，これに対する共犯としての罪責から離脱者を解放することは正しい判断である。しかし，それは一方的排除などという独自の類型からくる考慮ではなく，単に「別個の犯罪事実」論の一適用にすぎないことに注意すべきであろう。

　なお，一方的排除の類型がわが国においてさかんに議論されるようになったきっかけは，名古屋高判平 14・8・29 判時 1831・158 である。次のようにいう。

　「被告人は共犯者Bとともに上記駐車場で被害者に暴行（第1の暴行）を加えたところ，これを見ていたCがやりすぎではないかと思って制止したことをきっかけとして同所における暴行が中止され，被告人が被害者をベンチに連れて行って『大丈夫か』などと問いかけたのに対し，勝手なことをしていると考えて腹を立てたBが，被告人に文句を言って口論となり，いきなり被告人に殴りつけて失神させた上，被告人（及びD子）をその場に放置したまま他の共犯者と一緒に被害者ともども上記岸壁に赴いて同所で第2の暴行に及び，さらに逮捕監禁を実行したものであり，被害者の負傷は(1)通院加療約2週間を要する上顎左右中切歯亜脱臼，(2)通院加療約1週間を要する顔面挫傷，左頭頂部切傷，(3)安静加療約1週間を要した頸部，左大腿挫傷，右大腿挫傷挫創，(4)安静加療約1週間を要した両手関節，両足関節挫傷挫創であるが，(1)は第1の暴行によって生じ，(4)は第2の暴行

第23章　共犯の因果性（上）

後の逮捕監禁行為によって生じたものと認められるが，(2)及び(3)は第1，第2のいずれの暴行によって生じたか両者あいまって生じたかが明らかでないものである。このような事実関係を前提にすると，Bを中心とし被告人を含めて形成された共犯関係は，被告人に対する暴行とその結果失神した被告人の放置というB自身の行動によって一方的に解消され，その後の第2の暴行は被告人の意思・関与を排除してB，Cらのみによってなされたものと解するのが相当である。したがって，原判決が，被告人の失神という事態が生じた後も，被告人とBらとの間には心理的，物理的相互利用補充関係が継続，残存しているなどとし，当初の共犯関係が解消されたり，共犯関係からの離脱があったと解することはできないとした上，(2)及び(3)の傷害についても被告人の共同正犯者としての刑責を肯定したのは，事実を誤認したものというほかない（なお，原判決が(4)の傷害についてまで被告人の刑責を肯定したものでないことは，その補足説明(3)及び(4)に照らし明らかである。）。しかしながら，叙上の事実関係によれば，被告人は第1の暴行の結果である(1)の傷害について共同正犯者として刑責を負うだけでなく，(2)及び(3)の各傷害についても同時傷害の規定によって刑責を負うべきものであって，被害者の被った最も重い傷が(1)の傷害である本件においては，(2)及び(3)の各傷害について訴因変更の手続をとることなく上記規定による刑責を認定することが許されると解されるから，結局，原判決が(2)及び(3)の各傷害についての被告人の責任を肯認したことに誤りはなく，原判決はその根拠ないしは理由について誤りを犯したにすぎないことになる」。

　本裁判例は，Bが被告人を一方的に排除，すなわち，これに暴行して失神させ，放置したことによって共犯関係が解消され，被告人はもはや第2暴行によって生じた疑いのある傷害について共同正犯の罪責を負わない，としている。

　しかし，すでに述べたように，一方的排除などという独自の類型を創設すべきではない。また，実質的に見ても，被告人は犯行のお膳立てをしたうえで共同して第1暴行を加えるなど，引き続き第2暴行がなされやすい状況を作り出しており，このような意味における因果的影響力の残存は当罰性にとり決して無視しうるものではない。しかも，本件では第2暴行もまた同一性を保持した犯行の一展開形態ととらえられるところ，その途中で被告人ひとりがいわば「用無し」として切り捨てられたにすぎない。したがって，「別個の犯罪事実」論の出る幕でもないと思われる。こうして，

本裁判例は共犯関係の解消を安易に認めすぎているきらいがある。

もちろん，本裁判例は同時に同時傷害の特例（刑法207条）を適用し，被告人が罪責を負うべき傷害の範囲を第2暴行によって生じた疑いのあるものにまで拡張しているから，実際問題として弊害が顕在化しているわけではない。しかし，第1暴行がそれ自体としては第2暴行によって生じた疑いのある傷害を引き起こすに足りないとか，第1暴行と第2暴行とが機会の同一性を欠く，あるいは，そもそも当該傷害が第2暴行によって生じたことが証拠上確定している，などといった場合まで念頭におくと，常に弊害を抑え込めるわけではないことに十分な注意が必要であろう。

そこで，一部の学説は共犯関係の解消を認めつつも，なお離脱者が残余者に対し，不作為により関与したものとして十分な可罰範囲を確保しようとする。しかし，一方で，離脱者の先行する作為による関与の創出した危険が残余者の犯した不法に実現していないとしながら，他方で，そのような危険創出を根拠に当該不法を防止する作為義務を負わせることは許されない。要するに，論者の望むような可罰範囲を確保するためには，「そもそも共犯関係の解消を認めない」という選択肢しか残されていないのである。

5　離脱者の真摯な努力

また，近時ではドイツの立法や議論の影響を受けて，離脱者による不法と反対方向の努力が共犯関係の解消，ひいては，中止犯の成立をもたらしうるのではないかが問題とされている。すなわち，残余者による不法の実現が離脱者の助力なしでも挫折させられたり，あるいは，そうでなくても，離脱者の先行する寄与から独立して残余者が不法を実現したりした場合においては，離脱者が不法の実現を防止すべく真摯に努力するだけで十分ではないかが論じられているのである。

しかし，厳密に考えると，このような場合においては，そもそも，離脱者が何もしなくても不法の実現について罪責を問われることはありえない。その意味で，ここで議論されている問題の本質は——ドイツにおいては現にそうであるように——もっぱら中止犯の成否にほかならない。そして，すでに第20章において詳論したように，自身による寄与の既遂実現の防止が中止行為と因果関係に立たないときは，中止犯の成立を否定すべきであると思われる。

そこで，一部の学説はさらに進み，離脱者の先行する寄与が残余者の犯した不法に実現していること自体はこれを否定しえない場合であったとしても，離脱者がその実現を防止すべく真摯に努力してさえいれば——中止犯が成立するとはいかないまでも，少なくとも——共犯関係は解消したものと解すべきだという。しかし，そのような発想が妥当するのであれば，単独犯においても，たとえば，殺意をもって被害者に投毒したのち，反省して毒を吐かせようと手を尽くしたものの奏功せず，被害者が死亡してしまった場合においては，行為者を殺人罪の障害未遂として処断しなければ一貫しないであろう。そして，少なくとも今日，一般的な刑法理論を前提とする限り，このような解釈を可能とする手段は存在しないように思われる。

こうして，離脱者の真摯な努力などといった特別な類型もまた，これを承認する理論的余地は存在しないことになる。

6　正当防衛の共謀

これは，最判平6・12・6刑集48・8・509をきっかけに議論されるようになった類型である。事実関係は次のとおりである。

被告人が中学校時代の同級生であるA，K，FおよびSとともに歩道上で雑談をするなどしていたところ，酩酊して通りかかったIが付近に駐車してあったAの乗用車のテレビ用アンテナに上着を引っかけ，これを無理に引っ張ってアンテナを曲げておきながら，なんら謝罪等をしないまま通り過ぎようとした。不快に思ったAはIに対し，「ちょっと待て」などと声をかけた。Iはこれを無視して印刷会館に入り，まもなく同会館から出て来たが，被告人らが雑談をしているのを見て険しい表情で被告人らに近づき，「おれにガンをつけたのはだれだ」などと強い口調でいったうえ，「おれだ」と答えたAに対していきなりつかみかかろうとし，Aの前にいたSの長い髪をつかみ付近を引き回すなどの乱暴を始めた。被告人，A，KおよびF（以下，「被告人ら4名」という）はこれを制止し，Sの髪からIの手を放させようとして，こもごもIの腕，手等をつかんだり，その顔面や身体を殴る蹴るなどし，被告人もIの脇腹や肩付近を2度ほど足蹴にした。しかし，IはSの髪を放そうとせず，Aの胃の辺りを蹴ったりワイシャツの胸元を破いたりしたうえ，Sの髪をつかんだまま通りを横断し，向かい側にある駐車場入口の内側付近までSを引っ張って行った。被告人

ら4名はその後を追いかけて行き、Iの手をSの髪から放させようとしてIを殴る蹴るなどし、被告人においてもIの背中を1回足蹴にし、Iもこれに応戦した。その後、ようやくIはSの髪から手を放したものの、近くにいた被告人ら4名に向かって「馬鹿野郎」などと悪態をつき、なおも応戦する気勢を示しながら後ずさりするようにして本件駐車場の奥の方に移動し、被告人ら4名もほぼ一団となって追って行った。そして、その間、本件駐車場中央付近において、Kが応戦の態度を崩さないIに手拳で殴りかかり、顔をかすった程度で終わったため再度殴りかかろうとしたが、Fがこれを制止し、本件駐車場の奥で今度はAがIに殴りかかろうとしたため、再びFが2人の間に割って入って制止した。しかし、その直後にAがIの顔面を手拳で殴打し、そのため、Iは転倒してコンクリート床に頭部を打ちつけ傷害を負うに至った。なお、IがSの髪から手を放した本件駐車場入口の内側付近からAの殴打により転倒した地点までの距離は20メートル足らずであり、この間の移動に要した時間も短時間であり、被告人ら4名のうちKやFはIがいつSの髪から手を放したか正確には認識していなかった。

　これに対し、最高裁は次のように判示した。

　「本件のように、相手方の侵害に対し、複数人が共同して防衛行為としての暴行に及び、相手方からの侵害が終了した後に、なおも一部の者が暴行を続けた場合において、後の暴行を加えていない者について正当防衛の成否を検討するに当たっては、侵害現在時と侵害終了後とに分けて考察するのが相当であり、侵害現在時における暴行が正当防衛と認められる場合には、侵害終了後の暴行については、侵害現在時における防衛行為としての暴行の共同意思から離脱したかどうかではなく、新たに共謀が成立したかどうかを検討すべきであって、共謀の成立が認められるときに初めて、侵害現在時及び侵害終了後の一連の行為を全体として考察し、防衛行為としての相当性を検討すべきである……被告人に関しては、反撃行為については正当防衛が成立し、追撃行為については新たに暴行の共謀が成立したとは認められないのであるから、反撃行為と追撃行為とを一連一体のものとして総合評価する余地はなく、被告人に関して、これらを一連一体のものと認めて、共謀による傷害罪の成立を認め、これが過剰防衛に当たるとした第1審判決を維持した原判決には、判決に影響を及ぼすべき重大な事実誤認があり、これを破棄しなければ著しく正義に反するものと認められ

る」。

　多数説は本判例の結論を是認したうえで，その実質的な根拠を因果性遮断説そのものに求めている。すなわち，当初の共謀が正当防衛にかかるものであることには規範的な意味がなく，新たな共謀の成立が検討されるべきであるのは，単に本件事実関係を前提としたとき，被告人が加わった当初の共謀に基づく因果性が追撃行為にまで及んでいないからにすぎない，というのである。

　たしかに，本件に関する限りはそのような分析が妥当であろう。もっとも，事実関係を少し修正し，とくに血気さかんでいったん手を出したら追撃するまで止まらないような者と反撃行為を共謀したのだとすればどうであろうか。もちろん，そのような場合でも，追撃を現実に予見していたことまで証明しえなければ故意犯としての罪責を問うことはできない。しかし，連れが「粗暴な連中」であり適切なところで自制できないかもしれないと未必的に認識しながら，それでもなお，独力では不正の侵害を確実に排除しえないためやむをえず連れに加勢を頼んだところ案の定やりすぎてしまった，というケースは十分にありうると思われる。

　そして，このような場合においては，そもそも，必要（相当）な防衛行為の一環として反撃行為を共謀したものとも評価しうるのではなかろうか。そうすると，そこにとどまる限り，爾後に他の関与者が追撃に及んでも，それは許容された防衛行為に含まれる危険がそのまま現実化したにすぎず，なお許容の効果は持続するものと解すべきであろう。しかも，このことは，当該追撃行為そのものが違法と評価されることと完全に両立しうる。それはちょうど，たとえば，過失運転致死傷そのものは違法でありながら，そのリスクをはらむ自動車の製造・販売が（対抗利益の大きさゆえに）許容されているのと同じである。

　このような理論構成が見えにくくなっているのは，あるいは，問題となっているのが量的過剰防衛であるからかもしれない。反対にいうと，質的過剰防衛が問題となる場合においては，このような理論構成は多くの学説によって意識されているところである。たとえば，不正の侵害から身を守るのに独力の反撃では足りないが，助力を求められるのがすぐに過剰な手段を使ってしまう連れだけであるとき，後者が過剰防衛となることに争いはないとしても，前者に関しては，正当防衛となるのか，それとも，せいぜい誤想防衛となるにすぎないのかがさかんに議論されているのであ

る[9]。

　しかし，理論的に厳密に考えると，話は質的過剰防衛であっても量的過剰防衛であっても変わらないはずである。せいぜい，後者においては，正当防衛を先行行為として残余者による追撃を阻止する作為義務を認め，その違反を不作為による関与として処罰しうる可能性が残るだけである。そして，それも本件（の修正事例）のように，被害者による侵害の可能性がなお失われていない場合においては，もはや考慮する必要はないように思われる。

　このように，正当防衛の共謀といわれる類型は因果性遮断説に基づく共犯関係の解消か，そうでない場合には，共犯関係は解消されずとも（必要〔相当〕な防衛行為に内在する）許された危険の実現に還元されることになろう。

9　たとえば，島田聡一郎「判批」刑ジャ5号（2006）125・126頁を参照。

第24章

共犯の因果性（下）

　　　山下はベテランの検察官，小林は新米の検察官
山下：おぉ，小林君，懇親会には出ないの？
小林：そういう先輩こそ，珍しいじゃないですか。判例研究会が終わった途端，そそくさと帰られるなんて。
山下：いやぁ，今日の報告〔最決平24・11・6刑集66・11・1281の判例評釈〕がちょっと頭に来ちゃってね。学者っていうのは，あんな変なのでも務まるんだな。
小林：先輩，荒れすぎですよ（苦笑）。たしかに，最終的な傷害に対する後行者の寄与分を特定し，立証しろだなんて，およそ実務を知らない机上の空論だとは思いますけどね。おまけに，増長して，同決定が刑法207条の適用可能性まで否定している，なんて言い始めるやつまでいて……なんだか，思い出したら私も腹が立ってきましたよ（怒）。
山下：えっ，そっち？　いや，傷害のほうは別にいいんだよ。「相当程度重篤化させる傷害を負わせた」というふうに特定し，立証しろっていうんなら，そういうふうにするだけだからね。ま，さすがに，同時傷害の特例に関しては私も閉口したが。
小林：では，先輩が頭に来たっていうのは……。
山下：特殊詐欺の〔欺罔行為後に関与した〕受け子について，挙動による欺罔や不作為による欺罔が認定できなければ詐欺罪の共犯にはならず，せいぜい遺失物等横領罪にとどまるとかなんとか，報告者がいっていただろう。
小林：ああ，そういえば，そんなようなこともいっていましたね。どうしてそういう話になったんでしたっけ？
山下：君，大事なところを聞き漏らしているなぁ（苦笑）。千葉補足意見が「2」で，詐欺等に関しては承継的共同正犯が成立しうると述べていて，それは余計なひとことだと報告者が息巻いていたんだよ。

小林：そうでした，そうでした。

山下：本当に，ちゃんと聞いていたのかね（苦笑）。

小林：じ，実は，傷害の認定方法について考えをめぐらせていたら，いつの間にか別の判例評釈に移っていたんですよ（汗）。

山下：おいおい，しっかりしてくれよ。そういうときは，考えるべきことをとりあえずメモしておいて，いま，なされている話のほうに耳を傾けるんだ。

小林：す，すみません……で，どうして報告者のいうことがおかしいんでしたっけ？？

山下：もう，君と話していたら，なんで腹が立っていたのか分からなくなってきたよ（苦笑）。ともかく，受け子がいてはじめて詐欺が完成していて，そのことを受け子自身がよく分かっているのに，詐欺罪の共犯にならないという理屈が意味不明すぎる。

小林：うーん，いま考えたんですが，ふつうは受け子自身になんらかの欺罔行為を認定しうるでしょうし，先行者には作為による欺罔ののちも告知義務違反が継続していると考えれば，これに対して関与したものととらえて，承継なんか議論しなくても詐欺罪の共犯になるんじゃないですかねぇ，ほとんどの場合に。

山下：どうして，われわれがそんな面倒な主張・立証をしなきゃならんのだね。受交付行為により詐欺を手伝っているんだから，ふつうに詐欺罪の共犯でいいじゃないか。

小林：いや，ですから，かりに報告者のいうように詐欺の承継を否定したとしても，なお共犯にする理屈はあるといいたかっただけでして……。

山下：君，寝ていたくせに，いまになって理屈をこねて，あのおかしな報告者の弁護をするとは何ごとだね，まったく（怒）。

小林：寝ていませんし，弁護しているわけでもないですって（怒）。しかし，そんなふうにおっしゃるのなら，あえて報告者を弁護させていただきますが，そういう「面倒な主張・立証」をなしえない場合って，本当に，詐欺罪の共犯として処罰するにふさわしい実体がありますかね。

山下：あ，開き直ったな。たとえば，どういう場合よ？

小林：そうですねえ……講壇設例っぽくなってしまいますが，Ｙがランダムに嘘電をかけて，たまたま引っかかったＡに対し，現金をコインロッカーに入れるよう指示したうえ，暗証番号まで指定したものとします。

山下：うん，うん，それで？

小林：なんですか，その，あらを探すような態度は。

山下：だって，後行者〔受け子〕の欺罔行為はおろか，先行者の不作為による欺罔さえ認定しえないだなんて，絶対に「おかしな」事例に決まっているからな。

小林：そこまでいわれたら，私だってがんばりますよ（怒）。ええと，Yは足がつかないよう，窃取した携帯電話で嘘電をかけており，Aが引っかかったと確定した直後，これを廃棄してしまいました。

山下：ふん。それで，「YはもはやAに対し，真実を告知する手立てがないから，その不作為による欺罔は認定しえない」といいたいわけか。

小林：さすがですね，理解が早い（笑）。で，そののち，Yは舎弟のXを呼び出し，事情を話してコインロッカーに現金を取りに行かせた，と，これでいかがですか？

山下：ちょっと待て。詐欺の承継をめぐる議論っていうのは，「Xの刑が不当に軽くなってしまわないか」っていうところから始まっているんだぞ。君のいう事例だと，現金に対し，コインロッカーの管理者による占有が及んでいるから，そもそもXは窃盗罪になるんじゃないのかね？

小林：しかし，ちゃんとお金を入れて，正しい使い方に従ってコインロッカーに物を預けた人〔A〕から，動機や目的に錯誤があるとはいえ，（暗証番号を知っていることを前提に）持出しの許可を受けた人〔Y〕の使者にあたる人〔X〕に対して，管理者が持出しを拒む（民事法上の）正当な権原ってありますかね？

山下：だから，そういうギチギチの議論をしなくても，常識的に考えて「管理者が詐欺犯人一味に協力するはずがない」っていうところから，意思に反した占有移転という窃盗罪の不法を構成できるのが所持説のうまみだろうが。

小林：うーん，では，正当な権原云々は措いておいて，それでもなお，コインロッカーの通常の使用方法の範囲内に収まっている，つまり，管理者に内容物の占有移転そのものに関する錯誤がなく，かつ，その場で個別に判断しても内容物の占有移転を許諾したであろうという場合には，内容物の占有移転に対する被害者の包括的同意があるから窃盗罪にはならないでしょう。

山下：なんだ，それ。もしかして，近時の判例〔最決平 19・4・13 刑集 61・3・340，最決平 21・6・29 刑集 63・5・461〕がいう「通常の遊戯方法」を応用してみたの？

小林：ええ，まあ，そうですが……よく分かりましたね。

山下：知っていると思うが，その概念に関してはいろいろな見解が主張されているだろう。勝手に，都合のいいように解釈してはいかんよ。

小林：いや，しかし，判例時報の「刑法判例と実務」の各論連載〔のちに，『刑法各論の理論と実務』（判例時報社）として刊行予定〕に，そういうふうに解釈すべきだと書かれていましたし……。

山下：なら，なおさら信用できないだろうが（苦笑）。

小林：著者が同姓同名だから個人的に親近感をもっていたんですけどねえ……。では，仕方がない。コインロッカーはＹが設置しておいたものとしましょう。

山下：犯人自身がオレオレ詐欺用のコインロッカーを街中に設置しておいたって？　冗談も休み休みいいたまえ（笑）。だいいち，Ｙのコインロッカーなら，そこに現金が入れられた時点で占有を取得したものといえるんじゃないか。

小林：うーん，それでは，投棄されていた無主物のコインロッカーということでいかがでしょうか。

山下：君，本当に実務家？　よく，それだけ不自然な事例を思いつけるね。せいぜい，Ｙが指定した茂みの中とか，誰の占有も及んでいないが，誰かが占有を取得してしまう可能性も低い，っていう場所を日常生活のなかから探さなきゃ。

小林：そうそう，では，そういう事例にして下さい。

山下：なんだそりゃ（苦笑）。しかし，なんだな，いわれてみれば，そういう事例でＸ自身が犯した不法っていうのは，Ａがうっかり茂みの中に落とした現金を領得する行為より違法性が低いような気もするな，Ａが（錯誤に基づくとはいえ）自分の意思で茂みの中に現金を置いている分……。

小林：そうそう，そうなんですよ！

山下：どうしたの，急にいきり立っちゃって。その一方で，ＸはＹによる詐欺を完成させてもいるんだぞ。こっちも無視できないだろうが。

小林：それはＹの罪責に関する話でしょう。要するに，ＹはＸのおかげで詐欺の不法を実現しきることができた，と。ただ，そのことと，Ｘ自身が詐欺の不法を（間接的にであれ）実現しきっている，ということとはまったく別です。

山下：流行の因果的共犯論かね（苦笑）。しかし，法律学に絶対的な原理なんて存在しないんだから，結論が明らかに不当であれば，因果的共犯論だって修正を免れないんだよ。

小林：私は，さっきの事例でＸの犯した不法が遺失物等横領罪のそれを超えているとは思えませんから，そもそも，詐欺の共犯にしないという結論が不当

第24章 共犯の因果性（下）

であるとは感じません。また，その点を別にしても，ここで修正されてしまうのは因果的共犯論とかいう次元の原理ではありませんよ。

山下：そうなの？

小林：私はさっき「因果的共犯論」風の説明をしましたが，それはあくまで，因果的共犯論に基づいて詐欺の共犯を認めようとする見解に反駁するためです。

山下：なんだか，急に話が抽象的になったような気がするが……。

小林：だって，「原理」の話ですから。ともかく，因果的共犯論以外，たとえば，責任共犯論をとったとしても，やはり，そのままでは詐欺の共犯にはできません。というのも，自分が登場した時点ですでに生じていた犯人の「堕落」については，タイムマシンでも存在しない限り，これを引き起こすことが物理的に不可能だからです。つまり，ここで修正されてしまうのは，自分がやったことについてしか責任を問われないという，いかなる共犯の処罰根拠論を採用したとしても前提にせざるをえない，近代法の基底をなす個人責任の原則そのものなんですよ。

山下：おいおい，どうした，興奮しちゃって。もしかして，なんか憑依した！？

小林：たしかに，個人責任の原則もまた絶対的な原理ではない，とおっしゃるかもしれません。しかし，それなら逆にお尋ねしますが，「あなたは本気で個人責任の原則を修正するつもりですか」っていう話なんですよ！

山下：分かった，分かった。なんだか怖いな，もう（苦笑）。しかし，君がちゃんと研究会の議論を聞いていたら，そういう「原理」のレベルの話だけでは訴求力のないことが体感できたはずだ。むしろ，さっきの事例をもっと分節して，「詐欺の共犯にするほうが，むしろ，犯情評価として適正妥当を欠くのだ」と示さなきゃ。たとえば，YがXに対し，「これこれこういうオレオレ詐欺を知り合いがやったと聞いたから，お前が茂みの中の現金を横取りしちゃえよ」と述べ，Xがこれに従った場合と，「そういうオレオレ詐欺を俺がやったから，お前が茂みの中の現金を失敬しちゃえよ」と述べた修正バージョンとで，Xの当罰性に関し，後者のほうが10倍も重いと本当に思いますか，と尋ねてみるとかね〔詐欺の承継を肯定する見解からすれば，後者の場合には同罪の共同正犯が成立する可能性が高い〕。

小林：はあ，たしかにそうですね……。

山下：なんだ，急に元のキャラに戻ったな？？

第 24 章　共犯の因果性（下）

Ⅰ　承継的共犯

1　最決平 24・11・6 刑集 66・11・1281

「1　原判決及びその是認する第 1 審判決の認定並びに記録によれば，本件の事実関係は，次のとおりである。

(1)　A 及び B（以下「A ら」という。）は，平成 22 年 5 月 26 日午前 3 時頃，愛媛県伊予市内の携帯電話販売店に隣接する駐車場又はその付近において，同店に誘い出した C 及び D（以下「C ら」という。）に対し，暴行を加えた。その態様は，D に対し，複数回手拳で顔面を殴打し，顔面や腹部を膝蹴りし，足をのぼり旗の支柱で殴打し，背中をドライバーで突くなどし，C に対し，右手の親指辺りを石で殴打したほか，複数回手拳で殴り，足で蹴り，背中をドライバーで突くなどするというものであった。

(2)　A らは，D を車のトランクに押し込み，C も車に乗せ，松山市内の別の駐車場（以下「本件現場」という。）に向かった。その際，B は，被告人がかねてより C を捜していたのを知っていたことから，同日午前 3 時 50 分頃，被告人に対し，これから C を連れて本件現場に行く旨を伝えた。

(3)　A らは，本件現場に到着後，C らに対し，更に暴行を加えた。その態様は，D に対し，ドライバーの柄で頭を殴打し，金属製はしごや角材を上半身に向かって投げつけたほか，複数回手拳で殴ったり足で蹴ったりし，C に対し，金属製はしごを投げつけたほか，複数回手拳で殴ったり足で蹴ったりするというものであった。これらの一連の暴行により，C らは，被告人の本件現場到着前から流血し，負傷していた。

(4)　同日午前 4 時過ぎ頃，被告人は，本件現場に到着し，C らが A らから暴行を受けて逃走や抵抗が困難であることを認識しつつ A らと共謀の上，C らに対し，暴行を加えた。その態様は，D に対し，被告人が，角材で背中，腹，足などを殴打し，頭や腹を足で蹴り，金属製はしごを何度も投げつけるなどしたほか，A らが足で蹴ったり，B が金属製はしごで叩いたりし，C に対し，被告人が，金属製はしごや角材や手拳で頭，肩，背中などを多数回殴打し，A に押さえさせた C の足を金属製はしごで殴打するなどしたほか，A が角材で肩を叩くなどするというものであった。被告人らの

591

暴行は同日午前5時頃まで続いたが，共謀加担後に加えられた被告人の暴行の方がそれ以前のAらの暴行よりも激しいものであった。

(5) 被告人の共謀加担前後にわたる一連の前記暴行の結果，Dは，約3週間の安静加療を要する見込みの頭部外傷擦過打撲，顔面両耳鼻部打撲擦過，両上肢・背部右肋骨・右肩甲部打撲擦過，両膝両下腿右足打撲擦過，頚椎捻挫，腰椎捻挫の傷害を負い，Cは，約6週間の安静加療を要する見込みの右母指基節骨骨折，全身打撲，頭部切挫創，両膝挫創の傷害を負った。

2 原判決は，以上の事実関係を前提に，被告人は，Aらの行為及びこれによって生じた結果を認識，認容し，さらに，これを制裁目的による暴行という自己の犯罪遂行の手段として積極的に利用する意思の下に，一罪関係にある傷害に途中から共謀加担し，上記行為等を現にそのような制裁の手段として利用したものであると認定した。その上で，原判決は，被告人は，被告人の共謀加担前のAらの暴行による傷害を含めた全体について，承継的共同正犯として責任を負うとの判断を示した。

3 所論は，被告人の共謀加担前のAらの暴行による傷害を含めて傷害罪の共同正犯の成立を認めた原判決には責任主義に反する違法があるという。

そこで検討すると，前記1の事実関係によれば，被告人は，Aらが共謀してCらに暴行を加えて傷害を負わせた後に，Aらに共謀加担した上，金属製はしごや角材を用いて，Dの背中や足，Cの頭，肩，背中や足を殴打し，Dの頭を蹴るなど更に強度の暴行を加えており，少なくとも，共謀加担後に暴行を加えた上記部位についてはCらの傷害（したがって，第1審判決が認定した傷害のうちDの顔面両耳鼻部打撲擦過とCの右母指基節骨骨折は除かれる。以下同じ。）を相当程度重篤化させたものと認められる。この場合，被告人は，共謀加担前にAらが既に生じさせていた傷害結果については，被告人の共謀及びそれに基づく行為がこれと因果関係を有することはないから，傷害罪の共同正犯としての責任を負うことはなく，共謀加担後の傷害を引き起こすに足りる暴行によってCらの傷害の発生に寄与したことについてのみ，傷害罪の共同正犯としての責任を負うと解するのが相当である。原判決の上記2の認定は，被告人において，CらがAらの暴行を受けて負傷し，逃亡や抵抗が困難になっている状態を利用して更に暴行に及んだ趣旨をいうものと解されるが，そのような事実があったとしても，それ

は，被告人が共謀加担後に更に暴行を行った動機ないし契機にすぎず，共謀加担前の傷害結果について刑事責任を問い得る理由とはいえないものであって，傷害罪の共同正犯の成立範囲に関する上記判断を左右するものではない。そうすると，被告人の共謀加担前にAらが既に生じさせていた傷害結果を含めて被告人に傷害罪の共同正犯の成立を認めた原判決には，傷害罪の共同正犯の成立範囲に関する刑法60条，204条の解釈適用を誤った法令違反があるものといわざるを得ない」。

さらに，本決定には千葉勝美裁判官による次のような補足意見が付されている。

「1　法廷意見の述べるとおり，被告人は，共謀加担前に他の共犯者らによって既に被害者らに生じさせていた傷害結果については，被告人の共謀及びそれに基づく行為がこれと因果関係を有することはないから，傷害罪の共同正犯としての責任を負うことはなく，共謀加担後の暴行によって傷害の発生に寄与したこと（共謀加担後の傷害）についてのみ責任を負うべきであるが，その場合，共謀加担後の傷害の認定・特定をどのようにすべきかが問題となる。

一般的には，共謀加担前後の一連の暴行により生じた傷害の中から，後行者の共謀加担後の暴行によって傷害の発生に寄与したことのみを取出して検察官に主張立証させてその内容を特定させることになるが，実際にはそれが具体的に特定できない場合も容易に想定されよう。その場合の処理としては，安易に暴行罪の限度で犯罪の成立を認めるのではなく，また，逆に，この点の立証の困難性への便宜的な対処として，因果関係を超えて共謀加担前の傷害結果まで含めた傷害罪についての承継的共同正犯の成立を認めるようなことをすべきでもない。

この場合，実務的には，次のような処理を検討すべきであろう。傷害罪の傷害結果については，暴行行為の態様，傷害の発生部位，傷病名，加療期間等によって特定されることが多いが，上記のように，これらの一部が必ずしも証拠上明らかにならないこともある。例えば，共謀加担後の傷害についての加療期間は，それだけ切り離して認定し特定することは困難なことが多い。この点については，事案にもよるが，証拠上認定できる限度で，適宜な方法で主張立証がされ，罪となるべき事実に判示されれば，多くの場合特定は足り，訴因や罪となるべき事実についての特定に欠けることはないというべきである。もちろん，加療期間は，量刑上重要な考慮要

素であるが、他の項目の特定がある程度されていれば、『加療期間不明の傷害』として認定・判示した上で、全体としてみて被告人に有利な加療期間を想定して量刑を決めることは許されるはずである。本件を例にとれば、共謀加担後の被告人の暴行について、凶器使用の有無・態様、暴行の加えられた部位、暴行の回数・程度、傷病名等を認定した上で、被告人の共謀加担後の暴行により傷害を重篤化させた点については、『安静加療約3週間を要する背部右肋骨・右肩甲部打撲擦過等のうち、背部・右肩甲部に係る傷害を相当程度重篤化させる傷害を負わせた』という認定をすることになり、量刑判断に当たっては、凶器使用の有無・態様等の事実によって推認される共謀加担後の暴行により被害者の傷害を重篤化させた程度に応じた刑を量定することになろう。また、本件とは異なり、共謀加担後の傷害が重篤化したものとまでいえない場合（例えば、傷害の程度が小さく、安静加療約3週間以内に止まると認定される場合等）には、まず、共謀加担後の被告人の暴行により傷害の発生に寄与した点を証拠により認定した上で、『安静加療約3週間を要する共謀加担前後の傷害全体のうちの一部（可能な限りその程度を判示する。）の傷害を負わせた』という認定をするしかなく、これで足りるとすべきである。

　仮に、共謀加担後の暴行により傷害の発生に寄与したか不明な場合（共謀加担前の暴行による傷害とは別個の傷害が発生したとは認定できない場合）には、傷害罪ではなく、暴行罪の限度での共同正犯の成立に止めることになるのは当然である。

　2　なお、このように考えると、いわゆる承継的共同正犯において後行者が共同正犯としての責任を負うかどうかについては、強盗、恐喝、詐欺等の罪責を負わせる場合には、共謀加担前の先行者の行為の効果を利用することによって犯罪の結果について因果関係を持ち、犯罪が成立する場合があり得るので、承継的共同正犯の成立を認め得るであろうが、少なくとも傷害罪については、このような因果関係は認め難いので（法廷意見が指摘するように、先行者による暴行・傷害が、単に、後行者の暴行の動機や契機になることがあるに過ぎない。）、承継的共同正犯の成立を認め得る場合は、容易には想定し難いところである」。

2　検　討

(1)　傷害の認定方法

標題判例は，傷害罪（刑法204条）の承継的共同正犯を否定した近時の著名な決定である[1]。もっとも，一部の学説や裁判例においては，これを肯定せずとも一定の範囲において，これを肯定したのと同一の傷害につき後行者を問責する解釈手法も主張されている。

その1つ目は，もっぱら先行者が生じさせた傷害と，後行者の共謀加担後，ともに生じさせた傷害とを截然と分離して認定することが困難であり，双方があいまって最終的な傷害を形成したものと認められる場合には，後行者もまたその最終的な傷害につき傷害罪の責任を負う，とするものである。

しかし，そのような解釈は，煎じ詰めれば，傷害の承継を肯定するのと同一に帰するであろう。というのも，もし後行者が共謀加担後に生じた傷害についてしか罪責を問われないとするならば，これを認定して罪となるべき事実に掲げられない場合には，「疑わしきは被告人の利益に」の原則に従い，そもそも傷害罪による処罰を断念するのが筋だからである。これに対して前記学説は，このような解釈によって後行者のこうむりかねない不利益は量刑上の考慮をもって対処すれば足りる，という。しかし，刑を軽くしてやるから事実認定については同原則を潜脱させろ，というのは無茶な要求であろう。

そもそも，このような無茶な要求のなされかねない状況がなぜ生じたかといえば，それは，共謀加担後に新たに生じた傷害を分離・特定しえないと感じられるケースが非常に多いからであろう。たしかに，傷害の認定が，たとえば，頭部と脚部，打撲傷と（鋭利な刃物による）切創などといったレベルで行われなければならないとすれば，共謀加担後，ことさらに攻撃部位や使用武器を変更したのでない限り，後行者の罪責が暴行罪に落ちてしまうケースが多くなりすぎるとの懸念も納得できる。しかし，千葉補足意見の1であげられているような傷害の認定方法もありうるとすれば，このような懸念も結局は杞憂にすぎないのではなかろうか。

他方，法廷意見がこの点，すなわち，後行者が傷害罪の責任を問われるべき傷害の範囲をいかに解しているか，である。もちろん，一義的に明らかなわけではないが，「傷害の発生に寄与したこと」についてのみ傷害罪

---

[1] 以下の論述について，詳しくは，小林憲太郎「いわゆる承継的共犯をめぐって」研修791号（2014）3頁以下，同「承継的共犯・再論」研修820号（2016）3頁以下を参照。文献の引用についても同稿に譲る。

の共同正犯としての責任を負う，としていることからすれば，本章と同様，最終的な傷害そのものについてまで責任を問うてはならない，と解しているのであろう。そして，千葉補足意見の1はそのことを前提としながら，前述のように，後行者が傷害罪に問われるべき傷害の認定方法を敷衍しているのである。

　これに対して一部の見解は，「傷害の発生に寄与したこと」を「その発生に寄与したと認められる傷害結果」と読み替えようとする。しかし，それは日本語の読み方として明らかに不自然であり，ほとんど曲解ともいうべきものであろう。しかも，かりにそのような読替えが成り立ちうるとすれば，寄与分を明確に特定・立証しうる事案においてさえ，最終的に生じた傷害結果の全体について傷害罪の共同正犯が成立しうることになってしまう。これは論者の意図せざるところなのではなかろうか。

(2)　同時傷害の特例

　2つ目の解釈手法は，傷害罪の承継的共同正犯が問題となるケースにも同時傷害の特例（刑法207条）を適用する，というものである。

　実は，このようなケースにおいては，いずれにせよ先行者がすべての傷害について傷害罪の責任を負うため，そもそも同特例を適用すべきでない，という見解も有力である。このような見解の当否は各論において検討を加える予定であるが[2]，かりに同特例を適用しうるとしても，それによって傷害の承継を完全に代替しうるわけではないことに注意すべきであろう。

　たとえば，後行者の共謀加担後の暴行がそれ自体として，共謀加担前に生じていた疑いのある傷害を引き起こすに足りないとか，共謀加担前後の暴行が機会の同一性を欠く，あるいは，そもそも当該傷害が共謀加担前に生じていたことが証拠上，確定しているなどといった場合においては，当該傷害につき後行者にも責任を負わせようとすれば，傷害の承継を肯定するほかない。

　他方，標題判例は同特例にいっさい言及していない。それは直接的には当事者によって争われていないからであろうが，より実質的に見ても，そこでは共謀加担前に生じていた傷害が認定されているのであるから，同特例の登場する余地は存在しないと思われる。

(3)　傷害等の承継

2　そのほか，小林憲太郎「判批」判評699号（2017）169頁以下を参照。

このように見てくると，本件では傷害の承継を正面から問題とするほかない。そして，この点を肯定するための手法として下級審裁判例のなかで主流を占めていたのは，まさに本件の下級審がそうであったように，先行者が引き起こした状態を後行者が（自己の犯罪遂行の手段として積極的に）利用した点に着目するものである（その嚆矢として，大阪高判昭62・7・10高刑集40・3・720を参照。ただし，結論としては承継を否定している）。

　しかし，標題判例がいみじくも指摘するように，それは後行者の行為態様を動機等の内心にまで立ち入って記述したものにすぎず，自身の引き起こしていない傷害結果について罪責を問いうる根拠に関しては何も述べていない。一部の学説は前記手法が悪しき意思に着目した心情刑法に堕すると批判するが，被害者の弱った状態をことさらに利用してさらに痛めつけるという悪質な動機を考慮することそのものは，必ずしも心情刑法であると一刀両断しうるわけではなかろう。むしろ，この手法の真の問題は，それが後行者の共謀加担後に生じさせた傷害結果についてしか，罪責を重くする根拠を提供していないところにある。

　こうして，前記手法により傷害の承継を肯定する余地は，事案によるのではなく，理論的に，およそ一律に排除されていることが標題判例によって確認されたものということができよう。そして，この点に関しては，私も諸手を挙げて賛成することができる。一方，千葉補足意見の2は「容易には想定し難い」という微妙な表現を用いている。もっとも，これは（学者とは異なる⁉）裁判官特有の（過剰ともいえる）慎重さのあらわれにすぎず，実際には「想定できない」という趣旨だと思われる。

　問題は，このような議論が傷害のほか，他のいかなる犯罪にまで及ぶかである。そして，ここで網羅的にあげることはできないが，従来，下級審裁判例において扱われてきたものでいうならば，（殺人）予備（刑法201条。東京地判平8・3・22判時1568・35〔承継を肯定〕など）や監禁（刑法220条。東京高判平16・6・22東高刑時報55・1〜12・50〔一般には承継の余地を認めつつも本件では否定〕など）については，傷害の場合と同様の理由から承継を否定すべきであろう。というのも，後行者の共謀加担前に先行者がすでに済ませていた（殺人の）準備，ないし，先行者がすでに済ませていた後行者の共謀加担までの被害者の移動の自由の剥奪に対しては——後行者の共謀加担前に先行者がすでに生じさせていた傷害に対するのと同じく——後行者はいっさいの因果的影響を及ぼすことができないからである。

(4) 詐欺等の承継

　以上に対し，詐欺（刑法246条）等の，最終的な法益侵害を引き起こす手段が限定されているにすぎない犯罪において，先行者が手段にあたる状況を引き起こしたのち，最終的な法益侵害にのみ加功した後行者の罪責に関しては，学界でも見解の激しい対立がある（恐喝〔刑法249条〕やとくに強盗〔刑法236条〕においては，手段にあたる状況そのものが「最終的な法益侵害」のひとつともとらえられるとして，詐欺の共犯を肯定する論者の間でも見解が分かれている。そこで，本章では議論を分かりやすくするため，もっぱら詐欺を念頭において検討を加えることとしたい）。また，その1で傷害の承継を徹底的に批判した千葉補足意見も，その2においては，必要もないのにわざわざ「強盗，恐喝，詐欺等の罪責を負わせる場合には……承継的共同正犯の成立を認め得るであろう」と述べている。これは前記，見解の対立を想定しつつ，詐欺等においても否定説をとるものとする（主として下級審裁判官からの）誤解を避けるため，あえて「余計なひとこと」に出たものということができよう。

　しかし，結論からいえば，先行者が欺罔により錯誤を惹起したのち，受交付のみに関わった後行者は詐欺の共犯とならない，したがって，傷害等と同様，詐欺等の承継的共犯もまた否定すべきである。しかも，それは反対者もその出発点とする因果的共犯論の必然的な帰結である。そして，因果的共犯論が広義の共犯全体の処罰根拠を提供するものである以上，この否定説は共同正犯，狭義の共犯の別なく妥当する。

　このことをもう少し分かりやすく説明しよう。

　そもそも，詐欺の不法は最終的な法益侵害，すなわち，錯誤に基づく財物（ないし財産上の利益）の交付に尽きるわけではない。そうではなく，まずは①被害者を錯誤に陥れて財物を進んで手放そうとする（占有保持に関して）脆弱な状態におき，しかるのちに，②そのような脆弱な状態を利用して被害者から財物の交付を受ける，という複合的な形態を有しているのである。一部の学説は，不法の構成要素であるかどうかは独立に構成要件化されているかどうかによって決まる，という。そして，たとえば，強盗罪においては暴行・脅迫罪（刑法208条，222条）も窃盗罪（刑法235条）も独立に構成要件化されていることから，手段も最終的な法益侵害もともに強盗罪の不法を構成している，というのである。しかし，そのようなことを言い始めたら，①も②も独立に構成要件化されていない以上，詐欺罪に

は不法が存在しない，という意味不明の結論に至ってしまうであろう（さらに，2項強盗においても最終的な法益侵害が不法から外れてしまう）。やはり，独立に構成要件化するかどうかは立法政策の問題にすぎないというべきである。

つづいて，因果的共犯論とは，共犯の処罰根拠が間接的にであれ当該犯罪の不法を引き起こしたところに求められる，とする考え方である。つまり，（単独）正犯とは引き起こし方が違うというだけであり，究極的には当該不法という同一の処罰根拠が妥当しているのである。そして，そうであるとすれば，「共犯なのだから正犯と違い，第一次的な法益侵害を引き起こしていれば足りる」などとする一部の学説は因果的共犯論の本旨を見失ったものといわざるをえない。さらに，「後行者の受交付が先行者にとって『詐取』を完成させるものである以上，詐欺の共犯となしうる」とする学説に至っては，論者の標榜する出発点に反し，もはや，因果的共犯論のむしろ対立物である不法共犯説を敷衍したものとなってしまっているように思われる。

こうして，受交付のみに関わった後行者は，交付された物の他人性を前提として，せいぜい遺失物等横領（刑法254条）の罪責を負うにすぎない。ただし，事案によっては，後行者が独自に挙動ないし不作為による詐欺で処罰されることはありうる。あるいは，そこまでいかなくても，先行者に不作為による詐欺を観念し，これに対する加功をもって共犯としての罪責を問うことも考えられよう。いずれにせよ，後行者を詐欺で処罰するためには，千葉補足意見の2よりも慎重かつ繊細な考慮を要するのである。その意味で，あえて「余計なひとこと」を付け加えるにしては，論証がやや雑にすぎるのではなかろうか。

なお，その後，最決平29・12・11刑集71・10・535が出されている。次のようにいう。

「2　当裁判所の判断
(1)　原判決の認定によれば，本件の事実関係は次のとおりである。

Cを名乗る氏名不詳者は，平成27年3月16日頃，Aに本件公訴事実記載の欺罔文言を告げた（以下「本件欺罔行為」という。）。その後，Aは，うそを見破り，警察官に相談してだまされたふり作戦を開始し，現金が入っていない箱を指定された場所に発送した。一方，被告人は，同月24日以降，だまされたふり作戦が開始されたことを認識せずに，氏名不詳者から

報酬約束の下に荷物の受領を依頼され，それが詐欺の被害金を受け取る役割である可能性を認識しつつこれを引受け，同月25日，本件公訴事実記載の空き部屋で，Aから発送された現金が入っていない荷物を受領した（以下「本件受領行為」という。）。

　(2)　前記(1)の事実関係によれば，被告人は，本件詐欺につき，共犯者による本件欺罔行為がされた後，だまされたふり作戦が開始されたことを認識せずに，共犯者らと共謀の上，本件詐欺を完遂する上で本件欺罔行為と一体のものとして予定されていた本件受領行為に関与している。そうすると，だまされたふり作戦の開始いかんにかかわらず，被告人は，その加功前の本件欺罔行為の点も含めた本件詐欺につき，詐欺未遂罪の共同正犯としての責任を負うと解するのが相当である。

　3　結論

　したがって，本件につき，被告人が共犯者らと共謀の上被害者から現金をだまし取ろうとしたとして，共犯者による欺罔行為の点も含めて詐欺未遂罪の共同正犯の成立を認めた原判決は，正当である」。

　本判例は直接的には，被害者がだまされたことに気づかず，錯誤に陥ったまま現金入りの箱を発送し，被告人がこれを受領した，などというこれまで俎上に載せてきた事案につき判断を示したものではない。もっとも，その言い回しから推察される論理構造に照らせば，同様のプロセスを経て，そのような事案においては詐欺既遂罪の共同正犯が成立することになると思われる。そして，その「論理構造」とは，一定の要件──たとえば，欺罔行為と受領行為の「一体」性など，その具体的な内実は今後の議論において明らかとなっていくであろう──のもとで，後行者に対し，その共謀加担前の，先行者による欺罔行為についてまで共同正犯としての罪責を負わせる，というものである。

　千葉補足意見の2にせよ，標題判例以降の下級審裁判例の主流にせよ，学説の趨勢にせよ，すべて，後行者が共謀加担して以降の侵害経過のみをとりあげて，これに詐欺の共犯という罪名ないし罰条を適用すべく，さまざまな理論的努力を重ねてきた。ところが，本判例はそのすべてをひっくり返し，そもそも，「加功前の……欺罔行為の点も含め」て罪責を問うことを認めてしまった。詳しくは第28章のリードを参照されたいが，私には，それは単なる「先祖返り」としか思われない。最高裁はもう一度，標題判例の意義をかみしめるべきではなかろうか。

(5) その後の学説の動向

その後，私見に詳細な批判を加える重要な文献[3]が現れた。いずれの批判も非常に重要な点にかかわるため，ここで簡単に紹介するとともに，これに対する応答を記しておくこととしたい。

第1の批判は，「先行者の暴行と後行者加担後の暴行がともに作用して最終的に生じた傷害については，後行者加担後の暴行はその共同原因であり，最終的な傷害の発生に寄与したといえることから，①の理解〔重篤化した最終的な傷害結果全体について後行者が共犯責任を負う，とする理解〕も有力である。①も，後行者の行為が最終的な重篤化した結果の発生に対して因果性を有することを理由とするものであって，因果の要請と矛盾するものではない」というものである。

第2の批判は，「ここで問題となっている事例〔強盗罪・詐欺罪の承継的共犯の事例〕においては，共犯者（後行者）に固有の，犯罪の成立を否定すべき事由は存在せず，後行者の関与行為が，先行者に成立する強盗罪・詐欺罪の構成要件該当事実の一部をなしていることは否定できない以上，先行者から見れば強取・詐取である財物の領得への関与をもって，強盗罪・詐欺罪の共犯の成立を認めたとしても，混合惹起説と矛盾するとまではいえない」というものである。

第3の批判は，「特殊詐欺の受け子は詐欺に加担した者であるという，素直な『感覚』からすれば，占有離脱物横領罪で処罰されるから不可罰ではないといって納得しうるかは疑わしい」というものである。

いずれの批判も本章の主張と正面衝突するものであるが，それだけに，私はこれらの批判が本質的な点において誤っていると思う。

まず，第1の批判についてであるが，私は，ある行為が他の行為と共同原因である場合に帰責を肯定することが因果の要請と矛盾する，などと述べたことは一度もない。そのようなことを言い始めれば，間接正犯や共犯という法形象が成り立たなくなってしまう。そうではなく，先行者の暴行がすでに生じさせていた傷害については，後行者加担後の暴行が共同原因にさえなっていないから，同傷害を後行者加担後の暴行への帰責対象から除かなければ因果の要請と矛盾する，と述べているのである。

---

[3] 齊藤彰子「承継的共犯」法教453号（2018）22頁以下。以下の引用もすべて同論文からのものである。

次に、第2の批判についてであるが、惹起説（因果的共犯論）とは、共犯も正犯と同じく、不法の客観的に帰属可能な惹起に処罰根拠をもつ、という考え方のことである。そして、混合惹起説とは、惹起説を前提としながら、処罰根拠がみたされるというだけで共犯を成立させたのでは可罰範囲が過大になることから、そこに共犯の従属（限定）性——ここでは制限従属性——という枠をはめようとする議論にほかならない。そうすると、第2の批判が掲げる論拠のうち、前半は不法共犯説でも承認することがら、後半は処罰根拠と関係のないことがらであって、因果的共犯論と矛盾すると主張する私見への批判を論理的に構成しえない。

最後に、第3の批判についてであるが、かねてより私自身も主張しているように、われわれの道徳的直観は法理論を構成するうえで絶対に無視することはできない。しかし、それはある特定の事例のみを見て湧き上がる生の処罰感情のことではない。そうではなく、あくまで、さまざまな事例を視野に入れながら整合的に体系化され、新たな事例が付け加わるたびに修正されたり、はたまた、当該事例に対する生の感覚を誤りとして棄却することによりいっそう堅固なものとされたりするような、全体論的な直観でなければならないのである（このような営為は通常、法律家共同体に固有のものであるが、もちろん一般市民に対しても原理的には開かれており、それを取り入れることこそが裁判員制度の本来の趣旨だと思われる）。そして、このような直観に照らすと、むしろ、論者のいう「素直な『感覚』」は誤りとして棄却すべきであって、そのことは本章のリードにおいて示したとおりである。

II 日常（中立）的行為による幇助

1 最決平23・12・19刑集65・9・1380＝ウィニー事件

「1 本件は、被告人が、ファイル共有ソフトであるWinnyを開発し、その改良を繰り返しながら順次ウェブサイト上で公開し、インターネットを通じて不特定多数の者に提供していたところ、正犯者2名が、これを利用して著作物であるゲームソフト等の情報をインターネット利用者に対し自動公衆送信し得る状態にして、著作権者の有する著作物の公衆送信権（著作権法23条1項）を侵害する著作権法違反の犯行を行ったことから、正犯者らの各犯行に先立つ被告人によるWinnyの最新版の公開、提供行為

が正犯者らの著作権法違反罪の幇助犯に当たるとして起訴された事案である。原判決の認定及び記録によれば，以下の事実を認めることができる。

（1）Winnyは，個々のコンピュータが，中央サーバを介さず，対等な立場にあって全体としてネットワークを構成するＰ２Ｐ技術を応用した送受信用プログラムの機能を有するファイル共有ソフトである。Winnyは，情報発信主体の匿名性を確保する機能（匿名性機能）とともに，クラスタ化機能，多重ダウンロード機能，自動ダウンロード機能といったファイルの検索や送受信を効率的に行うための機能を備えており，それ自体は多様な情報の交換を通信の秘密を保持しつつ効率的に行うことを可能とし，様々な分野に応用可能なソフトであるが，本件正犯者がしたように著作権を侵害する態様で利用することも可能なソフトである。

（2）被告人は，匿名性と効率性を兼ね備えた新しいファイル共有ソフトが実際に稼動するかの技術的な検証を目的として，平成14年4月1日にWinnyの開発に着手し，同年5月6日，自己の開設したウェブサイトでWinnyの最初の試用版を公開した。被告人は，その後も改良を加えたWinnyを順次公開し，同年12月30日にWinnyの正式版であるWinny1.00を公開し，翌平成15年4月5日にWinny1.14を公開してファイル共有ソフトとしてのWinny（Winny 1）の開発に一区切りを付けた。その後，被告人は，同月9日，今度はＰ２Ｐ技術を利用した大規模ＢＢＳ（電子掲示板）の実現を目的として，そのためのソフトであるWinny 2の開発に着手し，同年5月5日，Winny 2の最初の試用版を公開し，同年9月には，本件正犯者2名が利用したWinny2.0 β 6.47やWinny2.0 β 6.6（以下，両者を併せて「本件Winny」という。）を順次公開した。なお，Winny 2は，上記のとおり大規模ＢＢＳの実現を目指して開発されたものであるが，Winny 1とほぼ同様のファイル共有ソフトとしての機能も有していた（以下，Winny 1とWinny 2を総称して「Winny」という。）。被告人は，Winnyを公開するに当たり，ウェブサイト上に『これらのソフトにより違法なファイルをやり取りしないようお願いします。』などの注意書きを付記していた。

（3）本件正犯者であるＢは，平成15年9月3日頃，被告人が公開していたWinny2.0 β 6.47をダウンロードして入手し，法定の除外事由がなく，かつ，著作権者の許諾を受けないで，同月11日から翌12日までの間，Ｂ方において，プログラムの著作物である25本のゲームソフトの各情報が

第24章　共犯の因果性（下）

記録されているハードディスクと接続したコンピュータを用いて，インターネットに接続された状態の下，上記各情報が特定のフォルダに存在しアップロードが可能な状態にある上記 Winny を起動させ，同コンピュータにアクセスしてきた不特定多数のインターネット利用者に上記各情報を自動公衆送信し得るようにし，著作権者が有する著作物の公衆送信権を侵害する著作権法違反の犯行を行った。また，本件正犯者である C は，同月 13 日頃，被告人が公開していた Winny2.0 β6.6 をダウンロードして入手し，法定の除外事由がなく，かつ，著作権者の許諾を受けないで，同月 24 日から翌 25 日までの間，C方において，映画の著作物 2 本の各情報が記録されているハードディスクと接続したコンピュータを用いて，インターネットに接続された状態の下，上記各情報が特定のフォルダに存在しアップロードが可能な状態にある上記 Winny を起動させ，同コンピュータにアクセスしてきた不特定多数のインターネット利用者に上記各情報を自動公衆送信し得るようにし，著作権者が有する著作物の公衆送信権を侵害する著作権法違反の犯行を行った。

　2　第 1 審判決は，Winny の技術それ自体は価値中立的であり，価値中立的な技術を提供すること一般が犯罪行為となりかねないような，無限定な幇助犯の成立範囲の拡大は妥当でないとしつつ，結局，そのような技術を外部へ提供する行為自体が幇助行為として違法性を有するかどうかは，その技術の社会における現実の利用状況やそれに対する認識，さらに提供する際の主観的態様いかんによると解するべきであるとした。その上で，本件では，インターネット上において Winny 等のファイル共有ソフトを利用してやりとりがなされるファイルのうちかなりの部分が著作権の対象となるもので，Winny を含むファイル共有ソフトが著作権を侵害する態様で広く利用されており，Winny が社会においても著作権侵害をしても安全なソフトとして取りざたされ，効率もよく便利な機能が備わっていたこともあって広く利用されていたという現実の利用状況の下，被告人は，そのようなファイル共有ソフト，とりわけ Winny の現実の利用状況等を認識し，新しいビジネスモデルが生まれることも期待して，Winny がそのような態様で利用されることを認容しながら，本件 Winny を自己の開設したホームページ上に公開して，不特定多数の者が入手できるようにし，これによって各正犯者が各実行行為に及んだことが認められるから，被告人の行為は，幇助犯を構成すると評価することができるとして，著作権法

違反罪の幇助犯の成立を認め，被告人を罰金150万円に処した。

3　この第1審判決に対し，検察官が量刑不当を理由に，被告人が訴訟手続の法令違反，事実誤認，法令適用の誤りを理由に控訴した。原判決は，幇助犯の成否に関する法令適用の誤りの主張に関し，インターネット上におけるソフトの提供行為で成立する幇助犯というものは，これまでにない新しい類型の幇助犯であり，刑事罰を科するには罪刑法定主義の見地からも慎重な検討を要するとした上，『価値中立のソフトをインターネット上で提供することが，正犯の実行行為を容易ならしめたといえるためには，ソフトの提供者が不特定多数の者のうちには違法行為をする者が出る可能性・蓋然性があると認識し，認容しているだけでは足りず，それ以上に，ソフトを違法行為の用途のみに又はこれを主要な用途として使用させるようにインターネット上で勧めてソフトを提供する場合に幇助犯が成立すると解すべきである。』とし，被告人は，本件Winnyをインターネット上で公開，提供した際，著作権侵害をする者が出る可能性・蓋然性があることを認識し，認容していたことは認められるが，それ以上に，著作権侵害の用途のみに又はこれを主要な用途として使用させるようにインターネット上で勧めて本件Winnyを提供していたとは認められないから，被告人に幇助犯の成立を認めることはできないと判示し，第1審判決を破棄し，被告人に無罪を言い渡した。

4　所論は，刑法62条1項が規定する幇助犯の成立要件は，『幇助行為』，『幇助意思』及び『因果性』であるから，幇助犯の成立要件として『違法使用を勧める行為』まで必要とした原判決は，刑法62条の解釈を誤るものであるなどと主張する。そこで，原判決の認定及び記録を踏まえ，検討することとする。

(1)　刑法62条1項の従犯とは，他人の犯罪に加功する意思をもって，有形，無形の方法によりこれを幇助し，他人の犯罪を容易ならしむるものである（最高裁昭和24年(れ)第1506号同年10月1日第二小法廷判決・刑集3巻10号1629頁参照）。すなわち，幇助犯は，他人の犯罪を容易ならしめる行為を，それと認識，認容しつつ行い，実際に正犯行為が行われることによって成立する。原判決は，インターネット上における不特定多数者に対する価値中立ソフトの提供という本件行為の特殊性に着目し，『ソフトを違法行為の用途のみに又はこれを主要な用途として使用させるようにインターネット上で勧めてソフトを提供する場合』に限って幇助犯が成立する

と解するが，当該ソフトの性質（違法行為に使用される可能性の高さ）や客観的利用状況のいかんを問わず，提供者において外部的に違法使用を勧めて提供するという場合のみに限定することに十分な根拠があるとは認め難く，刑法62条の解釈を誤ったものであるといわざるを得ない。

(2) もっとも，Winny は，1，2審判決が価値中立ソフトと称するように，適法な用途にも，著作権侵害という違法な用途にも利用できるソフトであり，これを著作権侵害に利用するか，その他の用途に利用するかは，あくまで個々の利用者の判断に委ねられている。また，被告人がしたように，開発途上のソフトをインターネット上で不特定多数の者に対して無償で公開，提供し，利用者の意見を聴取しながら当該ソフトの開発を進めるという方法は，ソフトの開発方法として特異なものではなく，合理的なものと受け止められている。新たに開発されるソフトには社会的に幅広い評価があり得る一方で，その開発には迅速性が要求されることも考慮すれば，かかるソフトの開発行為に対する過度の萎縮効果を生じさせないためにも，単に他人の著作権侵害に利用される一般的可能性があり，それを提供者において認識，認容しつつ当該ソフトの公開，提供をし，それを用いて著作権侵害が行われたというだけで，直ちに著作権侵害の幇助行為に当たると解すべきではない。かかるソフトの提供行為について，幇助犯が成立するためには，一般的可能性を超える具体的な侵害利用状況が必要であり，また，そのことを提供者においても認識，認容していることを要するというべきである。すなわち，ソフトの提供者において，当該ソフトを利用して現に行われようとしている具体的な著作権侵害を認識，認容しながら，その公開，提供を行い，実際に当該著作権侵害が行われた場合や，当該ソフトの性質，その客観的利用状況，提供方法などに照らし，同ソフトを入手する者のうち例外的とはいえない範囲の者が同ソフトを著作権侵害に利用する蓋然性が高いと認められる場合で，提供者もそのことを認識，認容しながら同ソフトの公開，提供を行い，実際にそれを用いて著作権侵害（正犯行為）が行われたときに限り，当該ソフトの公開，提供行為がそれらの著作権侵害の幇助行為に当たると解するのが相当である。

(3) これを本件についてみるに，まず，被告人が，現に行われようとしている具体的な著作権侵害を認識，認容しながら，本件 Winny の公開，提供を行ったものでないことは明らかである。

次に，入手する者のうち例外的とはいえない範囲の者が本件 Winny を

著作権侵害に利用する蓋然性が高いと認められ，被告人もこれを認識，認容しながら本件 Winny の公開，提供を行ったといえるかどうかについて検討すると，Winny は，それ自体，多様な情報の交換を通信の秘密を保持しつつ効率的に行うことを可能とするソフトであるとともに，本件正犯者のように著作権を侵害する態様で利用する場合にも，摘発されにくく，非常に使いやすいソフトである。そして，本件当時の客観的利用状況をみると，原判決が指摘するとおり，ファイル共有ソフトによる著作権侵害の状況については，時期や統計の取り方によって相当の幅があり，本件当時の Winny の客観的利用状況を正確に示す証拠はないが，原判決が引用する関係証拠によっても，Winny のネットワーク上を流通するファイルの4割程度が著作物で，かつ，著作権者の許諾が得られていないと推測されるものであったというのである。そして，被告人の本件 Winny の提供方法をみると，違法なファイルのやり取りをしないようにとの注意書きを付記するなどの措置を採りつつ，ダウンロードをすることができる者について何ら限定をかけることなく，無償で，継続的に，本件 Winny をウェブサイト上で公開するという方法によっている。これらの事情からすると，被告人による本件 Winny の公開，提供行為は，客観的に見て，例外的とはいえない範囲の者がそれを著作権侵害に利用する蓋然性が高い状況の下での公開，提供行為であったことは否定できない。

他方，この点に関する被告人の主観面をみると，被告人は，本件 Winny を公開，提供するに際し，本件 Winny を著作権侵害のために利用するであろう者がいることや，そのような者の人数が増えてきたことについては認識していたと認められるものの，いまだ，被告人において，Winny を著作権侵害のために利用する者が例外的とはいえない範囲の者にまで広がっており，本件 Winny を公開，提供した場合に，例外的とはいえない範囲の者がそれを著作権侵害に利用する蓋然性が高いことを認識，認容していたとまで認めるに足りる証拠はない。

確かに，〔1〕被告人が Winny の開発宣言をしたスレッド（以下「開発スレッド」という。）には，Winny を著作権侵害のために利用する蓋然性が高いといえる者が多数の書き込みをしており，被告人も，そのような者に伝わることを認識しながら Winny の開発宣言をし，開発状況等に関する書き込みをしていたこと，〔2〕本件当時，Winny に関しては，逮捕されるような刑事事件となるかどうかの観点からは摘発されにくく安全である旨の

情報がインターネットや雑誌等において多数流されており、被告人自身も、これらの雑誌を購読していたこと、〔3〕被告人自身がWinnyのネットワーク上を流通している著作物と推定されるファイルを大量にダウンロードしていたことの各事実が認められる。これらの点からすれば、被告人は、本件当時、本件Winnyを公開、提供した場合に、その提供を受けた者の中には本件Winnyを著作権侵害のために利用する者がいることを認識していたことは明らかであり、そのような者の人数が増えてきたことも認識していたと認められる。

しかし、〔1〕の点については、被告人が開発スレッドにした開発宣言等の書き込みには、自己顕示的な側面も見て取れる上、同スレッドには、Winnyを著作権侵害のために利用する蓋然性が高いといえる者の書き込みばかりがされていたわけではなく、Winnyの違法利用に否定的な意見の書き込みもされており、被告人自身も、同スレッドに『もちろん、現状で人の著作物を勝手に流通させるのは違法ですので、βテスタの皆さんは、そこを踏み外さない範囲でβテスト参加をお願いします。これはFreenet系P2Pが実用になるのかどうかの実験だということをお忘れなきように。』などとWinnyを著作権侵害のために利用しないように求める書き込みをしていたと認められる。これによれば、被告人が著作権侵害のために利用する蓋然性の高い者に向けてWinnyを公開、提供していたとはいえない。被告人が、本件当時、自らのウェブサイト上などに、ファイル共有ソフトの利用拡大により既存のビジネスモデルとは異なる新しいビジネスモデルが生まれることを期待しているかのような書き込みをしていた事実も認められるが、この新しいビジネスモデルも、著作権者側の利益が適正に保護されることを前提としたものであるから、このような書き込みをしていたことをもって、被告人が著作物の違法コピーをインターネット上にまん延させて、現行の著作権制度を崩壊させる目的でWinnyを開発、提供していたと認められないのはもとより、著作権侵害のための利用が主流となることを認識、認容していたとも認めることはできない。また、〔2〕の点については、インターネットや雑誌等で流されていた情報も、当時の客観的利用状況を正確に伝えるものとはいえず、本件当時、被告人が、これらの情報を通じてWinnyを著作権侵害のために利用する者が増えている事実を認識していたことは認められるとしても、Winnyは著作権侵害のみに特化して利用しやすいというわけではないのであるから、著作権侵

害のために利用する者の割合が，前記関係証拠にあるような４割程度といった例外的とはいえない範囲の者に広がっていることを認識，認容していたとまでは認められない。〔3〕の被告人自身がWinnyのネットワーク上から著作物と推定されるファイルを大量にダウンロードしていた点についても，当時のWinnyの全体的な利用状況を被告人が把握できていたとする根拠としては薄弱である。むしろ，被告人が，Ｐ２Ｐ技術の検証を目的としてWinnyの開発に着手し，本件Winnyを含むWinny 2については，ファイル共有ソフトというよりも，Ｐ２Ｐ型大規模ＢＢＳの実現を目的として開発に取り組んでいたことからすれば，被告人の関心の中心は，Ｐ２Ｐ技術を用いた新しいファイル共有ソフトや大規模ＢＢＳが実際に稼動するかどうかという技術的な面にあったと認められる。現に，Winny 2においては，ＢＢＳのスレッド開設者のＩＰアドレスが容易に判明する仕様となっており，匿名性機能ばかりを重視した開発がされていたわけではない。そして，前記のとおり，被告人は，本件Winnyを含むWinnyを公開，提供するに当たり，ウェブサイト上に違法なファイルのやり取りをしないよう求める注意書を付記したり，開発スレッド上にもその旨の書き込みをしたりして，常時，利用者に対し，Winnyを著作権侵害のために利用することがないよう警告を発していたのである。

　これらの点を考慮すると，いまだ，被告人において，本件Winnyを公開，提供した場合に，例外的とはいえない範囲の者がそれを著作権侵害に利用する蓋然性が高いことを認識，認容していたとまで認めることは困難である。

　(4)　以上によれば，被告人は，著作権法違反罪の幇助犯の故意を欠くといわざるを得ず，被告人につき著作権法違反罪の幇助犯の成立を否定した原判決は，結論において正当である」。

2　検　討

(1)　実質的な不作為

　日常（中立）的行為による幇助とは，日常ありふれた行為が他者（正犯）の犯罪用途に供された場合において，いかにして可罰的な幇助犯の成立を限定するか，という問題である。これはドイツの議論の影響を受けたものであり，わが国においても，いくつかの下級審裁判例を素材として研究が進められていた[4]。そして，標題判例はこの問題に関し，最高裁が

第24章 共犯の因果性（下）

（特定の事案のみを前提にするとはいえ）一定の解決方法を示したものとして注目されている。もっとも，本書の趣旨に照らすと，ここでドイツの抽象的な議論を詳細に紹介することも，また，標題判例の精密な分析（いわゆる判例評釈）を行うことも，あまり適切な作業とはいえないであろう。そこで，以下では，この問題に対処するにあたって実務上，一般に有用と思われる理論的な道具を，犯罪論の体系に沿って提供していくこととしたい。

まずは幇助行為を実質的に見て不作為と評価し，保障人的地位のない限り構成要件該当性を欠くとすることである。そして，厳密に考えると，そのなかにも次の3とおりがある。

第1に，作為の側面が有効な契約の履行と評価されるため，不作為をとらえて処罰するほかない場合である。講壇設例になるが，賭博の常習者から借金した者が，それを元手に必ずや賭博をするであろうと予測しながらも金を返し，その結果，現にその常習者が賭博をした，というものがあげられよう（賭博の幇助）。ここでは返金という作為が消費貸借契約の履行と評価されるため，その常習者による賭博を止めないという不作為をとらえて処罰するほかないのである。この第1の場合は原理的には幇助犯に限らず，たとえば，単独正犯においても同様に観念しうることに注意を要する。再び講壇設例になるが，大学院で毒キノコの研究をしている学生が夏休みに宅急便のアルバイトをしていたところ，たまたまその特殊な知見に基づき，配送品である食用キノコの盛合せのなかにきわめてまれな毒キノコが混じっていることに気づいたが，自分の知ったことではないとそのまま配送し，受取人がこれを食して死亡した，というものがあげられよう（殺人の単独正犯）。

第2に，第5章において紹介した，いわゆる作為による不作為の場合である。自宅の鍵を開けたままにしておけば愛人が入って来て自分の子どもに暴力をふるうことが予測される状況で，いったんは子どものことを考えて鍵をかけたものの，しばらくして，愛人に嫌われるのが怖くなり再び鍵を開けた，という事例においては，のちの鍵を開けた作為をとらえて暴行罪の幇助犯とすることはできない。そして，同所で述べたように，この第2の場合もまた単独正犯等，他の不法類型においても同様に観念しうるこ

---

4 代表的な業績として，島田聡一郎「広義の共犯の一般的成立要件――いわゆる『中立的行為による幇助』に関する近時の議論を手がかりとして」立教57号（2001）44頁以下を参照。

とに注意を要する。

第3に，実質的には「われ関せず」の態度表明が，しかし，作為の形態をとって行われる場合である。もう少し具体的にいうと，それによって他者（＝正犯）が法益を侵害しようがしまいが変わらない，その意味で中立的な行為者の作為を当該他者が恣意的にも，法益を侵害する動機づけに利用しているにすぎない場合である。これは第1および第2の場合と異なり，他者の自律的な決意に基づく犯行を前提としたものであり，それゆえ，単独正犯においては観念しえないことに注意を要する。そして，このような場合にも実質的に見て不作為と評価し，行為者が当該法益を擁護すべく積極的に介入する義務を負わない限り，（幇助犯をはじめとする）共犯の成立を否定すべきであろう。というのも，そのように解さないと，当該他者の任意の意思形成により行為者の行為自由が制限されうることを，国家が正面から承認することとなってしまうからである。したがって，たとえば，テロリストが裁判官に対し，「同志に対する刑事裁判を継続すれば無差別に市民を殺害する」と予告し，裁判官がこれを真摯に受け止めつつも裁判を継続した結果，実際に爆破テロが起きたというケースにおいては，裁判の継続という作為をとらえて殺人罪等の共犯とすることはできない。

ひるがえって標題判例の事案を見てみると，そこで被告人によるソフトの公開，提供を実質的に不作為ととらえることは，以上で見た3つの場合のいずれをあてはめても困難であろう。したがって，この実質的に不作為とみなす手法は，日常的行為による幇助という表題のもとでしばしば議論される事例群の重要部分を解決しうるものの，こと本件に関してはあまり役に立たないように思われる。

(2) 幇助の因果性の欠如

次に，幇助の因果性を欠くとすることである。前章において述べたように，幇助の因果性は①寄与の撤回が（共同）正犯による不法の実現を妨害する可能性と，②寄与が当該実現を引き起こす一般的な適性の積によって与えられる。そして，そうであるとすれば，他所からもきわめて容易に調達しうるありふれた犯行手段を提供したにすぎない（①の僅少性）とか，あるいは，通常であればほとんど無用な犯行手段の提供がたまたま大いに役立った（②の僅少性）などという場合においては，幇助犯の処罰根拠として十分な因果性が認められないことになろう。

講壇設例をあげると，たとえば，いかにも速度超過を犯しそうな改造車

に給油するガソリンスタンド従業員の行為が処罰されないのは、ほかにいくらもガソリンスタンドがあるからである（①の僅少性）。また、友人が侵入窃盗を犯そうとしているので、鍵でもかけ忘れていないかと近所に住むうっかり者の家を教えたところ、犯行当日、本当に鍵をかけ忘れていたため侵入窃盗が成功した、という事例では提供した情報が偶然役立ったにすぎないから不可罰である（②の僅少性）。

　このように、講壇設例ばかりを用いて理論を敷衍することに対しては、実践的でないとの疑念を抱く向きもあるかもしれない。しかし、「日常的」行為による幇助という名が示すとおり、そこで不可罰となるのはいわば倫理的に無色の、検察官が本能的に起訴価値がないと判断するような事例ばかりである。したがって、それらが「いかにも」な講壇設例の印象を与えるのは避けられない事態である。そして、本章はそれらを素材としつつ、前記「本能的」な判断の内実をできる限り理論的に解明しようと試みるものである。

　他方、標題判例の事案においては、幇助の因果性を欠くという理由から無罪の結論を導くことは困難であろう。本件ソフトの代用品が容易に利用可能であるとはいえない（①の重大性）し、また、本件ソフトが著作権侵害に利用される事態が偶然にすぎないともいいがたい（②の重大性）からである。最高裁は「かかるソフトの提供行為について、幇助犯が成立するためには、一般的可能性を超える具体的な侵害利用状況が必要であ」ると述べているから、この点をとらえて②を否定したと解するものもあるかもしれない。しかし、この点は（すぐ前で述べられているように）「かかるソフトの開発行為に対する過度の萎縮効果を生じさせないためにも」採用された解釈であるから、幇助の因果性そのものを否定する趣旨ではなく、これを前提としつつ、さらなる可罰性の限定を図ったものととらえるのが自然であろう。

(3)　許された危険

　さらに、許された危険として不法を否定することである。この許された危険とは、問題となる行為が一定の危険をはらんでいるものの、そのような危険を冒してはじめて達成しうる（危険に優越する）社会的有用性を観念しうる場合には、たとえそのような危険が現実化することとなったとしても、なお当該危険行為の遂行を許容しておくことにより、前記、社会的有用性をよりよく実現しようとする考え方のことである。そして、このよう

な定義からも分かるように，この許された危険は単独正犯等を含む，すべての不法類型に原理的に共通して妥当するものといえる。

たとえば，どの図書館にもコピー機が設置されており，その付近には必ず「著作権侵害の用途には利用しないこと」という注意書きが貼られている。しかし，コピー機の設置者は当然，一定数の利用者が著作権侵害を行っていることは（未必的にであれ）認識しているはずである。それでは，なぜコピー機の設置者が著作権法違反の幇助犯として処罰されないかといえば，それは——とくに，私がしばしば利用する大学の図書館でいえば——コピー機がないと研究・教育上の障害が大きくなりすぎるからであろう。これはまさに許された危険の発想そのものである。

そして，標題判例においても，(2)で引用した「萎縮効果」云々は，まさに，許された危険における社会的有用性をいいあらわしたものではなかろうか。そうすると，危険が許されない，すなわち，社会的有用性より大きいことを表現した一節が「一般的可能性を超える具体的な侵害利用状況」に相当することになろう。さらに，「すなわち」を挟んで以降の部分が，この一節を具体的に敷衍していることになる。もっとも，これはあくまで私個人の語感にかかわることかもしれないが，「現に行われようとしている具体的な」という敷衍の仕方はともかく，「例外的とはいえない範囲の者が」というほうは比喩的にすぎてやや分かりにくく感じられる[5]。違法利用の規模や程度，蓋然性を勘案したとき，危険のほうが社会的有用性を上回るというのが本意であるならば，それを本件事案に即して具体化すれば足りるのではなかろうか。

なお，標題判例には大谷剛彦裁判官の反対意見が付されているが，そこでは「本件において，行為の目的，手段の相当性，法益侵害の比較，あるいは政策的な配慮などを総合考慮し，社会通念上許容し得る場合，あるいは法秩序全体の見地から許容し得る場合に違法性を阻却するとする実質的違法性の問題についても検討の余地はあろう」とも述べられている。最終的に実質的違法性阻却は否定されているが，そこで議論されていることがらの実体は許された危険と軌を一にするものといえよう。

(4) 幇助犯の故意の欠如

---

[5] 調査官解説（矢野直邦「判解」最判解刑（平23）391頁）も，これを分かりやすく言い換えようと苦心している。そして，その言い換えの方向性は許された危険（の逸脱）と基本的に共通しているように思われる。

第24章　共犯の因果性（下）

　最後に，幇助犯の故意を否定することである。すなわち，自律的な人間はふつう故意に犯罪を実行しない，という信頼が一般には成り立つであろう。そして，そうであるとすれば，たとえ幇助犯の構成要件そのものは充足されているとしても，漠然と，たとえば，「自分の提供した道具が相手方によって犯罪に利用されてしまうかもしれない」と不安に思った，というだけでは幇助犯の故意を認めるのに十分ではない，といわれているのである。

　たしかに，しばしば講壇設例としてあげられるように，いかにも料理をしなさそうな，粗暴な雰囲気をもつ客に包丁を販売した金物屋の主人が，現実に行われた爾後の殺人に対する幇助犯として処罰されることはないであろう（その客は購入時から包丁を殺人に用いるつもりであったとする）。そして，一見すると，有力な見解がいうように，この結論を導くためには幇助犯の故意を否定するほかないようにも思われる。

　しかし，そもそもこのような事例においては，包丁などどこでも容易に手に入れられるという理由から，すでに幇助の因果性（とくに①）が欠如しているとも評価しえよう。また，この点を措くとしても，主人が思い込みの激しい性格であり，「こんな人間が包丁を買うといったら人を刺すに決まっているが，断って逆恨みされても困るから，あとで足がつかないよう販売店のシールをはがして売っておこう」と考えていれば幇助犯の故意が肯定され処罰しうる，という結論もおかしい。むしろ，ここでは，主人の立場におかれた，法の期待する水準の慎重さを備えた第三者であれば単なる客の外見からする殺人への連想など一笑に付するであろう，という理由から予見不可能性に基づく責任阻却を導くのが正しい解釈であると思われる。むろん，不法の予見可能性はあるが，その現実の認識がないために正しく故意のみが欠ける，という事例も当然，観念できる。ただ，そのような事例が日常的行為による幇助という文脈で出てくることは，実際問題としてまれであるというにすぎない。

　このような解釈に対しては，予見可能性の判断に際しては先述した「信頼」もなお意味をもちうる，との指摘がなされている。しかし，自律的な主体が通常，故意犯に出ないというのは単に事実上，そうであるというにすぎず，特別な規範的意義をもつわけではない。だからこそ，たとえば，うっかり道にお金を落としたとき，ふつうは諦めてしまう，つまり，遺失物等横領罪という故意犯が行われないなどとは「信頼」しないのである。

そして，第15章において述べたように，「信頼」の原則が許された危険という規範的な原理によってすでに内容充てんを図られていることにかんがみれば，ここで単なる事実的な意味をあらわすために「信頼」ということばを用いるのはミスリーディングであろう。

　ひるがえって標題判例を見てみると，そこでは最終的に幇助犯の故意を否定することで無罪の結論が維持されている。問題は，それが文字どおり故意だけを否定するものであるのか，それとも，そもそも予見可能性，したがって，責任そのものを阻却したものであるのか，である。被告人に故意が認められるとする大谷反対意見が前者と解していることは明らかであるが，多数意見の趣旨を正確に読み解くことは容易ではない。もっとも，被告人の限定された知識を前提として，許された危険を逸脱する程度の違法利用の規模，蓋然性等を認識するのは困難であったとする趣旨であれば，その表面的な言い回しに反し，予見可能性を否定したものと読むことも不可能ではないように思われる。

第25章

共同正犯の成立要件

　　山下は司法試験予備校の講師，小林はその講義を受講している法科大学院修了生であり，答練の解説講義のあとに，小林が山下に質問している。

山下：ええと，待たせて悪かったね。君が最後だから，ゆっくり質問してくれていいよ。

小林：すみません，答案の書き方についてちょっと気になることがありまして……。

山下：具体的にはどういうこと？

小林：実は，答案に共謀共同正犯の肯非について長い論証を書いたんですが，今日の先生の講義では，そこはスキップされていましたよね。それは，共謀共同正犯が認められるのは当たり前すぎて，はじめから論証の必要などない，ということでしょうか。

山下：ああ，そのことか。話すのをすっかり忘れていたよ。

小林：では，やはり論証は必要ということですね。安心しました。それでは失礼します。

山下：あっ，ちょっと待って。私が話すのを忘れたというのは，論証し忘れたという趣旨ではなく，論証が要らないことを説明し忘れた，ということだよ。

小林：ああ，そうですよね……って，いま「論証が要らない」とおっしゃいました!?

山下：うん，そういったよ。

小林：共謀共同正犯の肯否はトリプルAの論点ですよね!?

山下：いや，だから，出題者が「実行行為を分担しない共同正犯などというものが認められるか」という「そもそも」論を厚く語ってほしがっていると，時代背景を含めた問題文の文脈から看取できることが多かった，という意味でトリプルAの論点「だった」んだよ。

小林：なんだ。いまは共謀共同正犯が認められるのは当然だから，もう議論し

なくていいってことですね。わざわざ相互利用補充関係がどうとか，たくさん答案に書いてしまいましたよ。
山下：君は今日，質問しに来てよかったよ。どうやら大事な点で誤解しているようだから。
小林：えっ，どういうことでしょうか？
山下：まず，いくら共謀共同正犯の肯否を答案で論じなくてよいといっても，「共謀共同正犯を認めない学者はもはや宇宙人」みたいな言い方をするのは間違っている。
小林：そこまでいっていませんけど（汗）。
山下：それならいいんだが……これは概念の構成方法の問題なんだよ。つまり，「正犯とは実行行為を行う者である」という本質観取的な定義を出発点にしながら，共同正犯の範型として実行行為分担型を想定してしまうと，これはもう，「巷で共謀共同正犯とされているものは実は共同『正犯』ではなく，あくまで共犯にすぎないのだ」ということにならざるをえないでしょ。
小林：世界観が本質的に違うなら，「宇宙人」っていってもいいんじゃないですかね（笑）。
山下：ところが，だ。いまはまだ「地球人」のなかにも「隠れ宇宙人」が大勢いるんだよ。たとえば，共謀共同正犯肯定説として，かつて有力であった間接正犯類似説や，いまでも有力な準実行共同正犯説などは，やはり，心のどこかで「宇宙人」とつながっている。むろん，とくに後者を採用する学者は，表向きはそんなことを認めずに「共同正犯はあくまで共犯の一種にすぎない」といっているが，それなら「犯罪の実現において実行の分担に匹敵し，または，これに準ずるほどの重要な役割を果したと認められる場合にも共同正犯を肯定する見解」〔西田典之『共犯理論の展開』（成文堂，2010）51頁〕などと標榜するのはおかしい。共犯の範型が実行行為を分担しないものであることは誰も争わないんだから。
小林：では，ええと，〔予備校のテキストを指し示しながら〕この共同意思主体説というのが「ホンモノの地球人」に最も近いということになるんでしょうか。
山下：そうねえ，その説はいろいろなヴァリエーションがあって，なおかつ，いまもなお進化し続けているから，本来は一刀両断にできないんだが……あと，私の母校の先生方が支持されていて……ああ，これは関係ないか……。
小林：どうして，そんな奥歯にものが挟まったような言い方をされるんですか？

第 25 章　共同正犯の成立要件

山下：（教師が学生の前で他説を批判すると，誇張されたりねじ曲げられたりして本人に伝わるおそれがあるから，あまりいいたくないんだよ〔汗〕。ま，しかし，ちょっとくらいなら大丈夫かな？）　あのね，あくまでこのテキストに書かれている説明に限定しての話なんだが，共犯現象を超個人的な実在である団体の活動としてとらえ，その効果を構成員に配分する，という発想こそ刑法の解釈においては「宇宙人」の方法論なんだよ。

小林：大丈夫です。いまのお話は絶対によそでしませんから，はい。

山下：（そんなにひどいこといったっけ〔汗〕。）　あと，細かい点だが，君はもうひとつ誤解しているよ。

小林：ええ，まだあるんですか!?　先生に質問するとき，答案の中身についてはひとことくらいしか話していないんですが……。

山下：十分だよ。君は，たしか，相互利用補充関係について書いたといっていたが，それは共謀共同正犯を肯定するための論証ではない。

小林：しかし，間違いではないですよね？

山下：うーん，「有害」ではないが，「無益」な記載といえるだろうね（苦笑）。そもそも相互利用補充関係というのは，おのおのが実行行為の一部しか分担していないにもかかわらず，なにゆえにその全部について責任を問われるのか，という疑問に対して回答を与えようとするものなんだから。「一部実行全部責任の原則」というのは聞いたことがあるだろう。あれだよ。だいいち，実行行為をいっさい分担していない共謀共同正犯者は，実行共同正犯者を一方的に利用しているだけで，何も補充していないだろうが。

小林：なるほど。それなら，相互利用補充関係を答案に書くことはほとんどないですね（苦笑）。

山下：立派な論証でも，適切なところで使わないと意味がないんだよ。まあ，正直なところ，相互利用補充関係が立派な論証かどうか自体，いまでは怪しいものだけどね。学説でも実務でも，共犯の処罰根拠に関しては因果的共犯論が全盛の時代だから。

小林：ええと，情報量が多すぎて混乱してきたんですが，まとめると，①実行共同正犯が共同正犯の範型である，と「心のどこかで」思いながらも，判例実務に配慮して，悩み，苦しみながら共謀共同正犯を肯定するのが議論の出発点である，そして，その際には，②相互利用補充関係が根拠として想定されているわけではない，ということですね。

山下：さっきもいったように，②はそのとおりだが，①は今日では，すでにや

や古くなっているかもしれないなぁ。「宇宙人」と完全に手を切った「新しい地球人」が最近，増えているから。

小林：なんですか，それ？

山下：いやね，どの分野でもそうなんだろうが，法科大学院ができて研究者と実務家の交流がさかんになった結果，判例実務の影響が非常に強くなって，そのなかで育ってきた人たちが「新しい地球人」なんだよ。

小林：それでは，私も「新しい地球人」ですね（笑）。

山下：（この生徒と話していると，昔の司法試験受験生を思い出すんだよなあ，不思議なことに……。）と，ともかく，実務家は実行共同正犯が共同正犯の範型だなんて，はなから思っちゃいないだろう。むしろ，幇助に落ちる例外的なケースかどうかのほうが気になっているんじゃないかな。

小林：「落ちる」って，幇助のほうが下なんですか？

山下：だって，幇助は必要的減軽なんだぞ〔刑法63条を参照〕。同一の犯行計画に基づいて行動したグループのなかで，一部の者だけ処断刑が半分になるっていうのは，現実の集団犯罪に目を向ける限り，異常事態といわざるをえないだろうからね。

小林：それでは，どういうときに幇助に「落ちる」んですか？

山下：君ねぇ，少しは自分で調べてから質問しないとダメだよ（怒）。

小林：「自己の犯罪」，「他人の犯罪」ってやつですか？　つまり，「自己の犯罪」を実現したものと評価しうるほど積極的に関与していれば共同正犯だが，そうでない，「他人の犯罪」に消極的に加担したにすぎないとしか評価しえない（例外的）場合には幇助犯に落ちる，と。

山下：なんだ，きちんと調べてきたの？　それなら，はじめからそういってよ。

小林：それが……法科大学院生時代のノートにはそう書いてあったんですが，学者の基本書には載っていなかったので，ちょっと自信がなかったんですよ。

山下：ああ，たしかに，学者は「自己の犯罪」云々をドイツ流の主観説，つまり，客観的な寄与から独立した正犯意思のみを標準として，しかも，単独正犯性を判断する見解と決めつけがちだからね。そりゃ，そんな見解はもはやわが国で真剣に主張することはできないだろうが，実務家がよくいう「自己の犯罪」云々はそれとは全然違うよ。

小林：では，学者の本に書いてある，さっきおっしゃった，客観的に重大な寄与（重要な役割）と同じようなものと理解していいんですか？

山下：少なくとも今日においては，「誤解を恐れずにいえば」とか，「あえて単

第25章 共同正犯の成立要件

純化していうと」などといった留保を付するまでもなく,「イエス」と答えていいだろう。

小林：イエス？

山下：だから,「そう理解していい」ってことだよ。分かるだろ。

小林：いえ,急に英語になったので,ちょっとびっくりしただけです。『刑法総論の理論と実務』の著者も,時々,「イエスと答えてよいだろう」とか書いているんで,うっとおしいなぁと思っていたんですよ（苦笑）。

山下：その著者のメンタリティは知らんが,少なくとも,私は普段はそんな言い方しないからな（汗）。ともかく,話を戻すと,学者はしばしば「組織内における被告人の地位や,被告人が受け取った分け前などをも考慮して共同正犯か幇助犯かを決する判例の立場は,客観的に重要な役割を果たしたかどうかによって決すべき不法類型該当性に単なる量刑事情を持ち込むものであって不当である」と書いている。

小林：ああ,私が持っている大御所の教科書にもそう書いてありました。

山下：しかし,「客観的に重要な役割を果たしたかどうか」を認定する際には,当然,たとえば,被告人の提供した情報がどのくらい有用であったか,などといったことが第一次的に考慮されるけれども,そういった直接的な事実を記述しようとするとかえって分かりにくくなる場合には,推認力の高い間接事実を並べるほうが親切だろう。そして,学者が量刑事情と論難していることがらは,そのような間接事実としてとらえ直すことができる。

小林：なるほど。たしかに,組織のボスなら実際にも大きな影響力を発揮したでしょうし,また,分け前が多ければそれなりの働きをしたってことですもんね。

山下：そういうことだ〔山下は受験生である小林に配慮し,あえて短絡化した説明をしていると思われる。現実の実務においては,このような「雑な」推認が行われることはありえず,より具体的な状況に即して,他の考慮要素をも容れつつ慎重に判断されている。そして,その結果,実務家からは,組織内における地位の上下が共同正犯の成否の認定に連動していない傾向が顕著に認められる,との指摘もなされているところである〕。強引な整理に感じたかもしれないが,そんなに間違っていないはずだよ。その証拠に,学者が重要な役割を肯定する事例と,判例が「自己の犯罪」と評価する事案はほぼ重なり合っている。

小林：それなのに,基準を立てるときは同じことばを使わないんですね。なんだか不思議だなぁ……。

山下：どちらにも，そういうことばを使ってさまざまなことを議論してきた蓄積があるからね。相互に用語法を配慮し合っているふしさえあるくらいだ。平成19年度の司法研究が「自己の犯罪を犯したといえる程度に，その遂行に重要な役割を果たしたかどうか」という説明方法を提案しているのなんか，その象徴だろう。もちろん，これはとくに相互配慮が求められるシチュエーションだったのかもしれないが，普段から多少なりとも配慮し合っているからこそじゃないかな。たとえば，学者のなかには，いままでの話を実質的に承認しながらも，「判例＝主観説」という図式を完全に崩さないよう配慮して，「客観的には重要な役割を果たしていても，そのことを主観的に認識していなければ（故意の）正犯としては処罰されない，という限りにおいては正犯意思もなお意味をもつ」という人もいて，実務家はこの分析をありがたく受け容れている〔正確には，そうする実務家もいる〕。ま，そうはいっても，正犯意思が正犯性を決めるっていうのが主観説なんだから，実際には，さっきの図式は完全に崩れているんだけどね。

小林：いやぁ，長時間ありがとうございました。共謀共同正犯の理論的な構造がよく分かりましたよ。それでは失礼します。

山下：ちょっと待て。ちゃんと分かっていないぞ。何度もいったように，「共謀」共同正犯の理論的な構造なんてものはないんだよ。

小林：そのお話はきちんと覚えていますよ。ただ，実際上，実行共同正犯にはない「共謀」という要素を論じなければならないですよね。客観的な謀議行為が必要か，とか，黙示の意思連絡で足りるか，とか。

山下：それは，具体的にはどういう事例を想定した話なの？

小林：やだなぁ，どうしてとぼけるんですか。練馬事件〔最大判昭33・5・28刑集12・8・1718〕とか松川事件〔最大判昭34・8・10刑集13・9・1419〕の判旨が客観的な謀議行為を要求しているように読めるところ，その射程はスワット事件〔最決平15・5・1刑集57・5・507〕のようなケースには及ばないのか，っていうのが問題になっているんですよね？　この間の答練にも出ましたよ。

山下：ふぅん。では，甲と乙が現場で黙示的に意思を相通じて丙を殴った，という事例ではさっきの話は問題にならないんだね，実行共同正犯だから。

小林：そうですよ。あくまで，甲と乙が現場で黙示的に意思を相通じて，甲がその所持する強力な武器を乙に渡し，乙がそれで丙を一撃のもとに殺害した，というような事例で問題になるんです。あれっ？？

第25章　共同正犯の成立要件

山下：気づいた？　そうなんだよ。それは別に共謀共同正犯に特有の話というわけではない。

小林：では，判例も実務家も共謀がどうとか議論するのはなぜなんですか？　訳が分からなくなってきましたよ……。

山下：要するに，京都弁の「はんなり」みたいなものなんだ。分節すると共同正犯の一般的成立要件に還元されるような諸要素が，たとえば，「被告人が謀議行為のみに参加した」，「現場ではじめて，とっさに意思を相通じた」，「黙示的な意思連絡しかないが，背景に強い文脈的拘束があった」などといったよくある事例類型において問題となる場合に，その問題となり方，パターンをもって「共謀」と表現しているんだろう。

小林：どうしてそんなことするんですか？　業界人しか分からないじゃないですか（怒）。

山下：君も業界人だろ。ああ，業界人の卵だったか（笑）。ま，それはともかく，思考の節約のためだろうね。京都人は「はんなり」というだけで共通了解を得られるから，いちいち個別の要素に分節して形容したりはしない。それと同じことだろう。

小林：むむ？　では，その，共同正犯の一般的成立要件のほうは何なんですか。さっき出てきた重要な役割ですか？

山下：ひとつしかないなら組み合わせのパターンなんて出てこないから，わざわざ「共謀」などと言い換える必要はない。複数あるんだろう。

小林：だから，その中身を教えて下さいよ，もったいぶらずに！

山下：いやね，教えたいのはやまやまなんだが，実は，箇条書きのかたちで明快に示すことが困難なんだ。それは，どの学者，実務家に聞いても同じだろう。ただ，不思議なことに，組み合わせのパターンだけは，かなり明確なかたちで共通了解が存在するんだよね。

小林：それなら，その組み合わせのパターンのほうを実体的な要件にしてしまえばいいじゃないですか。どうしてみんな思いつかないのかなぁ。

山下：勘違いするな。みんな，固定観念にとらわれて逆転の発想に至れない，というわけではないぞ。共犯理論，ひいては，刑法理論全体との整合性を損ねては本末転倒だからだ。「みんながなんとなく共謀と思っているもの」で国家刑罰権を規制しようとすると，全体としての刑法理論から縛りが及んでこないために，処罰範囲が恣意的なものとなってしまいかねない。

小林：そこまでおっしゃるのなら，箇条書きとはいわないまでも，ヒントくら

い下さいよ.
山下:そうねぇ……さっき,君がいっていた『刑法総論の理論と実務』を読んでみたら? 私自身は,世のなかはそんなに単純ではないと思っているが,一応の「箇条書き」がなされているよ(苦笑).

◆

I 総　説

1　共同正犯の2つの成立要件

　共犯論に入って以降,本書においては,まず,広義の共犯に共通する処罰根拠として因果的共犯論を掲げたうえ,とくに従属的共犯に課される限定である共犯の従属性の内容について検討を加えた.さらに,そののち,因果的共犯論の内実である共犯の因果性について,その派生的な問題も含め,詳細に扱ってきた.そこで,本章からは,共犯論のいわば「各論」に入ることとする.とりわけ,わが国の判例実務においては共犯の大半を共同正犯(刑法60条)が占めているため,まずはこの共同正犯の成立要件を確認するところから始めたい.

　さて,ある法的概念の実体を明らかにする手法としては,その法的効果から独立して,当該概念の本質を直観しようとするものと,これとは反対に,あくまで,その法的効果を正当化するためには当該概念がどのような要件を備えていることが必要か,という観点からアプローチするものとが存在する.このうち前者の手法は,歴史や法系から相対的に独立し,普遍的な内容を有するものと期待される概念に適している.これに対して後者の手法は,その内実が一定の偶有性を備えるとともに,近似する概念との区別が問題となるものに適しているといえよう.そして,共同正犯という法的概念は後者に属している.というのも,共同正犯の内容は歴史や法系に応じて不安定な内容を有し,または,そもそも存在せず,かつ,単独正犯や教唆犯(刑法61条),幇助犯(刑法62条)といった類似の法形象と明確に区別されなければならないからである.

　それでは,このような共同正犯を特徴づける法的効果として,具体的にはどのようなものが考えられるであろうか.それは現行刑法においては,

①複数人の行為をあわせて構成要件をみたせば足りることと，②正犯の刑が科されうること，究極的にはこの2つに集約されよう[1]。そして，このような法的効果を与えられる実体が存在するからこそ，他の局面でも正犯として扱う，たとえば，各則に過失犯処罰規定があるだけで過失犯の共同正犯を処罰することが可能となるのである。こうして，先述した後者の手法により，共同正犯という法的概念の内実，畢竟，その成立要件は，①複数人の行為をひとつに結びつける「共同性」と，②正犯相当の重い刑を正当化する，不法の実現に対する「重大な寄与」ないし「重要な役割」，この2つに求められることになる。

2 おのおのの具体的内容

それでは，1で見た共同正犯の2つの成立要件について，その中身をもう少し具体的に検討しよう。

まず，①については，その根拠と限界を既存の刑法体系から演繹的に導くことが困難である。というのも，現実の生成過程は別として，少なくとも理論的に見ると，基本となる刑法体系が構築されたのち，厳密には体系外在的な観点から，共同性を要件とする新たな不法類型が設定される，という思考の順序がたどられるからである。したがって，①に取り組むにあたっても，むしろ，複数人をひとつの犯罪主体ととらえるべきものとする法律家共同体の直観を，具体的な講壇設例や（裁）判例の事案からする一種の帰納によって明確化する，という手法によるほかない。そして，そのような手法を採用したとき導かれる①の具体的内容として，私は次の2つがありうるのではないかと思っている。

第1に，複数人の行為の双方向的寄与である。これは，有力説が片面的共同正犯を肯定する事例において，典型的に看取することができる。たとえば，XがAと強いて性交するにあたり，Aに恨みを抱いていたYが暗闇に紛れ，Xが気づかないうちにAの脚部を押さえつけておいたため，XはAとの性交を完遂しえたものとしよう。このとき，有力説が強制性交等罪（刑法177条）の片面的共同正犯を肯定するのは，XがAと強いて性交しよ

---

1 このような思考方向を示す先駆的な作品として，嶋矢貴之「過失犯の共同正犯論──共同正犯論序説（2・完）」法協121巻10号（2004）1657頁以下，島田聡一郎「間接正犯と共同正犯」『神山敏雄先生古稀祝賀論文集（第1巻）過失犯論・不作為犯論・共犯論』（成文堂，2006）445頁以下を参照。

うとするからこそYはその脚部を押さえつける一方，YがAの脚部を押さえつけるからこそXの性交行為が可能化ないし容易化する，という双方向的な寄与が存在するからである。

　第2に，たとえ寄与が一方向のものであったとしても，双方がその寄与を認識（・認容）するとともに，一方の認識（・認容）を他方がさらに認識（・認容）する，という双方向的認識（・認容）である。（黙示的なものも含め，）判例・学説上，意思連絡や意思疎通とよばれている要件の実体は，まさにここに求めることができよう。このようないわばメタ認識としての双方向的認識は，たとえば，のちに見るスワット事件においても明示的に認定されているところである。

　次に，②については，すでに第23章において述べたところである。すなわち，自身の寄与に対する不法の客観的な帰属可能性が認められることを前提に，その寄与がなければ不法の実現を挫折させえた可能性と，その寄与の不法実現に対する一般的な適性の積によって認定されるべきであろう。したがって，当該犯行にとって代替不可能であるとか，その種の犯行に非常に役立つなどの手段を提供すれば，重大な寄与ないし重要な役割を肯定しうる場合が多くなると思われる。

　問題は「重大」とか「重要」などと評価しうるための基準であり，有力な見解は，これを「他の関与者とほぼ対等ないしそれ以上」というように具体化している[2]。もちろん，そこにいう「他の関与者」が同じく共同正犯であるという保証があるのなら，それでもよいであろう。もっとも，それが幇助犯である理論的な可能性も存在するとすれば，このような具体化の方法はやや不正確である。むしろ，「関与者中，最も重大な寄与を果たした者に比肩する，または，準じる程度」などと具体化するほうが的確だと思われる。

3　3種類の幇助犯

　そして，このように，共同正犯の構造が前述した①と②に分節されうるとすれば，幇助犯に関し，次のような非常に重要な解釈論的帰結が導かれる。しかも，それは学説や判例実務において明言されることはないものの，

---

[2]　島田聡一郎「共謀共同正犯論の現状と課題」『理論刑法学の探究③』（成文堂，2010）64頁などを参照。

その実質においてはひろく承認されていることがらである。すなわち，幇助犯には3種類が存在するのである。

第1は，①も②もともに欠くものである。これは，従属的共犯としての性質を有する（①の欠如）とともに，刑の必要的な減軽がふさわしい（②の欠如）という点で，幇助犯のプロトタイプということができよう。たとえば，友人が侵入窃盗を計画しているのを知り，これを手助けするつもりでこっそり被害者宅の鍵を開けておいてやったが，友人のあらかじめ用意していた開錠器具をもってすれば，どのみちさほどの時間を要することなく鍵を開けられたであろう，という場合がこれにあたる。

第2は，②だけを欠くものである。この場合，幇助犯は寄与の小ささゆえの刑の軽さによって特徴づけられるだけであり，その余の点では共同正犯と異ならない，いわば「ミニ共同正犯」とも評すべきものである。したがって，それは従属的共犯と異なり，複数人の行為をあわせて構成要件をみたせば足りるのであるから（①の存在），たとえば，関与者2人のうち一方が共同正犯で他方が幇助犯，という形態も理論的に観念しうることになる。

判例実務においては，検察官が共同正犯として起訴したものの，実質的に②の点が争われてこれが否定された結果，幇助犯に落ちる，という事態がしばしば観察される。この認定落ちの幇助犯こそが第2の幇助犯の中核を構成しているのであり，「落ちる」過程において，実質的に，もっぱら被告人の役割の重要性のみが俎上に載せられる理由もまさにここにある。いいかえれば，この認定落ちの幇助犯はもはや従属的共犯ではないからこそ，「落ちる」過程において，いちいち従属対象である（共同）正犯を探すという作業は行われないのである。

そして，これまでの章においても，この第2の幇助犯を想定した記述がいくつかある。たとえば，第21章において，特殊詐欺で欺罔行為を含めた犯行全体に重大な寄与をなした背後者を共同正犯，容易に代替可能で軽微な役割しか果たしておらず，終始，従属的な立場にあった受け子を幇助犯とする解釈の可能性に言及したことがあった。それは理論的に正確にいうならば，受け子をこの第2の幇助犯として構成しているのである。

問題は，このような解釈が刑法の条文と整合しうるかである[3]。具体的には，62条1項が「正犯を幇助した者は，従犯とする」と規定しており，「共同正犯と幇助犯」という関与形態は想定されていないのではないかが

問題となるのである。もっとも，60条によれば共同正犯は正犯として扱われるのであり，現に，62条1項の「正犯」に共同正犯全体が含まれることはひろく承認されている。そして，そうであるとすれば，もう一歩進み，共犯の一般理論により正当に基礎づけられうる限りにおいて，「正犯」に「共同正犯とされるべき（一部の）関与者」を含めることも許されるのではなかろうか。

　第3は，①だけを欠くものである。これは，従属的共犯としての性質を有しつつも（①の欠如），その寄与が大きいために，刑の必要的減軽がふさわしいとは必ずしもいえない（②の存在）。むろん，そのような関与形態が行為決意の惹起という教唆犯に該当すれば，「正犯の刑を科する」（61条1項）のであるからとくに問題はない。支障が生ずるのは，行為決意の惹起以外の態様で重大な寄与をなした場合である。たとえば，友人が以前から狙っていた豪邸への侵入窃盗を決行する日に，こっそり被害者宅の鍵を開けておいてやったが，ドイツ製の特殊な鍵が使用されていたために，友人が独力で開錠することは不可能であった，という事例があげられよう。

　たしかに，このような場合にも刑を必要的に減軽する，というのは適正な処断方法とはいいがたいであろう。そこで一部の学説は，双方向的寄与さえなくても重大な寄与だけを根拠に片面的共同正犯を認めたり，行為媒介者が自律的な主体であるにもかかわらず「正犯の背後の正犯」という法形象を肯定したりする。しかし，そのような対処方法は刑法理論全体への波及的効果が大きすぎ，むしろ失うもののほうが大きくなってしまうように思われる。

　こうして，いまだ試論の域を出ないけれども，刑を減軽しないか，あるいは，ほとんど減軽しない新たな幇助犯（ないし，新たな従属的共犯の形式）を新設し，または，63条を「減軽することができる」と改めるのが望ましいのではなかろうか。そして，かりにこのような立法論が受け容れられない場合には，せめて，量刑判断により類似の効果を達成すべく努力すべきであろう。

3　この問題を指摘するものとして，佐伯仁志『刑法総論の考え方・楽しみ方』（有斐閣，2013）411頁を参照。

4 他説および他概念の検討

(1) 共同正犯における共同性

(a) 総　説

　私は先に，共同正犯における共同性を基礎づけるファクターとして，①双方向的寄与と②双方向的認識（意思連絡）の2つをあげた。それは，複数者を一体のものとして結びつける要素が何であるかを考えたとき，それぞれ，①互いに影響を与え合っていれば，まさに，当該複数者がそろってはじめて危険が増幅されていく，という機能的な意義が，また，②たとえ影響が一方的であったとしても，そのことを双方が認識するとともに，さらにそのことを双方が認識しているときは，社会心理学的な意味において1個の集団ととらえられる，という通念上の意義が，これにあたるものと解されるからである。

　このような発想に対しては，それが刑法体系内部において自己完結的に成立しうる整合的な説明とはなっていない，との批判もなされるかもしれない。しかし，複数者をあたかもひとつの主体であるかのように結びつけるファクターとは，いわば刑法に前置された社会的な観念であって，われわれ法律家共同体の構成員がほとんど争いなく「ここでは共同性を肯定すべきである」と直観する事例群から，帰納的な手法によって構成していくほかない。そして，そのように構成された観念を争いのある事例と照応させながら，時には当該観念のほうを修正するとともに，場合によっては当該事例に確固とした解決を与えることとなるのである。それはちょうど，第6・7章で述べたような，刑法上の因果関係についてひろく承認されている方法論と同じである。

　もっとも，学説においては，このような共同性の観念，とくに，②をさらに拡張するものと，反対に，これを制限していこうとするものとが存在している。そこで，以下では小異を捨象し，大まかな発想のレベルでおのおのについて若干の検討を加えることとしたい。

(b) 拡張的方向

　さて，まずは拡張する方向の発想として，複数者の間に一方向的な因果性さえ必要でなく，ただ，おのおのの関与を双方が認識するとともに，さらにそのことを双方が認識してさえいれば，共同性を肯定するに十分である，と解するものが考えられる。要するに，純粋な主観面だけで意思連絡，

したがって，共同性が基礎づけられるのであり，あとは，全体行為と不法との間に因果性があれば足りる，というのである。

しかし，複数者のおのおのがなんら他方からの影響を受けることなく独立に行為に出ており，ただ，両者とも「あいつも行為に出ているな。そして，そのことを俺が分かっていると，あいつも知っているな」と認識していた，というだけでは，単に同時犯の視野が広かったにすぎないのであり，両者を一体的に結びつける契機としては不十分なのではなかろうか。実際にも，たとえば，甲と乙が事前の合意なく，たまたま同時に丙に対して投石を始めた，その後，甲と乙は一瞬，目が合ったが，そのまま投石を続けた，という事例において，両者に丙に対する暴行罪の共同正犯を認めるのは非常に不自然であろう。目が合うことで鼓舞され，勢いづいたというのであればともかく，そうでない限り，不法となんらかかわりのない行為者の知識が途中で増えた，というだけのことだからである。いな，それどころか，かりにこのようなかたちで意思連絡を拡張したならば，目が合ったことによって発覚を恐れた甲と乙が当初の計画よりも早く投石をやめてしまった場合においてさえ，目が合って以降は共同正犯の成立を否定しえなくなってしまうであろう。

もちろん，論者の真意は，目が合ったことにより互いに意を強くした，という点に意思連絡の本質を見出そうとするものであるのかもしれない。たしかに，互いに因果性を及ぼし合うこと（双方向的寄与）により共同性が肯定されうることを説明する際，私が実行共同正犯の事例をあげたため一部に誤解もあるようであるが，理論的には，相手方に因果性を及ぼす行為が実行行為（の一部）である必然性はない。しかし，単に相手方の視界に入っているというだけでは，実質的に見て，そこから立ち去らないという不作為をとりあげて処罰の根拠としているにほかならないのであり，作為義務の検討なしに共同性を肯定すべきではないと思われる。

このように見てくると，前述したかたちで意思連絡を拡張するのは妥当でないと思われる。

　(c)　制限的方向

次に，意思連絡を制限する方向の発想としては，これを複数者の認識にとどめるのではなく，①双方が相手方に支援を期待させること，および，②相手方の心理を拘束すること，の2点が認められてはじめて共同正犯の固有性が基礎づけられうる，と解するものが考えられる[4]。これは，近年

における行為哲学の知見を刑法理論にも応用しようとする挑戦的な試みであり，注目に値するものといえよう。

　もっとも，このような発想をそのままのかたちで具体的な事案にあてはめると，共同正犯の成立範囲があまりにも狭くなってしまうであろう。いいかえれば，かなり特殊な共同正犯の理解——おそらくは共同意思主体説に近いもの——に立脚するものと考えられるのである。たとえば，組長がヒットマンに対し，出所したら金バッジだから，組に迷惑がかからないよう，このあとは組といっさいかかわりのないところで被害者を射殺しろ，とけん銃を渡して命じれば殺人罪の共同正犯が成立しうることにほとんど争いはないと思われるが，①このヒットマンは殺害計画の途中で障害が生じても組長からの支援を期待できない。また，同じ事例で②組長はヒットマンの心理を拘束しているかもしれないが，その逆が妥当するとは必ずしもいえないであろう。

　さらに，こちらはやや外在的な観点ではあるが，前述したような制限の契機は，むしろ，すべての関与類型に妥当しうる心理的因果性の一にほかならず，共同正犯に固有のものと位置づけるのは無理があるのではなかろうか。もちろん，共同正犯の固有性を因果性の種類や態様に求め，相互に特定の形態における強度の心理的因果性を及ぼし合うことがそれにあたる，と理解することが論理的に排除されるわけではない。しかし，そうすると，今度は，先に述べたように，共同正犯の成立可能な範囲が法律家共同体における共通了解を超えて縮減されてしまうように思われる。

　また，ここからは蛇足であるが，かりに論者のような共同正犯の構想に依拠したとしても，①と②はやや過大な要求であるように感じられる。たとえば，甲と乙がたまたま同時に丙に殴りかかり，心のなかで「なんだ，お前も丙に腹が立っていたのか」と感じて互いに意を強くした，という場合であっても暴行罪の共同正犯が成立しうると思われるが（現場の黙示的意思連絡），そこで①や②を有意な程度において認定することは非常に困難であろう。論者は利害が共通する複数者による，犯行計画への真摯な合意を共同正犯の範型とするもののようであるが，それが共同正犯を肯定すべき場合のすべてではないことに注意を要する。

　　4　杉本一敏「意思連絡について」高橋則夫ほか『理論刑法学入門——刑法理論の味わい方』（日本評論社，2014）221頁以下，さらに，仲道祐樹「共謀による義務付けと共謀の射程」同書235頁以下も参照。

(2) 不当な取引制限罪における共同性

不当な取引制限罪（独占禁止法89条1項1号）の具体的な不法内容は法2条6項に規定されており，「この法律において『不当な取引制限』とは，事業者が，契約，協定その他何らの名義をもつてするかを問わず，他の事業者と共同して対価を決定し，維持し，若しくは引き上げ，又は数量，技術，製品，設備若しくは取引の相手方を制限する等相互にその事業活動を拘束し，又は遂行することにより，公共の利益に反して，一定の取引分野における競争を実質的に制限することをいう」となっている。そして，個別の犯罪の成立要件論というレベルで共同性の内容が扱われる典型例が，この不当な取引制限罪であるということができよう。

さて，この引用部分の読み方には諸説あるが[5]，通常の日本語理解に従うのであれば，おそらく，事業者が共同して一定の行為をなすことを例としてあげたうえで，事業者が相互にその事業活動を拘束することと，そのような拘束下で事業活動を遂行することとを実行行為として規定し，一定の正当化事由の存在を留保しつつ，一定の結果無価値の発生を要求したものである，ととらえるのが自然であろう。そして，そうだとすると，同時に，次のような解釈論的帰結を導くのがふつうだと思われる。

第1に，ここでいう共同性とは共同正犯におけるのとは異なり，相互に一定の心理的拘束作用を——とくに，黙示的にであれ，合意ないし意思の合致をとおして——及ぼし合うことを意味している。したがって，相手方の動きを認識するとともに，相手方もそのことを分かっている，という双方向的認識だけでは足りず，たとえ「阿吽の呼吸」という背景的文脈に依存したものであろうと，合意ないし意思の合致をとおして生じた相手方からの期待によって，自己の事業活動の態様が制限されることとなる関係を認定しなければならない。

第2に，競争制限は監禁罪における移動の自由の侵害と同じく，刻一刻と新たに発生し続ける構成要件的結果であり，たとえ実行行為そのものが継続していなくても，当初の実行行為に客観的に帰属されることにより，継続的に構成要件該当性を生じさせる性質を有している。したがって，不

---

[5] 学説および（裁）判例の詳細については，たとえば，島田聡一郎「独占禁止法の罰則」山口厚［編著］『経済刑法』（商事法務，2012）271頁以下，上原龍「不当な取引制限の罪」芝原邦爾ほか［編著］『経済刑法——実務と理論』（商事法務，2017）536頁以下を参照。

当な取引制限罪は継続犯ととらえるのが妥当である。ただ，そのことによって，実行行為終了後に関与した自然人行為者をただちに同罪の共犯となしうる，というのは——しばしば誤解されているが——誤りである。

　第3に，遂行行為もまた不当な取引制限罪の実行行為の一である。たしかに，非常に厳密に考えると，事業活動を拘束し合うことは競争制限をもたらしうる反面，そのような拘束下で事業活動を遂行することそのものは競争制限をもたらすわけではない。そこで，遂行行為は相互拘束行為として読み替えられる——たとえば，個々の受注調整が基本合意を確認し合う含意をもつ——限りで実行行為となるにとどまる，という支配的であった経済法学説にも一理ある。もっとも，同罪にいう競争制限をもう少し広く，具体的には，競争が制限されていることによる社会経済上の損失を生み出すこと，と理解する可能性も排除すべきではない。そちらのほうこそが実害であるともいえなくはないからである。

　第4に，公共の利益に反しない場合には行為が正当化されうる，という留保が明文で付けられてはいるけれども，超法規的正当化事由がひろく承認されている以上，明文があろうがなかろうが径庭はない。と同時に，非現実的な事例になってしまうであろうが，「公共」とはいえないものの重要な利益を保全する行為が正当化される余地も排除されないであろう。

　第5に，形式的にいえば，不当な取引制限罪は侵害犯の一である。したがって，あくまで競争制限が要求されるのであって，競争制限のおそれを生じさせるとか，競争を制限するような性質の行為がなされるというだけでは同罪の構成要件は充足されえない。もっとも，実際には，競争制限の有無を人の生死のように科学的に判定するのは不可能であるから，実行行為＝競わない約束の認定をもって大部分を代えられるであろう。

　やや脱線部分を含むものの以上の検討からも明らかなように，個別の犯罪の構成要件に「共同して」と書かれていたとしても，それをただちに刑法60条におけるのと同義に解すべきではない。当該構成要件の構造に合理的に整合するよう目的論的解釈を施さなければならないのであって，それは他の多くの構成要件要素におけるのと同様である。独占禁止法に関する注釈書や教科書類には，共同正犯に関する議論をそのまま援用しようとするものもあるが，それは方法論的に妥当でないように思われる。

Ⅱ　共謀共同正犯

1　最決平 15・5・1 刑集 57・5・507 ＝スワット事件

「1　原判決及びその是認する第 1 審判決の認定並びに記録によれば，本件に関する事実関係は，以下のとおりである。

(1)　被告人は，兵庫，大阪を本拠地とする 3 代目山健組組長兼 5 代目山口組若頭補佐の地位にあり，配下に総勢約 3100 名余りの組員を抱えていた。山健組には，被告人を専属で警護するボディガードが複数名おり，この者たちは，アメリカ合衆国の警察の特殊部隊に由来するスワットという名称で呼ばれていた。スワットは，襲撃してきた相手に対抗できるように，けん銃等の装備を持ち，被告人が外出して帰宅するまで終始被告人と行動を共にし，警護する役割を担っていた。

被告人とスワットらとの間には，スワットたる者は個々の任務の実行に際しては，親分である被告人に指示されて動くのではなく，その気持ちを酌んで自分の器量で自分が責任をとれるやり方で警護の役を果たすものであるという共通の認識があった。

(2)　被告人は，秘書やスワットらを伴って上京することも多く，警視庁が内偵して把握していただけでも，本件の摘発がなされた平成 9 年中に，既に 7 回上京していた。東京において被告人の接待等をする責任者は山健組兼昭会会長の A（以下「A」という。）であり，A は，被告人が上京する旨の連絡を受けると，配下の組員らとともに車 5，6 台で羽田空港に被告人を迎えに行き，A の指示の下に，おおむね，先頭の車に被告人らの行く先での駐車スペース確保や不審者の有無の確認等を担当する者を乗せ（先乗り車），2 台目には A が乗って被告人の乗った車を誘導し（先導車），3 台目には被告人と秘書を乗せ（被告人車），4 台目にはスワットらが乗り（スワット車），5 台目以降には雑用係が乗る（雑用車）という隊列を組んで，被告人を警護しつつ一団となって移動するのを常としていた。

(3)　同年 12 月下旬ころ，被告人は，遊興等の目的で上京することを決め，これを山健組組長秘書見習い B（以下「B」という。）に伝えた。B は，スワットの C（以下「C」という。）に上京を命じ，C と相談の上，これまで 3 名であったスワットを 4 名とし，被告人には組長秘書ら 2 名と山健組

第25章　共同正犯の成立要件

本部のスワット4名が随行することになった。この上京に際し，同スワットらは，同年8月28日に山口組若頭兼宅見組組長が殺害される事件があったことから，被告人に対する襲撃を懸念していたが，山健組の地元である兵庫や大阪などでは，警察の警備も厳しく，けん銃を携行して上京するのは危険と考え，被告人を防御するためのけん銃等は東京側で準備してもらうこととし，大阪からは被告人用の防弾盾を持参することにした。そこで，Bから被告人の上京について連絡を受けたAは，同人の実兄である姉ヶ崎連合会佐藤2代目畠山組組長のD（以下「D」という。）に電話をして，けん銃等の用意をも含む一切の準備をするようにという趣旨の依頼をし，また，Cも，前記兼昭会の組員にけん銃等の用意を依頼し，同組員は，Dにその旨を伝えた。連絡を受けたDは，畠山組の組員であるEとともに，本件けん銃5丁を用意して実包を装てんするなどして，スワットらに渡すための準備を調えた。

　(4)　同年12月25日夕方，被告人がBやCらとともに羽田空港に到着すると，これをAや畠山組関係者と，先に新幹線で上京していたスワット3名が5台の車を用意して出迎えた。その後は，(2)で述べたようなそれぞれの役割区分に従って分乗し，被告人車のすぐ後ろにスワット車が続くなどの隊列を組んで移動し始め，最初に立ち寄った店を出るころからは，次のような態勢となった。

　〔1〕　先乗り車には，山健組本部のスワット1名と同組兼昭会のスワット1名が，各自実包の装てんされたけん銃1丁を携帯して乗車した。

　〔2〕　先導車には，Aらが乗車した。

　〔3〕　被告人車には，被告人のほかBらが乗車し，被告人は前記防弾盾が置かれた後部座席に座った。

　〔4〕　スワット車には，山健組本部のスワット3名が，各自実包の装てんされたけん銃1丁を携帯して乗車した。

　〔5〕　雑用車は，当初1台で，途中から2台に増えたが，これらに東京側の組関係者が乗車した。

　そして，被告人らは，先乗り車が他の車より少し先に次の目的場所に向かうときのほかは，この車列を崩すことなく，一体となって都内を移動していた。また，遊興先の店付近に到着して，被告人が車と店の間を行き来する際には，被告人の直近を組長秘書らがガードし，その外側を本件けん銃等を携帯するスワットらが警戒しながら一団となって移動し，店内では，

組長秘書らが不審な者がいないか確認するなどして警戒し，店外では，その出入口付近で，本件けん銃等を携帯するスワットらが警戒して待機していた。

(5) 被告人らは，翌26日午前4時過ぎころ，最後の遊興先である港区六本木に所在する飲食店を出て宿泊先に向かうことになった。その際，先乗り車は，他車より先に，同区六本木1丁目10番6号所在のホテルオークラ別館に向かい，その後，残りの5台が出発した。そして，後続の5台が，同区六本木1丁目7番24号付近路上に至ったところで，警察官らがその車列に停止を求め，各車両に対し，あらかじめ発付を得ていた捜索差押許可状による捜索差押えを実施し，被告人車のすぐ後方に続いていたスワット車の中から，けん銃3丁等を発見，押収し，被告人らは現行犯逮捕された。また，そのころ，先乗り車でホテルオークラ別館前にその役割に従って一足先に到着していた山健組本部のスワットと同組兼昭会のスワットは，同所に警察官が来たことを察知して，所持していた各けん銃1丁等を，自ら，又は他の組員を介して，同区虎ノ門4丁目1番29号の民家の敷地や同区赤坂1丁目14番14号所在のビルディング植え込み付近に投棄したが，間もなく，これらが警察官に発見された。

(6) スワットらは，いずれも，被告人を警護する目的で実包の装てんされた本件各けん銃を所持していたものであり，被告人も，スワットらによる警護態様，被告人自身の過去におけるボディガードとしての経験等から，スワットらが被告人を警護するためけん銃等を携行していることを概括的とはいえ確定的に認識していた。また，被告人は，スワットらにけん銃を持たないように指示命令することもできる地位，立場にいながら，そのような警護をむしろ当然のこととして受入れ，これを認容し，スワットらも，被告人のこのような意思を察していた。

2 本件では，前記1(5)の捜索による差押えや投棄の直前の時点におけるスワットらのけん銃5丁とこれに適合する実包等の所持について，被告人に共謀共同正犯が成立するかどうかが問題となるところ，被告人は，スワットらに対してけん銃等を携行して警護するように直接指示を下さなくても，スワットらが自発的に被告人を警護するために本件けん銃等を所持していることを確定的に認識しながら，それを当然のこととして受け入れて認容していたものであり，そのことをスワットらも承知していたことは，前記1(6)で述べたとおりである。なお，弁護人らが主張するように，被告

人が幹部組員に対してけん銃を持つなという指示をしていた事実が仮にあったとしても，前記認定事実に徴すれば，それは自らがけん銃等の不法所持の罪に問われることのないように，自分が乗っている車の中など至近距離の範囲内で持つことを禁じていたにすぎないものとしか認められない。また，前記の事実関係によれば，被告人とスワットらとの間にけん銃等の所持につき黙示的に意思の連絡があったといえる。そして，スワットらは被告人の警護のために本件けん銃等を所持しながら終始被告人の近辺にいて被告人と行動を共にしていたものであり，彼らを指揮命令する権限を有する被告人の地位と彼らによって警護を受けるという被告人の立場を併せ考えれば，実質的には，正に被告人がスワットらに本件けん銃等を所持させていたと評し得るのである。したがって，被告人には本件けん銃等の所持について，B，A，D及びCらスワット5名等との間に共謀共同正犯が成立するとした第1審判決を維持した原判決の判断は，正当である」。

2 検 討

標題判例は，実行行為を分担しない共同正犯，すなわち，共謀共同正犯を長きにわたって認めてきた最高裁が，それは客観的な謀議行為を絶対の要件とするものではなく，黙示の意思連絡でも足りることを決定的に明らかにしたものとしてよく知られている（下級審裁判例として，すでに東京高判昭40・6・7東高刑時報16・6・49などを参照）。このような読み方は，いわゆる客観的謀議説の根拠とされる，最大判昭33・5・28刑集12・8・1718＝練馬事件や最大判昭34・8・10刑集13・9・1419＝松川事件に基づく上告人による判例違反の主張が，事案を異にするとして退けられているところからも裏書きされよう。

周知のように，共謀共同正犯をめぐる判例や学説の変遷には長い歴史があり，その読み方もまた一様ではない。もっとも，本書の趣旨に照らし，その点をここで詳細に検証することはあまり適切とはいえないであろう。そこで，以下では今日の判例の趨勢に関し，学界において一般的なとらえ方を前提としつつ，それをⅠで述べた共同正犯の一般的成立要件に照らして再評価することとしたい。

まず，議論の前提として，現在，一般的な見解は，共謀共同正犯という共同正犯の特殊な形態が存在するわけではなく，かつ，判例もまた共謀共同正犯に固有の特別な要件を認定しているわけではない，ととらえている。

そして，そうであるとすれば，実行共同正犯が黙示の意思連絡によっても成立しうることは争われない以上（すでに，最判昭25・6・27刑集4・6・1096などを参照），共謀共同正犯についても同じことがいえるはずである[6]。その意味で，標題判例から今日の学説が導き出す一般的な命題そのものに関しては，少なくとも理論的には異を挟む余地がない。むしろ，真に問題であるのは標題判例の事案において，具体的にどのようにして共同正犯の一般的成立要件を認定しうるかである。

　さて，①の共同性に関し，標題判例は意思連絡，すなわち，双方向的認識を詳細に認定している。具体的には，被告人の説示のような行動[7]が組織の不文律によりスワットらのけん銃等を携行した警護を引き起こしていることを，（スワットらのみならず）被告人自身が認識するとともに，そのことをスワットらもまた承知していた，という関係が認定されているのである。そして，反対にいえば，このような関係が認定されうる以上，意思連絡が黙示的なものであったことそれ自体は必ずしも規範的な意味をもたないように思われる。学説には，黙示的な意思連絡では「弱い」というものもある。しかし，文脈から明らかにすぎて口に出すまでもない，という場合も考えられるのであるから，このような学説は失当であろう。標題判例自体も「黙示的に」と叙述しているだけであり，だからどうであるとは一言も述べていない。

　このように，標題判例は共同性を基礎づける意思連絡の内実を考えるにあたり，非常に重要な示唆を与えるものといえる。もっとも，ひるがえって考えてみると，本件では，スワットらがけん銃等を携行して警護するからこそ被告人も説示のような行動をとる，という反対方向の因果的影響もまた存在している。それは畢竟，共同性を基礎づけるもうひとつの要素である双方向的寄与が認められる，ということであろう。つまり，本件はどちらの要素に着目しようと共同性が肯定されうる事案であった。にもかかわらず，最高裁があえて意思連絡を認定するという途を選んだのは，あくまで現象形態としてではあるが，意思を相通じた協働が共同正犯のプロト

---

[6]　調査官解説（芦澤政治「判解」最判解刑（平15）305・306頁）も同様の筆致で書かれている。

[7]　学説には，本件でこのような作為をとらえて処罰することはできず，けん銃等の所持をやめさせなかったという不作為をとらえて処罰するほかない，というものもある。私自身はこのような学説を適切でないと考えているが，かりに不作為をとらえて処罰しようとしたとき生じうる問題については第28章を参照されたい。

タイプを構成するものと解されているからであろう。反対にいえば，このような説示を根拠として，最高裁が双方向的寄与に基づく共同正犯を認めないものと即断するのは誤りだと思われる。

次に，②の重大な寄与ないし重要な役割に関しては，一見すると，標題判例は明示的には何も述べていないようにも思われる。しかし，出発点とされる事実関係によれば，被告人が説示のような立場にあるからこそ，スワットらはけん銃等を携行してこれを警護することとなるのであり，しかも，被告人はスワットらの指揮命令権限をもちながら，なんらそのような警護を制止することなく，これを当然のものとして受け容れ行動していた。このような前提からすれば，スワットらによるけん銃等の所持にとって，被告人の前記行動が決定的な動機を形成していたことは疑う余地がない。こうして，②もまた「黙示的に」であれ認定されているものと解するのが妥当であろう。

ところで，標題判例が被告人の「確定的」な認識を認定していることから，最高裁がこれを，謀議行為を欠く共謀共同正犯の成立要件ととらえているものと解釈する学説もある。しかし，そのような解釈は，あくまで具体的な事案を前提とする判例の読み方として必然性を欠く。加えて，そのような要件を立てれば共同正犯の成立範囲が不当に狭められてしまい，にもかかわらず，最高裁が特段の論証もなく，あえてその途を選択しているというのは不自然な解釈であろう。現に，その後も類似の事案において，最高裁は「確定的」な認識を認定することなく共同正犯の成立を肯定している（最判平21・10・19判タ1311・82）。また，事案は異なるが，謀議行為を欠く共謀共同正犯においても，未必の故意で足りる旨を明言する最高裁判例が出されているところである（最決平19・11・14刑集61・8・757）。

III 異なる罪名にまたがる共犯の成否

1 共同性がない場合

異なる罪名にまたがって共犯が成立しうるか，という問題は，主として共同正犯を念頭におきつつ，長年にわたって議論され続けてきた。そして，この問題に対する私の回答は，すでに第22章において示しておいた。その内容について変更の必要を感じるわけではないが，以下では，共同正犯

の成立要件に関する本章の検討をふまえつつ，理論的にもう少し整理されたかたちで改めて示すこととしたい。

まず，①の共同性がない場合であるが，それは畢竟，従属的共犯のみが観念しうるということである。そこでは従属性，すなわち，正犯（または，共同性によって結びつけられた複数人の行為全体）の構成要件該当性が要求されることになる。反対に，構成要件該当性と必ずしも同値ではない罪名に関しては，正犯のそれが共犯成立の制約となるわけではない。したがって，たとえば，正犯が傷害で共犯が傷害致死ということはありえないが，正犯が傷害致死で共犯が殺人ということはありうる。

2 共同性がある場合

次に，共同性がある場合である。1で述べた長年にわたる議論の主軸を形成してきた「異なる罪名間の共同正犯の成否」，「犯罪共同説と行為共同説の対立」などといったシェーマは，まさにこのような場合にかかわるものである。すなわち，罪名が異なっても共同性を認めうるか，ということが問題とされてきたのである。

もっとも，これまでの検討に照らせば，この問題の答えは一義的に明らかであろう。罪名が異なっても共同性は認めうる。というのも，双方向的寄与も双方向的認識も，原理的には罪名から独立して認定されるべきものだからである。たとえば，2人が互いに鼓舞しあって被害者に暴行を加え，これを死に至らしめたが，一方には殺意があり他方にはなかったとしよう。このとき，双方が相手の行為を促進していること（双方向的寄与），そして，行為促進を双方が認識するとともに，その認識をさらに他方が認識していること（双方向的認識）は，殺意の有無，したがって，殺人と傷害致死の別とかかわりなく認定されることがらである。こうして，ここでは殺人罪と傷害致死罪の共同正犯を肯定することが可能である。

ここまでは従来，行為共同説の陣営が実質的に主張してきた内容であるが，これまでの検討に照らすならば，もうひとつの重要な解釈論的帰結が導かれる。それは，罪名の分裂が共犯の成立に原理的に影響しない，というここまでの議論が共同正犯だけでなく，その成立要件中，②の重大な寄与ないし重要な役割のみを欠く，いわば「ミニ共同正犯」としての幇助犯にもそのままのかたちで妥当する，ということである。問題は，このような幇助犯が具体的にはどのような場合に認定されるかであるが，これにつ

第25章 共同正犯の成立要件

いては共同正犯と幇助犯の区別を扱う次章を参照されたい。

第26章

共同正犯の諸問題（上）

山下はベテランの弁護士，小林は新米の弁護士

山下：小林君，毎晩，事務所に遅くまで残って調べものをしているみたいだが，あまり根を詰めすぎないほうがいいよ。

小林：はぁ。自分でも分かっているんですが，芋づる式に裁判例や文献が出てくるので，やめどころが分からなくって……。

山下：いったい何を調べているの？

小林：ええと，オレオレ詐欺の受け子が被告人で，ただ，どうやら本人も，当初から詐欺だと気づいていたみたいなんですよ。で，詐欺グループのほうもこれを分かっていて……。

山下：ふぅん。ただ，そうはいっても，とりあえず，はじめから黙示の共謀があったことも，受交付の段階で故意や意思連絡があったことも，きちんと争うんだろ？

小林：それは，まあ，そのつもりですが，ちょっとどっちも通りそうにないので，せめて，なんとか幇助に落としてもらえないものかと思いまして。

山下：それで，関連する裁判例や文献を調べていたわけか。

小林：ええ。検察官は共同正犯で起訴してきているんですけどね。

山下：当たり前だ。わざわざ幇助で起訴する酔狂な検察官などおらんよ。よほど極端な事案でない限り，被告人も積極的に重要な役割を果たしたと主張するだろう。

小林：それがですね，今回は，その「極端な事案」だと思うんですよ。さっきもいいかけたんですが，主犯格の共犯者らが学生のアルバイトを何人も募っておいて，詐欺をやっていると気づかれたように感じたら，むしろ，「もう抜けられない」という雰囲気を出しながら，無報酬で被害者から金を受け取りに行かせていたんです。その，受け取りに行くというのも，対面で臨機応変にやり取りしなければならないというわけではなく，単に，空き家で待機し

第 26 章　共同正犯の諸問題（上）

ていて，被害者が送付した現金入りのレターパックが届いたら，これを持って詐欺グループに届けるという，機械的で，面割れさえ恐れなければ誰でもできる簡単な作業だったんですよ。

山下：そういう事案は私も当たったことがあるが，検察官は邸宅侵入と窃盗で起訴してきたよ。詐欺そのものへの関与は犯情が軽いからネグったのかもしれんな。

小林：今回の事案はホンモノの空き家で，たぶん，詐欺しか使えなかったんでしょうね。近所の子どもたちが時々，その空き家を使って探検ごっこをしていたそうです。

山下：私も小さいころ，同じようなことをしていたが，空き家だと思って入った家で，ふつうにおじさんが横になってテレビを観ていたときは，本当にびっくりしたなぁ。

小林：それは単なる住居侵入です（汗）。

山下：いや，故意がないし，未必の故意はあったかもしれんが，刑事未成年なんだから許してくれ（苦笑）。で，本題に戻ると，たしかに，その被告人は幇助犯のほうが実態に合っているような気がするな。というより，そもそも，そういう事案で幇助に落としている裁判例なんて，いくらもあるだろう。そこで裁判所があげている事実や理由を主張すればいいんじゃないのかね？

小林：それはそうなんですが，しかし，よく考えてみたら，受交付行為って実行行為の一部ですよね。にもかかわらず，それを担当している被告人が幇助犯だとなったら，「実行行為を行う従犯」を認めることになってしまいませんか？

山下：また，お得意の理屈の話かね（苦笑）。しかし，「実行行為を行う従犯」を認めるべきかどうかなんていうのは，いま，君が考えるべきことではないんだよ。裁判例の趨勢に乗っかれば被告人は幇助に落ちるというのなら，そう主張してやればいいんだ。

小林：いや，しかし，今回の裁判官は「実行行為を行う従犯」なんて認めない，って言い出すかもしれませんよ。

山下：ないない（笑）。そういう，役割の軽微な受け子をはじめて詐欺の幇助に落とそうとした裁判官は，もしかしたら，いまの君みたいに頭を悩ませていたかもしれんがな。

小林：ダメですよ，そんな態度じゃ。もっと周到に準備しないと（怒）。

山下：ほぅ，一端のことをいうようになったじゃないか。それなら逆に尋ねる

が，受交付行為は本当に詐欺の実行行為の一部なのかね。かりに，たとえば，犯人が自分の銀行口座に金銭を振り込ませたり，自宅にレターパックを送付させ，郵便受けに投函されたりしたら，受交付行為はないけれども，欺罔行為だけで詐欺の実行行為として欠けるところはないだろうが。

小林：実行行為というのは，不法が正犯として客観的に帰属されうる行為のことです。したがって，いまあげられた事例では欺罔行為だけで実行行為として十分ですが，今回の事案では，受交付行為にしか財物の取得という不法を正犯的に帰属しえませんから，それもまた実行行為の一部を形成することになるんですよ。

山下：いかにも「準備してきました」って答えだな（苦笑）。しかし，その癇に障る定義はどこかの注釈書にでも書いてあったのかね。理論的な正確さを期そうとする努力が自己満足のレベルに達してしまって，いかにも分かりにくい。実務家相手に使ってはいかんやつだ。

小林：はあ。どこで見たかは忘れてしまったんですが，今後は気をつけます。（本当は『刑法総論の理論と実務』に書いてあったんだけどなあ……。）

山下：ま，実行行為の定義は分かったが，そうだとしても，「実行行為を行う従犯」というのは「実行行為を全部担当した者が幇助犯となりうるか」という問題だろう。だから，欺罔行為を直接，担当していない被告人を幇助犯にしたところで，その「実行行為を行う従犯」を認めたことにはならんよ。

小林：一部でも全部でも同じことではないですか。

山下：ははん，この辺から先はまだ調べていないんだな（笑）。実行行為を全部担当したってことは，その者だけで，不法を正犯として客観的に帰属可能だってことなんだぞ。

小林：先輩も，思いっきりさっきの定義を使っているじゃないですか（怒）。

山下：まあまあ，ちょっとかっこいいかなと思っただけだよ（苦笑）。ともかく，そんな人物を幇助に落とすっていうのは，（かつての）ドイツ流の純粋な主観説か，あるいは，犯情の軽さをそのまま不法類型の格下げに直結させる発想にほかならない。そんなものは現在のわが国の実務ではとられていないし，実際にも，たとえば，もっぱら他人のために，その手足としてはたらくつもりで人を刺し殺した者を殺人の幇助に落とす裁判官なんて，わが国にはひとりもいないと断言できる。

小林：本当に，ひとりもいないんですね？

山下：うーん，そういわれるとな（汗）。もしかしたら，探せば少しはいるかも

しれないが，しかし，絶対に上級審で破棄されるか，少なくとも法令適用の誤りを指摘されるだろう。これに対して，実行行為の一部を担当したにすぎない場合には，その者だけでは，不法を正犯として客観的に帰属することができない。

小林：ほら，また使った（怒）。

山下：いやはや，なかなか便利な定義だな，これは（苦笑）。

小林：今度使ったら本気で怒りますよ（怒）。

山下：いずれにしろ，だ。正犯になれないってことは，つまり，（共同正犯を含めた）共犯規定を使わなければならないということだよね。そうすると，意思連絡等を前提としつつ，不法を実現する過程の全体において，その者がどのくらい積極的ないし重要な役割を果たしたかによって，共同正犯になることもあれば幇助犯に落ちることもある，って話になる。分かる？

小林：むろん，理屈としては分かりますよ。しかし，実際問題として，実行行為を分担しているのに消極的で軽微な役割しか果たしていない，なんて事例はありうるんですか？

山下：だから，現に，受け子を詐欺の幇助に落としている裁判例があるだろう。で，君が今回，弁護している被告人も，話を聞く限り，それっぽいよね。犯行計画の立案には携わっていないし，現に被害者を欺罔するのに役立ったわけでもない。それでもって，受交付行為は代役を見つけるのが容易な，機械的で簡単なものだったんだろう？

小林：はあ……では，結局，被告人は幇助犯で，主犯格は共同正犯ということで理論的にもいいんですね。まだ調べていないところの話が多かったので，よく分からなくなってきましたよ。

山下：ちょっと待て。共同正犯といったって，全員あわせても詐欺罪の基本的構成要件がみたされんな……。

小林：被告人をあわせたらみたされていますよ。

山下：いや，幇助犯は従属的共犯だから，それを除いてみたされていなければならないはずなんだが。

小林：そんなの，それほどこだわるところじゃないでしょう。先輩，私にいつも注意しておきながら，自分も理屈に突っ走りすぎではないですか。

山下：ふぅむ，そんなもののかねえ。しかし，被告人が幇助に落ちたはいいが，その結果，他の関与者がどうなるかは知りません，っていうのは無責任な気もするんだがなあ……。

小林：だから，それは学者が考えればいいことなんですよ。あくまで被告人の罪責を問題とすべきであって，他の関与者の罪責が不分明になるから幇助に落とさない，なんていうのは本末転倒もいいところです。

山下：そこまではいっとらんよ（汗）。ただ，ちょっと気になってな……。

小林：では，今度，『刑法総論の理論と実務』の著者と飲みに行くので，そのときに聞いておきますよ。

山下：ああ，それはいいや。

小林：……。

◆

I　共同正犯と幇助犯の区別

1　総　説

前章においては，共同正犯の一般的成立要件について検討を加えた。そこで，本章および次章においては，共同正犯に関する，もう少し発展的な論点について批判的な分析を加えることとしたい。なかでも，まずとりあげなければならないのは，実務においても非常にしばしば問題となる「共同正犯と幇助犯の区別」である。

実は，このテーマに関する文献のなかには，実務家の手になるきわめて優れたものがすでに数多く存在する[1]。もっとも，それらはいずれも，規範的な基準の充足を認定するための間接事実のほうに主として焦点を当てるものであった（たとえば，そういった文献においてはしばしば，被告人が多額の分け前や報酬を受け取ったことが指摘されるが，そのこと自体が当該基準をみたすのではなく，むしろ，その旨の事前の約束が存在することを徴表し，さらに，そのことが当該基準をみたす事実の存在することを徴表する，という関係が認められるにすぎない）。いいかえれば，当該基準そのものに関しては，それだけを

---

[1]　とりわけ，本章を執筆するに際し，近時の文献として大いに参考にさせていただいたのは，村瀬均「共謀(1)──支配型共謀」小林充＝植村立郎［編］『刑事事実認定重要判決 50 選（上）〔第 2 版〕』（立花書房，2013）263 頁以下，菊池則明「共謀(2)──対等型共謀」同書 277 頁以下，朝山芳史「共謀の認定と判例理論」木谷明［編著］『刑事事実認定の基本問題〔第 3 版〕』（成文堂，2015）157 頁以下などである。

第 26 章　共同正犯の諸問題（上）

取り出してみればどのような内容をも充てんしうる，やや玉虫色の概念が提案されることが多かったように思われる。そこで，事実認定の素人であり，むしろ，ある概念の内実のほうを理論的に探究することを旨とする研究者の目から当該基準を整理し直すと，おおよそ次のようにいうことができよう。

　最初に確認すべきなのは，共同正犯といかに区別されるべきかが問題となる幇助犯が，主として認定落ちの幇助，すなわち，共同正犯の成立要件中，共同性ではなく重要な役割のほうを欠く幇助犯だ，ということである。そのため，ここで整理し直されるべき基準もまた，重要な役割の存否にかかるものとなる。そして，それは前章において詳論したように，①その寄与を撤回すれば犯行＝不法の実現を挫折させられた可能性と，②その寄与の不法実現に対する一般的な適性の積によって判断されるべきであろう。具体的には，その値が関与者中，最大であるか，または，最大値をもつ他の関与者に準じる程度であれば，重要な役割を果たしたものと認定し，共同正犯の成立を肯定しうるように思われる。

　もっとも，このような寄与の分析的手法を採用するだけでは，事案をそれ自体として観察したとき，当然，共同正犯が成立しうるものと直感する場合にも，なお幇助犯にとどめざるをえない，という事態が生じうるかもしれない。そして，このような事態の典型例としてしばしばあげられるのが，かりに自身の行為から直接，たとえば，被害者の死亡結果が発生していれば，それが殺人既遂（刑法199条）の単独正犯の実行行為を構成しうるような，そういった行為が共同性のもとに競合している，いわゆる付加的共同正犯の事例である。たとえば，10人が意思を相通じて同時に被害者を射撃したところ，1人の弾だけが命中して被害者が死亡した場合，残りの9人もまた当然に殺人既遂の共同正犯たりうることが，このような寄与の分析的手法によっては説明しえないのではないか，というのである。

　しかし，これは誤った前提——つまり，「矯正」されるべき「直感」——から出発することによって生じた，一種の仮象問題ともいうべきものであろう。そもそも，殺人「既遂」に関する罪責を問題とする以上，弾が命中しなかった者については，引金を引いたのが実はおもちゃのけん銃であったとしても，罪責の重さは変わらないはずである。そして，そうであるとすれば，その者が引金を引くことが他の者を強く動機づけたとか，謀議の段階で深く関わったなどといった事情が存在しない限り，弾が命中し

た者に比して，その罪責の重さは一段落ちると評価するのが妥当ではなかろうか。それは畢竟，その者を——殺人「既遂」に関しては——幇助犯にとどめるということである。

また，以上の点を措き，もともとの「直感」に照らして考えたとしても，なお付加的共同正犯の事例において，本当に，常に全員を殺人既遂の共同正犯とする処罰欲求が生じるかには大いに疑いがある。たとえば，行為者が多数の末端構成員のひとりとして付和雷同的に参加し，いちおう引金は引いたが弾は明後日の方向に飛んでいったという場合に，殺人未遂はともかく，殺人既遂についてまで行為者を共同正犯とすることが通常の法律家の当罰性感覚に沿うものとは到底思われない。

こうして，付加的共同正犯の事例は私見，すなわち，寄与の分析的手法の妨げにはならないのである。

2 （裁）判例の検討

(1) 最決昭57・7・16刑集36・6・695＝大麻密輸入事件

「原判決の認定したところによれば，被告人は，タイ国からの大麻密輸入を計画したYからその実行担当者になつて欲しい旨頼まれるや，大麻を入手したい欲求にかられ，執行猶予中の身であることを理由にこれを断つたものの，知人のNに対し事情を明かして協力を求め，同人を自己の身代りとしてYに引き合わせるとともに，密輸入した大麻の一部をもらい受ける約束のもとにその資金の一部（金20万円）をYに提供したというのであるから，これらの行為を通じ被告人が右Y及びNらと本件大麻密輸入の謀議を遂げたと認めた原判断は，正当である」。

本判例は，原判決（大阪高判昭56・9・17刑集36・6・707参照）が「被告人が……謀議を遂げたと認めた」ものとして，これを「正当である」と是認している。厳密にいうと，原判決は「共謀した」，「共謀を遂げた」，「共謀者の一員」などといった表現を用いているが，むろん，その意味するところが本質的に異なるわけではない。すなわち，被告人には共謀共同正犯が成立するということである。

問題は，本判例がいかなる事情に着目してそのような結論を導いたかである。そして，判文に具体的に掲げられているのは，被告人が実行担当者の身代りを引き合わせたことと，密輸入した大麻の一部をもらい受ける約束のもと，その資金の一部を提供したことである。

まず、実行担当者の存在は密輸入の肝心かなめである一方、その適役を見つけることは一般に容易な作業とはいえない。また、この種の犯罪において高額の資金が必須であることはいうをまたないのであり、資金提供の有する意味もまた到底無視しえないであろう。さらに、その前提条件として大麻をもらう約束を結ぶことは、Yの犯行に向けた意思を強く拘束する心理的作用を及ぼすものと思われる。

このように見てくると、被告人が共同正犯と評価するに足る重要な役割を果たしていることは明らかであり[2]、本判例が共謀共同正犯の成立を肯定したのは当然のことといわなければならない。

(2) 福岡地判昭59・8・30判時1152・182

「およそ共同正犯が成立するためには、各行為者にそれぞれ共同実行の意思が認められることも必要であることは多言を要しないが、行為者が実行行為の一部を分担する場合、一般にほとんど右共同実行の意思が問題にならないのは、右実行行為一部分担の事実のみから、通常極めて容易に共同実行の意思が推認されるからであろう。しかしながら、実行行為一部分担の事実も、結局は共同実行意思認定の1つの有力な判断材料にすぎないことに鑑みると、当該行為者が右実行行為に及んだ事情や当該犯罪全体に占める右行為者の行為の意義の如何を問わず、単に実行行為の一部を分担したことの一事のみで、常に共同実行の意思ありと解するのは相当でないと言うべきであって、前記推認を覆すに足りるような特段の事情の存する場合においては、たとえ当該行為者が形式上実行行為の一部に該当する行為を行なった場合であっても、共同実行の意思の存在を否定して、幇助犯の成立を認めるのが相当である」。

本裁判例は、被告人が実行行為の一部を分担した事実が認められるとしても、なお幇助犯が成立しうるにとどまる余地を認め、現に、被告人を強盗殺人未遂罪の幇助犯としてのみ処罰した重要な先例である。そして、本書においても繰り返し述べてきたように、その一般論自体については私もいっさいの異論がない。すなわち、たとえ実行行為の一部を分担したとしても、不法の実現の全体においては軽微な役割しか果たしていない、という事態は十分に観念しうる。そして、そのような場合においては、むしろ、減軽された刑こそがふさわしいのであるから、共同正犯ではなく、幇助犯

2　調査官解説（木谷明「判解」最判解刑（昭57）228頁）も同様の評価を述べている。

の成立を認めるにとどめるのが妥当であろう。さらに，意思連絡等の存在によって共同性が肯定されうる限り——そして，実務において「幇助犯に落ちる」かが問題とされるときはふつうそうである——その幇助犯は純正な従属的共犯ではなく，むしろ「ミニ共同正犯」とでも評すべきものである。したがって，双方の行為をあわせて構成要件をみたしている限り，「共同正犯と幇助犯」という関与形態もまた承認されるべきであろう。

　もっとも，一般論としては以上のようにいうことができ，かつ，本件において幇助犯の成立を認めるにとどめることが妥当であったとしても，なお本裁判例に対しては次のような疑問がある。なお，本来は判決の全文を引用しなければ十分な理解は困難であるが，紙幅の関係上，断念せざるをえない。著名な裁判例でもあることから，以下，一定の予備知識を前提とした論述となることをお許しいただきたい。

　まず，被告人が実行行為の一部を分担したものと，やや安易に決めつけている点に疑問がある。すなわち，強盗殺人罪の実行行為とは財物の奪取をその内容として含むわけではなく，もっぱら，財物の奪取を目的として被害者を殺害するところに尽きている。そして，そうであるとすれば，被告人が殺害行為の一部を分担しているわけではない以上，実行行為の一部を分担したものとはいえないはずである（本件は終了未遂であるから，その処罰対象行為〔一部分担の有無が問題となる実行行為〕は既遂の実行行為と一致するが，かりに未終了未遂であったとしても，その処罰対象行為は前記，殺害行為を前倒しするだけである）。

　また，この点を措き，財物の奪取もまた実行行為の内容に含まれるとしても，やはり，被告人がその一部を分担したものと評価することは不自然である。というのも，本件においては——窃盗（刑法235条）か詐欺（刑法246条1項）か，その罰条には争いがあろうが，少なくとも——覚せい剤の占有が移転したのち，その取戻しないし代金の支払を免れるために，殺害行為に出たものととらえるのが通常の解釈だからである（最決昭61・11・18刑集40・7・523を参照。原判決が1項強盗殺人未遂を認めたのは誤りであるとする）。要するに，本件は強盗殺人未遂といっても，事後強盗殺人未遂か2項強盗殺人未遂なのであって，1項強盗殺人罪の実行行為の一部分担を論ずるのは的外れであろう。もちろん，事後強盗殺人未遂とされた場合には，同様に，財物の奪取を実行行為の内容に含めることが可能ではある。しかし，2項強盗殺人未遂とされた場合には，もはや，その余地は存在し

649

ないことに注意すべきであろう。

　次に，被告人の罪責を「幇助犯に落とす」にあたり，もっぱら「共同実行の意思」——判決文の非引用部分では「正犯意思」といいかえられている——という，いわゆる主観説を彷彿させる表現を用いている点に疑問がある。あるいは，この文脈でしばしば用いられる「自己の犯罪」という表現もまた，それがもっぱら「被告人がどういうつもりであったか」により不法類型の別を決するかの印象を与える点で，同様の疑問を抱かせるものといえよう。

　もっとも，今日において一般的な実務の理解によれば，「幇助犯に落とす」べきであるかを検討する際，純粋に被告人の内心だけが考慮されるわけではないものとされている。むしろ，そこでは本書において述べてきたところと同様，具体的な事実関係に着目しながら，被告人が正犯の刑を科されるにふさわしいほど重要な役割を果たしたものと評価しうるかを慎重に検討する，という作業が行われているにすぎないのである。そして，故意犯として処罰する以上，被告人は，自身がそのような重要な役割を果たしていることを同時に認識してもいなければならない。このことを称して，被告人には「共同実行の意思」があったといわれるのである。

　一方，本件においても，実行行為の一部分担の有無にかかわらず，犯行全体との関係で見れば，被告人は終始，従属的な立場において，容易に代替可能で軽微な役割を果たしたにすぎない。そして，そのことは，被告人自身も当然，認識していたものと認められよう。もっとも，理論的に厳密にいうならば，客観的に見て軽微な役割を果たしたにすぎないものと判断された時点において，すでに共同正犯の成立する余地は排除されている。このことを含めて正確に表現するためには，やはり，主観説に引きずられた基準を立てるべきではなかろう。

(3)　その他の裁判例

　以上のほか，共同正犯と幇助犯の区別が問題とされた事案として，よく知られている裁判例には次のものがある。

　まず，千葉地松戸支判昭55・11・20判時1015・143は，共犯者らから，現金輸送車を襲撃して金員を強取する企てを打ち明けられ，情を知っていた被告人が，共犯者らが共謀して強盗を行うに際し，同人らの指示に従い，自己の自動車で山林内において同人らを待ち受け，同人らを乗車させて逃走させ，報酬として200万円を受領した事案において，強盗罪の幇助犯を

認めるにとどめたものである。

本裁判例は、「他人の行為を利用して特定の犯罪行為を遂行しようとする意思」を（共謀）共同正犯の標準としつつも、実際には、客観的な事情をも総合的に勘案しながらこれを否定する結論を導いている。もっとも、本件において被告人が果たした役割を（検察官の主張するとおり）「必要不可欠」とまで評価するのであれば、むしろ、共同正犯とするほうが自然な流れといいうるのではなかろうか。

ただし、本件においては、被告人が犯行直前に企図を打ち明けられたにとどまり、謀議や山林内の下見にはまったく参加させられなかった等の事情が同時に存在している。そうすると、被告人が自身の存在意義を過小評価していた疑いが存在するのであるから、このような観点から、主観面の不足を理由に強盗罪の共同正犯を否定する余地はあろう。もっとも、それは煎じ詰めれば（共同正犯の）故意が欠如するというにすぎない。

次に、大阪地判昭 58・11・30 判時 1123・141 は、けん銃等の密輸入につき、他人の行為を利用して自己の意思を実行に移すことを内容とする謀議を遂げたとは認定しえない、として幇助犯の成立を肯定するにとどめたものである。そして、これについても、「自己の犯罪」か否かを主観説的に判断したものと評価する向きがある。

もっとも、あくまで共謀共同正犯の特定のパターンについて判断を示したにとどまる練馬事件（最大判昭 33・5・28 刑集 12・8・1718）に端を発する一種の定型文を、学説上、いうところの主観説に言い回しが似ているというだけで同様の趣旨を述べたものと理解するのは牽強付会の類であろう。むしろ、被告人を「幇助犯に落とす」にあたり、具体的に考慮されている事情のほうが重要である。そして、それは従属的な立場に基づき消極的な関与にとどまったこと、実質的に資金を拠出したものといえるかは必ずしも明らかでないこと等であり、本書で述べてきた重要な役割の判断方法と実質的に異なるものとは思われない。

さらに、長崎地佐世保支判昭 60・11・6 判タ 623・212 は、被告人が強盗を計画した共犯者らから襲撃用の漁船の貸与を依頼され、いったんは 60 万円でこれを承諾したものの、その後、怖くなって承諾を撤回した、しかし、実行の前日になって再度、共犯者らから依頼され、断り切れずにやむなく、待伏せのために使う漁船を犯行現場まで回航させた、という事案において、強盗致傷罪の幇助犯を認めるにとどめたものである。

本裁判例は一般論としても，（等価的分担関係が存在する場合には，）全体の犯罪遂行過程をとおして見たとき，重要な役割を果たしたものと認められるかを（共謀）共同正犯の標準ととらえており，（私自身もその流れに与する）学説から広範な支持を受けている。練馬事件における最高裁の言い回しを，いわば換骨奪胎したものといえよう。

もちろん，これまでも述べてきたように，他の一般的な（裁）判例においても実質的には同様の事情が考慮され，共同正犯と幇助犯の別が決せられてはいる。しかし，羊頭狗肉を避け，形式と実質を一致させて分かりやすさを担保するためには，すでに形式面＝一般論において本裁判例のように説示することが望ましいであろう（なお，本裁判例は，実質的支配または利用関係が存在する場合を別個の類型ととらえ，異なる標準を掲げているが，それが間接正犯に至らない程度のはたらきかけを意味するにとどまるのであれば，結局は重要な役割の標準を超えるものではないように思われる）。

そして，そのことは，阿吽の呼吸で実質，ひいては，そこでの具体的な判断方法を見極められる職業裁判官の間ではともかく，裁判員を交えた場においては，とくに銘記しておく必要があるように思われる。そこで，これまで述べてきた重要な役割の標準を裁判員に説示するに際しては，たとえば，次のように述べることが考えられてよいのではなかろうか。すなわち，まずは一般論として，被告人が関与しなければ犯行はどうなっていたであろうかと，被告人の関与が一般的に見て，その種の犯行の実現率をどのくらい高めるかを総合的に勘案し，やはり，被告人が犯行に関与したことが重大な意味をもったのだ，と評価・判断されれば共同正犯となる旨，説明する。次に，具体的に考慮される事情の例示として，たとえば，被告人の代役（被告人が提供した手段の代替品）が容易に見つかる状況であったか，被告人が犯行組織内においてどの程度の地位にあったか，被告人が謀議にどのくらい積極的に参加していたか等々をあげる。このような具合である。

II 共謀の射程

学界においては近時，「共謀の射程」という主題化がさかんに行われている[3]。もっとも，その意味するところは論者によって帰一せず，しかも，射程「外」とされた場合の法的効果もまた必ずしもはっきりしていない

（一致があるのは，せいぜい故意の共謀共同正犯が成立しないという点くらいである）。そこで，「共謀の射程」がもつそのような雑多な中身を既存の一般的な共犯理論によって分節するならば，おおよそ次の5つが析出されることになろう。

　第1は，共犯の（心理的）因果性である。たとえば，背後者による心理的な拘束から解かれたのち，行為媒介者が新たな決意に基づいて犯罪を実行したものと評価しうる場合においては，もはや当該犯罪の実行に対して背後者からの心理的因果性が及んでいない。そして，このことを称して，当該犯罪は当初の「共謀の射程」外だといわれるのである。ここでは，そもそも因果的共犯論に基づく共犯の処罰根拠が供給されないのであるから，（共謀）共同正犯だけでなく，共犯のいかなる類型もまた成立しえないことになる。

　第2は，（共謀）共同正犯の成立要件中，共同性，とくに，それを基礎づける意思連絡（双方向的認識）である。たとえば，行為媒介者が背後者から提供された手段を用い，自己の利益を図るために，指示されたのとは別の犯罪をあわせて実行した，背後者は見て見ぬふりをしていただけであったが，行為媒介者は指示を逸脱したことに気づかれていないと思い込んでいた，という事例を考えてみよう。ここでは，背後者が行為媒介者に因果性を及ぼしていると分かっていると，行為媒介者が認識していないわけであるから，意思連絡が欠ける。そして，双方向的寄与もまた認められないため，共同性が否定されることとなる結果，「別の犯罪」については共同正犯が成立しえない。このことを称して，「別の犯罪」は指示された犯罪に関する「共謀の射程」外だといわれるのである。ここでは，従属的共犯の成立する余地が必ずしも排除されていないことに注意すべきであろう。

　第3は，（共謀）共同正犯の成立要件中，重大な寄与ないし重要な役割である。たとえば，被告人が複数の先輩から強引に窃盗の手伝いを命じられ，犯行計画を立案する段階において，ターゲットの一方である貴金属店に以前，勤務していた関係から，警備にかかる重要な情報を提供するなど

3　近時の代表的な文献として，亀井源太郎「『共謀の射程』について」法学会雑誌56巻1号（2015）421頁以下，十河太朗「共謀の射程と共同正犯関係の解消」同法67巻4号（2015）1747頁以下，成瀬幸典「共謀の射程について」刑ジャ44号（2015）10頁以下，橋爪隆「共謀の意義について(1)」法教412号（2015）123頁以下などを参照。

の決定的な機能を果たした。もっとも，もう一方のターゲットである高級時計店に話が移ると，身を引いて消極的な態度に終始し，実行段階においても代替可能で軽微な役割を果たすにとどまった，という事例を考えてみよう。ここで被告人は，貴金属店に対する窃盗においては重要な役割を果たしているものの，高級時計店に対する窃盗においてはそうでない。したがって，被告人は，前者に関しては共同正犯となるけれども，後者に関してはそうでない。このことを称して，高級時計店に対する窃盗は，貴金属店に対する窃盗に関する「共謀の射程」外だといわれるのである。ここでは，幇助犯の成立する余地が必ずしも排除されていないことに注意すべきであろう。

　第4は，故意である。たとえば，通貨偽造を共謀した者のうち一方は，軽率にも機械や材料の準備だけを念頭においていたものの，他方は周到にも，それらの調達に文書偽造等，他の罪を犯すことも必要になってくるだろうと感じており，実際にそうなったが，実行段階は主として他方が担当したため，一方は最後まで他の罪については認識していなかった，という事例を考えてみよう。ここでは，一方についても他の罪に関する共同正犯の不法は認められるかもしれないが，故意が欠けるために共同正犯そのものは成立しえない。このことを称して，他の罪は通貨偽造に関する「共謀の射程」外だといわれるのである。ここでは――過失犯処罰規定が存在するという限定つきではあるが――過失の共同正犯の成立する余地が必ずしも排除されていないことに注意すべきであろう。

　そして，以上に述べたことは，各則に定める罪の不法に関する認識の欠如にとどまらず，共同性や重要な役割に関するそれにも妥当する。したがって，たとえば，第3に関してあげた事例において，高級時計店に対する窃盗を実行するに際しても，被告人に割り振られた役割は必要欠くべからざるものであったが，犯行計画の全貌をよく知らなかったために，被告人自身は些末な役割だと誤信していた，という場合には，共同正犯の不法はそろっているものの，重要な役割に関する認識が欠け，故意の共同正犯は成立しえない（この場合は過失犯処罰規定もなく，抽象的事実の錯誤として窃盗の幇助犯が成立する）。このことを称して，同じく，貴金属店に対する窃盗に関する「共謀の射程」外だといわれることもある。

　第5は，ややイレギュラーな用語法であるが，正当防衛等による正当化の効果が及んでいることである。すなわち，すでに第23章において，最

判平 6・12・6 刑集 48・8・509 をあげて説明したように，たとえば，当初における（爾後，過剰にわたりかねない者との）反撃行為の共謀が，それ自体として防衛行為の必要性ないし相当性をみたす場合には，たとえ実際にその者が過剰にわたったとしても，その帰結につき行為者に共謀共同正犯は成立しない。これが成立するためには，むしろ，「新たに共謀が成立した」ことを認定しなければならない。このことを称して，爾後の（量的）過剰防衛は当初の「共謀の射程」外だといわれるのである。もっとも，そのような解釈はあくまで正当化の原理から導かれているのであり，「共謀の射程」ということばから推測される，共犯理論の適用によるのではない点に十分な注意が必要であろう。

さて，このように，「共謀の射程」という概念は非常に多義的なものであると同時に，いずれの意義に用いるべきかに関する共通了解が存在しない。そこで，学説には，これを第1の意義に統一すべきである旨，主張するものもある[4]。しかし，現在のところ，そのような「統一」が図られる可能性は必ずしも高いとはいえない。しかも，「共犯の心理的因果性」はそれ自体が市民権を得た用語法であり，これを一種の「際物」である，「共謀の射程」という表現に置き換えるべき必然性はまったく存在しない。むしろ，議論の混乱を避けるためには早いうちに芽を摘んでおく必要があるから，今後は学界のほうで，「共謀の射程」ということばを使用しないよう一致して努力していくべきであろう。

III 片面的共同正犯

1 大判大 11・2・25 刑集 1・79

「刑法第60條ニ二人以上共同シテ犯罪ヲ實行シタル者ハ皆正犯トスト規定シ行爲者各自カ犯罪要素ノ一部ヲ實行スルニ拘ラス其ノ實行部分ニ應シテ責任ヲ負擔スルコトナク各自犯罪全部ノ責任ヲ負フ所以ハ共同正犯カ單獨正犯ト異リ行爲者相互間ニ意思ノ連絡即共同犯行ノ認識アリテ互ニ他ノ一方ノ行爲ヲ利用シ全員協力シテ犯罪事實ヲ發現セシムルニ由ル然ルニ若シ行爲者間ニ意思ノ連絡ヲ缺カンカ縱令其ノ一人カ他ノ者ト共同犯行ノ意

  4　橋爪・前掲「共謀の意義について(1)」129・130 頁などを参照。

思ヲ以テ其ノ犯罪ニ參加シタリトスルモ全員ノ協力ニ因リテ犯罪事實ヲ實行シタルモノト謂フヲ得サルカ故ニ共同正犯ノ成立ヲ認ムルヲ得サルモノトス故ニ共同正犯トシテ問擬スルニハ判文中行爲者相互ノ間ニ意思ノ連絡アリタルコトヲ認ムルニ足ルヘキ事實理由ノ明示ナカルヘカラス然ルニ原判示ニ依レハ被告Oニ對シ刑法第60條ヲ適用シ脅迫住居侵入建造物損壞器物毀棄傷害罪ノ法條ニヨリ同被告ヲ處分シタルニ拘ラス其ノ事實理由ニハ單ニ『被告OハU被告等カS方ヘ押寄セタルコトヲ聞知シ其ノ襲擊ニ參加シ右被告等ト共ニS方住宅內ニ石煉瓦等ヲ投込ミ且拔刀ヲ振ツテ屋內ニ侵入シ之ヲ疊ニ突キ立テナカラS等ニ對シ（以下中畧）脅迫シ前記被告等ノ犯行ニ加擔シタリ』トアルノミニシテ被告Oト他ノ被告トノ間ニ敍上脅迫侵入建造物損壞器物毀棄及傷害ノ各犯行ヲ共同實行スヘキ意思連絡アリタルヤ否詳カナラス從テ被告Oノ行爲カ共同正犯トシテ前記各罪ヲ構成スルヤ否之ヲ知ルニ由ナキヲ以テ原判決ハ此ノ點ニ於テ理由不備ノ不法アリ同判決中被告Oニ關スル部分ハ破毀ヲ免レス」

2 検討

(1) 従属的共犯における片面的な関与

片面的共同正犯とは，「片面的な関与が共同正犯を構成しうるか」という問題である。そして，そこにいう「片面」性とは，論者により微妙なニュアンスの違いはあるものの，一般には「意思連絡を欠く」ことだと理解されている。以下では，「片面的な関与が共犯の他の類型であれば構成しうるのか」という，より広い視野に立って検討を加えていくこととしたい。

さて，まずは従属的共犯をとりあげよう。ここには通常，教唆犯と幇助犯一般が所属させられている。もっとも，本書において繰り返し述べてきたように，幇助犯のうち共同性はみたすものの重要な役割のみを欠くものについては，いわば「ミニ共同正犯」であって従属的共犯の実体を有していない。したがって，それはここでの議論から外れることに注意を要する。

そして，このような従属的共犯に関しては，片面的な関与であっても問題なく成立しえよう。というのも，そもそも意思連絡とは，双方向的認識として共同性を基礎づける点にその規範的な意義が認められるところ，従属的共犯においては，そのような共同性自体がはじめから必要とされないからである。

第 26 章　共同正犯の諸問題（上）

　これに対して学説には，片面的な従属的共犯のうち片面的幇助犯は肯定しうるものの，片面的教唆犯についてはこれを承認する余地がない，というものも多い。そして，その根拠を最大公約数的にまとめると，行為決意の惹起は本性的に心理的因果性を前提とするところ，意思連絡がなければそれが認められない，ということである。

　しかし，そのような論証は理論的にまったく正確でない。というのも，心理的因果性が（因果的共犯論に基づき）共犯一般の処罰根拠を提供する共犯の因果性の一種であるのに対し，意思連絡は非従属的共犯を特徴づける共同性の一形態であるにすぎず，両者はその理論的位置を完全に異にするからである。実際にも，たとえば，背後者が被害者のアカウントを無断使用して行為媒介者に侮辱的な内容のメールを送り，これが被害者を殴るよう仕向けたという場合には，たしかに意思連絡は存在しないけれども，心理的因果性のほうは立派に認められよう。そして，そこで背後者に対し，正犯である行為媒介者を使嗾したとして，暴行罪の教唆犯が成立することを否定する理論的根拠は見出しがたいように思われる[5]。

　そして，さらに進んで考えるならば，そもそも，片面的教唆犯こそが教唆犯規定の主たる適用場面とさえいいうるかもしれない。その理由は大要，次の２つである。

　第１に，教唆犯の一般的な講壇設例は，ほとんどの場合に意思連絡と（慫慂行為がなければ行為決意は抱かれず，かつ，慫慂行為が行為決意の惹起に一般に適するという意味で）重大な寄与が認められる結果，（共謀）共同正犯に回収されることとなるからである。この点で，判例実務が教唆犯規定の適

---

[5] これに対して近時の学説には，かりに教唆犯の成立にとって意思連絡が不要であるとしても——ただし，論者のいう意思連絡は，「相互に犯罪を実行する意思の連絡が」ある，という不当に加重された内容をもつことに注意を要する——なお意思伝達的要素が必要であるとして，本文で述べたような場合に暴行罪の（片面的）幇助犯を認めるにとどめるものもある。佐伯仁志「絶滅危惧種としての教唆犯」『西田典之先生献呈論文集』（有斐閣，2017）191頁以下を参照。しかし，そのような解釈の根拠が「日常用語の意味」，「教唆という言葉の通常の意味」に尽きるとすれば，「幇助」ならよいのかという疑問はさて措くとしても，合理的な要請が存在する限り，ことばのもつ可能な意味の範囲で目的論的解釈を施すべきであろう。そして，前記の場合に有力な見解が——別の問題を抱えてまで——正犯の背後の正犯を認めようとするところからも分かるように，正犯の刑を必要的に減軽するというのは明らかに不合理であるように思われる。これに対し，論者が幇助犯を任意的減軽にとどめるなどの法改正を主張することで応えるならば，それは本書における私の主張と同一である。その際には，したがって，前記の場合に教唆犯が成立しうるというより些末な主張のほうは放棄し，前記法改正に向けて論者と共闘したいと考える。

657

用範囲を縮小し，共同正犯のほうを拡大してきたことには正当な理論的基礎がある。一方，そのような解釈によって教唆犯規定の独自の意義が失われてしまうとする一部学説の批判は，むしろ，その「独自の意義」を過大評価する過ちを犯しているように思われる。

あるいは，その「独自の意義」を拡張するせいぜい可能な解釈としては，幇助犯と同様，教唆犯にも「ミニ共同正犯」としての類型を承認することが考えられなくもない。すなわち，本来ならば共同正犯となりうる場合のうち，犯行への積極性がやや弱い一定の類型を，刑を減軽するほどではないけれども，その余の点で法的効果が弱い教唆犯に「落とす」ことによって，その犯情をより正確に表現しようとするわけである。具体的には，相手方が現実に犯行に出るか，出るとして具体的にはどのような態様においてか，などといった点に独自の関心をもたず，相手方に任せるかたちで犯行を唆す――ただ，意思連絡は認められる――ようなケースが考えられよう。

ただし，それはあくまで現行の教唆犯の規定と運用を前提にした解釈にすぎない。したがって，そもそも，そのような「ミニ共同正犯」の括り出し方が妥当であるかについては，立法論や実務的運用論を含めた議論の余地が大いに存在するように思われる。すなわち，行為決意の惹起は欠けるものの，意思連絡と重要な役割（およびその認識）が認められれば，たとえ「独自の関心」をもって犯行に積極的に関わろうとしていなくても，（「ミニ共同正犯」としての）幇助犯ではなく，（真正な）共同正犯とされるのが通常であろう。そうであれば，行為決意を惹起した場合においても，「相手任せ」というだけで不法類型を格下げすることが合理的であるかについては，なお疑念をさしはさむ余地があるのではなかろうか。

第2に，判例が教唆犯を認める数少ない局面のひとつである，犯人自身による犯人蔵匿・隠避（刑法103条）ないし証拠隠滅（刑法104条）への関与は，そもそも不可罰とされるべきものだからである。検察実務はこの局面で共同正犯が成立しえないものと考え，わざわざ教唆犯規定を使って起訴しているようであるが，無用な気回しというべきであろう。というのも，第22章において詳論したように，因果的共犯論を前提とするならば，犯人自身は同罪の共同正犯と同様，狭義の共犯にもなれないはずだからである。

(2) 非従属的共犯における片面的な関与

次に，非従属的共犯，典型的には共同正犯においても，意思連絡以外の観点，具体的には，双方向的寄与の観点から共同性が基礎づけられうる場合には片面的な関与を観念することができる。教科書類でしばしばあげられる例でいうと，たとえば，XがAと強いて性交する間，YがこっそりAの脚部を押さえつけてやった，という場合には，Xが強いて性交しようとするからこそYが押さえつけ，反対に，Yが押さえつけるからこそXが強いて性交できる，という関係が存在している。そうすると，そこではXとYの間に意思連絡が存在しない代わりに，おのおのの行為につき双方向的寄与が認められる。こうして共同性が基礎づけられ，強制性交等罪（刑法177条）の片面的共同正犯を肯定することが可能である。

これに対して，誰彼かまわず殺害する殺人鬼Zがいる部屋にWがこっそりBを押し込んだ，という場合には，Wの行為がZの行為に寄与しているだけでありその逆は成り立たないから，双方向的寄与は否定されざるをえない。そして，ZとWの間には意思連絡も存在しない以上，共同性は基礎づけられず，殺人罪の共同正犯を肯定することはできない。

ひるがえって標題判例を見てみると，このような認定事実のみでは，Oの行為がUの行為に対して因果性を及ぼしていることが明らかとならない。いいかえれば，標題判例の事案は，双方向的寄与を根拠に片面的共同正犯を承認する本章のような立場によっても，なお共同正犯の成立を肯定しえないものだったのである。したがって，標題判例が意思連絡の存否不明をもって共同正犯成立の理由不備を認めているとしても，それはあくまでこのような事案を前提とした判断であると理解することも十分に可能である。にもかかわらず，一部の学説が標題判例を根拠に「判例は片面的共同正犯否定説だ」と短絡するのは，判例の読み方として最も典型的な誤りであると思われる[6]。

---

6 片面的幇助犯を認めるにとどめた著名な（裁）判例も爾後，いくつか出されているが，そもそも双方向的寄与が認定しえない（大判大14・1・22刑集3・921）か，不作為による関与という特殊な類型である（大判昭3・3・9刑集7・172），あるいは，重要な役割のほうが否定される（東京地判昭63・7・27判時1300・153）事案であった。したがって，本文で述べたような「理解」は今日においてもなお妥当しうるものと思われる。

第27章

共同正犯の諸問題（下）

山下はベテランの裁判官，小林は新米の裁判官

山下：なに，そのレジュメ？　自主的な勉強会でもやっているのかね。

小林：あ，いえ，スズメの学校をやっていまして，それで，レジュメを配ろうと思っているんですよ。

山下：ああ，書記官試験を受ける子たちの指導だね。しかし，あまり気合いを入れすぎると向こうにも迷惑かもしれんぞ。なにしろ，彼らは勉強以外にもたくさんの仕事を抱えているんだからな。

小林：それが，私は結構，慕われているんですよ。この前も……。

山下：君の自慢話はもういいよ（苦笑）。で，そのレジュメの内容は何なんだね？

小林：殺人の共同正犯なんですが，直接行為者には過剰防衛が成立しうるにもかかわらず，背後者については侵害の急迫性が否定される，という理屈を説明しようと思いまして。

山下：ああ，フィリピンパブ事件〔最決平4・6・5刑集46・4・245〕か。しかし，そんな複雑な事例が本当に試験に出るのかね。過去問はちゃんと見たの？

小林：それが，そのぅ……過去問は一行問題に近いものが多いんですよ（汗）。

山下：それなら，それに対応するかたちで教えてやらなきゃダメだろうが。君に教わっている職員は災難だな（苦笑）。

小林：ちょっと待って下さい。あんな悪問を想定して勉強していたんじゃあ，将来のためになりませんよ，彼ら（怒）。

山下：こら，安易にそういうことをいうんじゃない。たとえば，去年の問題は何だったの？

小林：ふんっ，文書偽造罪の不法内容に関する実質一行問題ですよ。

山下：た，たしかに，良問とはいいがたいな（汗）。しかし，それにしても，違

法の相対性は難しすぎる。私にもよく分からんのだから……。
小林：えっ，そうですか？？　もちろん，正当防衛の制限や否定をもっぱら客観的な事情だけを考慮して行おうとする，一部の特殊な学説を前提とすればそうかもしれませんが，判例のように侵害の予期という主観面まで考慮していいのなら，大して難しい話ではないと思いますけどねえ。
山下：主観面は人によって異なりうる，そして，直接行為者には侵害の予期がないが，背後者（被告人）にはあったといえれば特段の問題は生じない，と，こういうことかね。
小林：そうそう，そうですよ，先輩も分かっておられるじゃないですか。ま，フィリピンパブ事件で最高裁はあわせて積極的加害意思を論じていましたが，平成 29 年決定〔最決平 29・4・26 刑集 71・4・275〕が出されたいまなら，そうせずに侵害の急迫性を否定すると思いますけどね。
山下：うん，それはいいが，そもそも，どうして侵害の予期やらがあると急迫性が否定されるの？
小林：だから，それは別の回にちゃんと扱いますって。なんで論点をずらすんですか，いまは違法の相対性の話をしているんですよっ!?
山下：その話に関係があるから聞いているんだけどねぇ，私は。
小林：はあ？　それは，そのぅ，いろんな説明がありうると思いますが，要するに，侵害を受けると分かっていながら，正当な理由もなくこれに向かっていき，実際に襲われるのは自業自得であって，そこで「自分の身を守るために他人を傷つけることを正当化しろ」というのは虫が良すぎる，ということでしょう。
山下：こらこら，私は書記官試験を受ける予定はないぞ（苦笑）。
小林：あ，すみません，ちょっとかみ砕きすぎましたか（汗）。
山下：ま，しかし，いまのようにざっくり表現するというのは，「原理」を理解させるうえで非常に大切なことだ。現に，とても分かりやすかったよ。
小林：いやぁ，それはどうもありがございます（嬉）。
山下：しかし，困ったな。
小林：何がです？
山下：いや，だって，フィリピンパブ事件の背後者に「お前の自業自得なんだから，襲われても反撃は正当化しないぞ」というならともかく，ここで襲われているのは「自業自得」とはいえない直接行為者のほうなんだぞ。それなのに，どうして侵害の急迫性が否定されたりするのかね。

661

第27章 共同正犯の諸問題（下）

小林：あ，そうか。しかし，共同正犯なんですから，ひとりの「自業自得」はみんなの「自業自得」でもあるんですよ。

山下：それが通るなら，おのおのについて侵害の予期等の存否を判断し，正当防衛や過剰防衛の成否を各別に決する，という最高裁の示した手続き自体がナンセンスになってしまうだろ。だいいち，共同正犯は個人責任の原則を解除する法形象ではないんだぞ。あくまでその原則の範囲内で……。

小林：分かった，では，あの事案は間接正犯にすべきだったのか。適法行為を利用する間接正犯！

山下：だから，どうしてそうなるの（汗）。たしかに，侵害の予期を欠く直接行為者が生命の具体的危険にさらされ，退避可能性もなかったというのであれば，背後者を間接正犯にする余地もないわけではないが，それにしたって，「自業自得」とはいえない者が襲われており，それゆえ，侵害の急迫性を否定しえない，という点は何も変わらないだろうが（そもそも，過剰防衛は適法行為ではないし……）。

小林：それなら，あの事案は背後者も現場にいて，実行共同正犯に近かったから，背後者自身も襲われたものと評価してよい，と……。

山下：君ねえ，思いついたことをすぐにそのまましゃべってはダメだよ。いつもいっているだろう（苦笑）。

小林：ちゃんと考えてからしゃべりましたよ（怒）。

山下：ふむ。それなら真面目に答えるが，本当に実行共同正犯であった場合においてさえ，「実際に襲われているのはあくまで侵害の予期がなかった者のほうである」という点はまったく同じだ。だいたい，背後者が現場に行っていなければ何か変わるのかね。

小林：ふぅむ。それなら，どうして原判決〔東京高判平2・6・5刑集46・4・264 参照〕はわざわざ現場共謀を認定したのでしょうか。共謀を背後者の処罰対象行為ととらえたうえで，侵害の急迫性を問題にするため，これを認定する時点を侵害が時間的に切迫する段階まで遅らせようとしたのかと思ったんですが……。

山下：おいおい，ずいぶん素人臭い推論だな。

小林：なんですって⁉（怒）

山下：すまん，すまん，ちょっといいすぎたな（苦笑）。

小林：で，どこがおかしいんです？

山下：それはまあ，いろいろあるよ（同時に複数の間違いがあるから「素人臭い」

第27章　共同正犯の諸問題（下）

といったんだが……）。まず，侵害の急迫性を問題にするために，わざわざ処罰対象行為を遅らせる理論的な必然性はない。「忍び返しの事例」というのがどの刑法総論の教科書にも載っているだろう。ほら，事前に泥棒撃退装置を自宅に仕掛けておいて，いざ泥棒がやって来たらそれが発動する，というやつだよ。

小林：いや，ですから，そもそも，その事例で正当防衛が成立するという理屈が理解できなくてですね……。

山下：それは君，学生のころに「趣旨に立ち返った検討」をサボっていたからだよ。

小林：はぁ⁉（怒）

山下：ごめん，またいってしまった（汗）。と，ともかく，正当防衛の趣旨に照らすならば，①泥棒である被害者のほうが正当な利益を担うことなく，行為者の住居（許諾）権をおびやかしており，（退避せず）これをやめさせるのに必要な限りにおいて，不正の侵害を構成する利益はその保護価値を制約されること，および，②現状を変更して安全を危殆化しているのは被害者のほうであり，忍び返しによる撃退はむしろ現状を維持しようとするものであること，の２点が認められる以上，その成立を肯定すべき実質的な根拠がある，ということだよ。

小林：それで，侵害の急迫性は②の，自力救済の禁止を担保する要件なんですよね。

山下：そうそう，分かっているじゃないか（もう機嫌は直ったかな……）。だからこそ，その事例で「忍び返しを設置する行為と泥棒の侵入との間には大きな時間的離隔があるから，侵害の急迫性がみたされない」などと騒ぎ立てる人はいないわけさ。

小林：なるほど！　勉強になったからさっきの暴言は許しますよ（笑）。要するに，原判決も私と同じ誤解をしていたということですね。

山下：いや，そうではない。君がそう思ってしまうのは，もう１点，誤解しているからだよ。

小林：またですか（汗）。

山下：ああ。しかも，こちらのほうが「誤解」の弊害が大きいだろう。つまり，そもそも，フィリピンパブ事件で「共謀を背後者の処罰対象行為ととらえ」る，という君の出発点がおかしいんだよ。

小林：え？　しかし，共謀共同正犯ですよ。

663

山下：だからね，共謀という概念の中身は一枚岩ではないんだよ。そんなことは常識だろうが。
小林：それはまあ，そうですが……。
山下：それでね，原判決がいう共謀ってのは，これに参加すること自体が処罰根拠を構成するような，そういう客観的な謀議行為ではないだろう。むしろ，「とっさに意思を相通じた」というくらいの趣旨であって，正当防衛や過剰防衛の成否が問われるべき処罰対象行為ではないよ。だからこそ，たとえ背後者が現場に行っていなくても，直接行為者が殺意をもって反撃した時点で共謀を認定できるんだろ。
小林：では，逆にお尋ねしますが，先輩は，どうして共謀を認定する時点を遅らせたと思われるんですか？
山下：ふむ。ここからは推測だが，そこではじめて直接行為者に殺人の故意が生じているからではないかなぁ。だからこそ，先ほどもいったが，かりに背後者が現場に行っていなくても，同じように共謀の成立を遅らせていた可能性が高い。このあたりは，学説から「意思連絡を故意と連動させる理論的な必然性はない」と批判されているところだがね。
小林：なるほど。それでは，共謀を認定する時点は違法の相対性にとって，あまり本質的ではないということでしょうか。
山下：そうなるだろうね。というより，そもそも共謀を認定する要のない間接正犯であってさえ話は変わらない，というのはさっきいっただろう。
小林：うーん，何か違和感が残りますねえ。襲われた者に侵害の予期がなく，それゆえ，「自業自得」の要素を欠くから侵害の急迫性を否定する契機がない，というのは理屈としては分かりますが，それでも，背後者もせいぜい過剰防衛にとどまるというのは……。
山下：誰もそこまではいっていない。
小林：それでは，背後者は通常の殺人罪になるということですか？
山下：ああ，そう思うよ。
小林：さっきおっしゃっていたことと矛盾しませんか？
山下：しないよ。私は「『侵害の急迫性を否定する』という解釈手法によって，背後者に通常の殺人罪が成立することは導けない」といっただけだ。ほかにも方法があるとしたらどうかな。
小林：あるんですか!?
山下：さあ，どうだろうね。ところで，事案を少し修正して，直接行為者は予

期せず被害者から襲われた恐怖心によりその場にへたり込んでしまったところ，背後者がそこに乱入して被害者を殺害し，直接行為者を守った，というケースなら背後者の罪責はどうなるかな。話を単純にするために，被害者への対抗行為は侵害を排除するのに必要かつ相当な範囲内に収まっていた，ということにしようか。ま，この場合には「直接行為者」，「背後者」という表現自体がおかしいことになるわけだが。

小林：それは，やはり，通常の殺人罪にしないといけないでしょう。

山下：どうして？

小林：いや，だって，さすがに，その場合には侵害の急迫性を否定していいですよね。

山下：しかし，その場合にだって「自業自得」の関係はないだろう。被害者から襲われているのは背後者ではないのだから。

小林：ああ，そうか，いわれてみれば……しかし，背後者を通常の殺人罪にすべきだという結論は，これはもう動かしがたいですから，あとは，侵害の急迫性を否定しようが他の解釈手法を用いようが，騒ぎ立てるほどの違いはないと思いますけどねえ。

山下：いや，侵害の急迫性を否定するかどうかはともかく，少なくとも，正当防衛（や過剰防衛）の成立そのものを否定するかどうかは非常に大きな違いをもたらすんだよ。だって，考えてもみろ。もし被害者への対抗行為が完全に違法な行為だというのなら，刑法が，自身には侵害の招致につき帰責性のない直接行為者——というより，へたり込んでしまった人——に対し，「黙って殴り殺されておけ」と命ずることになってしまうだろうが。

小林：うーん。では，正当防衛（や過剰防衛）が成立することを前提としつつ，なお背後者を通常の殺人罪で処罰する解釈手法を考えろ，ということですか？

山下：さあ，どうだろう。ところで，そのような解釈手法と，修正前の，直接行為者が自分で反撃した事案について話していた，背後者を通常の殺人罪で処罰するための，「侵害の急迫性を否定する」以外の解釈手法との理論的な関係はどうなっているのかな？

小林：それは……。

山下：（やはり，もう少しゆっくり誘導しないといけないか……。）

小林：はっ？

山下：いや，なんでもないよ。（今度の，自分が講師を務める研修でソクラテスメ

第 27 章　共同正犯の諸問題（下）

ソッドを取り入れようと思っていたんだが，レベルの設定がなかなか難しいな。）
小林：まさか，先輩，私を何かの練習台にされていたんじゃ……。
山下：き，君，それは考えすぎだよ（汗）。
小林：ふぅん。
山下：なんだ，信用していないの？
小林：ああ，そうそう，久しぶりにあの和食屋さんに連れていって下さいよ。
　いまだと，そうですねえ，名残り河豚の「尽くし」でもいっておきますか。
山下：……。

※　私は 20 年近くに及ぶこれまでの研究歴のなかで，数多くの最高裁判例に接してきた。そのほとんどは理論的な側面においても，結論の妥当性という側面においても，非常に優れた内容を有していた。そして，そのわずかな残部を私が不当と考えるのも，究極的には立場の違いに起因するものであって，最高裁が明らかな矛盾を犯しているなどといったケースは，たったひとつの例外を除いて皆無であった。その「たったひとつの例外」こそがフィリピンパブ事件であり，「侵害の予期＋積極的加害意思＝侵害の急迫性の否定（による正当防衛および過剰防衛の排除）」という図式を，左辺の主体（背後者＝被告人）と右辺の侵害を受ける主体（直接行為者）が異なる場合にまで，そのままあてはめてしまったことは致命的な誤謬というほかない。背後者に完全な犯罪の成立を肯定するためには，したがって，侵害の急迫性すなわち（正当防衛や）過剰防衛が直接行為者につき肯定されることを前提としつつ，しかし，背後者はそれを利用してみずからは完全な犯罪を実現しているのだ，と論証する方法を考えなければならないことになる。

◆

I　過失の共同正犯

1　総説

　共同正犯に関するきわめて論争的な問題として，次にとりあげなければならないのは過失の共同正犯である。この問題は近時，（のちに見る，過失の共同正犯の成立を否定した）最高裁判例が出されたこともあって，学界に

おいてはまさに「流行りのテーマ」となっている。もっとも，ここで，この問題に関する長年にわたる議論の蓄積を詳細に紹介したり，はたまた，多数に上る最新の論稿に逐一，検討を加えたりすることは，本書の趣旨に照らして適当とはいえないであろう。そこで，以下では，本書において示してきた刑法の基本的な考え方を出発点としたとき，この問題に対してどのようなスタンスで臨めばよいかについて，若干の解説を加えるにとどめることとしたい。

さて，最初に確認すべきなのは，過失の共同正犯を処罰することが罪刑法定主義に反するわけではない，ということである。たしかに，狭義の共犯に関しては，過失による場合を処罰する明文の規定を欠くことから，これを処罰することは罪刑法定主義違反の問題を生じよう（刑法38条1項を参照）。しかし，共同正犯の場合には，その要件をみたす限りにおいて，正犯として扱われるというのがその法的効果である（刑法60条を参照）。そうすると，過失正犯を処罰する規定が各則に存在する以上，過失の共同正犯を処罰することもまた罪刑法定主義には反しないはずである。

もっとも，学界においてさかんに議論がなされているのは，このような罪刑法定主義違反の問題ではない。そうではなく，むしろその先，すなわち，①過失の共同正犯を処罰することが刑事政策的に見て妥当であるのか，そして，かりにそうであるとしても，②過失の共同正犯を処罰することが刑法の一般理論によって正当に基礎づけられうるのか，という問題のほうが重視されているのである。そして，結論からいえば私は，そのいずれについても肯定すべきだと考えている。

まず①についてであるが，これを否定すべきものとする論者の主張は，要するに，過失の同時犯を柔軟に適用すれば足りるのであって，これを超えた部分まで過失の共同正犯によって捕捉することは，むしろ処罰範囲の過度の拡大に至るおそれがある，というものである。

しかし，しばしば指摘されているように，たとえば，2人がかりでようやく持ち上げられる大きな石を協力して崖から投げ落とした結果，歩行者に命中してこれが死亡したという事例において，「歩行者がいるかもしれない」と思っていれば（殺人罪の）共同正犯となるにもかかわらず，「歩行者はいないだろう」と軽信していても（過失致死罪の）共同正犯とはならない，というのは健全な当罰性感覚に照らして不自然である。つまり，過失の同時犯を認めておけばよい，と安易に言い切ることはできない。そし

て，そうであるとすれば，同じような状況で小さな石を交互に投げ落としたが，いずれの石が命中したか不明である場合にも，同様に，共同正犯の成立を肯定するのが自然な解釈というものであろう。しかも，この（過失による）場合に2人とも無罪放免にすることこそ，処罰範囲の過度の縮小であるとのそしりを免れえないように思われる（この場合でも，おのおのに他方の不注意な投げ落としを止める義務を認め，その違反もまた歩行者の死亡を正犯的に引き起こしうるとして，なお同時犯により捕捉しようとするものもあるが，常にそのような義務が認められるわけではない）。

次に②についてであるが，過失による場合にも共同正犯の一般的成立要件がみたされうることは，これを精緻に観察すれば明らかであると思われる。

第1に，共同性であるが，そのうち双方向的寄与のほうは本性的に故意とかかわりがないから，故意の共同正犯におけるのとまったく同様に認定しうるであろう。これに対して意思連絡のほうは，その内実である（メタ）認識が何に関するものであるかを議論する余地があり，現に学界においては，これまでもさかんに議論がなされてきたところである。そして，かりに当該認識が，一方の行為が他方の行為に因果的な影響を与えることにとどまらず，その因果的影響が特定の不法に実現することにまで及ばなければならないとすれば，もはや，過失の共同正犯を肯定するために意思連絡を援用する余地は存在しないことになろう。

しかし，本書において繰り返し述べてきたように，意思連絡とは，それ自体が特定の不法を帰責する根拠となるような概念ではない。そうではなく，むしろ，そのような帰責を行う際に複数者の行為を相互に結びつけ，それらをあわせて不法該当性を判断すれば足りることを基礎づける概念なのである。したがって，意思連絡を認めるためには，一方の行為が他方の行為に因果的な影響を与えることの双方向的認識で足りるものと解すべきである。そして，そうであるとすれば，過失犯においてもこれが存在する余地は十分にあるといわなければならない。前出の小さな石を交互に投げ落とした事例においても，協力関係を双方が分かっている以上，意思連絡を認定することは十分に可能であろう。ただ，すでに双方向的寄与が認められるために，わざわざ意思連絡まで認定する実益が欠けるというにすぎない。

第2に，重要な役割であるが，こちらが故意・過失の別なく認定可能で

あることは明らかであろう。大きな石を崖から投げ落とすのに協力することが，それが歩行者に命中してこれを死亡させるという侵害経過において有する寄与の大きさは，「歩行者がいるかもしれない」と思っているかどうかとまったく関係がないのである。このことをもう少し理論的に表現すれば，役割の重要性ないし寄与の重大性は，不法を回避しうる可能性の程度と不法に対する一般的適性の程度の積によって測定されるところ，故意の存否はそのいずれのパラメーターにも影響しない，ということになる。

以上のとおり，①も②も十分に肯定されるのであるから，過失の共同正犯が成立する余地を正面から承認すべきである。そして，以下ではこのような基礎理論を前提としながら，重要な（裁）判例につき若干の検討を加えることとしたい。

2 （裁）判例の検討

(1) 東京地判平4・1・23判時1419・133＝世田谷ケーブル事件

「本件の被告人両名においては，第2現場でトーチランプを使用して解鉛作業を行い，断線箇所を発見した後，その修理方法等につき上司の指示を仰ぐべく，第3棟局舎へ赴くために第2現場を立ち去るに当たり，被告人両名が各使用した2個のトーチランプの火が完全に消火しているか否かにつき，相互に指差し呼称して確認し合うべき業務上の注意義務があり，被告人両名がこの点を十分認識していたものであることは，両名の作業経験等に徴して明らかである。

しかるに，被告人両名は，右の断線箇所を発見した後，その修理方法等を検討するため，一時，第2現場を立ち去るに当たり，被告人Aにおいて，前回の探索の際に断線箇所を発見できなかった責任を感じ，精神的に動揺した状態にあったとはいえ，なお被告人両名においては，冷静に前記共同の注意義務を履行すべき立場に置かれていたにも拘らず，これを怠り，前記2個のトーチランプの火が完全に消火しているか否かにつき，なんら相互の確認をすることなく，トーチランプをＩＹケーブルの下段の電話ケーブルを保護するための防護シートに近接する位置に置いたまま，被告人両名が共に同所を立ち去ったものであり，この点において，被告人両名が過失行為を共同して行ったことが明らかであるといわなければならない。

以上の理由により，もとよりいわゆる過失犯の共同正犯の成否等に関しては議論の存するところであるが，本件のごとく，社会生活上危険かつ重

大な結果の発生することが予想される場合においては、相互利用・補充による共同の注意義務を負う共同作業者が現に存在するところであり、しかもその共同作業者間において、その注意義務を怠った共同の行為があると認められる場合には、その共同作業者全員に対し過失犯の共同正犯の成立を認めた上、発生した結果全体につき共同正犯者としての刑事責任を負わしめることは、なんら刑法上の責任主義に反するものではないと思料する」。

　本裁判例は過失の共同正犯が論争的な問題であることを承認したうえで、共同の注意義務を怠る共同の行為がある場合にこれが成立しうるものと解している。問題はそこにいう「共同の注意義務」の具体的な中身であるが、それは「自分のトーチランプの火を消すだけでなく、一緒に作業した相手方のランプの火も確実に消させるという同じ作為義務が、各自に共通して課されていた」ことに求められているようである。もちろん、確実に消火されているかの指差し呼称確認も注意義務の内容とされてはいるが、それを履行しただけでは不法の実現を防止することはできず、単に、未消火の場合に実現されるべき不法の予見に至るだけである。いいかえれば、それは責任要素としての予見可能性を与えるべき情報収集義務の一種にほかならないのであり、本件においてその違反が共同正犯を構成するかが問われる注意義務——すなわち、前述の作為義務——とは理論的位置を異にしている。

　それでは、このような本裁判例の立場は共同正犯の一般理論に照らして支持しうるであろうか。たしかに、本裁判例の指摘するような事実関係が存在する場合には、共同正犯の成立を肯定しうるであろう。ある人が全員分のランプの消火措置を思い出してこれを始めれば他の人もそうするのであり、反対にいえば、ある人が忘れてそのまま立ち去ろうとするからこそ他の人もそうするという関係がある。それは典型的な双方向的寄与であり、共同性は問題なく基礎づけられよう。さらに、誰もがランプの消火措置を思い立つことで不法の実現を確実に防止しうるのであるから、重大な寄与ないし重要な役割もまた特段の障害なく認定可能である。

　もっとも、故意不作為の場合を想起すれば明らかなように、作為義務の内容が相手方へのはたらきかけを含むものであることや、同じ作為義務が相手方にも課されていることは、通常、共同正犯の成立にとってなんら必須の要件とは解されていない[1]。したがって、本裁判例は過失の共同正犯

の——「共同の注意義務の共同違反」という伝統的な言い回しに収めやすいという点で——典型的な場合を描き出したにすぎず，その意味で，過失の共同正犯を肯定した文字どおり「一例」ととらえるのが適当であろう。

(2)　最決平28・7・12刑集70・6・411＝明石歩道橋事故事件

「1　本件は，平成13年7月21日兵庫県明石市の大蔵海岸公園と最寄り駅とを結ぶ通称朝霧歩道橋（以下「本件歩道橋」という。）上で発生した雑踏事故（以下「本件事故」という。）に関するものである。被告人は，当時兵庫県明石警察署副署長であった者であり，平成22年4月20日に起訴されたが，本件事故については，最終の死傷結果が生じた平成13年7月28日から公訴時効が進行し，公訴時効停止事由がない限り，同日から5年の経過によって公訴時効が完成していることになる。

もっとも，本件事故については，当時明石警察署地域官であったB（以下「B地域官」という。）が平成14年12月26日に業務上過失致死傷罪で起訴され，平成22年6月18日に同人に対する有罪判決が確定している。

このため，検察官の職務を行う指定弁護士は，被告人とB地域官は刑訴法254条2項にいう『共犯』に該当し，被告人に対する関係でも公訴時効が停止していると主張した。

以上のような経緯に鑑み，被告人に対して刑訴法254条2項に基づき公訴時効の停止が認められるか否かにつき，職権で判断する。

2　第1審判決及び原判決の認定によれば，本件の事実関係は，次のとおりである。

(1)　平成13年7月21日午後7時45分頃から午後8時30分頃までの間，大蔵海岸公園において，第32回明石市民夏まつり（以下「本件夏まつり」という。）の行事である花火大会等が実施されたが，その際，最寄りの西日本旅客鉄道株式会社朝霧駅と同公園とを結ぶ本件歩道橋に多数の参集者が集中して過密な滞留状態となった上，花火大会終了後朝霧駅から同公園へ

1　学説には，「共同の注意義務」を構成する要素（のひとつ）として，各自が協力してはじめて不法を回避しうることをあげるものもある（「共同の違反」とは，各自がともに履行を怠ったことを意味する）。松宮孝明『刑法総論講義〔第5版〕』（成文堂，2017）271・272頁，より詳細には，金子博「過失犯の共同正犯について——『共同性』の規定を中心に」立命326号（2009）858頁以下などを参照。しかし，同じく，故意不作為の場合を想起すれば明らかなように，そのような事実はなんら共同正犯の本質にかかわるものではなく，単に，該事実があれば共同正犯を肯定する実益が大きいというだけのことであろう。

向かう参集者と同公園から朝霧駅へ向かう参集者が押し合ったことなどにより，強度の群衆圧力が生じ，同日午後8時48分ないし49分頃，同歩道橋上において，多数の参集者が折り重なって転倒し，その結果，11名が全身圧迫による呼吸窮迫症候群（圧死）等により死亡し，183名が傷害を負うという本件事故が発生した。

(2) 当時明石警察署署長であったC（以下「C署長」という。）は，同警察署管轄区域内における警察の事務を処理し，所属の警察職員を指揮監督するものとされており，同警察署管内で行われる本件夏まつりにおける同警察署の警備計画（以下「本件警備計画」という。）の策定に関しても最終的な決定権限を有していた。

B地域官は，地域官として，明石警察署の雑踏警備を分掌事務とする係の責任者を務めていたところ，平成13年4月下旬頃，C署長に本件警備計画の策定の責任者となるよう指示され，これを受けて，明石市側との1回目及び2回目の検討会に出席し，配下警察官を指揮して本件警備計画を作成させるなどした。B地域官は，C署長の直接の指揮監督下にあり，本件警備計画についても具体的な指示を受けていた。

被告人は，明石警察署副署長として，同警察署内の警察事務全般にわたって，C署長を補佐するとともに，その命を受けて同警察署内を調整するため配下警察官を指揮監督する権限を有していた。被告人は，本件警備計画の策定に当たって，いずれもC署長の指示に基づき，B地域官の指揮下で本件警備計画を作成していた警察官に助言し，明石市側との3回目の検討会に出席するなどした。また，被告人が同警察署の幹部連絡会において，本件警備計画の問題点を指摘し，C署長がこれに賛成したこともあった。

(3) 本件事故当日，C署長は，明石警察署内に設置された署警備本部の警備本部長として，雑踏対策に加え，暴走族対策，事件対策を含めた本件夏まつりの警備全般が適切に実施されるよう，現場に配置された各部隊を指揮監督し，警備実施を統括する権限及び義務を有していた。C署長は，本件事故当日のほとんどの場面において，自ら現場の警察官からの無線報告を聞き，指示命令を出していた。

被告人は，本件事故当日，署警備本部の警備副本部長として，本件夏まつりの警備実施全般についてC署長を補佐する立場にあり，情報を収集してC署長に提供するなどした上，不測の事態が発生した場合やこれが発生

するおそれがあると判断した場合には，積極的にC署長に進言するなどして，C署長の指揮権を適正に行使させる義務を負っており，実際に，署警備本部内において，現場の警察官との電話等により情報を収集し，C署長に報告，進言するなどしていた。

なお，署警備本部にいたC署長や被告人が本件歩道橋付近に関する情報を収集するには，現場の警察官からの無線等による連絡や，テレビモニター（本件歩道橋から約200m離れたホテルの屋上に設置された監視カメラからの映像を映すもので，リモコン操作により本件歩道橋内の人の動き等をある程度認識することはできるもの）によるしかなかった。

一方，B地域官は，本件事故当日，大蔵海岸公園の現場に設けられた現地警備本部の指揮官として，雑踏警戒班指揮官ら配下警察官を指揮し，参集者の安全を確保すべき業務に従事しており，現場の警察官に会って直接報告を受け，また，明石市が契約した警備会社の警備員の統括責任者らと連携して情報収集することができ，現場付近に配置された機動隊の出動についても，自己の判断で，C署長を介する方法又は緊急を要する場合は自ら直接要請する方法により実現できる立場にあった。

3　当裁判所の判断

本件において，被告人とB地域官が刑訴法254条2項にいう『共犯』に該当するというためには，被告人とB地域官に業務上過失致死傷罪の共同正犯が成立する必要がある。

そして，業務上過失致死傷罪の共同正犯が成立するためには，共同の業務上の注意義務に共同して違反したことが必要であると解されるところ，以上のような明石警察署の職制及び職務執行状況等に照らせば，B地域官が本件警備計画の策定の第一次的責任者ないし現地警備本部の指揮官という立場にあったのに対し，被告人は，副署長ないし署警備本部の警備副本部長として，C署長が同警察署の組織全体を指揮監督するのを補佐する立場にあったもので，B地域官及び被告人がそれぞれ分担する役割は基本的に異なっていた。本件事故発生の防止のために要求され得る行為も，B地域官については，本件事故当日午後8時頃の時点では，配下警察官を指揮するとともに，C署長を介し又は自ら直接機動隊の出動を要請して，本件歩道橋内への流入規制等を実施すること，本件警備計画の策定段階では，自ら又は配下警察官を指揮して本件警備計画を適切に策定することであったのに対し，被告人については，各時点を通じて，基本的にはC署長に進

言することなどにより，B地域官らに対する指揮監督が適切に行われるよう補佐することであったといえ，本件事故を回避するために両者が負うべき具体的注意義務が共同のものであったということはできない。被告人につき，B地域官との業務上過失致死傷罪の共同正犯が成立する余地はないというべきである。

そうすると，B地域官に対する公訴提起によって刑訴法254条2項に基づき被告人に対する公訴時効が停止するものではなく，原判決が被告人を免訴とした第1審判決を維持したことは正当である」。

本判例は一般論として，過失の共同正犯が成立するためには共同の注意義務に共同して違反したことが必要であるとしたうえ，本件においてはそれが認められないとしている。いわば，伝統的な「決まり文句」に乗っかったということであろう。

もっとも，本書において繰り返し述べてきたように，「注意義務」も「共同」もそれ自体として複雑かつ重層的な構造を有しているのであるから，このような「決まり文句」だけでは判断の実質的な内容がブラックボックスと化してしまいかねない[2]。したがって，本判例の具体的なあてはめの部分についても詳細に見ていく必要がある。

まず「注意義務」については，Bのそれも被告人のそれも，実質的には主として作為義務を意味しているものと思われる。いいかえれば，共同正犯の成否が論じられるべきおのおのの行為は，結果防止に向けた一定の作為をしなかったという不作為である。そして，作為義務の実質的な根拠は，おそらく，危険への対処が要請される一定の地位，役割を引き受けたこと，さらに煎じ詰めれば，そうして他者からの救助チャンスを遮断したことに求められよう。本判例は後者には明示的にふれていないが，最高裁が全体としてそのような発想に立っていると解されることは，これまでも繰り返し示してきたとおりである。ここまでは特段の問題がない。

むしろ，論争的であるのは「共同」のほうである。すなわち，本判例はそもそも「共同」の注意義務——ここでは作為義務——が認められないと

---

[2] 2017年6月17日に東京大学で開催された刑事判例研究会において本判例が評釈の対象とされた際も，複数の高名な裁判官が「このような定型的な一般論を冒頭にポンと掲げるのは感心しない」，「そこに本質的な意義を認められるのを避けるために，判例委員会は刑集登載時に下線を引かなかったのであろう」と述べられたことが印象に残っている。

しているのであるが，その具体的な根拠とされているのは，Bと被告人が一緒に同じ役割を果たすことが要請されていたのではない，ということである。しかし，故意不作為の共同正犯においては，おのおのが果たすべき役割の相違がその桎梏になるなどとは考えられておらず，しかも，そのことは共同正犯の一般理論に照らしても整合的であり一貫している。そうすると，理論的に厳密にいうならば，作為義務の内容が共通しないことを理由に過失不作為の共同正犯を否定するのは誤っている。

　もっとも，本判例がそのような理論的な過ちを犯したものと決めつけるのは拙速であろう。むしろ，本判例は，Bと被告人が果たすべき役割の相違を強調することにより，おのおのの懈怠がバラバラに，すなわち，相互に無関係に発生していたことを示したかったのではなかろうか。そして，そうであるとすれば，そのことは本件において共同正犯の成立を否定するための立派な理由づけとなりうるであろう。というのも，これまでも繰り返し述べてきたように，複数人の間に共同正犯が成立しうるためには，少なくとも，一方の行為が他方の行為に対して因果的な影響を与えている必要があるからである。

　以上のように考えると，本判例は理論的にやや不分明なところを含むものの，結論において支持することができよう。学説には，以上で述べた分析に基本的に賛同しつつも，それによってもCと被告人，CとBとの間の共同正犯はこれを肯定する余地がある以上，被告人とBとの間の共同正犯もまた認めざるをえないのではないか，というものもある。たしかに，そのような余地があるときは，「被告人，C，Bの三者が共同正犯になる」と表現することが一義的に誤りであるとまではいえない。もっとも，それは簡潔を期するため便宜的にそう表現しているにすぎず，そのような表現が許されることから被告人とBとの共同正犯関係を導くのは倒錯した議論といわざるをえないであろう。ラベルを貼り替えれば瓶の中身が変わるわけではないのである。

II　共同正犯者間の違法の相対性

1　総　説

(1)　適法行為を利用する違法行為

第 27 章　共同正犯の諸問題（下）

　共同正犯の諸問題として最後にとりあげるのが，共同正犯者間で違法が相対化する現象の根拠と限界である。

　そもそも，共同正犯者間で違法が相対化しうる事例はいくつかのパターンに分けることができるが，学説・実務上，最もさかんに議論されているのは，実行共同正犯者の行為は正当化されるものの共謀共同正犯者の行為は違法のままである，というパターンである。たとえば，XがYに対し，「Aは交通事故の加害者であるにもかかわらず，まったく損害賠償をしない。ついては，君が代わりに交渉に行ってほしい。ただ，Aは粗暴な奴だから暴力をふるってくるかもしれない。そのときは，反撃して暴行を加えるのもやむをえないだろう」と述べた。そこで，Yは万一の場合には反撃する覚悟を決めつつAとの面会場所におもむいたところ，Yの姿を見たAが突然，殴りかかってきたため，驚いたYはやむをえずAに反撃して暴行を加えた。実は，交通事故云々の話は真っ赤な嘘で，XとAは対立抗争中の暴力団組員であり，Xは自分の名前でAを呼び出していたため，AはYをXだと勘違いして殴りかかったのであった。そして，この経緯ははじめからXの見とおしていたものであった。このような事例が講壇設例として掲げられる。

　さて，この事例においては，おそらく，YによるAに対する暴行については正当防衛として違法性が阻却されよう。というのも，Yには（示談交渉でも何でもないという意味で）正当な理由なく不正の侵害を招致することの認識（いわゆる侵害の予期）がなく，また，事案にもよるが，その認識可能性（侵害の予見可能性）さえ欠けるものと解するのが自然だからである。しかし，それだからといって，XについてまでAに対する暴行の罪責を免除するというのは正義に反する。そこで，XとYは構成要件レベルにおいてはAに対する暴行罪の共同正犯となるが，Yについてのみ正当防衛により違法性が阻却されて無罪となる，と解釈することが理論的に正当化されうるであろうか。

　一部の学説は，事前の共謀に基づき，違法な行為を相互に帰属させるところに共同正犯の本質を見出し，このような正当化の可能性を排除する[3]。それはそれで理論的に一貫した主張ではあるけれども，学界や実務における一般的な共同正犯のとらえ方とは相当に異質である。さらに，具体的な

3　高橋則夫『刑法総論〔第3版〕』（成文堂，2016）475頁などを参照。

結論の妥当性という点から見ても，このような学説によったのでは，Xの正義にかなった処断に窮することになろう。こうして，前述のような解釈を正当化しうる理論を探求すべきである。

それでは，どのような方策が考えられるであろうか。まず確認すべきなのは，本書でもしばしば指摘してきたように，正当化（違法性阻却）は決して，当該行為によって侵される法益の要保護性自体を否定するものではない，ということである。すなわち，正当化事由とは，それが備わる特別な状況に一定の規範的な評価を加えたうえで，それ自体として要保護性を有する（つまり，その喪失が社会的損失を構成する）ような法益に対し，「今回だけは君が侵害されてもかまわないことにする」として禁止を撤回する観念にほかならない。そして，そうであるとすれば，そのような特別な状況を作り出し，そこで正当化された行為をとおして当該法益を侵害するような行為に対しては，そのこと自体を正当化する，さらなる特別な状況が存在しない限り，禁止撤回の効果は及ばないものと解すべきであろう。

かつて，島田聡一郎教授は，法益衝突（優越利益）状況を作出して法益を侵害する行為に対し，当該状況の存在を根拠とする正当化の効果が及ばないことを論証し，「適法行為を利用する違法行為」という論文[4]にまとめられた。私見はその趣旨に賛同するとともに，これを正当化された法益侵害全般に推し及ぼそうとするものである（ただし，本書でも繰り返し述べてきたように，被害者の同意は正当化事由ではなく構成要件該当性阻却事由であって，このような一般化された理論枠組みからも逸脱することに注意を要する）。さらに，このような一般化された理論枠組みのもとでは，正当化の前提状況を作出した場合に限らず，たとえば，より侵害性の低い法益擁護手段をはく奪した場合においても，同様に，適法行為を利用する違法行為という観念が承認されるべきことになる。(2)で見る事例を先取りするならば，行為媒介者が所持している大小2種類のハンマーのうち，わざわざ小さいほうを背後者が（外から狙撃するなどして）壊してしまった場合がそれにあたろう。

(2) 違法の相対化の限界

こうして，先の事例におけるXのみを暴行罪の共同正犯として処罰することが理論的に正当化されうるのであるが，もう少し視野を広げ，適法行

4　立教55号（2000）21頁以下。

為を利用する違法行為が問題となりうる事例一般を解決しようとしたとき，大きく分けて次の２点が学界においてさかんに議論されている。

　第１に，同様の違法の相対化が従属的共犯においても承認されるべきか，という点である。そして，多数説はいわゆる制限従属性説を採用し，この点を否定的に解している。しかし，背後者について，自律的な（ないし，背後者が身分を欠くとき，身分を有する）行為媒介者との間に共同性が認められるかどうかと，媒介行為が備える正当化事由の効果が及ぶべきかどうかとは何の関係もない。したがって，多数説に反し，同様の違法の相対化は従属的共犯においても承認されるべきである。つまり，最小限度従属性説のほうが妥当である。

　第２に，同様の違法の相対化に加え，これが妥当しない場合であっても，背後者がより侵害性の低い手段を投入可能であれば，やはり違法の相対化を認めるべきではないか，という点である。そして，有力説はこの点を肯定的に解する。たとえば，行為媒介者が火事に巻き込まれて生命の具体的な危険にさらされており，助かるには隣家の壁を壊して脱出するほかないが，そのためにはハンマーが必要であるというとき，大小２種類のハンマーを所持している背後者が，わざわざ大きいほうのハンマーを行為媒介者に投げ渡した結果，隣家の壁はより大きく壊れてしまった，という事例を考えてみよう。ここで有力説は，背後者は優越利益の擁護に必要な最小限度を超えて建造物を損壊しているとし，違法の相対化を認める——具体的には，行為媒介者の建造物損壊行為は緊急避難によって正当化されるが，背後者は同罪の間接正犯として違法のままであり，せいぜい過剰避難が視野に入れられるにとどまるという——のである。

　この有力説を支える基本的な発想は，背後者が行為媒介者を助けるため，自分で隣家の壁を壊してやる場合には小さいほうのハンマーを使わなければならないのに，行為媒介者をとおして壊させる場合には大きいほうのハンマーを使ってよいというのは不合理だ，ということであろう[5]。しかし，理論的に厳密に考えるならば，その保有する手段に照らし，背後者が「要保護性のある法益なのだから，これを大きいほうのハンマーで余計に侵害してはならない」と法秩序から命じられることと，「この状況では，要保

---

[5] 山口厚ほか『理論刑法学の最前線』（岩波書店，2001）238頁〔佐伯仁志〕。これに賛成するものとして，橋爪隆『正当防衛論の基礎』（有斐閣，2007）342頁を参照。

護性のある法益といえども，ここまで侵害されることは致し方ない」という法秩序による価値判断の効果が背後者にも及ぶこととはまったく異なる。そして，前者の観点のみからすれば，大きいほうのハンマーを使うことは行為媒介者をとおして壊させる場合といえども違法と評価されるべきところ，後者の観点によってはじめてそのような評価を免れることが可能となるのである。これに対して，背後者が自分で壊してやるときは後者の観点を容れる余地がないため，大きいほうのハンマーを使うことは違法評価を免れえないことになる。先の有力説は，両観点を的確に区別できていないように思われる。

2　最決平 4・6・5 刑集 46・4・245 ＝フィリピンパブ事件

「1　原判決は，本件殺人の事実につき概要次のとおり認定した。

被告人は，昭和 64 年 1 月 1 日午前 4 時ころ，友人 P の居室から飲食店『アムール』に電話をかけて同店に勤務中の女友達と話していたところ，店長の M から長い話はだめだと言われて一方的に電話を切られた。立腹した被告人は，再三にわたり電話をかけ直して女友達への取次ぎを求めたが，M に拒否された上侮辱的な言葉を浴びせられて憤激し，殺してやるなどと激しく怒号し，『アムール』に押しかけようと決意して，同行を渋る P を強く説得し，包丁（刃体の長さ約 14.5 センチメートル）を持たせて一緒にタクシーで同店に向かった。被告人は，タクシー内で，自分も M とは面識がないのに，P に対し，『おれは顔が知られているからお前先に行ってくれ。けんかになったらお前をほうっておかない。』などと言い，さらに，M を殺害することもやむを得ないとの意思の下に，『やられたらナイフを使え。』と指示するなどして説得し，同日午前 5 時ころ，『アムール』付近に到着後，P を同店出入口付近に行かせ，少し離れた場所で同店から出て来た女友達と話をしたりして待機していた。P は，内心では M に対し自分から進んで暴行を加えるまでの意思はなかったものの，M とは面識がないからいきなり暴力を振るわれることもないだろうなどと考え，『アムール』出入口付近で被告人の指示を待っていたところ，予想外にも，同店から出て来た M に被告人と取り違えられ，いきなりえり首をつかまれて引きずり回された上，手けん等で顔面を殴打されコンクリートの路上に転倒させられて足げりにされ，殴り返すなどしたが，頼みとする被告人の加勢も得られず，再び路上に殴り倒されたため，自己の生命身体を防衛する意思で，

とっさに包丁を取出し，被告人の前記指示どおり包丁を使用してMを殺害することになってもやむを得ないと決意し，被告人との共謀の下に，包丁でMの左胸部等を数回突き刺し，心臓刺傷及び肝刺傷による急性失血により同人を死亡させて殺害した。

2　原判決は，以上の事実関係の下に，Pについては，積極的な加害の意思はなく，Mの暴行は急迫不正の侵害であり，これに対する反撃が防衛の程度を超えたものであるとして，過剰防衛の成立を認めたが，一方，被告人については，Mとのけんか闘争を予期してPと共に『アムール』近くまで出向き，Mが攻撃してくる機会を利用し，Pをして包丁でMに反撃を加えさせようとしていたもので，積極的な加害の意思で侵害に臨んだものであるから，MのPに対する暴行は被告人にとっては急迫性を欠くものであるとして，過剰防衛の成立を認めなかった。

3　これに対し，所論は，Pに過剰防衛が成立する以上，その効果は共同正犯者である被告人にも及び，被告人についても過剰防衛が成立する旨を主張する。

しかし，共同正犯が成立する場合における過剰防衛の成否は，共同正犯者の各人につきそれぞれその要件を満たすかどうかを検討して決するべきであって，共同正犯者の1人について過剰防衛が成立したとしても，その結果当然に他の共同正犯者についても過剰防衛が成立することになるものではない。

原判決の認定によると，被告人は，Mの攻撃を予期し，その機会を利用してPをして包丁でMに反撃を加えさせようとしていたもので，積極的な加害の意思で侵害に臨んだものであるから，MのPに対する暴行は，積極的な加害の意思がなかったPにとっては急迫不正の侵害であるとしても，被告人にとっては急迫性を欠くものであって（最高裁昭和51年(あ)第671号同52年7月21日第一小法廷決定・刑集31巻4号747頁参照），Pについて過剰防衛の成立を認め，被告人についてこれを認めなかった原判断は，正当として是認することができる」。

本件の事実関係を虚心坦懐に眺めるならば，むしろ，事前共謀を認定したうえ，背後者である被告人はなんら正当な理由なくMからの（Pに対する）不正の侵害という正当防衛の前提状況を作出しているため，行為媒介者であるPの正当防衛による正当化の効果を受けられないものと解するのが自然であろう（本件では，実際にはPが過剰防衛に及んでいるが，それはあく

まで正当防衛による正当化の可能性を前提とした観念であるから，もちろん，過剰防衛の効果もまた被告人は受けられないことになる）。そして，被告人による侵害の予期や積極的加害意思と評価されている事実の実質的な中身は，当該侵害が被告人自身の利益をおびやかすものでない以上，実は，（狭義の）自招侵害論において対抗行為の正当化を排除するとされる例の概念ではない。他人に対する侵害の招致を理由として，その他人を守るための反撃の正当化が制限・否定されるいわれはないからである。そうではなく，単に，前記作出と前記状況におけるPの対抗行為によるMの死亡の認識，したがって，「適法行為を利用する違法行為」を基礎づける事実の認識，すなわち，犯罪の故意にすぎないことに注意を要する[6]。

一方，Pの罪責に目を転じると，まず，直接的な対抗行為に関しては，事前の侵害の予期が十分には認められないため，過剰防衛の成立可能性さえ排除するというのは行き過ぎであろう。したがって，この点につき殺人罪の過剰防衛を認定することが可能である。これに対し，事前共謀に関しては，被告人と同じく，「適法行為を利用する違法行為」の理論枠組みを用いることが一応は可能である（このように，同一人の行為に用いる場合をとくに「原因において違法な行為の理論」という）。もっとも，被告人とは異なり，Pにつきこれを基礎づける事実の認識を認定することは困難であろう。したがって，この点については故意が欠け，せいぜい過失致死罪が成立しうるのみである。しかも，それはどのみち，爾後の殺人罪の過剰防衛に吸収されるであろうから，あえて俎上に載せるまでもないと思われる（反対にいうと，かりにPによる反撃が過剰にわたっていなければ，正当防衛状況を引き起こした原因行為について，過失致死罪の成否を検討する実益がある）。

以上に対し，本判例の是認する原判決（東京高判平2・6・5刑集46・4・264参照）は，そもそも，Pによる反撃の時点で共謀を認定しているようにも読める。それはおそらく，Pが殺意を抱いたのがその時点であり，被

---

[6] 本判例の調査官解説（小川正持「判解」最判解刑（平4）44頁）も，「本件は，端的にいえば，被告人が甲〔P〕に乙〔M〕の殺害（未必の殺意による）を働き掛けて乙〔甲？〕との間に共同犯行の合意を形成し，乙〔甲？〕の行為を介して自己の犯意を実現したというものであって，被告人にとってみれば通常の殺人であり，被告人の犯意と発生した結果との間にそごはない。このような観点からも……本決定の結論は正当と思われる」と的確に指摘している。本章は，このような「端的」なとらえ方をそのまま理論化したものである。

第27章 共同正犯の諸問題（下）

告人に殺人罪の共謀共同正犯を認めるためには共謀をその時点より前倒ししえない，と解されたためであろう（したがって，そこにいう「共謀」とは，それへの参加自体が〔共同正犯としての〕処罰対象行為となる客観的な謀議などではなく，むしろ，内心で意図を共有したという意思連絡の一形態にとどまり，それゆえにこそ，かりに被告人が現場におもむいていなかったとしても，なお共謀の認定はその時点まで遅らせられていたものと推測される）。

しかし，本書において繰り返し述べてきた共同正犯の一般理論に照らせば，故意の有無それ自体は（意思連絡を含む）共同正犯の成立要件になんら影響を与えないのであるから，そのような不自然な認定をする必要ははじめから存在しない。むしろ，そのような認定が「被告人の共謀時に侵害が時間的に切迫しているにもかかわらず，その急迫性（したがって，正当防衛や過剰防衛の余地）を否定しうるか」という誤った問題設定を誘発し，ひいては，否定するため，自招侵害の一般理論との間に深刻な矛盾を生じさせてしまいかねない。このことは，本判例が実際に，Pに対する侵害の予期と積極的加害意思を根拠に被告人につきその急迫性を否定する，という途を選んだことによっていっそう現実性を増しているように思われる。

第 28 章

不作為による関与

　　山下はベテランの検察官，小林は新米の検察官

小林：ちょっと，ちょっと，先輩，今回の最高の判例〔最決平 29・12・11 刑集 71・10・535〕，がっかりじゃないですか？

山下：例の，だまされたふり作戦のやつかい？　まあ，たしかに，みんなが大いに期待していた割には，あっさりした判示だったかもしれんな。

小林：それどころじゃないですよ。うう……。

山下：ん？　どうしてがっかりしたのかね。ちゃんと詐欺未遂の共同正犯になっているじゃないか。一部の下級裁のように無罪だというならともかく。

小林：有罪ならなんでもいいわけじゃないですよ，まったく。

山下：君の不満を具体的に述べてよ（苦笑）。

小林：だって，不完全燃焼じゃないですか。あれだけ下級審でいろいろな議論がなされていて，それに応じて学界でもたくさん論文が出ているのに，なんだか，結論をいっておしまい，みたいな判例を出しちゃって（怒）。

山下：最近の，あれだけ饒舌な最高が，本当に，そんな抑制的な判断を示すと思う？

小林：えっ??　ということは，先輩の見立てによると，あれだけ短い判文のなかにも論評すべきなにかが述べられている，ということですか!?

山下：私は大いにそう感じたね。

小林：しかし，本当に短いですよ。だいいち，「被告人の共謀時には，すでに，客観的に見て錯誤者がいない」という点に関する不能犯の議論が完全にスキップされていますし。

山下：それ，今回，最高の示した判断枠組みに従ったとき必要な議論だと思う？

小林：なにをいっているんですか!?　だまされたふり作戦の事案で不能犯が最大の論点となるのは常識なんですよ。最大の論点をスルーしておいて，なに

第 28 章 不作為による関与

が理由づけですか，まったくもう……。

山下：だまされたふり作戦の事案を，学界や下級審裁判例における有力な判断枠組みに従って解決しようとすれば，不能犯が大きな問題になってくる，というだけのことだろう。

小林：うーん，どういうご趣旨か理解しかねますねえ。あの事案に，そんないくつも判断枠組みがありますか。

山下：いくつもあるかは分からんが，少なくとも，大きく分けて２つの判断枠組みはありうるだろう。今回，最高は，そのうちマイナーなほう，というより，かつて有力であったという意味において，古いほうを採用したということになるかな。

小林：釈然としませんが，ま，一応，ご高説を賜っておきましょうか。

山下：ああ，そういえば，これから古山さんに会う約束が入っていたんだった。じゃ，またね。

小林：ちょ，いやいやいや，そこで話をやめるのはなしでしょう。

山下：でもね，古山さんと約束があるのは本当なんだよ。

小林：古山さんなんて，待たせておけばいいじゃないですか。なんなら永遠に待たせておいても……。

山下：こら，なんてこというんだ。

小林：先輩が変にもったいぶるから，この本のリードにおける私の性格もどんどんゆがんでいくんですよ（怒）。読者の方々も絶対，私にムッとされています……。

山下：仕方がないな（苦笑）。では手短に説明するが，さっきいった判断枠組みというのは，承継的共犯に関するものなんだよ。つまり，今日において有力な見解は，あくまで，「被告人が共謀加担したあとの侵害経過だけを取り出してみても」共犯が成立しうるか，という判断枠組みを採用している。

小林：どうして，そんなことが分かるんですか？

山下：少なくとも学説に関しては，どの学者に聞いても明らかだろう。「因果的共犯論」プラス「過去には因果性を及ぼせない」という命題が学界のデフォルト値になっているからな〔本書においても繰り返し指摘したように，私自身は，かりに，たとえば，責任共犯説をとったとしても判断枠組みは変わらないと考えている〕。

小林：先輩，学説にもずいぶん詳しいじゃないですか。

山下：前に，傷害罪の承継的共同正犯を否定する平成 24 年決定〔最決平 24・

11・6刑集66・11・1281〕が出されたとき，一度，学説を網羅的に調べたことがあるんだよ。詐欺罪に関していうと，承継的共犯を肯定する学説も，「先行者にとって受交付行為は『詐取』であり，後行者はこれに関与している」とか，「錯誤者からの客体の占有移転が第一次的な法益侵害であり，共犯はそれに因果性を及ぼしていれば足りる」，「そもそも，詐欺罪の不法は錯誤に基づく客体の占有移転に尽きており，錯誤に陥らせることそのものは不法と関係がない」などといっているだけだろう。

小林：ええと，それは，つまり……。

山下：つまり，先行者による欺罔行為それ自体については，後行者に共犯としての罪責を問えない，という前提に立っている。だって，もし問えるなら，そんな論証ははじめから必要がないんだ。

小林：なるほど。学説についてはなんとなく分かりましたが，実務的にはどうなんですかね。あまり議論はなされていないようですが。

山下：あのね，君，もうちょっと「空気」を読めるようになったほうがいいよ。実務的にも，基本線は明らかに学界と同じ判断枠組みが採用されている，というより，今回の最高の判例までは採用されてきた。

小林：「空気」というのは分かりますが，一応は具体的な根拠も示していただかないと……。

山下：たとえば，だ。さっきふれた平成24年決定は学界と同じデフォルト値をとっていることが明らかだ。しかも，それには千葉補足意見が付いているだろう。それでもって，そこには詐欺罪の承継的共同正犯を肯定する方法がわざわざ書いてあってだな，ええと，こうなっている。「共謀加担前の先行者の行為の効果を利用することによって犯罪の結果について因果関係を持ち，犯罪が成立する場合があり得るので，承継的共同正犯の成立を認め得るであろう」と。

小林：それでは，最初のほうにおっしゃっていた下級審裁判例というのは……。

山下：もう分かるだろ。だまされたふり作戦の事案で不能犯を論じているってのは，そういうことなんだよ。第1審判決〔福岡地判平28・9・12刑集71・10・551参照〕なんて，まんま千葉補足意見を述べたあと，だから欺罔行為による危険発生について被告人は罪責を負わないといって，仕方なく，受交付行為による新たな危険発生を認定しようとしているんだから（結局，否定しているが……）。

小林：ちょっと，回りくどくってついていけませんよ。「空気」を読む練習はほ

第28章 不作為による関与

かでしますから，もっと直截的におっしゃって下さい！
山下：まいったな，婉曲にいっているつもりはないんだが……要するに，先行者の行為そのものを利用したかどで共同正犯にできるなら，そんなまどろっこしい論証はいらないだろう，ってことなんだよ。
小林：ということは，今回の最高の判例というのは，共謀加担前の侵害経過，つまり，先行者の欺罔行為についてまで後行者＝被告人に共同正犯の罪責を負わせている，ってことですか？ そんなバカな‼
山下：私も「ほんまかいな」とは思うよ。しかし，「だまされたふり作戦の開始いかんにかかわらず，被告人は，その加功前の本件欺罔行為の点も含めた本件詐欺につき，詐欺未遂罪の共同正犯としての責任を負う」というのは，そのような趣旨に理解するしかないだろう。
小林：にわかには信じられませんね。だって，学説や実務の本流が共謀加担後の侵害経過についてだけ後行者に罪責を負わせてきたといっても，結局は詐欺（未遂）罪の共同正犯を認めるのですから，つまるところ先行者の欺罔行為についてまで罪責を問うているわけでしょう。それと同じ話ではないのですか。
山下：いや，まったく違う。よく聞けよ。従来の主流は，共（同正）犯という法形象を用いてであれば，受交付行為についてだけ罪責を問う場合であっても，一定の要件——たとえば，先行者の行為を認識しつつ，その効果を利用する意思がある，など——のもとで，なお詐欺（未遂）という罪名ないし罰条をあてはめてよい，と考えてきたにすぎない。これと，そもそも，なんら関わっていない欺罔行為についてまで罪責を問うのとでは，天と地ほどの差があるんだよ。
小林：そうですか……たしかに，今回の最高が後者を強行したとすれば，われわれの立場を考慮に入れたとしても，全面的に支持するのはためらわれますねえ。せめて，そういった判断の射程をきわめて限定的に解する，というのはいかがでしょうか。最高も「本件詐欺を完遂する上で本件欺罔行為と一体のものとして予定されていた本件受領行為」といっていますし……。
山下：それのどこが限定なんだよ（笑）。逆に尋ねるが，特殊詐欺の受け子の罪責が問題となる事案で，それにあてはまらないケースなんてある？
小林：ええと，それでは，あとは不能犯論のハードルをクリアしさえすれば……。
山下：いやいや，そんなハードルもなくなるんだよ。さっきいっただろう。つ

まりね，詐欺未遂罪の共同正犯の成否にとって，そもそも，被害者がだまされたことに気づいて作戦が開始されたかどうかが無関係なの。なにしろ，その前に，先行者が欺罔行為を行った段階で詐欺は未遂に達しているんだからな。

小林：そうか，だから最高は不能犯論にいっさいふれていないのか！

山下：気づくのが遅いよ（汗）。ま，君と同じで，学界や下級審の「空気」を無視した判断といえるだろうね。

小林：私のことはもういいですよ（苦笑）。しかし，最高は原判決〔福岡高判平29・5・31 刑集 71・10・562 参照〕が正当だと締めくくっているのですから，下級審の「空気」と十把一絡げにされるのもどうかと思いますが……。

山下：それは，最高が強引に原判決を「共犯」にしようとしているだけだよ。原判決をよく読んでみろ。欺罔ではなく，錯誤者からの客体の占有移転こそが詐欺罪の本質的な法益侵害であり，これについて因果性を有する以上は同罪の共犯と認めてよい，と述べているんだぞ。

小林：それがいったいどういう意味をもつんです？

山下：分からんか？　最高のまとめに反し，原判決は「共犯者による欺罔行為の点も含めて詐欺未遂罪の共同正犯の成立を認めた」わけではないんだよ。あくまで，受交付行為の点に限ってみても，（おそらく，共犯者による欺罔行為を認識し，その効果を利用するつもりでなされている以上は）詐欺未遂罪の共同正犯が成立しうる，より正確には，そういう罪名ないし罰条をあてはめてよい，と考えているにすぎない。

小林：だからこそ不能犯が論点になってくる，と？

山下：そう。私が原審の裁判官だったら，最高に正当だと評価してもらっても，はっきりいって「ありがた迷惑」だね。

小林：ううむ，そういうことですか。昔，強盗殺人罪の承継的幇助を認めた判例がありましたが〔大判昭 13・11・18 刑集 17・839〕，最高はその時代に逆戻りですね。まったく，信じられない……。

山下：ま，不謹慎かもしれんが，われわれにとっちゃありがたい話だけど，学者のやつらは黙っていないだろうな。というより，それ以前に，山口厚判事はどう思っておられるんだろうか。山口判事が裁判長だったら，絶対に出ない判例だからなあ，今回のは。

小林：山口判事は原判決のようなお考えなんですか？

山下：君ねえ，ちょっとは学説も勉強したまえ。原判決のような解釈さえ認め

第28章 不作為による関与

ないという意味で，厳格な承継的共犯否定説の旗手だろうが。ほかにも，有名どころでは松原芳博教授がおられる。

小林：そういえば，『刑法総論の理論と実務』の著者である小林憲太郎教授もそういう否定説ですよね。

山下：誰，それ？

小林：……。

山下：おっと，こんな時間か。では，今度は本当に失礼するよ。

〔山下は小林と別れたあと，古山と会って話している〕

古山：へぇ，あの判例にそれほど大きな方向転換が含まれていたとはねえ。ぱっと見，何もいっていない判例かと思ったんだが。

山下：ま，私の早とちりかもしれんがな。

古山：ところで，本章のテーマは「不作為による関与」なのに，リードで承継的共犯の話ばかりしていていいのか？

山下：そ，そういえばそうだったな（汗）。なんとか絡める方法はないものかね。

古山：そうだなあ……詐欺罪の承継的共犯を否定したとしても，先行者の作為による欺罔ののち，新たにその不作為による欺罔を観念しえれば，後行者はこれに加担したものとして同罪の共犯となりうる，という見解があるだろう。それをとりあげるっていうのは？

山下：それは不作為に対する関与だしなあ……まあいいけど。

古山：で，その見解は成り立ちうるのか？ もしそうなら，否定説に立っても，特殊な事案を除けば肯定説と同じ処断が可能になるだろう。

山下：そりゃま，そうだが，たとえば，後行者は先行者の告知義務違反を促進しているか？

古山：ふぅむ。では，後行者自身が保障人になるといえばいいんじゃないか？

山下：どうして保障人になるんだよ。

古山：それはだな，先行者が保障人であることは間違いないんだから，これに共謀加担した時点で後行者も保障人になるわけさ。

山下：どんだけ便利な理論だよ（苦笑）。だいいち，百歩譲って保障人になったとしても，その不作為は詐欺罪の構成要件に該当するものかね。いや，この疑問は判時のなんとかという刑法の連載をまとめた本に書いてあったんだが……。

古山：ああ，『刑法総論の理論と実務』か。要するに，告知義務違反等は不作為

による「錯誤者からの客体の占有移転」を構成するだけであって，「欺罔」，つまり，錯誤に陥らせたり，錯誤を強化したり，錯誤からの回復を妨害したりすることまでは構成しえない，というやつだろう。

山下：それそれ（笑）。そこであっさり不作為による「欺罔」を認定してしまうと，今度は，治療義務を負う医師が（症状の固定している）病気やけがを治療しないこともまた「傷害」にあたらざるをえなくなる，なんていっているんだよな（苦笑）。

古山：はは。

山下：で，自分も笑っておいていうのもなんだが，その医師が傷害罪になるというのはおかしいよな。だって，そんなことを認めたら，さらに，代金を受け取りながら客の壊れた腕時計を修理せず，放っておいた時計屋は器物損壊罪になってしまうだろう。

古山：ううむ，さすがにそれはまずいな。しかし，そうなると，告知義務違反のかなりの部分が不作為による詐欺の範疇から抜け落ちてしまい，詐欺罪の処罰範囲が狭くなりすぎるだろう。錯誤者からの受交付だけを処罰する規定はないんだぞ〔ただし，遺失物等横領罪のほか，盗品等関与罪の成立がおよそ考えられないではない。この点は前出の松原教授からご指摘をいただいた〕。

山下：分かっているよ，そんなことは。われわれが積極的に提案していくことではないが，本当は，詐欺罪の構成要件を少し変えたほうがいいんだろうな。たとえば，「人を欺き，又は義務に反してその錯誤を除去せず」みたいに。

古山：そりゃ，本当に，われわれが提案することじゃないな（苦笑）。

◆

I 総　説

1 意　義

　行為者の関与がいかなる不法類型に該当するかに関する従前の検討においては，当該関与が作為の形態で行われることを暗黙の前提としてきた。もっとも，現実に生起する事案においては，当該関与が保障人による不真正不作為の形態で行われることもある。典型的には，たとえば，Xの現夫であるYが，Xが前夫との間にもうけた連れ子であるAに暴行するのをX

が放置した結果，Aが死亡するに至ったという場合において，XがAに対する傷害致死（刑法205条）につきいかなる不法類型に該当するか，具体的には，単独正犯であるのか，共同正犯であるのか，それとも幇助犯であるのか，はたまた不可罰にとどまるのか。このようなことが実務上もしばしば問題とされるのである。そこで，本章においては，そのような「不作為による関与」がいかなる不法類型に該当するかについて，主として理論的な側面から若干の検討を加えることとしたい[1]。

さて，この「不作為による関与」の問題に取り組むに先立って，そもそも不作為ととらえられる事例の外延を画しておかなければならない。もちろん，先の事例におけるXの態度がそうとらえられるのは明らかであるが，なかには微妙なケースも多々存在している。そして，私の見るところ，それ自体としては作為的な態度が実質的に見て不作為ととらえられる場合として，おおよそ次の3つがあげられる。

第1に，作為が有効な契約の履行ととらえられるため，処罰するためには，それによって侵害される法益に配慮しないという不作為のほうをとらえるほかない場合である。たとえば，著名な最決平15・3・12刑集57・3・322＝誤振込み事件の事案においては，有効な預金債権の成立が出発点とされている以上，預金の払戻請求という作為それ自体をとらえて詐欺罪（刑法246条1項）で処罰することはできない。あくまで，誤振込みがあったことを告知して組戻し等の手続をとるチャンスを与えなかった，という不作為をとらえるほかないのである。現に，最高裁も不作為による詐欺を認定しているにとどまる。

第2に，いわゆる「作為による不作為」の場合である。たとえば，自己の設定した救助的因果を，それが自己の支配領域を離れて既成事実化する以前に作為の形態で遮断するとか，不作為犯における作為義務の履行終了が作為の形態をとる，などといった事例がそれにあたろう[2]。

第3に，実質的には「われ関せず」の態度表明が，しかし，作為の形態をとって行われる場合である。本章のテーマとの関連で実践的な重要性が最も高いのは，この第3の場合であろう。もう少し具体的にいうと，それ

---

[1] 旧稿として小林憲太郎「不作為による関与」判時2249号（2015）3頁以下があり，その脱稿時までに公刊された文献の引用についてはそちらに譲る。なお，基本的な考え方は旧稿から変わっていないが，完全に同一ではないことをあらかじめ注記しておく。
[2] このような議論について，詳しくは第5章を参照。

によって被関与者が法益を侵害しようがしまいが変わらない，その意味で中立的な行為者の作為を，当該被関与者が恣意的にも，法益を侵害する動機づけに利用しているにすぎない場合である。そして，このような場合にも実質的に見て不作為と評価し，行為者が当該法益を擁護すべく積極的に介入する義務を負わない限り，その可罰性を否定すべきであろう。というのも，そのように解さないと，当該被関与者の任意の意思形成により行為者の行為自由が制限されうることを，国家が正面から承認することとなってしまうからである。

（裁）判例の事案においては，被告人が顔を背ける，現場を去る，自分は関知しない旨を伝えるなどといった，それだけを取り出してみれば作為とも評価しうるような態度が他者の犯行決意を惹起ないし強化しているにもかかわらず，「不作為による関与」としてその罪責を認定しているものが数多く見られる。私もそのような認定の方法に賛成であるが，その理論的な根拠は前述したところに存在するように思われる。

このように，以上の3つの場合においては，形式的な観点から作為を見出すことが不可能ではないけれども，実質的に見て処罰の実体を構成しているのは不作為的な態度のほうである。したがって，これによって他者に関与することの罪責が問われている場合には「不作為による関与」に分類し，本章の内容を妥当させるべきである。

一方，学説には，以上の3つの場合を含め，いったん不作為ととらえられても，被関与者との間に意思連絡が生ずることによって，今度は作為犯として問責することが可能になる，というものもある。それは実践的には，「不作為による関与」の一定部分を端的に共謀共同正犯と構成することにより，事案処理の単純化（と処罰範囲の一定程度の拡張）を狙ったものということができよう。しかし，本書において繰り返し述べてきたように，意思連絡とは複数者の共同性を基礎づける双方向的認識にすぎず，不作為を作為に転化させる理論的な力など内包されていない。この非常に重要なポイントを，前記学説は見落としているように思われる。

2　処罰根拠

次に，関与が不作為とされた場合における処罰根拠，すなわち，その違反が不作為の客観的帰責に必要な作為義務の発生根拠は，それが不真正不作為である限り，単独正犯におけるのと同じく，先行する許されない危険

の創出にほかならない。

　学説には，正犯・共犯などといった不法類型ごとに，作為義務の発生根拠を異なって解するものも多い。しかし，作為義務とは，本書の諸所で述べてきたように，（不真正）不作為を作為と同一の——他者の利益を積極的に侵害・危殆化するという意味で——原則的不法に包摂するための要件にほかならない。裏からいえば，これを要求しないと，その旨の明文の規定もないのに，真正不作為犯の——他者の利益を積極的に維持・拡張しないという意味で——例外的不法を処罰することとなってしまう，そのような要件なのである。また，そうであるからこそ，1で述べたように，作為をとらえても実質的に見て例外的不法しか構成しえない特別な場合においては，あくまで作為義務が要求される，すなわち，実質的に見て不作為と解釈されることになる。このように見てくると，作為義務の発生根拠を正犯と共犯とで異なって解する理論的な契機は存在しないものといわざるをえない。

　ただし，再び，本書において繰り返し指摘してきたように，作為によるその実現の防止を義務づけられる危険とは，あくまで不作為者が創出したそれに限定される。したがって，間接的な危険創出しか認められない，具体的には，自律的な媒介行為を促進ないし可能化するリスクを作り出したにすぎない場合には，たとえ媒介行為の終了後に不作為者が不法全体を確実に防止しえたとしても，なお不作為による単独正犯までは成立しえないものと解すべきである。この点はしばしば誤解されているため，十分な注意が必要であろう。すなわち，（その違反によりせいぜい広義の共犯の成立を基礎づけるためとはいえ，）ひとたび間接的な危険創出まで作為義務の発生根拠にしてしまうと，その違反が爾後，単独正犯に転化しかねないとの批判がなされることがあるが，それは明らかに失当である。

3　不法類型とその要件

　2で述べたことの前提でもあるが，不真正不作為は作為と同一の不法を充足しなければならないのであるから，その内部の類型もまた同一の原理によって区別されなければならないことになる。主として問題となる結果犯との関連でいえば，結果発生までに（作為ないし保障人の不真正不作為による）自律的な媒介行為を見出しうるときは，背後の不作為による関与は単独正犯とはなりえない。排他的支配が不作為犯の要件だといわれるのはこ

の趣旨であり，そうだとすると，それは単独正犯以外においては不要というべきである（ただし，共同性によって結びつけられる複数者が一体として単独正犯の構成要件を充足していなければならず，かつ，それで足りることの帰結として，同じく，一体として排他的支配を有していなければならず，かつ，それで足りることは別論である）。

学説には，不作為による関与は（特別な正犯メルクマールが必要となる例外的な場合を除いて）常に単独正犯になるとか，反対に，常に幇助犯にしかなりえないなどというものもある。しかし，そのような学説が論理的に成り立ちうるためには，そもそも，不真正不作為が作為とは別の不法を充足するものであるとの前提をとらなければならない。そして，それはドイツのように，不真正不作為犯を処罰する旨の創設的な規定でもあればともかく（ドイツ刑法典13条を参照），少なくとも，そのような規定のないわが国においてはとることができない前提なのである。前記学説はこの本質的なポイントを見落としているように思われる。

それでは，不作為による関与者が排他的支配を有しないこと，および，作為によるその実現の防止を義務づけられる危険をその者が創出したこと[3]，を前提として，その者は（単独正犯以外の）いかなる不法類型に該当することとなるのであろうか。

第1に，その者と行為媒介者との間に共同性が認められる場合である。この場合には，その者が果たした寄与の大小によって，共同正犯か幇助犯かが区別されることになる（むろん，幇助犯とされる場合であっても，可罰的とされる一定程度以上の寄与は必要である）。もっとも，争いがあるのは寄与の大小の具体的な判断方法であって，有力な見解は，不作為というだけで作為に対して寄与は二次的なものとなるから，不作為による関与は原則として幇助犯にとどまるという。しかし，作為と（不真正）不作為が同一の不法を充足するとの前提に立ちながら，ここにおいてだけ，突如として後者のランクを下げるのは一貫性を欠くであろう。したがって，第23章で述べたような寄与の大小にかかる判断方法が，不作為による関与において

---

[3] このことがとくに実践的な重要性をもつのは，不作為が侵害経過において重要な役割を果たしたかを判定するに際してである。すなわち，不作為の危険実現に対する一般的な適性や作為によるその防止可能性を論ずる以前に，不作為者の先行して作り出した当該危険が重大なものであることが，爾後の不作為が重要な役割を果たすことの論理的な前提となるのである。具体的にはⅡの検討を参照されたい。

もそのまま妥当するものというべきである（その具体的な適用はⅡを参照されたい）。

　第2に，共同性が認められない場合である。この場合には従属的共犯の成立のみが考えられる。そして，不作為による関与が行為媒介者の行為決意を惹起したものと認定しえれば，教唆犯が成立しうると考えられる。学説には不作為による教唆という法形象を否定するものもあるが，そのような解釈には条文の文言上も刑法理論上もなんら必然性がない。他方，前記認定が不可能であれば，（第1の場合と同じく，寄与が一定程度以上であることを前提として）幇助犯が成立することになる。そして，寄与が非常に大きい場合にも必要的減軽を回避しえない現行法の規律方法に，立法論的に見て若干の疑問があることは本書においても繰り返し指摘したとおりである。

4　不作為に対する関与

　これまで述べてきたところからも明らかなように，不作為による関与にとどまらず，不作為に対する関与もまた，作為の場合とは異なるなにか特別な法理によって規律されるわけではない。たしかに，（裁）判例および学説の趨勢は，不作為どうしの協働に限っては広範に共同正犯の成立を肯定することにより，一定の特別な法理を承認しているかにも見えなくはない。しかし，両親が意思を相通じて赤子に十分なミルクや食事を与えず，これを餓死させるような場合を想起すれば容易に理解しうるように，不作為どうしの協働が問題とされるほとんどの事例においては——おのおのが先行して重大な危険を創出していることを前提として——いずれか一方の作為によって確実に結果を防止しうるという点で，双方の不作為について重大な寄与ないし重要な役割を認定することが可能である。つまり，共同正犯はなんらかの特別な法理によってではなく，あくまで通常の法理によって基礎づけられているにすぎないのである。

Ⅱ　近時の（裁）判例の検討

1　大阪高判平 2・1・23 高刑集 43・1・1

　それでは，Ⅰで述べた考え方から従来の（裁）判例がどのようにとらえられるかを簡単に示しておくこととしたい。ここでは，とくに平成に入っ

てからのものをとりあげる。

　まず，標題裁判例は，被告人が，料理店経営者が料理店を開店するにあたり料理店営業の許可と飲食店営業の許可の名義貸しをしただけで，その営業にはいっさい関与しておらず，その後，同店で売春が行われていることを知るに至ったが，これを放置していたにすぎなかったという事案において，売春防止法違反の罪（業として売春の場所提供）に関する不作為による幇助犯の成立を否定したものである。

　営業名義の貸与という先行行為は認められるものの，それは類型的に見て，業としての売春場所の提供を誘引する性質を有しているわけではない。また，とくに本件においては，被告人名義の営業許可がなくても，正犯の犯行にとって顕著な支障はなかったというのである。そうすると，被告人には，そもそも正犯の犯行を阻止すべき作為義務が欠けるというべきである。標題裁判例もほぼ同旨であって支持しうる。

2　東京高判平11・1・29判時1683・153

　ゲームセンターの主任である被告人が，同店の従業員から，他の者と共謀して同一会社が経営するパチンコ店の売上金を強取する計画を知らされたものの，警察に通報するなどしなかった事案において，強盗致傷罪の共同正犯および不作為による幇助犯の成立を否定したものである。

　まず，被告人は「関係ないならいいです」と述べて，正犯に犯行をやめるよう促すのを中止している。もっとも，すでにⅠ1で述べたように，たとえそれにより正犯の決意が強化されることがあったとしても，それは被告人の「事態に関与しない」という態度を正犯が恣意的に動機づけに用いたにすぎない。したがって，それは実質的に見て不作為ととらえられるべき態度であり，これをもって被告人に作為による関与を認めることはできない。

　そこで，次に不作為による関与が問題となる。もっとも，被告人の職務はゲームセンターの売上金を金庫に納めることまでであり，そのあとは，本社の社員である集金人によって金銭が本社に搬送されることとなっていた。そうすると，集金人に対する強盗致傷によって侵害される法益[4]に関しては——被告人が職務を引き受けることにより他所からの保護の介入が断たれる，などといった消極的なものも含めて——なんらの危険創出も認めることができない。しかも，このことは標題裁判例に反し，被害金のな

かにゲームセンターの売上金が含まれていたとしても変わらないであろう。

さらに，標題裁判例によれば，被告人は「主任の立場にあったとはいえ，その職務内容は，ゲーム機の管理・点検，店内の巡視・監視，売上金及び両替用現金の管理・保管等，ゲームセンターとしての店舗の現場業務に関するものであって，そうした職務とは別途に，他の従業員らを管理・監督するような人事管理上の職務を行っていたわけではな」い，というのである。そうすると，この点に関しても，被告人に人事管理が任されることで他の管理手段が省略されていた，などといった（消極的な）危険創出も認められない。

こうして，被告人には，そもそも正犯の犯行を阻止すべき作為義務が欠けるというべきである。

3　札幌高判平12・3・16判時1711・170

実子であるAとBを連れて内縁の夫Yと同棲していたXが，YがAとBにたびたびせっかんを加えているのを知りながら，ある日，Yがいつものように A にせっかんを加えるかもしれないと思ったが放置したところ，YがAを殴打しこれを死亡させたという事案において，Xに傷害致死罪に対する幇助の成立を認めたものである。

ここで，Xに作為義務の発生根拠となる危険創出が認められることには，それほど争いがないであろう。問題は作為容易性である。すなわち，原判決（釧路地判平11・2・12判時1675・148）は，XもYから暴力をふるわれ，しかも妊娠中であったことを考慮して，Xに実力による阻止を期待することが著しく困難であった，とした。これに対して標題裁判例は，実力により阻止したとしても胎児の健康にまで影響が及んだ可能性は低い，としたのである。事実認定にかかわるため確言はできないが，かりに標題裁判例の認定が正しいとすれば作為容易性そのものは肯定しえよう。

次に問題となるのは不法類型の区別および因果性である。まず，（暴行ないし）傷害について自律的なYの媒介行為が存在する以上，Xに（単独）正犯性を認めることはできず，共同正犯と幇助犯だけが俎上に載せら

4　厳密にいうと，このような論証が必要となるのは窃盗によって侵害される法益に関してであり，集金人の人身に対して被告人がなんらの危険も創出していないことは議論の余地がないと思われる。その意味で，不作為による関与を俎上に載せるときにまで罪名を強盗致傷とするのはピントがずれていよう。

れることになる。そして，Xのなすべき作為は——Xの身体能力やYとの関係性に照らして——Yの犯行を阻止するのにそれほど高度の一般的な適性を有しているわけではなく，また，実際にも相当程度の阻止可能性が認められるにとどまる（ただし，同時に「暴行を阻止することは可能であった」とも述べられている）。そうすると，Xの不作為は侵害経過において重要な役割を果たしたものとは評価しえず，せいぜい幇助犯にすぎないと解すべきである[5]。

4 大阪高判平 13・6・21 判タ 1085・292

子どもをこたつの天板に叩きつけて殺そうとしている妻が，「止めへんかったらどうなっても知らんから」などと述べて夫に制止を求めるような言動をしたのに対し，夫が子どもの死ぬことを願って，妻と目を合わせたのちすぐ黙ったまま顔を反対側に背けたことから，妻が殺害を実行した事案において，夫に殺人罪の共謀共同正犯の成立を認めたものである。

もっとも，これは共謀の意義にかかわるけれども，かりにそれが子どもの殺害に関する意思の連絡を指しているのだとすれば，本件において，そのことだけで夫に共同正犯の成立を肯定することはできない。というのも，たとえ顔を背けることが積極的な身体的動作であり，それが重要な契機となって妻が子どもの殺害を実行したのだとしても，それはⅠ1で述べたように，夫の「自分は止めない」という態度を妻が恣意的に動機づけに用いたにすぎず，これをもって夫の作為による関与と評価することは許されないからである[6]。標題裁判例は，夫のそのような態度が「規範的に評価すれば」妻「の行為を積極的に承認したに等しい」というが，そのようにいえるのは，規範的観点からではなくむしろ妻の観点からだけだと思われる。

そこで，次に問題となるのが不作為による共同正犯であるが（単独正犯となりえないのは，殺人について自律的な妻の媒介行為が存在するからである），

---

[5] そのほか，本件においては，かりにXの不作為に重要な役割が認められたとしても，Yの犯行を意思疎通もなく一方的に放置していたにすぎないため共同性が欠ける，という理由から共同正犯の成立を否定することも不可能ではない。もっとも，重要な役割の有無は犯情に大きく影響を及ぼすことから，いずれにせよ幇助犯になるからといって，その認定を省略すべきではないし，また，現に実務においてもそうされていないと思われる。

[6] これに対し，作為ととらえる（旧稿脱稿後の）文献として，齊藤彰子「作為正犯者による犯罪実現過程への不作為による関与について」『理論刑法学の探究⑧』（成文堂，2015）46頁を参照。

おそらく，（その違反が重要な役割となる可能性のある）夫の作為義務そのものは異論の余地なく認められるであろう。というのも，夫は同居する父親として，そもそも，子どもの生命等に対する他所からの救助チャンスを大きく減少させるという重大な危険を創出しているからである。また，かりにこの点を措くとしても，標題裁判例によれば，夫は妻に対して「一連の暴行の契機となるような指示を……積極的に与えていた」というのであるから，このことをとらえて先行する重大な危険の創出と評価することも可能であろう。

したがって，とくにここで重要となるのは，妻を制止しないという夫の不作為が現実に侵害経過において重要な役割と認められるか，である。これはなかなか微妙な判断であり，判文のみから確定的な結論を導くことは難しい。もっとも，妻の子どもに対する暴行が夫に対する一種のあてつけであり，夫が制止しさえすれば確実に暴行をやめたであろう等の事情が存在するのであれば，夫の不作為が果たした役割は重要であるとして共同正犯の成立を肯定する余地も存在するものと思われる。

5 広島高判平17・4・19高刑裁速〔平17〕312

同棲中の男性が日ごろから実子を虐待していたのを知っていた被告人が，男性が実子をビニール袋に入れてスポーツバッグに密封したのを現場にいながら制止せず，実子が死亡するかもしれないことを認識しながら男性と暗黙のうちに意思を相通じてこれを放置し，実子を死亡させたことについて殺人罪の共謀共同正犯の成立を肯定したものである。

この事案においては，少なくとも，男性の（密封するという）作為後に男性と被告人の（救助しないという）不作為が共同実行されている。そして，男性の先行する作為が積極的に重大な危険を創出するものであったのはもちろん，母親として実子と同居し，他所からの救助チャンスを大きく減少させた被告人もまた，消極的とはいえ重大な危険を創出したものといえよう。しかも，おのおのがバッグや袋を開封することによって，容易かつ確実に（そのままでは不可避な窒息）死を回避することができる。こうして，本件において殺人罪の共同正犯を認めることに特段の障害は存在しないものと思われる。

6　名古屋高判平17・11・7高刑裁速〔平17〕292

　交際相手の男性が実子に暴行して死亡させた際，制止が不十分であった被告人に，傷害致死罪に対する不作為による幇助の成立を肯定したものである。

　まず作為義務に関し，標題裁判例は，親権者として実子と同居しこれを監護していたことから生ずる実子の安全を保護すべき義務に加え，みずからの意思で実子の生活圏内に交際相手の男性の存在という危険な因子を持ち込んだことから生ずる危険を排除すべき義務を認めている。

　もっとも，その言に反し，前者の義務だけからでも，他人の実子に対する暴行を阻止すべき（事案によっては，その違反が幇助犯より重い不法類型を構成すべき）義務を導くことは可能であろう（なお，作為容易性は前提とされている）。というより，人そのものを危険源ととらえるような発想を採用することは，一部の特別な場合を除き，非常に慎重であるべきように思われる。具体的には，たとえば，当初は温厚で実子をかわいがっていた同棲相手が次第にこれを虐待するようになっていったというとき，そもそも同棲を始めたことをもって安易に危険創出と評価すべきではない。

　他方，標題裁判例は「不作為による幇助を認める場合にのみ……『犯罪の実行をほぼ確実に阻止できたのに放置した』との要件を必要とするものでない」とも述べている。理論的にはそのとおりであるが，同時に不作為による寄与の小ささが認定されているものとすれば，「幇助犯が成立しうる」というだけでなく，「せいぜい幇助犯しか成立しえない」ということになろう。

7　さいたま地判平18・5・10裁判所HP

　被告人が交際相手である女性共犯者Bと共謀のうえ，同女の当時3歳の長女AをBがきわめて不十分な食事と排泄の世話をする以外はほとんどかまわず虐待し，極度にやせた状態に陥らせていることを知りながらこれを容認しつつともに放置し，極度の低栄養により飢餓死させた事案において，不作為による殺人罪の共同正犯の成立を肯定したものである。

　まず，（その違反が共同正犯となりうる作為義務の発生根拠としての）重大な危険創出については，BによるAの虐待を強く誘発するような態度や言動を続けていること，同居しているBとAの生活を管理する状況をみずから

作り出し、Aに対する他所からの救助チャンスを断っていることなどから認めることができよう。さらに、BとともにあえてAを放置する意思を相通じたことも認定されており、かつ、両者ともAを救命することは（119番通報等を通じて）きわめて容易だったであろう。こうして、不作為の共同正犯を認めた標題裁判例の結論は支持しうるものと思われる。

なお、ここからはまったくの傍論であるが、かりにBも被告人から激しい虐待を受けており、Aの救命を図ろうものならどのような目に遭わされるか分からない状況であったとすれば、Bについては作為容易性が欠け、そもそも作為義務が否定される可能性もある。そうした場合には、被告人だけが不作為による殺人罪の単独正犯で処罰されることになろう。しかし、いったんBにも作為義務を課しうるとしたならば——みずからも虐待を受けていたことにより責任が低減しうるのは格別——被告人による（119番通報等の）作為に対して、Bによる作為だけがAの低い救命可能性しか有しない、などということは考えにくい。しばしば、不作為の協働が原則として常に共同正犯になるといわれるのは、Ⅰ4で述べたように、このような事実上の理由に基づくものと解することができよう。

8 東京高判平20・6・11判タ1291・306

被告人が当時3歳の二男である被害者に対して暴行を加えたうえ、下半身裸のまま約1時間屋外に出し、被告人方を訪れた甲と共謀のうえ、甲において被害者に対しその後頭部を床等に打ちつけるなどの暴行を加え、よって急性硬膜下血腫等の傷害を負わせ、同傷害により死亡させた事案において、傷害致死罪の（不作為による）共同正犯の成立を肯定したものである。

まず、作為義務の発生根拠について、標題裁判例は暴行等の先行行為を重視しているようである。もっとも、甲による暴行を阻止すべき作為義務を基礎づける先行行為をいうのであれば、むしろ、かねてより被害者を虐待していた甲を居宅に招き入れたことを問題にすべきだと思われる。しかも、そのことだけで十分、重大な危険創出と評価することができよう。それは6であげた同棲の開始などと異なり、高確率で被害者が虐待される状況をはじめて作り出すものだからである。また、このような文字どおりの先行行為に頼らずとも、被告人には保護の引受け等を通じ、（状況によっては）その違反が単独正犯まで基礎づけうる作為義務を認めることができる

と思われる。

　次に，争いがありうるのは，被告人に共同正犯と評価すべき重要な役割を看取しうるかである。もっとも，具体的に認定されているのは，被告人による甲への（暴行をしないようにとの）声かけが無駄に終わったことだけであり，あとは，やや簡潔に「被告人が甲の暴行を止めることは，事前はもとより，その途中でも可能であったというべきである。現に……甲が目の前で被害者に手を出した際には止めさせていたのであるから，今回はそれができなかったとは認められない」とされているのみである。前記，重要な役割の有無を判定するためには，もう少し詳細な認定が必要であろう。

9　東京高判平20・10・6判タ1309・292

　殺人および器物損壊の実行者にずっと同行していたものの，被告人両名自身は各犯行の実行行為をなんら行っておらず，その一部の分担行為すらしていないところ，被告人Xは，Aにおいて被害者に暴力をふるう可能性があることを十分認識しながら被害者の呼出し行為におよんでおり，これは身体に危険のおよぶ可能性のある場所に被害者を誘い入れたものといえ，被告人Yも，身体に危険のおよぶ可能性のある場所に被害者を積極的に誘い入れたものということができ，警察等に通報するなどして犯行の阻止に努めるべきであって，被告人両名には本件各犯行について不作為犯としての共同正犯が成立する，としたものである。

　標題裁判例が不作為を問題としたことに対しては学界でも批判が強い。すなわち，本件程度の認定により共同正犯を基礎づける共謀を肯定しうる，というのである。もっとも，標題裁判例のほうは，「原判決……の共謀の認定は必ずしも内実のあるものにはなっていない」としつつ，不作為犯の成否を検討したうえで，意思の連絡による共同正犯の成立を認めるほうがよいという（さらに，「この場合の意思の連絡を現場共謀と呼ぶことは実務上一向に構わないが，その実質は，意思の連絡で足り，共謀者による支配型や対等関与型を根拠付けるようなある意味で内容の濃い共謀は必要でない」としている）。

　たしかに，これほどの間，実行者と行動をともにしている以上，通常であれば，そもそも重要な役割と評価しうる作為による共謀を認定しうるであろう。しかし，被告人が少年であり，いわば「何も考えずただ付いて行っている」だけという可能性も念頭におきつつ事実関係を読み直すと，そのような作為による共謀をただちには認定しえないとする標題裁判例の

趣旨も理解しえなくはない。むしろ、問題は、不作為による共同正犯の成否を検討することが適切であるとして、その成立まで肯定することができるかである。

まず、作為義務について見ると、被告人が暴行の重要な契機を作り出していることは否定しえないであろう。もっとも、被告人が実行者による犯行を阻止すべき十分に実効的な手段を有していたとまで評価しうるかには、やや疑問がある。標題裁判例によれば、Xは本当は強姦（強制性交）などされていないという事実を説明することにより、Yは警察や知人等に通報することにより、当該犯行を阻止しえたものと解されるようである。しかし——事実認定にかかわるため確言はしえないものの——この段階で本当のこと[7]を知ったからといって、実行者が犯行をやめるとは限らないであろう。また、通報にしても、はたしてそれが当時の状況において可能かつ容易であったか、かりにそうであったとして、ただちに警察や知人が臨場して当該犯行を阻止しえたかには微妙な点もあろう。こうして、共同正犯を基礎づける重要な役割を肯定するためには、もう少し丁寧な認定が必要であるように思われる。

10　最決平25・4・15刑集67・4・437

運送会社で運転手をしていた被告人両名が、同じ運送会社の後輩運転手であるAがアルコールの影響により正常な運転が困難な状態であることを認識しながら、被告人らが同乗する自動車の発進に了解を与え、Aの運転を制止することなくそのまま自動車に同乗してこれを黙認し続けた結果、Aが走行中に2名死亡、4名負傷の交通事故を起こした事案において、危険運転致死傷幇助罪の成立を肯定したものである。

本件において幇助行為とされているのは了解とそれに続く黙認であるが、前者が作為であることにそれほどの問題はないであろう。問題は後者であるが、それが実質的には「先に了解を与えた際の態度を変えず、Aの運転を制止することなく本件車両に同乗」することを意味しているのだとすれば、まさに、事態にみずから積極的には干渉しないという態度を示すことに帰するのであるから、不作為と評価すべきだと思われる[8]。このことは

---

[7]　実際のところ、Xは被害者から強姦はされないまでも、強制わいせつを受けていた。

[8]　黙認を不作為とする解釈の可能性を示す（旧稿脱稿後の）文献として、橋爪隆「不作為と共犯をめぐる問題」法教422号（2015）89頁を参照。

I1で述べたとおりである。

　そうすると，次に問題となるのは作為義務であるが，了解を与えることでAによる危険運転のリスクを増大させている以上，それを取り除く作為義務を肯定することは可能である。もっとも，本件において終始，危険運転のイニシアティブをとっていたのはAのほうであり，先輩である被告人らの了解を一応は求めたとはいえ，当初から危険運転をいわば「やる気満々」であったといえる。たしかに，標題判例は「Aが本件車両を運転するについては，先輩であり，同乗している被告人両名の意向を確認し，了解を得られたことが重要な契機となっている」とも述べている。しかし，その趣旨は，了解が危険運転に対して重大な寄与を果たしたというよりも，むしろ，あげられているような背景事情がなければ，了解が共犯の成立にとって最低限，必要な因果性さえみたしえない，というものと理解すべきであろう[9]。

　このように，本件においては，不作為による共同正犯が認められうる他の事案とは異なり，そもそも不作為者の作り出した，それゆえ，それを除去すべき作為を義務づけられる危険が小さい。したがって，たとえ被告人らがAによる危険運転を確実かつ容易に阻止しえた——したがって，かりに不作為者の作り出した危険が重大なものであったとすれば，不作為が重要な役割を果たしたものとして共同正犯を構成しうる——としても，なおその不作為は幇助犯にとどまるものと解すべきである[10]。

　標題判例が以上のような考慮に基づき，了解とこれに続く黙認を並記し，前者の寄与もそれを除去しないという後者の寄与もさほど大きくないという判断を前提としつつ，意思の連続性等を理由にひとつの幇助行為を認定したのだとすれば妥当である。

---

[9] この点につき，駒田秀和「判解」最判解刑（平25）153頁注25を参照。
[10] 反対に，本件とは異なり，たとえば，暴力団組長や若頭である被告人らの意思に完全に依拠するつもりで，運転手役の配下組員であるAが（前記意思を推測しつつ）自動車の発進に了解を求めたのだとすれば，その後の黙認もあわせ，作為および不作為による共同正犯の成立を肯定することも可能であろう。

第29章

身分犯の共犯

中平は法学部の教授，小林は研究者志望の法学部生

小林：先生，先生，ちょっと質問させていただきたいことがあるんですが。

中平：ああ，うん，なんだい？

小林：先生が以前，研究者の道に進むにあたって必ず読んでおけとおっしゃった本のうち，いま，西田典之教授が書かれた『共犯と身分』（成文堂，1982）〔小林が読んでいる新版は 2003 年に刊行〕を読んでいるんですが，どうしてもよく分からないところがあるんですよ。

中平：そういう，よく分からないところをすぐに質問せずに，なんとか読み解こうと努力するのも研究者にとって重要な姿勢なんだが……。

小林：それが，具体的にある部分というのではなく，本全体を通じてのことなんですよね。

中平：それならば，なおさら自分のなかで解決を見出していかないと。

小林：しかし，誰かと議論することで自分なりの解釈をつけていく，というのも研究のひとつのあり方だといわれています。

中平：なかなかいいことをいうじゃないか。

小林：先生が以前におっしゃっていたんですよ（苦笑）。

中平：そうだったっけ？（照）ま，議論ならいくらでも付き合うけどね。

小林：ありがとうございます，大変助かります！　実は，本を読んでいて，同じタイトルの別の論文——西田教授以外の方が書かれた，という意味ですが——と，ずいぶん問題関心がズレているような気がするんですよ。

中平：それは，君がどういう「別の論文」を読んだかに依存しているが，少なくとも，西田教授にとっては 2 つの問題関心がありえた，というのは学界でもよく知られている。

小林：ふんふん，で，どういう問題関心なんです？

中平：すでに議論ではなく，質問になってしまっているぞ（苦笑）。ともかく，

第29章　身分犯の共犯

　１つ目の問題関心は，身分犯の共犯をいわゆる義務犯論から解決するのはなぜいけないのか，ということだった。

小林：「いけない」という前提なんですか？

中平：ああ（苦笑）。西田教授は，恩師である平野龍一博士から論文のテーマを与えられた際，そういわれたそうだ。

小林：しかし，西田教授の本には義務犯論への批判なんて少ししか書かれていないですよね。

中平：実はそうなんだよ。だから，西田教授が平野博士に出来上がった論文を届けにいったとき，「こういうものを書いてほしかったわけではない」といわれたらしい。

小林：うわっ，それはキツいですね。それにしても，先生はなぜ見てきたかのようにおっしゃるのですか。

中平：西田教授がお気だったころ，耳にタコができるくらい聞かされた話だからね。結局，西田教授はあとでいう２つ目の問題関心を論文にされたわけだ。

小林：で，２つ目は何なんですか？

中平：待て待て，その前に，君は義務犯論の何たるかを知っているのかね。

小林：それくらい分かりますよ。身分犯の本質を義務違反に求める考え方ですよね。

中平：それでは不正確だ。あくまで最大公約数ということになるが，犯罪のなかには，特別な義務の違反が正犯不法のメルクマールになるもの（義務犯。それ以外を支配犯という）がある，という考え方のことだよ。

小林：私がさっきいったのと大して変わらないような気もしますが……それで，どうして義務犯論などというのが出てきたんですか？

中平：そこが大事なところだよ。実は，義務犯論には「やむをえず」義務犯論と，「進んで」義務犯論の２種類があるんだ。

小林：「やむをえず」というのは，何かを達成するために必要だから，ということですよね。

中平：そのとおり。つまり，身分犯，不作為犯，過失犯，の３つ（ないし，その一部）に関して，妥当な解釈論的帰結を導くためには，義務犯というカテゴリーを承認するほか途がない，ということだ。

小林：『刑法総論の理論と実務』を読む限り，義務犯などといわなくても，判例実務や学界の支配的見解とそれなりに整合的な帰結が導かれているように思

705

第 29 章　身分犯の共犯

　　えますが……。
中平：その本の著者が述べていることに賛成するかどうかは別にして，少なく
　　とも，「義務犯を認めなくても大丈夫だ」ということを示したいんだろうな。
　　著者が西田教授の最後の弟子であることもふまえて考えれば，平野博士が西
　　田教授にやってほしかったことを代わりにやろうとしているのかもしれん。
小林：まあ，しかし，動機はともかく，義務犯などという難しいことばを使わ
　　なくていいのなら，それに越したことはないですよ。
中平：とはいえ，万事うまくいくというわけではない。しかも，躓きの石は，
　　まずいことに，義務犯論が最初に主張されたとき主として念頭におかれてい
　　た事例なんだ。
小林：と，おっしゃいますと？
中平：たとえば，XがAから家宝の壺を預かったとしよう。
小林：また壺ですか（笑）。
中平：うるさいなあ，昔から刑法の事例では壺を客体にするのがお決まりなん
　　だよ（苦笑）。で，Xはその後，自分の友人であるYがその壺を欲しがってお
　　り，隙あらば盗もうと考えていることを知った。
小林：最悪な友達ですね。
中平：まあ聞け。XはYに協力してやりたいが，Aの手前，あまりにも露骨な
　　ことは控えたい。そこでXは，わざわざYが泥棒に入りやすいよう，（そうな
　　ればYに伝わるような状況下で）深酒し，酔いつぶれておいてやった。その結果，
　　Yは無事，その壺をX宅から盗み出すことができた，と，こういう事例を考
　　えてみてくれ。
小林：あー，住居侵入罪と窃盗罪ですね。
中平：君ねえ，もうちょっと考えてからしゃべったほうがいいよ。Xは内心で
　　は，むしろYを歓迎しているわけだから，それらの罪は成立しえない。せい
　　ぜい，不能犯論を経由して未遂の罪責が問題となりうるだけだ。懸案事項は
　　Xの罪責のほうなんだよ。
小林：それは当然，Aに対する横領罪でしょう。
中平：しかし，だ。さすがに，わざと酔いつぶれるくらいでは，いかに横領罪
　　の既遂時期が前倒しされていようと，いまだ既遂に達したものとはいえない
　　だろう。
小林：そんなことは分かっていますよ。私は，Yが実際に壺を盗んだ段階で，
　　第三者に領得させる形態の横領罪がXに成立する，と申し上げているんです。

中平：ほう。で，その不法類型は？
小林：えっ？　それは，そのぅ，正犯かな……。
中平：義務犯論は，まさに，そういう帰結を導くために主張されたんだよ。つまり，侵害経過を支配している──『刑法総論の理論と実務』の著者の見解でいうならば，保護法益を直接，自律的な他者を介さずに侵害している──のはYといわざるをえないから，ここでXが正犯だというためには，特別な正犯不法のメルクマールを持ち出さなければならない。そこで出てきたのが，創唱者〔現代的な意味においては Claus Roxin の名をあげるべきであろう〕の表現を借りれば，刑法外の特別な義務の違反というわけだ。
小林：「刑法外」というのは？
中平：横領罪の構成要件は，これを設ける以前に観念しうる，「委託の本旨に従って財物を誠実に管理しなければならない」義務に依拠して定立されている，という意味だ。Xは，少なくともそのような義務に違反しているから同罪の正犯になる。まあ，しかし，構成要件化されれば法的な義務に転化するわけだから，「刑法外」というのはあまり気にしなくていいと思うよ。そんなことよりも，「肝」は，義務犯という観念に頼らないと，本当にこの事例をうまく処理できないのか，ということだ。
小林：せ，先生，いま，すごいことに気がつきました！　もしかしたらブレイクスルーになるかも……。
中平：ふん，怪しいな（苦笑）。いったい何なんだね？
小林：いえ，その事例って，見方によっては「身分なき故意ある道具」のケースですよね。だから，それと同じように処理すれば，義務犯なしでもうまくいくんじゃないかと思いまして。
中平：なんだ，そんなことか（笑）。偉大な先人たちは，そんな初歩的な見落としをしたりはしない。いいか，通常，「身分なき故意ある道具」と称されるケースにおいては，背後者と行為媒介者との間に共同性が認められるんだよ。それだったら，たしかに，『刑法総論の理論と実務』の著者がいうように，あとは実態に合わせて関与者に不法類型を割り振ればよい，ということになるだろう。しかし……。
小林：そうか，さっきの壺の事例では共同性がないのか。困りましたね……。
中平：だから，それでみんなが困って義務犯論が出てきたんだろうが（苦笑）。
小林：しかし，『刑法総論の理論と実務』の著者は義務犯論を認めないんですよね。いったいどうやって解決するつもりなんですかねえ。

第29章　身分犯の共犯

中平：驚くなよ。なんと，そんなふうに困るのは違法身分犯が存在するからであって，それは一種の立法の過誤である，それゆえ，違法身分犯を非身分犯化する立法によって対処すべきだ，と真顔で主張しているんだな，これが（苦笑）。

小林：……。

中平：だよね，解釈でなんとかしたいよね（汗）。実は，かなり昔，共犯論の権威であった島田聡一郎教授が，たぶん，この問題に気づかれていたんだろうね，次のような主張をされたことがあった。すなわち，たしかに，刑法65条1項は——西田教授や『刑法総論の理論と実務』の著者がいうように——注意規定にすぎないととらえるのが本則であるが，1点だけ創設的な内容を有している。それは，通常であれば共同性が認められない場合であったとしても，同条同項を適用することによって，あたかも共同性が認められるかのような扱いをしてよいことになる，と。

小林：島田教授は私が最も尊敬する刑法学者のひとりですけれども，少なくとも，その解釈は根拠が不明で実質的には何も解決していないですよね……。

中平：残念ながら，私も同感だ。島田教授自身，そういう解釈をのちに引っ込められてしまった。結果として，島田教授が壺の事例をどう解決されるのかは不明のままなんだよ。

小林：そうですか……身分犯や不作為犯のほうはなんとなく分かりましたが，過失犯が義務犯だというのはイメージがわきにくいですねえ。

中平：そうか？　最近流行りの過失共同正犯論の文脈で，よく，「共同義務の共同違反」説というのが出てくるだろう。

小林：ああ，判例〔最決平28・7・12刑集70・6・411〕も言い回しを使っているやつですね。

中平：そうだ。あれなんかは，過失犯を義務犯ととらえ，なおかつ，共同正犯を正犯の一種と解したうえ，その標準を「共同義務の共同違反」に求めようって話なんだ。ま，創唱者は改説しちゃったけどね。

小林：え，なぜですか？

中平：だって，注意義務は万人に課されるものだろう。で，その違反は客観的帰属＝客観的構成要件，つまり，正犯にも共犯にも共通して課される要件に回収されるわけだ。ともかくも，最高裁判例ともあろうものが，系譜を無視してああいう言い回しをサラッと使ってしまうのは，学者としては納得がいかんな（怒）。

小林：私に怒らないで下さいよ（苦笑）。で，いまのお話を推し及ぼすと，身分犯や不作為犯の共同正犯の標準も「共同義務の共同違反」ということになるんですかね。

中平：それが一貫するだろう。身分者どうしの協働においては別の標準を用いる人もいるけれども，そう思うなら義務犯論なんてはじめからやめてしまえばいい。いやね，「やむをえず」義務犯論というのは，とかく，主張が帰一しないというか，安定しないんだ。なにせ，「やむをえず」だからね（苦笑）。

小林：「やむをえず」義務犯論というのは闇が深いですね……それでは，話をちょっと明るいほうに移しまして，「進んで」義務犯論というのはいったい何なんですか？

中平：刑法の話に明るいも暗いもないんだが……こちらは，西田教授が最初に論文を書かれていたころにはなかった見解だ。要するに，たとえば，刑法199条にいう殺人罪なんかの，身分犯でも過失犯でもない犯罪の内部にも義務犯と支配犯とが存在し，しかも，それは不作為犯と作為犯の区別に対応していない，と考えるわけだよ。

小林：つまり，義務犯にも支配犯にも，それぞれ作為犯と不作為犯が観念しうる，と？

中平：そう。「やむをえず」義務犯論と違い，刑法体系全体を「義務犯と支配犯の区別」という観点から作り直そうとする，非常に挑戦的な試みといえるだろうね。

小林：はあ……今度は話が大きすぎてよく分からないんですが，「進んで」義務犯論についても，『刑法総論の理論と実務』の著者は何かコメントしていないんですか。明示的な検討が見当たらないようですけど……。

中平：純粋に学術的な話になるし，書名に「実務」ということばが入っている以上，自粛したんじゃないかな。ほかの論文には書いているよ。あの著者は，昔は自制が利かないので有名だったんだが，ずいぶん大人になったものだ。

小林：各章冒頭の仮想対話を読む限り，とても大人になったとは思えませんが……それで，何と書いてあるんですか？

中平：それを調べるのも勉強のひとつなんだよ。仕方がないから簡単に答えるが，端的にいうと，その違反が義務犯を構成するような積極的，制度的な義務は，真正不作為犯の規定があってはじめて認められる特別な不法にかかわるにすぎない，と批判している。

小林：「端的」すぎて意味不明なんですが……。

中平：つまりだな，たとえば，人を死に至らしめる罪の構成要件が捕捉しているのは，車で人をひき殺すことと，それとかろうじて等置されうる，人をひいてしまったのに救助せずこれを死なせることだけであって，事故と無関係な者に対して公共的観点から救助義務を課し，その違反により人を死なせることを処罰するには特別の規定が必要だろう，ということだよ。

小林：うーむ，なんだか水掛け論のような気がするんですが……。

中平：それ，正しい感想だと思うよ。ありていにいえば世界観の違いなんだ。「進んで」義務犯論の擁護者は，人々がもともと——つまり，法により特別に設定しなくても——一定の公共的な役割を担わされている，と考えている。

小林：とすると，『刑法総論の理論と実務』の著者は，人々がもともとアトミスティックな個人として存在している，と考えているわけですか。

中平：なかなかかっこいいことをいってくれるじゃないか。その著者は，わが国では自分のほうが多数派であり，「進んで」義務犯論がドイツで有力なのはヘーゲルの伝統があるからだ，と分析している。ま，この辺は検証不可能だがね（笑）。

小林：では，検証可能なところに話を戻しまして，西田教授が実際に論文で扱われた2つ目の問題関心とは何だったんですか。もしかして，真正身分，不真正身分という形式的区別の不合理性ですか？

中平：分かっているじゃないか。

小林：さすがに，西田教授の本を通読すれば分かりますよ。

中平：平野博士，西田教授と受け継がれた刑法体系——基本的には『刑法総論の理論と実務』の著者も同じだが——に照らしてみたとき，ああいう区別をそのまま受け入れるのは耐えがたかったんだろうね。かなり成熟度の高い，悪くいえば「固い」体系だったから。

小林：しかし，義務犯論も確固とした体系ですよね。

中平：それはそうだが，形式的区別を排そうとするインセンティブが弱いんだよ。なにしろ，論者にとっては，義務犯である身分犯の共犯の処罰根拠は義務違反そのものと比べて一段低いので，刑法65条1項が適用される場合であっても（酌量）減軽しろっていうんだから。

小林：なるほど，1項と2項とで扱いの差が実際上，小さくなるわけですか。しかし，形式的区別の効果がゼロになるわけではありませんよね。

中平：まあね。だから，もうひとつ，義務犯である身分犯の共犯の処罰根拠，したがって，その処断刑を正犯のそれからどうやって算出すればよいかが不

明であって，形式的区別が不合理だと騒ぎ立てたところで「ではどうするんだ」という話になると困るから，そっとしておきたいという裏の考慮もあるかもしれないね。「×1/3」か，それとも「×2/3」か，はたまた個別に立法すべきなのか，さしあたり決め手がないなら「減軽」でいいではないか，ということだ。

小林：なるほど。反対に，形式的区別の不合理性を除去する明確な処方箋があるのなら，ぜひともそれを実践すべきである，と？

中平：うん，西田教授はそう考えられたんだろうね。その処方箋の具体的な内容は君も知ってのとおりだ。もっとも，晩年の西田教授は主張をメタのレベルに移されて，どのような処方箋であろうと，ともかくも，「実質的に見て連帯すべき身分が連帯する」という点で同意してくれれば十分だ，と繰り返しおっしゃっていたが。

小林：主張の内容を変えられたということですか？

中平：というより，「形式的区別の不合理性はなんとかしなければならない」という問題意識を共有してくれればいい，というかたちで主張を弱められたんだろうね。おかげで，体系を異にする有力な学者が複数，味方に引き入れられた。

小林：そうやって賛同者を増やす戦略もあるんですね。たしかに，法学では「数は力なり」という側面もあるようですし。

中平：うん。しかし，『刑法総論の理論と実務』の著者なんかは，処方箋の具体的な内容に関しても，1ミリとて譲歩するつもりはないようだがね（苦笑）。あんな調子で大丈夫なんだろうか。まあ，私は関係ないからいいけど……。

小林：ええと，メモしてと……今回は，自分の「読み方」がいかに浅かったかを知ることができて，本当にありがたかったです。それにしても，西田教授は平野博士の意向に反した方法で研究を進められたわけですが，それでよかったんですよね。

中平：さあ，どうだろう。私自身は，西田教授の本は非常に優れた作品だと考えているが，あるいは，別の方向で研究されていたら，もっと優れた本をものにされていたかもしれない。それは神のみぞ知るというところだ。

小林：怖いですねえ……私は先生に与えられたテーマを，先生に指示された方向で研究しますよ。

中平：本気でそう思うなら，研究者になるのはやめたほうがいいな。研究者というのは自律的な個人の範型なんだよ。たとえば，西田教授は，『刑法総論の

第29章　身分犯の共犯

理論と実務』の著者が研究室に入った直後，「君は客観的構成要件の研究に向いていると思うが，まあ，君の好きにしなさい」とだけ言い残して，1年間，ドイツに行ってしまわれたそうだ。それが研究指導の本来の姿なんだと思う。
小林：はあ。（だから，あの著者はその教えを守って好きなようにやっているのか……。）

◆

I　総　説

1　身分犯の共犯に関する解釈の指針

冒頭に，身分犯の共犯に関して私が妥当と考える基本的な解釈の指針を示しておくこととしたい。

第1に，身分すなわち犯罪の主体に関する一定の属性だけを，他の犯罪要素を規律するのとは異質の原理に服せしめることは合理的な根拠を欠く。そして，犯罪要素は一般に（違法性阻却事由の存在によって個別的に止揚されうる類型的な）不法と責任という2つの原理によって規律される。したがって，身分もまた同様の原理によって規律されるべきであり，その結果，不法（違法）身分と責任身分に区分される[1]。

第2に，秘密漏示罪（刑法134条）における身分のように，被害者のプライバシーという法益を侵害する事実的条件となっていなくても，違法身分たりうる。というのも，当該身分者によって提供される社会生活上，不可欠なサービスを受けようとすれば秘密を明かさざるをえないという意味において，脆弱な状態にある被害者を攻撃するという高められた不法は当該身分があってはじめて実現可能だからである[2]。

第3に，厳密に考えると，違法身分犯の不法は行為者に当該身分がなくても完全に実現可能である。たとえば，非医師であっても，医師に対して「その患者は秘密の漏示に同意している」と嘘をつき，カルテを公開させ

---

[1]　先駆的かつ最も詳細な作品として，西田典之『共犯と身分〔新版〕』（成文堂，2003，初版は1982）を参照。
[2]　西田典之教授の見解の分析も含め，詳しくは，小林憲太郎「西田教授の身分犯論」『西田典之先生献呈論文集』（有斐閣，2017）53頁以下を参照。

ることによって，第2で述べた高められた不法を完全に実現することができる。にもかかわらず，違法身分犯の規定形式を採用し続けることは，刑法が特定の身分者に対してのみ高い倫理を要求することにつながりかねず，立法論として適切を欠く。したがって，違法身分犯の規定は非身分犯のそれに作り替えられるべきである。たとえば，医師が業務上，収集した秘密を漏らすことを処罰するのではなく，医師によって業務上，収集された秘密を漏らすことを処罰するように，である[3]。

このように，違法身分犯の規定はいわば未成熟な立法と評することができる。もっとも，これとは反対に，立法そのものは非身分犯の規定として成熟しているにもかかわらず，むしろ，学説のほうが解釈によってこれを未成熟なものとし，不当な処罰の間隙を生み出している場合もある。その典型例がいわゆる消極的身分である。たとえば，道路交通法上の無免許運転罪は，「免許者でない者」という消極的な属性が主体を限定しているところ，このようなものも身分とすべきか否かが争われ，多数説はこれを肯定しているのである（その結果，無免許者の行為に免許者が関与した場合において，刑法65条を適用しなければならないものとされる[4]）。

しかし，道路交通法は，あくまで，「免許を受けないで……運転した者」（117条の2の2第1号）を処罰しているにすぎない。それは刑法の一般理論によれば，免許を受けない運転の客観的に帰属可能な正犯的惹起者を意味するから，何人であっても，それゆえ，免許者であってもこれに該当しうる。これこそが成熟した立法であって，にもかかわらず，多数説のように解釈によってこれを「先祖返り」させてしまうと，たとえば，免許者が無免許者を欺罔ないし強制して運転させた場合であっても，無免許運転罪の間接正犯が成立しえないことになってしまうであろう。この点において，（裁）判例の大勢が多数説のいう消極的身分を，刑法65条とかかわりがないものととらえているのは妥当である。

もっとも，私も，道路交通法上の罰則がすべて成熟していると考えているわけではない。たとえば，過失建造物損壊罪（116条）などは，その主体を「車両等の運転者」に限定した身分犯と解さざるをえない。しかし，

---

3 詳しくは，小林・前掲「西田教授の身分犯論」58・59頁および第21章を参照。
4 以下，判例の一般的な立場や多数説について言及する際には引用を省略する。詳細については，西田典之ほか［編］『注釈刑法（第1巻）』（有斐閣，2010）951頁以下〔小林憲太郎〕を参照。

そうなると，たとえば，後部座席同乗者がたわむれに運転者に目隠しし，その結果，運転者がハンドル操作を誤って建物に突っ込んだという場合には，同乗者に同罪が成立しえなくなってしまう。これは明らかに不当な処罰の間隙であるから，同罪は非身分犯の規定に作り替えられるべきだと思われる。

2 刑法65条に関する解釈の指針

(1) 1項と2項の関係

1で述べたことを前提とすれば，刑法65条は「あたかもそれが存在しないかのように」解釈されるべきことになる。もっとも，同条が現に存在していることもまた否定しえない事実であるから，そのような解釈は同条の文言に関する合理的な解釈手法の枠内に収まっていなければならない。

さて，まずは1項と2項の関係であるが，（裁）判例の趨勢および多数説は，1項が真正（構成的）身分を，2項が不真正（加減的）身分を，それぞれ規律するものと解している。たしかに，このような解釈が条文の文言に最も素直なものであることは否定しがたいであろう。しかし，非身分者が真正身分犯に加功すれば身分犯の共犯となるにもかかわらず，不真正身分犯にそうしても身分犯の共犯とならない，というのは刑法の一般理論上，なんら合理的な根拠がない恣意的な帰結である。これを「字句どおり読むとそうなるから」というだけで正当化しようとするのは，忌避すべき法実証主義であろう。

そこで，身分犯の共犯の成否を刑法の一般理論から合理的に基礎づけようとすれば，1項は違法身分を，2項は責任身分を，それぞれ規律するものと解するほかない。第1に，共犯の処罰根拠との関係では，非身分者であっても，身分者を介して間接的にであれば違法身分犯の不法を実現することができる。第2に，（従属的共犯における）共犯の従属性との関係では，身分者による違法身分犯の不法の（共同）正犯的実現に従属すれば足りる。第3に，責任身分はそのいずれにも関係しないから，身分者には責任身分犯の，非身分者には非身分犯の共犯が成立する。このように解されるのである。

問題は，このような解釈を同条の文言といかに整合させるかである。これはなかなかの難問であるが，たとえば，1項は「犯人の身分によって〔その禁止対象である不法を〕構成すべき犯罪行為」と読むことも可能ではな

かろうか。そして，そうであるとすれば，2項も，あくまで1項のそのような読み方を前提としつつ，「〔不法は同じでも，責任にかかわる〕身分によって特に刑の軽重がある」と読むことができよう。

(2) 「共犯とする」(1項) の意義

判例は「共犯」が共同正犯を含むものと解しており，私もそれに賛成である。非身分者も身分者とともに違法身分犯の不法を実現することが可能だからである。共同正犯は不法類型中，共同性と重要な役割によって特徴づけられるにすぎず，いずれの認定も違法身分を欠くことそれ自体によって妨げられるものではない。

これに対して学説には，義務犯という発想に基づいて異論を述べるものもある。すなわち，不法が特別な義務の違背によって与えられるような犯罪においては，非義務者は義務者の義務違反を促進するという別個の不法しか実現しえない。そこで，このような別個の不法を創設的に規定したのが身分犯の共犯という法形象だというのである[5]。

しかし，論者が義務犯とする犯罪は，1で述べたように，未成熟な立法技術により身分犯として規定されてしまったものにすぎない。それは，したがって，本来は非身分犯として規定されるべきものである。そうすると，身分犯の規定形式それ自体に義務犯という特別な本質を見出そうとする思考方向は，そもそも方法論的に誤っているように思われる。

(3) 「身分のない者」(2項) の意義

判例および多数説は，「者」に共犯のみならず正犯をも含めたうえで，「身分のある者には身分犯の刑を科する」と反対解釈する。その「肝」は，(従属的共犯における) 罪名従属性を一定の範囲で解除することにより，たとえば，非常習者に賭博 (刑法185条) を唆した常習者を常習賭博罪 (刑法186条1項) の教唆犯として処罰するところにある (幇助犯の事案であるが，大連判大3・5・18刑録20・932を参照)。

このような解釈に対しては，一部の学説から，共犯の従属性に反するとの批判が投げかけられている[6] (なお，反対解釈自体が罪刑法定主義に違反するという学説もあるが，ここでは観念しうる選択肢が「通常の刑を科する」と「身分

---

5 松宮孝明『刑事立法と犯罪体系』(成文堂，2003) 291頁以下などを参照。
6 団藤重光『刑法綱要総論〔第3版〕』(創文社，1990) 423・424頁，最近でも，山口厚『刑法総論〔第3版〕』(有斐閣，2016) 354頁，井田良『講義刑法学・総論』(有斐閣，2008) 516頁などを参照。

犯の刑を科する」の2つしか存在しないのであるから、こちらの批判は失当であろう。この点が、「重い罪の故意犯」、「軽い罪の故意犯」、「故意犯不成立」という3つの選択肢を観念しうる、刑法38条2項の反対解釈などとは異なる）。もっとも、合理的な理由があれば、立法者が共犯の従属性を一定の範囲で解除することそれ自体は十分にその裁量の範囲内というべきであろう。

さらに、かりに、2項に共犯の従属性を一定の範囲で解除するという創設的な効果を認めないとしても、なお、たとえば、先の事例で常習賭博罪の教唆犯を肯定することは十分に可能である。というのも、第22章において詳論したように、（従属的）共犯は（共同）正犯の不法に従属するだけであって、その罪名には必ずしも従属しないからである。常習性が（客観的な）責任要素（責任身分）であるとするならば、先の事例で常習賭博罪の教唆犯を肯定するのに、共犯の従属性を解除する必要などはじめから存在しない。

もちろん、このような理解に対しては、証拠隠滅罪（刑法104条）における証拠の他人性が（客観的な）責任要素であることを前提に、犯人に対し、その刑事事件に関する証拠を隠滅するよう唆した第三者が同罪の教唆犯として処罰されてしまう、という懸念が生じるかもしれない。しかし、それは杞憂にすぎないであろう。というのも、詳しくは各論のほうで論ずるが、証拠の他人性はそもそも不法要素だからである。

(4)　「通常の刑を科する」（2項）の意義

罪名と科刑を分離するのが適当でないというのは、すでに法律家共同体において幅広い共通了解を形成するに至っている。ここでも、条文上は「刑を科する」と規定されているものの、あくまで罪名それ自体を論ずるものと解するのが一般的である。

これに対して学説には、2項において科刑のみを個別化することに特段の意義を見出すものもある。それは端的にいえば罪名従属性の貫徹、もとい、関与者間の罪名の一致である。すなわち、1項によって共犯の成立における罪名の一致を図ったうえで、2項によって科刑のみを個別化しようとするのである[7]。

しかし、科刑を個別化する標準それ自体が合理的な根拠を欠く点はさて措くとしても、そもそも、そのような罪名の一致を図ることが共犯の一般

7　団藤・前掲『刑法綱要総論〔第3版〕』418頁を参照。

理論に照らして特別な意義をもたない[8]。その意味で，この学説は，少なくとも今日においては，そもそも何のために主張されるのかが判然としないものである。

II 各　説

1　二重の身分犯

判例は，非業務上占有者が業務上占有者の横領行為に加功した事案において，刑法65条1項により業務上横領罪（刑法253条）の共同正犯としたうえ，2項により単純横領罪（刑法252条1項）の刑を科する，という処理を行っている（最判昭32・11・19刑集11・12・3073。そのほか，特別背任罪〔商法旧486条1項〕に関しても，東京高判昭42・8・29高刑集20・4・521を参照）。そして，これに対して学説は，ほぼ一致して，この局面においてだけ成立（罪名）と科刑を分離させる少数説をとるのは一貫しない，と批判している。

たしかに，同判例がゼロベースでそのような処理を行ったのであれば，学説の批判を甘受せざるをえないであろう。もっとも，この判例は，あくまで，（原判決の維持した）第1審判決（水戸地土浦支判昭29・9・30刑集11・12・3091参照）が端的に業務上横領罪を認めるにとどめたことに対し，その法令適用の誤りを指摘しようとしたものである。すなわち，①非業務上占有者に対し，直截に刑法253条を適用するのは違法であることを前提として，②同条を適用するためには（共同正犯の要件がみたされているとして）刑法60条ないし65条1項を介さねばならない，しかし，たとえそうしたとしても，非業務上占有者には単純横領罪の刑がふさわしいから，これを可能とする刑法65条2項を適用するため，③刑法65条1項のほうを介させ，まずは業務上横領罪の共同正犯を成立させたうえで，しかるのちに，2項で単純横領罪の刑にとどめるという手法が考えられる。このような，第1審判決の誤りをなぞるかたちで訂正を入れていく流れになっているの

---

[8]　十河太朗『身分犯の共犯』（成文堂，2009）はこれを共犯従属性の帰結ととらえ，実質的・非類型的な要素だけを2項によって個別化しようとする。しかし，すでに西田・前掲『共犯と身分〔新版〕』304頁以下が詳細に批判しているように，ある要素のはたらきが立法技術的な理由によって決定される，というのは明らかに不合理であろう。

である。したがって、学説の批判は相手を黒く塗りすぎたものといわざるをえないであろう[9]。

　もっとも、同判例に問題がないわけではない。それは、そもそも「非業務上占有者には単純横領罪の刑がふさわしい」とする実質的な価値判断にこそ存在する。ただし、この問題のとらえ方には2とおりがあり、第1に、刑法65条に関する判例の一般的な解釈に基づけば、実質的な価値判断など容れずに、粛々と遺失物等横領罪（刑法254条）の刑を科せばよい、というものがある。しかし、そこにいう実質的な価値判断が刑法の一般理論と合理的に調和しうることであるならば、「粛々と」した法令適用のほうこそ、むしろ恣意的とのそしりを免れえないように思われる。

　こうして、第2のとらえ方、すなわち、実質的な価値判断を容れることそれ自体には賛成しつつも、その具体的な内容が適切を欠く、というもののほうを支持すべきである。それは畢竟、「非業務上占有者にも業務上横領罪の刑がふさわしい」と解するものである。というのも、委託信任関係に基づき他人の物を占有する地位にとどまらず、業務者としての地位もまた、行為の違法性を加重する違法身分の一だからである。具体的にいうと、いわばその道のプロとして存在する業務者に対しては、往々にして、物を預けなければ円滑な社会生活を維持しえない場合が多い（たとえば、銀行に金銭を預けず、ホテルや航空会社にスーツケースを預けず、運送会社に荷物を預けず、円滑な社会生活を送ることは困難であろう）。その意味で、業務者に物を預けた被害者は脆弱な立場におかれており、それゆえ、「眼鏡違い」に関する帰責性が低い。こうして、そのような被害者は要保護性が高く、その裏返しとして、業務者が違法身分であることが導かれることになる。それはちょうど、Ⅰ1で述べたように、医師に秘密を預けた患者が脆弱な立場におかれており、したがって、秘密漏示罪における医師が違法身分であるのと同様である。人は病気になるものであり、その際には、医師にセンシティブ情報を与えなければ適切な医療が受けられないのである。

　以上を前提にすれば、非業務上占有者には端的に刑法65条1項のみを

　9　私自身、同様の批判を差し向けてしまっていた。小林憲太郎『重要判例集 刑法総論』（新世社、2015）168・169頁を参照。なお、同判例の調査官解説（吉川由己夫「判解」最判解刑（昭32）582頁）は、同判例が上告論旨引用の大判明44・8・25刑録17・1510を踏襲したものにすぎないという。もっとも、関与者間の罪名の一致に関する要請は、時代が下るにつれて、次第に緩和されていったことに注意を要する。

第29章　身分犯の共犯

適用し，業務上横領罪の共同正犯として処罰すべきである。そして，これまで述べてきたところからも推察されるように，もちろん，刑法60条のみを適用するという擬律も法令適用の誤りとはいえないことになる[10]。

2　主観的要素と身分

目的などといった継続性を欠く心理状態の一であっても，身分に該当しうるというのが判例および多数説の立場である。私もこれに異を唱えるものではないが，厳密にいうと，身分にあたるとしようがしまいが具体的な結論はなんら変わらない，という点は十分に銘記しておくべきであろう。むしろ，真に問題であるのは，当該目的が刑法65条1項の身分にあたるのか，それとも，2項の身分にあたるのかという各論のほうである。そして，この問題に関して重要な最上級審の判例としては，次の2つがあげられる。

第1に，営利の目的がある者とない者とが共謀のうえ被害者（当時17歳）を誘拐したという事案において，営利の目的は刑法65条1項・2項の身分にあたらないから，営利の目的がない者も営利目的誘拐罪（刑法225条）の共同正犯になる，としたものがある（大判大14・1・28刑集4・14。そのほか，公職選挙法235条2項所定の「当選を得させない目的」が身分にあたらないとした東京高判昭53・5・30高刑集31・3・143，毒物及び劇物取締法3条にいう販売の目的が身分にあたらないとした東京地判昭62・9・3判時1276・143も参照）。

第2に，営利の目的をもつ者ともたない者とが共同して，旧麻薬取締法12条1項の規定に違反して麻薬を輸入したという事案において，刑法65条2項により，営利の目的をもつ者に対しては旧麻薬取締法64条2項の刑を，もたない者に対しては同条1項の刑を科すべきである，としたものがある（最判昭42・3・7刑集21・2・417。なお，営利目的による大麻輸入の正犯を，営利目的をもたない被告人が幇助したという事案において，刑法65条2項が適用されなければならないとしたその後の下級審裁判例として，東京高判平10・3・25東高刑時報49・1～12・13がある）。

これら2つの判例を見ると，目的なき関与者が目的犯の共犯とされる場

10　刑法65条1項が原理的に不要な規定であることは西田典之教授の往年の主張であったが，私は，すでに述べたように，罪名従属性を無用の概念とする立場から，2項もまた原理的に不要なものと解している。この点についても，詳しくは，小林・前掲「西田教授の身分犯論」60・61頁を参照。

合もあれば，そうでない場合もあることが分かる。そして，前者の場合に刑法65条1項を適用するかどうかは，当該関与者について最終的に成立すべき犯罪に影響を及ぼさない。そうすると，実質的に見れば，判例は，目的が刑法65条1項の身分にあたる場合もあれば，2項のそれにあたる場合もある，と考えていることになる。

問題は，そのような区別がいかなる理論的根拠に基づいて導かれているかである。そして，判例の一般的な理解に反し，それは真正身分と不真正身分の違いという形式的な根拠ではないことに注意する必要がある。というのも，第1の判例における被害者は未成年者であって，目的がなくても，少なくとも未成年者誘拐罪（刑法224条）は成立しうるからである。もし前記，形式的な根拠が決定的なのであれば，目的なき関与者はむしろ未成年者誘拐罪の共犯とされるはずであろう。

そうすると，今度は実質的な根拠のほうを探求する必要が生じるが，それは，すでに指摘されているように[11]，目的が違法要素であるか，それとも，責任要素であるかという違いに求めるほかないように思われる。すなわち，第1の判例における目的は，被誘拐者のさらなる犠牲において利益を得ようとすることが被誘拐者に対し，さらなる損害をもたらすおそれを生じさせるという意味において，違法要素と解することができる。これに対して第2の判例における目的は，利益を得ようとする動機が不法への強度の志向性を徴表するという意味において，（処分の観点からくる）責任要素と解することが可能である。

こうして，判例自身，ここでも真正身分と不真正身分の違いという形式的な根拠を貫徹しえておらず，違法身分と責任身分の違いという実質的な根拠に頼らざるをえなくなっている。そして，このような便宜論に十分な理由がないのであれば，むしろ，はじめから——刑法の一般理論からより合理的に基礎づけられうる——後者のほうを解釈の出発点とすべきであろう。

ところで，学説には，最決昭57・6・28刑集36・5・681が第2の判例における目的に第三者図利目的を含める解釈を示したことを根拠として，第2の判例における目的もまた違法要素とされることになった，と分析するものもある[12]。第三者図利目的は，もはや，第三者が自己図利目的を有

---

11 西田・前掲『共犯と身分〔新版〕』296・297頁などを参照。

することの認識と事実上，区別しえないというのである。しかし，そのような分析は行き過ぎであろう。それはちょうど，利用処分意思に第三者領得意思を含めたからといって，利用処分意思が突如として違法要素とされるわけではないのと同様である。もちろん，そのような目的ないし意思の拡張に十分な合理的根拠が存在するかは別途，慎重に議論されなければならない。その詳細については，しかし，各論のほうを参照していただくほかない。

3 事後強盗罪における「窃盗」と身分

事後強盗罪（刑法 238 条）における「窃盗」とは，支配的な見解によれば，財物の占有を取得し，現にこれを保持する窃盗犯人を意味する[13]。そうすると，その者による暴行・脅迫は，同条所定のいずれの目的をもってするにせよ，財物の占有を保持し続けるという，財産上不法の利益を取得する蓋然性を高める性質をもつ（取還防止目的についてはいうまでもないが，逮捕免脱や，ことに，罪跡隠滅目的についても，そのような性質を与える場合に限ってこれを認定する，という限定解釈を施すべきである[14]）。したがって，この点だけに着目すれば，「窃盗」は刑法 65 条 1 項により規律される違法身分ということになりそうである。

もっとも，厳密に考えると，もし刑法 238 条が「窃盗」という違法身分者による暴行・脅迫のみを処罰しているとすれば，その不法内容は 2 項強盗未遂罪（刑法 236 条 2 項，243 条）のそれを超えるものではありえず[15]，刑法 238 条が「強盗として論ずる」と規定していることは理論的に正当化

12　西田・前掲『共犯と身分〔新版〕』298 頁を参照。
13　学説には，刑法 238 条において，「財物を得て」のあとに読点が挿入されていないことを根拠に，「窃盗」が窃盗未遂犯人を含む，と述べるものも多い。しかし，それはあくまで，窃盗未遂犯人が（刑法 243 条が 238 条を修正することで新たに作り出された）事後強盗未遂罪の主体になりうる，という趣旨にとどまる。つまり，刑法 236 条と同一の法定刑によって威嚇される 238 条にいう「窃盗」には，やはり，学説のいう窃盗未遂犯人は含まれていないのである。
14　さらに，そのような性質の有無が暴行・脅迫の動機と必ずしも関係しないとすれば，同条所定の目的は「暴行・脅迫の結果，そうなることの認識」と解釈されるべきであろう。目的犯の諸形態とその性質について，詳しくは，今井猛嘉ほか『刑法総論〔第 2 版〕』（有斐閣，2012）61 頁以下〔小林憲太郎〕を参照。そして，本文のような限定解釈にはじめから合理性がないとすれば，端的に，後二者の目的による場合を削除すべきであろう。松宮孝明『刑法各論講義〔第 4 版〕』（成文堂，2016）232・233 頁，佐伯仁志「強盗罪(2)」法教 370 号（2011）88 頁などを参照。

されえないはずである。そこで,「窃盗」を違法身分とする解釈を説得的に主張するためには,前記「超える」内容を具体的に指摘する必要があろう。たとえば,①刑法238条が窃盗犯人のみを捕捉し,たとえば,詐欺犯人は除かれていること,②暴行・脅迫は窃盗の機会になされなければならないと解されていること,等にかんがみ,類型的に見て不法が非常に犯されやすい状況にあることに着目し,これをより強く禁圧する観点から2項強盗未遂罪を超える処断がなされているのだ,とでも説明するほかないように思われる[16]。

そして,このような説明に必ずしも説得力がないとすれば,刑法238条は「窃盗」による暴行・脅迫にとどまらず,先行する窃盗＝財物の取得行為をもあわせて処罰するものと解さざるをえない。この場合,たとえば,暴行・脅迫の段階ではじめて関与した者の罪責は「身分犯の共犯」論ではなく,「承継的共犯」論によって規律されなければならないことになる。それは畢竟,暴行・脅迫（または,せいぜい2項強盗未遂）罪の共犯にとどまる,ということである[17]。

ところで,事後強盗罪の不法（の中核）が,前述のように,加重された2項強盗未遂罪のそれであるとすれば,そもそも,財物の占有を保持しない窃盗（未遂）犯人は事後強盗未遂罪（刑法238条,243条）さえ犯しえないのではないか,という疑問が生じるかもしれない。これは深刻な問題であり,学界では「事後強盗未遂の財産犯性」という主題化のもとに議論さ

---

15 この点を強調するものとして,島田聡一郎「事後強盗罪の共犯」現刑44号（2002）20頁などを参照。

16 学説には,財物の占有がいまだ流動的であることに着目し,1項強盗既遂と同等の重い処断を説明しようとするものもある。佐伯仁志「事後強盗罪に関する覚書」『川端博先生古稀記念論文集（下巻）』（成文堂,2014）205頁を参照。しかし,事後強盗罪は財物の安定的な占有を獲得せずとも既遂に達する,というのが通常の解釈であるから,このようにいうだけでは不十分であろう。むしろ,いまだ財物の流動的な占有しか確保していない泥棒は,これを安定的なものにしようと躍起になり,暴行・脅迫に出てしまいがちであることから,これをより強く禁圧する,という観点を持ち出す必要があるのではなかろうか。そして,それは畢竟,本文の説明と実質的に見てなんら異ならないように思われる。

17 詳しくは第24章を参照。学説には,「本罪を結合犯と解するか,身分犯と解するかの対立が,もっぱら暴行・脅迫のみに加功する共犯者の処理に限って問題となるのであれば,かりに身分犯として把握した場合であっても,この問題について妥当な結論を導きうる理論構成を検討することも有益であろう」と述べるものもある。橋爪隆「事後強盗罪について」法教431号（2016）81・82頁。「承継的共犯」論も「身分犯の共犯」論も,ともに共犯の一般理論の適用例にすぎないという趣旨であれば,私も賛成である。

れているところである[18]。要するに、事後強盗未遂は「悪事をはたらいた者が追っ手を返り討ちにする」というだけの罪になってしまわないか、という問題である。

学説では、①もともと刑法238条は「追いかけられた泥棒は暴行・脅迫しがちである」という刑事学的類型性に着目して規定されたものにすぎず、財産犯性に拘泥する必然性はないとする見解や、②財産犯性は前記「承継的共犯」論の解決を採用したうえで、先行する窃盗（未遂）によって確保すれば足りるとする見解が主張されている。しかし、①同条が2項強盗未遂を加重することまでは説明しえても、追っ手を返り討ちにしがちな者のはたらいた悪事を泥棒に限定することを合理的に正当化するのは不可能である。また、②このような見解は「身分犯の共犯」論の解決を採用するときは維持しえないほか、かりにこの点を措くとしても、不法の非中核的部分が不法全体の未遂の性質を決定するというのは不合理であろう。

こうして財産犯性は、やや擬制的ではあるが、暴行・脅迫時に財物の占有を保持していたこともありえた、という仮定的判断によって基礎づけるほかないように思われる。

18　高橋則夫『規範論と刑法解釈論』（成文堂、2007）211頁以下、山口厚『刑法各論〔第2版〕』（有斐閣、2010）229頁以下、十河太朗「事後強盗罪の本質」同法62巻6号（2011）2093頁以下、松原芳博『刑法各論』（日本評論社、2016）247頁以下などを参照。なお、論者はすぐあとの②の見解を採用している。

第30章

罪　数

　　山下は元裁判官の弁護士で本書の愛読者（？），小林は本書の著者
山下：ようやく，刑法総論の最後のテーマだね。どう，振り返ってみて？
小林：いえ，それが……このあと，すぐに各論の執筆が始まりますから，感傷に浸っている場合ではないんですよ（汗）。
山下：えっ，各論もあるの？　それなら冒頭の仮想対話も続けてくれよ。なにしろ，私はあそこしか読んでいないんだからな（笑）。
小林：いやあ，各論のほうはああいう掛け合いが難しいですから，ちょっとコンセプトを変えるかもしれません。
山下：ま，なにかしら，冒頭に読みやすいものが付いていればいいよ。それで，本題に入るんだが，学者が罪数を扱うというのも勇気が要っただろう（笑）。
小林：私も扱いたくなかったんですが，なにしろ，総論のテーマだけで30個もあると，一度くらいは罪数をとりあげなければ間がもてませんから……。
山下：こういうことをいうと失礼かもしれんが，刑法学者が罪数について書いたものは，なんとなくおもちゃっぽいというか，世のなかを知らないなって感じてしまうんだよ。なぜだろうな。
小林：ああ，その理由だけは分かります。実質，量刑論と手続論だからだと思いますよ。
山下：ええと，もう少し具体的にいってよ。
小林：つまりですね，どのような罪数処理をなすかというのは，各罪の総合的な犯情をどう評価するか，および，訴訟法上，一定の効果を生じさせるかというのと，かなりの部分で重なっているわけです。たとえば，併合罪にするか，科刑上一罪にするか，それとも，包括一罪にするかが争われる場合には，往々にして，最も重い罪の法定刑だけで犯情を評価し尽くせるか，および，一事不再理効を及ぼすべきか，最近だと，どのくらい特定された犯罪事実の証明が必要か，などといったことがらが実質的には問題となっています。

山下：ああ，それは非常によく分かるよ。私が裁判官だったころは，まさにそういうことを考えていたもんな。

小林：私も含め，最近の学者は実務に対して非常に大きな関心を抱くようになっているのですが，それだけに，腰が引けてしまって「罪数論はそっとしておこう」と思いがちです。もちろん，十分な調査・研究のうえ，果敢に罪数論に取り組もうとする立派な学者もおられますけどね。

山下：君も，もっと積極的にこちらに首を突っ込んで，いうべきことはいわないとダメだよ。それにしても，たしかに，法科大学院ができたことの影響は大きかったんだな。私が刑法の基本書で勉強していたころは，「犯情」なんてことばはいっさい出てこなかったからね。

小林：……。

山下：どうしたの？

小林：いえ，実は，私も意味がよく分からずに使っていることばでしたので，あまりほじくり返されると気まずいと申しますか……。

山下：しかし，なんとなくのイメージはあるんだろう？

小林：それはまあ，そうですが……私は一応，「当該犯罪の成立要件そのものを構成するものでなくても，それを規律するのと同一の原理に基づいて考慮されるべき事情」のことだと考えています。

山下：ふぅん，たとえば？

小林：たとえば，人を殺すに際して公共の危険を生じさせる手段を用いたという場合，公共の危険は殺人罪の成立要件そのものではありませんが，その行為に対する客観的帰属要件は人の死亡結果におけるのと同じです。あるいは，殺意が非常に強かったというのも犯情のひとつでしょう。これに対して，あとで反省して遺族に多額の金銭を支払ったという事情は，犯罪成立要件を規律する原理に基づいては考慮しようがありません。もちろん，そのことが殺意の弱さの間接事実になるというのであれば別ですが。

山下：犯罪成立要件を規律する原理云々で分けるのには何か意味があるの？

小林：要するに，犯罪成立要件は第1章で扱った刑罰目的論から与えられるのに対し，一般情状は，そのような刑罰を科することとした場合のプラスとマイナスを総合的に衡量することを許容するものです。犯罪というのは，それだけで刑罰が科されることを正当化できなければならない概念ですから，「国家がなぜ犯罪者を処罰できるのか」という議論から直接的に規定されます。他方，一般情状というのは，そこをクリアしたことを前提として，しかし，

第 30 章 罪　数

　　実際にこの人に科すべき刑罰を決する際にはこういった事情も考慮しないといけないよね，ということを議論するカテゴリーなんですよ。

山下：それはよく分かるが，そのうえで，犯情と一般情状はどういう理論的関係に立つのかね？

小林：それは，裁判官が合理的に組み合わせるとしかいいようがありませんが，まずは犯情をベースとして一般情状で調整する，というのが自然ですよね，先ほどの定義からすれば。

山下：たしかに，私もそうやっていたことになるのかなあ。それにしても，話を戻すが，罪数を（犯罪成立要件論という意味での）刑法解釈論プロパーで議論することの意味はあまりない，ということで本当にいいのかね。君らの自殺行為のように聞こえるんだが。

小林：あまりないだけで，まったくないわけではありませんよ（汗）。罪数論のベースのひとつである犯情は，あくまで，犯罪成立要件論があってはじめて確定しうることになるわけですから。

山下：しかし，犯情評価の具体的な手法や犯行が複数ある場合の綜合方法，これは量刑論かな，さらに，訴訟法も分かっていないといけないから手が縮んでしまう，と（苦笑）。

小林：おっしゃるとおりで（汗）。

山下：しかしね，せっかくこういう実務家向けの出版社から本を出させてもらっているんだから，もっと積極的に学ぼうとする姿勢があってしかるべきだろう。現に，そういう学者もいると思うが。

小林：はあ，耳が痛いです。たしかに，このような出版の機会を与えられたおかげで，実務家の方々からご教示をいただく機会が急増しました。今後は，それらをきちんと消化して研究に活かせるよう努力していきたいと考えています。

山下：ああ，ぜひそうしてもらいたいものだな。そうそう，このあと古山さんや中平さんと飲みに行くんだが，君も来るかい？

小林：いいんですか !?　ぜひよろしくお願いします。（また，こっぴどく批判されるんだろうな……。）

◆

I　はじめに

　罪数論は刑法総論のテーマのなかで，研究者が取り扱うのに最も躊躇するもののひとつである。そこには犯罪論の体系を規律する諸原理とはやや異質の，手続法上の考慮を含んだ実務的な「ものの考え方」が潜んでいるからである。私自身，研究室に入りたてのころ，指導教員から，責任能力論や量刑論とならび，罪数論だけは大きな論文の主題にするな，君には絶対に無理だから，とたびたびいわれたことであった。

　その後，20年以上が経過したわけであるが，現時点においてもなお，先の指導内容は妥当性を有して（しまって）いる。法科大学院において，（とくに裁判官出身の）実務家の方々と共同で講義を担当する機会を数多く得ることができたが，そのたびに，私が考えたこともない理由から罪数処理が決せられており，なおかつ——後知恵ではあるが——それが他の局面における罪数処理とうまく整合していることを知る，という衝撃的な体験をさせられているのである。

　こうして，本章のテーマは正面から罪数論としているけれども，他の章と異なり，これに体系的な解説を加えることはできない。それは明らかに私の能力を超えている。そこで，包括一罪，科刑上一罪，併合罪のそれぞれについて，私が雑感レベルで「もの申したい」と考えたいくつかの判例をとりあげ，散発的ではあるが若干のコメントを付しておくこととしたい。

II　包括一罪

1　最決昭61・11・18刑集40・7・523

(1)　判　旨

　事案は，H（被害者）から覚せい剤を詐取ないし窃取したのち，その返還，ないし，買主が支払うべきものとされていたその代金の交付を免れるため，けん銃を発射して同人を殺害しようとしたものの，同人が防弾チョッキを着ていたため重傷を負わせるにとどまり，殺害の目的は遂げなかった，というものである。

　つづいて，最高裁の判示内容は次のとおりである。

「前記の本件事実関係自体から，被告人による拳銃発射行為は，Hを殺害して同人に対する本件覚せい剤の返還ないし買主が支払うべきものとされていたその代金の支払を免れるという財産上不法の利益を得るためになされたことが明らかであるから，右行為はいわゆる2項強盗による強盗殺人未遂罪に当たるというべきであり（暴力団抗争の関係も右行為の動機となっており，被告人についてはこちらの動機の方が強いと認められるが，このことは，右結論を左右するものではない。），先行する本件覚せい剤取得行為がそれ自体としては，窃盗罪又は詐欺罪のいずれに当たるにせよ，前記事実関係にかんがみ，本件は，その罪と（2項）強盗殺人未遂罪のいわゆる包括一罪として重い後者の刑で処断すべきものと解するのが相当である」。

(2) 検　討

本件においては，罪数を論ずる前提として，①財物の取還防止等を目的とする暴行・脅迫は事後強盗罪（刑法238条）によってのみ処罰するというのが刑法の建前であるから，そもそも2項強盗（刑法236条2項）は問題となりえない，②Hによる覚せい剤の交付は不法原因給付であり，また，覚せい剤の売買契約は公序良俗違反により無効であって，そもそも2項強盗により保護すべき財産上の利益が存在しない，などといった批判をクリアしておかなければならない[1]。そして，①はともかく②については，私自身，むしろ批判者のほうに分があると考えている。もっとも，その詳細については各論のほうで扱う予定であるから，ここではさしあたりいずれの批判も捨象し，もっぱら罪数の問題に取り組むこととしたい。

さて，本判例は2項強盗殺人未遂罪（刑法240条後段，243条）としてのみ処断すべき理由を述べていないが，それは，すでに指摘されているように，二重評価を防止するためであろう。すなわち，覚せい剤の占有を奪われることと，それを返してもらえない，あるいは，その代金を支払ってもらえないこととは，いわばコインの裏表であって，実質的な不法内容において完全に共通している。そして，そうであるとすれば，おのおのの不法について独立に犯罪の成立を認め，併合罪（刑法45条前段）として処断す

1　実は，さらにそれ以前に，本件においては，そもそもけん銃を発射した段階でいまだ覚せい剤の占有が移転しておらず，それゆえ，1項強盗殺人未遂罪の（包括）一罪となるのではないか，および，かりにこの点を措くとして，先行する覚せい剤の占有移転が窃盗罪（刑法235条）を構成するのか，それとも，1項詐欺罪（刑法246条1項）を構成するのかも問題となりうる。現に下級審においては争点とされたものであるが，こちらについては各論のほうを参照されたい。

ることは，単一の不法について行為者を2回，処罰することに帰してしまう。そこで，そのような事態を避けるため，重いほうだけで処断する（軽いほうはこれに吸収される）という処理がなされるべきである。本判例は，おそらくはこのような考慮から，従来，さまざまな判断を示してきた下級審裁判例の統一を図ったものと推測される[2]。

もっとも，問題は，このような処理がいかなる射程をもつかである。本件においては，①相前後する2つの行為がいずれも当初から計画されており（計画性），かつ，②時間的・場所的に密接な関連性を有していた（時間的・場所的接着性）。そして，初期の議論において包括一罪の中核的な部分を占めていた連続犯型のそれが——これを必須の要件とするかはともかく——このようなファクターによって特徴づけられることから，本判例の射程も同様に限定しようとする見解が成り立ちえなくはない。

しかし，これまたすでに指摘されているように，包括一罪とは，確固とした単一の原理によって規律される実体的な概念ではない。そうではなく，刑法に明文の規定はないけれども，解釈により一罪として処断されるべきものとされた場合の総称にすぎないのである。したがって，そこには当然，複数の相異なる原理を観念することができる。そして，連続犯型の包括一罪と，ここで問題となっている二重評価防止の包括一罪とでは，一罪として処断されるべき実質的な根拠が異なっている。そうすると，前者を特徴づける①や②を，後者にそのまま移行させる必然性はない。むしろ，①も②もなくても不法の単一性は害されない以上，後者，すなわち，二重評価防止の包括一罪においては，はじめから①も②も要件から外しておくのが妥当であろう[3]。

なお，その後，ガソリンスタンドにおいてガソリンを詐取したのち，店員に暴行を加えて傷害を負わせ，代金を支払わずに逃走したという事案において，1項詐欺罪（刑法246条1項）とは別に2項強盗致傷罪（刑法240条前段）が成立し，両罪は包括一罪の関係にあるとした下級審裁判例として大阪地判平18・4・10判タ1221・317がある。そこでは本件と異なり，②はあるが①がないという事案の特徴を看取しうる。そこで，検察官は本判

---

[2] この点につき，島田聡一郎＝小林憲太郎『事例から刑法を考える〔第3版〕』（有斐閣，2014）71頁以下〔小林〕を参照。
[3] 最も明快な主張として，橋爪隆「包括一罪の意義について」法教419号（2015）109頁を参照。

例の射程を①が認められる場合に限定しようとし，併合罪による処理を主張した。ところが，これに対して大阪地裁は次のように応えたのである。

「検察官は，判示第4の1の詐欺罪と判示第4の2の強盗致傷罪について併合罪の関係に立つと主張する。判示第4の1（詐欺罪）の財物と判示第4の2（強盗致傷罪）における財産上の利益は異なっており，前者によって後者が評価し尽くされていないことは既に論じたが，ガソリンの取得とその代金の支払を免れるという利益が法益面で密接に関連していることも明らかであり，また，判示第4の1の詐欺が既遂に達した直後，ガソリンスタンドから車両を発進させて判示第4の2の犯行に及んでいるから，両行為の時間的場所的接着性があり，同一の機会になされたこともまた明らかである。このように本件は，ガソリンを詐取したことに引き続き，ガソリン代金の支払いを免れようと暴行に及んだという事象であり，両行為間に密接な関係があることが明らかな場合であるから，1回の処罰をもって臨むことが相当であり，重い強盗致傷罪の刑で処断すべきである。なお，検察官は，最高裁昭和61年11月18日決定（集40巻7号523頁）を引用した上，本件事案と異なり当初からガソリンを詐取して逃走の際に店員に暴行に及ぶ意思を有していた場合においては，詐欺罪と強盗罪が包括一罪となることを認めるかのようであるが，ガソリンの詐取後に強盗の犯意を生じた場合には併合罪となるというのであれば，両者の犯情の差に鑑み，処断刑の不均衡が生じるといわざるを得ない。

したがって，判示第4の1及び第4の2の両行為は包括一罪の関係にあると解すべきである」。

結論としては，①が認められないこのような事案においても，なお包括一罪とする判断は承認されるべきであろう[4]。もっとも，そのような判断を導くプロセスにまで目を向けると，そこには必ずしも妥当でない考慮が含まれているように思われる。

第1に，②が認められることが包括一罪とする根拠のひとつとされている点が不当である。現実にはあまり考えにくい事例であるが，かりに店員が追いすがる前に逃げ去った行為者の容貌や車種，カーナンバーを記憶しており，数週間後，たまたま行為者が再度，来店した際，他の店員とともに車両を取り囲んで代金の支払いを強く要請したところ，行為者がこれを

4　すでに，安廣文夫「判解」最判解刑（昭61）310頁を参照。

免れるため車両を急発進させて店員をはね，逃走したという場合であっても，やはり先述したコインの裏表の関係は維持されており，1項詐欺と2項強盗致傷の併合罪とするのはおかしいからである。にもかかわらず，大阪地裁が②にこだわっているのは，二重評価防止の包括一罪を連続犯型のそれと混同しているからではなかろうか。しかし，両者はまったく異なるのである。

第2に，①が認められる場合との処断刑の不均衡が包括一罪とする根拠のひとつとされている点が不当である。たしかに，計画性がある場合のほうが犯情が重く，にもかかわらず，処断刑の上限がより軽くなってしまうのはおかしい，というのはそのとおりであろう。しかし，そのことと，実質的に見て単一の不法につき2回，処罰してはならないこととは別である。だからこそ，①があれば併合罪，なければ包括一罪という，「不均衡」が生じない逆のパターンもまた，まったく同様に禁止されるのである。

こうして，最終的には同じく包括一罪とするにしても，端的に，1項詐欺と2項強盗致傷の不法の実質的な重なり合いを前面に出すべきであったように思われる。反対に，第1の点も第2の点も余計なひとことだったのではなかろうか。

2　最決平22・3・17刑集64・2・111

(1)　判　旨

「1　本件は，被告人が，難病の子供たちの支援活動を装って，街頭募金の名の下に通行人から金をだまし取ろうと企て，平成16年10月21日ころから同年12月22日ころまでの間，大阪市，堺市，京都市，神戸市，奈良市の各市内及びその周辺部各所の路上において，真実は，募金の名の下に集めた金について経費や人件費等を控除した残金の大半を自己の用途に費消する意思であるのに，これを隠して，虚偽広告等の手段によりアルバイトとして雇用した事情を知らない募金活動員らを上記各場所に配置した上，おおむね午前10時ころから午後9時ころまでの間，募金活動員らに，『幼い命を救おう！』『日本全国で約20万人の子供達が難病と戦っています』『特定非営利団体ＮＰＯ緊急支援グループ』などと大書した立看板を立てさせた上，黄緑の蛍光色ジャンパーを着用させるとともに一箱ずつ募金箱を持たせ，『難病の子供たちを救うために募金に協力をお願いします。』などと連呼させるなどして，不特定多数の通行人に対し，ＮＰＯに

よる難病の子供たちへの支援を装った募金活動をさせ，寄付金が被告人らの個人的用途に費消されることなく難病の子供たちへの支援金に充てられるものと誤信した多数の通行人に，それぞれ1円から1万円までの現金を寄付させて，多数の通行人から総額約2480万円の現金をだまし取ったという街頭募金詐欺の事案である。

2　そこで検討すると，本件においては，個々の被害者，被害額は特定できないものの，現に募金に応じた者が多数存在し，それらの者との関係で詐欺罪が成立していることは明らかである。弁護人は，募金に応じた者の動機は様々であり，錯誤に陥っていない者もいる旨主張するが，正当な募金活動であることを前提として実際にこれに応じるきっかけとなった事情をいうにすぎず，被告人の真意を知っていれば募金に応じることはなかったものと推認されるのであり，募金に応じた者が被告人の欺もう行為により錯誤に陥って寄付をしたことに変わりはないというべきである。

この犯行は，偽装の募金活動を主宰する被告人が，約2か月間にわたり，アルバイトとして雇用した事情を知らない多数の募金活動員を関西一円の通行人の多い場所に配置し，募金の趣旨を立看板で掲示させるとともに，募金箱を持たせて寄付を勧誘する発言を連呼させ，これに応じた通行人から現金をだまし取ったというものであって，個々の被害者ごとに区別して個別に欺もう行為を行うものではなく，不特定多数の通行人一般に対し，一括して，適宜の日，場所において，連日のように，同一内容の定型的な働き掛けを行って寄付を募るという態様のものであり，かつ，被告人の1個の意思，企図に基づき継続して行われた活動であったと認められる。加えて，このような街頭募金においては，これに応じる被害者は，比較的少額の現金を募金箱に投入すると，そのまま名前も告げずに立ち去ってしまうのが通例であり，募金箱に投入された現金は直ちに他の被害者が投入したものと混和して特定性を失うものであって，個々に区別して受領するものではない。以上のような本件街頭募金詐欺の特徴にかんがみると，これを一体のものと評価して包括一罪と解した原判断は是認できる。そして，その罪となるべき事実は，募金に応じた多数人を被害者とした上，被告人の行った募金の方法，その方法により募金を行った期間，場所及びこれにより得た総金額を摘示することをもってその特定に欠けるところはないというべきである」。

(2) 検　討

　本件においてとりわけ注意を要するのは，1におけるのと同様，ここで問題とされている包括一罪が連続犯型のそれではない，ということである。というのも，本件においては，それぞれ異なる被害者に対する複数の詐欺罪の処断が俎上に載せられており，単一の不法としての評価に収めきることができないからである[5]。したがって，本件においてこれら複数の詐欺が科刑上一罪（刑法54条）の関係に立たないとすれば，本来は併合罪として処断されるべきものである。ただ，これら複数の詐欺を個別に特定し，立証することがおよそ不可能であったり，あるいはまた，本件のように[6]，一部については可能であっても，それらを併合罪として処断するだけでは——被害総額の大きさにかんがみ——十分に重い刑を科しえなかったりする場合において，いわば救済概念としての包括一罪を認めることができないかが議論されているのである[7]。この点において，たとえすべての犯行を個別に特定し，立証することが十分に可能であったとしても，なお包括一罪とされるべき連続犯型のそれとはまったく異なる。

　これに対して学説には，このことを誤解し，たとえすべての詐欺を個別に特定し，立証しえたとしても，なお単一の不法および責任としての評価に収めるための基準を探求するものが多い。しかし，それははじめから挫折を余儀なくされた試みであろう。というのも，詐欺罪の不法とは財産秩序をかく乱することではなく，あくまで，個々の主体に帰属させられた財産を侵害することだからである[8]。

---

[5]　もっとも，大審院は当時の連続犯規定（刑法旧55条）を被害者が異なる事案にも適用していた。大判明45・2・9刑録18・107などを参照。したがって，連続犯型の包括一罪といっても，あくまで連続犯そのものとは異なる点に注意を要する。

[6]　「起訴状には別表が付され，多数人に対する詐欺の事実のうち，9名に対する詐欺の事実については具体的に特定がされていた」とのことである。家令和典「判解」最判解刑（平22）30頁注1。

[7]　先駆的な主張として，香城敏麿『刑法と行政刑法』（信山社，2005）141頁などを参照。さらに，同様の方向性を示す，実務家の手になる近時の文献として，小林充＝植村立郎［編］『刑事事実認定重要判決50選（上）〔第2版〕』（立花書房，2013）306頁〔馬場嘉郎〕がある。

[8]　松宮孝明「詐欺罪の罪数について——最決平成22年3月17日を素材として」立命329号（2010）22頁以下を参照。もちろん，個別の特定・立証が可能であっても包括一罪とする学説のうちには，連続犯型のそれ，したがって，単一の不法および責任への包摂を主張するのではなく，むしろ，科刑上一罪とのバランスから認められる包括一罪を想定するものも含まれているのかもしれない。小林憲太郎『刑法総論』（新世社，2014）181頁などを参照。しかし，本件がそのようなバランスを考慮しなければならない事案であるとは到底思われない。反対，只木誠「判批」刑法判例百選Ⅰ総論〔第7版〕205頁を参照。

また，このような原理的な問題に加え，学説が主張する具体的な基準の妥当性そのものについても大きな疑問がある。たとえば，①個々の被害の軽微性[9]や②匿名性[10]，③（財産という）法益の非一身専属的性格[11]などがあげられることがある。しかし，①かりに募金額が一口1万円と定められていたとしても話が変わるとは思われない。また，②ネットバンキングを利用した振込みによる募金であっても話は同じであろう。さらに，通常の募金形式であっても，たとえば，防犯カメラの画像等により個々の被害者と被害額を特定しうるとき，そこでなお認められる匿名性の実体が何であるかはまったく不明である。匿名性とは単に，「特定し」えないことの言い換えにすぎないのではなかろうか。

さらに，③身体という争いなく一身専属的性格をもつものとされる法益が問題となる場合であっても，やはり，話の本質は変わらないように思われる。たとえば，すでに身体のさまざまな部位を負傷した複数人が滞留する部屋の中に，多数の投石をしたものとしよう。このとき，具体的に，誰のどのけがが当該投石によって引き起こされたかを特定することはできないものの，複数人を投石の前後にわたって診察した医師の証言により，全体として一定程度，たとえば，打撲傷が増えていることを立証しうるならば，前述した救済概念としての（傷害罪〔刑法204条〕の）包括一罪が認められるべきであろう。むろん，特定しうるならば，具体的な事案により，併合罪または観念的競合（刑法54条1項前段）として処断されるべきである[12]。

以上をまとめると，かりに個々の犯行を特定・立証しえれば併合罪や科刑上一罪となしうる事案であったとしても，そのような特定・立証が不可能（ないし，一部につき可能であっても犯情の評価として不十分）である場合の救済概念として，特別な包括一罪の観念が承認されるべきである[13]。それは畢竟，個々の犯行を全体として見れば，少なくとも，構成要件が1回充

---

9 青木陽介「包括一罪に関する議論の新動向（2・完）」上法54巻3＝4号（2011）118頁，佐伯仁志「連続的包括一罪について」植村立郎判事退官記念論文集『現代刑事法の諸問題（第1巻）』（立花書房，2011）48頁などを参照。

10 渡辺咲子「判批」平成22年度重判解207頁，大塚仁ほか［編］『大コンメンタール刑法（第4巻）〔第3版〕』（青林書院，2013）412頁以下〔中谷雄二郎〕などを参照。

11 必ずしも明確ではないが，島田聡一郎「判批」ジュリ1429号（2011）147・148頁などを参照。

12 殺人未遂罪（刑法199条，203条）に関し，以上を実質的に認めたものとされる下級審裁判例として，東京地判平12・6・29判タ1091・104＝新宿駅青酸ガス事件を参照。

足されることに相応する不法と責任は十分に証明されている，という趣旨にほかならない。したがって，非常に厳密にいうならば，それは「包括」一罪という名前がついているけれども，既存の複数のものを括るというのではなく，あくまで，はじめから本来的一罪のように扱おうとするものである。にもかかわらず，そこに（とくに連続犯型の）包括一罪を彷彿させる限定がかけられがちであるのは，単に，①訴因や罪となるべき事実の特定にかかる手続法上の要請をクリアしなければならないこと，および，②犯罪事実が合理的な疑いを容れない程度に証明されたと評価しうるためには，実際上，個々の犯行の定型性や類似性，意思や企図の一個性，被害の集約性などが要請される（たとえば，街頭募金詐欺であるからこそ，すべてが被告人による詐欺であり，被害金イコール箱の中の金だと立証できる）こと，が背景にあるからにすぎない。

　他方，本判例は，個々の説示内容の論理的な関係は必ずしも明らかではないものの，まずは救済概念としての包括一罪を承認する必要性を前提としつつ，②にかかる考慮を具体的に摘示し，最後に①に関しても考慮を払ったものと評価することができよう。また，本判例には2人の裁判官による補足意見が付されているが，連続犯型の包括一罪と混同するきらいがないではないものの，煎じ詰めれば，本判例と基本的に同様の発想に立ちつつ，②にかかる考慮を前面に出したものととらえることが可能である（あえていえば，須藤正彦裁判官の補足意見はより本章の主張に近い反面，千葉勝美裁判官のそれは前記，混同するきらいがより強い）。

　これに対して，その後に出された最決平26・3・17刑集68・3・368は，むしろ，連続犯型の包括一罪の限界的な事案のひとつを扱ったものととらえることができよう。紙幅の関係上，事案は省略するが，次のように判示している。

13　ただし，このような観念を承認すると，新たに次の2つの問題が生じうる。
　　第1に，本件でいえば，特定・立証可能な9件の詐欺と，残りの（特別な包括一罪とされた）詐欺とが併合罪として処断されかねない。もっとも，そのことが不当であるとただちにはいえず，ただ，Ⅳ2で述べる制限がかけられれば足りるのではなかろうか。
　　第2に，前半部分の犯行につき公訴時効が完成しているとき，検察官がこれを潜脱するため，特別な包括一罪が利用されかねない。もっとも，そのような「悪用のおそれ」は，結果として立証の困難を救済することとなるすべての観念ないし制度についていえることであり，これを妨害するためにこそ弁護人は努力すべきだと思われる。しかも，そのような観念ないし制度を承認する前提として，「妨害」の容易性があらかじめ要請されているのである。

「上記2の検察官主張に係る一連の暴行によって各被害者に傷害を負わせた事実は，いずれの事件も，約4か月間又は約1か月間という一定の期間内に，被告人が，被害者との上記のような人間関係を背景として，ある程度限定された場所で，共通の動機から繰り返し犯意を生じ，主として同態様の暴行を反復累行し，その結果，個別の機会の暴行と傷害の発生，拡大ないし悪化との対応関係を個々に特定することはできないものの，結局は1人の被害者の身体に一定の傷害を負わせたというものであり，そのような事情に鑑みると，それぞれ，その全体を一体のものと評価し，包括して一罪と解することができる。そして，いずれの事件も，上記1の訴因における罪となるべき事実は，その共犯者，被害者，期間，場所，暴行の態様及び傷害結果の記載により，他の犯罪事実との区別が可能であり，また，それが傷害罪の構成要件に該当するかどうかを判定するに足りる程度に具体的に明らかにされているから，訴因の特定に欠けるところはないというべきである」。

　ここでは傷害罪の被害者が単一であるから，ただちに連続犯型の包括一罪が排除されるわけではない。むしろ，従来，意思決定の一個性が重視されてきたところ，ここでは一定の人間関係を背景とした共通の動機に基づくことが，繰り返しの犯意を押しのけて包括一罪としての評価を導いている（この判例は，たとえ個々の特定・証明をなしえたとしても，なお傷害罪の包括一罪を認める趣旨であろう[14]）。そこで，そのような解釈がはたして可能であるかが問題となるのである。

　この点は議論の存するところであり，いかなる場合に単一の不法・責任評価がふさわしいかを慎重に判定すべきであろう。そして，かりに包括一罪とされたならば，それは救済概念としての包括一罪と異なり，既存の複数の不法を括るというプロセスを介してはいるものの，あくまで，最終的には本来的一罪と同一の評価に服せしめるということである。したがって，訴因ないし罪となるべき事実の特定方法や，いかなる場合に合理的な疑いを容れない程度の証明がなされたものと評価しうるかにかかる議論は，前述の，救済概念としての包括一罪とまったく同様であるといえよう。両判例の言い回しが結果的に似ているのはこのためである。

14　もっとも，調査官解説（辻川靖夫「判解」曹時68巻4号240頁以下）ははっきりしない。

III 科刑上一罪

1 最大判昭 51・9・22 刑集 30・8・1640

(1) 判　旨

「1　所論は，原判決は，被告人が普通乗用自動車を運転して歩行者に傷害を負わせる交通事故を起こしながら，負傷者の救護もせず，事故を警察官に報告することもせず現場から逃走したといういわゆるひき逃げの事実について，道路交通法 72 条 1 項前段，後段に違反する各罪が観念的競合の関係にあるとした第 1 審判決を是認したものであつて，右は最高裁判所昭和 37 年(あ)第 502 号同 38 年 4 月 17 日大法廷判決・刑集 17 巻 3 号 229 頁の判断に違反するというものである。

たしかに，所論引用の判例は，車両等の運転者がいわゆるひき逃げをした場合において不救護，不報告の各罪は併合罪となる旨判示したものであつて，本件と事案を同じくすると認められるから，原判決は右判例と相反する判断をしたものといわなければならない。

2　ところで，刑法 54 条 1 項前段にいう 1 個の行為とは，法的評価をはなれ構成要件的観点を捨象した自然的観察のもとで行為者の動態が社会的見解上 1 個のものと評価される場合をいい（当裁判所昭和 47 年(あ)第 1896 号同 49 年 5 月 29 日大法廷判決・刑集 28 巻 4 号 114 頁参照），不作為もここにいう動態に含まれる。

いま，道路交通法 72 条 1 項前段，後段の義務及びこれらの義務に違反する不作為についてみると，右の 2 つの義務は，いずれも交通事故の際『直ちに』履行されるべきものとされており，運転者等が右 2 つの義務に違反して逃げ去るなどした場合は，社会生活上，しばしば，ひき逃げというひとつの社会的出来事として認められている。前記大法廷判決のいわゆる自然的観察，社会的見解のもとでは，このような場合において右各義務違反の不作為を別個の行為であるとすることは，格別の事情がないかぎり，是認しがたい見方であるというべきである。

したがつて，車両等の運転者等が，1 個の交通事故から生じた道路交通法 72 条 1 項前段，後段の各義務を負う場合，これをいずれも履行する意思がなく，事故現場から立ち去るなどしたときは，他に特段の事情がない

かぎり，右各義務違反の不作為は社会的見解上1個の動態と評価すべきものであり，右各義務違反の罪は刑法54条1項前段の観念的競合の関係にあるものと解するのが，相当である。

3 以上の判示によれば，第1審が適法に認定した事実関係には特段の事情も認められないから，第1審がこれにつき不救護，不報告の各罪の観念的競合を認め，原審がこれを是認したことは，結論において相当であつて，原判決は維持されるべきであり，所論引用の判例は以上の判示に反する限度において変更を免れないのであつて，所論は，結局，原判決破棄の理由とはならない」。

(2) 検　討

本判例は，昭和49年大法廷判決を参照しつつ昭和38年大法廷判決を変更し，道路交通法上の救護義務違反と報告義務違反の罪の関係を，併合罪ではなく観念的競合と解したものである。

学説では，そもそも，昭和49年大法廷判決が観念的競合における「1個の行為」を「法的評価をはなれ構成要件的観点を捨象した自然的観察のもとで，行為者の動態が社会的見解上1個のものとの評価をうける場合をいうと解」したことに対し，批判が強い。あくまで，実行行為の重なり合いを問題にすべきだというのである[15]。

しかし，そのような学説が観念的競合を科刑上一罪とすべき根拠として掲げているのは，(とくに犯情にかかわる)量刑事情をダブルカウントするのを防ぐことである。たとえば，トレーラーの運転者がアクセルを踏み込んで同時に2人をひき殺した場合と，ある日に1人を，翌月に，さらにもう1人をひき殺した場合とを比較してみよう。後者の場合と異なり，前者の場合に2つの殺人罪が観念的競合，したがって，科刑上一罪とされるのは，そうしないと，トレーラーを加速させて突っ込むという手段を採用することにより公共の安全をも大きく危殆化したこと，そして，人の死や公共の危険をものともせず，これを引き起こそうと意思決定し，行動に移したこと，が厳密には1回分しか認められないにもかかわらず，おのおのの殺人罪ごとに2回分，量刑上考慮されてしまうからである。このようにいうのである。

15　以下の本文も含め，議論の状況については，たとえば，西田典之ほか［編］『注釈刑法（第1巻）総論』（有斐閣，2010）746頁以下［鎮目征樹］を参照。

そして，そうであるとすれば，学説が実行行為の重なり合いに拘泥するのは首尾一貫しない。犯情評価の対象は実行行為の前後にもう少し広がったものだからである。たとえば，酒酔い運転の実行行為が業務上過失致死（当時）のそれを包含しているとしても，前者の犯情は後者における一時点一場所だけで到底，評価しつくせるものではない（昭和49年大法廷判決を参照）。また，大麻輸入の実行行為が陸揚げないし取下しの時点で終了しているとしても，なお，そののちに通関線を突破して——つまり，無許可輸入（当時）の実行行為を経て——現実に本邦内に散逸しうる状態に至ったかは，その犯情評価において不可欠の事情というべきであろう（最決昭58・12・21刑集37・10・1878を参照）。

　このように見てくると，判例が実行行為の重なり合いそのものに着目して「1個の行為」を判断しないことは，それ自体としては十分に支持に値するものといえよう。もっとも，それはおよそ法的評価を容れないこととはまったく異なるのであるから，そのように誤解されかねない表現方法を前面に出すのは，あまり得策とはいえないように思われる（たとえば，昭和49年大法廷判決のいう「法的評価をはなれ」イコール「構成要件的観点を捨象した」，つまり，実行行為に拘束されないこと，と善意解釈することは可能であるが，「法的評価をはなれ」がそれを超えた含意を有する余地もまた排除しえない）。

　ひるがえって本判例を見てみると，実は，たとえ実行行為の重なり合いに着目しなくても，「1個の行為」とは評価しえない事案であることが分かる。すなわち，学説は，救護義務を履行したからといって報告義務を履行したことにはならない反面，報告義務を履行したからといって救護義務を履行したことにはならない以上，「1個の行為」とは評価しえないとして本判例を批判している[16]。しかし，そのような，実行行為に着目した形式論理に頼らずとも，本判例に反し，併合罪としての処断のほうが妥当であることは十分に導きうるように思われる。

　まず，救護義務違反の犯情評価において決定的に重要であるのは，運転者等の即時の措置により防止しうるであろう負傷者の容体悪化や道路交通の危殆化（の大きさ）である。これに対して報告義務違反においては，爾

　16　代表的なものとして，平野龍一『犯罪論の諸問題（上）総論』（有斐閣，1981）218頁以下を参照。他方，その余の学説をも詳細に検討したうえで，本判例を支持するものとして，只木誠『罪数論の研究〔補訂版〕』（成文堂，2009）49頁以下を参照。

後，警察官により防止されるであろうそれら（の大きさ）が決定的に重要である。このように，両者は本質的に重なり合うものではないことに加え，救護しないという意思決定とそれを行動に移す（つまり，実際に救護しない）こと，および，報告しないという意思決定とそれを行動に移す（つまり，実際に報告しない）こととは，たまたま同時期に行われているというだけであって，あくまで別個独立のものである。こうして，（主として犯情にかかわる）量刑事情のダブルカウントを防止するという観点から見ても，「1個の行為」と評価することは適切でなく，併合罪としての処断のほうが妥当であることになる。

これに対して本判例は，救護義務違反と報告義務違反を「1個の行為」，したがって観念的競合とする根拠として，いずれの義務も「交通事故の際『直ちに』履行されるべきものとされて」いること，および，「社会生活上，しばしば，ひき逃げというひとつの社会的出来事として認められている」ことをあげている。しかし，まず，前者については，時間的な同時性それ自体に特別な規範的意義はないから相当でない。たとえば，右手に握った棒をAの頭に，左手に握った棒をBの壺に，それぞれ同時に振り下ろした場合，いずれの振り下ろしも同時に行われているからといって，暴行罪（刑法208条）と器物損壊罪（刑法261条）が観念的競合になるわけではない（むしろ，併合罪とされる）。次に，後者についても，ひとつの出来事という社会的評価を持ち出すのであれば，「ひき」逃げという以上，先行する業務上過失傷害（当時）をも「1個の行為」によるものとしなければならないであろう。しかし，そのような解釈は判例の認めるところではない。

このように，本判例が展開しているのは最上級審には非常に珍しい「雑な論理」である。たしかに，昭和49年大法廷判決が学説の批判にもかかわらず，「1個の行為」の評価において，実行行為そのものの重なり合いを決定的なものとしなかったのは慧眼である。しかし，その一方で，代わりに示された「自然的観察」や「社会的見解」などといった視点が規範理論を完全に離れ，先述のような「雑な論理」を生み出しているとすれば由々しき事態である。やはり，最高裁としては，「1個の行為」の判断方法に関する従来の表現を改めるべきであろう。具体的には，本章の内容をふまえ，観念的競合が科刑上一罪とされる実質的な根拠に立ち返って，もう少し「法的評価」を容れた基準を示すべきではなかろうか[17]。

2　最決昭53・2・16刑集32・1・47

(1)　判　旨

「数人共同して2人以上に対しそれぞれ暴行を加え，一部の者に傷害を負わせた場合には，傷害を受けた者の数だけの傷害罪と暴行を受けるにとどまつた者の数だけの暴力行為等処罰に関する法律1条の罪が成立し，以上は併合罪として処断すべきである」。

(2)　検　討

本判例の射程を奈辺に求めるかには争いがあるが，有力な学説は，共同正犯（刑法60条）においては，実行担当者の行為も1個であるという例外的な場合を除き，併合罪として処断されるべき旨，判示したものと理解している。そして，その理論的な根拠は，共同正犯においては，各人がすべての犯行を単独で実現したものとみなされるところに求められている[18]。

たしかに，本書でも繰り返し述べてきたように，共同正犯においては，複数人の行為をあわせて単独正犯の構成要件がみたされていれば足りるし，にもかかわらず，おのおのが法定刑をはじめとして，単独正犯が成立した場合と同様の法的効果を与えられる。しかし，それらは共同性と重要な役割から基礎づけられる範囲の解釈であって，前記学説が想定するような理論的根拠まで正当化する力は持ち合わせていない。そして，共同正犯の処罰根拠もまた他の共犯類型と同様，間接的な不法の惹起に求められる以上（因果的共犯論），幇助犯（刑法62条1項）に関する判例（最決昭57・2・17刑集36・2・206）と同じく，あくまで，各人の処罰対象となる関与行為が1個であるかを問題とすべきであろう（数人が共謀して各自，同時に個々の被害者を殺害した場合に関する古い判例であるが，観念的競合を認めたものとして，大判大5・11・8刑録22・1693を参照）。

もちろん，このように解するときは，一事不再理効の及ぶ範囲が広くなりすぎるとの懸念も聞かれるであろう。もっとも，1(2)で述べた，観念的

---

[17]　現に，本判例の調査官解説（高木典雄「判解」最判解刑（昭51）280頁）も，「複数の作為義務がたまたま履行期を同じくする場合であっても，これらの義務が，その発生原因を異にし，あるいは性質上の親近性に欠けるような場合には……その懈怠を一個の行為とみることはできないであろう」と述べる。そのような場合には実質的に見て，量刑事情のダブルカウントが生じないという趣旨であれば妥当である。

[18]　この点につき，今井猛嘉ほか『刑法総論〔第2版〕』（有斐閣，2012）440頁〔島田聡一郎〕などを参照。

競合が科刑上一罪とされる根拠にまでさかのぼって考察するならば,「1個の行為」と判断されるケースはさほど増加しないように思われる。たとえば,たとえ一連の会話のなかで2人の殺害に関する謀議を遂げたとしても,やはり,おのおのについて独自に肚をくくり,計画を口にしていると評価しうるからである。「1個の行為」と判断されるのは,せいぜい,2人の殺害を唆す内容の一通の手紙を投函したとか,2件の侵入窃盗を計画している者に一度,開錠用具を手交した,などといった事例に限られるのではなかろうか[19]。

IV 併合罪

1 最判平15・7・10刑集57・7・903＝新潟監禁事件

「(検察官の事件受理申立て理由について)
第1 検察官の論旨
　検察官の論旨は,事件受理申立理由書記載のとおりであるが,その骨子は,次のようなものである。
　すなわち,刑法47条は,併合罪を構成する個別の罪について暫定的にせよ刑の量定を行うことなく,併合罪を構成する各罪全体について包括的に1個の処断刑の枠を決め,その処断刑によって併合罪を構成する各罪を一体として評価し,統一的な刑の量定を行うこととする趣旨の規定である。同条により併合罪を構成する各罪全体に対する処断刑が作出された後は,各罪の法定刑は,宣告刑を量定するに際して事実上の目安となることはあるとしても,それ自体としては独立の法的意味を失うに至ると解される。それにもかかわらず,原判決が,同条の併合罪加重に関し,『併合罪を構成する個別の罪について,その法定刑を超える趣旨のものとすることは許されない。』旨の解釈を示し,これに基づいて裁判したのは,同条の解釈適用を誤ったものである。
第2 当裁判所の判断
　1 まず,原判決の第1審判決に関する理解について検討する。

---

[19] 「共犯の場合には,単独犯の場合と異なり,行為の『広がり』ではなく『重なり合い』だけを考慮すべきである」と述べるものとして,西田典之『刑法総論〔第2版〕』(弘文堂,2010) 420頁を参照。

原判決は，第1審判決の刑法47条に関する解釈について論ずるに当たり，同判決の説示を次のように引用している。
　『本件のうち，未成年者略取及び逮捕監禁致傷罪の犯情がまれにみる程極めて悪質なのに対して，窃盗の犯行は，その犯行態様が同種の事案と比べても，非常に悪質とまではいえず，またその被害額が比較的少額であり，しかもその犯行後被害弁償がなされ，その被害者の財産的な被害は回復されて実害がない等の事情があり，このような場合の量刑をどのように判断すべきかが問題になる。（中略）このように本件の処断刑になる逮捕監禁致傷罪の犯情には特段に重いものがあるといわざるを得ず，その犯情に照らして罪刑の均衡を考慮すると，被告人に対しては，逮捕監禁致傷罪の法定刑の範囲内では到底その適正妥当な量刑を行うことができないものと思料し，同罪の刑に法定の併合罪加重をした刑期の範囲内で被告人を主文掲記の刑に処することにした。』（原判決4頁，原文は第1審判決29頁以下）
　そして，原判決は，第1審判決について，『要するに，原判決は，併合罪関係にある2個以上の罪につき有期懲役に処するに当たっては，併合罪中の最も重い罪の法定刑の長期が刑法47条により1.5倍に加重され，その罪について法定刑を超える刑を科する趣旨の量定をすることができる，と解していることが明らかである。しかしながら，このような原判決の刑法47条に関する解釈は，誤りであるといわなければならない。』（原判決4頁），『原判決は，併合罪全体に対する刑を量定するに当たり，再犯加重の場合のように，刑法47条によって重い逮捕監禁致傷罪の法定刑が加重されたとして，同罪につき法定刑を超える趣旨のものとしているが，これは明らかに同条の趣旨に反するといわざるを得ない。』（原判決6頁）と判示している。
　しかし，第1審判決の上記説示は，措辞がやや不適切であるといわざるを得ないが，その趣旨は，本件の犯情にかんがみ，逮捕監禁致傷罪と窃盗罪という2つの罪を併せたものに対する宣告刑は，逮捕監禁致傷罪の法定刑の上限である懲役10年でもなお不十分であるので，併合罪加重によって10年を超えた刑を使わざるを得ない旨を述べたものと解される。そのことは，原判決が『中略』として引用を省いた第1審判決の説示中において，『刑法が併合罪を構成する数罪のうち，有期の懲役刑に処すべき罪が2個以上含まれる場合の量刑については，加重単一刑主義を採り，その情状が特に重いときは，その各罪の刑の長期の合計を超えることはできない

としつつ，その長期にその半数を加えた刑期の範囲内で最終的には1個の刑を科すとした趣旨を勘案すると，併合罪関係にある各罪ごとの犯情から導かれるその刑量を単に合算させて処断刑を決するのではなく，その各罪を総合した全体的な犯情を考慮してその量刑処断すべき刑を決定すべきものと解される。』と判示されていること（第1審判決29頁）と対比すれば，いっそう明らかである。第1審判決が，刑法47条による併合罪加重に関し，併合罪中の最も重い罪について法定刑を超える刑を科する趣旨の量定をすることができると解していることが明らかであるなどと評するのは，相当でない。

2 次に，原判決が示した刑法47条に関する解釈について検討する。

原判決は，同条がいわゆる加重主義を採った趣旨について述べた上，『以上のような刑法47条の趣旨からすれば，併合罪全体に対する刑を量定するに当たっては，併合罪中の最も重い罪につき定めた法定刑（再犯加重や法律上の減軽がなされた場合はその加重や減軽のなされた刑）の長期を1.5倍の限度で超えることはできるが，同法57条による再犯加重の場合とは異なり，併合罪を構成する個別の罪について，その法定刑（前同）を超える趣旨のものとすることは許されないというべきである。これを具体的に説明すると，逮捕監禁致傷罪と窃盗罪の併合罪全体に対する刑を量定するに当たっては，例えば，逮捕監禁致傷罪につき懲役9年，窃盗罪につき懲役7年と評価して全体について懲役15年に処することはできるが，逮捕監禁致傷罪につき懲役14年，窃盗罪につき懲役2年と評価して全体として懲役15年に処することは許されず，逮捕監禁致傷罪については最長でも懲役10年の限度で評価しなければならないというわけである。』（原判決6頁）と判示している。

しかしながら，刑法47条は，併合罪のうち2個以上の罪について有期の懲役又は禁錮に処するときは，同条が定めるところに従って併合罪を構成する各罪全体に対する統一刑を処断刑として形成し，修正された法定刑ともいうべきこの処断刑の範囲内で，併合罪を構成する各罪全体に対する具体的な刑を決することとした規定であり，処断刑の範囲内で具体的な刑を決するに当たり，併合罪の構成単位である各罪についてあらかじめ個別的な量刑判断を行った上これを合算するようなことは，法律上予定されていないものと解するのが相当である。また，同条がいわゆる併科主義による過酷な結果の回避という趣旨を内包した規定であることは明らかである

が，そうした観点から問題となるのは，法によって形成される制度としての刑の枠，特にその上限であると考えられる。同条が，更に不文の法規範として，併合罪を構成する各罪についてあらかじめ個別的に刑を量定することを前提に，その個別的な刑の量定に関して一定の制約を課していると解するのは，相当でないといわざるを得ない。

これを本件に即してみれば，刑法45条前段の併合罪の関係にある第1審判決の判示第1の罪（未成年者略取罪と逮捕監禁致傷罪が観念的競合の関係にあって後者の刑で処断されるもの）と同第2の罪（窃盗罪）について，同法47条に従って併合罪加重を行った場合には，同第1，第2の両罪全体に対する処断刑の範囲は，懲役3月以上15年以下となるのであって，量刑の当否という問題を別にすれば，上記の処断刑の範囲内で刑を決するについて，法律上特段の制約は存しないものというべきである。

したがって，原判決には刑法47条の解釈適用を誤った法令違反があり，本件においては，これが判決に影響を及ぼし，原判決を破棄しなければ著しく正義に反することは明らかである。

（弁護人及び被告人本人の各上告趣意について）

弁護人渡辺孝の上告趣意は，判例違反をいう点を含め，実質は単なる法令違反，量刑不当の主張であり，被告人本人の上告趣意は，事実誤認，量刑不当の主張であって，いずれも刑訴法405条の上告理由に当たらない。

（結論）

以上のとおり，検察官の論旨は理由があるから，刑訴法411条1号により原判決を破棄し，なお，訴訟記録及び関係証拠に基づいて検討すると，第1審判決は，被告人に対し懲役14年を宣告した量刑判断を含め，首肯するに足りると認められ，これを維持するのが相当であるから，同法413条ただし書，414条，396条により第1審判決に対する被告人の控訴を棄却し，原審における未決勾留日数の算入につき刑法21条，当審及び原審における訴訟費用につき刑訴法181条1項ただし書を適用することとし，裁判官全員一致の意見で，主文のとおり判決する」。

2　検　討

本判例は学界において，併合罪の法的性質に関する一大論争を引き起こしたものである。事案は周知と思われるが，被告人が当時9歳の女子小学生であった被害者を連れ去り，自宅の自室において9年2か月間余りにわ

たって監禁し続け，治療期間不明の傷害を負わせた未成年者略取および逮捕監禁致傷（ただし，両者は観念的競合の関係に立つため，後者の刑だけで処断される），ならびに，約2400円相当の商品4点を万引きした窃盗が問題とされたものであった。

さて，本件において議論の焦点とされたのは，その後の議論もふまえて要約すると，A罪につき刑を量定するにあたり，これと併合罪の関係に立つB罪が存在するというだけの理由によって，その上限を法定刑より引き上げることができるか，である。実際，再犯加重（刑法56・57条）は，所定の前科であるB罪が存在するというだけの理由によって，新たに犯されたA罪を加重処罰しうる旨を規定したものである。その当否は量刑理論の専門家から批判的に検討されることも多いが[20]，少なくとも，立法者がそのような旨を裁判所に指示していることは認めざるをえないであろう。

もっとも，併合罪に関しては話が異なる。刑法47条但書や50・51条の規定をあわせて合理的かつ整合的に解釈するならば，併合罪においては，やはり，個々の犯罪事実に対する量刑評価を前提としつつ，その統合の仕方に一定の制限をかけたものととらえざるをえない。たとえば，自動車の運転による負傷事故が業務上過失傷害のみによって捕捉されていた時代において，悪質な危険運転行為により負傷事故を起こした被告人が，たまたま，それとはまったく無関係に軽微な窃盗を犯していた事実が判明したというだけの理由によって，あたかも今日の危険運転致傷が存在するかのような処断を行うことは許されないであろう。とくに，その時代にすでに悪質な危険運転による凄惨な交通事故が多発しており，世論が危険運転致死傷の新設を含む重罰化を強く求めていたような場合には，併合罪を隠れ蓑にした業務上過失傷害の法定刑の実質的な引上げが裁判所によって行われかねないだけに，このことは十分に肝に銘じておく必要がある[21]。

ただし，そうはいっても，併合罪においては，個々の犯罪事実を切り離しておのおの単独でその犯情を評価し，刑を量定したうえで単純にこれらを合算するという作業を前提としつつ，その上限に一定の制約をかけたの

---

20 この問題に関して詳細に検討した重要な作品として，中島広樹『累犯加重の研究』（信山社，2005）がある。
21 これに対し，一般性のない例外的に重い事案においては，法定刑の上限を超えた責任評価が許されると解するものとして，和田俊憲「判批」ジュリ1279号（2004）160頁を参照。しかし，立法者がそのようなことを，たまたま併合罪の関係に立つ他の罪が存在する場合に限り，突如として許すことにしたというのは著しく不合理な解釈であろう。

だ，ととらえるのは行き過ぎであろう。というのも，そのように解したのでは，上限にかかる制約が合理的な根拠をもたない，単なる形式的な「枠」に堕する点はさて措くとしても，犯罪事実どうしが密接に関連しており，あわせて考慮することによりはじめて事案の全貌を把握しうる場合においては，むしろ全体として適正妥当な量刑が阻害されてしまうからである。

　本件においても，単体として見れば犯情の重くない窃盗罪が付け加えられているだけであっても，それはきわめて悪質な監禁をさらに継続するための手段を，しかも，当該監禁が発覚しないかたちで取得するために犯されたものであり，監禁致傷とあわせ考慮するならば到底，軽微なものとは評価しえないであろう[22]。こうして，かりに窃盗を単体として評価すればせいぜい懲役1年にしか相当しないとしても，なお，これと——単に併合罪の関係に立つというだけでなく——密接に関連する監禁致傷をあわせ考慮することによって，懲役14年を言い渡すことが可能になると思われる。そして，繰り返しになるが，それはたまたま別に犯された窃盗を隠れ蓑にして，監禁致傷の法定刑を実質的に引き上げることとはまったく異なるのである（ちなみに，本件ののち，監禁致傷の法定刑は上限が懲役15年に引き上げられているが，しばしば誤解されているものの，そのことによって本判例が実質的な意義を失うわけでは決してない。かりに今日，同様の事件が発生したとすれば，宣告刑はさらに重くなるものと推察される）。

　そして，本判例自体も，基本的には，以上に述べたような本章の考え方と同一の発想に立っているように思われる[23]。むろん，一読しただけでは，単に，処断刑の上限を超えない範囲で，裁判所は——個々の犯罪事実に対する刑の量定というプロセスを義務づけられないという意味において——いわばフリーハンドで宣告刑を決定してよい旨，述べたにとどまるものとも理解しえなくはない[24]。しかし，本判例は同時に，第1審判決（新潟地判平14・1・22刑集57・7・923参照）を擁護するにあたり，それが併合罪を活用した法定刑の実質的な引上げを企図したものではない旨，強調してい

22　この点につき，永井敏雄「判解」最判解刑（平15）397頁以下を参照。窃盗行為の常習性も指摘されている。
23　本判例ののち，本判例と異なり個別評価説を採用した下級審裁判例として，しばしば大阪地判平16・10・1判時1882・159があげられる。もっとも，その事案は個々の犯行が相互に関連性をもたないものであったから，本判例とは必ずしも矛盾しないように思われる。

るのであるから，本章と同様の問題意識をあわせて念頭におくものととらえるのが妥当であろう。

　他方，本判例によって破棄された原判決（東京高判平14・12・10高刑集55・3・7）は，併合罪を活用した法定刑の実質的な引上げを回避しようとするあまり，かえって不自然な量刑プロセスに陥ってしまっているように思われる。すでに述べたように，個々の犯罪事実をバラバラに切り離して単体で刑を量定し，しかるのちに，これらを単純に合算するなどという手続きは，むしろ，事案を全体としてとらえた場合には不当な量刑判断に陥るおそれが強いのである。したがって，もし宣告刑として懲役11年を相当とするならば，きわめて悪質な監禁致傷と（被害額そのものは小さいとはいえ）窃盗が密接に関連する本件事案を全体として見ても，なおそのようにいえる旨を正面から論証すべきであろう。そして，私には，それは非常に困難であるように思われる。

24　本章と基本的に同様の発想に立ちつつも，本判例を「全体的アプローチ」とよんで批判するものとして，井田良『変革の時代における理論刑法学』（慶應義塾大学出版会，2007）229頁以下を参照。

第31章

犯罪論の体系

I 犯罪論の体系を扱う意義

 本書は書名に「実務」ということばが入っていることもあり，私もできる限り特定の犯罪論の体系を前面に出すことは控えてきた。いいかえれば，判例実務という刑法の実践を内在的な観点から検討し，これを整合的に説明しうる理屈を探求してきたのである。

 もっとも，そのような理屈は原理的には複数存在しうるのであり，その間の選択は畢竟，私自身の妥当と考える——もちろん，判例実務のほとんど100％が適正妥当であるという前提に立ったうえでの話であるが——犯罪論の体系によって規律されている。したがって，この最後の章においては，そのような体系について概観することをお許しいただきたい。

II 「故意と過失」，「不法と責任」というパラメーター

1 4つの犯罪論体系

 はしがきで述べたとおり，本書の原稿は私の研究歴20年目に仕上げたものであるが，私はちょうどその10年前，すなわち，研究歴10年目に『刑法的帰責——フィナリスムス・客観的帰属論・結果無価値論』（弘文堂，2007）という書籍を上梓した。そこで私ははじめてみずからの犯罪論の体系を展開したのであるが，その際に用いたのが「故意と過失」，「不法と責任」というパラメーターであった。要するに，犯罪論の体系には同パラメーターの組み合わせにより2×2＝4とおりが存在し，そのうちの3つは実際にも理論刑法学史において有力に主張されたことがあるが，私は残

りの1つ，すなわち，過失責任を犯罪論のベースとする体系が妥当であることを論証したのである。もちろん，限られた紙幅でその論証を改めて行うことはできないが，以下ではその中核的な部分を要約して示すこととしたい。

2 目的的行為論

　私が最大の論敵としたのは故意不法を犯罪論のベースとする体系，すなわち目的的行為論（フィナリスムス）であった（厳密にはまったく同値ではないのであるが，わが国では，「結果を引き起こすな」という行為規範の違反を犯罪論のベースとする，という意味で行為規範論とよばれることもある[1]）。それは，刑法的に重要な結果を求めて（ないし，計算から排除せずに）外界に因果的な手段を投入し，事象を目的的に操縦する意思活動をベースとする，ということを意味している。もっとも，そうだとすると過失犯の説明に窮しかねないことから，論者は，目的的行為論はあくまで行為の存在論的構造を明らかにするだけであり，そこから何を刑法的に重要なものとして取り出すかは行為論ではなく構成要件論が決定するのだ，として主張の次元を動かそうとする。そして，過失犯においては，行為者が求めている結果は刑法的に重要でないかもしれないが，行為を遂行する態様（とその刑法的に重要な結果への実現）は刑法的に重要なのであり，それこそが社会生活上必要な注意の懈怠である，と敷衍するのである[2]。

　しかし，すでに第14章において述べたように，行為を遂行する態様が社会生活上必要な注意に合致するものであるならば，たとえ行為者が刑法的に重要な結果を求めていたとしても，なお故意不法を肯定するのは明らかに不当であろう。客観的にはよいことをやっており，ただ頭のなかでよからぬことを考えていた——たとえば，患者の客観的な病状を勘案しても効用のほうが副作用のリスクをはるかに凌駕する投薬を行う医師が，悲観主義者であるために「今回は副作用のほうが強く出るかもしれない」と恐れていた——というだけで法が否定的評価を下すことは許されない。社会生活上必要な注意への合致が不法を阻却する実質的な根拠（患者にとって投薬のプラスがマイナスを上回ること）は，行為者が，たとえば，患者の病状

1　その最も重要な業績が井田良『刑法総論の理論構造』（成文堂，2005）である。
2　ハンス・ヴェルツェル［著］福田平編［訳］『目的的行為論の基礎』（有斐閣，1967）25頁以下を参照。

の悪化を主観的に思い描いていたかどうかとまったく関係がないからである。このことを標語的にいえば,「過失不法がないときはまったく同じ理由に基づいて故意不法もない」,つまり,「故意不法と過失不法は共通である」ということになる。

3 客観的帰属論

実は,ドイツでも(わが国に先んじて)同じような学説の流れが起き,その結果,過失不法を犯罪論のベースとする体系が支配的となる。これを客観的帰属論という[3]。

このような犯罪論の体系は,たしかに,目的的行為論ほどの深刻な問題を抱えているわけではない。その意味で,私にとっては小さな論敵である。しかし,そこには依然として看過しえない主張が含まれていることもまたたしかである。それは,すでに第14章において述べたように,責任においてはじめて可罰性を否定すべき事例まで,ことごとく,すでにその不法該当性を否定してしまおうとすることである。

たとえば,夜間に第三者がこっそりと注射薬をきわめて外観の似た毒薬にすり替えておいたために,医師が社会生活上必要な注意を払ってもなお毒薬と気づかないままこれを患者に注射して死に至らしめたとき,客観的帰属論はすでに過失不法――それは故意不法と共通する――が否定されるという。しかし,生命に対する罪の不法において(も)決定的に重要な被害者の目から見たときには,薬を注射されるのか,それとも毒薬を注射されるのかは絶対に無視しえない違いであって,これが不法の存否――「やってよい/悪い」の違い――に反映されないというのは明らかに不合理であろう。また,結論の妥当性という観点から見ても,たとえば,特別知識から毒薬だと気づいた看護師がとっさに医師を突き飛ばす行為の可罰性が,正当防衛(緊急救助)によって規律されないというのは納得のいくものではない。

4 私 見

大要,このようにして,私の妥当と考える,過失責任を犯罪論のベース

---

[3] その最も重要な業績の翻訳がクラウス・ロクシン[著]平野龍一[監修]町野朔=吉田宣之[監訳]『刑法総論(第1巻)[基礎・犯罪論の構造][第3版](翻訳第一分冊)』(信山社,2003)である。

とする体系が導かれる。すなわち，そのような医師の行為はあくまで不法を構成するのであり，ただ，責任を欠くがゆえに不可罰とされるにとどまることになる。そして，そのことは，さらに，たとえ医師が「故意」的な心理状態を有していたとしても，まったく同様に妥当する。つまり，過失責任を欠くときには故意責任も成り立たないのであって，いわば「故意責任＝過失責任＋a」なのである。問題はそこにいう「a」の具体的な中身であるが，私はそれが不法を認識しながら行為に出たことにあらわれる傾向性，いいかえれば処分（特別予防）の必要性にほかならないと考えており，そのことは本書の諸所において述べてきたとおりである。

もちろん，私自身も，社会生活上必要な注意のなかには，すでに不法を欠落させるものもあることは認めている。2であげた医師の行為はその一例であり，詳細は第14・15章をご参照いただきたいが，少なくとも3であげた，医師が瓶のラベルや中身の外観をチェックしたという意味における社会生活上必要な注意は，いまだ不法を阻却するに足りないものである。このような違いは，読者諸氏が患者の立場に身をおかれれば，容易に理解されるのではないかと思われる。

私は先に引用した前著において，このような私見を責任版客観的帰属論と表現した。しかし，この10年間で，結果無価値論の大勢が社会生活上必要な注意を精密に分析し，その相当な部分がすでに不法を阻却することを承認してきた経緯にかんがみるならば，もはや，私見は端的に結果無価値論の一と表現してもよいのではないかと思っている。

Ⅲ　さらなるパラメーター

1　「作為と不作為」というパラメーター

私はこれまで，理論刑法学史において有力に，文字どおり「体系的」なかたちで主張されたことのある犯罪論の体系を，「故意と過失」，「不法と責任」という2×2の組み合わせによって整理してきた。もっとも，厳密に論理的にいえば，犯罪論のベースをいかなるところに求めるかに関しては，さらにパラメーターを設定することも可能である。

第1に，「作為と不作為」というパラメーターを設定し，不作為犯のほうを犯罪論のベースとすることも論理的には可能である。

もちろん，そこにいう不作為がいわゆる不真正不作為であるときは，このようなとらえ方は成り立たないであろう。というのも，不真正不作為とは，作為すなわち他者の自由を縮減しにかかることを不法のプロトタイプととらえつつ，一定の不作為のなかにもこれと同置しうる不法を見出していこうとする観念のことだからである。これに対して，そこにいう不作為が真正不作為を指す場合には，不作為犯を犯罪論のベースとすることは，不法の原則的形態を，他者の自由を拡張してやらないところに求めることを意味する。このような発想は，ヘーゲル以来の共同体論が人格どうしの連帯性を強調し，他者への一定の積極的な配慮こそが社会を成り立たせていると考えるところに系譜をもつ。そして，実際にも，ドイツ法系の国々において無視しえない影響力を有するヤコブス・シューレが，制度的義務という名のもとに，実質的には真正不作為犯を犯罪論の柱のひとつとしているところである[4]。

もっとも，わが国においては，個々人の自律的な生を保障するために共通の便益を図る目的で国家なり法なりが成立するのであって，他者への積極的な配慮もまたそのような「共通の便益」のひとつとして承認したほうがみなにとって望ましい，という目的論的な考慮から（例外的に，法によって）義務づけられるにすぎない，とする発想のほうが支配的である。そうすると，この第1のパラメーターは，少なくとも現段階では，わが国において真剣に検討する実務的な必要性が高いとはいえないであろう。

2 「既遂と未遂」というパラメーター

第2に，「既遂と未遂」というパラメーターを設定し，未遂犯のほうを犯罪論のベースとすることも論理的には可能である。

既遂とは，いうまでもなく，たとえば，人を死なせようと思い，実際に人を死なせる，ということである。これに対して，未遂とは後半部分が抜け落ち，人を死なせようとする，ということだけを意味している。このような未遂犯の本質に照らすと，既遂到達の危険性という客観的な事態の発生は実は外在的な制約にとどまり，不能未遂こそが未遂犯のプロトタイプだということになる。

---

[4] その重要な業績を翻訳したもののひとつが松宮孝明［編訳］『ギュンター・ヤコブス著作集（第1巻）犯罪論の基礎』（成文堂，2014）である。わが国においては松宮孝明教授およびその学派が強力な支持者である。

このような発想は周知のように，いわゆる新派刑法学と親和的なものであり，行為者の危険性の外部化にともなう社会的責任が可罰性を基礎づけるものとされる。そこでは，不法とは責任の内容を規律する従属的な概念にとどまる（たとえば，行為者はなんらかの意味で「危険人物」でありさえすればよいというのではなく，あくまで不法に対する傾向性を示さなければならない，というように）。さらに，近時においては，主観的違法論と整合的な[5]行為規範論を前提とする立場からも，このような発想は支持されているところである。そして，先に述べた外在的制約は，新派においてはもともと不要とされることとなった半面，行為規範論においては，刑罰においては処罰範囲の限定と社会の応報的処罰の要請をも考慮しなければならない[6]とか，まったく無害な事象は刑罰の対象から排除すべきである[7]，などといったかたちで正当化されているところである。

たしかに，このように，（不能）未遂を犯罪論のベースとして刑法体系を組み立てることは絶対に不可能とはいえない。しかし，実際に人が死んだり，重大な危険にさらされたりしたかどうかが刑法上も非常に重要である，という法律家共同体の共通了解を正面切って無視することは，実践の学問である法律学において賢明なやり方とは思えない。われわれは，たとえ未遂犯処罰規定が多かろうと，あるいはまた，未遂犯の処断刑が重かろうと，それを「ごく当たり前のことであり，むしろ足りないくらいだ」などとはとらえておらず，むしろ，イレギュラーな事態としてなんとか正当化しようと努力しているのである。

---

[5] わが国においては井田良教授らをオピニオンリーダーとする行為規範論が，行為能力（義務充足能力）を動機づけ能力（義務遵守能力）から截然と区別しえず，結局は責任への流入を止められない点については，私の前著を参照されたい。

[6] 井田・前掲『刑法総論の理論構造』15頁，249頁を参照。もっとも，その影響のもとに書かれたと思われる佐藤拓磨『未遂犯と実行の着手』（慶應義塾大学出版会，2016）においては，行為規範論がより純化されたかたちで展開されている。

[7] 樋口亮介「実行行為概念について」『西田典之先生献呈論文集』（有斐閣，2017）33・34頁を参照。

◆判例索引

大判明 36・5・21 刑録 9・874 ……………… 63
大判明 44・8・25 刑録 17・1510 ………… 718
大判明 45・2・9 刑録 18・107 …………… 733
大連判大 3・5・18 刑録 20・932 ………… 715
大判大 3・7・24 刑録 20・1546 ………… 474
大判大 5・11・8 刑録 22・1693 ………… 741
大判大 7・11・16 刑録 24・1352 ………… 436
大判大 7・12・18 刑集 24・1558 ………… 132
大判大 10・5・7 刑録 27・257 …………… 531
大判大 11・2・25 刑集 1・79 …………… 655
大判大 11・4・27 刑集 1・239 …………… 539
大判大 11・12・22 刑集 1・815 ………… 310
大判大 12・4・30 刑集 2・378 …………… 185
大判大 14・1・22 刑集 3・921 …………… 659
大判大 14・1・28 刑集 4・14 …………… 719
大判昭 3・3・9 刑集 7・172 …………… 659
大判昭 3・6・19 新聞 2891・14 ………… 259
大判昭 4・4・11 新聞 3006・15 ………… 155
大判昭 4・5・16 刑集 8・251 …………… 310
大判昭 6・7・8 刑集 10・312 ……… 93, 310
大判昭 6・12・3 刑集 10・682 …………… 406
大判昭 7・1・25 刑集 11・1 …………… 222
大判昭 8・8・30 刑集 12・1445 …… 94, 311
大判昭 8・10・18 刑集 12・1820 ………… 548
大判昭 11・2・14 刑集 15・113 …………… 525
大決昭 12・3・31 刑集 16・447 …………… 293
大判昭 12・6・25 刑集 16・998 …………… 497
大判昭 13・3・11 刑集 17・237 …………… 132
大判昭 13・11・18 刑集 17・839 ………… 687
大判昭 15・4・2 刑集 19・181 …………… 525
大判昭 15・8・22 刑集 19・540 …………… 62
最決昭 23・5・1 刑集 2・5・435 ………… 561
最大判昭 23・7・7 刑集 2・8・793 ……… 222
最大判昭 23・7・14 刑集 2・8・889
　……………………………………… 88, 384
最判昭 23・10・23 刑集 2・11・1386 …… 325
最大判昭 24・5・18 刑集 3・6・772
　………………………………………… 274, 275
最判昭 24・7・9 刑集 3・8・1174 ………… 503
最判昭 24・10・1 刑集 3・10・1629 …… 605
最判昭 24・12・17 刑集 3・12・2028 …… 578
札幌高函館支判昭 25・1・13 刑集 5・1・
　40 ………………………………………… 415
最判昭 25・3・31 刑集 4・3・469 ………… 179

最大判昭 25・4・26 刑集 4・4・700 ……… 57
最判昭 25・6・27 刑集 4・6・1096 ……… 637
最判昭 25・7・6 刑集 4・7・1178 ………… 523
最判昭 25・7・11 刑集 4・7・1261 …… 93, 310
最判昭 25・11・28 刑集 4・12・2463
　……………………………………… 88, 384
最判昭 25・12・26 刑集 4・12・2647 …… 88
最大判昭 26・1・17 刑集 5・1・20 ……… 414
大阪高判昭 26・3・2 刑集 5・10・1939 …… 81
最判昭 26・9・20 刑集 5・10・1937 …… 81, 83
最判昭 26・11・15 刑集 5・12・2354 …… 88
仙台高判昭 27・9・27 高刑判特 22・178
　………………………………………… 517
最大判昭 27・12・24 刑集 6・11・1346 …… 66
最判昭 27・12・25 刑集 6・12・1387 …… 527
東京高判昭 27・12・26 高刑集 5・13・
　2645 ……………………………………… 386
東京高判昭 28・8・3 高刑判特 39・71 …… 527
福岡高判昭 28・11・10 高刑判特 26・58
　………………………………………… 471
最大判昭 29・1・20 刑集 8・1・41 ……… 487
東京高判昭 29・6・16 東高刑時報 5・6・
　236 ……………………………………… 472
仙台高判昭 29・6・29 刑集 14・1・43 …… 71
水戸地土浦支判昭 29・9・30 刑集 11・
　12・3091 ……………………………… 717
東京高判昭 30・4・18 高刑集 8・3・325
　………………………………………… 293
最判昭 30・10・25 刑集 9・11・2295 …… 222
名古屋高判昭 31・4・19 高刑集 9・5・411
　………………………………………… 416
最判昭 32・1・22 刑集 11・1・31 ………… 222
最判昭 32・2・26 刑集 11・2・906 ……… 83
最判昭 32・8・1 刑集 11・8・2065 ……… 310
最決昭 32・9・10 刑集 11・9・2202 …… 504
最判昭 32・10・4 刑集 11・10・2464 …… 525
最判昭 32・10・18 刑集 11・10・2663 …… 391
最判昭 32・11・19 刑集 11・12・3073 …… 717
最大判昭 33・5・28 刑集 12・8・1718
　…………………………… 57, 621, 636, 651
最判昭 33・9・9 刑集 12・13・2882 …… 132
福岡高宮崎支判昭 33・9・9 高刑裁特 5・
　9・393 ………………………………… 92
最判昭 33・11・21 刑集 12・15・3519

755

判例索引

最判昭34・2・5 刑集13・1・1 ················ 195, 508
最判昭34・7・24 刑集13・8・1163 ········· 249
最大判昭34・8・10 刑集13・9・1419 ······· 131
··· 621, 636
最大判昭35・1・27 刑集14・1・33 ········· 70
最大判昭35・2・4 刑集14・1・61 ····· 268, 281
東京高判昭35・2・17 下刑集2・2・133
··· 132
東京高判昭35・5・24 高刑集13・4・335
··· 293
最決昭35・10・18 刑集14・12・1559 ····· 472
名古屋高判昭36・7・1 高刑集14・6・371
··· 92
広島高判昭36・7・10 高刑集14・5・310
··· 476
東京高判昭36・7・18 高刑集14・4・250
··· 474
東京地判昭37・3・17 下刑集4・3＝4・224
··· 497
最判昭37・3・23 刑集16・3・305 ········· 473
東京高判昭37・4・24 高刑集15・4・210
··· 473
最大判昭37・5・30 刑集16・5・577 ······· 65
東京高判昭37・6・21 高刑集15・6・422
··· 186
大阪地判昭37・7・24 下刑集4・7＝8・696
··· 106
最決昭37・11・8 刑集16・11・1522 ······ 555
最大判昭38・4・17 刑集17・3・229 ······ 737
福井地判昭38・6・17 下刑集5・5=6・576
··· 416
最決昭38・6・25 集刑147・507 ············ 447
仙台高判昭38・7・22 判時345・12 ········ 71
東京高判昭38・12・11 高刑集16・9・787
··· 294
最決昭39・5・7 刑集18・4・144 ············ 71
東京高判昭39・8・5 高刑集17・6・557
··· 503
最決昭40・3・9 刑集19・2・69 ············ 445
東京高判昭40・6・7 東高刑時報16・6・49
··· 636
大阪高判昭40・6・7 下刑集7・6・1166
··· 35
最決昭40・9・16 刑集19・6・679 ········· 549
東京地判昭40・9・30 下刑集7・9・1828

··· 130
東京高判昭41・3・30 判タ191・200 ····· 416
最決昭41・7・7 刑集20・6・554 ············ 96
神戸地判昭41・12・21 下刑集8・12・1575
··· 578
最判昭42・3・7 刑集21・2・417 ············ 719
東京高判昭42・8・29 高刑集20・4・521
··· 717
最決昭42・10・24 刑集21・8・1116 ····· 161
大阪地判昭43・2・21 下刑集10・2・140
··· 132
最決昭43・2・27 刑集22・2・67 ············ 417
最判昭43・12・24 刑集22・13・1625 ····· 549
鹿児島地判昭44・3・4 判時558・97 ····· 185
岡山簡判昭44・3・25 刑月1・3・310 ····· 529
最大判昭44・4・2 刑集23・5・305 ······· 57
名古屋地判昭44・6・25 判時589・95 ····· 443
東京高判昭44・9・17 高刑集22・4・595
··· 385
大阪高判昭44・10・17 判タ244・290 ····· 497
最判昭44・12・4 刑集23・12・1573 ····· 258
東京地判昭44・12・18 判時583・24 ····· 389
最判昭45・1・29 刑集24・1・1 ············ 296
大阪高判昭45・6・16 刑月2・6・643 ····· 87
最決昭45・7・28 刑集24・7・585 ········· 446
東京高判昭45・11・26 判タ263・355 ····· 277
東京高判昭46・3・4 高刑集24・1・168
··· 130
福岡地久留米支判昭46・3・8 判タ264・403
··· 132
京都地判昭46・3・26 刑月3・3・469 ····· 87
最判昭46・6・17 刑集25・4・567 ········· 181
最判昭46・11・16 刑集25・8・996
······································ 222, 223, 231, 233
最決昭47・4・21 判時666・93 ············ 179
最大判昭48・4・4 刑集27・3・265 ········· 72
最大判昭48・4・25 刑集27・4・547 ········ 57
最判昭48・5・22 刑集27・5・1077
··· 155, 363
広島高岡山支判昭48・9・6 判時743・112
··· 132
前橋地判昭48・9・26 刑集32・2・398
··· 184
徳島地判昭48・11・28 判時721・7 ········ 86
最大判昭49・5・29 刑集28・4・114
··· 57, 185, 737

札幌地判昭 49・6・29 判時 750・29 ……… 85
最決昭 49・7・5 刑集 28・5・194 ………… 181
横浜地判昭 49・8・7 判時 760・114 …… 416
最大判昭 49・11・6 刑集 28・9・393
　………………………………………… 66, 68
名古屋高判昭 49・11・20 刑月 6・11・
　1125 …………………………………… 518
和歌山地判昭 50・4・22 刑月 7・4・564
　………………………………………… 224
東京高判昭 50・5・26 刑集 32・2・402
　………………………………………… 184
東京地判昭 50・6・5 高刑集 30・1・165
　………………………………………… 94
最大判昭 50・9・10 刑集 29・8・489 …… 59
最判昭 50・11・28 刑集 29・10・983 …… 225
最判昭 51・3・18 刑集 30・2・212 ……… 551
札幌高判昭 51・3・18 高刑集 29・1・78
　………………………………………… 85, 345
大阪高判昭 51・5・25 刑月 8・4＝5・253
　………………………………………… 87
東京高判昭 51・6・1 高刑集 29・2・301
　………………………………………… 389
東京高判昭 51・7・14 判時 834・106 …… 492
最大判昭 51・9・22 刑集 30・8・1640
　………………………………………… 185, 737
横浜地川崎支判昭 51・11・25 判時 842・
　127 …………………………………… 522
京都地舞鶴支判昭 51・12・8 判時 958・
　135 …………………………………… 416
東京高判昭 52・3・8 高刑集 30・1・150 … 94
東京地判昭 52・6・8 判時 874・103 …… 34
最決昭 52・7・21 刑集 31・4・747
　……………………………… 214, 222, 234, 680
東京地判昭 52・9・12 判時 919・126 …… 578
東京高判昭 52・11・29 東高刑時報 28・
　11・143 ………………………………… 35
大阪地判昭 52・12・26 判時 893・104 …… 35
最判昭 53・2・3 刑集 32・1・23 ………… 67
最決昭 53・2・16 刑集 32・1・47 ……… 741
大阪高判昭 53・3・8 判タ 369・440 …… 224
新潟地判昭 53・3・9 判時 893・106 …… 369
最決昭 53・3・22 刑集 32・2・381 ……… 184
東京高判昭 53・5・30 高刑集 31・3・143
　………………………………………… 719
最決昭 53・5・31 刑集 32・3・457 ……… 37
最判昭 53・6・29 刑集 32・4・967 ……… 387
最判昭 53・7・28 刑集 32・5・1068
　………………………………………… 93, 309
東京高判昭 53・9・21 刑月 10・9＝10・
　1191 …………………………………… 345
大津地判昭 53・12・26 判時 924・145 …… 523
最決昭 54・3・27 刑集 33・2・140
　………………………………………… 318, 323
最決昭 54・4・13 刑集 33・3・179 ……… 561
東京高判昭 54・5・15 判時 937・123 …… 413
最判昭 54・7・31 刑集 33・5・494 ……… 67
最決昭 55・4・18 刑集 34・3・149 ……… 209
東京高判昭 55・9・26 高刑集 33・5・359
　………………………………………… 386
最決昭 55・11・13 刑集 34・6・396
　………………………………………… 29, 206
千葉地松戸支判昭 55・11・20 判時 1015・
　143 …………………………………… 650
札幌高判昭 56・1・22 刑月 13・1＝2・12
　………………………………………… 369
大阪高判昭 56・9・17 刑集 36・6・707
　………………………………………… 647
大阪高判昭 56・9・30 高刑集 34・3・385
　………………………………………… 418
最決昭 57・2・17 刑集 36・2・206 ……… 741
最決昭 57・6・28 刑集 36・5・681 ……… 720
最決昭 57・7・16 刑集 36・6・695 ……… 647
福岡高判昭 57・9・6 高刑集 35・2・85
　………………………………………… 345
最判昭 57・9・28 刑集 36・8・787 ……… 73
東京高判昭 57・11・29 刑月 14・11＝12・
　804 …………………………………… 280
大阪地判昭 58・3・18 判時 1086・158 …… 420
最判昭 58・7・8 刑集 37・6・609 ………… 1
横浜地判昭 58・7・20 判時 1108・138 …… 303
最決昭 58・9・13 集刑 232・95 ………… 408
最決昭 58・9・21 刑集 37・7・1070 …… 518
大阪地判昭 58・11・30 判時 1123・141 …… 651
最決昭 58・12・21 刑集 37・10・1878 …… 739
最判昭 59・1・30 刑集 38・1・185 ……… 224
鹿児島地判昭 59・5・31 判時 1139・157
　………………………………………… 203, 510
静岡地判昭 59・8・28 刑集 43・7・768
　………………………………………… 293
福岡地判昭 59・8・30 判時 1152・182 …… 648
札幌地判昭 59・9・3 刑月 16・9＝10・
　701 …………………………………… 88

東京高判昭 59・11・22 高刑集 37・3・414
　　………………………………………………… 96
東京地判昭 60・1・22 刑集 43・3・273 …… 90
札幌高判昭 60・3・12 刑集 41・5・247 …… 88
松江地判昭 60・7・3 刑集 42・5・815 …… 167
福岡高判昭 60・7・8 刑月 17・7＝8・635
　　………………………………………………… 228
東京高判昭 60・8・20 判時 1183・163 …… 224
旭川地判昭 60・8・23 高刑集 39・1・19
　　………………………………………………… 324
東京高判昭 60・10・15 判時 1190・138
　　………………………………………………… 227
最大判昭 60・10・23 刑集 39・6・413 …… 60
東京高判昭 60・11・1 刑集 43・7・773
　　………………………………………………… 293
長崎地佐世保支判昭 60・11・6 判タ
　　623・212 ………………………………… 651
東京高判昭 60・12・27 刑集 43・3・277
　　………………………………………………… 91
福岡高判昭 61・3・6 高刑集 39・1・1 …… 506
札幌高判昭 61・3・24 高刑集 39・1・8
　　………………………………………………… 324
最決昭 61・6・9 刑集 40・4・269 ………… 323
堺簡判昭 61・8・27 判タ 618・181 ……… 280
最決昭 61・11・18 刑集 40・7・523
　　………………………………………… 649, 727, 730
東京高判昭 62・1・19 判タ 650・251 …… 226
仙台地石巻支判昭 62・2・18 判時 1249・
　　145 ……………………………………………… 35
最決昭 62・3・26 刑集 41・2・182 ……… 95
大阪高判昭 62・7・10 高刑集 40・3・720
　　………………………………………………… 597
最決昭 62・7・16 刑集 41・5・237 …… 88, 387
東京高判昭 62・7・16 判時 1247・140 …… 491
東京地判昭 62・9・3 判時 1276・143 …… 719
最決昭 63・1・19 刑集 42・1・1 ………… 131
東京地判昭 63・4・5 判タ 668・223 …… 228
最決昭 63・5・11 刑集 42・5・807 ……… 166
東京高判昭 63・5・31 判時 1277・166 …… 185
東京地判昭 63・7・27 判時 1300・153 …… 659
札幌高判昭 63・10・4 判時 1312・148 …… 226
大阪地判昭 63・11・18 判タ 702・265 …… 224
最決平元・3・14 刑集 43・3・262
　　………………………………………… 76, 90, 343
福岡高宮崎支判平元・3・24 高刑集 42・
　　2・103 ………………………………………… 200

東京地判平元・3・27 判時 1310・39 …… 569
最決平元・6・26 刑集 43・6・567 ……… 572
最判平元・7・18 刑集 43・7・752 ……… 292
最判平元・11・13 刑集 43・10・823 …… 260
最決平元・12・15 刑集 43・13・879 …… 110
大阪高判平 2・1・23 高刑集 43・1・1 …… 694
東京高判平 2・2・21 判タ 733・232 …… 567
東京高判平 2・6・5 刑集 46・4・264
　　………………………………………………… 662, 681
最決平 2・11・16 刑集 44・8・744 ……… 369
最決平 2・11・20 刑集 44・8・837 …… 75, 160
最決平 2・11・29 刑集 44・8・871 ……… 369
大阪地判平 3・5・21 判タ 773・265 …… 185
大阪高判平 3・9・24 刑集 46・9・689 …… 169
長崎地判平 4・1・14 判時 1415・142 …… 419
東京地判平 4・1・23 判時 1419・133 …… 669
浦和地判平 4・2・27 判タ 795・263 …… 506
大阪高判平 4・3・11 刑集 46・9・697 …… 169
最決平 4・6・5 刑集 46・4・245 …… 660, 679
最決平 4・12・17 刑集 46・9・683 ……… 167
大阪高判平 4・12・22 公刊物未登載 …… 186
津地判平 5・4・28 判タ 819・201 ……… 253
大阪地判平 5・7・9 判時 1473・156 …… 164
最決平 5・11・25 刑集 47・9・242 ……… 371
東京地判平 6・10・17 判時 1574・33 …… 551
最判平 6・12・6 刑集 48・8・509
　　………………………………………… 243, 582, 654
大阪高判平 7・3・31 判タ 887・259 …… 224
大阪高判平 7・10・6 刑集 54・9・1125
　　………………………………………………… 347
東京地判平 7・10・24 判時 1596・129 …… 496
大阪高判平 7・11・9 高刑集 48・3・177
　　………………………………………………… 518
千葉地判平 7・12・13 判時 1565・144
　　………………………………………………… 35, 206
東京高判平 8・2・7 判時 1568・145 …… 228
最判平 8・2・8 刑集 50・2・221 ………… 67
東京地判平 8・3・12 判時 1599・149 …… 226
東京地判平 8・3・22 判時 1568・35 …… 597
最判平 8・4・26 民集 50・5・1267 ……… 117
東京地判平 8・6・26 判時 1578・39
　　………………………………………………… 271, 535
最判平 8・11・18 刑集 50・10・745 …… 57
最判平 9・6・16 刑集 51・5・435 ……… 245
東京地判平 9・7・15 判時 1641・156 …… 421
最決平 9・10・30 刑集 51・9・816

判例索引

.... 181, 531, 557
東京高判平 10・3・25 東高刑時報 49・
　1～12・13 719
大阪高判平 10・3・25 刑集 54・9・1206
　... 347
大阪高判平 10・6・24 高刑集 51・2・116
　... 281
松江地判平 10・7・22 判時 1653・156 … 280
東京高判平 11・1・29 判時 1683・153 … 695
釧路地判平 11・2・12 判時 1675・148 … 696
東京高判平 11・3・12 判タ 999・297 …… 55
横浜地横須賀支判平 11・3・30 刑集 58・
　5・459 369
富山地判平 11・11・25 判タ 1050・278
　... 253
東京高判平 11・12・27 刑集 58・5・466
　... 367
最判平 12・2・29 民集 54・2・582 …… 99
札幌高判平 12・3・16 判時 1711・170 … 696
大阪高判平 12・6・22 判タ 1067・276 … 238
東京地判平 12・6・29 判タ 1091・104 … 734
東京地判平 12・7・17 判タ 1091・181 … 534
千葉地判平 12・9・20 判時 1756・165 … 304
最決平 12・12・20 刑集 54・9・1095 …… 346
大阪高判平 13・1・30 判時 1745・150 … 224
東京地判平 13・2・20 判時 1756・162 … 303
東京地判平 13・3・28 判時 1763・17 …… 339
札幌地判平 13・5・10 判タ 1089・298 … 506
名古屋地判平 13・5・30 刑集 58・1・8 … 16
大阪高判平 13・6・21 判タ 1085・292 … 697
大阪地堺支判平 13・7・19 判タ 1114・297
　... 314
最決平 13・10・25 刑集 55・6・519 …… 516
東京地判平 14・1・16 判時 1817・166 … 501
新潟地判平 14・1・22 刑集 57・7・923
　... 747
長野地松本支判平 14・4・10 刑集 57・
　7・973 171
名古屋高判平 14・4・16 刑集 58・1・20
　... 16
名古屋地判平 14・4・16 判時 1831・160
　... 565
大阪高判平 14・7・9 判時 1797・159 … 226
名古屋高判平 14・8・29 判時 1831・158
　.................................... 564, 579
大阪高判平 14・9・4 判タ 1114・293 … 314

東京高判平 14・11・14 高刑集 55・3・4
　... 171
東京地判平 14・11・21 判時 1823・156
　... 242
東京高判平 14・12・10 高刑集 55・3・7
　... 748
東京高判平 14・12・25 判タ 1168・306
　... 314
水戸地土浦支判平 15・1・10 刑集 58・
　7・654 173
最判平 15・1・24 判時 1806・157 … 155, 358
最決平 15・3・12 刑集 57・3・322
　.............................. 102, 116, 690
最大判平 15・4・23 刑集 57・4・467 … 124
最決平 15・5・1 刑集 57・5・507 … 621, 633
東京高判平 15・5・26 刑集 58・7・670
　... 173
東京高判平 15・6・26 刑集 59・6・450
　... 112
最判平 15・7・10 刑集 57・7・903 …… 742
最決平 15・7・16 刑集 57・7・950 …… 170
最判平 15・10・10 判時 1840・144 …… 52
最決平 16・1・20 刑集 58・1・1 …… 16, 204
最判平 16・2・17 刑集 58・2・169 …… 163
最決平 16・3・22 刑集 58・3・187
　........................ 296, 412, 441, 451
東京高判平 16・6・22 東高刑時報 55・
　1～12・50 597
最決平 16・7・13 刑集 58・5・360 …… 366
大阪地判平 16・10・1 判時 1882・159 … 747
最決平 16・10・19 刑集 58・7・645 …… 172
横浜地判平 17・3・25 刑集 63・11・2057
　... 121
広島高判平 17・4・19 高刑裁速〔平 17〕
　312 698
富山地判平 17・6・13 裁判所 HP 538
最決平 17・7・4 刑集 59・6・403
　.............................. 102, 112, 562
大阪高判平 17・9・13 刑集 60・3・401
　... 178
名古屋高判平 17・11・7 高刑裁速
　〔平 17〕292 699
最決平 18・2・27 刑集 60・2・253 …… 289
最決平 18・3・27 刑集 60・3・382
　.................................... 136, 177
大阪地判平 18・4・10 判タ 1221・317 … 729

759

さいたま地判平 18・5・10 裁判所 HP ‥‥ 699
和歌山地判平 18・6・28 判タ 1240・345
　‥‥‥‥‥‥‥‥‥‥‥‥‥‥‥‥‥ 503
最決平 18・11・21 刑集 60・9・770 ‥‥‥ 549
東京高判平 18・11・29 刑集 62・6・1802
　‥‥‥‥‥‥‥‥‥‥‥‥‥‥‥‥‥ 228
佐賀地判平 19・2・28 裁判所 HP ‥‥‥‥ 123
東京高判平 19・2・28 刑集 63・11・2135
　‥‥‥‥‥‥‥‥‥‥‥‥‥‥ 39, 121
最決平 19・4・13 刑集 61・3・340 ‥‥‥ 588
最判平 19・9・18 刑集 61・6・601 ‥‥ 49, 61
最決平 19・11・14 刑集 61・8・757 ‥‥‥ 638
最決平 20・3・3 刑集 62・4・567 ‥‥‥‥ 129
最判平 20・4・25 刑集 62・5・1559
　‥‥‥‥‥‥‥‥‥‥‥‥ 334, 384, 408
最決平 20・5・20 刑集 62・6・1786
　‥‥‥‥‥‥‥‥‥‥‥‥‥‥‥ 214, 228
東京高判平 20・6・11 判タ 1291・306 ‥‥ 700
最決平 20・6・18 刑集 62・6・1812 ‥‥‥ 11
最決平 20・6・25 刑集 62・6・1859 ‥‥‥ 250
最判平 20・7・18 刑集 62・7・2101 ‥‥‥ 60
東京高判平 20・10・6 判タ 1309・292 ‥‥ 701
最決平 20・11・10 刑集 62・10・2853 ‥‥ 89
大阪高判平 21・1・20 判タ 1300・302 ‥‥ 393
東京高判平 21・2・2 刑集 66・4・371
　‥‥‥‥‥‥‥‥‥‥‥‥‥‥‥ 128, 160
神戸地判平 21・2・9 裁判所 HP ‥‥‥‥‥ 230
最決平 21・2・24 刑集 63・2・1 ‥‥‥‥ 249
最決平 21・6・29 刑集 63・5・461 ‥‥‥ 588
最決平 21・6・30 刑集 63・5・475 ‥‥‥ 574
大阪地判平 21・8・28 刑集 66・4・157 ‥‥ 27
東京高判平 21・10・8 判タ 1388・370 ‥‥ 230
最判平 21・10・19 判タ 1311・82 ‥‥‥‥ 638
最判平 21・12・7 刑集 63・11・1899 ‥‥‥ 121
最判平 21・12・8 刑集 63・11・2829 ‥‥‥ 408
最判平 22・3・17 刑集 64・2・111 ‥‥‥ 731
東京地判平 22・5・11 判タ 1328・241 ‥‥ 365
最判平 22・5・31 刑集 64・4・447 ‥‥‥ 335
最決平 22・9・27 集刑 301・281 ‥‥‥‥‥ 54
最決平 22・9・27 集刑 301・291 ‥‥‥‥‥ 54
最決平 22・10・26 刑集 64・7・1019 ‥‥‥ 173
大阪地判平 23・3・22 判タ 1361・244 ‥‥ 502
最決平 23・12・19 刑集 65・9・1380 ‥‥‥ 602
最決平 24・2・6 刑集 66・4・85 ‥‥‥‥ 27
最決平 24・2・8 刑集 66・4・200
　‥‥‥‥‥‥‥‥‥‥‥‥ 124, 157, 352

横浜地判平 24・5・15 公刊物未登載 ‥‥‥ 253
奈良地判平 24・6・22 判タ 1406・363 ‥‥ 365
最決平 24・11・6 刑集 66・11・1281
　‥‥‥‥‥‥‥‥‥‥‥‥‥ 586, 591, 684
最決平 24・12・7 刑集 66・12・1337 ‥‥‥ 73
最決平 24・12・7 刑集 66・12・1722 ‥‥‥ 73
札幌地判平 24・12・14 判タ 1390・368
　‥‥‥‥‥‥‥‥‥‥‥‥‥‥‥‥ 32, 195
東京高判平 24・12・18 判時 2212・123
　‥‥‥‥‥‥‥‥‥‥‥‥‥‥‥‥‥ 275
東京高判平 25・2・19 東高刑時報 64・
　1～12・55 ‥‥‥‥‥‥‥‥‥‥‥‥‥ 230
大阪地判平 25・3・22 判タ 1413・386 ‥‥ 124
東京高判平 25・3・27 判タ 1415・180 ‥‥ 253
最決平 25・4・15 刑集 67・4・437 ‥‥‥ 702
さいたま地秩父支判平 25・6・12 公刊物
　未登載 ‥‥‥‥‥‥‥‥‥‥‥‥‥‥‥ 539
札幌高判平 25・7・11 高刑裁速〔平 25〕
　253 ‥‥‥‥‥‥‥‥‥‥‥‥‥‥ 32, 195
東京高判平 25・8・28 高刑集 66・3・13
　‥‥‥‥‥‥‥‥‥‥‥‥‥‥‥‥‥ 324
横浜地判平 25・10・30 公刊物未登載 ‥‥ 253
東京高判平 25・11・6 判タ 1419・230 ‥‥ 538
最決平 26・3・17 刑集 68・3・368 ‥‥‥ 735
最決平 26・4・7 刑集 68・4・715 ‥‥‥ 120
最決平 26・7・24 刑集 68・6・925 ‥‥‥‥ 4
最決平 26・11・7 刑集 68・9・963 ‥‥‥ 454
札幌高判平 26・12・2 高刑裁速〔平 26〕
　200 ‥‥‥‥‥‥‥‥‥‥‥‥‥‥‥‥ 263
神戸地判平 26・12・16 裁判所 HP ‥‥‥‥ 230
最決平 27・1・21 公刊物未登載 ‥‥‥‥‥ 32
横浜地判平 27・3・13 裁判所 HP ‥‥‥‥ 238
大阪高判平 27・3・27 判時 2292・112 ‥‥ 332
最判平 27・5・25 判時 2265・123 ‥‥‥‥ 408
東京高判平 27・6・5 判時 2297・137 ‥‥ 230
静岡地浜松支判平 27・7・1 公刊物未登載
　‥‥‥‥‥‥‥‥‥‥‥‥‥‥‥‥‥ 230
名古屋高判平 27・10・14 判時 2352・94
　‥‥‥‥‥‥‥‥‥‥‥‥‥‥‥‥‥ 492
最判平 27・12・3 刑集 69・8・815 ‥‥‥‥ 58
大阪高判平 28・2・10 刑集 71・4・311
　‥‥‥‥‥‥‥‥‥‥‥‥‥‥‥‥‥ 235
名古屋地判平 28・3・23 判時 2363・127
　‥‥‥‥‥‥‥‥‥‥‥‥‥‥‥‥‥ 480
最決平 28・5・25 刑集 70・5・117 ‥‥‥ 335
最決平 28・7・12 刑集 70・6・411

.... 671, 708
福岡地判平 28・9・12 刑集 71・10・551
.... 482, 685
名古屋高判平 28・9・21 判時 2363・120
.... 478
神戸地判平 28・9・23 公刊物未登載 …… 482
東京高判平 29・2・2 刑集 72・1・134 …… 452
最決平 29・4・26 刑集 71・4・275
.... 215, 233, 661
福岡高判平 29・5・31 刑集 71・10・562
.... 687
最決平 29・6・12 刑集 71・5・315 ……… 340
東京高判平 29・7・13 高検速報 3608 …… 179
最大判平 29・11・29 刑集 71・9・467 …… 296
最決平 29・12・11 刑集 71・10・535
.... 482, 599, 683
最判平 30・3・22 刑集 72・1・82 ………… 449

◆事項索引

ア

愛情価値の議論 ……………………… 268
明石歩道橋事故事件 ………………… 335, 671
アジャン・プロヴォカトゥール ……… 551
雨傘事例 ………………………………… 266
安全体制確立義務 …………………… 370
安楽死 ………………………………… 121, 194

イ

生駒トンネル火災事件 ……………… 346
意思能力 ……………………… 53, 81, 378, 503
意思連絡 …………………… 625, 653, 668, 691
一部実行全部責任の原則 …………… 618
一般的生活危険 ……………………… 147, 177
一般的適性 …………………………… 569, 669
一般予防 …………………… 13, 51, 145, 486
意の要素 ……………………………… 286
意　図 …………………………………… 287, 462
違法一元論 …………………………… 392
違法および責任減少説 ……………… 97
違法推定機能 ………………………… 257
違法性 ……………………………… 80, 376, 407
違法性阻却 ……………… 27, 122, 191, 262
違法性の意識 …………………… 80, 287, 376
違法性の意識の可能性 ……………… 376
違法性の意識の可能性不要説 ……… 89
違法性の意識不要説 ………………… 384
違法の相対性 ………………………… 675
違法身分 ……………………………… 513, 712
違法身分犯 ………………… 528, 555, 708
意味の認識 ……………………………… 88, 290
岩手県教組事件 ……………………… 57
因果関係 ……………………………… 134, 154
因果関係の錯誤 ……………………… 296
因果関係の錯誤不要説 ……………… 297, 348
因果経過 …………………… 139, 161, 345
因果性遮断説 ………………………… 571
因果的寄与 …………………………… 570
因果的共犯論 ………… 547, 568, 589, 653
印象説 …………………………………… 468, 494

ウ

ウィニー事件 ………………………… 602

内

内ゲバ事件 …………………………… 222

オ

応報刑論 ……………………………… 5
オウム真理教集団リンチ殺人事件 … 271
大阪南港事件 ………………………… 75, 160
温泉施設爆発事故事件 ……………… 335

カ

概括的過失 …………………………… 344
概括的故意 …………………………… 77, 185
介在事情 …………………… 75, 142, 160, 514
解消しえない違法性の疑い ………… 333
外務省機密漏えい事件 ……………… 37
拡張解釈 ……………………………… 63
拡張的正犯論 ………………………… 512
確定的故意 …………………………… 12, 430
科刑上一罪 …………………………… 737
過　失 …………………………… 328, 354, 749
過失による自招侵害 ………………… 238
過失の共同正犯 ……………………… 654, 666
過失犯 …………………… 84, 104, 328, 354
過失犯における正犯性 ……………… 373
過失不作為犯 ………………………… 125, 284
過剰避難 ……………………………… 279
過剰防衛 …………………… 218, 249, 660
ガソリンカー事件 …………………… 62
仮定的消去公式 ……………………… 137
仮定的同意 …………………………… 198
空ピストル事件 ……………………… 471
空ポケット事件 ……………………… 474
川崎協同病院事件 …………………… 39, 121
川治プリンスホテル事件 …………… 369
患者不養生事件 ……………………… 163
間接正犯 ……………………………… 507
間接正犯類似説 ……………………… 617
完全犯罪共同説 ……………………… 563
勘違い騎士道事件 …………………… 95
監督過失 ……………………………… 369
観念的応報刑論 ……………………… 5
観念的競合 …………………………… 186, 734
管理過失 ……………………………… 369, 370

キ

危惧感説 …………………………… 85, 332
危　　険 ………………… 31, 102, 157, 187
危険性の現実化 …………………………… 167
危険創出 ………………………… 102, 332, 692
危険創出説 ………………………………… 109
危険の現実化 ………………………… 143, 164
危険の引受け ………………………… 35, 87, 187
危険犯 ………………………………… 187, 428
企行犯 ……………………………………… 67
既　　遂 ……………… 181, 425, 462, 486
偽装心中事件 ……………………………… 195
期待可能性 ………………………………… 262
期待不可能性 ………………………… 264, 549
危難の現在性 ………………………… 216, 268
規範的考察説 ……………………………… 499
規範的障害説 ……………………………… 512
逆責任 ……………………………………… 498
客体の錯誤 ………………………………… 306
客体の不能 ………………………………… 474
逆不法 ……………………………………… 493
客観説 ………………………………… 142, 428
客観的危険説 ……………………………… 468
客観的帰属論 ……………………………… 751
客観的処罰条件 …………………………… 143
客観的謀議説 ……………………………… 636
旧過失論 ……………………………… 125, 328
救助的因果 …………………… 165, 335, 566
救助的因果の断絶 ………………………… 111
牛刀事件 …………………………………… 491
急迫不正の侵害 ………… 96, 216, 245, 680
狭義の共犯 …………………… 531, 548, 667
狭義の自招 …………………………… 221, 276
教　　唆 ……………………… 517, 547, 656
強制ないし欺罔による間接正犯 ………… 520
強制による同意 …………………………… 203
共同意思主体説 …………………………… 617
共同義務の共同違反 ……………………… 708
共同性 ………………………… 624, 646, 691, 707
共同正犯 ……………………… 616, 641, 660
共同正犯と幇助犯の区別 ………… 570, 645
共同の注意義務 …………………………… 669
共　　犯 ……………… 541, 564, 586, 704
共犯関係の解消 …………………………… 571
共犯現象 …………………………………… 618

共犯独立性説 ……………………………… 553
共犯の因果性 ………………… 564, 586, 657
共犯の従属性 ………………………… 541, 552
共犯の処罰根拠 …………………………… 541
京踏切事件 ………………………………… 155
共謀共同正犯 ………………… 633, 647, 676
共謀の射程 …………………………… 242, , 652
強要による緊急避難 ……………………… 272
極端従属性説 ………………………… 512, 547
緊急救助 ……………………… 217, 339, 751
緊急行為 ……………………… 224, 270, 314
緊急状況の欺罔 ……………………… 200, 532
緊急避難 ……………………………… 216, 261

ク

空気注射事件 ……………………………… 473
具体的危険説 ……………………………… 462
具体的事実の錯誤 ………………………… 309
具体的法定符合説 ………………………… 313
熊撃ち事件 ………………………………… 184
熊本水俣病刑事事件 ……………………… 345
黒い雪事件 ………………………………… 385
クロロホルム事件 …………… 296, 412, 441

ケ

傾向犯 ……………………………………… 295
形式的客観説 ……………………………… 437
刑事未成年 ………………………… 516, 547
刑　　罰 …………………………… 1, 27, 403
刑罰の目的 ………………… 1, 27, 321, 403
刑罰目的論 …………………………… 1, 79, 725
結　　果 ……………………… 136, 155, 241
結果回避可能性 ……………… 139, 157, 358
結果回避義務 ………………… 86, 125, 159, 339
結果行為 ……………………………… 279, 409
結果説 ………………………………… 258, 432
結果的加重犯 ………………… 77, 330, 561
結果犯 ………………………………… 136, 692
結果無価値 …………………… 45, 140, 329
原因行為 ……………………… 279, 409, 681
原因において違法な行為 … 200, 221, 279, 681
原因において自由な行為 …… 325, 409, 422
厳格故意説 …………………………… 89, 382
厳格責任説 …………………………… 316, 380
現在の危難 …………………………… 265, 535
現実に予見 …………………… 86, 332, 584

763

限縮的正犯論 ································ 512, 546
限定主観説 ······································· 502
限定責任能力 ···································· 406

コ

故　意 ····························· 283, 306, 749
故意説 ······························· 12, 382
行　為 ························· 3, 104, 137, 286
行為意思 ································· 288
行為規範違反 ······················ 84, 467
行為規範論 ··························· 84, 750
行為共同説 ·························· 563, 639
行為時の特殊事情 ············· 149, 179
行為支配説 ································· 512
行為責任 ····································· 4
行為説 ······························· 258, 432
行為媒介者 ················ 508, 677, 693
行為無価値 ···················· 45, 337, 467
広義の共犯 ············· 536, 572, 598, 623
広義の後悔 ······························· 502
広義の自招 ····················· 221, 277
攻撃的緊急避難 ··············· 217, 273
構成要件 ············· 104, 294, 309, 425
構成要件の実現 ····················· 422
構成要件モデル ····················· 410
構成要件要素 ················· 105, 319
高速道路上停止事件 ················· 172
高速道路進入事件 ···················· 170
合法則的条件公式 ···················· 137
合法則的条件説 ······················· 139
功利的正当化原理 ··········· 216, 266
誤想過剰避難 ·························· 263
誤想過剰防衛 ··············· 96, 254, 279
誤想避難 ································· 263
誤想防衛 ···················· 242, 314, 584
国家緊急救助 ·························· 217
異なる罪名にまたがる共犯 ········ 638
誤振込み事件 ················ 103, 116
個別行為責任の原則 ················· 397
混合的方法 ······························· 406
CD（コントロールド・デリバリー）事件
 ···································· 181, 557

サ

罪刑の均衡 ······················· 1, 69, 743
罪刑法定主義 ··························· 47

最小限度従属性説 ···················· 678
最小限度性 ······························· 258
罪　数 ······································· 724
再　犯 ·························· 8, 70, 743
罪名従属性 ·························· 559, 715
作　為 ···························· 102, 357, 688
作為可能性 ······························· 109
作為義務 ···············101, 335, 670, 690
作為義務違反としての注意義務違反 ······ 370
作為と不作為の区別 ············ 111, 709
作為犯 ························ 107, 226, 691, 709
錯誤に基づく同意 ···················· 195
砂末吸引事件 ·························· 185
猿払事件 ································· 68

シ

時間的切迫性 ·········· 216, 270, 432, 470
時間的切迫性必要説 ················· 432
時間的切迫性不要説 ················· 432
事後判断説 ······························· 258
事後法の禁止 ··························· 58
事実の錯誤 ············· 289, 309, 387, 654
事実の認識 ···················· 93, 290, 681
自手犯 ····································· 529
自招危難 ···························· 236, 275
自招侵害 ························· 224, 276, 681
事前の共謀 ······························· 513
事前判断説 ······························· 258
死体殺人事件 ··················· 476, 494
実行共同正犯 ··················· 618, 676
実行行為 ·············· 410, 425, 508, 616
実行従属性 ······························· 553
実行中止 ································· 490
実行の着手 ···················· 299, 424, 571
実行の着手時期 ······················· 431
実質的違法性 ·························· 613
実質的危険性 ·························· 329
実質的客観説 ·························· 438
質的過剰 ·························· 258, 584
失敗未遂 ································· 500
忍び返しの事例 ······················· 663
社会的相当性 ··················· 34, 191
シャクティパット事件 ········· 102, 112, 562
惹起説 ···························· 528, 547, 602
集合的法益 ······························· 44
自由主義的基礎 ··············· 15, 50, 79

事項索引

修正旧過失論	329
修正された実質的客観説	438
従属的共犯	656
重大な寄与	619, 653, 670, 694
重大な錯誤説	196
柔道整復師事件	166
重要な役割	617, 641, 694
終了（実行）未遂	431
主観説	142, 429, 619, 643
主観的違法要素	288
主観的危険説	467
主観的超過要素	294, 429
手榴弾事件	472
準危険共同体論	273
準実行共同正犯説	617
障害未遂	483, 582
消極的一般予防	13
消極的構成要件要素	127, 380
消極的身分	713
承継的共犯	482, 591, 684, 722
条件関係	137, 157
条件関係的錯誤説	196
条件説	82, 137, 180
情報収集義務	340, 365
懲憑行為	657
処断刑	429, 470, 731
処罰拡張事由	547
白石中央病院事件	369
自力救済の禁止	217, 270, 663
事理弁職能力	519
信越化学事件	369
侵害回避義務	220
侵害回避義務論	220
侵害の急迫性	216, 660
侵害の継続性	216, 245
侵害の予期	222, 661
侵害犯	187, 632
新過失論	330
真摯な努力	494, 581
心情要素	285
心神耗弱	406
心神喪失	11, 406
真正不作為犯	108, 692, 753
真正身分犯	714
信頼の原則	86, 155, 364
心理学的考察説	499

心理学的要素	406
心理的因果性	569, 630, 653

ス

推定的同意	210
スワット事件	621, 633

セ

制御能力	81, 106, 378, 406
制限故意説	382
制限従属性説	183, 531, 678
制限責任説	381
政策説	486
正当化された行為	255, 677
正当化事由	216, 631, 677
正当業務行為	37
正当防衛	213, 239
正当防衛類似状況	271
正犯性	373
正犯なき共犯	555
正犯の背後の正犯	189, 356, 627, 657
生物学的要素	406
生命に対する（攻撃的）緊急避難	271
責任	76, 401
責任共犯説	546, 684
責任共犯論	590
責任故意	317
責任主義	76
責任説	380
責任能力	406
責任身分	712
責任身分犯	530, 714
責任無能力	11, 397, 406
責任モデル	410
関根橋事件	268
世田谷ケーブル事件	669
世田谷事件	73
積極的一般予防	17
積極的加害意思	222, 661
接続犯	253
折衷的相当性説	82
先行行為	130, 228
先行責任	397, 411
宣告刑	484, 742
千日デパートビル事件	369
全農林警職法事件	57

ソ

相互闘争状況 …………………………… 216
相互利用補充関係 …………………… 580, 618
相当因果関係 ……………………… 83, 141
相当性説 ………………………… 142, 161
双方向的寄与 ……………… 624, 653, 668
双方向的認識 ………… 625, 653, 668, 691
遡及処罰 ………………………………… 57
損害萌芽思考 …………………………… 140
尊厳死 ……………………………… 39, 194

タ

ダートトライアル事件 ………… 35, 206
対抗行為 ………………… 214, 248, 276, 665
対向犯 …………………………… 528, 549
第三者利用 …………………………… 508
退避義務 ………………… 237, 241, 282
退避不可能性 ………………………… 216
大麻密輸入事件 ……………………… 647
択一的競合 …………………………… 138
他行為可能性 …………………… 16, 400
だまされたふり作戦 ………… 480, 599, 683

チ

蓄積犯 ………………… 27, 217, 322, 550
知的要素 …………………………… 285, 309
致命的の行為 ………………………… 216
着手中止 ……………………………… 490
注意義務 ………………… 125, 335, 364, 669
注意義務違反 ………… 85, 155, 328, 370
中止減免の補充性 …………………… 499
中止故意 ……………………………… 498
中止行為 ………………… 97, 489, 493, 581
中止犯 …………………………… 483, 566
抽象的危険説 ………………………… 467
抽象的事実の錯誤 ……………… 318, 654
抽象的法定符合説 …………… 78, 151, 311
超過的内心傾向 ……………… 14, 294, 429
超法規的違法性阻却事由 ……………… 38
超法規的可罰性阻却事由 ………… 255, 274
超法規的責任阻却事由 ……………… 381
直接正犯 …………………………… 116, 512
治療行為 …………………………… 122, 198
治療中止 ……………………………… 121

テ

適合性 ………………………………… 258
適法行為を利用する違法行為 ………… 677
出向き型 ……………………………… 224
転嫁行為 ……………………………… 220
電気窃盗事件 …………………………… 63

ト

同意傷害 ……………………………… 192
道具理論 ……………………………… 512
統合説 ………………………………… 430
同時傷害の特例 ………… 257, 565, 596
答責性の阻却 ………………………… 254
当罰性判断 …………………………… 229
豆腐一丁事例 ………………………… 259
都教組事件 ……………………………… 57
徳島市公安条例事件 …………………… 59
特殊過失 ……………………………… 369
特別予防 ………………… 10, 69, 404, 752
トランクルーム事件 ………… 136, 177

ナ

永山事件 ………………………………… 1

ニ

新潟監禁事件 ………………………… 742
荷台事件 …………………………… 90, 343
日航機ニアミス事件 ………………… 173
任意性 ………………………………… 498
認識なき過失 ………………………… 79

ネ

練馬事件 ………………… 621, 636, 651

ノ

脳梅毒事件 …………………………… 179

ハ

背後者 ………………… 374, 508, 653, 660
排他的支配 ……………… 115, 516, 692
排他的支配説 ………………………… 516
発送時説 ……………………………… 436
羽田空港ビルデモ事件 ……………… 387
早すぎた構成要件の実現 … 296, 422, 442, 495
パロマガス湯沸器事件 ……………… 365

犯罪共同説 …………………… 563, 639
犯罪類型 ……………… 27, 53, 293, 432
判断基底 ……………… 135, 179, 467
坂東三津五郎ふぐ中毒死事件 ………… 209

ヒ

被害者の承諾 ……………… 30, 100, 195
被害者の自律 ……………… 42, 190, 520
被害者利用 …………………………… 508
被害者を利用する間接正犯 ……… 204, 511
非　難 ……………………… 4, 79, 397, 401
非難可能性 …………………………… 12, 80
避難行為 ……………………… 236, 263
避難行為の相当性 …………………… 263
非身分者による身分犯の間接正犯 …… 525
百円札模造事件 ………………… 88, 387
びょう打ち銃事件 ……………… 93, 309
被利用者標準説 ………………… 432, 514
広島市暴走族追放条例事件 …………… 61

フ

フィリピンパブ事件 ……………… 679
ブーメラン現象 ……………………… 317
不可罰的不能未遂 …………………… 466
不救助の唆し ………………………… 516
福岡県青少年保護育成条例 …………… 60
複数行為の一体的把握 ……………… 258
福知山線列車脱線転覆事件 ………… 332
不作為 …………………………… 101, 683
不作為に対する関与 ………………… 694
不作為による関与 …………………… 683
不作為の因果関係 ……………… 110, 156
不作為犯 ……………………………… 101
不作為犯と作為犯の区別 …………… 709
フジ興産事件 ………………………… 52
不真正不作為犯 ………………… 103, 329
不真正身分犯 ………………………… 714
不正の先行行為型 …………………… 224
物色説 ………………………………… 425
物理的因果性 ………………………… 569
不能犯 ……………………… 465, 683, 706
不能未遂 ……………………… 465, 753
部分的犯罪共同説 …………………… 561
不法共犯説 ……………………… 546, 599
不法の予見可能性 ……… 80, 313, 328, 614
不法身分 ……………………………… 712

分断説 ………………………………… 253

ヘ

併合罪 ………………………………… 742
米兵ひき逃げ事件 …………………… 161
「別個の犯罪事実」論 ………………… 577
ベランダ事件 ………………………… 303
弁識能力 ……………… 80, 378, 406, 519
片面的共同正犯 ………………… 624, 655
片面的幇助 …………………………… 657

ホ

防衛行為 ……………………… 219, 241
防衛行為の相当性 …………………… 241
防衛手段としての相当性 …………… 249
防衛の意思 ……………………… 222, 246
法　益 …………………………… 19, 25
法益関係的錯誤 ………………… 197, 520
法益関係的錯誤説 …………………… 198
法益権衡 ……………………… 216, 263
法益衡量 ……………………………… 39
法益衝突（優越利益）状況 ………… 677
法益の類型 …………………………… 41
法益への侵襲性 ………………… 27, 294
法益保護主義 …………………… 19, 25, 48, 78
包括一罪 ………………… 124, 253, 419, 727
防御的緊急避難 ……………………… 266
幇　助 …………………… 602, 619, 645, 690
幇助の因果性 ………………………… 611
宝石商殺害事件 ……………………… 567
法秩序の統一性 ……………………… 392
法定刑 …………………… 2, 319, 429, 724
法定的符合説 ………………………… 314
方法の錯誤 ……………………… 91, 309
方法の不能 …………………………… 471
法律主義 ……………………………… 50
法律の委任 …………………………… 56
法律の錯誤 ……………………… 289, 385
法令行為 ……………………………… 38
北大電気メス事件 ……………… 85, 345
保護法益 ……………………… 26, 321
補充性 ……………………… 216, 263, 487
補充性の逸脱 ………………………… 280
保障人的地位 ……………… 107, 226, 610
保全利益 ……………… 216, 259, 264, 315
ホテル・ニュージャパン事件 ……… 371

767

事項索引

堀越事件 …………………………………… 73

マ
松川事件 …………………………… 621, 636

ミ
未終了未遂 ………………… 299, 425, 470, 649
未　遂 …………………………… 424, 460, 483
未遂の教唆 ………………………………… 551
未遂犯 …………………………… 424, 460, 483
未知の結核病巣事件 ……………………… 181
三菱リコール隠し事件 ……… 124, 157, 352
未必の故意 ………………………………… 283
身　分 …………………………………… 525, 704
身分なき故意ある道具 ……………… 524, 707
身分犯 …………………………… 525, 555, 704
身分犯の共犯 …………………………… 704
民主主義的基礎 ……………………… 15, 54

メ
明確性の原則 ……………………………… 49

モ
目的的行為論 ………………… 104, 316, 380, 750
目的犯 ………………………… 295, 487, 554, 719
目的論的応報刑論 ………………………… 6
目的を達した未遂 ……………………… 500
森永ドライミルク中毒事件 …………… 86

ヤ
夜間潜水事件 …………………………… 167
薬害エイズ事件厚生省ルート ………… 129
薬害エイズ事件帝京大ルート ………… 339
やむを得ずにした行為 …………… 216, 265
やわらかな決定論 …………………… 16, 400

ユ
優越的地位 ……………………………… 513
優越利益 ………………… 27, 191, 216, 677
優越利益原理 ……………… 38, 218, 263
許された危険 …………… 114, 337, 361, 612
許された危険の逸脱としての注意義務違反
　………………………………………… 370

ヨ
要素従属性 ……………………………… 555

予見可能性 ……………… 80, 106, 341, 355
予見可能性の程度 ……………………… 342
予　備 ………………………… 433, 487, 545
予備の中止 ………………………… 487, 545

ラ
ラリアット事件 ………………………… 228

リ
利益の両立不可能性 …………………… 218
離隔犯 ……………………………… 300, 426
立法者意思説 …………………………… 543
利用者標準説 ……………………… 432, 514
量的過剰防衛 ……………………… 242, 584

ル
類推解釈 …………………………………… 54

レ
例外モデル ……………………………… 411
連続犯 ……………………………… 253, 729

ロ
老女布団蒸し事件 ……………………… 181
論理的関係説 …………………………… 141

著者紹介

小林　憲太郎（こばやし　けんたろう）
　　1974 年　生まれ
　　1997 年　東京大学法学部卒業
　　現　在　立教大学教授

主要著書
　　因果関係と客観的帰属（弘文堂，2003 年）
　　刑法的帰責——フィナリスムス・客観的帰属論・結果無価値論
　　　（弘文堂，2007 年）
　　事例から刑法を考える［第 3 版］（有斐閣，共著，2014 年）
　　刑法総論（新世社，2014 年）
　　ライブ講義刑法入門（新世社，2016 年）

刑法総論の理論と実務

2018 年 11 月 30 日　第 1 版第 1 刷発行
2022 年 4 月 1 日　第 1 版第 2 刷発行

著　　　者　　小林　憲太郎
発　行　者　　株式会社　判例時報社
　　　　　　　〒 112-0015　東京都文京区目白台 1-7-12
　　　　　　　電話　（03）3947-7371〔編集部〕
　　　　　　　　　　（03）3947-7375〔営業部〕
　　　　　　　https://hanreijiho.co.jp/
印刷・製本　　株式会社光邦
装　　　幀　　板谷成雄

© 2018 Kentaro Kobayashi　ISBN 978-4-938166-17-5　Printed in Japan
落丁・乱丁本はお取り替えいたします。

JCOPY　〈(社)出版者著作権管理機構　委託出版物〉本書の無断複製は，著作権法上での例外を除き禁じられています。複製される場合は，そのつど事前に，(社)出版者著作権管理機構（電話 03-5244-5088，FAX 03-5244-5089，e-mail: info@jcopy.or.jp）の許諾を得てください。
　また，本書を代行業者等の第三者に依頼してスキャニング等の行為によりデジタル化することは，個人の家庭内の利用であっても一切認められておりません。